D. Erkenntnisverfahren

Übersicht

Alphabetisches Stichwortregister

I. Gerichtsbarkeit

Literatur

Dahm Völkerrechtliche Grenzen der inländischen Gerichtsbarkeit gegenüber ausländischen Staaten, Festschr. Nikisch (1958), 153; *Damian* Staatenimmunität und Gerichtszwang (1985); *Damian* European Convention On State Immunity, in Bernhard (Hrsg.), Encyclopedia of Public International Law 10 (1987), 151 ff; *Drobnig* Das Schicksal der Staatsverträge der DDR nach dem Einigungsvertrag, DtZ 1991, 76; *Enderlein* Probleme des Völkerrechts (1987), 33; *Enderlein* Zur rechtlichen Selbständigkeit sozialistischer staatlicher Unternehmen in den internationalen Wirtschaftsbeziehungen, RIW 1988, 333; *Esser* Zur Immunität rechtlich selbständiger Staatsunternehmen, RIW 1984, 577; *Fischer/v. Hoffmann* Staatsunternehmen im Völkerrecht und im internationalen Privatrecht, Berichte der Dt. Gesellschaft für Völkerrecht, Heft 25 (1984); *Geiger* Staatenimmunität: Grundsatz und Ausnahme, NJW 1987, 1124; *Geimer* Internationales Zivilprozeßrecht (1987), Rdn. 555 ff, 666 ff; *Grabinski* Staatenimmunität im Erkenntnisverfahren – die französische

Rechtsprechung im internationalen, insbesondere deutschen Vergleich, IPRax 1992, 55; *Gramlich* Staatliche Immunität für Zentralbanken, RabelsZ 45 (1981), 545; *Gramlich* Staatliche Immunität und Zugriff auf iranische Konten in der Bundesrepublik, NJW 1982, 2618; *Gündling* Rechtsschutz nach Tschernobyl, IPRax 1988, 338; *Habscheid* Die Immunität ausländischer Staaten nach deutschem Zivilprozeßrecht, Berichte der Dt. Gesellschaft für Völkerrecht, Heft 8 (1968), 159; *Hailbronner* Völker- und europarechtliche Fragen der deutschen Wiedervereinigung, JZ 1990, 449; *Hess* Zur Zustellung von Klagen gegen fremde Staaten, RIW 1989, 254; *Heymann* Zur Frage der Gerichtsbarkeit über fremde Staaten, AcP 121 (1923), 149; *Horn* Völkerrechtliche Aspekte der deutschen Vereinigung, NJW 1990, 2173; *Karczewski* Das Europäische Übereinkommen über Staatenimmunität vom 16. 05. 1972, RabelsZ 54 (1990), 533; *Krauskopf* Die Rechtsprechung zur Immunität ausländischer Zentralbanken und Währungsbehörden in der Bundesrepublik Deutschland, WM 1986, 89; *Kronke* Europäisches Übereinkommen über Staatenimmunität – Element der Kodifizierung des deutschen internationalen Zivilverfahrensrechts, IPRax 1991, 141; *Malina* Die völkerrechtliche Immunität ausländischer Staaten im zivilrechtlichen Erkenntnisverfahren, Diss. Marburg (1978); *Münch* Immunität fremder Staaten in der deutschen Rechtsprechung bis zu den Beschlüssen des Bundesverfassungsgerichts vom 30. Oktober 1962 und 30. April 1963, ZaöRV 24 (1964), 265; *Schanze* Relativierung der Immunität ausländischen Staatsvermögens in England: Variante der Nigeria-Zementfälle vor dem Court of Appeal, AG 1977, 81; *Schaumann* Die Immunität ausländischer Staaten nach Völkerrecht, Berichte der Dt. Gesellschaft für Völkerrecht, Heft 8 (1968), 1; *v. Schönfeld* Die Immunität ausländischer Staaten vor deutschen Gerichten, NJW 1986, 2980; *Schütze* Forderungssicherung im deutsch-iranischen Verhältnis, BB 1979, 348; *Schütze* Deutsches Internationales Zivilprozeßrecht (1985), 24 ff; *Schwenk* Ausschluß fremder Staaten von der deutschen Gerichtsbarkeit, NJW 1954, 1596; *Schwenk* Exterritorialität ausländischer Staaten, MDR 1958, 805; *Seidl-Hohenveldern* Neue Entwicklung im Recht der Staatenimmunität, Festschr. Beitzke (1979), 1081; *Seidl-Hohenveldern* Zur sachlichen Immunität ausländischer Staatsunternehmen, RIW 1983, 613; *Sonnenberger* Inländische Gerichtsbarkeit über ausländische Staaten und sonstige öffentlich-rechtliche Rechtsträger. Die neuere Entwicklung der Rechtsprechung in Frankreich, England und Deutschland, AcP 162 (1963), 485; *Stein/Jonas* ZPO, 20. Aufl. (1984 ff) mit *Bearbeiter*; *Steinberger* State Immunity, in Bernhard (Hrsg.), Encyclopedia of Public International Law 10 (1987), 428 ff; *Steinberger* Zu neueren Entwicklungen im Bereich der völkerrechtlichen Staatenimmunität, Festgabe zum 10jährigen Jubiläum der Gesellschaft für Rechtspolitik (1984), 451 ff; *Steinmann* Ein Beitrag zu Fragen der zivilrechtlichen Immunität von ausländischen Diplomaten, Konsuln und anderen bevorrechtigten Personen sowie von fremden Staaten, die durch ihre Missionen oder auf ähnliche Weise in der Bundesrepublik Deutschland tätig werden, MDR 1965, 706 und 795; *Strebel* Staatenimmunität. Die Europaratskonvention und die neuen Gesetze der Vereinigten Staaten und Großbritanniens. RabelsZ 44 (1980), 66; *Tomuschat* Jurisdictional Immunities of States and Their Property. The Draft Convention of the International Law Commission, Festschr. Seidl-Hohenveldern (1988), 603 ff; *Trefftz* Die beschränkte Immunität in der Bundesrepublik, NJW 1964, 957; *Verdross/Simma* Universelles Völkerrecht, 3. Aufl. (1984), §§ 1168 ff; *Zöller* ZPO, 17. Aufl. (1991) mit *Bearbeiter*.

1. Allgemeines

Gerichtsbarkeit ist die Befugnis der Gerichte, bei der Rechtsanwendung im Einzelfall 1
tätig zu werden, „richterliche Gewalt" im Sinne von § 1 GVG auszuüben. Sie umschreibt die Tätigkeit der „rechtsprechenden Gewalt" im Sinne von Art. 92 GG. Jeder Staat hat im Grundsatz **unbeschränkte Gerichtsbarkeit** innerhalb seiner territorialen Grenzen[1]. Die Ausübung der ordentlichen Gerichtsbarkeit ist in den jeweiligen deutschen Prozeßgesetzen geregelt (vgl. § 2 EGGVG).

Eine **Ausnahme** von der unbeschränkten Gerichtsbarkeit des Staates bilden die 2
sogenannten Gerichtsfreien. Dazu gehören die Exterritorialen nach §§ 18–20 GVG.

[1] Statt vieler *Stein/Jonas/Schumann* Einl. Rdn. 655.

Das sind einmal die Mitglieder der in der Bundesrepublik Deutschland errichteten diplomatischen Missionen und konsularischen Vertretungen einschließlich deren Familienangehörige und Hausangestellte (§§ 18 S. 1, 19 S. 1 GVG), zum anderen die Wahlkonsularbeamten (§ 19 S. 1 GVG) sowie nach § 20 GVG sonstige Exterritoriale, z. B. die ausländischen Staaten selbst[2], deren Staatsoberhäupter[3] und Regierungsmitglieder[4]. Die Immunität der Diplomaten und Konsuln ist in den beiden Wiener Übereinkommen vom 18. April 1961 über diplomatische Beziehungen[5] und vom 24. April 1963 über konsularische Beziehungen[6] geregelt. Diese betreffen allerdings nur die persönliche Immunität der Diplomaten und Konsuln; aus ihnen kann nicht auf einen entsprechenden Umfang der Immunität des Entsendestaates geschlossen werden[7].

2. Staatenimmunität

3 a) **Grundsatz der relativen Immunität.** Vor dem Zweiten Weltkrieg gewährte Deutschland ausländischen Staaten und deren Organen **absolute Immunität** (Gerichtsfreiheit), unabhängig davon, ob diese sich hoheitlich oder privatrechtlich betätigten[8]. Die Zeit nach dem Weltkrieg ist durch eine zunehmende Betätigung der Staaten auf dem gesamten Gebiet der Daseinsvorsorge und eine sich rasch entwickelnde Verflechtung der einzelnen nationalen Märkte gekennzeichnet[9]. Dies hat zu einer Wandlung in der Gewährung von Gerichtsfreiheit ausländischer Staaten geführt. Daß ausländische Staaten in jedem Fall, auch in bezug auf ihre nicht-hoheitliche Betätigung Immunität genießen, wird im deutschen Recht heute nicht mehr anerkannt und ist nicht Bestandteil des Bundesrechts (im Sinne von Art. 25 S. 1 GG). Nach allgemeinem Völkerrecht können die Staaten Immunität vielmehr nur noch für **Akte iure imperii**, d. h. für hoheitliche Tätigkeit und **nicht** mehr für **Akte iure gestionis**, d. h. für wirtschaftliche Betätigung beanspruchen (**relative oder beschränkte Immunität**)[10]. Das **Bundesverfassungsgericht** hat diese Entwicklung in mehreren grundlegenden Entscheidungen bestätigt[11].

4 Die Abgrenzung von hoheitlicher zu nicht-hoheitlicher Tätigkeit kann im einzelnen schwierig sein. Maßgebend für die Qualifikation ist die **lex fori**, d. h. das Recht des Gerichtsstaates; denn das Völkerrecht stellt in der Regel keine Kriterien für diese Abgrenzung zur Verfügung[12]. Inländische Gerichte haben daher nach **deutschem Recht**

---

[2] Zur Staatenimmunität vgl. *Damian* Staatenimmunität und Gerichtszwang (1985); *Geimer* IZPR (1987), Rdn. 555 ff; *Geiger* NJW 1987, 1124; *Zöller/Gummer* § 20 GVG Rdn. 3; *Tomuschat* Festschr. Seidl-Hohenveldern (1988), 603; *Hess* RIW 1989, 254 f.

[3] Vgl. RGZ 157, 389, 392 (Zusammenstoß mit Staatsschiff); *Zöller/Gummer* aaO Rdn. 4.

[4] **Regierungsmitglieder** ausländischer Staaten bei Aufenthalten in amtlicher Eigenschaft sowie die sie begleitenden Angehörigen und ihr sonstiges Gefolge, auch **offizielle Vertreter** fremder Staaten bei staatlichen oder zwischenstaatlichen Veranstaltungen, z. B. bei internationalen Konferenzen; **Sonderbotschafter**, vgl. BGH NJW 1984, 2048, 2049; OLG Düsseldorf MDR 1983, 512 und NJW 1986, 2204 (jeweils Fall *Tabatabei*).

[5] BGBl. 1964 II 957, teilweise abgedruckt bei *Stein/Jonas/Schumann* Einl. Rdn. 657.

[6] BGBl. 1969 II 1585, teilweise abgedruckt bei *Stein/Jonas/Schumann* Einl. Rdn. 658.

[7] BVerfGE 16, 27, 55 (betr. Iran); BGH MDR 1970, 222.

[8] RGZ 103, 274, 278 ff (betr. Einrichtung und Unterhaltung eines Reedereibetriebs, USA); *Stein/Jonas/Schumann* Einl. Rdn. 660; *v. Schönfeld* NJW 1986, 2980, 2983; *Grabinski* IPRax 1992, 55.

[9] Denkschrift zum Europäischen Übereinkommen über Staatenimmunität, BT-Drucks. 11/4307, S. 30.

[10] BVerfGE 16, 27, 52, 61 ff; *Geimer* IZPR Rdn. 668; *Geiger* NJW 1987, 1124, 1125; *Kronke* IPRax 1991, 141, 142.

[11] BVerfGE 16, 27, 51 ff, 61 ff (betr. Iran); BVerfGE 15, 25, 34 ff (betr. Jugoslawien); vgl. auch BGH MDR 1970, 222; BGH NJW 1979, 1101.

[12] BVerfGE 16, 27, 61 f.

zu qualifizieren. Wie der jeweils beklagte Staat sein Handeln einordnet, ist demgegenüber unerheblich.

Die Unterscheidung zwischen hoheitlicher und nicht-hoheitlicher Staatstätigkeit 5
kann nicht nach dem Zweck der staatlichen Betätigung und danach vorgenommen werden, ob diese in erkennbarem Zusammenhang mit hoheitlichen Aufgaben des Staates steht[13]. Denn die Tätigkeit des Staates wird, wenn nicht insgesamt, so doch zum weitaus größten Teil hoheitlichen Zwecken und Aufgaben dienen und mit ihnen in einem immer noch erkennbaren Zusammenhang stehen. Ebensowenig kann es darauf ankommen, ob der Staat sich gewerblich betätigt hat; denn gewerbliche Tätigkeit des Staates unterscheidet sich ihrem Wesen nach nicht von sonstiger nicht-hoheitlicher Staatstätigkeit. Maßgebend für die Unterscheidung zwischen Akten iure imperii und iure gestionis kann vielmehr nur die **Natur der staatlichen Handlung** oder des entstandenen Rechtsverhältnisses sein, nicht aber das Motiv oder der Zweck der Staatstätigkeit. Es kommt daher für die Unterscheidung darauf an, ob der ausländische Staat in Ausübung der ihm zustehenden Hoheitsgewalt, also öffentlich-rechtlich oder ob er wie eine Privatperson, also privatrechtlich tätig geworden ist[14].

Die Konzentration allein auf das Kriterium, ob der ausländische Staat öffentlich- 6
rechtlich oder privatrechtlich handelt, ist freilich nicht unproblematisch. Die **neuere Entwicklung des Völkerrechts** zur Staatenimmunität nimmt einen differenzierenden Standpunkt ein und unterscheidet nach Fallgruppen[15]. Abgestellt wird nicht nur auf die Natur des staatlichen Handelns, sondern auch darauf, ob ein besonders enger Bezug zum Gerichtsstaat besteht[16]. Ließe man allein das Kriterium der wirtschaftlichen Betätigung entscheiden, so könnte der ausländische Staat in seinem völkerrechtlichen Anspruch auf Immunität verletzt werden.

b) **Wettbewerbsrechtliche Ansprüche.** Nach diesen Grundsätzen kann sich ein aus- 7
ländischer Staat gegenüber **wettbewerbsrechtlichen Ansprüchen** niemals auf seine Immunität berufen. Denn auch der Wettbewerb, den die öffentliche Hand, etwa ein ausländischer Staat, betreibt, ist privatrechtliche, nicht hoheitliche Tätigkeit und unterliegt den privatrechtlichen Wettbewerbsvorschriften. Ein Handeln zu Zwecken des Wettbewerbs unmittelbar oder mittelbar durch einen ausländischen Staat kann seiner Natur nach nicht hoheitlich sein, zumal wenn es sich außerhalb des eigenen Territoriums auswirkt. Immunität eines in der Bundesrepublik Deutschland zu Zwekken des Wettbewerbs handelnden ausländischen Staates kommt daher nicht in Betracht[17]. Wettbewerbsrechtliche Ansprüche aus solchem Handeln können uneingeschränkt gegen den ausländischen Staat vor **deutschen Gerichten** geltend gemacht werden.

---

[13] BVerfGE aaO 61 f.

[14] BVerfGE 15, 25, 34 ff (betr. Jugoslawien, Klage auf Bewilligung der Gb-Berichtigung); BVerfGE 16, 27, 61 ff (betr. Iran, Klage auf Zahlung von Werklohn); BVerfGE 46, 342, 364 ff (betr. Philippinen, Vollstreckung aus Vers.-Urteil); BVerfGE 64, 1, 17 ff (betr. Iran, dinglicher Arrest); BGH MDR 1970, 222; OLG Koblenz OLGZ 75, 379, 380 ff; LG Frankfurt/M. NJW 1976, 1044 = AG 1976, 47 m. Anm. *Mertens* 49 ff, 52; dazu *Schanze* AG 1977, 81; LG Berlin-Charlottenburg VersR 1969, 315; *Geimer* IZPR Rdn. 555 ff; *Stein/Jonas/Schumann* Einl. Rdn. 660; *v. Schönfeld* NJW 1986, 2980; *Geiger* NJW 1978, 1124; *Grabinski* IPRax 1992, 55, 56; *Seidl-Hohenveldern* Festschr. Beitzke (1979), 1081, 1087; *Tomuschat* Festschr. Seidl-Hohenveldern (1988), 603; kritisch *Hess* RIW 1989, 254, 255.

[15] Die neueren Immunitätsgesetze z. B. in den USA (Foreign Sovereign Immunities Act 1976, ILM 15 (1976), 1138 ff), in **Großbritannien** (State Immunity Act 1978, ILM 17 (1978), 1123 ff), in **Kanada** (Act to provide immunity in Canadian Courts 1982, ILM 21 (1982), 798 ff) und in **Australien** (Foreign Sovereign Immunities Act 1985, ILM 24 (1985), 715 ff) unterscheiden nach Fallgruppen. Vgl. dazu auch *Hess* RIW aaO 254; *Geiger* NJW 1987, 1124, 1125.

[16] *Geimer* IZPR Rdn. 668; *Geiger* NJW 1987, 1124, 1125.

[17] Ebenso HdbWR/*Schütze* § 99 Rdn. 4.

Durch die neuere Entwicklung des Völkerrechts ergibt sich insoweit keine Änderung; das wirtschaftliche Handeln eines ausländischen Staates in der Bundesrepublik Deutschland zu Zwecken des Wettbewerbs hat den geforderten engen Bezug zum Gerichtsstaat[18]. Es bleibt daher auch auf der Grundlage dieser neueren Entwicklung bei der **deutschen Gerichtsbarkeit** für die Durchsetzung derartiger Ansprüche.

8 c) **Fremdenverkehrsbüros.** Fremdenverkehrsbüros, die von ausländischen Staaten in der Bundesrepublik Deutschland betrieben werden, um den Tourismus in ihrem Land zu fördern, handeln rein privatrechtlich. Sie unterliegen hinsichtlich ihrer wirtschaftlichen Betätigung uneingeschränkt der **deutschen Gerichtsbarkeit**[19].

9 d) **Handelsbüros und Außenhandelsstellen.** Handelsbüros und Außenhandelsstellen, die von ausländischen Staaten in der Bundesrepublik Deutschland zur Förderung der Ausfuhr der eigenen Waren unterhalten werden, betätigen sich ebenfalls rein privatwirtschaftlich. Sie unterliegen hinsichtlich ihrer wirtschaftlichen Betätigung im Inland in vollem Umfang der **deutschen Gerichtsbarkeit**, etwa bei irreführender Werbung für Produkte ihres Landes[20]. Der BGH hat dies offenbar für so selbstverständlich gehalten, daß er dies bei wettbewerbs- und warenzeichenrechtlichen Unterlassungsklagen eines deutschen Wettbewerbers gegen die „Irische Außenhandelsstelle", eine Einrichtung der Republik Irland zur Förderung des Exports irischer Waren, wegen der Benutzung des dreiblättrigen Kleeblatts („*Shamrock*"-Symbol) nicht einmal erwähnt, sondern ohne weiteres die deutsche Gerichtsbarkeit angenommen hat[21].

3. Europäisches Übereinkommen über Staatenimmunität

10 Am 16. August 1990 ist für die Bundesrepublik Deutschland das Europäische Übereinkommen vom 16. Mai 1972 über Staatenimmunität in Kraft getreten[22]. Vertragsstaaten sind außerdem Belgien, Luxemburg, Niederlande, Österreich, Großbritannien, Schweiz und Zypern[23]. Das Übereinkommen gilt nur im Verhältnis zwischen den Vertragsstaaten; nur darauf beziehen sich seine Regelungen[24]. Im Verhältnis zu den übrigen Staaten gelten die dargestellten Grundsätze des Völkergewohnheitsrechts über Staatenimmunität.

---

[18] Im Vordergrund der Ausnahmetatbestände der Staatenimmunität steht in allen Kodifizierungen die grenzüberschreitende privatwirtschaftliche Betätigung eines Staates. Ein Staat, der sich im grenzüberschreitenden Wirtschaftsverkehr wie ein Privater betätigt, muß sich in einem Rechtsstreit, der eben diese Betätigung betrifft, wie ein Privater behandeln lassen. Die privatwirtschaftliche Betätigung gilt als impliziter Verzicht auf die Immunität auf diesem Gebiet. So ausdrücklich **Art. 11 des Entwurfs der International Law Commission (ICL) der Vereinten Nationen**: *„If a State enters into a commercial contract with a foreign natural or juridical person and, by virtue of the applicable rules of private international law, differences relating to the commercial contract fall within the jurisdiction of a court of another State, the State is considered to have consented to the exercise of that jurisdiction in a proceeding arising out of that commercial contract, and accordingly cannot invoke immunity from jurisdiction in that proceeding."* Vgl. auch Geiger NJW aaO 1125.

[19] OLG Frankfurt/M. RIW/AWD 1977, 720, 721 (Urheberrechtsverletzung durch span. Fremdenverkehrsbüro); vgl. dazu HdbWR/*Schütze* § 99 Rdn. 5.

[20] HdbWR/*Schütze* § 99 Rdn. 6; zur Rechtsstellung der Handelsabteilung eines Generalkonsulats LG Hamburg RIW/AWD 1981, 712.

[21] BGH GRUR 1985, 970 – *Shamrock I*; BGH GRUR 1985, 978 – *Shamrock II*.

[22] BGBl. 1990 II 35; Gesetz zum Europäischen Übereinkommen vom 16. 5. 1972 über Staatenimmunität vom 22. 1. 1990, BGBl. II 34; Bekanntmachung über sein Inkrafttreten vom 24. 10. 1990, BGBl. II 1400. Zu dem Übereinkommen *Geimer* IZPR Rdn. 666 ff; *Strebel* RabelsZ 44 (1980), 66; *Hess* RIW 1989, 254 f; *Karczewski* RabelsZ 54 (1990), 533; *Kronke* IPRax 1991, 141; *Damian* in Bernhardt (Hrsg.), Encyclopedia of Public International Law 10 (1987), 151 ff.

[23] Vgl. BGBl. 1990 II 1401 ff.

[24] Art. 1 Abs. 1; vgl. auch *Strebel* RabelsZ 44 (1980), 64, 77; *Kronke* IPRax 1991, 141.

Das Übereinkommen statuiert in Art. 15 die Staatenimmunität als Grundsatz, enthält aber in Art. 1–14 zahlreiche Ausnahmen, in denen ein Vertragsstaat vor einem Gericht eines anderen Vertragsstaates keine Immunität beanspruchen kann. Das Übereinkommen folgt damit der **Theorie der relativen Staatenimmunität**[25], wie sie vom Bundesverfassungsgericht auch allgemein als Teil des Bundesrechts anerkannt und bestätigt worden ist[26]. Konnte ein Vertragsstaat in einem Verfahren vor einem Gericht eines anderen Vertragsstaates keine Immunität beanspruchen und kommt er seiner Verpflichtung nicht nach, so sieht das Übereinkommen ein gerichtliches Feststellungsverfahren im verurteilten Staat vor, das die Erfüllung der in der Gerichtsentscheidung ausgesprochenen Verpflichtung sichern soll (Art. 21 ff).

Die Tendenz des Übereinkommens, die auf eine Einschränkung der Staatenimmunität zielt, findet ihre Konkretisierung in. **Art. 4 Abs. 1.** Danach genießt ein Staat im Falle der *Inanspruchnahme aus Vertrag* dann keine Befreiung von der Gerichtsbarkeit, wenn die von ihm eingegangene Obligation auf dem Gebiet des Forum-Staates zu erfüllen ist. Dadurch soll der beklagte Staat davor bewahrt werden, vor einem Gericht verhandeln zu müssen, das nach international-verfahrensrechtlichen Zuständigkeitskriterien zur Entscheidung des Rechtsstreits gar nicht berufen wäre[27]. Dies führt im Ergebnis dazu, daß der deutsche Richter nicht wie bisher zunächst die Frage der deutschen Gerichtsbarkeit und dann die der internationalen Zuständigkeit deutscher Gerichte beantworten muß, sondern erst die Bejahung der internationalen Zuständigkeit (nach dem Erfüllungsort) die deutsche Gerichtsbarkeit begründet[28]. **11**

Art. 4 Abs. 2 enthält drei *Ausnahmen* von der Regel des Abs. 1[29]: *Zwischenstaatliche Verträge* fallen nicht in den Regelungsbereich des Abs. 1, da es dem Übereinkommen lediglich um den verbesserten Schutz der mit Staaten in Verkehr stehenden Privatpersonen geht (Abs. 2 a). *Abweichende Vereinbarungen* etwa im Rahmen eines Schiedsvertrages sind möglich (Abs. 2 b). Schließlich kann ein Staat sich immer dann auf seine Immunität berufen, wenn der dem Rechtsstreit zugrundeliegende Vertrag auf seinem Territorium geschlossen worden ist und die *Vertragspflicht* des Staates seinem *Verwaltungsrecht* unterliegt (Abs. 2 c)[30].

Art. 7 Abs. 1 des Übereinkommens verneint die Immunität eines Staates, wenn sich die Rechtsstreitigkeit auf *industrielle, Handels- oder finanzielle Aktivitäten* eines Büros, einer Agentur oder einer sonstigen Einrichtung bezieht, die der beklagte Staat auf dem *Territorium des Forum-Staates* unterhält und durch die er „auf die gleiche Weise wie eine Privatperson" tätig geworden ist[31]. Da der Regelungsgehalt des Art. 7 Abs. 1 weitgehend schon von dem Grundsatz des Art. 4 Abs. 1 abgedeckt ist, liegt seine eigenständige Bedeutung einerseits im Bereich der nicht-vertraglichen Ansprüche (Delikt, Gefährdungshaftung, ungerechtfertigte Bereicherung) und andererseits dort, wo es um vertragliche Verpflichtungen geht, die nicht auf dem Territorium des Forum-Staates zu erfüllen sind[32]. Nach **Art. 7 Abs. 2** kann schriftlich etwas Abweichendes vereinbart werden, wenn alle Parteien Staaten sind.

---

25 Denkschrift zu dem Übereinkommen, BT-Drucks. 11/4307, S. 30; vgl. auch *Karczewski* RabelsZ aaO 538 f.

26 Oben Fußn. 11.

27 Näher *Kronke* IPRax aaO 142.

28 So mit Recht *Kronke* IPRax aaO 143.

29 Näher *Kronke* IPRax ebenda.

30 Darunter fallen z. B. Stipendien und sonstige Unterhalts- und Subventionsleistungen, vgl. *Kronke* IPRax ebenda.

31 Vgl. dazu *Kronke* IPRax ebenda, insbesondere zu dem Problem, ob die Tätigkeit „wie eine Privatperson" autonom oder nach der lex fori zu qualifizieren ist.

32 Vgl. *Kronke* IPRax ebenda; *Karczewski* RabelsZ aaO 535.

Nach **Art. 8** kann ein Vertragsstaat vor den Gerichten eines anderen Vertragsstaates auch dann keine Immunität beanspruchen, wenn sich das Verfahren u. a. auf Patent, ein gewerbliches Muster oder Modell, ein Warenzeichen, eine Dienstleistungsmarke oder ein anderes gleichartiges Recht bezieht, das im Gerichtsstaat angemeldet, hinterlegt, eingetragen oder auf andere Weise geschützt ist, wenn der Staat Anmelder, Hinterleger oder Inhaber ist[33].

Nach **Art. 27 Abs.** 1 erfaßt das Abkommen **nicht** solche Träger eines Vertragsstaates, die sich von diesem unterscheiden und selbständig vor Gericht auftreten können. Darunter fallen alle **selbständigen Rechtsträger**, z. B. Staatsunternehmen, Staats- und Notenbanken, Bahn- und Postverwaltungen, staatliche Handelsstellen[34]. Sie genießen nur dann Immunität, wenn sie in Ausübung von Hoheitsgewalt tätig werden (Art. 24 Abs. 1 S. 2). Unabhängig davon können sie immer dann vor den Gerichten eines anderen Vertragsstaates verklagt werden, wenn auch der Vertragsstaat selbst nach Art. 1 – 14 keine Immunität genießen würde[35].

4. Ausländische Staatsunternehmen

12 Vielfach bedienen sich ausländische Staaten bei ihrer Betätigung in der Bundesrepublik Deutschland rechtlich selbständiger Unternehmen, d. h. **eigener Staatsunternehmen**. Insbesondere in den Staatshandelsländern des früheren Ostblocks und in den Entwicklungsländern wird bzw. wurde die staatliche Wirtschaftstätigkeit und -politik von Staatsunternehmen getragen und ausgeführt[36]. Diese Unternehmen genießen nach der Rechtsprechung **keine Immunität**; sie nehmen auch nicht an der Immunität ihres jeweiligen Trägerstaates teil[37]. In derartigen Fällen, in denen ein Staat einem ihm gehörigen Unternehmen nicht nur eine wirtschaftliche, sondern auch eine juristische Selbständigkeit für seine gewerbliche Tätigkeit eingeräumt hat, gibt es keinen Rechtssatz des Völkerrechts, einen fremden Staat von der deutschen Gerichtsbarkeit zu befreien[38]. Dabei ist gleichgültig, ob das jeweilige Staatsunternehmen als öffentlichrechtliche Körperschaft oder als privatrechtliche Gesellschaft konstituiert und organisiert ist und ob es nach den Regeln seines Heimatstaates hoheitlich oder nichthoheitlich handelt. Unerheblich ist deswegen der Einwand eines ausländischen Staatsunternehmens, es betätige sich nach den Regeln seines Landes hoheitlich[39]. Ausländische Staatsunternehmen unterliegen daher bei Wettbewerbsklagen aus ihrer Betätigung im Inland uneingeschränkt der **deutschen Gerichtsbarkeit**.

13 Dasselbe gilt für **ausländische Staatsbanken**, soweit sie sich in der Bundesrepublik Deutschland wirtschaftlich betätigen und in Wettbewerb mit anderen Banken im Inland stehen[40].

---

[33] *Kronke* IPRax aaO 143.

[34] Vgl. Denkschrift zu dem Übereinkommen aaO, S. 37; *Karczewski* RabelsZ aaO 541 f.

[35] Vgl. *Karczewski* RabelsZ aaO 542; *Kronke* IPRax aaO 147.

[36] *Esser* RIW 1984, 577; *Enderlein* RIW 1988, 333.

[37] BGHZ 18, 1, 9 f (betr. Enteignung von Marken, Tschech.); BGHZ 19, 341, 346 f (betr. die Joint Export-Import Agency-JEIA); OLG Frankfurt/M. VersR 1982, 447, 448 (betr. Ölgesellsch., Iran); OLG Saarbrücken IPRspr. 1956/57 Nr. 42 (betr. Kraftwerk, Frankreich); LG Frankfurt/M. NJW 1976, 1044, 1045 = AG 1976, 47 m. Anm. *Mertens* 49 f, 52; dazu *Schanze* AG 1977, 81 (Zementlieferung, Nigeria); zur *Energiewirtschaft* vgl. AG Bonn NJW 1988, 1393, 1394; LG Bonn IPRax 1988, 354 (beides Tschernobyl); *Gründling* IPRax 1988, 338, 339; *Kronke* PRax 1991, 141, 147; *Zöller/Gummer* § 20 GVG Rdn. 3; HdbWR/*Schütze* § 99 Rdn. 7. Zur Rechtslage in *Frankreich* und *anderen Rechtsordnungen* vgl. *Esser* RIW 1984, 577, 581 f; *Grabinski* IPRax 1992, 55, 57 f.

[38] BGHZ 18, 1, 9 f.

[39] LG Frankfurt/M. NJW 1976, 1044, 1045 = AG 1976, 47 m. Anm. *Mertens* 49 ff, 52; dazu *Schanze* AG 1977, 81.

[40] LG Frankfurt/M. NJW 1976, 1044 (Staatsbank Nigeria); *Krauskopf* WM 1986, 89 ff; *Esser* RIW 1984, 577, 578; *Schütze* BB 1979, 348, 350; *Schütze* Deutsches Internationales Zivilprozeßrecht (1985), 27; HdbWR/*Schütze* § 99 Rdn. 8.

Das **Europäische Übereinkommen über Staatenimmunität**, in der Bundesrepublik Deutschland in Kraft seit dem 16. August 1990[41], gilt nach seinem Art. 27 Abs. 1 nicht für selbständige Rechtsträger; insoweit bleibt es bei den allgemeinen Regeln des Völkerrechts[42]. 14

5. Rechtslage in den neuen Bundesländern

Nach Art. 8 des Einigungsvertrages vom 31. August 1990[43] ist mit dem 3. Oktober 1990 in den fünf neuen Bundesländern Brandenburg, Mecklenburg-Vorpommern, Sachsen, Sachsen-Anhalt und Thüringen Bundesrecht in Kraft getreten. Damit gelten seitdem auf dem Territorium dieser Länder ebenfalls die Grundsätze der deutschen Gerichtsbarkeit einschließlich der allgemeinen Regeln des Völkerrechts (Art. 3 des Einigungsvertrages i. V. m. Art. 25 GG) sowie einschließlich der völkerrechtlichen Verträge und Vereinbarungen, denen die Bundesrepublik Deutschland als Vertragspartei angehört (Art. 11 des Einigungsvertrages; *Prinzip der „beweglichen Vertragsgrenzen"*)[44]. Dazu gehören auch die beiden Wiener Übereinkommen vom 18. April 1961 über diplomatische Beziehungen und vom 24. April 1963 über konsularische Beziehungen und das Europäische Übereinkommen vom 16. Mai 1972 über Staatenimmunität. 15

II. Rechtsweg

Literatur

Baumbach/Lauterbach/Albers/Hartmann ZPO, 50. Aufl. (1992); *Bechtold* Auswirkungen des neuen § 51 Abs. 1 SGG auf kartellrechtliche Streitigkeiten zwischen Krankenkassen und privaten Leistungserbringern, WuW 1989, 550; *Bettermann* Anmerkung zu BGH (GSZ) DVBl. 1977, 177 (= BGHZ 66, 229 – Studentenversicherung), DVBl. 1977, 180; *Bettermann* Vom Rechtsschutz und Rechtsweg des Bürgers gegen Rundfunk-Rufmord, NJW 1977, 513; *Brackmann* Zum Rechtsweg in Wettbewerbsstreitigkeiten bei Beteiligung einer öffentlich-rechtlichen Körperschaft der Sozialversicherung, NJW 1982, 84; *Emmerich* Das Wirtschaftsrecht der öffentlichen Unternehmen (1969), 280, 285 ff; *Erichsen/Martens* Allgemeines Verwaltungsrecht, 8. Aufl. (1988) mit *Bearbeiter*; *v. Gamm* Verwaltungshandeln und Rechtsweg, NJW 1957, 1055; *v. Gamm* Neuere Rechtsprechung zum Wettbewerbs- und Warenzeichenrecht, GRUR 1989, 377, 380 und GRUR 1990, 313; *v. Gamm* Neuere Rechtsprechung zum Wettbewerbs- und Markenrecht, GRUR 1991, 405; *Harder* Der Rechtsweg bei Klagen gegen unlauteren Wettbewerb der öffentlichen Hand, GRUR 1968, 403; *Hitzler* Berufsrechtliche Maßnahmen der Berufsvertretungen der freien Berufe als Problem der Wettbewerbsbeschränkung, GRUR 1981, 110; *Hitzler* Kartellrechtsweg gegen berufsrechtliche Maßnahmen einer Landesapothekerkammer, GRUR 1982, 474; *Horak* Die wirtschaftliche Betätigung der öffentlichen Hand in der Bundesrepublik Deutschland und ihre Probleme (1964); *Hubmann* Wirtschaft und Verwaltung, Beilage zum Gewerbearchiv 1982, 41; *Kirchhof* Der Leistungswettbewerb unter Einsatz der Beitragshoheit, DVBl. 1982, 933; *Kissel* Neues zur Gerichtsverfassung, NJW 1991, 945; *Kopp* Änderungen der Verwaltungsgerichtsverordnung zum 1. 1. 1991, NJW 1991, 521 ff, 527; *Lüke/Walchshöfer* Münchener Kommentar zur ZPO, Bd. 1 und 2 (1992) mit *Bearbeiter*; *Maurer* Allgemeines Verwaltungsrecht, 8. Aufl. (1992); *Melullis* Zum zivilprozessualen Rechtsschutz gegen wettbewerbswidriges Handeln staatlicher Einrichtungen, WRP 1988, 228; *Menger* Zur Frage des Rechtsweges bei Wettbewerbsstreitigkeiten zwischen Privaten und öffentlicher Hand, VerwArch. 68 (1977), 293; *Menger* Zum Stand der Meinungen über die Unterscheidung von öffentlichem und privatem Recht, Festschr. Wolff (1973), 149; *Mestmäcker* Die Abgrenzung

---

[41] Oben Fußn. 22.

[42] Näher Rdn. 11; vgl. im übrigen *Kronke* IPRax aaO 147.

[43] BGBl. 1990 II 889.

[44] Vgl. zur Rechtsnachfolge in völkerrechtliche Verträge *Horn* NJW 1990, 2173; *Hailbronner* JZ 1990, 449, 453; zum Schicksal der Staatsverträge der ehemaligen DDR nach dem Einigungsvertrag *Hailbronner* JZ ebenda; *Drobnig* DtZ 1991, 76, 78 f m. weit. Nachweisen.

von öffentlich-rechtlichem und privatrechtlichem Handeln im Wettbewerbsrecht, NJW 1969, 1; *Meyer-Ladewig* Zweifelsfragen über den richtigen Rechtsweg in sozialrechtlichen Streitigkeiten in der Rechtsprechung der obersten Gerichtshöfe des Bundes, SGb 1979, 401; *Pietzcker* Rechtsschutz bei der Vergabe öffentlicher Aufträge, NVwZ 1983, 121; *Pinger* Der Rechtsweg bei Wettbewerbsverstößen der öffentlichen Hand, GRUR 1973, 456; *Piper* Zum Wettbewerb der öffentlichen Hand, GRUR 1986, 574, 576ff; *Püttner* Unlauterer Wettbewerb der öffentlichen Hand, GRUR 1964, 359; *Püttner* Anmerkung zu BGH (GSZ) DÖV 1976, 632 (=BGHZ 66, 229 – Studentenversicherung), DÖV 1976, 635; *Rohwer-Kahlmann* Hoheitliche Aufgaben der Krankenkassen und unlauterer Wettbewerb – Fehlsame Entwicklung der einschlägigen BGH-Rechtsprechung, SGb 1980, 89; *Rohwer-Kahlmann* BGH untersagt RVO-Kassen die Selbstabgabe von Brillen – Schutz der zugelassenen Optiker der Kassen vor „ruinösem Wettbewerb" oder Begründung eines „gesetzwidrigen Lieferungsmonopols"? SGb 1982, 373; *Rosenberg/Schwab* Lehrbuch des Zivilprozeßrechts, 14. Aufl. (1986); *Schimmelpfeng* Wettbewerb und Sozialversicherung, NJW 1977, 1093; *Schmittat* Rechtsschutz gegen staatliche Wirtschaftskonkurrenz, ZHR 148 (1984), 428; *Schmitz* Grenzfälle zu den Sachurteilsvoraussetzungen des Zivilprozesses, JuS 1976, 441; *Scholz/Isensee* Zur Krankenversicherung der Studenten (1973); *Scholz* Wettbewerbsrecht und öffentliche Hand, ZHR 132 (1969), 97; *Scholz* Wettbewerb der öffentlichen Hand – Sanktions- und Rechtswegprobleme zwischen öffentlichem Recht und Privatrecht, NJW 1974, 781; *Scholz* Wettbewerbsrechtliche Klagen gegen Hoheitsträger: Zivil- oder Verwaltungsrechtsweg? NJW 1978, 16; *Schricker* Wirtschaftliche Tätigkeit der öffentlichen Hand und unlauterer Wettbewerb, 2. Aufl. (1987), Schriftenreihe zum Gewerblichen Rechtsschutz Bd. 14; *Schultz-Süchting* Der Rechtsschutz bei erwerbswirtschaftlicher Betätigung der öffentlichen Hand, GRUR 1974, 700; *Spieß* Leistungserbringung in der gesetzlichen Krankenversicherung nach sozialrechtlichen oder wirtschaftsverfassungsrechtlichen Gesichtspunkten? SGb 1984, 56; *Spieß* Rechts(weg)fragen bei der Zulassung von Heil- und Hilfsmittelerbringern nach dem Gesundheits-Reformgesetz, SGb 1989, 5; *Stein/Jonas* ZPO, 20. Aufl. (1984ff) mit *Bearbeiter*; *Stelkens* Einführung der Verwaltungsgerichtsbarkeit im Gebiet der früheren DDR – Die Rechtslage aufgrund des Einigungsvertrages, DtZ 1991, 7; *Stelkens* Das 4. VwGO-Änderungsgesetz – Ende einer Reform? NVwZ 1991, 209; *Teplitzky* Wettbewerbsrechtliche Ansprüche, 6. Aufl. (1992); *Tettinger* Zivilrechtliche Kontrolle des Wettbewerbshandelns der öffentlichen Hand, JA 1981, 156; *Tetzlaff* Wettbewerb von Sozialversicherungsträgern – Rechtswegfrage, WuW 1990, 1009; *Thomas/Putzo* ZPO, 17. Aufl. (1991); *P. Ulmer* Die Anwendung von Wettbewerbs- und Kartellrecht auf die wirtschaftliche Tätigkeit der öffentlichen Hand beim Angebot von Waren und Dienstleistungen, ZHR 146 (1982), 466; *Vollmar* Rechtsweg und Maßstab für Klagen gegen die öffentliche Hand wegen Wettbewerbsverstößen, Diss. Heidelberg (1978); *Wenzel* Wirtschaftliche Betätigung der öffentlichen Hand, NJW 1961, 2102; *Wolff/Bachof* Verwaltungsrecht I, 9. Aufl. (1974); *Zöller* ZPO, 17. Aufl. (1991) mit *Bearbeiter*.

1. Wettbewerbsrechtliche Ansprüche

16 Der ordentliche Rechtsweg, d.h. der Zugang zu den Gerichten der öffentlichen Gerichtsbarkeit ist in allen **bürgerlich-rechtlichen Streitigkeiten** gegeben, sofern nicht entweder die Zuständigkeit von Verwaltungsbehörden oder Verwaltungsgerichten begründet ist oder aufgrund von Vorschriften des Bundesrechts besondere Gerichte bestellt oder zugelassen sind (§ 13 GVG). Vor die Verwaltungsgerichte gehören alle öffentlich-rechtlichen Streitigkeiten nichtverfassungsrechtlicher Art, wenn sie nicht durch Bundesgesetz einem anderen Gericht ausdrücklich zugewiesen sind, soweit also keine Sonderzuständigkeit besteht (§ 40 Abs. 1 S. 1 VwGO). Für öffentlich-rechtliche Streitigkeiten verfassungsrechtlicher Art ist, soweit Bundesrecht betroffen ist, das Bundesverfassungsgericht zuständig (Art. 93 GG i. V. m. § 13 BVerfGG). Im übrigen bestehen Sonderzuständigkeiten für bestimmte öffentlich-rechtliche Streitigkeiten, z. B. gemäß § 40 Abs. 2 S. 1 VwGO (ordentlicher Rechtsweg für vermögensrechtliche Ansprüche aus Aufopferung für das gemeine Wohl, aus öffentlich-rechtlicher Verwahrung für Schadensersatzansprüche aus der Verletzung öffentlich-rechtlicher Pflichten, die nicht auf öffentlich-rechtlichem Vertrag beruhen), gemäß Art. 14 Abs. 3 S. 3 GG (ordentlicher Rechtsweg für die Höhe der Entschädigung bei Enteignung, enteignungsgleichem und enteignendem Eingriff), gemäß Art. 34 S. 3 GG (ordentlicher Rechtsweg für Schadensersatzanspruch aus Amtspflichtverletzung und für Rückgriff gegen den Beamten), für bestimmte Arten öffentlich-rechtlicher Streitigkeiten, z. B. gemäß § 51 Abs. 1 SGG (für Streitigkeiten in Angelegenheiten der Sozialversicherung, der Arbeitslosenversicherung und der Kriegsopferversorgung), gemäß § 33 Abs. 1 FGO (für Streitigkeiten über Abgabeangelegenheiten und über die Vollziehung von Verwaltungsakten in derartigen Angelegenheiten) und im **gewerblichen Rechtsschutz** gemäß § 13 Abs. 5 WZG, §§ 73, 100, 110, 122 PatG 1981, §§ 62, 73 GWB, § 8 Abs. 4 GebrMG.

Für **wettbewerbsrechtliche Ansprüche** besteht **keine besondere Zuweisung**. Der **17** Gesetzgeber hat sie in § 27 Abs. 1 UWG, soweit sie bürgerlich-rechtliche Streitigkeiten sind, den Kammern für Handelssachen zugewiesen, sofern in erster Instanz die Landgerichte zuständig sind. Die Vorschrift setzt also ausdrücklich eine bürgerlich-rechtliche Streitigkeit aufgrund des UWG voraus und enthält lediglich eine Zuweisung an die Kammern für Handelssachen. Sie enthält dagegen keine Qualifikation der Klagen aus UWG als bürgerlich-rechtliche Streitigkeit[45]. Liegt eine bürgerliche Rechtsstreitigkeit vor, so sind die *ordentlichen Gerichte* zuständig[46].

Ob es sich um eine bürgerlich-rechtliche oder eine öffentlich-rechtliche Streitigkeit handelt, muß daher im Einzelfall anhand von **Abgrenzungskriterien** entschieden werden (unter Rdn. 19 ff).

Wenn **öffentlich-rechtliche Körperschaften** oder **öffentliche Unternehmen** (z. B. die **18** Post, die Bahn, andere öffentlich-rechtlich organisierte „Unternehmen") am Wirtschaftsverkehr und damit am Wettbewerb teilnehmen, stellt sich die Frage, ob die Durchsetzung wettbewerbsrechtlicher Ansprüche eine bürgerlich-rechtliche Streitigkeit ist – mit der Folge der Zuständigkeit der ordentlichen Gerichte – oder eine öffentlich-rechtliche – mit der Folge der Zuständigkeit der Verwaltungsgerichte oder öffentlich-rechtlicher Spezialgerichte. Dieses Problem hat die Rechtsprechung in einer Vielzahl von Fällen beschäftigt.

2. Abgrenzung bürgerlich-rechtliche und öffentlich-rechtliche Streitigkeit

Die Abgrenzung, ob eine öffentlich-rechtliche oder bürgerlich-rechtliche Streitigkeit **19** vorliegt, spielt im öffentlichen Recht bei der Rechtswegfrage (§ 40 Abs. 1 VwGO) eine entscheidende Rolle. Dazu hat das öffentliche Recht eine Reihe von **Theorien** entwickelt.

a) **Abgrenzungstheorien.** Auf die wichtigsten Abgrenzungstheorien soll hier eingegangen werden. **20**

Die **Subordinationstheorie** (oder Subjektionstheorie, Über-Unterordnungstheorie)[47] läßt das Verhältnis der Beteiligten untereinander maßgebend sein. In der Regel treten sich im öffentlichen Recht Bürger und Verwaltung im Über-Unterordnungsverhältnis

---

[45] *Schricker* Wirtschaftliche Tätigkeit der öffentlichen Hand und unlauterer Wettbewerb^2 (1987), 241; mißverständlich *Scholz* NJW 1978, 16, 17.

[46] *Baumbach/Hefermehl* Einl. Rdn. 454; *Teplitzky*^{6} Kap. 45 Rdn. 1; HdbWR/*Seibt* § 64 Rdn. 1; *Baumbach/Lauterbach/Albers* § 13 GVG Anm. 7 „Wettbewerb"; *Zöller/Gummer* § 13 GVG Rdn. 69 „Wettbewerb".

[47] Vgl. *Wolff/Bachof* VerwR I^9, § 22 II a 7; *Maurer* AllVerwR^8, § 3 Rdn. 16; *v. Münch* in Erichsen/Martens, AllVerwR^8, § 2 II 1. Diese Theorie wurde vertreten vom **RG** (vgl. z. B. RGZ 166, 118 f; 167, 281, 287), vom **BGH** (BGHZ 14, 222, 227; BGH NJW 1970, 811), vereinzelt auch vom **BVerwG** (BVerwGE 29, 161).

(Subordinationsverhältnis) gegenüber. Typisch ist die einseitig verbindliche Regelung durch Gesetz oder Verwaltungsakt. Im Privatrecht stehen die Beteiligten dagegen gleichberechtigt nebeneinander (Gleichordnungsverhältnis); der gegenseitige Vertrag ist das typische rechtliche Verpflichtungsband. Diese Theorie geht auf die Vorstellung des 19. Jahrhunderts zurück, nach der die Verwaltung auf Gefahrenabwehr und hoheitlichen Eingriff beschränkt war[48]. Sie berücksichtigt nicht ausreichend, daß es auch im Privatrecht Über- und Unterordnungsverhältnisse gibt (z. B. Eltern-Kind-Verhältnis, Vormund-Pflegling), und andererseits im öffentlichen Recht auch Gleichordnung (z. B. bei öffentlich-rechtlichen Verträgen). Den Rechtsbeziehungen in der modernen Leistungsverwaltung wird diese Theorie nicht hinreichend gerecht[49].

Die **Interessentheorie**[50] läßt die Interessenrichtung des einzelnen Rechtssatzes entscheiden. Zum öffentlichen Recht gehören danach die dem öffentlichen Interesse dienenden Rechtssätze, zum Privatrecht diejenigen Rechtssätze, die das Individualinteresse im Auge haben. Diese Theorie ist zwar flexibler als die Subordinationstheorie, weil sie den einzelnen Rechtssatz, aus dem der Anspruch hergeleitet wird, als Maßstab für die Abgrenzung heranzieht. Gleichwohl bringt sie gerade in Zweifelsfällen nicht immer eine zuverlässige Abgrenzung; denn vielfach verfolgen Rechtssätze Interessen in beiden Richtungen – öffentliche und private –, und gerade aus dieser Konstellation resultieren die Abgrenzungsschwierigkeiten im Einzelfall[51]. Diese Theorie vermag daher die Abgrenzungsfragen vielfach nicht zu lösen. Sie stellt aber immerhin auf ein wichtiges Kriterium des jeweiligen Rechtssatzes ab, aus dem der Anspruch hergeleitet wird.

Die heute herrschende, von *Hans J. Wolff* entwickelte **Zuordnungstheorie** (oder modifizierte Subjektstheorie, Sonderrechtstheorie)[52] entscheidet nach dem Zuordnungssubjekt des jeweiligen Rechtssatzes. Zum öffentlichen Recht gehören die Rechtssätze, die den Staat oder einen sonstigen Träger öffentlicher Gewalt als Zuordnungssubjekt haben und die diese öffentliche Gewalt für eine bestimmte, mit ihr ausgestattete Stelle konkretisieren. Das öffentliche Recht ist damit das Sonderrecht des Staates (Sonderrechtstheorie). Zum Privatrecht gehören dagegen diejenigen Rechtssätze, die den Bürger als Zuordnungssubjekt haben, in denen sich seine Rechte und Pflichten gegenüber anderen Bürgern konkretisieren[53]. Auch diese Theorie erläutert die Abgrenzungsprobleme, verlagert sie aber auf eine andere Argumentationsebene, ohne zur Lösung der Abgrenzungsfrage entscheidend beizutragen.

Neuerdings wird eine **modifizierte Zuordnungstheorie**[54] vertreten. Danach ist zwar auch auf das Zuordnungssubjekt abzustellen. Für das öffentliche Recht kommt es aber maßgebend darauf an, ob ein Hoheitsträger Normadressat ist. Entscheidend ist nicht, ob dieser ausschließlich, sondern ob er als solcher, d. h. gerade in seiner Eigenschaft als Hoheitsträger berechtigt und verpflichtet wird.

21 Keine der aufgeführten Theorien gestattet eine zuverlässige und in allen Fällen passende und zufriedenstellende Qualifikation eines Rechtsverhältnisses entweder als bürgerlich-rechtlich oder als öffentlich-rechtlich. In den meisten Fällen bereitet die

---

48 *Maurer* ebenda.

49 *Maurer* ebenda.

50 Vgl. *Maurer* § 3 Rdn. 15; *v. Münch* in Erichsen/Martens, ebenda. Diese Theorie geht auf den römischen Juristen *Ulpian* (170 – 228 n. Chr.) zurück: *„Publicum ius est quod ad statum rei Romanae spectat, privatum quod ad singulorum utilitatem."* (Dig. 1, 1, 1).

51 Zur Kritik vgl. *Wolff/Bachof* aaO § 22 II a 6; *Maurer* ebenda; *v. Münch* in Erichsen/Martens, ebenda.

52 *Wolff/Bachof* aaO § 22 II c; *Maurer* aaO Rdn. 17; *v. Münch* in Erichsen/Martens ebenda.

53 Näher *Wolff/Bachof* ebenda m. weit. Nachweisen.

54 Vgl. *Wolff/Bachof* ebenda; *Maurer* aaO Rdn. 18; *v. Münch* in Erichsen/Martens ebenda; *Bettermann* NJW 1977, 715.

Abgrenzung jedoch kaum Schwierigkeiten und kommen alle Theorien zu demselben Ergebnis[55].

b) **Abgrenzung bei wettbewerbsrechtlichen Ansprüchen.** Die Rechtsprechung zur Zuordnung von **wettbewerbsrechtlichen Ansprüchen** als bürgerlich-rechtlich oder öffentlich-rechtlich bietet ein uneinheitliches Bild. Sie war zunächst geprägt von der Vorstellung, den Zivilgerichten sei ein Eingriff in die hoheitliche oder auch nur schlicht verwaltende Tätigkeit des Staates oder andere Körperschaften des öffentlichen Rechts generell verwehrt[56]. Deswegen wurde darauf abgestellt, wie die Leistungsbeziehungen des Trägers der öffentlichen Gewalt im Innenverhältnis gegenüber ihren Abnehmern und Benutzern gestaltet waren. Später hat die Rechtsprechung eine von der Subordinationstheorie gekennzeichnete Abgrenzung vertreten[57], während sie sich neuerdings an der *Natur des Rechtsverhältnisses*, aus dem der Klageanspruch folgt, orientiert[58]. Damit hat sie sich weitgehend der Interessentheorie angenähert. **22**

aa) **Die ältere Rechtsprechung.** In der älteren Rechtsprechung des RG und des BGH wird für die Abgrenzung zwischen bürgerlich-rechtlicher und öffentlich-rechtlicher Streitigkeit häufig abgestellt auf die Leistungsbeziehungen des Trägers der öffentlichen Gewalt im **Innenverhältnis** gegenüber dessen Abnehmern und Benutzern. Sind diese privatrechtlich gestaltet, liegt eine bürgerlich-rechtliche Streitigkeit vor, mit der Folge, daß der ordentliche Rechtsweg gegeben ist. Im anderen Fall ist der Rechtsweg zu den Zivilgerichten verwehrt[59]. Zur Begründung wird darauf verwiesen, die Zivilgerichte könnten nicht in die hoheitliche oder auch nur schlicht verwaltende Tätigkeit des Staates oder anderer Körperschaften des öffentlichen Rechts eingreifen. Allenfalls die Verwaltungsgerichte seien zur Entscheidung berufen, wenn die Aufhebung eines Verwaltungsaktes begehrt werde oder in sonstiger Weise auf das hoheitliche Handeln eines Verwaltungsträgers Einfluß genommen werden solle[60]; denn ob eine juristische Person des öffentlichen Rechts sich als Hoheitsträger, also bei Ausübung ihrer öffentlichen Gewalt, rechtmäßig oder rechtswidrig verhalte, bestimme ausschließlich das öffentliche Recht[61]. Soweit die juristische Person des öffentlichen Rechts dagegen im Rechtsverkehr privatrechtlich auftritt, insbesondere ihr Verhältnis zu ihren Mitgliedern, Abnehmern und Benutzern privatrechtlich gestaltet ist, sollen wettbewerbsrechtliche Ansprüche bürgerlich-rechtliche Streitigkeiten sein. So hat das **RG** den Rechtsweg zu den Zivilgerichten für die Klage eines Interessenverbandes bejaht, die auf Unterlassung von Wettbewerbshandlungen gegen eine öffentlich-rechtliche **Feuerversicherungsanstalt** gerichtet war[62]; denn das Verhältnis zwischen Feuerversicherungsanstalt und deren Versicherungsunternehmern war privatrechtlich ausgestaltet. Der **BGH** hat demgegenüber den ordentlichen Rechtsweg für die Klage eines Bauunternehmers gegen eine staatliche Baubehörde *verneint*, die auf **Widerruf nachteiliger Behauptungen** gerichtet **23**

---

55 Näher *Maurer* aaO Rdn. 20.

56 Dies ging auf die grundlegende Entscheidung des **Großen Zivilsenats des BGH** vom 19. 12. 1960 (BGHZ 34, 99, 105) zurück (ergangen zur Amtshaftung), nach der den Zivilgerichten nicht die Möglichkeit eingeräumt ist, auf dem Wege der Verurteilung zum Schadensersatz (Naturalrestitution) Akte der hoheitlichen Verwaltung aufzuheben und damit in die Zuständigkeit der Verwaltungsgerichte überzugreifen. Vgl. dazu *v. Gamm* Kap. 17 Rdn. 15.

57 Näher Rdn. 20.

58 Grundlegend die beiden Entscheidungen des **Großen Zivilsenats des BGH** vom 22. 3. 1976 in BGHZ 66, 229, 232 = GRUR 1976, 658, 659 f – *Studenten-Versicherung* und BGHZ 67, 81, 85 = GRUR 1977, 51, 52 f – *Auto-Analyzer*.

59 RGZ 116, 28, 31; RGZ 153, 1, 7; BGHZ 14, 222, 227; BGH NJW 1967, 1911 – *Hausverbot*; BGH GRUR 1956, 227 – *Reisebüro*; *Baumbach/Hefermehl* § 1 Rdn. 923 f.

60 BGHZ 34, 99, 104 (betr. Amtshaftung) m. Nachw.; *Baumbach/Hefermehl* § 1 Rdn. 923.

61 Vgl. *Bettermann* DVBl. 1977, 180 ff; *Menger* VerwArch. 68 (1977), 295 f; *Püttner* DÖV 1976, 635.

62 RGZ 116, 28, 31.

war, die in einer an gleich- und nachgeordnete Behörden gerichteten Dienstanweisung aufgestellt waren[63]; denn es handelte sich bei diesem Rundschreiben um einen dem öffentlichen Recht zugehörigen Akt der Verwaltung, um eine obrigkeitliche Willensäußerung, die die Behörde kraft ihrer Hoheitsgewalt vorgenommen hatte. Auch für die Unterlassungsklage eines von **Warnungen einer IHK** betroffenen Unternehmers wurde der ordentliche Rechtsweg verneint, weil die IHK im Verhältnis zu ihren Mitgliedern hoheitlich tätig wird[64]. Andererseits hat der BGH den Rechtsweg zu den ordentlichen Gerichten im Falle eines **Hausverbotes** bejaht, das eine Behörde gegenüber einem Handelsvertreter erlassen hatte, um ihn von der Vermittlung von Lieferaufträgen auszuschließen[65]; die entsprechende Dienstanweisung betreffe ihrem Gegenstand nach die Tätigkeit der Verwaltung auf dem Gebiet der fiskalischen Bedarfsbeschaffung und sei daher privatrechtlicher Natur. Für die Klage eines privaten Reisebüros auf **räumliche Trennung des stadteigenen Reisebüros vom städtischen Paßamt** hat der BGH den ordentlichen Rechtsweg bejaht, weil diese Trennung wegen der privatrechtlichen Gestaltung des internen Benutzungsverhältnisses auf Vornahme einer privatrechtlichen Handlung gerichtet sei[66]. Auf das privatrechtlich gestaltete Leistungsverhältnis hat der BGH auch beim **Verkauf von Blockeis** unter Preis an Private durch einen städtischen Schlachthof abgestellt und deswegen den Rechtsweg zu den ordentlichen Gerichten bejaht[67].

24 bb) **Subordinationstheorie in der Rechtsprechung von RG und BGH.** Uneinheitlich und teilweise parallel zu der geschilderten Rechtsprechung haben zunächst das RG, dann insbesondere der BGH sich von der Vorstellung gelöst, es komme für die Abgrenzung zwischen bürgerlich-rechtlicher und öffentlich-rechtlicher Streitigkeit auf die Gestaltung des Innenverhältnisses des Trägers öffentlicher Gewalt gegenüber seinen Abnehmern und Benutzern an. Das RG hatte in einem Fall, in dem es darum ging, daß **Schallplattenhersteller** unter Berufung auf § 1 UWG und andere Vorschriften des bürgerlichen Rechts von der früheren Reichs-Rundfunk GmbH begehrten, sie solle die Sendung von Schallplatten aus der Produktion der Kläger unterlassen, eine bürgerlich-rechtliche Streitigkeit angenommen, obwohl die Reichs-Rundfunk GmbH mit hoheitlichen Aufgaben auf dem Gebiet des Rundfunkwesens betraut war[68].

25 Stand diese Entscheidung noch in einem gewissen Widerspruch zu der bisherigen RG-Rechtsprechung, so wird die Wandlung in der **BGH-Rechtsprechung** gekennzeichnet durch das *AKI*-Urteil[69]. Dort hat der BGH ein privatrechtliches Wettbewerbsverhältnis und damit den Rechtsweg zu den ordentlichen Gerichten zwischen einer Rundfunkanstalt und dem Inhaber eines Aktualitätenkinos angenommen, der Fernsehsendungen mit Hilfe eines Großprojektors direkt auf die Kinoleinwand übertrug. Das Gericht begründete dies einmal damit, daß die Rundfunkanstalt das Sendegut zwar kraft hoheitsrechtlichen Sendemonopols an die Allgemeinheit heranführe, es aber auf privatrechtlicher Ebene erworben habe; zum anderen damit, daß die Rundfunkanstalt in diesem Bereich Mitbewerbern um die Nachfrage des Publikums auf dem Boden der Gleichordnung und eben nicht durch Überordnung gegenübertrete. Auf derselben Linie liegt das *Vortragsabend*-Urteil[70]; dort hat der BGH den Rechtsweg zu den ordentlichen Gerichten für eine Klage aus § 1 UWG gegen eine Rundfunkanstalt bejaht, die eine

---

[63] BGHZ 14, 222, 227.
[64] BGH NJW 1956, 711.
[65] BGH NJW 1967, 1911.
[66] BGH GRUR 1956, 227 – *Reisebüro.*
[67] BGH GRUR 1962, 159 – *Blockeis I*; BGH GRUR 1965, 373 – *Blockeis II.*
[68] RGZ 153, 1, 4 ff.
[69] BGHZ 37, 1, 17 = GRUR 1962, 470, 472 f.
[70] BGHZ 39, 352, 355 ff = GRUR 1963, 575, 576 f.

Unterhaltungssendung ohne Wissen des Veranstalters auf Tonband aufgenommen hatte, um sie später für Sendezwecke zu verwenden. Das Gericht hat dort erneut darauf hingewiesen, daß es insoweit nicht auf das hoheitsrechtliche Sendemonopol der Rundfunkanstalt, sondern darauf ankommt, daß sich diese und der Veranstalter des Vortragsabends um die Nachfrage des Publikums nach Unterhaltung auf dem Boden der Gleichordnung gegenüberständen und das Publikum zwischen unterhaltenden Rundfunksendungen und Unterhaltungsdarbietungen anderer Art frei wählen könne. Ebenso hat der BGH in der Entscheidung *fix und clever*[71], die den Schadensersatzanspruch einer Filmverleihfirma gegen eine Rundfunkanstalt wegen einer als herabsetzend und geschäftsschädigend empfundenen Filmbesprechung zum Gegenstand hatte, ausgesprochen, daß der Annahme eines privatrechtlichen Wettbewerbsverhältnisses und damit dem Rechtsweg zu den ordentlichen Gerichten nicht entgegenstehe, daß die Rundfunkanstalt eine ihr kraft Gesetzes zugewiesene öffentlich-rechtliche Tätigkeit ausübe; entscheidend sei die Gleichordnung zwischen Rundfunkanstalt und Filmverleihunternehmen beim Wettbewerb um die Nachfrage des Publikums nach Unterhaltung.

Diese auf der Subordinationstheorie fußende Rechtsprechung hat der BGH auch in späteren Entscheidungen bestätigt und dabei immer wieder auf das Kriterium der **Gleichordnung** der öffentlichen Unternehmen im Wettbewerb mit den Leistungen privater Anbieter abgestellt[72].

cc) **Die neuere Rechtsprechung des BGH.** Maßgebliche Bedeutung für die Entwick- **26**
lung der Rechtsprechung kommt den beiden Entscheidungen des **Großen Zivilsenats des BGH** vom 22. März 1976 zu, in denen auf die Zulässigkeit des Zivilrechtswegs gemäß § 13 GVG für solche Klageansprüche erkannt worden ist, die sich mit der Behauptung eines Verstoßes gegen die Verhaltensnormen des Wettbewerbsrechts (UWG und GWB) gegen Hoheitsträger bzw. gegen deren hoheitliche Tätigkeiten richten[73]. Damit hat der BGH die bisher bestehende Unsicherheit hinsichtlich des Rechtsweges, wenn sich Hoheitsträger im Wettbewerb betätigen, beseitigt[74]. Es ging einmal um die auf das UWG gestützte Unterlassungsklage eines Interessenverbandes der privaten Krankenversicherer gegen das Angebot einer Studentenversicherung durch eine RVO-Kasse zu Dumping-Preisen (GSZ 1/75)[75]. In der anderen Entscheidung ging es um die auf Tatbestände des GWB gestützte Unterlassungs- und Auskunftsklage eines Privaten gegen eine Kassenärztliche Vereinigung und eine Landesärztekammer wegen eines von diesen hoheitlich herausgegebenen, aber wettbewerblich relevanten Rundschreibens (GSZ 2/75)[76].

Nach Ansicht des **Großen Zivilsenates des BGH** hängt die Frage des Rechtsweges **27**
von der **Natur des Anspruchs** ab, wie er in dem **Klagebegehren** zum Ausdruck kommt. Eine bürgerlich-rechtliche Streitigkeit liegt danach vor, wenn sich das Klagebegehren als die Folge eines Sachverhalts darstellt, der nach bürgerlichem Recht zu beurteilen ist. Der Gesichtspunkt, den Zivilgerichten sei ein Eingriff in die hoheitliche oder auch nur schlicht verwaltende Tätigkeit des Staates oder anderer Körperschaften des öffentlichen Rechts verwehrt, hat demgegenüber keine selbständige Bedeutung und

---

71 BGH GRUR 1968, 314, 316.

72 Vgl. BGH GRUR 1973, 530 – *Crailsheimer Stadtblatt*; BGH GRUR 1974, 733 – *Schilderverkauf*; vgl. dazu *Schultz-Süchting* GRUR 1974, 700, 702; *Baumbach/Hefermehl* § 1 Rdn. 919.

73 BGHZ 66, 229, 232 = GRUR 1976, 658, 659 – *Studenten-Versicherung*; BGHZ 67, 81, 85 = GRUR 1977, 51, 52 – *Auto-Analyzer*; vorher schon BGH (Kartellsenat) GRUR 1976, 153, 154 – *Zusatzversicherung* (insoweit nicht in BGHZ 64, 232 abgedruckt).

74 Vgl. *v. Gamm* Kap. 17 Rdn. 14 ff; *Baumbach/Hefermehl* Einl. Rdn. 454; *Teplitzky*[6] Kap. 45 Rdn. 1; HdbWR/*Seibt* § 64 Rdn. 1 ff; *Scholz* NJW 1978, 16.

75 BGHZ 66, 229, 232 = GRUR 1976, 658, 659 – *Studenten-Versicherung*.

76 BGHZ 67, 81, 85 = GRUR 1977, 51, 53 – *Auto-Analyzer*.

hindert nicht die Zuweisung dieser Rechtsstreitigkeit in den ordentlichen Rechtsweg. Gleichgültig ist daher die in der früheren Rechtsprechung wichtige Frage, daß mit der Bejahung eines zivilrechtlichen Unterlassungsanspruchs in hoheitliche Tätigkeit eingegriffen wird, das Zivilgericht also im Ergebnis eine öffentlich-rechtliche Tätigkeit beurteilt. Zusätzlich greift der BGH – nicht sonderlich glücklich[77] – auf die überholte Subordinationstheorie zurück und meint, zwischen privaten Krankenversicherern und RVO-Kassen bestehe kein Verhältnis der Über- oder Unterordnung, sondern ein Gleichordnungsverhältnis[78]. Die Kernsätze der Entscheidung lauten: „*Danach unterliegt die öffentliche Hand im Falle einer wirtschaftlichen Betätigung den Schranken des allgemeinen Wettbewerbsrechts unabhängig davon, ob die Leistungsbeziehungen zu ihren Abnehmern, Mitgliedern oder Benutzern privatrechtlich oder öffentlichrechtlich gestaltet sind. Ein und dieselbe Handlung kann je nach der Beziehung, in der sie Wirkungen äußert, einmal als hoheitlich, zum anderen als privatrechtlich zu qualifizieren sein. Eine privatrechtliche Qualifizierung ist geboten, wenn die öffentliche Hand ... zu privaten Mitbewerbern in einem echten Wettbewerbsverhältnis steht, beide sich also als Anbieter auf dem Boden der Gleichordnung gegenüberstehen und besondere öffentlichrechtliche Beziehungen zwischen ihnen nicht gegeben sind.*“[79]

28 Der BGH befürwortet damit eine **Doppelqualifikation** hoheitlicher Maßnahmen mit wettbewerblicher Wirkung[80]. Durch das Verhalten eines Trägers öffentlicher Gewalt können zwei unterschiedliche Rechtsbeziehungen entstehen, einmal das öffentlichrechtliche Verhältnis zu den Mitgliedern, Abnehmern oder Benutzern, in dem Subordination besteht, und zum anderen das als privatrechtlich qualifizierte Verhältnis zwischen Hoheitsträger und privaten Mitbewerbern. Auch eine sich tatbestandlich allein im öffentlichen Recht bewegende Tätigkeit eines Hoheitsträgers in Ausübung öffentlicher Gewalt kann als Rechtsfolge unmittelbare Wirkung auf den Markt und den Wettbewerb und damit zu anderen Mitbewerbern, also im privatrechtlichen Wettbewerbsverhältnis haben.

Ein Verbot derartiger Wettbewerbshandlungen der öffentlichen Hand nach § 1 UWG durch die Zivilgerichte kann sich im Hinblick auf die Doppelqualifikation solcher Handlungen auch auf den öffentlich-rechtlichen Tätigkeitsbereich des jeweiligen Trägers öffentlicher Gewalt auswirken. Dies steht aber der Qualifikation der zwischen den Wettbewerbern bestehenden Wettbewerbsbeziehungen als **bürgerlichrechtlich** und damit der Bejahung der Zuständigkeit der **ordentlichen Gerichte** für die Entscheidung der sich aus solchen Rechtsbeziehungen ergebenden Auseinandersetzungen nicht entgegen. Denn die Beurteilung der Beziehungen zwischen den Wettbewerbern muß von der Sache her getroffen werden und nicht nach der Stellung der an dem Rechtsverhältnis beteiligten Rechtssubjekte. Maßgebend ist danach allein, welcher **Art** das **Klagebegehren** ist, welche **Natur** das **Rechtsverhältnis** nach dem zugrundeliegenden Sachverhalt hat, nicht aber die öffentlich-rechtliche oder privatrechtliche Stellung der Prozeßpartei.

29 Nach Ansicht des **Großen Zivilsenats des BGH** sprechen auch Gesichtspunkte der **prozessualen Zweckmäßigkeit** für die Zuständigkeit der ordentlichen Gerichte, wenn das Wettbewerbsvorhaben von Trägern öffentlicher Gewalt gegenüber privaten Mitbewerbern zu beurteilen ist[81]. In diesen Fällen ist nicht darüber zu entscheiden, ob ein

[77] So mit Recht *Scholz* NJW 1978, 16.

[78] Kritisch zum Rückgriff auf die Subordinationstheorie *Bettermann* DVBl. 1977, 180, 181; *Menger* VerwArch. 68 (1977), 296; *Scholz* NJW 1978, 16.

[79] BGHZ 66, 229, 237 = GRUR 1976, 658, 660.

[80] Eingehend *v. Gamm* Kap. 17 Rdn. 14; *Scholz* NJW 1978, 16 f; vgl. auch *Mestmäcker* NJW 1969, 1 ff; *Scholz* NJW 1974, 781 f.

[81] BGHZ 66, 229, 236 = GRUR 1976, 658, 660.

bestimmtes hoheitliches Handeln aus öffentlich-rechtlichen Gesichtspunkten rechtmäßig ist oder nicht. Das Verwaltungshandeln wird in solchen Fällen zivilrechtlich überlagert durch § 1 UWG und dessen tatbestandliche Merkmale. Zu deren Beurteilung sind die wettbewerbsrechtlichen Spezialkammern der Landgerichte weit besser geeignet als die Verwaltungsgerichte.

Der BGH hat diese Rechtsprechung in den nachfolgenden Entscheidungen bestätigt, insbesondere in der Entscheidung *Brillen-Selbstabgabestellen*[82]. Auch dort läßt der BGH für die Frage, ob eine bürgerliche oder öffentliche Rechtsstreitigkeit vorliegt, die rechtliche **Natur des Klageanspruchs** entscheiden, wie sie sich aus den zu seiner Begründung vorgetragenen Tatsachen ergibt. Den Unterlassungsanspruch aus **§ 1 UWG** ordnet er dem bürgerlichen Recht zu und damit dem Rechtsweg vor die **ordentlichen Gerichte**; denn wenn die öffentliche Hand in ein Wettbewerbsverhältnis mit privaten Anbietern tritt, so spielt sich dies im Rahmen des bürgerlichen, nicht des öffentlichen Rechts ab. Beide Anbieter – der öffentlich-rechtliche Sozialversicherungsträger und der private Anbieter – stehen demselben Kundenkreis als gleichberechtigte Anbieter gegenüber, ohne daß zwischen ihnen Beziehungen öffentlich-rechtlicher Art gegeben sind[83]. Unerheblich ist in diesem Zusammenhang, daß die – im dortigen Fall – Selbstabgabe von Brillen durch gesetzliche Krankenkassen den Mitgliedern gegenüber öffentlich-rechtlich geschieht, also die Beziehungen der Kasse zu ihren Mitgliedern öffentlich-rechtlicher Natur sind und daß mit einem Verbot der Tätigkeit der Selbstabgabestellen in die Versorgung der Versicherten und damit in die hoheitliche Tätigkeit dieser Stellen eingegriffen würde[84]. **30**

Der BGH hat diese Rechtsprechung auch auf das Wettbewerbsverhalten **öffentlicher Unternehmen untereinander** angewendet. Auch deren Wettbewerbshandlungen sind, wenn sich die Ansprüche aus § 1 UWG ergeben, bürgerlich-rechtlicher Natur[85]. So z. B. die **Klage einer AOK** gegen eine Handwerkskammer auf Unterlassung von Äußerungen, die auf eine **Förderung des Innungskrankenkassenwesens** gerichtet sind, bei der es sich nicht um eine zu den Sozialleistungsbereichen des § 51 SGG gehörende Tätigkeit handelt[86]. **31**

Nach Meinung des BGH soll das auch bei Streitigkeiten zwischen Trägern der gesetzlichen Krankenversicherung über die **Zulässigkeit einer Mitgliederwerbung** gelten[87]. Demgegenüber hat der Gemeinsame Senat der obersten Gerichtshöfe des Bundes

---

[82] BGHZ 82, 375, 382ff = GRUR 1982, 425, 427; bestätigt auch in BGH GRUR 1977, 543, 546 – *Der 7. Sinn*; BGH GRUR 1981, 596, 597 – *Apotheken-Steuerberatungsgesellschaft* (insoweit nicht in BGHZ 79, 390 abgedruckt); BGH GRUR 1981, 823, 825 – *Ecclesia-Versicherungsdienst*; BGH GRUR 1982, 239 – *Allgemeine Deutsche Steuerberatungsgesellschaft*; BGH GRUR 1982, 433, 434 – *Kinderbeiträge*; BGH GRUR 1985, 1063 – *Landesinnungsmeister*; BGH GRUR 1986, 905, 907 – *Innungskrankenkassenwesen*; BGH GRUR 1987, 116 – *Kommunaler Bestattungswirtschaftsbetrieb I*; BGH GRUR 1987, 119 – *Kommunaler Bestattungswirtschaftsbetrieb II*; BGH GRUR 1987, 178 – *Guten Tag-Apotheke II*; BGH GRUR 1987, 829, 830 – *Krankentransporte*; BGH VersR 1988, 862, 863 (Vorlagebeschluß) – *AOK-Mitgliederwerbung*; BGH GRUR 1991, 540, 541 – *Gebührenausschreibung*; ebenso auf die Natur des Anspruchs abstellend, aber im Ergebnis **a. A.** der dazu ergangene Beschl. des Gemeinsamen Senates der obersten Gerichtshöfe des Bundes in BGHZ 108, 284, 286: *Sozialgerichtsweg*.

[83] BGHZ 82, 375, 382ff = GRUR 1982, 425, 427; vgl. dazu *Baumbach/Hefermehl* § 1 Rdn. 926.

[84] BGHZ aaO 386f = GRUR aaO 427.

[85] BGH VersR 1988, 862, 863 (Vorlagebeschluß; vgl. oben Fußn. 82) – *AOK-Mitgliederwerbung*; *Baumbach/Hefermehl* § 1 Rdn. 927.

[86] BGH GRUR 1986, 905, 907 – *Innungskrankenkassenwesen*.

[87] BGH VersR 1988, 862, 863 (Vorlagebeschluß) – *AOK-Mitgliederwerbung*; vgl. auch OLG Düsseldorf GRUR 1973, 487, 488; OLG Celle WRP 1984, 328; OLG Karlsruhe WRP 1984, 340, 341ff; **a. A.** BSGE 36, 238, 239; OLG Koblenz GRUR 1980, 327, 328; BayOblG GRUR 1982, 500, 501; OLG Koblenz WRP 1985, 358; *Baumbach/Hefermehl* § 1 Rdn. 927; HdbWR/*Seibt* § 64 Rdn. 4.

den öffentlich-rechtlichen Rechtsweg zu den Gerichten der *Sozialgerichtsbarkeit* für Rechtsstreitigkeiten zwischen einer Ersatzkasse und einer AOK über die Zulässigkeit von Maßnahmen der Mitgliederwerbung für gegeben erachtet und sich damit der Rechtsprechung des Bundessozialgerichtes[88] angeschlossen[89].

32 Diese neuere Rechtsprechung des BGH steht in Einklang mit der Rechtsprechung des **Bundesverwaltungsgerichts**[90] und im Grundsatz auch des **Bundessozialgerichts,** das ebenfalls auf die *Natur des Anspruchs* abstellt[91]. Neuerdings hält allerdings das Bundessozialgericht den Rechtsweg zu den Gerichten der Sozialgerichtsbarkeit aufgrund einer am 1. 1. 1989 in Kraft getretenen Änderung des § 51 SGG durch Art. 32 des Gesundheitsreformgesetzes vom 20. 12. 1988[92] auch dann für gegeben, wenn es sich nach den dargestellten Grundsätzen um eine bürgerlich-rechtliche Streitigkeit handelt[93].

33 In der **Literatur** hat diese Rechtsprechung des BGH ganz überwiegend Zustimmung gefunden; damit sei eine wesentliche Rechtsschutzlücke geschlossen und das System des bürgerlichen Rechtsschutzes ingesamt maßgebend erweitert worden[94], wenn auch der BGH nach wie vor der längst überholten Subordinationstheorie anhänge und von der heute herrschenden Zuordnungstheorie (Subjektstheorie) keine Kenntnis genommen habe[95].

34 Gleichwohl ist diese Rechtsprechung auch auf erhebliche **Kritik** gestoßen, die insbesondere von *Bettermann* eindringlich formuliert worden ist[96]. Sie geht davon aus, daß ein Zivilgericht im ordentlichen Rechtsweg des § 13 GVG einer juristischen Person des öffentlichen Rechts nicht ein hoheitliches Verhalten gebieten oder verbieten könne. Eine Klage, die auf eine derartige Verurteilung gerichtet sei, könne keine „bürgerliche", sondern nur eine Streitigkeit des öffentlichen Rechts begründen. Das Wettbewerbsrecht passe nicht in die Dichotomie von Privatrecht und öffentlichem Recht, sei insoweit vielmehr neutral und Teil des „gemeinen" Rechts. Erst durch das Handeln der Beteiligten werde das Wettbewerbsrecht öffentlich-rechtlich oder privatrechtlich. Soweit über die Rechtmäßigkeit der Ausübung öffentlicher Gewalt mit wettbewerblichen Folgen befunden werde, gehe es um hoheitliche Tätigkeit und fungierten die Wettbewerbsnormen als Handlungs- und Beurteilungsnormen des öffentlichen Rechts. Es sei daher verfehlt, eine Klage aus Wettbewerbsrecht von vorneherein und per se als „bürgerlichrechtlich" zu qualifizieren und das Wettbewerbsrecht stets und ausschließlich als einen Teil des Privatrechts zu verstehen[97].

So berechtigt der Hinweis auf die prinzipielle juristische Neutralität des Wettbewerbsrechts ist, so unterscheidet diese Kritik doch nicht hinreichend zwischen dem materiell-rechtlichen Inhalt des Wettbewerbsrechts und der formellen Zuweisung der Wettbewerbsstreitigkeit. Auch wenn ein hoheitliches Handeln wettbewerbliche Zwecke verfolgt und damit Rechtsfolgen auf dem Markt und im Wettbewerb mit privaten

[88] BSGE 36, 238, 239; BSGE 56, 140 ff.
[89] BGHZ 108, 284, 286 ff; vgl. näher Rdn. 37.
[90] BVerwGE 17, 306, 307 – *Mobiliarfeuerversicherung*; BVerwGE 39, 329, 337 – *Bestattungswesen*, zu letzterem vgl. *Schultz-Süchting* GRUR 1974, 700.
[91] BSGE 36, 238, 239; BSGE 56, 140, 141.
[92] BGBl. 1988 I 2477.
[93] BSGE 64, 260, 261 f – *Rollstuhl-Selbstabgabe*; näher Rdn. 37.
[94] *Emmerich* Das Wirtschaftsrecht der öffentlichen Unternehmen (1969), 280, 285 ff; *Scholz* NJW 1978, 16; *Hubmann* Beil. zum GewArch 1982, 41, 43; *P. Ulmer* ZHR 146 (1982), 466, 477 ff; *Kirchhof* DVBl. 1982, 933; *Piper* GRUR 1986, 574, 576 f.
[95] Z. B. *Scholz* NJW 1978, 16.
[96] DVBl. 1977, 180 ff; ebenso *Menger* VerwArch. 68 (1977), 293, 294 ff; *Meyer-Ladewig* SGb 1979, 401, 402; *Rohwer-Kahlmann* SGb 1980, 89 ff; 82, 373, 374 ff; *Brackmann* NJW 1982, 84; *Spieß* SGb 1984, 56, 58 f.
[97] *Bettermann* aaO 182.

Mitbewerbern zeitigt, bleibt dieses Handeln seiner Qualität nach hoheitlich[98]. Diese Feststellung berührt aber nicht das Wettbewerbsverhältnis zu anderen Mitbewerbern, das selbst nicht hoheitlich gestaltet ist – auch wenn das Verwaltungshandeln in Ausübung öffentlicher Gewalt geschieht –, sondern sich als unmittelbare Folge dieses hoheitlichen Handelns erweist. Es ist kein Grund ersichtlich, diese rechtlichen und tatsächlichen Folgen demselben Rechtsweg zuzuweisen wie das Verwaltungshandeln selbst. Überdies führt die Ansicht von *Bettermann* zu einer mißlichen und ganz unpraktikablen Aufspaltung des Rechtswegs: Schadensersatzansprüche sollen nach Art. 34 S. 3, 14 Abs. 3 S. 4 GG oder § 40 Abs. 2 S. 1 VwGO (nicht nach § 13 GVG) im Zivilrechtsweg geltend gemacht werden, negatorische Ansprüche einschließlich des den Schadensersatzanspruch vorbereitenden Auskunftsanspruchs dagegen im öffentlichen Rechtsweg[99].

dd) **Beschlüsse des Gemeinsamen Senates der obersten Gerichtshöfe des Bundes.** **35**
Die Rechtsprechung des BGH ist durch eine Reihe von Beschlüssen des **Gemeinsamen Senates der obersten Gerichtshöfe des Bundes** (GmS) bestätigt, teilweise auch modifiziert worden. In seinem Beschluß vom 10. April 1986, ergangen auf Vorlage des 3. Senates des BSG, hat der GmS bestätigt, daß es für die Abgrenzung zwischen öffentlich- und bürgerlich-rechtlicher Streitigkeit dann, wenn eine ausdrückliche Rechtswegzuweisung des Gesetzgebers fehlt, auf die **Natur des Rechtsverhältnisses** ankommt, aus dem der Klageanspruch hergeleitet wird[100]. Es ging um eine Klage auf Zulassung zur Belieferung von Versicherten mit **Heil- und Hilfsmitteln** aufgrund eines Vertrages zwischen den Trägern der gesetzlichen Krankenversicherung oder ihren Verbänden mit Leistungserbringern. Der GmS hat ausgeführt, daß zwar regelmäßig entscheidend sei, in welchem Verhältnis die Beteiligten zueinander ständen; im Rahmen eines öffentlich-rechtlichen Vertrages könne auch ein Gleichordnungsverhältnis vorliegen. Der Beschaffungsrahmenvertrag mit der Regelung über die Zulassung der einzelnen Lieferanten habe aber keinen öffentlich-rechtlichen Charakter; die Beschaffung zur Versorgung der Versicherten mit Heil- und Hilfsmitteln sei vielmehr privatrechtlicher Natur, auch wenn damit öffentlich-rechtliche Aufgaben erfüllt und die Beschaffungspflicht von öffentlich-rechtlichen Vorschriften überlagert werde[101]. Entsprechend hat der GmS in seinem Beschluß vom 29. Oktober 1987, ergangen auf Vorlagebeschluß des 8. Senates des BSG, den ordentlichen Rechtsweg bejaht für eine Rechtsstreitigkeit zwischen den Anbietern des Fachhandels und den Trägern der gesetzlichen Krankenversicherung über die Zulässigkeit der **Wiederverwendung der den Krankenkassen gehörenden Hilfsmittel** und deren erneute Gebrauchsüberlassung an Leistungsberechtigte[102]. In einem weiteren Beschluß auch vom 29. Oktober 1987, in dem es ebenfalls um die Beschaffungsverträge mit Trägern der gesetzlichen Krankenversicherung ging, hat der GmS den ordentlichen Rechtsweg für gegeben erachtet für eine Streitigkeit zwischen dem nichtärztlichen Leistungserbringer (Badebetrieb) und den Trägern der gesetzlichen Krankenversicherung über die Vergütung **medizinischer Badeleistungen**[103].

Mit Vorlagebeschluß vom 25. Februar 1988 hatte der BGH dem GmS die Frage zur **36**
Entscheidung vorgelegt, ob für Rechtsstreitigkeiten zwischen **Ersatzkasse und AOK**

---

98 Zutreffend *Scholz* NJW 1978, 16, 17.

99 *Bettermann* aaO 183. Der Umstand, daß diese Aufspaltung auch andernorts im öffentlichen Recht gilt, liefert kein Argument; denn sie wird hier ohne zwingende Notwendigkeit eingeführt.

100 BGHZ 97, 312, 313ff = GRUR 1986, 685f – *Orthopädische Hilfsmittel*; vgl. dazu *v. Gamm* GRUR 1989, 377, 380.

101 BGHZ aaO 316f = GRUR aaO 686.

102 BGHZ 102, 280, 282ff – *Gebrauchte Kassen-Rollstühle.*

103 BGH NJW 1988, 2297, 2298 – *Medizinische Badeleistungen.*

über die wettbewerbsrechtliche Zulässigkeit von Maßnahmen auf dem Gebiet der **Mitgliederwerbung** der ordentliche Rechtsweg gegeben ist[104]. Mit den Ersatzkassen konkurrieren die AOKn um solche Versicherungspflichtige, denen es freisteht, sich einer Ersatzkasse anzuschließen und sich damit von der Mitgliedschaft bei einer AOK oder einer anderen gesetzlichen Krankenkasse zu befreien; ein Ersatzkassenverband hatte die Verwendung bestimmter Formulare zur Mitgliederwerbung einer AOK um solche Personen, die auch für eine Mitgliedschaft bei einer Ersatzkasse in Frage kamen, als wettbewerbswidrig beanstandet. Der BGH wollte den ordentlichen Rechtsweg bejahen, sah sich darin aber durch die Rechtsprechung des Bundessozialgerichts[105] gehindert. Der GmS hat mit Beschluß vom 10. Juli 1989 für diese Rechtsstreitigkeit den Rechtsweg zu den **ordentlichen Gerichten verneint** und stattdessen den zu den Gerichten der Sozialgerichtsbarkeit für gegeben erachtet. Nach Auffassung des GmS stehen sich bei Streitigkeiten über die Zulässigkeit von Maßnahmen der **Mitgliederwerbung** Ersatzkassen und Allgemeine Ortskrankenkassen in einem Gleichordnungsverhältnis gegenüber[106]. Das Konkurrenzverhältnis zwischen ihnen ist aber einem Sonderrecht der Träger öffentlicher Aufgaben unterworfen. Es wird von sozialversicherungsrechtlichen Normen beherrscht, die den Interessen der Allgemeinheit dienen und die die Grundlage der Ansprüche gegen unzulässige Maßnahmen der Mitgliederwerbung bilden[107].

37 Die dargestellte Abgrenzung zwischen bürgerlich-rechtlicher und öffentlich-rechtlicher Streitigkeit, die insbesondere für den Rechtsweg zu den ordentlichen Gerichten und den Gerichten der Sozialgerichtsbarkeit eine erhebliche Rolle spielt, wird neuerdings vom **Bundessozialgericht** nicht mehr anerkannt. Es beansprucht aufgrund einer am 1. 1. 1989 in Kraft getretenen Änderung von § 51 SGG durch Art. 32 des Gesundheitsreformgesetzes vom 20. 12. 1988[108] die Zuständigkeit der Gerichte der Sozialgerichtsbarkeit auch in solchen Fällen, in denen nach den Beschlüssen des GmS der ordentliche Rechtsweg gegeben wäre[109]. Nach § 51 Abs. 2 S. 1 Nr. 3 SGG entscheiden die Gerichte der Sozialgerichtsbarkeit auch über Streitigkeiten in Angelegenheiten nach SGB V sowie über Streitigkeiten aufgrund von Entscheidungen oder Verträgen der Krankenkassen oder ihrer Verbände, auch soweit **durch diese Angelegenheiten Dritte betroffen** werden; im Gegensatz zu § 51 Abs. 1 SGG müsse – so der BSG – die Streitigkeit nach Abs. 2 S. 1 SGG nicht öffentlich-rechtlicher Art sein. Durch diese Änderung würden Rechtsstreitigkeiten erfaßt, in denen es um die Beeinträchtigung der Rechte Dritter durch Entscheidungen der Krankenkassen in Angelegenheiten des SGB V gehe, die bisher dem ordentlichen Rechtsweg zugewiesen worden seien.

Diese ausdehnende Auslegung von § 51 Abs. 2 S. 1 SGG findet keine Stütze in den Materialien; der Gesetzgeber wollte durch die Änderung nicht die Zuständigkeiten ändern, insbesondere nicht gegen die Beschlüsse des GmS die Zuständigkeit der Gerichte der Sozialgerichtsbarkeit zu Lasten der ordentlichen Gerichte erweitern[110].

---

[104] BGH VersR 1988, 862 – *AOK-Mitgliederwerbung*; vgl. *v. Gamm* GRUR 1989, 377, 380; *v. Gamm* GRUR 1990, 313.

[105] Oben Rdn. 31.

[106] BGHZ 108, 284, 286ff. – *AOK-Mitgliederwerbung*; vgl. *v. Gamm* GRUR 1990, 313.

[107] BGHZ aaO 286f.

[108] BGBl. I 2477.

[109] BSGE 64, 260, 261f – *Rollstuhl-Selbstabgabe*; BSGE 66, 159, 160f – *Badeleistungen*; vgl. dazu *Spieß* SGb 1989, 5, 7; zweifelnd *v. Gamm* GRUR 1990, 313 und GRUR 1991, 405; *Tetzlaff* WuW 1990, 1009.

[110] Zutreffend *Bechthold* WuW 1989, 550, 552ff (für kartellrechtl. Streitigkeiten); *v. Gamm* GRUR 1990, 313 unter Hinweis auf den Ausschußbericht BT-Drucks. 11/3480 v. 24. 11. 1988, S. 77; *v. Gamm* GRUR 1991, 405; offengelassen in BGH GRUR 1991, 938, 939 – *Physikalische therapeutische Behandlung*.

Für **kartellrechtliche Streitigkeiten** hat der BGH dies ausdrücklich ausgesprochen: §§ 87 – 96 GWB enthalten eine umfassende, in sich geschlossene Sonderregelung für bürgerliche Rechtsstreitigkeiten mit kartellrechtlichem Streitgegenstand und für die Behandlung entscheidungserheblicher kartellrechtlicher Verfahren in anderen Prozessen. Daran hat sich durch die Einfügung des § 51 Abs. 2 SGG nichts geändert[111]. **38**

ee) Eigene Stellungnahme. Der BGH und der GmS folgen mit ihrer Ansicht, auf die **Natur des Klageanspruchs** abzustellen, bei Ansprüchen aus § 1 UWG und deren Rechtswegzuweisung im Grunde, ohne dies ausdrücklich zu sagen, der **Interessentheorie.** Als ergänzendes Argument wird vielfach auf das Gleichordnungsverhältnis zurückgegriffen, wird also die **Subordinationstheorie** als Bestätigung mit herangezogen. Dies führt in den meisten Fällen zu sachgerechten Ergebnissen; der Bejahung des ordentlichen Rechtsweges ist bei diesen Fallgestaltungen durchweg zuzustimmen[112]. Andererseits besteht die Gefahr, daß Ansprüche aus § 1 UWG damit sehr schematisch dem bürgerlichen Recht zugeordnet werden. Immer dann, wenn der Träger öffentlicher Gewalt im Wettbewerb mit privaten Anbietern steht, können sich Unterlassungsansprüche aus § 1 UWG ergeben, und da der BGH die Natur dieses Anspruchs bürgerlichrechtlich qualifiziert, ist praktisch ausnahmslos der Rechtsweg zu den **ordentlichen Gerichten** gegeben[113]. **39**

Dies befriedigt nicht in allen Fällen. Man muß bedauern, daß der BGH und auch der GmS von den verschiedenen Theorien zur Abgrenzung zwischen bürgerlichem und öffentlichem Recht bisher so gut wie keine Kenntnis genommen haben und die Entwicklung dieser Theorien relativ spurlos an ihnen vorbeigegangen ist. Die heute überwiegend vertretene Zuordnungstheorie, die nach dem Zuordnungssubjekt des jeweiligen Rechtssatzes entscheidet, ermöglicht flexiblere, dem jeweiligen Einzelfall angepaßte Ergebnisse[114]. Zuordnungssubjekte des § 1 UWG sind die Mitbewerber. Handelt es sich um private Mitbewerber, so spielt sich der Wettbewerb zwischen dem Träger der öffentlichen Gewalt (z. B. der **AOK** mit ihren **Brillen-Selbstabgabestellen**[115]) und ihnen auf dem Gebiet des privaten, nicht des öffentlichen Rechts ab. Hier wird *keine öffentliche Gewalt wirksam*, die in dieses Wettbewerbsverhältnis eingreifen könnte; das öffentliche Recht beschränkt sich vielmehr auf das Verhältnis zwischen dem Krankenversicherungsträger und seinen Mitgliedern. Soweit das Verhältnis zwischen diesen Krankenversicherungsträgern und privaten Mitbewerbern betroffen ist, bleibt es bei der bürgerlich-rechtlichen Charakteristik[116].

Wird der Wettbewerb dagegen *innerhalb der Träger öffentlicher Gewalt* betrieben, so sind sie Zuordnungssubjekte des § 1 UWG und spielt sich das Wettbewerbsverhältnis im öffentlichen Recht ab. So ist beispielsweise die Streitigkeit zwischen Trägern

---

[111] BGHZ 114, 218, 221 f = GRUR 1991, 868, 869 – *Einzelkostenerstattung*; vgl. auch *Bechthold* WuW ebenda.

[112] Vgl. neuerdings BGHZ 110, 278, 284 f = GRUR 1990, 611, 613 – *Werbung im Programm*; BGH GRUR 1992, 518, 519 – *Ereignis-Sponsorwerbung*.

[113] So mit Recht *Scholz* NJW 1978, 16.

[114] *Baumbach/Hefermehl* § 1 Rdn. 918 halten die Heranziehung der heute herrschenden Subjektstheorie (Zuordnungstheorie) für überzeugender. Nicht richtig ist freilich die Ansicht, die ständige Praxis der Zivilgerichte folge nach wie vor der Subjektionstheorie.

[115] BGHZ 82, 375, 382 ff = GRUR 1982, 425, 427.

[116] BGHZ 66, 229, 232 ff = GRUR 1976, 658, 659 – *Studenten-Versicherung*; BGHZ 67, 81 = GRUR 1977, 51, 52 – *Auto-Analyzer*; BGHZ 97, 312, 313 f = GRUR 1986, 685, 686 – *Orthopädische Hilfsmittel*; BGHZ 102, 280 – *Gebrauchte Kassen-Rollstühle*; BGH NJW 1988, 2297, 2298 – *Medizinische Badeleistungen*; *v. Gamm* Kap. 17 Rdn. 14; *Baumbach/Hefermehl* § 1 Rdn. 926; *Teplitzky*[6] Kap. 45 Rdn. 1 ff; HdbWR/*Seibt* § 64 Rdn. 1 ff.

der gesetzlichen Krankenversicherung über die **Zulässigkeit von Mitgliederwerbung**[117] öffentlich-rechtlich zu qualifizieren, weil zwar § 1 UWG betroffen ist, Zuordnungssubjekt dieses Rechtssatzes im konkreten Einzelfall aber der Träger der gesetzlichen Krankenversicherung in seiner öffentlich-rechtlichen Beziehung zu seinen Mitgliedern ist.

Die Anwendung der Zuordnungstheorie kommt damit zwar in den meisten Fällen nicht zu anderen Ergebnissen, als sie bisher von der BGH-Rechtsprechung erarbeitet worden sind, aber zu überzeugenderen und in sich stimmigen Begründungen. Insbesondere schafft sie einen dogmatischen Unterbau für die Entscheidungsfindung und vermeidet die Unsicherheiten, die mit der bisher uneinheitlichen Rechtsprechung zur Abgrenzung zwischen öffentlich-rechtlichem und bürgerlichem Rechtsweg verbunden waren[118].

3. Einzelfälle

40 Da die neuere Rechtsprechung auf die **Natur des Klageanspruchs** abstellt, öffentlich-rechtliche Leistungsbeziehungen im Verhältnis zu – außerhalb stehenden – Mitbewerbern in einem privatrechtlichen Konkurrenzverhältnis stehen und daher Ansprüche aus § 1 UWG in solchen Fällen dem Privatrecht, nicht dem öffentlichen Recht zuzuordnen sind, ist folgerichtig der **ordentliche Rechtsweg** zu den Zivilgerichten für die Geltendmachung von Unterlassungsansprüchen nach dem UWG (und auch nach dem GWB) auch gegen Träger öffentlicher Gewalt **bejaht** worden. So z. B.

- für die Klage eines Verbandes zur Vertretung und Förderung der allgemeinen Interessen der privaten Krankenversicherung und seiner Mitgliedsunternehmen gegen eine **Ersatzkasse** wegen deren **Werbung für eine besonders günstige Studentenversicherung**[119],
- für die Klage eines privaten Betreibers einer Auto-Analyzer-Anlage zur Blutuntersuchung gegen eine **Kassenärztliche Vereinigung und eine Ärztekammer** wegen eines **diskriminierenden Rundschreibens**[120],
- für die Klage von selbständigen Augenoptikern und Augenoptikerbetrieben gegen eine **AOK** wegen der von dieser unterhaltenen **Brillen-Selbstabgabestellen**[121],
- für die Klage einer **Steuerberaterkammer** gegen eine **Steuerberatungsgesellschaft,** die durch ihre **Firmenbezeichnung** eine besondere Sachkunde für bestimmte Branchen oder Kundenkreise in Anspruch nimmt[122],
- für die Klage des Verbandes selbständiger Versicherungskaufleute gegen eine **kirchliche Zentralstelle für das Versicherungswesen wegen irreführender Werbung**[123],
- für die Klage eines Verbandes privater Krankenversicherer gegen eine **Ersatzkasse** wegen **Preisunterbietung für freiwillig Krankenversicherte**[124],
- für die Klage der **AOK** gegen eine Handwerkskammer wegen eines **Rundschreibens,** daß das gesamte Handwerk den Innungskrankenkassen beitreten solle[125],
- für die Klage eines Apothekervereins gegen die **Apothekerkammer** wegen der Untersagung der **Bezeichnung „Guten-Tage-Apotheke“**[126],

---

[117] BGHZ 108, 284, 286 ff – *AOK-Mitgliederwerbung*; a. A. BGH VersR 1988, 862, 863 f (Vorlagebeschluß); wie hier BSGE 36, 238, 239; BSGE 56, 140 ff; *Baumbach/Hefermehl* § 1 Rdn. 927; *v. Gamm* GRUR 1990, 313.

[118] Ebenso *Baumbach/Hefermehl* § 1 Rdn. 918.

[119] BGHZ 66, 229, 232 ff = GRUR 1976, 658, 659 – *Studenten-Versicherung.*

[120] BGHZ 67, 81, 85 ff = GRUR 1977, 51, 52 – *Auto-Analyzer.*

[121] BGHZ 82, 375, 382 ff = GRUR 1982, 425, 427 – *Brillen-Selbstabgabestellen.*

[122] BGH GRUR 1981, 596, 597 – *Apotheken-Steuerberatungsgesellschaft.*

[123] BGH GRUR 1981, 823 – *Ecclesia-Versicherungsdienst.*

[124] BGH GRUR 1982, 433, 434 f – *Kinderbeiträge.*

[125] BGH GRUR 1986, 905, 907 – *Innungskrankenkassenwesen.*

[126] BGH GRUR 1987, 178, 179 – *Guten Tag-Apotheke II.*

- für die Klage eines Transportunternehmens gegen eine Stadt, die **Kranken- und Rettungstransportaufträge** entweder selbst oder in Vertretung ihrer Patienten bzw. der jeweiligen gesetzlichen Krankenversicherung vergibt[127],
- für die Klage eines Bestattungsunternehmens gegen den **Betrieb eines städtischen Bestattungsunternehmens**[128],
- für die Klage des Inhabers eines Sanitätshauses gegen den **Verband der Angestellten-Krankenkassen** auf Zulassung zur **Belieferung von Versicherten mit Heil- und Hilfsmitteln**[129],
- für die Klage einer **AOK** gegen die **Innung für Orthopädie-Technik** auf Unterlassung der **Ausgabe gebrauchter Rollstühle** an deren Versicherte[130],
- für die Klage des Inhabers eines Badebetriebs gegen **Träger der gesetzlichen Krankenversicherung** auf bestimmte **Vergütung** medizinischer **Badeleistungen**[131],
- für eine Unterlassungsklage aus § 1 UWG gegen die **Deutsche Bundespost** wegen **gebührenfreier Versendung von Werbematerial** eines bestimmten Kongreßveranstalters[132],
- für die Klage eines Interessenverbandes der **öffentlich bestellten Vermessungsingenieure** gegen eine GmbH wegen deren Aufforderung an „öffentlich bestellte Vermessungsingenieure", **Gebührenangebote abzugeben**[133].

4. Prüfung des Rechtsweges

Welcher Rechtsweg zu welchem Gericht gegeben ist, muß im Einzelfall zunächst der *Kläger* entscheiden, da er die Klage bei einem bestimmten, nach seiner Ansicht zuständigen Gericht einreichen muß; für ihn steht daher diese Frage an *erster Stelle.* Für das *Gericht* steht die Prüfung des Rechtsweges dagegen meist an *zweiter Stelle* hinter der Zuständigkeitsprüfung. Das Gericht prüft in der Regel zunächst seine Zuständigkeit. Eine Rangfolge der Prüfung der Prozeßvoraussetzungen besteht nicht[134]. Die Prüfung hat von Amts wegen zu erfolgen, allerdings seit dem 1. Januar 1991 in einem gestrafften Vorab-Verfahren. **41**

Die Frage der **Rechtswegzuständigkeit** ist seit dem 1. Januar 1991 durch Neufassung des § 17 GVG und Einfügen der §§ 17a, b GVG neu geregelt[135]. Dadurch ist der vom Gesetzgeber als unbefriedigend empfundene Zustand beendet worden, daß die Überprüfung des Rechtsweges in jeder Lage des Verfahrens möglich und geboten **42**

---

[127] BGH GRUR 1987, 829, 830 – *Krankentransporte.*

[128] BGH GRUR 1987, 116, 117 – *Kommunaler Bestattungswirtschaftsbetrieb I* m. Anm. *Volhard* 122.

[129] BGHZ 97, 312, 313 f = GRUR 1986, 685, 686 – *Orthopädische Hilfsmittel,* siehe dazu aber BSGE 64, 260, 261 f; BSGE 66, 159, 160 und Rdn. 35.

[130] BGHZ 102, 280, 281 – *Gebrauchte Kassen-Rollstühle;* siehe auch dazu BSGE 64, 260, 261 f; BSGE 66, 159, 160 und Rdn. 37.

[131] BGH NJW 1988, 2297, 2298 – *Medizinische Badeleistungen;* siehe dazu aber BSGE 64, 260, 261 f; BSGE 66, 159, 160 und Rdn. 37.

[132] KG GRUR 1991, 618 (ordentlicher Rechtsweg seit Inkrafttreten des Postverfassungsgesetzes vom 8. 6. 1989, BGBl. I 1026).

[133] BGH GRUR 1991, 540, 541 – *Gebührenausschreibung.*

[134] Das Gesetz sieht eine Rangfolge nicht vor. Die Meinungen gehen stark auseinander. Für die Prüfung der Zuständigkeit vor dem Rechtsweg wird angeführt, daß nur ein zuständiges Gericht den Rechtsweg prüfen dürfe, vgl. *Rosenberg/Schwab* § 97 V 5 Fußn. 20; *Teplitzky*[6] Kap. 45 Rdn. 4; *Pastor* S. 515; darin sehen *Stein/Jonas/Schumann* Einl. Rdn. 325 zu Recht eine petitio principii. Wie hier gegen eine starre Reihenfolge der Prüfung MünchKommZPO/*Lüke* Vor § 253 Rdn. 17; *Stein/Jonas/Schumann* ebenda; *Thomas/Putzo* Anm. III A vor § 253; *Schmitz* JuS 1976, 441, 443.

[135] Art. 2 Nr. 1 des Gesetzes zur Neuregelung des verwaltungsgerichtlichen Verfahrens (4. VwGO-Änderungsgesetz) vom 17. 12. 1990, BGBl. I 2809, 2816; vgl. dazu *Kissel* NJW 1991, 945, 947 f; *Stelkens* NVwZ 1991, 209; *Kopp* NJW 1991, 521. In den **neuen Bundesländern** sind die Rechtswegregelungen für eine Übergangszeit nur entsprechend anzuwenden, da es nur die Kreisgerichte als Eingangsgerichte gibt (näher Rdn. 47).

war und dadurch mitunter erst nach jahrelang anhängigem Rechtsstreit in einem Gerichtszweig festgestellt wurde, daß der beschrittene Rechtsweg unzulässig ist[136]. Nach der Neuregelung soll die *Rechtswegzuständigkeit* zu einem möglichst frühen Zeitpunkt des Verfahrens in der ersten Instanz *abschließend geklärt* und das weitere Verfahren nicht mehr mit dem Risiko eines später erkannten Mangels des gewählten Rechtsweges belastet werden[137]. **Bejaht** das angerufene Gericht den beschrittenen Rechtsweg, so **kann** es dies vorab durch Beschluß aussprechen und **muß** es, wenn eine Partei die Zulässigkeit rügt (§ 17a Abs. 3 GVG). **Verneint** das Gericht den beschrittenen Rechtsweg, so spricht es dies ebenfalls durch Beschluß nach Anhörung der Parteien von Amts wegen aus und verweist den Rechtsstreit zugleich an das zuständige Gericht des zulässigen Rechtsweges, bei mehreren an das vom Kläger auszuwählende oder, wenn die Wahl unterbleibt, an das vom Gericht bestimmte (§ 17a Abs. 2 GVG). Der jeweilige Beschluß kann ohne mündliche Verhandlung ergehen; er ist zu begründen (§ 17a Abs. 4 S. 1, 2 GVG). Gegen ihn ist die sofortige Beschwerde nach den Vorschriften der jeweils anzuwendenden Verfahrensordnung gegeben (§ 17a Abs. 4 S. 3 GVG). Die Beschwerde gegen einen (Beschwerde-)Beschluß eines oberen Landesgerichts (z. B. Oberlandesgericht, Oberverwaltungsgericht) an den jeweils zuständigen obersten Gerichtshof des Bundes ist nur statthaft, wenn sie in dem Beschluß zugelassen ist. Sie ist zuzulassen, wenn die Rechtsfrage grundsätzliche Bedeutung hat oder wenn das Gericht von der Entscheidung eines obersten Gerichtshofes des Bundes oder des Gemeinsamen Senats der obersten Gerichtshöfe des Bundes abweicht (§ 17a Abs. 4 S. 4, 5 GVG); der oberste Gerichtshof des Bundes ist an die Zulassung der Beschwerde gebunden (§ 17a Abs. 4 S. 6 GVG)[138].

Hat ein Gericht den zu ihm beschrittenen Rechtsweg **rechtskräftig** für zulässig erklärt, so sind andere Gerichte an diese Entscheidung gebunden (§ 17a Abs. 1 GVG). Die Zulässigkeit des beschrittenen Rechtsweges wird durch eine nach Rechtshängigkeit eintretende Veränderung der sie begründenden Umstände nicht mehr berührt (§ 17 Abs. 1 S. 1 GVG).

Eine **Überprüfung** der Rechtswegzuständigkeit **im Hauptsacheverfahren** durch Berufung bzw. Revision findet somit in keinem Falle mehr statt (§ 17a Abs. 5 GVG)[139]. Die Neuregelung sieht als Konsequenz vor, daß – abgesehen von den Fällen der Art. 14 und 34 GG – das Gericht des zulässigen Rechtsweges den Rechtsstreit unter **allen** in Betracht kommenden **rechtlichen Gesichtspunkten** entscheidet (§ 17 Abs. 2 GVG) und damit die mißliche Aufspaltung verschiedener (etwa bürgerlich-rechtliche und öffentlich-rechtliche) Ansprüche in verschiedene Rechtszweige wegfällt[140]. Hat beispielsweise das Zivilgericht den zu ihm beschrittenen Rechtsweg rechtskräftig für zulässig erklärt, so ist es auch für alle nicht bürgerlich-rechtlichen Ansprüche, z. B. auch für öffentlich-rechtliche Ansprüche aus diesem Komplex zuständig und entscheidet darüber[141].

43 **Bejaht** das angerufene Gericht den zu ihm beschrittenen Rechtsweg und wird die Zulässigkeit des Rechtsweges von keiner Partei gerügt und wird sie auch nicht vorab vom Gericht durch Beschluß ausgesprochen (gemäß § 17a Abs. 3 GVG), so wird darüber im *Endurteil* positiv entschieden[142].

---

136 Vgl. Begründung des Gesetzentwurfs, BT-Drucks. 11/7030, S. 36. Vgl. eingehend *Kissel* NJW aaO 947 ff.

137 BT-Drucks. ebenda.

138 Vgl. *Zöller/Gummer* § 17a GVG Rdn. 17; *Stelkens* NVwZ 1991, 209, 218; *Kopp* NJW 1991, 521, 527; *Kissel* NJW 1991, 945, 948.

139 *Zöller/Gummer* aaO Rdn. 18.

140 Vgl. *Stelkens* NVwZ ebenda.

141 Zu den Problemen, die entstehen können, wenn sich vor Klärung der Rechtswegfrage die **Hauptsache erledigt**, vgl. *Zöller/Gummer* aaO Rdn. 19.

142 *Stein/Jonas/Leipold* § 280 Rdn. 13; *Baumbach/Lauterbach/Albers/Hartmann* § 280 Anm. 3 B b; *Zöller/Stephan* § 280 Rdn. 7 f; *Zöller/Gummer* aaO Rdn. 5.

5. Einschränkungen des ordentlichen Rechtsweges

Der Rechtsweg zu den ordentlichen Gerichten und zu den öffentlich-rechtlichen Spezialgerichten kann durch wirksame **Schiedsgerichtsvereinbarungen** (gemäß § 1025 ZPO) eingeschränkt sein[143]. Derartige Schiedsgerichtsvereinbarungen findet man mitunter auch im Wettbewerbsrecht, meist in *bestimmten Branchen*[144]. Sie schließen für das Klageverfahren den Rechtsweg zu den ordentlichen Gerichten aus, allerdings nur, wenn sich der Beklagte auf die Schiedsvereinbarung beruft; eine Prüfung von Amts wegen findet nicht statt[145]. Der Beklagte muß sich vor der Verhandlung zur Hauptsache auf die Einrede berufen und damit die „Unzuständigkeit" staatlicher Gerichte rügen (§ 282 Abs. 3 S. 1 ZPO). Ist ihm eine Klageerwiderungsfrist gesetzt, so muß er die Rüge innerhalb dieser Frist anbringen (§ 282 Abs. 3 S. 2 ZPO)[146]. Bei genügender Entschuldigung ist auch eine spätere Einrede möglich (§ 296 Abs. 3 ZPO)[147]. Dies gilt nicht bei einer Klage vor einem derogierten Gericht: Wird die Einrede des Schiedsvertrages nicht sofort erhoben, so greift § 39 ZPO ein[148]. Bei wettbewerbsrechtlichen Klagen dürfte dies freilich selten vorkommen. 44

Die **rechtzeitig** erhobene Einrede des Schiedsvertrages führt zur Abweisung der Klage als unzulässig (§ 1027 a ZPO)[149]. Über die Zulässigkeit der Klage kann, wenn die Einrede des Schiedsvertrages vom Gericht als **unbegründet** erachtet wird, abgesondert verhandelt und durch Zwischenurteil entschieden werden (§§ 280 Abs. 1, 2 S. 1 ZPO)[150]. 45

Die Einschränkung des Rechtsweges durch Schiedsgerichtsvereinbarung gilt **nicht** für das **summarische Verfahren (Arrest und einstweilige Verfügung)**, für das **Vollstreckungsverfahren** (§ 1042 ZPO) und das **Aufhebungsverfahren** (§ 1041 ZPO)[151]. 46

6. Rechtslage in den neuen Bundesländern

Die inhaltliche Bestimmung und Abgrenzung des Rechtsweges erfolgt auch in den neuen Bundesländern nach den Kriterien, die sich zu § 13 GVG, § 40 VwGO sowie zu §§ 51 SGG, 33 FGO herausgebildet haben[152]. 47

Allerdings gelten die Rechtswegregelungen in den neuen Bundesländern für eine gewisse Übergangszeit noch nicht, bis die Länder auf den Gebieten der Verwaltungs-, Finanz-, Arbeits- und Sozialgerichtsbarkeit Gerichte eingerichtet haben. Bis dahin fungieren die **Kreisgerichte** als Eingangsgerichte für Streitigkeiten auch auf den genannten Gebieten[153].

---

143 *Teplitzky*[6] Kap. 45 Rdn. 3. Zu den Wirksamkeitsvoraussetzungen einer Schiedsgerichtsvereinbarung vgl. §§ 1025 – 1027 ZPO.

144 Vgl. etwa die Werbeabkommen der Zigarettenindustrie vom 15. 6. 1966.

145 *Stein/Jonas/Schlosser* § 1027 a Rdn. 2; *Baumbach/Lauterbach/Albers* § 1027 a Anm. 1; *Zöller/Geimer* § 1027 a Rdn. 1.

146 *Stein/Jonas/Schlosser* aaO Rdn. 3; *Zöller/Geimer* § 1025 Rdn. 15.

147 *Baumbach/Lauterbach/Albers* § 1027 a Anm. 1; *Zöller/Geimer* ebenda.

148 *Baumbach/Lauterbach/Albers* ebenda; *Zöller/Geimer* ebenda.

149 *Stein/Jonas/Schlosser* § 1027 a Rdn. 15; *Baumbach/Lauterbach/Albers* ebenda; *Zöller/Geimer* § 1025 Rdn. 13; § 1027 a Rdn. 2.

150 *Stein/Jonas/Schlosser* ebenda; *Zöller/Geimer* § 1027 a Rdn. 2.

151 *Stein/Jonas/Schlosser* § 1027 a Rdn. 6; *Zöller/Geimer* § 1025 Rdn. 13 m. weit. Nachw., § 1027 a Rdn. 4.

152 *Kissel* NJW 1991, 945, 947; *Stelkens* DtZ 1991, 10; *Stelkens* NVwZ 1991, 209, 218.

153 Einigungsvertrag Anlage I Kap. III Sachgebiet A (Rechtspflege), Abschnitt III Nr. 1 Maßgabe t; *Stelkens* DtZ 1991, 209, 218. Vgl. für *Sachsen* Art. 4 §§ 1 – 3 des Sächs. Gerichtsorganisationsgesetzes v. 30. 6. 1992, Sächs. GVBl. 287, 289.

III. Zuständigkeit

Literatur

v. Mühlendahl Gewerblicher Rechtsschutz im vereinigten Deutschland – eine Zwischenbilanz, GRUR 1990, 719; *Teplitzky* Wettbewerbsrechtliche Ansprüche, 6. Aufl. (1992); *Tischendorf* Das Comeback der Handelsgerichtsbarkeit in der DDR, DtZ 1990, 266; zur Kommentarliteratur vgl. Literatur vor Rdn. 16.

1. Internationale Zuständigkeit

48 Zur **internationalen** Zuständigkeit deutscher Gerichte in Wettbewerbsstreitigkeiten vgl. die Einleitung dieses Werks.

2. Sachliche Zuständigkeit

49 Die **sachliche** Zuständigkeit der Gerichte in Wettbewerbsstreitigkeiten richtet sich nach den allgemeinen Regeln des Gerichtsverfassungsrechts. Da die Gegenstandswerte in derartigen Streitigkeiten in der Regel relativ hoch sind, sind fast ausnahmslos in erster Instanz die **Landgerichte** zuständig[154]. Für Auskunfts- und Schadensersatzklagen und für Vertragsstrafenansprüche kann mitunter, wenn die Streitwertgrenze von 6000 DM (seit 1. April 1991) nicht erreicht ist, die Zuständigkeit der **Amtsgerichte** begründet sein. Regelmäßig sind die Amtsgerichte zuständig für die gerichtliche Durchsetzung von Abmahnkosten, da sie üblicherweise 6000 DM nicht übersteigen. Allerdings handelt es sich dabei ohnehin meist nicht um Wettbewerbsstreitigkeiten, da Erstattungsansprüche wegen Abmahnkosten nach der Rechtsprechung des BGH in der Regel auf §§ 683 S. 1, 677, 670 BGB (GoA) gestützt werden[155] – anders als Erstattungsansprüche nach § 1 UWG, die Wettbewerbsstreitigkeiten sind[156].

In zweiter Instanz sind, wenn die Wettbewerbsstreitigkeiten in erster Instanz vor den Landgerichten begonnen haben, die **Oberlandesgerichte** zuständig[157]. Die Revision zum **Bundesgerichtshof** ist zulässig, wenn entweder der Wert der Beschwer der zweitinstanzlichen Entscheidung über DM 60 000 liegt (seit 1. April 1991)[158] oder die Revision vom Oberlandesgericht zugelassen ist (§ 546 Abs. 1 ZPO)[159]. Wettbewerbsstreitigkeiten sind in der Regel Rechtsstreitigkeiten über *vermögensrechtliche Ansprüche*, auch wenn sie persönlichkeitsrechtlichen Bezug haben; denn das Rechtsschutzbegehren, das sich auf wettbewerbliche Tätigkeit stützt, dient in wesentlicher Weise der Wahrung wirtschaftlicher Belange[160].

Relativ häufig wird in Wettbewerbsstreitigkeiten zur Klärung einer **Rechtsfrage** unter Umgehung des Oberlandesgerichts gegen das erstinstanzliche Urteil des Landgerichts **Sprungrevision** zum Bundesgerichtshof eingelegt (§ 566 a Abs. 1 ZPO); dies bedarf der schriftlichen Bewilligung des Gegners, die der Revisionsschrift beigefügt werden muß[161].

---

[154] Vgl. *Teplitzky*[6] Kap. 45 Rdn. 5; HdbWR/*Seibt* § 65 Rdn. 1.

[155] BGH GRUR 1952, 393, 399 f – *Fotowettbewerb*; BGH GRUR 1973, 384, 385 – *Goldene Armbänder*; BGH GRUR 1984, 129, 131 – *shop-in-the-shop I*; *Baumbach/Hefermehl* Einl. Rdn. 554. Näher dazu Großkomm./*Kreft* Vor § 13, C, Rdn. 140 ff.

[156] *Teplitzky* ebenda.

[157] Näher unten Rdn. 479.

[158] Art. 1 Nr. 40 des Rechtspflege-Vereinfachungsgesetzes vom 17. 12. 1990, BGBl. I 2847, 2851.

[159] Näher unten Rdn. 480 f.

[160] Vgl. BGH GRUR 1990, 1055 – *Medizinjournalist*; BGH GRUR 1991, 157 – *Johanniter-Bier* (bejaht für eine caritative Organisation); BGH GRUR 1986, 458 – *Oberammergauer Passionsspiele I* (zur ähnlichen Problematik im Urheberrecht); BGH NJW 1974, 1470.

[161] Vgl. BGHZ 16, 192, 195; BGH VersR 1980, 772. Zu den Anforderungen an die Einwilligungserklärung BGHZ 92, 76, 77 f.; *Beispiel* für eine Sprungrevision: BGHZ 106, 101 = GRUR 1989, 440 – *Dresdner Stollen I*.

Zur Zuständigkeit der **Arbeitsgerichte** für Prozesse zwischen Arbeitnehmern und Arbeitgebern aus Wettbewerbsverstößen, die mit dem Arbeitsverhältnis in Zusammenhang stehen, vgl. Großkomm/*Köhler* § 27 Rdn. 2 ff. **50**

3. Örtliche Zuständigkeit

Zur **örtlichen** Zuständigkeit wird auf Großkomm/*Erdmann* § 24 Rdn. 15 ff verwiesen. **51**

4. Funktionelle Zuständigkeit

Zur **funktionellen** Zuständigkeit wird auf Großkomm/*Köhler* § 27 Rdn. 5 ff verwiesen. **52**

5. Rechtslage in den neuen Bundesländern

In den fünf neuen Bundesländern Brandenburg, Mecklenburg-Vorpommern, Sachsen, Sachsen-Anhalt und Thüringen gilt seit dem 3. Oktober 1990 das Gerichtsverfassungsgesetz mit einer Reihe von Besonderheiten (Art. 8 des Einigungsvertrages vom 31. August 1990 i. V. m. Anlage I Kap. III Sachgebiet A (Rechtspflege), Abschnitt III Nr. 1)[162]. Danach bleibt es in den neuen Bundesländern zunächst dabei, daß die Gerichtsbarkeit von den Kreisgerichten und den Bezirksgerichten ausgeübt wird; das Oberste Gericht ist abgeschafft worden[163]. Die neuen Bundesländer gehen jedoch zunehmend auf die Gerichtsorganisation in den alten Bundesländern und auch auf die **traditionellen Gerichtsbeziehungen** über, also *Amts- und Landgerichte* sowie *Oberlandesgerichte*[164]. Derzeit sind nach der bisherigen Gerichtsorganisation in bürgerlichen Rechtsstreitigkeiten und damit in Wettbewerbsstreitigkeiten in erster Instanz die **Kreisgerichte** zuständig; sie treten im Rahmen der Zuständigkeit an die Stelle der Amts- und Landgerichte[165]. In zweiter Instanz entscheiden die **Bezirksgerichte**, die die Aufgaben des Berufungsgerichtes sowohl gegen Entscheidungen der Landgerichte (Kreisgerichte) als auch gegen Entscheidungen der Amtsgerichte (Kreisgerichte) wahrnehmen[166]. **Berufungen** gegen Entscheidungen der **Kammern für Handelssachen**, die zwingend in Wettbewerbsstreitigkeiten entscheiden[167], sind bei den Bezirksgerichten einzulegen, in deren Bezirk die **Landesregierung** ihren Sitz hat (für Brandenburg *Potsdam*, für Mecklenburg-Vorpommern *Schwerin*, für Sachsen *Dresden*, für Sachsen-Anhalt *Magdeburg* und für Thüringen *Erfurt*); dort sind besondere **Senate für Handelssachen** bei den **Bezirksgerichten** gebildet, die im Rahmen ihrer Zuständigkeit an die Stelle der Oberlandesgerichte treten und deren Aufgaben wahrnehmen[168]. Die Revision richtet **53**

---

162 BGBl. 1990 II 889. Näher *v. Mühlendahl* GRUR 1990, 719, 740 f.

163 Einigungsvertrag Anlage I Kap. III Sachgebiet A (Rechtspflege), Abschnitt III Nr. 1 Maßgabe a Abs. 1; MünchKommZPO/*Lappe* § 1 Rdn. 23.

164 Vgl. z. B. für *Sachsen* das Sächs. Gerichtsorganisationsgesetz v. 30. 6. 1992, Sächs. GVBl. 287; danach gibt es ab 1. 1. 1993 wieder die Amts- und Landgerichte und das OLG Dresden (Art. 6 §§ 1 – 3). In *Mecklenburg-Vorpommern* gelten die alten Gerichtsbezeichnungen seit dem 1. 7. 1992; das OLG ist in Rostock eingerichtet, vgl. ZIP aktuell 1992, 218.

165 AaO, Maßgabe e Abs. 1; MünchKommZPO/*Lappe* ebenda. Insoweit kommt es für die sachliche Zuständigkeit auf den Streitwert nicht an, vgl. MünchKommZPO/*Lappe* § 2 Rdn. 43.
Die neuen Bundesländer gehen zunehmend auf die alten, traditionellen Gerichtsbezeichnungen über, z. B. Sachsen ab 1. 1. 1993, vgl. Fußn. 164.

166 AaO, Maßgabe h, Abs. 1; MünchKommZPO/*Lappe* ebenda.

167 Näher unten Rdn. 54.

168 AaO, Maßgabe h Abs. 1 S. 2.

sich nach den allgemeinen Vorschriften (§§ 545 ff ZPO) und geht an den **Bundesgerichtshof**[169].

54 Bei den Kreisgerichten, in deren Bezirk das Bezirksgericht seinen Sitz hat, werden für das erstinstanzliche Verfahren, soweit die Kreisgerichte die Funktion der Landgerichte ausüben, **Kammern für Handelssachen** gebildet. Sie sind für alle in § 95 GVG aufgeführten Handelssachen mit Ausnahme der in Abs. 1 Nr. 4c und f genannten Streitigkeiten (Warenzeichen- und Geschmacksmusterstreitsachen, Seerechtssachen) zuständig[170]. Damit wird eine erhebliche Konzentration der Handelssachen bei einer beschränkten Zahl von Kreisgerichten erreicht. Die Kammern für Handelssachen entscheiden durch einen Berufsrichter und zwei ehrenamtliche Handelsrichter[171]. Anders als in den alten Bundesländern (§ 96 Abs. 1 GVG) ist die Zuständigkeit der Kammern für Handelssachen **nicht** von einem entsprechenden **Antrag abhängig**[172]. Sie ist von Amts wegen gegeben und muß **von Amts wegen** beachtet werden; sie kann nicht abbedungen werden. Das bedeutet, daß im Wettbewerbsrecht im Sinne von § 95 Abs. 1 Nr. 5 GVG in den neuen Bundesländern ausschließlich die Kammern für Handelssachen an den Kreisgerichten in den Orten zuständig sind, in denen Bezirksgerichte bestehen[173].

55 In Angelegenheiten des **gewerblichen Rechtsschutzes** sind überdies in Ergänzung zu den besonderen Konzentrationsermächtigungen (§ 27 Abs. 2 UWG) die Landesregierungen generell ermächtigt worden, durch Rechtsverordnung einem Gericht für die Bezirke mehrerer Gerichte Sachen aller Art ganz oder teilweise zuzuweisen oder auswärtige Kammern oder Senate von Gerichten einzurichten „wenn dies für die sachdienliche Erledigung der Sachen zweckmäßig ist"[174]. Überdies können die Länder durch eine Vereinbarung untereinander dem Gericht eines Landes obliegende Aufgaben ganz oder teilweise dem zuständigen Gericht eines anderen Landes übertragen[175]. Nach dem bisherigen (DDR-)Recht geltende Konzentrationen auf dem Gebiet des gewerblichen Rechtsschutzes bleiben vorbehaltlich einer Regelung durch die Länder bestehen[176]; dies hat für Wettbewerbsstreitigkeiten keine Bedeutung[177].

56 Diese Regelungen gelten nicht für das Gebiet des früheren **Ost-Berlin**. Die Anlage II zum Einigungsvertrag enthält in Kapitel III in Sachgebiet A einen besonderen Abschnitt IV mit Vorschriften für Berlin. Danach gelten im Gebiet des früheren Ost-Berlin von Anfang an soweit wie möglich die Vorschriften, die für das bisherige West-Berlin gelten. Von entsprechenden Anpassungs- und Überleitungsvorschriften wurde weitestgehend abgesehen[178].

IV. Rechtsschutzinteresse

Literatur

Allorio Rechtsschutzbedürfnis? ZZP 67 (1954), 321; *Baumgärtel* Die Verwirkung prozessualer Befugnisse im Bereich der ZPO und des FGG, ZZP 67 (1954), 423; *Borck* Wieso erledigt die Unterwerfungserklärung den Unterlassungsanspruch? WRP 1974, 372; *Borck* Kunstfehler und kalkulierte Risiken beim Umgang mit Unterlassungsverfügungen, WRP 1979, 274; *Helle* Die

---

169 *v. Mühlendahl* aaO 740.

170 Einigungsvertrag Anlage I aaO, Maßgabe e Abs. 2 S. 1. Näher dazu *v. Mühlendahl* GRUR aaO 741; vgl. zur Rechtslage nach der „Wende" und vor der Vereinigung *Tischendorf* DtZ 1990, 266 ff.

171 Einigungsvertrag Anlage I aaO, Maßgabe g Abs. 1 Nr. 1.

172 AaO, Maßgabe e Abs. 2 S. 2.

173 *v. Mühlendahl* GRUR aaO 741.

174 Einigungsvertrag Anlage I aaO, Maßgabe n Abs. 1.

175 AaO, Maßgabe n Abs. 2.

176 AaO, Maßgabe n Abs. 3 S. 1.

177 Bezüglich der Einzelheiten und der Konzentration von Patent-, Warenkennzeichen- und Musterstreitsachen beim *Bezirksgericht Leipzig* vgl. *v. Mühlendahl* GRUR aaO 741.

178 *v. Mühlendahl* GRUR aaO 742; MünchKomm-ZPO/*Lappe* aaO Rdn. 24.

Begrenzung des zivilrechtlichen Schutzes der Persönlichkeit und der Ehre gegenüber Äußerungen in rechtlich geordneten Verfahren, GRUR 1982, 207; *Jacobs* Anmerkung zu BGH GRUR 1988, 785 – Örtliche Zuständigkeit, GRUR 1988, 786; *Johannsen* Anmerkung zu BGH LM § 256 Nr. 46; *Lindacher* Gesicherte Unterlassungserklärung, Wiederholungsgefahr und Rechtsschutzbedürfnis, GRUR 1975, 413; *Lindacher* Praxis und Dogmatik der wettbewerbsrechtlichen Abschlußerklärung, BB 1984, 639; *Lindacher* Der „Gegenschlag" des Abgemahnten, Festschr. v. Gamm (1990), 83; *Olschewski* Zurückverweisung durch das Berufungsgericht bei fehlendem Feststellungsinteresse, NJW 1971, 551; *Pawlowski* Zum Verhältnis von Feststellungs- und Leistungsklage, MDR 1988, 630; *Rosenberg/Schwab* Lehrbuch des Zivilprozeßrechts, 14. Aufl. (1986); *Scherf* Wettbewerbliche Unterlassungsverfügung als „Hauptsache"? WRP 1969, 393; *Schimmelpfennig* Unterlassungsklage bei Wettbewerbsverstößen trotz vorliegender strafbewehrter Unterlassungsverpflichtung? GRUR 1974, 201; *Schotthöfer* Rechtliche Probleme im Verhältnis zwischen Feststellungsklage und Unterlassungsklage im Wettbewerbsrecht, WRP 1986, 14; *Spehl* Abschlußschreiben und Abschlußerklärung im Wettbewerbsverfahrensrecht (1988); *Teplitzky* Wettbewerbsrechtliche Ansprüche, 6. Aufl. (1992); *Teplitzky* Streitfragen beim Arrest und bei der einstweiligen Verfügung, DRiZ 1982, 41; *Teplitzky* Die Rechtsfolgen der unbegründeten Ablehnung einer strafbewehrten Unterlassungserklärung, GRUR 1983, 609; *Teplitzky* Die jüngste Rechtsprechung des Bundesgerichtshofs zum wettbewerblichen Anspruchs- und Verfahrensrecht, GRUR 1989, 461, GRUR 1990, 393 und GRUR 1991, 709; *Teplitzky* Buchbespr. von *Spehl* Abschlußschreiben und Abschlußerklärung im Wettbewerbsverfahrensrecht, WRP 1989, 349; *Wedemeyer* Vermeidbare Klippen des Wettbewerbsrechts, NJW 1979, 293; *Weiß* Das Feststellungsinteresse als unqualifizierte Prozeßvoraussetzung, NJW 1971, 1596; zur Kommentarliteratur vgl. die Literatur vor Rdn. 16.

1. Allgemeines

Das **Rechtsschutzinteresse** (oder **Rechtsschutzbedürfnis**) beschreibt die von der **57**
Rechtsordnung anerkannte individuelle Befugnis, für die Geltendmachung eines materiell-rechtlichen Anspruchs oder einer materiell-rechtlichen Feststellung die staatlichen Gerichte (und Behörden) anzurufen. Niemand soll die Gerichte (und Behörden) als Teil der Staatsgewalt unnütz oder gar unlauter bemühen oder ein gesetzlich vorgesehenes Verfahren zur Verfolgung zweckwidriger und insoweit nicht schutzwürdiger Ziele ausnützen dürfen[179]. Dieser Grundsatz bestimmt das entscheidende Abgrenzungskriterium zu der dem deutschen Recht weitgehend fremden **Popularklage**[180] (Ausnahme z. B. § 11 Abs. 1 Nr. 2, 3 WZG, wo die Popularklage auf Löschung eines Warenzeichens im Interesse der Allgemeinheit an der Reinhaltung der Zeichenrolle jedem Dritten – quivis ex populo – zusteht, auch wenn dieser kein eigenes Interesse an der Löschung hat)[181]. Das Rechtsschutzinteresse ist im Grundsatz nicht von der Art des Verfahrens abhängig, wenn sich auch inhaltliche, an dem materiell-rechtlichen Begehren orientierte Unterschiede bei den verschiedenen Ansprüchen ergeben[182]. Jeder, der klagen und damit die staatlichen Gerichte bemühen will, muß ein individuelles, eigenes Betroffensein

---

[179] BGHZ 54, 181, 184 = GRUR 1970, 601, 602 – *Fungizid*; BGH GRUR 1976, 256, 257 – *Rechenscheibe*; BGH GRUR 1980, 241, 242 – *Rechtsschutzbedürfnis*; *Rosenberg/Schwab* § 93 IV 1, 2; *Baumbach/Hefermehl* Einl. UWG Rdn. 455; teilweise enger, nämlich darauf abstellend, daß Rechtsstreitigkeiten nicht in das Studium der Begründetheitsprüfung gelangen sollen, die ersichtlich des Rechtsschutzes nicht bedürfen, BGH GRUR 1987, 568, 569 – *Gegenangriff*; *Stein/Jonas/Schumann* vor § 253 Rdn. 101.

[180] Vgl. BGH GRUR 1966, 445, 446 – *Glutamal*; näher Großkomm/*Jacobs* Vor § 13, A, Rdn. 1 und dort Fußn. 2.

[181] Vgl. *Baumbach/Hefermehl* WZG § 11 Rdn. 4.

[182] Vgl. im einzelnen *Teplitzky*[6] Kap. 9 Rdn. 8 (für vorbeugenden Unterlassungsanspruch), Kap. 52 Rdn. 2 (für Beseitigungsanspruch), Kap. 52 Rdn. 12 (für Feststellungsklage); *Baumbach/Hefermehl* Einl. UWG Rdn. 455.

nachweisen können, muß in der Durchsetzung seines Anspruchs ohne Anrufung der Gerichte persönlich benachteiligt sein[183].

58 Dieses **allgemeine Rechtsschutzinteresse** ergibt sich für eine **Leistungsklage** grundsätzlich aus der **Nichterfüllung** des geltend gemachten **materiell-rechtlichen Anspruchs**[184]. Darin liegt das individuelle Betroffensein. Da dies ipso iure aus der Nichterfüllung des materiell-rechtlichen Anspruchs folgt, braucht bei der Leistungsklage das Rechtsschutzinteresse nicht dargelegt oder gar nachgewiesen zu werden, sondern ergibt sich unmittelbar aus dem streitigen Wettbewerbsverhalten[185]. Das gilt für alle Arten von Leistungsklagen, d. h. Klagen auf Unterlassung, Beseitigung, Schadensersatz, Auskunft und Rechnungslegung[186].

59 Von diesem allgemeinen Rechtsschutzinteresse streng zu unterscheiden ist die individuelle **Klagebefugnis** (oder Aktivlegitimation). Sie bestimmt darüber, wer einen materiell-rechtlichen Anspruch vor den Gerichten geltend machen kann; sie ist daher Teil der **Begründetheit** und damit des Inhalts des Anspruchs[187].

60 Die **Feststellungsklage** setzt gemäß § 256 Abs. 1 ZPO ein **besonderes Rechtsschutzinteresse** (sogen. **Feststellungsinteresse**) voraus, nämlich das *„rechtliche Interesse"*, daß ein *„Rechtsverhältnis ... durch richterliche Entscheidung alsbald festgestellt werde"*. Diese Regelung enthält keine zusätzliche Prozeßvoraussetzung, sondern lediglich eine Klarstellung und Niederlegung dessen, was sich ohne weiteres schon aus dem allgemeinen Rechtsschutzinteresse ergibt[188]. Dies muß bei der Feststellungsklage, da es dabei nicht um die Nichterfüllung eines Anspruchs geht, vom Kläger gesondert dargelegt und vom Gericht festgestellt werden[189]. Insofern, aber auch nur insofern erscheint es gerechtfertigt, das Feststellungsinteresse gemäß § 256 Abs. 1 ZPO als *besondere Prozeßvoraussetzung* zu bezeichnen und zu begreifen[190].

2. Einzelne Klagearten

61 Bei der **Leistungsklage**, die auf gerichtliche Durchsetzung eines materiell-rechtlichen Anspruchs aus dem Wettbewerbsrecht gerichtet ist, ergibt sich das Rechtsschutzinter-

---

[183] Dies entspricht im Verwaltungsrecht der Regelung des § 42 Abs. 2 VwGO, nach der das Betroffensein durch einen Verwaltungsakt dargelegt werden muß, sich aber bei einem belasteten Verwaltungsakt unmittelbar aus dessen Adressierung ergibt, vgl. *Kopp* VwGO[8], vor § 40 Rdn. 17; *Jacobs* GRUR 1988, 786, 787.

[184] BGH GRUR 1973, 208, 209 – *Neues aus der Medizin*; BGH GRUR 1980, 241, 242 – *Rechtsschutzbedürfnis*; BGH GRUR 1987, 45, 46 – *Sommerpreiswerbung*; BGH GRUR 1987, 568, 569 – *Gegenangriff*; *v. Gamm* Kap. 18 Rdn. 47; *Teplitzky*[6] Kap. 51 Rdn. 52; *Baumbach/Hefermehl* Einl. UWG Rdn. 455.

[185] BGH GRUR aaO – *Neues aus der Medizin*; BGH GRUR aaO – *Rechtsschutzbedürfnis*; BGH GRUR aaO – *Sommerpreiswerbung*.

[186] *Baumbach/Hefermehl* Einl. UWG Rdn. 455.

[187] Statt vieler *Baumbach/Lauterbach/Albers/Hartmann*, Grundz vor § 50 Anm. 4 A.

[188] BGHZ 12, 308, 316; BGH NJW 1978, 2031, 2032; *Zöller/Stephan* § 256 Rdn. 7.

[189] Dies soll allerdings nur bei einem stattgebenden, nicht bei einem abweisenden Feststellungsurteil der Fall sein; vgl. BGH NJW 1958, 384; BGH NJW 1978, 2031, 2032; OLG Karlsruhe VersR 1989, 805, 806; MünchKommZPO/*Lüke* § 256 Rdn. 35; *Zöller/Stephan* § 256 Rdn. 7. Als Grund wird angeführt, daß auch ein die Leistungsklage abweisendes Sachurteil ein negatives Feststellungsurteil ist; auch die Feststellungsklage ist ohne Prüfung eines Feststellungsinteresses als unbegründet abzuweisen, wenn feststeht, daß der behauptete Anspruchsgrund nicht besteht, BGH NJW 1969, 2014, 2015. Die dazu vorgetragene Kritik von *Olschewski* NJW 1971, 551, 552 und *Weiß* NJW 1971, 1596, 1597 ist berechtigt; weder aus dem Wortlaut des § 256 Abs. 1 ZPO noch aus dem Sinn und Zweck des Rechtsschutzinteresses läßt sich eine solche Einschränkung herleiten, allenfalls mit prozessualer Zweckmäßigkeit begründen, vgl. *Johannsen* in Anm. zu BGH LM § 256 Nr. 46 = NJW 1958, 384. Vgl. eingehend dazu unten Rdn. 389.

[190] So wohl auch *Stein/Jonas/Schumann* vor § 253 Rdn. 102. MünchKommZPO/*Lüke* § 256 Rdn. 35 spricht zutreffend von dem „für die Feststellungsklage besonders ausgestalteten allgemeinen Rechtsschutzinteresse".

esse unmittelbar aus der **Nichterfüllung** eben dieses Anspruchs durch den Schuldner[191]. Für die einzelnen Ansprüche, die mit der Leistungsklage geltend gemacht werden können, ändert sich das Rechtsschutzinteresse nicht im Grundsatz, sondern lediglich inhaltlich: Es bezieht sich auf die gerichtliche Durchsetzung eben dieses durch das Klagebegehren definierten, aber nach seiner Zielsetzung – Unterlassung, Beseitigung, Auskunft, Rechnungslegung oder Schadensersatz – unterschiedlichen Anspruchsinhalts.

Daß bei der Leistungsklage das Rechtsschutzinteresse unmittelbar aus der Nichterfüllung des behaupteten materiell-rechtlichen Anspruchs folgt, gilt allerdings nicht ausnahmslos. Besondere Umstände können das Rechtsschutzinteresse auch für eine Leistungsklage entfallen lassen[192]. So ist die gerichtliche Durchsetzung von Unterlassungsansprüchen gegen ein **Vorbringen in einem Verfahren** – grundsätzlich unabhängig von einer Interessenabwägung und sonstiger Sachprüfung im Einzelfall – ausgeschlossen, da anderenfalls in unzulässiger Weise auf ein anderes Verfahren übergegriffen würde; die Unterlassungsklage kann in einem solchen Fall nicht als geeignetes Mittel zur Beseitigung oder Verhinderung eines Störungszustandes angesehen werden[193]. Derartige Fälle, in denen die gerichtliche Durchsetzung von Unterlassungsansprüchen von vorneherein ausgeschlossen ist, sind freilich selten. Die Rechtsprechung hat sie nur ausnahmsweise anerkannt, z. B. bei der (Wider-)Klage gegen den Kläger und einen Dritten **wegen bestimmter Äußerungen in einem Prozeß**[194], bei negatorischen Ansprüchen gegenüber **Äußerungen,** die jemand als Zeuge oder sonstwie **vor Verwaltungsbehörden** gemacht hat[195], bei Unterlassungsklagen gegen das der Rechtsverfolgung oder Rechtsverteidigung dienende **Vorbringen einer Partei** oder eines **Rechtsanwalts** in einem **schwebenden Zivilprozeß**[196]. Alle diese Fälle haben gemein, daß Unterlassungsansprüche – ohne Möglichkeit der Prüfung der sachlichen Berechtigung durch die Gerichte – von vorneherein nicht gerichtlich durchgesetzt werden sollen, da sonst der von ihnen ausgehende Rechtszwang mit der rechtlichen Ordnung unvereinbar wäre. Deshalb besteht auch kein schutzwürdiges Interesse, für die Verfolgung derartiger „Ansprüche" den Zugang zu den Gerichten zu eröffnen[197]. Dementsprechend hat der BGH nicht nur den negatorischen Anspruch, sondern auch die zu seiner Verfolgung dienende Klage als ausgeschlossen angesehen.

Bei der **Feststellungsklage** ist das Rechtsschutzinteresse ausdrücklich in § 256 Abs. 1 **62**
ZPO als das „rechtliche Interesse daran, daß das Rechtsverhältnis durch richterliche Entscheidung alsbald festgestellt werde", definiert. Dies muß man als **Konkretisierung** des **allgemeinen Rechtsschutzinteresses** auf das besondere Feststellungsbegehren verstehen[198]. Da es nämlich bei der Feststellungsklage nicht um die Geltendmachung eines materiell-rechtlichen Anspruchs, sondern um die Feststellung des Bestehens oder Nichtbestehens eines Rechtsverhältnisses geht, kann nur derjenige eine solche Feststellungsklage erheben, der von eben diesem Rechtsverhältnis **individuell betroffen** ist und

---

191 Oben Fußn. 183.

192 BGH GRUR 1987, 568, 569 = NJW 1978, 3138 – *Gegenangriff* m. krit. Anm. *Walter*, zu letzerer entgegnend und richtigstellend *Teplitzky* GRUR 1989, 461, 468; vgl. ferner *Teplitzky*[6] Kap. 51 Rdn. 52 – 56.

193 BGH JZ 486, 487 m. Anm. *Weitnauer*; BGH GRUR 1965, 381, 385 – *Weinbrand*; BGH GRUR 1969, 236, 237 – *Ostflüchtlinge*; BGH GRUR 1971, 175, 176 – *Steuerhinterziehung*; BGH GRUR 1973, 550, 551 – *halbseiden*; BGH GRUR 1977, 745, 747 – *Heimstättengemeinschaft*; BGH GRUR 1984, 301, 304 – *Aktionärsversammlung*; BGH GRUR 1987, 568, 569 – *Gegenangriff*; *Helle* GRUR 1982, 207, 209 ff; eingehend dazu jetzt *Teplitzky*[6] Kap. 19 Rdn. 16 – 19.

194 BGH GRUR 1987, 568, 569 – *Gegenangriff*; vgl. dazu Fußn. 191.

195 BGH GRUR 1969, 236, 237 – *Ostflüchtlinge*.

196 BGH GRUR 1971, 175, 176 – *Steuerhinterziehung*.

197 Oben Fußn. 192.

198 Oben Rdn. 60. Zutreffend MünchKommZPO/*Lüke* ebenda.

daher **ein „rechtliches Interesse" an der alsbaldigen gerichtlichen Feststellung** hat. Aus dieser Systematik folgt auch zwanglos, daß dieses besondere Rechtsschutzinteresse dessen, der auf Feststellung klagt, dann wegfällt, wenn aus dem Rechtsverhältnis, das Gegenstand der gerichtlichen Feststellung sein soll, ein individueller, materiell-rechtlicher Anspruch hergeleitet und – etwa durch (Wider-)Klage – gerichtlich geltend gemacht wird[199]. Denn dann wird das besondere Rechtsverhältnis des Feststellungsklägers überlagert von dem vorrangigen allgemeinen Rechtsschutzinteresse des materiellen Anspruchsgläubigers.

63 Gegenstand des Feststellungsinteresses kann auch ein **Rechtsverhältnis zu Dritten** sein, wenn der Kläger aus besonderen Gründen ein berechtigtes Interesse an dessen Feststellung gerade gegenüber dem Beklagten hat[200].

64 Grundsätzlich **fehlt das Feststellungsinteresse**, wenn der Kläger dasselbe Ziel mit einer Klage auf **Leistung** erreichen kann. Ausnahmsweise ist das Feststellungsinteresse gegeben und daher die Feststellungsklage zulässig – trotz der Möglichkeit, Leistungsklage zu erheben –, wenn die Durchführung des Feststellungsverfahrens unter dem Gesichtspunkt der Prozeßwirtschaftlichkeit zu einer sinnvollen und sachgemäßen Erledigung der aufgetretenen Streitpunkte führt[201]. Das ist z. B. dann der Fall, wenn die Parteien in erster Linie über den Grund des Anspruchs streiten und die vom Kläger erhobene negative Feststellungsklage prozessual den einfachsten Weg darstellt, zunächst vorab den Grund des Anspruchs klären zu lassen[202].

3. Prozessuale Behandlung des Rechtsschutzinteresses

65 Das Rechtsschutzinteresse ist **Prozeßvoraussetzung** und stets von Amts wegen anhand des von der Klagepartei unterbreiteten Sachvortrages – ohne Berücksichtigung des Vorbringens des Beklagten – zu prüfen[203]. Es muß *im Zeitpunkt der letzten mündlichen Tatsachenverhandlung* vorliegen[204].

Fehlt das Rechtsschutzinteresse, so ist die **Klage** durch **Prozeßurteil** als **unzulässig** abzuweisen[205]. Das Gericht kann grundsätzlich eine Klage nicht durch Sachurteil als materiell-rechtlich unbegründet abweisen und dabei die Frage der Zulässigkeit der Klage offenlassen; denn Prozeß- und Sachurteil haben unterschiedliche Rechtskraftwirkungen[206]. Nur ausnahmsweise hat die Rechtsprechung die Klageabweisung durch

---

199 Unten Rdn. 87.

200 BGH GRUR 1987, 938, 939 – *Videorechte*; MünchKommZPO/*Lüke* § 256 Rdn. 60; *Baumbach/Hefermehl* Einl. UWG Rdn. 497.

201 BGH GRUR aaO – *Videorechte*. Zur praktischen Handhabung dieses Grundsatzes im Wettbewerbsrecht vgl. näher *Teplitzky*[6] Kap. 52 Rdn. 15–21.

202 BGH ebenda (die Parteien stritten dort im Rahmen der Feststellungsklage über die Berechtigung der Bekl. zur Videoauswertung); *Stein/Jonas/Schumann* § 256 Rdn. 122; *Zöller/Stephan* § 256 Rdn. 17.

203 *Baumbach/Lauterbach/Albers/Hartmann* § 256 Anm. 1 B; die Prüfung ist aber nur eine rechtliche, keine solche von Amts wegen im technischen Sinne; die zur Begründung der Interessen notwendigen Tatsachen sind vom Kläger vorzutragen und nötigenfalls von ihm zu beweisen, vgl. *Stein/Jonas/Schumann* § 256 Rdn. 121.

204 BGH NJW 1973, 1500; BGHZ 99, 340, 341 = GRUR 1987, 402, 403 – *Parallelverfahren*; näher dazu auch *Teplitzky*[6] Kap. 52 Rdn. 20 m. weit. Nachw.

205 BGHZ 18, 98, 106; BGH NJW 1972, 198; BGHZ 99, 340, 341 = GRUR 1987, 402, 403 – *Parallelverfahren*; *Stein/Jonas/Schumann* aaO Rdn. 165; *Baumbach/Lauterbach/Albers/Hartmann* aaO Anm. 1 B.

206 BGHZ 28, 203, 207, 208 = GRUR 1959, 152, 153 – *Berliner Eisbein*; BGH GRUR 1960, 384, 386 – *Mampe Halb und Halb I*; BGH GRUR 1972, 180, 183 – *Cheri*; BGH GRUR 1973, 208, 209 – *Neues aus der Medizin*; *Baumbach/Hefermehl* Einl. UWG Rdn. 455. Zur unterschiedlichen Rechtskraft von Feststellungs- und Leistungsurteilen näher MünchKommZPO/*Lüke* aaO Rdn. 71; *Stein/Jonas/Schumann* § 256 Rdn. 167 f; *Zöller/Stephan* § 256 Rdn. 19 und unten Rdn. 434 ff.

Sachurteil ohne Prüfung des Rechtsschutzinteresses (dort Feststellungsinteresse) zugelassen, wenn die Unbegründetheit der Klage bereits sicher feststeht[207].

In der **Revisionsinstanz** kann über eine Klage, die in der Vorinstanz wegen fehlenden Rechtsschutzinteresses als unzulässig abgewiesen worden ist, nur **ausnahmsweise** materiell-rechtlich durch **Sachurteil** entschieden werden. In der Regel hat das Revisionsgericht, wenn es in solchem Fall die prozessuale Zulässigkeit abweichend von der Vorinstanz bejahen will, das Urteil aufzuheben und **die Sache zurückzuverweisen**[208]. Denn wenn das Berufungsgericht die Klage als unzulässig ansieht, sind tatrichterliche Feststellungen zur Begründetheit entweder von ihm nicht getroffen worden oder, wenn sie – im Rahmen einer Hilfsbegründung – getroffen worden sind, dürfen sie vom Revisionsgericht im Regelfall nicht beachtet werden[209]. **66**

Das Revisionsgericht kann jedoch ausnahmsweise dann eine **Sachentscheidung** treffen (ohne daß es einer Zurückverweisung bedarf), wenn die Klage – etwa wegen deren Unschlüssigkeit – aus keinem rechtlichen Gesichtspunkt Erfolg haben kann und in diesem Sinne die Sache **zur Endentscheidung reif** ist[210]. In diesem Fall beruht nämlich das Berufungsurteil nicht auf der in der Beurteilung der Klage als unzulässig liegenden Gesetzesverletzung (§ 549 ZPO). Das Revisionsgericht darf auch dann ausnahmsweise – wenn die Vorinstanz durch Prozeßurteil die Klage abgewiesen hat – in der Sache entscheiden, wenn das Berufungsgericht trotz dieses Prozeßurteils auch hinreichende tatsächliche Feststellungen zur Sache getroffen hat und diese für das Revisionsgericht ausnahmsweise verfahrensrechtlich beachtlich sind[211]. Letzteres ist der Fall, wenn das Berufungsgericht den Sachverhalt erschöpfend aufgeklärt und die Möglichkeit beachtlichen neuen Sachvortrages des Revisionsklägers in dem Falle, daß die Sache an den Tatrichter zurückverwiesen wird, ausgeschlossen erscheint[212]. Gleiches gilt, wenn das Revisionsgericht seiner Sachentscheidung denselben Sachverhalt zugrundelegt, auf dem die Prozeßabweisung beruhte, und wenn dieser Sachverhalt **unstreitig** ist[213]. **67**

4. Abgrenzung Rechtsschutzinteresse und Wiederholungsgefahr

Das **Rechtsschutzinteresse** ist Prozeßvoraussetzung und bezeichnet die Befugnis, zur Durchsetzung eines sachlich-rechtlichen Anspruchs oder zur Feststellung eines Rechtsverhältnisses die staatlichen Gerichte anrufen zu können[214]. Die **Wiederholungsgefahr** meint dagegen die Gefahr der erneuten Begehung einer konkreten Verletzungshandlung, die der Verletzer in gleicher oder entsprechender Form bereits rechtswidrig begangen hat; sie ist Sachurteilsvoraussetzung[215]. **68**

Zwischen Rechtsschutzinteresse und Wiederholungsgefahr ist in der **älteren Rechtsprechung** mitunter nicht deutlich unterschieden worden[216]. Sie hat die Wiederholungsgefahr als Element des Rechtsschutzinteresses gesehen; fehlte erstere, so war auch **69**

[207] BGHZ 11, 222, 224; BGH GRUR 1963, 218, 220 – *Mampe Halb und Halb II.*

[208] BGH NJW 1958, 384 = LM § 256 Nr. 46 m. Anm. *Johannsen.*

[209] BGHZ 11, 222, 224; BGHZ 46, 281, 284.

[210] BGHZ 46, 281, 284.

[211] BGHZ 11, 222, 224; BGHZ 46, 281, 284; BGH GRUR 1963, 218, 220 – *Mampe Halb und Halb II.*

[212] BGHZ 46, 281, 284; BGH GRUR aaO – *Mampe Halb und Halb II.*

[213] BGHZ ebenda; BGH GRUR ebenda.

[214] BGH GRUR 1976, 256, 258 – *Rechenscheibe*; *Baumbach/Hefermehl* Einl. UWG Rdn. 455.

[215] Großkomm/*Köhler* Vor § 13, C, Rdn. 27.

[216] Vgl. dazu die Nachweise bei *Teplitzky*[6] Kap. 6 Rdn. 6 in Fußn. 8 f; zutreffend dann BGH GRUR 1973, 208, 209 – *Neues aus der Medizin*; BGH GRUR 1980, 241, 242 – *Rechtsschutzbedürfnis*; BGH GRUR 1983, 127, 128 – *Vertragsstrafeversprechen*; BGH GRUR 1983, 186 – *Wiederholte Unterwerfung I*; BGH GRUR 1984, 593, 594 – *adidas-Sportartikel*; *Teplitzky*[6] Kap. 6 Rdn. 7 f; *Baumbach/Hefermehl* Einl. UWG Rdn. 264.

letztere nicht gegeben, und die Klage mußte durch **Prozeßurteil** als **unzulässig** abgewiesen werden[217]. Allerdings finden sich auch in der älteren Rechtsprechung, insbesondere des Reichsgerichts, eine deutliche Trennung und eine klare Abgrenzung in der Weise, daß das Rechtsschutzinteresse als prozessuales Erfordernis der angestrebten Rechtsverfolgung angesehen und die Wiederholungsgefahr als materiell-rechtliche Voraussetzung des Unterlassungsanspruchs verstanden worden ist[218].

70 Für den **wettbewerbsrechtlichen Unterlassungsanspruch** ist heute allgemein anerkannt, daß die *Wiederholungsgefahr* tatbestandliche und damit *materiell-rechtliche Voraussetzung* des Unterlassungsanspruchs ist und zur materiell-rechtlichen Klagebegründung gehört[219]; denn das gegen künftige Verletzungen gerichtete Unterlassungsbegehren kann materiell-rechtlich nur dann Erfolg haben, wenn auch in Zukunft entsprechende Verletzungen zu besorgen sind. Fehlt eine solche Wiederholungsgefahr, so ist die Klage als **unbegründet** abzuweisen. Das Rechtsschutzinteresse setzt demgegenüber früher ein; es entscheidet darüber, ob ein Anspruchsteller überhaupt die staatlichen Gerichte anrufen kann – er soll sie nicht unnütz oder gar unlauter bemühen dürfen –. Damit ist das Rechtsschutzinteresse prozessuales Erfordernis der ordnungsgemäßen Klageerhebung[220]. Die insoweit deutliche Abgrenzung wird allerdings auch heute noch vielfach verwischt, wenn es um die Frage geht, wann und unter welchen Voraussetzungen das Rechtsschutzinteresse fehlt[221].

5. Fehlen des Rechtsschutzinteresses

71 Da das Rechtsschutzinteresse die Befugnis des Anspruchstellers bezeichnet, zur Durchsetzung eines materiell-rechtlichen Anspruchs die staatlichen Gerichte anrufen zu dürfen, **fehlt** dieses **Rechtsschutzinteresse** immer dann, wenn ein entsprechendes Bedürfnis aus objektiver Sicht für den Anspruchsteller zu verneinen ist. Das ist der Fall, wenn er die staatlichen Gerichte zur Durchsetzung seines Anspruchs nicht braucht, etwa weil er bereits einen Titel hat oder er auf einfacherem und billigerem Weg sein Ziel erreichen kann. Es sind verschiedene Konstellationen denkbar, in denen das Rechtsschutzinteresse an einer klageweisen Durchsetzung auf Seiten des Anspruchsstellers von vorneherein nicht gegeben ist.

72 a) **Vorhandener Titel.** Das Rechtsschutzinteresse für eine Klage fehlt regelmäßig dann, wenn ein Kläger bereits einen **vollstreckbaren Titel** über denselben Streitgegenstand hat und aus diesem gegen den Verletzer vorgehen kann[222]. Dies ist insbesondere von Bedeutung bei einer vollstreckbaren Urkunde oder einem vollstreckbaren Prozeßvergleich, der z. B. eine strafbewehrte Unterlassungserklärung enthält[223]. Der Kläger kann in einem solchen Fall seinen Anspruch mit Hilfe des Titels im Vollstreckungsverfahren durchsetzen (§ 890 ZPO).

73 Auch in einem solchen Fall kann aber das Rechtsschutzinteresse für eine neue Klage zu **bejahen** sein, wenn **erhebliche Zweifel** bestehen, ob ein schon vorhandener Titel

---

217 Näher *Teplitzky* aaO Rdn. 6.

218 BGH GRUR 1964, 82, 86, 87 – *Lesering*; BGH GRUR 1966, 157, 159 – *Wo ist mein Kind?*

219 RG GRUR 1936, 236; RG GRUR 1936, 885, 891; RG GRUR 1938, 53; RG GRUR 1939, 867 f; RGZ 142, 39, 43; vgl. auch BGH NJW 1982, 178 und 2311; *Teplitzky* aaO, Rdn. 7 m. weit. Nachw. in Fußn. 10 f u. Kap. 51 Rdn. 59.

220 BGH in Fußn. 218; *Baumbach/Hefermehl* Einl. UWG Rdn. 262.

221 Vgl. Rdn. 76 ff.

222 BGH GRUR 1980, 241, 242 – *Rechtsschutzbedürfnis*; andererseits OLG Düsseldorf WRP 1986, 556, 557: Rechtsschutzinteresse für neue Klage bejaht, auch wenn Klägerin aus einem aufgrund eines gleichartigen Lebenssachverhalts früher erwirkten Titel mit einem anderen Verbotstenor (wegen desselben Lebenssachverhalts) die Zwangsvollstreckung betreiben könnte.

223 BGH GRUR 1973, 208, 209 – *Neues aus der Medizin*; *Baumbach/Hefermehl* aaO Rdn. 456. Zum Prozeßvergleich näher unten Rdn. 465 ff.

für die beabsichtigte Geltendmachung des Anspruchs verwendbar ist, so daß deshalb mit Schwierigkeiten und Bedenken bei den Vollstreckungsorganen zu rechnen ist[224]. Solche Zweifel können sich insbesondere aus der **Auslegung** des Titels ergeben, die in erster Linie Sache der Vollstreckungsorgane ist[225]. Bestehen Zweifel hinsichtlich der Auslegung und Tragweite einer in einem **Urteil** ausgesprochenen Unterlassungsverpflichtung, so ist für die Festlegung der vom Titel erfaßten Unterlassung zunächst die **Urteilsformel maßgebend;** hilfsweise können die **Entscheidungsgründe** als **Auslegungshilfe** für die Reichweite des Verbotausspruches herangezogen werden[226]. Reicht das nicht und versagt die Auslegung oder begegnet sie doch besonderen Schwierigkeiten, so kann das vorhandene Urteil durch eine **neue Klage ergänzt** werden[227]. Bei **Vergleichen** können zusätzliche Auslegungsschwierigkeiten entstehen, weil sie keine Begründung enthalten und daher eine den Entscheidungsgründen des Urteils entsprechende Auslegungshilfe fehlt[228].

Bei zweifelhafter Auslegung und unklarer Rechtslage kann der **Gläubiger** und Anspruchsteller entweder **Feststellungsklage** zur Klarstellung der Reichweite des Titels erheben oder **neu** auf Unterlassung **klagen**[229]. Der **Schuldner** hat seinerseits die Möglichkeit, zur Klarstellung **negative Feststellungsklage** zu erheben[230]. **74**

Eine voraufgegangene **einstweilige Verfügung** mit demselben Unterlassungsgebot beseitigt das Rechtsschutzinteresse nicht; denn sie bringt nur eine **vorläufige** und summarische, nicht eine endgültige **Streitregelung**[231]. Deswegen sind in Wettbewerbsstreitigkeiten der *Antrag auf einstweilige Verfügung* und die *Hauptsachenklage* grundsätzlich in jeder Lage des Verfahrens und unabhängig von der Reihenfolge **nebeneinander** zulässig[232]. Das Rechtsschutzinteresse für die Hauptsachenklage wird weder durch den Antrag noch den Erlaß einer einstweiligen Verfügung beeinträchtigt. Ob das Rechtsschutzinteresse bei Abgabe einer **Abschlußerklärung** nach ergangener einstweiliger Verfügung entfällt, dazu vgl. Rdn. 80–83. **75**

b) **Strafbewehrtes Unterlassungsversprechen.** Mit dem Unterlassungsversprechen verpflichtet sich der Schuldner gegenüber dem Gläubiger in verbindlicher Weise, eine bestimmte Handlung künftig zu unterlassen. Durch die Strafbewehrung sichert er die Ernsthaftigkeit dieses Unterlassungsversprechens[233]. Im Regelfall, nämlich dann, wenn das Unterlassungsversprechen eingehalten wird, führt es zur vollständigen Befriedigung **76**

---

224 BGH GRUR 1958, 359, 360 – *Sarex* m. Anm. *Moser v. Filseck*; OLG Karlsruhe WRP 1977, 41, 42.

225 BGH GRUR aaO – *Sarex*; es ging darum, ob das Wort „*Sarex*" (für Essig) einen Vergleichstitel verletzt, in dem sich der Bekl. zur Unterlassung von „*Surex*" (für denselben Essig) verpflichtet hatte; *Baumbach/Hefermehl* Einl. UWG Rdn. 456; HdbWR/*Seibt* § 66 Rdn. 3.

226 BGH GRUR aaO 361 – *Sarex*; BGHZ 34, 337, 339; BGHZ 36, 365, 367; BGH GRUR 1987, 172, 174 – *Unternehmensberatungsgesellschaft I*; BGH WRP 1989, 572, 574 – *Bioäquivalenz-Werbung*; BGH GRUR 1992, 525 f – *Professorenbezeichnung in der Arztwerbung II*; *Baumbach/Hefermehl* ebenda.

227 BGH GRUR aaO – *Sarex*.

228 BGH GRUR aaO – *Sarex*; KG OLGE 15, 116. Zur Auslegung von Vergleichen näher unten Rdn. 472.

229 BGH GRUR aaO – *Sarex*; *Baumbach/Hefermehl* ebenda.

230 RGZ 147, 27, 29 ff; BGHZ 5, 189, 194; BGH GRUR aaO – *Sarex*.

231 BGH GRUR 1964, 274, 275 – *Möbelrabatt*; BGH GRUR 1967, 611, 612 – *Jägermeister*; BGH GRUR 1973, 208, 209 – *Neues aus der Medizin*; BGH GRUR 1973, 384 – *Goldene Armbänder*; KG WRP 1981, 277, 278; KG WRP 1984, 545, 546; KG WRP 1984, 547 ff; OLG Köln WRP 1987, 188, 190; OLG Hamm GRUR 1991, 336 (a. A. noch OLG Hamm WRP 1986, 111); *Ahrens* S. 154 f, 212 f; *Baumbach/Hefermehl* § 25 Rdn. 99; *Nirk/Kurtze* Rdn. 154; Formular-Komm/*Jacobs* Form. 3.642 Anm. 3.2 (1); a. A. teilweise *Pastor* S. 499 f.

232 Vgl. Fußn. 230. Vgl. auch OLG Hamburg WRP 1980, 208.

233 BGH GRUR 1980, 241, 242 – *Rechtsschutzbedürfnis*; *Baumbach/Hefermehl* Einl. UWG Rdn. 456; HdbWR/*Seibt* § 66 Rdn. 2; *v. Gamm* Kap. 32 Rdn. 7; *Teplitzky*[6] Kap. 8 Rdn. 1 ff.

des Gläubigers. Verstößt der Schuldner gleichwohl gegen das Versprechen, so kann der Gläubiger die vereinbarte **Vertragsstrafe** einfordern. Die ältere Rechtsprechung **verneint** daher für den Normalfall, d. h. wenn das Unterlassungsversprechen beachtet wird, auch wenn es von dem Verletzten nicht angenommen wird[234], das **Rechtsschutzinteresse** für eine neue, auf dasselbe Unterlassungsbegehren zielende Klage[235].

77 Dies soll allerdings dann nicht gelten, wenn der Schuldner trotz des strafbewehrten Unterlassungsversprechens das **wettbewerbswidrige Verhalten fortsetzt**, insbesondere einen **Neuverstoß bestreitet** und die **Zahlung der Vertragsstrafe ablehnt**[236]. Das Unterlassungsversprechen hat sich dann als ungeeignet zur einfachen und schnellen Befriedung der Parteien erwiesen. Dem auf die wirksame Unterbindung des wettbewerbswidrigen Verhaltens gerichteten Interesse des Verletzten ist in einem solchen Fall nicht mehr allein mit der Unterwerfungserklärung genüge getan, und deshalb **besteht** ein **Rechtsschutzinteresse** des Gläubigers, seinen Anspruch durch eine Klage bei den staatlichen Gerichten durchzusetzen. Dem Gläubiger stehen in diesem Fall **zwei Möglichkeiten** zu Gebote: Er kann entweder *die Vertragsstrafe fordern* oder *Unterlassungsklage erheben*[237]; er kann nicht auf die erste Alternative als die prozessual einfachere und billigere Methode verwiesen werden.

78 Diese Rechtsprechung erscheint überholt, da sie die Unterschiede zwischen Wiederholungsgefahr und Rechtsschutzinteresse verwischt[238]. Der BGH tendiert demgegenüber inzwischen erkennbar dahin, deutlich zwischen **Wiederholungsgefahr** und **Rechtsschutzinteresse** zu unterscheiden und Fragen des Unterlassungsversprechens im Zusammenhang mit der Wiederholungsgefahr zu sehen[239]. Das muß auch für die Wirkung eines Unterlassungsversprechens auf die Unterlassungsklage gelten: Ein vertraglicher Anspruch – nur um einen solchen geht es bei dem Vertragsstrafenanspruch aus dem Unterlassungsversprechen – kann niemals das Rechtsschutzinteresse beseitigen. Denn er sichert die Einhaltung des Unterlassungsanspruchs auf einer anderen Ebene, der privatrechtlichen Strafsanktion. Dies führt, wenn sich der Schuldner daran hält, zwar regelmäßig dazu, daß keine weiteren Verletzungshandlungen zu befürchten sind, und damit zum Wegfall der Wiederholungsgefahr, d. h. zur Verneinung einer tatbestandlichen und materiell-rechtlichen Voraussetzung des Unterlassungsanspruchs[240]. Für die

---

[234] BGH GRUR 1967, 362, 366 – *Spezialsatz*; zu dieser Variante eingehend (und kritisch) *Teplitzky*[6] Kap. 8 Rdn. 37ff.

[235] BGH GRUR 1980, 241, 242 – *Rechtsschutzbedürfnis*; OLG Hamburg GRUR 1974, 108; OLG Frankfurt/M. GRUR 1985, 82, 83 (Wegfall zwar des Rechtsschutzinteresses für Unterlassungsklage, nicht aber der Wiederholungsgefahr bei ausreichender, aber einseitiger Unterwerfungserklärung); dagegen die heute hM, vgl. *Teplitzky*[6] Kap. 12 Rdn. 12 m. weit. Nachw. und Kap. 8 Rdn. 59.

[236] BGH GRUR aaO – *Rechtsschutzbedürfnis*.

[237] BGHZ 55, 201, 206; BGH GRUR aaO – *Rechtsschutzbedürfnis*; *Teplitzky* aaO m. weit. Nachw.

[238] Bezeichnend ist, daß in der Entscheidung *Rechtsschutzbedürfnis* die Begriffe der Wiederholungsgefahr und des Rechtsschutzinteresses vom BGH (aaO) nicht scharf getrennt werden, sondern durcheinandergehen. Wie hier *Schimmelpfennig* GRUR 1974, 201ff; **a. A.**, nämlich für Fehlen des Rechtsschutzinteresses *Lindacher* GRUR 1975, 413, 414.

[239] Vgl. z. B. BGH GRUR 1983, 186f – *Wiederholte Unterwerfung I*; BGH GRUR 1987, 640, 641 – *Wiederholte Unterwerfung II*; in der Entscheidung *Abschlußerklärung* (GRUR 1991, 76, 77) hat der BGH die Abschlußerklärung zwar – unzutreffend, vgl. Rdn. 80 – 83 – das Rechtsschutzinteresse beeinflussen lassen, aber nur und gerade deswegen, weil die durch Abschlußerklärung gesicherte Unterlassungsverfügung den Verletzten ebenso effektiv und dauerhaft sichert wie ein in einem Hauptsacheverfahren erwirkter Titel.

[240] BGH GRUR 1957, 84, 86 – *Einbrandflaschen*; BGH GRUR 1960, 500, 504 – *Plagiatvorwurf I*; BGH GRUR 1962, 34, 35 – *Torsana*; BGH GRUR 1973, 208, 209 – *Neues aus der Medizin*; BGH GRUR 1980, 241, 242 – *Rechtsschutzbedürfnis*; BGH GRUR 1983, 127, 128 – *Vertragsstrafeversprechen*; BGH GRUR 1984, 214, 216 – *Copy-Charge*; *v. Gamm* Kap. 32 Rdn. 7; *Teplitzky*[6] Kap. 6 Rdn. 7f und Kap. 8 Rdn. 37ff; *Ahrens* S. 27; *Baumbach/Hefermehl* Einl. UWG Rdn. 262; *Teplitzky* GRUR 1983, 609; *Borck* WRP 1974, 372, 374; *Schimmelpfennig* GRUR 1974, 201, 202.

Frage des Rechtsschutzinteresses kann dies aber keine Bedeutung haben; denn dieses ergibt sich unmittelbar aus der Nichterfüllung des geltend gemachten materiell-rechtlichen Anspruchs, auch wenn dieser durch eine Vertragsstrafe gesichert ist. Die Sicherung der Nichterfüllung auf privatrechtlicher Ebene kann nicht den Zugang zu den staatlichen Gerichten verwehren. Die bisherige Rechtsprechung berücksichtigt auch nicht hinreichend, daß das Gesetz auch andernorts privatrechtliche Sanktionen bei Nichterfüllung einer vertraglichen Pflicht vorsieht (z. B. §§ 325 Abs. 1, 326 Abs. 1 BGB), ohne daß dadurch das (prozessuale) Rechtsschutzinteresse für die gerichtliche Geltendmachung des Erfüllungsanspruchs entfällt. Entscheidend für die Verneinung des Rechtsschutzinteresses (im Einzelfall) als **prozessuales** Erfordernis ist darauf abzustellen, ob der Gläubiger **in derselben Weise gesichert** ist wie durch ein **Urteil in der Hauptsache**[241]. Das ist bei einem strafbewehrten Unterlassungsversprechen gerade nicht der Fall. Die Sicherung durch ein solches Versprechen und diejenige durch einen Titel sind nicht gleichwertig. Der Gläubiger muß den Anspruch auf Vertragsstrafe in der Regel einklagen und möglicherweise durch mehrere Instanzen betreiben; die Vollstreckung aus einem Unterlassungstitel geht dagegen wesentlich einfacher, schneller und kostengünstiger[242]. Unterschiede bestehen auch bei den materiellen Voraussetzungen zwischen dem Anspruch auf Vertragsstrafe und dem Antrag auf Festsetzung eines Ordnungsgeldes[243].

Dem Gläubiger und Anspruchsteller steht daher auch bei einer strafbewehrten Unterwerfungserklärung der Zugang zu den ordentlichen Gerichten im Falle der Nichterfüllung des Unterlassungsanspruchs uneingeschränkt offen. Eine darauf gerichtete Klage ist **nicht** mangels Rechtsschutzinteresse **unzulässig**. Der Gläubiger trägt allerdings das Risiko, daß sie als **unbegründet** abgewiesen wird, weil infolge der ernsthaften, angemessenen und mit Strafversprechen bewehrten Unterwerfungserklärung **die Wiederholungsgefahr** und damit eine materiell-rechtliche Voraussetzung des Unterlassungsanspruchs fehlt. Dem entspricht es, daß bei Abgabe des strafbewehrten Unterlassungsversprechens während des anhängigen Gerichtsverfahrens eine ursprünglich begründete Unterlassungsklage **unbegründet** und **nicht unzulässig** wird, wenn nicht die Erledigung der Hauptsache erklärt wird[244]. **79**

c) **Abschlußerklärung.** Mit der Abschlußerklärung, die der Verfügungsantragsteller nach Erwirken einer einstweiligen Verfügung von dem Antragsgegner verlangt, soll die eigentlich nur vorläufig wirkende Unterlassungs- oder Beseitigungsverfügung **rechtsbeständig** und **endgültig** gemacht werden[245]. Sie soll den Verfügungstitel ebenso **effektiv und dauerhaft** werden lassen wie einen in einem Hauptsacheverfahren erwirkten Titel[246]. Wie die Abschlußerklärung **inhaltlich** beschaffen sein muß, um diese Wirkung **80**

---

241 Vgl. BGH GRUR 1981, 447 – *Abschlußschreiben*; BGH WRP 1989, 572, 574 – *Bioäquivalenz-Werbung* (insoweit in BGHZ 107, 136 nicht mitabgedruckt); BGH GRUR 1991, 76, 77 – *Abschlußerklärung*; *Teplitzky*[6] Kap. 43 Rdn. 3, 8, 11.

242 Der Anspruch aus einem Vertragsstrafeversprechen und die gerichtliche Bestrafung aus § 890 ZPO können nebeneinander geltend gemacht werden; eine bereits titulierte Vertragsstrafe ist bei Festsetzung des Ordnungsgeldes anzurechnen; vgl. OLG Düsseldorf WRP 1970, 71 f; OLG Köln GRUR 1986, 688, 689; *Teplitzky*[6] Kap. 57 Rdn. 36; *Lindacher* GRUR 1975, 413, 420. Näher Rdn. 467.

243 Näher Großkomm/*Köhler* Vor § 13, C, Rdn. 115 ff; Großkomm/*Jestaedt* Vor § 13, E, Rdn. 10 ff und unten Rdn. 474.

244 OLG Frankfurt/M. GRUR 1985, 82, 83; *Baumbach/Hefermehl* Einl. UWG Rdn. 271, 506. Zur Erledigung der Hauptsache in solchen Fällen näher unten Rdn. 270.

245 Eingehend dazu *Teplitzky*[6] Kap. 43 Rdn. 3 ff; *Ahrens* S. 360 ff; *Lindacher* BB 1984, 639 ff; ferner *Spehl* Abschlußschreiben und Abschlußerklärung im Wettbewerbsverfahrensrecht, Diss. (1988), mit Besprechung von *Teplitzky* WRP 1989, 349.

246 BGH GRUR 1989, 115 – *Mietwagen-Mitfahrt*; BGH GRUR 1991, 76, 77 – *Abschlußerklärung*; OLG Koblenz GRUR 1986, 94; *Scherf* WRP 1969, 393, 398; *Lindacher* GRUR 1975, 413, 414; *Teplitzky* DRiZ 1982, 41, 47; *Teplitzky* GRUR 1989, 461, 468.

zu erzielen, also einen vorläufig wirkenden (Verfügungs-)Titel mit derselben Schutzwirkung für den Gläubiger zu belegen wie einen endgültigen Hauptsachentitel, war lange Zeit streitig[247]. Die früher hM ließ den Verzicht auf die Rechte aus § 926 ZPO (Fristsetzung zur Hauptsachenklage) und, falls es sich um eine Verfügung in Beschlußform handelte, den Verzicht auf Widerspruch (§ 924 Abs. 1 ZPO), anderenfalls, wenn die Urteilsverfügung noch nicht rechtskräftig war, den Verzicht auf Rechtsmittel genügen[248]. Diese Verzichtserklärungen lassen jedoch im Regelfall die Rechte des Antragsgegners unberührt, den Verfügungsanspruch nachträglich mit Einwendungen zu bekämpfen (durch negative Feststellungsklage oder Inzidentfeststellungsklage bei einem Schadensersatzprozeß nach § 945 ZPO) und über § 927 ZPO dessen Aufhebung zu betreiben[249]. Die **heute überwiegende Ansicht** fordert daher neben den genannten Verzichtserklärungen auch einen Verzicht des Antragsgegners auf die Geltendmachung von Einwendungen gegen die einstweilige Verfügung[250]. Dem hat sich der BGH angeschlossen[251]; auch nach seiner Ansicht entfällt das Rechtsschutzinteresse für eine Hauptsachenklage bei vorangegangenem einstweiligen Verfügungsverfahren nur dann, wenn der Antragsgegner in der Abschlußerklärung auf

- die Rechte aus § 926 ZPO (Fristsetzung zur Hauptsachenklage),
- die Rechte aus § 924 Abs. 1 ZPO (Einlegung von Widerspruch gegen eine Beschlußverfügung) bzw. die Einlegung von Rechtsmitteln gegen eine Urteilsverfügung und
- die Geltendmachung von Einwendungen gegen die einstweilige Verfügung und auf die Rechte aus § 927 ZPO (Antrag auf Aufhebung wegen veränderter Umstände) verzichtet

und also die erwirkte Verfügung den Gläubiger ebenso effektiv und dauerhaft sichert wie ein Urteil in der Hauptsache.

81 Daran fehlt es, wenn die Wirksamkeit der Abschlußerklärung von dem Erklärenden vom **Ausgang eines Parallelrechtsstreits** und damit von dem Eintritt eines weiteren – ungewissen – Ereignisses abhängig gemacht wird[252]; das Rechtsschutzinteresse bleibt in diesem Fall erhalten. Wird der Parallelrechtsstreit dann aber während der – zulässigen – Hauptsachenklage entschieden und rechtskräftig und wird infolge deren Ausgangs die ursprünglich auflösend bedingte Abschlußerklärung nummehr **unbedingt,** so wird die Klage von diesem Zeitpunkt an **unzulässig,** da ihr ab dann das **Rechtsschutzinteresse fehlt**[253].

82 Der dargestellten Rechtsprechung ist zuzustimmen. Das Rechtsschutzinteresse für die Hauptsachenklage fehlt, wenn bereits ein Titel vorliegt, der den Gläubiger ebenso wie ein neu zu erwirkender Hauptsachentitel sichert[254]. Dieselbe Situation liegt vor, wenn eine im dargestellten Sinne **vollständige** Abschlußerklärung aus der nur vorläufi-

---

[247] Einzelheiten bei *Teplitzky*[6] Kap. 43 Rdn. 5 – 8; *Ahrens* S. 356 ff.

[248] BGH GRUR 1964, 274, 275 – *Möbelrabatt*; BGH GRUR 1973, 384 – *Goldene Armbänder*; OLG Köln WRP 1975, 175, 176; OLG Hamm WRP 1978, 393, 394; OLG Hamm WRP 1979, 662; OLG Düsseldorf WRP 1971, 484; KG WRP 1978, 451; *Pastor* S. 456 f.

[249] BGH GRUR 1989, 115 – *Mietwagen-Mitfahrt*; vgl. *Teplitzky* aaO Rdn. 5 m. Fußn. 11; beispielsweise nach Eintritt der Anspruchsverjährung, da deren Eintritt durch eine Beschlußverfügung nicht gehindert wird, BGH GRUR 1979, 121 – *Verjährungsunterbrechung*.

[250] OLG Koblenz GRUR 1986, 94, 95; *Teplitzky*[6] Kap. 43 Rdn. 5; *Ahrens* S. 360 f; *Baumbach/Hefermehl* § 25 Rdn. 102; *Scherf* WRP 1969, 393, 396 f; *Wedemeyer* NJW 1979, 293, 298; *Borck* WRP 1979, 274, 278; *Teplitzky* WRP 1989, 349.

[251] BGH GRUR 1989, 115 – *Mietwagen-Mitfahrt*; dazu *Teplitzky* GRUR 1989, 461, 468.

[252] BGH GRUR 1991, 76, 77 – *Abschlußerklärung*; anders noch KG WRP 1988, 674, 675 als Vorinstanz.

[253] BGH ebenda.

[254] Oben Rdn. 72 ff.

gen einstweiligen Verfügung einen Titel macht, der in seiner Wirkung dem endgültigen Titel in einem Hauptsachenverfahren entspricht[255]. Insofern unterscheidet sich die Abschlußerklärung wesentlich von dem strafbewehrten Unterlassungsversprechen, dem eine solche Wirkung gerade nicht zukommt[256].

Die Abschlußerklärung kann diese Wirkung allerdings nur erzielen, wenn sie in sich **klar** und **eindeutig** ist und sich inhaltlich mit der Verfügung deckt. Bestehen schon bei dem Verfügungstitel **Zweifel** über dessen Schutzumfang, die den Ausgang eines Titelumfangstreits im Vollstreckungsverfahren mit erheblichen Ungewißheiten und Risiken belasten, und ist demgemäß auch die Abschlußerklärung inhaltlich unklar, so bleibt das Rechtsschutzinteresse des Gläubigers an der Weiterverfolgung seines Anspruchs im Hauptsacheverfahren bestehen[257]. **83**

d) **Sonstige Fälle.** Das Rechtsschutzinteresse ergibt sich für die Leistungsklage regelmäßig aus der Nichterfüllung des behaupteten materiell-rechtlichen Anspruchs. War das diesem Anspruch zugrundeliegende Verhalten des Schuldners bereits Gegenstand eines **Rechtsstreits**, den **ein anderer eingeleitet** hatte, so berührt dies nicht das Interesse des Gläubigers an der Durchsetzung seines eigenen Anspruchs[258]. Dies folgt daraus, daß er weder Einfluß auf das andere Verfahren noch auf die Vollstreckung eines aus dem Verfahren erwachsenen Titels nehmen kann. Er ist durch den in einem anderen Verfahren aufgrund der Klage eines anderen Verletzten ergangenen Titel wegen seines **eigenen** Anspruchs **in keiner Weise gesichert**. Sein **Rechtsschutzinteresse** bleibt daher **erhalten**. Inwieweit dadurch allerdings die Wiederholungsgefahr fortfallen kann, vgl. dazu Großkomm/*Köhler* Vor § 13, C, Rdn. 72–74 und *Teplitzky*[6] Kap. 7 Rdn. 13–17. **84**

Das Rechtsschutzinteresse **fehlt** auch **nicht** in Fällen, in denen zur Erreichung des von dem Kläger verfolgten Zieles **öffentlich-rechtliche Maßnahmen** innerhalb **des Mitgliedschaftsverbandes** ergriffen werden können. Betroffen sind davon Fälle, in denen berufsständische Kammern die Möglichkeit hätten, gegen ihre Mitglieder, aber auch gegen Nichtmitglieder mit öffentlich-rechtlichen Mitteln vorzugehen[259]. Indessen sind die Berufskammern nicht auf öffentlich-rechtliche Mittel beschränkt, wenn es darum geht, Kammermitglieder zur Beachtung ihrer beruflichen Pflichten anzuhalten; sie können auch zivilrechtliche Maßnahmen ergreifen[260]. Erst recht besteht eine solche Beschränkung dann nicht und können Berufskammern zivilrechtlich vorgehen, wenn Verstößen von Nichtmitgliedern entgegengetreten werden soll, die berufsrechtlichen Sanktionen nicht unterliegen[261]. **85**

6. Wegfall des Rechtsschutzinteresses

Während in den geschilderten Fallkonstellationen das Rechtsschutzinteresse des Gläubigers für eine Hauptsachenklage von vorneherein fehlt, diese daher von Anfang an unzulässig ist, kann es in anderen Fällen **während** des Hauptsacheverfahrens **86**

---

255 *Teplitzky*[6] Kap. 43 Rdn. 3, 8; *Baumbach/Hefermehl* aaO Rdn. 102; *Teplitzky* WRP 1989, 349.

256 Oben Rdn. 76 f.

257 BGH WRP 1989, 572, 573, 574 – *Bioäquivalenz-Werbung* (insoweit in BGHZ 107, 136 nicht mitabgedruckt); dazu *Teplitzky* GRUR 1989, 461, 467.

258 BGH GRUR 1987, 45, 46 – *Sommerpreiswerbung*; OLG Hamm GRUR 1991, 706, 707; OLG Hamm WRP 1988, 334.

259 BGHZ 79, 390, 392 = GRUR 1981, 596, 597 – *Apotheken-Steuerberatungsgesellschaft*; BGH GRUR 1987, 172, 174 – *Unternehmensberatungsgesellschaft I.*

260 BGHZ aaO – *Apotheken-Steuerberatungsgesellschaft*, BGH GRUR aaO – *Unternehmensberatungsgesellschaft I.*

261 BGH GRUR aaO – *Unternehmensberatungsgesellschaft I.*

wegfallen. Das gilt einmal für das Verhältnis von Leistungs- und Feststellungsklage, zum anderen für das Verhältnis zweier Leistungsklagen untereinander.

87 a) **Feststellungsklage und Leistungs-(Wider-)Klage.** Eine in Wettbewerbsstreitigkeiten häufig anzutreffende Konstellation sieht so aus, daß der – vermeintlich zu Unrecht – Abgemahnte **negative Feststellungsklage** gegen den Abmahnenden erhebt, daß diesem ein Unterlassungsanspruch nicht zusteht. Im Laufe des Verfahrens erhebt der Beklagte (Abmahnender) seinerseits **Klage** (in einem getrennten Verfahren und möglicherweise vor einem anderen Gericht) oder **Widerklage** auf Unterlassung, versucht also seinen Unterlassungsanspruch, aufgrund dessen er abgemahnt hat, gerichtlich durchzusetzen[262]. Nach der überwiegend, auch im Wettbewerbsrecht vertretenen Ansicht **entfällt** für eine negative Feststellungsklage das Feststellungsinteresse (§ 256 Abs. 1 ZPO) und damit das **Rechtsschutzinteresse**, sobald die spiegelbildliche Leistungsklage erhoben wird und diese einseitig nicht mehr zurückgenommen werden kann, weil über sie schon verhandelt worden ist[263]. Dabei fällt das Rechtsschutzinteresse zu dem Zeitpunkt fort, zu dem erstmals über die Leistungsklage verhandelt worden ist; denn damit besteht für den Feststellungskläger kein schutzwürdiges Interesse mehr an der parallelen Weiterverfolgung der Feststellungsklage[264].

88 Früher war demgegenüber in der Rechtsprechung wiederholt ausgesprochen worden, daß das **Feststellungsinteresse** dann **erhalten** bleibt, wenn der Feststellungsrechtsstreit – insbesondere in einer Rechtsmittelinstanz – entscheidungsreif oder im wesentlichen zur Entscheidungsreife fortgeschritten und die Leistungsklage ihrerseits noch nicht entscheidungsreif ist[265]. Dies darf freilich nicht als „eine Art Wettlauf“[266] zwischen Feststellungs- und Leistungsverfahren mißverstanden werden. Denn der Sinn des grundsätzlichen Vorrangs des Leistungs- gegenüber dem Feststellungsverfahren mit gleichem Streitstoff besteht darin, sowohl widerstreitende Entscheidungen der Gerichte als auch mehrere parallele Verfahren über denselben Streitgegenstand zu vermeiden[267]. Beides läßt sich aber nur erreichen, wenn die Frage, ob das Feststellungsinteresse als Folge einer Leistungsklage entfallen ist, zwar aus der Sicht der letzten mündlichen Verhandlung beantwortet wird, man aber maßgeblich auf den Zeitpunkt abstellt, in dem die Leistungsklage **nicht mehr einseitig zurückgenommen** werden kann[268].

---

262 Vgl. *Teplitzky*[6] Kap. 41 Rdn. 70 u. Kap. 52 Rdn. 19f; *Baumbach/Hefermehl* Einl. UWG Rdn. 197. Zu den Voraussetzungen, wann ein abmahnender Konkurrent dem Abgemahnten hinreichenden Anlaß zur Erhebung einer negativen Feststellungsklage gibt, vgl. OLG Hamm GRUR 1985, 84; zu einer eventuellen vorherigen Hinweispflicht des Abgemahnten vgl. OLG Köln WRP 1983, 172; *Teplitzky*[6] Kap. 41 Rdn. 72–74 m. weit. Nachw. Vgl. näher Rdn. 440f.

263 BGH GRUR 1985, 41, 44 – *REHAB*; BGHZ 99, 340, 341f = GRUR 1987, 402 – *Parallelverfahren*; BGH NJW-RR 1990, 1532 = WM 1990, 695; OLG Frankfurt/M. NJW-RR 1990, 303; OLG Hamm WRP 1986, 349, 350; OLG Frankfurt/M. GRUR 1989, 705; *Baumbach/Hefermehl* Einl. UWG Rdn. 497; *Teplitzky*[6] Kap. 52 Rdn. 20; *Teplitzky* GRUR 1989, 461, 469; *Melullis* Rdn. 536; *Schotthöfer* WRP 1986, 14, 17; *außerhalb des Wettbewerbsrechts*: RGZ 71, 68, 73; RGZ 151, 65, 69; BGH NJW 1973, 1500 m. weit. Nachweisen; vgl. auch unten Rdn. 404. A.A. MünchKommZPO/*Lüke* § 256 Rdn. 62; *Lindacher* Festschr. v. Gamm (1990), 83, 89ff mit weiteren Nachweisen zur Gegenmeinung in Fußn. 37.

264 BGHZ 99, 340, 341f = GRUR 1987, 402, 403 – *Parallelverfahren*; BGH NJW-RR 1990, 1532 = WM 1990, 695; *Schotthöfer* WRP ebenda.

265 RG WarnRspr. 1916 Nr. 106; BGHZ 18, 22, 42; BGH NJW 1973, 1500.

266 *Teplitzky* GRUR 1989, 461, 469.

267 BGHZ 99, 340, 341f = GRUR 1987, 402, 403 – *Parallelverfahren*.

268 BGH GRUR 1985, 41, 44 – *REHAB*; BGHZ 99, 340, 341f = GRUR 1987, 402, 403 – *Parallelverfahren*.

Ausnahmsweise kann jedoch das **Feststellungsinteresse** – trotz Erhebung der Leistungsklage – **erhalten** bleiben, wenn die Feststellungsklage schon entscheidungsreif ist, bevor über die Leistungsklage erstmals verhandelt worden ist[269]. 89

Das **Feststellungsinteresse** für die zeitlich früher erhobene Feststellungsklage kann auch dann **erhalten** bleiben, wenn die **Leistungsklage rechtsmißbräuchlich** erhoben wird und dieser aus diesem Grunde das Rechtsschutzinteresse fehlt[270]. 90

Entfällt für die negative Feststellungsklage das **Rechtsschutzinteresse**, weil der Beklagte Leistungsklage mit demselben Streitstoff erhebt, und liegt kein Fall vor, in dem das Feststellungsinteresse ausnahmsweise erhalten bleibt, so hat der Kläger die Klage **in der Hauptsache** für **erledigt** zu erklären; das erledigende Ereignis liegt in der Erhebung und erstmaligen Verhandlung über die Leistungsklage. Anderenfalls muß die negative Feststellungsklage durch Prozeßurteil als **unzulässig** abgewiesen werden[271]. 91

b) **Leistungsklage und Leistungs-(Wider-)Klage.** Mit einer ganz ähnlichen Konstellation wie zwischen Feststellungs- und Leistungsklage hat man es zu tun, wenn der Abgemahnte nicht negative Feststellungsklage, sondern **Leistungsklage** erhebt, nämlich auf **Unterlassung der Abmahnung** (als Störung eines Gewerbebetriebs). Erhebt daraufhin der Abmahnende seinerseits Leistungs-Widerklage oder selbständige Leistungsklage auf Unterlassung der streitigen Handlung, so **entfällt** das **Rechtsschutzinteresse** für die Klage, wenn die Rechtsfrage, deren Klärung die erste Unterlassungsklage anstrebt, mit Sicherheit innerhalb der Widerklage bzw. der selbständigen Unterlassungsklage entschieden werden wird[272]. Wann das Rechtsschutzinteresse für die Klage entfällt, ist auch hier danach zu entscheiden, wann erstmals über die Widerklage bzw. über die selbständige Unterlassungsklage mündlich verhandelt wird[273]. Denn erst ab dann kann sie nicht mehr einseitig zurückgenommen werden und fällt folglich das Rechtsschutzinteresse für die Klage fort. 92

Der Kläger muß seine Klage **in der Hauptsache** für **erledigt** erklären. Tut er dies nicht, muß die Klage wegen weggefallenen Rechtsschutzinteresses als **unzulässig** abgewiesen werden[274]. 93

V. Leistungsklage

Literatur

Ahrens Wettbewerbsverfahrensrecht (1983); *P. Arens* Dogmatik und Praxis der Schadensschätzung, ZZP 88 (1975), 1; *Borck* Kleiner Versuch über die „konkrete Verletzungsform", WRP 1965, 49; *Borck* Grenzen richterlicher Formulierungshilfe bei Unterlassungsverfügungen, WRP 1977, 457; *Borck* Bestimmtheitsgebot und Kern der Verletzung, WRP 1979, 180; *Borck* Der Hilfsantrag im Unterlassungsprozeß, WRP 1981, 248; *Brückmann* Klageänderung und „Umformulierung" von Unterlassungsanträgen im Wettbewerbsprozeß, WRP 1983, 656; *Engel* Der Softwareverletzungsprozeß, in Lehmann (Hrsg.), Rechtsschutz und Verwertung von Computerprogrammen (1988), 573; *Erdmann* Der wettbewerbsrechtliche Schutz von Computerprogrammen, Festschrift 175 Jahre

[269] BGH aaO – *Parallelverfahren*; zu weiteren, allerdings im Wettbewerbsrecht nicht relevanten Fallkonstellationen, in denen die Feststellungsklage trotz Möglichkeit der Leistungsklage zulässig bleibt, vgl. *Stein/Jonas/Schumann* § 256 Rdn. 89.

[270] BGH GRUR 1987, 402, 403 r. Sp. – *Parallelverfahren* (in BGHZ 99, 340, 341 f nicht mitabgedruckt).

[271] BGHZ 18, 22, 41; *Stein/Jonas/Schumann* § 256 Rdn. 128.

[272] BGHZ 28, 203, 206, 207 = GRUR 1959, 152, 153 – *Berliner Eisbein*; BGH GRUR 1985, 41, 44 – *REHAB*; KG WRP 1981, 526, 528; OLG Frankfurt/M. GRUR 1989, 705, 706; *Baumbach/Hefermehl* Einl. UWG Rdn. 456; HdbWR/*Seibt* § 66 Rdn. 4; *Teplitzky*[6] Kap. 51 Rdn. 56; *Pastor* S. 214 f.

[273] BGH GRUR 1985, 41, 44 – *REHAB*; *Teplitzky* aaO.

[274] Oben Rdn. 91.

Oberlandesgericht Oldenburg (1990), 641; *v. Gamm* Konkrete Fassung des Unterlassungstitels, NJW 1969, 85; *Jacobs* Wettbewerbsrecht, in Formular-Kommentar, 21. Aufl. (1979), Form. 3.601 ff, S. 219; *Jestaedt* Der Streitgegenstand des wettbewerbsrechtlichen Verfügungsverfahrens, GRUR 1985, 480; *Kisseler* Die Aufbrauchsfrist im vorprozessualen Abmahnverfahren, WRP 1991, 691; *Körner* Befristete und unbefristete Unterlassungstitel bei Wettbewerbsverstößen, GRUR 1985, 909; *Kramer* Der richterliche Unterlassungstitel im Wettbewerbsrecht, Diss. Hamburg (1982); *U. Krieger* Zum Anspruch auf Auskunftserteilung wegen Warenzeichenverletzung, GRUR 1989, 802; *Krüger* Der Schutz kurzlebiger Produkte gegen Nachahmungen (Nichttechnischer Bereich), GRUR 1986, 115; *Kurtze* Der „insbesondere"-Zusatz bei Unterlassungsanträgen in Wettbewerbsprozessen, Festschr. Nirk (1992), 571; *Nirk/Kurtze* Verletzungshandlung und Verletzungsform bei Wettbewerbsverstößen, GRUR 1980, 645; *Oppermann* Unterlassungsantrag und zukünftige Verletzungshandlung – gleichzeitig eine Anmerkung zu OLG Hamm, WRP 1989, 260, WRP 1989, 713; *Pagenberg* Die Aushöhlung des vorbeugenden Rechtsschutzes im Patent-, Urheber- und Wettbewerbsrecht, GRUR 1976, 78; *Palandt* BGB, 51. Auflage (1992) mit *Bearbeiter*; *Schricker* Urheberrecht (1987) mit *Bearbeiter*; *Schubert* Klageantrag und Streitgegenstand bei Unterlassungsklagen, ZZP 85 (1972), 29; *Schulze* Beweislast und Bestimmtheitsgebot im Softwareverletzungsprozeß, CR 1986, 779; *Schulze* Anmerkung zu OLG Hamm (GRUR 1990, 185 = CR 1989, 592), CR 1989, 799; *Teplitzky* Anmerkungen zur Behandlung von Unterlassungsanträgen, Festschr. Oppenhoff (1985), 487; *Teplitzky* Die jüngste Rechtsprechung des Bundesgerichtshofs zum wettbewerblichen Anspruchs- und Verfahrensrecht, GRUR 1989, 461, GRUR 1990, 393 und GRUR 1991, 709; *Teplitzky* Anmerkung zu OLG Köln, WRP 1989, 334, WRP 1989, 335; *Teplitzky* Unterwerfung und „konkrete Verletzungsform", WRP 1990, 26; *Teplitzky* Wettbewerbsrechtliche Ansprüche, 6. Aufl. (1992); *Tilmann* Zum Anspruch auf Auskunftserteilung wegen Warenzeichenverletzung II, GRUR 1990, 160; *Wilke* Zur Bestimmtheit des Antrags auf Unterlassung des Unterbietens der jeweils geltenden Preise, WRP 1966, 14; *Winkler* Unzulässige Erweiterung im Markenrecht, GRUR 1990, 73; zur Kommentarliteratur vgl. Literatur vor Rdn. 16.

1. Allgemeines

94 Die Leistungsklage – in den Formen der Unterlassungs-, der Beseitigungs-, der Auskunfts- und Rechnungslegungs- und der Zahlungs-, meist Schadensersatzklage – spielt im Wettbewerbsrecht eine erhebliche Rolle[275]. Da der Kläger in der Regel gerichtlich ein bestimmtes Wettbewerbsverhalten angreift, das er für wettbewerbswidrig hält und dessen Fortsetzung er unterbinden will, stellt die **Unterlassungsklage** das in der Praxis **wichtigste Klageverfahren** dar[276]. Sie kann sich gegen eine bereits geschehene objektiv-rechtswidrige Verletzung (ein Verschulden ist für den Unterlassungsanspruch nicht erforderlich) richten mit dem Ziel, eine bestehende Beeinträchtigung zu beseitigen und eine Wiederholung zu verhindern (**objektive Unterlassungsklage**), oder sie kann sich gegen einen bevorstehenden und ernstlich zu befürchtenden Wettbewerbsverstoß richten (**vorbeugende Unterlassungsklage**) oder gegen beides (**„gemischte" vorbeugende Unterlassungsklage**). Ob der Kläger im Einzelfall die eine oder andere Art der Unterlassungsklage wählt, hängt davon ab, ob er sich gegen die Wiederholung einer bereits geschehenen Beeinträchtigung (Wiederholungsgefahr) oder gegen die befürchtete Erstbegehung einer wettbewerbswidrigen Handlung (Erstbegehungsgefahr) zur Wehr setzt[277].

95 In der **praktischen Bedeutung** tritt die Unterlassungs*klage* in Wettbewerbssachen hinter die wettbewerbliche *einstweilige Verfügung* zurück. Die einstweilige Verfügung bringt dem Verletzten in Wettbewerbssachen schnelle und wirksame Abhilfe, gestattet

[275] Vgl. *Teplitzky*[6] Kap. 44 Rdn. 5; *Baumbach/Hefermehl* Einl. UWG Rdn. 457 ff.

[276] Eingehend dazu *Teplitzky*[6] Kap. 51 Rdn. 1 ff.

[277] Näher *Teplitzky*[6] Kap. 6 Rdn. 1 ff, 6 f, Kap. 10 Rdn. 2 ff. Zur **Wiederholungsgefahr** Großkomm/*Köhler* Vor § 13, B, Rdn. 27 ff; zur **Erstbegehungsgefahr** Großkomm/*Köhler* Vor § 13, B, Rdn. 75 ff.

ihm überdies einen geringeren Grad an Beweiserfordernis (Glaubhaftmachung) und gibt ihm eine ohne eigene Sicherheitsleistung vorläufig vollstreckbare Entscheidung[278]. Diese Vorteile, die das einstweilige Verfügungsverfahren zum scharfen Schwert gegen Wettbewerbsverstöße gemacht hat[279], bietet die Unterlassungsklage nicht. Der Verletzte wird deswegen **anstelle** des einstweiligen Verfügungsverfahrens oder **neben** diesem[280] die **Unterlassungsklage** nur dann **wählen**, wenn er dies muß, d.h. er entweder vom Verletzer dazu gezwungen wird (z.B. durch Fristsetzung nach § 926 ZPO und Erwirken eines entsprechenden Gerichtsbeschlusses[281]), er mit der Unterlassungsklage Ziele durchsetzen will, die im einstweiligen Verfügungsverfahren nicht durchsetzbar sind (z.B. Auskunftserteilung und Schadensersatz[282]), er eine Entscheidung des Bundesgerichtshofs erwirken will, was mit dem einstweiligen Verfügungsverfahren nicht möglich ist[283], oder ihn besondere Überlegungen zur Erhebung der Unterlassungsklage veranlassen. So wird der Verletzte außer in den genannten Fällen seinen Unterlassungsanspruch statt im einstweiligen Verfügungsverfahren im **Klageverfahren** durchzusetzen versuchen, wenn

- die **Dringlichkeit** (§ 25 UWG) wegen Zeitablaufs **nicht** mehr **gegeben** ist und es somit am Verfügungsgrund fehlt oder jedenfalls das Vorliegen des Verfügungsgrundes zweifelhaft erscheint[284],
- das einstweilige Verfügungsverfahren für das spezielle Unterlassungsbegehren **ungeeignet** ist[285],
- der Verletzte den Wettbewerbsverstoß und also den Verfügungsanspruch **nicht glaubhaft machen** kann oder will, weil er keine eidesstattliche Versicherung erhält oder die an dem Wettbewerbsverstoß Beteiligten deswegen nicht angehen will[286],
- **von vorneherein** mit der Durchführung eines **Hauptsacheverfahrens** zu rechnen ist, weil ein nur summarisches und auf Glaubhaftmachung beruhendes einstweiliges Verfügungsverfahren mit einiger Sicherheit keine Klärung und Befriedung unter den Parteien bringen wird[287],
- die **Verjährung unterbrochen** werden muß[288].

Die Unterlassungsklage steht im Mittelpunkt der folgenden Darstellung. Soweit sich Unterschiede oder Besonderheiten bei anderen Verfahren der Leistungsklage ergeben, wird darauf gesondert eingegangen (unten Rdn. 198ff).

2. Klageanträge bei der Unterlassungsklage

a) Unterlassungsantrag. aa) Ausgangspunkte. Nach § 253 Abs. 2 Nr. 2 ZPO muß **96**
die Klageschrift außer der bestimmten Angabe des Gegenstandes und des Grundes des

---

278 *Ahrens* S. 154; *Nirk/Kurtze* Rdn. 158; Formular-Komm/*Jacobs* Form. 3.642 Anm. 3.2 und Form. 3.620 Anm. 1.

279 *Ahrens* S. 154f; Formular-Komm/*Jacobs* ebenda.

280 Vgl. oben Rdn. 75.

281 *Ahrens* S. 155; Formular-Komm/*Jacobs* Form. 3.642 Anm. 3.2; *Teplitzky*[6] Kap. 56 Rdn. 2–23.

282 *Ahrens* ebenda; Formular-Komm/*Jacobs* ebenda.

283 Formular-Komm/*Jacobs* ebenda; *Teplitzky*[6] Kap. 53 Rdn. 8.

284 *Ahrens* S. 155; *Nirk/Kurtze* Rdn. 159f; *Pastor* S. 262ff; Formular-Komm/*Jacobs* Form. 3.642 Anm. 3.2 (1).

285 Formular-Komm/*Jacobs* Form. 3.642 Anm. 3.2 (1) und Form. 3.620 Anm. 3; *Pastor* S. 174; *Teplitzky*[6] Kap. 54 Rdn. 11.

286 *Ahrens* S. 155; Formular-Komm/*Jacobs* Form. 3.642 Anm. 3.2 (1). Diese Problematik findet man in der Praxis häufig bei – erfolgreichen – Abwerbungsfällen.

287 *Ahrens* ebenda; Formular-Komm/*Jacobs* ebenda.

288 Dies ist besonders wichtig, weil die Zustellung der einstweiligen Verfügung nicht den Lauf der Verjährungsfrist unterbricht, BGH GRUR 1979, 121f – *Verjährungsunterbrechung*; Großkomm/*Messer* § 21 Rdn. 58f; vgl. auch *Ahrens* ebenda; Formular-Komm/*Jacobs* ebenda.

erhobenen Anspruchs einen **bestimmten Klageantrag** enthalten[289]. Dessen Formulierung obliegt dem Kläger, wobei das Gericht nach § 139 Abs. 1 S. 1 ZPO darauf hinwirken soll, daß ein sachdienlicher Antrag gestellt wird. Trotz dieser Erörterungspflicht des Gerichtes bleibt es aber **Sache des Klägers**, Inhalt, Umfang und Grenzen des begehrten Verbots aufzuzeigen und die insoweit maßgebenden Umstände in seinem Vorbringen darzutun und deutlich zu machen[290].

Die Angabe des bestimmten Klageantrages ist notwendig zur Festlegung des Streitgegenstandes und der Prüfungs- und Entscheidungsbefugnis des Gerichts (nach § 308 Abs. 1 ZPO), zur Erkennbarkeit der Tragweite des begehrten Verbots und der Grenzen seiner Rechtskraft sowie zur Festlegung des vollstreckungsfähigen Inhalts der begehrten Entscheidung[291]. Insofern sind an den Klageantrag im wettbewerbsrechtlichen Unterlassungsprozeß dieselben Anforderungen zu stellen wie an jeden anderen prozessualen Leistungsantrag. Gleichwohl bereitet die richtige **Antragsformulierung** bei der wettbewerbsrechtlichen Unterlassungsklage *besondere Probleme*; sie gehört zu den schwierigsten Aufgaben jedes Klägers[292], aber auch – was häufig nicht hinreichend beachtet wird – des Gerichts bei der Formulierungshilfe nach § 139 Abs. 1 S. 1 ZPO[293]. Der Kläger muß daher auf die Formulierung des Unterlassungsantrages besondere Sorgfalt verwenden. Dies gilt im Klageverfahren noch in stärkerem Maße als im einstweiligen Verfügungsverfahren; denn dort hat das Gericht – anders als bei einem normalen Klageantrag – gemäß § 938 Abs. 1 ZPO weitergehende Möglichkeiten zur Ausdeutung, Klarstellung und Umformulierung des Antragsbegehrens, wenn es auch an den Inhalt des Antrags gebunden bleibt[294]. Im Klageverfahren ist es streng an den gestellten Antrag gebunden (§ 308 Abs. 1 ZPO), wobei es allerdings auf die Stellung sachdienlicher Anträge hinzuwirken hat (§ 139 Abs. 1 ZPO). Mit einer sorgfältigen Formulierung des Klageantrags vermeidet der Kläger auch dessen eventuelle Abweisung wegen mangelnder Bestimmtheit als unzulässig oder jedenfalls nachteilige Kostenfolgen, wenn sein Antrag – weil etwa zu weitgehend – als teilweise unbegründet abgewiesen wird[295].

97 Die Schwierigkeiten, die sich bei der Formulierung des richtigen Unterlassungsantrages ergeben, rühren daher, daß der Kläger im Wettbewerbsprozeß in der Regel gezwungen ist, die beanstandete Wettbewerbshandlung **verbal** zu umschreiben und in einer Weise auszuformulieren, daß die konkrete, als wettbewerbswidrig angesehene Handlung genau erfaßt wird[296]. Diese Probleme nehmen zu, je weiter sich das Begehren des Klägers von der einfachsten Antragsform, nämlich dem Verbot der *Handlung, so wie*

---

[289] BGH GRUR 1992, 561, 562 – *Unbestimmter Unterlassungsantrag II*; *Stein/Jonas/Schumann* § 253 Rdn. 53 ff; *Zöller/Stephan* § 253 Rdn. 13.

[290] BGH GRUR 1991, 254, 257 – *Unbestimmter Unterlassungsantrag I*.

[291] BGH GRUR 1962, 310, 313 – *Gründerbildnis*; BGH GRUR 1963, 218, 220 – *Mampe Halb und Halb II* m. Anm. *Heydt*; BGH GRUR 1978, 649, 650 – *Elbe-Markt*; BGH GRUR 1978, 652 – *mini-Preise*; BGH GRUR 1991, 138 – *Flacon*; BGH GRUR 1991, 254, 256 – *Unbestimmter Unterlassungsantrag I*; BGH GRUR 1991, 917, 919 – *Anwaltswerbung*; BGH GRUR 1991, 774, 775 – *Anzeigenrubrik II*; BGH GRUR 1992, 561, 562 – *Unbestimmter Unterlassungsantrag II*; BGH GRUR 1992, 463, 464 – *Anzeigenplazierung*; *Baumbach/Hefermehl* Einl. UWG Rdn. 457; *Ahrens* S. 157; *Schubert* ZZP 85 (1972), 29, 31.

[292] *Ahrens* S. 156; *Teplitzky* Festschr. Oppenhoff (1985), 487; *Teplitzky*[6] Kap. 51 Rdn. 1; *Pastor* S. 664; Formular-Komm/*Jacobs* Form. 3.620 Anm. 14.

[293] *Teplitzky* Festschr. Oppenhoff, 487, 488; *Teplitzky*[6] Kap. 51 Rdn. 1.

[294] Vgl. *Teplitzky*[6] Kap. 54 Rdn. 38. Nach ganz überwiegender Ansicht muß auch der Antragsteller einer wettbewerblichen Leistungsverfügung das Bestimmtheitsgebot des § 253 Abs. 2 S. 2 ZPO beachten; das Gericht kann nur innerhalb dieses Antrags Modifikationen gemäß § 938 Abs. 1 ZPO vornehmen, vgl. *Ahrens* S. 156, 276; *Teplitzky* aaO, Fußn. 91 m. zahlr. Nachweisen aus der Rechtsprechung; *Borck* WRP 1977, 457 f; **a. A.** *Brückmann* WRP 1983, 656 f; *Jestaedt* GRUR 1985, 480 ff.

[295] Unten Rdn. 150.

[296] Statt vieler *Teplitzky*[6] Kap. 51 Rdn. 4, der in Fußn. 11 die auftretenden Schwierigkeiten plastisch beschreibt.

sie begangen worden ist[297], entfernt, je mehr und weiter der Kläger also die Verbotsform von der konkreten Verletzungshandlung *zu abstrahieren sucht*[298].

Bei jedem Abstrahierungsversuch setzt sich der Kläger **drei** verschiedenen **Gefahren** aus[299]. 98

(1) Die Formulierung kann zu vage sein und der Antrag daher den Bestimmtheitserfordernissen nicht entsprechen.

(2) Die Formulierung kann zu weit greifen, also über den materiellen Unterlassungsanspruch hinausgehen und ihn damit teilweise unbegründet machen.

(3) Die Formulierung kann die konkrete Verletzungsform verfehlen und damit den Antrag insgesamt unbegründet machen.

Diese Gefahren und Schwierigkeiten, die die Verbalisierung des Inhaltes des Klageantrages betreffen, werden auch dadurch verstärkt, daß bestimmte sprachliche Wendungen unterschiedliche Deutungen zulassen und zu Mißverständnissen und Zweifeln über Umfang und Grenzen des begehrten Verbots führen können[300].

Die richtige Formulierung des Klageantrags wird maßgebend bestimmt durch die **Interessen und Ziele**, die der **Kläger** mit der Unterlassungsklage verfolgt. Die Formulierung darf nicht so eng sein, daß der Verletzer schon mit einer oder mehreren kleinen Änderungen einen entsprechend dem Klageantrag ergangenen Unterlassungstitel umgehen könnte[301]. Letzteres mag es nahelegen, den Antrag so weit wie möglich zu fassen, so daß auch *„ähnliche“*[302] oder *„entsprechende“*[303] Wettbewerbshandlungen erfaßt oder unbestimmte Rechtsbegriffe oder Wertungen aus dem gesetzlichen Tatbestand in den Klageantrag aufgenommen werden (z. B. *„Eindruck erwecken“*[304] oder *„eindeutig und unübersehbar“*[305]). Das birgt aber wiederum die Gefahr in sich, daß der Antrag, 99

---

297 Dies betrifft die Unterscheidung zwischen Verletzungs**handlung** und Verletzungs**form**. Zu diesem Unterschied näher BGHZ 89, 78, 80f = GRUR 1984, 291, 292 – *Heilpraktikerwerbung*; BGH GRUR 1984, 593, 594 – *adidas-Sportartikel*; *Nirk/Kurtze* GRUR 1980, 645, 646 ff.

298 *Teplitzky*[6] Kap. 51 Rdn. 4.

299 Näher *Teplitzky* Festschr. Oppenhoff (1985), 487, 489: „Gefahrentrias“; *Teplitzky*[6] Kap. 51 Rdn. 4; *Borck* WRP 1979, 180, 183 ff, der allerdings nur die beiden unter (1) und (2) aufgezeigten Gefahren nennt.

300 Typisch das *Beispiel* in BGH GRUR 1991, 254, 257 – *Unbestimmter Unterlassungsantrag I*: der Antrag lautete, der Bekl. zu verbieten, *„Anzeigen Dritter zu veröffentlichen, wenn dies wie in der Ausgabe der B.-Zeitung v. 5. 6. 1987 ... geschieht“*; diese Formulierung *„wie in der Ausgabe“* kann einmal bedeuten *„ähnlich wie“*, was mangels Bestimmtheit den Antrag unzulässig macht, oder als beispielhafte Bezugnahme auf die konkrete Verletzungsform gemeint sein, was unbedenklich wäre (vgl. unten Rdn. 126).

301 *Teplitzky* Festschr. Oppenhoff, 487, 489f; *Teplitzky*[6] Kap. 51 Rdn. 8ff; *Borck* WRP 1979, 180, 181 f.

302 RG GRUR 1933, 253, 255 – *Bärstangensicherung*: „Behauptungen ähnlichen Inhalts“; RG MuW 1939, 137, 141 – *Ovalglas*: „ähnliche Behauptungen“; BGH GRUR 1991, 254, 256 – *Unbestimmter Unterlassungsantrag I* (vgl. Fußn. 300).

303 *Pastor* S. 685.

304 BGH GRUR 1962, 310, 313 – *Gründerbildnis*; BGH GRUR 1964, 33, 34 – *Bodenbeläge*; BGH GRUR 1976, 197 – *Herstellung und Vertrieb*; OLG Koblenz GRUR 1988, 142; *Ahrens* S. 166 Fußn. 57; *Teplitzky*[6] Kap. 51 Rdn. 8 Fußn. 26; *Baumbach/Hefermehl* Einl. UWG Rdn. 457; *Pastor* S. 685; Formular-Komm/*Jacobs* Form. 3.620 Anm. 14.3. Ebenso: *„Anschein erwecken“*, vgl. BGH GRUR 1964, 33, 34 – *Bodenbeläge*; *Pastor* ebenda; Formular-Komm/*Jacobs* ebenda.

305 BGH GRUR 1978, 649, 650 – *Elbe-Markt*; BGH GRUR 1991, 254, 256 – *Unbestimmter Unterlassungsantrag I*. **Andere Beispiele**: *„Aufmachungen, die mit handelsüblichen Verkaufseinheiten verwechslungsfähig sind“*, BGH GRUR 1979, 859, 860 – *Hausverbot II*; *„Bestellungen, auf die wie in den mit der Klage beanstandeten Fällen deutsches Recht anwendbar ist“*, BGH GRUR 1992, 561, 562 – *Unbestimmter Unterlassungsantrag II*; *„handelsübliche Verkaufseinheiten“*, KG WRP 1976, 244, 246; *„ausreichendes Sortiment“* und *„in genügender Zahl auf Lager“*, LG Frankfurt/M. BB 1960, 461; *„planmäßige Handlungen“*, OLG München WRP 1971, 534; *„planmäßig“*, OLG Köln GRUR 1990, 536; *„in angemessenem Zeitraum“*, OLG Hamm WRP 1977, 814. **Weitere Beispiele** bei *Ahrens* S. 166 f; *Teplitzky*[6] Kap. 51 Rdn. 8; *Baumbach/Hefermehl* Einl. UWG Rdn. 457; *Pastor* S. 685 ff und insbesondere unten Rdn. 107.

weil zu unbestimmt (im Sinne von § 253 Abs. 2 Nr. 2 ZPO), als unzulässig abgewiesen wird[306]. Der Kläger muß daher eine Formulierung finden, die einerseits die konkret angegriffene Wettbewerbshandlung erfaßt, andererseits aber so weit greift, daß dem Verletzer keine Möglichkeit geboten wird, die beanstandete Wettbewerbshandlung in geänderter Form doch aufrechtzuerhalten.

100 Die Rechtsprechung hat deswegen unter dem Gesichtspunkt ausreichender Schutzgewährung in gewissem Umfang **Verallgemeinerungen**, d. h. **abstrakt-verallgemeinernde Wendungen** im Klageantrag zugelassen, allerdings nur, wenn damit der **Kern**, das Charakteristische des konkreten Verletzungstatbestandes richtig erfaßt und getroffen wird[307]. Überdies muß bei diesen Verallgemeinerungen darauf geachtet werden, daß ein entsprechend dem Klageantrag ergehender Unterlassungstitel einen vollstreckungsfähigen Inhalt hat[308].

101 Bei der Antragsfassung sind zwei Problemkreise zu unterscheiden: das **prozessuale Bestimmtheitsgebot** des § 253 Abs. 2 Nr. 2 ZPO und das **materiell-rechtliche Konkretisierungsgebot**[309]. Beide stehen nach heute anerkannter Meinung[310] in keinem unmittelbaren Zusammenhang. Das Bestimmtheitsgebot erfordert nicht die Angabe der konkreten Verletzungshandlung[311]. Beide haben auch unterschiedliche Rechtsfolgen: Ein Verstoß gegen das Bestimmtheitsgebot führt zur vollständigen Abweisung der Klage als unzulässig[312] – einer Konsequenz, die in der BGH-Rechtsprechung zum Schutze der Parteiinteressen allerdings stark relativiert wird[313] –, während ein Verstoß gegen das Konkretisierungsgebot die Klage ganz oder – so die Regel – teilweise unbegründet macht mit den entsprechenden Kostenfolgen (§ 92 Abs. 1 S. 1 ZPO)[314].

102 So sehr der dogmatischen Trennung zwischen Bestimmtheits- und Konkretisierungsgebot auch beizupflichten ist, so darf nicht übersehen werden, daß beide Gesichtspunkte in der Praxis ineinandergreifen, die Grenzlinie fließend ist und auch die Rechtsprechung beide Kriterien – mit Recht – nicht immer strikt voneinander trennt[315]. Die Zulässigkeit von abstrahierenden Begriffen und Beschreibungen des

---

[306] BGH GRUR 1991, 254, 256 – *Unbestimmter Unterlassungsantrag I*; *Teplitzky* ebenda; *Baumbach/Hefermehl* ebenda.

[307] Ständ. Rechtsprechung; vgl. BGH GRUR 1961, 288, 290 – *Zahnbürsten*; BGH GRUR 1984, 467, 469 – *Das unmögliche Möbelhaus*; BGH GRUR 1991, 254, 257 – *Unbestimmter Unterlassungsantrag I*.

[308] Ständ. Rechtsprechung; vgl. BGH GRUR 1983, 218, 220 – *Mampe Halb und Halb II* m. Anm. *Heydt*; BGH GRUR 1975, 75, 77 – *Wirtschaftsanzeigen – public relations*; BGH GRUR 1979, 568, 569 – *Feuerlöschgerät*; GRUR 1991, 254, 256 – *Unbestimmter Unterlassungsantrag I*; BGH GRUR 1992, 561, 562 – *Unbestimmter Unterlassungsantrag II*; *Baumbach/Hefermehl* Einl. UWG Rdn. 457.

[309] Eingehend *Teplitzky* Festschr. Oppenhoff, 487, 490 ff; *Teplitzky*[6] Kap. 51 Rdn. 4 ff.

[310] *Teplitzky*[6] Kap. 51 Rdn. 11 f; *Teplitzky* Festschr. Oppenhoff, 487, 492 f; *Kramer* S. 37 ff; *Baumbach/Hefermehl* Einl. UWG Rdn. 457, 459 aE. Die ältere Rechtsprechung war uneinheitlich und vermengte oft beide Gesichtspunkte, z. B. BGH GRUR 1973, 201 – *Trollinger*; BGH GRUR 1963, 218, 219 – *Mampe Halb und Halb II*; BGH GRUR 1977, 260, 261 – *Friedrich-Karl-Sprudel* m. Anm. *Malzer*; *Teplitzky* hat aaO die von *Kramer* aaO kritisierten Entscheidungen analysiert.

[311] *Teplitzky* Festschr. Oppenhoff, 492 f; *Baumbach/Hefermehl* Einl. UWG Rdn. 457, 460.

[312] BGH GRUR 1963, 218, 220 – *Mampe Halb und Halb II* m. Anm. *Heydt*; näher Rdn. 103.

[313] So BGH GRUR 1991, 254, 256 – *Unbestimmter Unterlassungsantrag I*; näher unten Rdn. 124. Anders dagegen BGH GRUR 1992, 561, 562 – *Unbestimmter Unterlassungsantrag II* (Klage auf Revision hin als unzulässig abgewiesen, nachdem LG und OLG der Klage stattgegeben hatten).

[314] Näher unten Rdn. 151.

[315] BGH GRUR 1973, 201, 202 – *Trollinger*; BGH GRUR 1977, 260, 261 – *Friedrich-Karl-Sprudel*; neuerdings auch BGH GRUR aaO – *Unbestimmter Unterlassungsantrag II*; vgl. *Teplitzky* Festschr. Oppenhoff, 492 f; *Kramer* S. 37 ff; *Baumbach/Hefermehl* Einl. UWG Rdn. 487, 457; dezidiert gegen solche Verwischungen *Teplitzky*[6] Kap. 51 Rdn. 11 m. Fußn. 37.
In der neueren Literatur wird insbesondere von *Kramer* aaO die Unterscheidung zwischen Bestimmtheit- und Konkretisierungsgebot abgelehnt; die Zulassung von verallgemeinernden Antragsfas-

charakteristischen Kerns der konkreten Verletzungshandlung wird einmal unter Zulässigkeits-, ein andermal unter Begründetheitsgesichtspunkten erörtert. Diese dogmatische Unschärfe schadet freilich nicht. Denn die Frage der richtigen Antragsfassung ist kein Selbstzweck und darf insbesondere nicht als ein Instrument mißverstanden werden, Unterlassungsklagen ganz oder teilweise – möglicherweise erst in der Revisionsinstanz – an Zulässigkeitsfragen scheitern zu lassen[316]. Das widerspräche dem gesetzgeberischen Anliegen des § 139 Abs. 1 ZPO, daß das Gericht auf sachdienliche und damit zulässige Anträge hinzuwirken hat. Die Aufgabe des Gerichts besteht danach darin, das Begehren des Klägers nach Inhalt und Bedeutung zu erfassen und auf eine passende Antragsformulierung hinzuwirken, wenn dies auch in erster Linie Sache des Klägers bleibt[317]. Einem Kläger kann daher durchaus zugemutet und von ihm auch hingenommen werden, daß er einen Teil der Kosten trägt, weil sein Klageantrag von vorneherein zu unbestimmt war und mit Hilfe des Gerichts in eine neue Fassung gebracht werden mußte, die dem Bestimmtheitsgebot entspricht. In solchen Fällen einen Klageantrag insgesamt als unzulässig, weil zu unbestimmt, abzuweisen, würde demgegenüber den Kläger schutzlos stellen. Dies würde auch der Prozeßökonomie widersprechen; denn der Kläger würde sogleich eine neue Klage mit geändertem Antrag nachschieben können.

Auch unter Berücksichtigung der **Interessen der Parteien** darf die Trennung zwischen Bestimmtheits- und Konkretisierungsgebot nicht zu einer formalistischen Behandlung des Klagebegehrens führen: Der **Kläger** muß davor geschützt werden, daß nicht schon geringe Abweichungen von dem aufgrund des Antrags ergangenen Unterlassungstenor dem Beklagten die Fortsetzung des inkriminierten Verhaltens ermöglichen. Insofern sind Verallgemeinerungen und auch eine gewisse Abstraktion bei der Fassung des Antrags oft notwendig, um das Klägerpetitum in sinnvoller und vernünftiger Weise, die sich an dem konkreten Verletzungstatbestand orientieren muß, zu erfassen[318]. Für den Kläger und seine Rechtsposition wäre es unverständlich, würde ein versehentlich zu allgemein gefaßter Antrag – möglicherweise erst in zweiter oder dritter Instanz – zur vollständigen Abweisung seiner Klage als unzulässig führen[319]. Der **Beklagte** seinerseits muß, wenn er verurteilt wird, die Tragweite des Unterlassungsgebotes

---

sungen nach der „Kerntheorie" (dazu unten Rdn. 130) verlagere den Rechtsstreit in das Vollstreckungsverfahren. Dem ist *Ahrens* S. 162 Fußn. 36 mit beachtlichen Gründen entgegengetreten. *Kramer* ist auch zu entgegnen, daß es bei der Antragsfassung und der Formulierung des Titels in erster Linie um den Schutz des Klägers, des Verletzten, geht, nicht darum, dem Beklagten, also dem Verletzer, einen Handlungsspielraum zu belassen. Wie er sich regelmäßig verhalten kann – außerhalb des Titels –, ist ihm überlassen und kann nicht Gegenstand der Überlegungen bei der Antragsfassung sein. Überdies dienen gewisse Verallgemeinerungen über die enge Form der festgestellten Verletzungshandlung hinaus gerade dazu, eine unnötige Streitverlagerung in das Vollstreckungsverfahren zu vermeiden (so zutreffend BGH GRUR 1989, 445, 446 – *Professorenbezeichnung in der Arztwerbung I*).

316 Mit Recht daher – trotz Verstoßes gegen Bestimmtheitsgebot – zurückverwiesen: BGH GRUR 1991, 254 – *Unbestimmter Unterlassungsantrag I*; anders dagegen, ohne Zurückverweisung und gegen die Vorinstanzen zum Nachteil des Klägers durchentschieden BGH GRUR aaO – *Unbestimmter Unterlassungsantrag II*. Diese deutlich unterschiedliche Handhabung ist offenbar darauf zurückzuführen, daß der BGH im ersten Fall die Klage für materiell-rechtlich begründet hielt, im zweiten dagegen nicht. Vgl. Rdn. 124.

317 Oben Rdn. 96.

318 *Teplitzky*[6] Kap. 51 Rdn. 4, 8 ff; *Baumbach/Hefermehl* Einl. UWG Rdn. 457; *Borck* WRP 1979, 180, 183.

319 Vgl. BGH GRUR 1991, 254, 257 – *Unbestimmter Unterlassungsantrag I*. Daher abzulehnen BGH GRUR 1992, 561, 562 – *Unbestimmter Unterlassungsantrag II*, wo die Klage, nachdem zwei Vorinstanzen sie als begründet angesehen hatten, in der Revisionsinstanz wegen Unbestimmtheit des Klageantrages als unzulässig abgewiesen worden ist.

kennen und abschätzen können[320]. Für ihn würde es eine unerträgliche Unsicherheit bedeuten, wenn er aufgrund eines zu unbestimmten Antrages zur Unterlassung von Handlungen verurteilt würde, die nicht konkret umschrieben sind und über deren Verständnis und Auslegung Unklarheit herrscht und zwischen den Parteien gestritten werden kann[321].

103 bb) **Bestimmtheitsgebot.** (1) **Grundsatz.** Der Klageantrag muß dem **Bestimmtheitsgebot** des § 253 Abs. 2 Nr. 2 ZPO entsprechen[322]. Er muß so deutlich gefaßt sein, daß sich der Beklagte **erschöpfend verteidigen** kann[323]. Auch ein Antrag, der sich auf die Verurteilung zur Unterlassung einer rechtswidrigen **künftigen** Handlung richtet, muß in diesem Sinne hinreichend bestimmt sein[324]. Überdies muß der Klageantrag, wenn ihm im Erkenntnisverfahren entsprochen wird, eine geeignete Grundlage für die **Zwangsvollstreckung** sein; die Entscheidung darüber, was dem Beklagten verboten ist, muß im **Erkenntnisverfahren** getroffen werden und darf nicht in das Vollstreckungsverfahren verlagert werden[325]. Allerdings spielt es keine Rolle, ob die im Vollstreckungsverfahren stets anfallende Prüfung, ob die behauptete Übertretung dem Verbot unterfällt, schwierig und umfangreich ist und eventuell eine Beweisaufnahme (im Vollstreckungsverfahren) erfordert[326]. Diese im Einzelfall notwendigen Prüfungsanforderungen haben mit der Frage der Bestimmtheit des Klageantrages nichts zu tun.

104 (2) **Verallgemeinerungen.** Vielfach kann ein – bestimmtes – Klagebegehren nur in allgemeinen Begriffen und Bezeichnungen deutlich gemacht werden, um den konkreten Verletzungstatbestand einerseits bestimmt genug, andererseits aber auch umfassend genug zu kennzeichnen. Deswegen und weil der Klageantrag nicht so eng gefaßt sein darf, daß dem Verletzer eine Ausflucht aus dem Unterlassungstitel ermöglicht wird, werden von der Rechtsprechung innerhalb des Bestimmtheitsgebotes gewisse **Verallgemeinerungen** bei der Fassung des Klageantrags zugelassen[327].

---

[320] BGH GRUR 1987, 52, 53 – *Tomatenmark*; *Baumbach/Hefermehl* ebenda; *Pagenberg* GRUR 1976, 78, 85 f.

[321] RGZ 123, 307, 309 – *Odeonspalast*; BGH GRUR 1975, 75, 77 – *Wirtschaftsanzeigen – public-relations*; BGH GRUR 1979, 568, 569 – *Feuerlöschgerät*; BGH GRUR 1991, 138 – *Flacon*; BGH GRUR 1991, 254, 256 – *Unbestimmter Unterlassungsantrag I*; BGH GRUR aaO – *Unbestimmter Unterlassungsantrag II*. Das folgte nach der bisher einhelligen Meinung auch aus Art. 103 Abs. 2 GG; daraus wurde das Gebot abgeleitet, daß auch ein zivilrechtlicher Unterlassungsvollstreckungstitel, der aufgrund eines entsprechenden Klageantrages ergeht, inhaltlich eindeutig bestimmbar sein muß, vgl. z. B. BGH WRP 1989, 572, 574 – *Bioäquivalenz-Werbung* (insoweit in BGHZ 107, 136 nicht mitabgedruckt); *Teplitzky* WRP 1990, 26, 28; *Teplitzky* GRUR 1989, 461, 467. Nach einer neueren Entscheidung des BVerfG (E 84, 82, 89), die allerdings mit keinem Wort auf die ganz einhellige Gegenmeinung eingeht, soll aber Art. 103 Abs. 2 GG im zivilrechtlichen Verfahren nicht anwendbar sein; vgl. dazu jetzt *Teplitzky*[6] Kap. 57 Rdn. 14 Fußn. 25.

[322] Oben Rdn. 96.

[323] RGZ aaO – *Odeonspalast*; BGH GRUR aaO – *Flacon*; BGH GRUR aaO – *Unbestimmter Unterlassungsantrag I*; BGH GRUR aaO – *Unbestimmter Unterlassungsantrag II*; BGH GRUR 1992, 463, 464 – *Anzeigenplazierung*; *Baumbach/Hefermehl* Einl. UWG Rdn. 457; HdbWR/*Seibt* § 70 Rdn. 1.

[324] *Baumbach/Hefermehl* ebenda.

[325] Ständ. Rechtsprechung; vgl. BGH GRUR 1957, 606, 608 – *Heilmittelvertrieb*; BGH GRUR 1962, 310, 313 – *Gründerbildnis*; BGH GRUR 1963, 218, 220 – *Mampe Halb und Halb II*; BGH GRUR 1976, 197 – *Herstellung und Vertrieb*; BGH GRUR 1979, 859, 860 – *Hausverbot II*; BGH GRUR 1989, 445, 446 – *Professorenbezeichnung in der Arztwerbung I*; BGH GRUR aaO – *Unbestimmter Unterlassungsantrag I*; BGH GRUR 1991, 772, 774 – *Anzeigenrubrik I*; BGH GRUR aaO – *Unbestimmter Unterlassungsantrag II*; BGH GRUR aaO – *Anzeigenplazierung*; *Baumbach/Hefermehl* Einl. UWG Rdn. 457; HdbWR/*Seibt* § 70 Rdn. 1.

[326] BGH GRUR 1987, 172, 174 – *Unternehmensberatungsgesellschaft I*.

[327] Ständ. Rechtsprechung; vgl. BGH GRUR 1957, 606, 607 – *Heilmittelvertrieb*; BGH GRUR 1961, 288, 290 – *Zahnbürsten*; BGH GRUR 1979, 859, 860 – *Hausverbot II*; BGH GRUR 1984, 593, 594 – *adidas-Sportartikel*; BGH GRUR 1984, 467, 469 – *Das unmögliche Möbelhaus*; BGH GRUR 1989, 445, 446 – *Professorenbezeichnung in der Arztwerbung I*; BGH GRUR 1989, 609, 611 – *Fo-*

Dabei sind für die **Auslegung** dessen, was der Kläger mit seinem Antrag angreifen will, neben dem Wortlaut auch die Begründung des Antrags heranzuziehen und etwa vorgelegte Verletzungsbeispiele; der Kern des Klagebegehrens ergibt sich aus beidem – Klageantrag und Klagebegründung[328]. Mitunter ist in Fällen, in denen der Klageantrag unklar ist, auch das Parteivorbringen insoweit nicht eindeutig und trägt nicht zur Klarstellung bei. Das Gericht muß dann von § 139 Abs. 1 S. 1 ZPO Gebrauch machen[329].

Die Rechtsprechung hat danach z. B. Anträge auf Unterlassung des Vertriebs von *„Markenwaren"* oder *„Sportartikeln"*[330] oder von *„Waren schlechthin"*[331] als **bestimmt** genug angesehen, außerdem Formulierungen wie *„im geschäftlichen Verkehr"*[332], *„wörtlich oder sinngemäß"* (bei bestimmten Behauptungen)[333], *„warenzeichenmäßiger Gebrauch"*[334], *„warenzeichenmäßig"* und *„markenmäßig"*[335]. **105**

Darüber hinaus kann im Einzelfall die Verwendung von Begriffen **zulässig** sein, die in den allgemeinen Sprachgebrauch eingegangen sind und deren Benutzung üblich ist, die aber **nicht** immer **die gleiche Bedeutung** haben[336]. Dies kann aber nur ausnahmsweise im Interesse einer sachgerechten Titulierung zweckmäßig oder sogar geboten sein, wenn nämlich auf der Grundlage des Klagevorbringens über den Sinngehalt dieser Begriffe und Bezeichnungen **kein Zweifel** besteht[337]. Unter dieser Voraussetzung sind vom RG und vom BGH Verallgemeinerungen **zugelassen** worden wie *„Behauptungen ähnlichen Inhalts"*[338], *„schlagwortartig"*[339], *„unmittelbare oder mittelbare Bezugnahmen oder Preisvergleiche"*[340] sowie Begriffe wie *„Anwendungsweise"*, *„Wirkungen"* und *„Anwendungsgebiet"* der in einer Anzeige erwähnten Stoffe oder beworbenen Mittel[341]. Der Sinngehalt und damit die Reichweite eines so formulierten Antrags und die darauf ergangene Verurteilung stehen trotz der Auslegungsfähigkeit solcher Wendungen fest, wenn ihr Inhalt und ihre Bedeutung nicht umstritten sind. In solchen Fällen können auch Verallgemeinerungen des Antrags, die bei Streit über diese Begriffe **106**

---

toapparate; BGH GRUR 1989, 835 – *Rückkehrpflicht III*; BGH GRUR 1991, 254, 257 – *Unbestimmter Unterlassungsantrag I*; *Ahrens* S. 161; *Teplitzky*[6] Kap. 51 Rdn. 8; *Baumbach/Hefermehl* Einl. UWG Rdn. 462; Formular-Komm/*Jacobs* Form. 3.620 Anm. 14.3; *Kramer* S. 28, 52 ff; *Schubert* ZZP 85 (1972), 29, 32.

328 Ständ. Rechtsprechung; vgl. BGHZ 36, 365, 367; BGH GRUR 1987, 172, 174 – *Unternehmensberatungsgesellschaft I*; BGH GRUR 1987, 535, 536 – *Wodka „Woronoff"*; BGH GRUR 1989, 445 – *Professorenbezeichnung in der Arztwerbung I*; BGH GRUR 1989, 437 – *Erbensucher*; BGH GRUR 1990, 611, 616 – *Werbung im Programm*, insoweit in BGHZ 110, 278 nicht mitabgedruckt; BGH GRUR 1991, 138 – *Flacon*; BGH GRUR 1991, 772 – *Anzeigenrubrik I*; BGH GRUR 1991, 929, 930 – *Fachliche Empfehlung II*; BGH GRUR 1992, 561, 562 – *Unbestimmter Unterlassungsantrag II*; BGH GRUR 1992, 625, 627 – *Therapeutische Äquivalenz*.

329 Abzulehnen daher BGH GRUR aaO – *Unbestimmter Unterlassungsantrag II*; dazu oben Rdn. 102.

330 BGH GRUR 1984, 593 – *adidas-Sportartikel* m. Anm. *Harte-Bavendamm*; vgl. dazu *Teplitzky*[6] Kap. 51 Rdn. 15.

331 BGH GRUR 1987, 371, 372 – *Kabinettwein*.

332 BGH GRUR 1962, 310, 313 – *Gründerbildnis*; vgl. dazu *Teplitzky*[6] Kap. 51 Rdn. 8; *Borck* WRP 1979, 180, 183.

333 BGH GRUR 1977, 114, 115 – *VUS* m. Anm. *Fischötter*; vgl. dazu *Baumbach/Hefermehl* Einl. UWG Rdn. 457.

334 BGH GRUR 1991, 138 – *Flacon*.

335 BGH GRUR 1985, 41, 42 – *REHAB*; BGH GRUR 1988, 776, 777 – *PPC*; BGH GRUR aaO – *Flacon* (auch abgrenzend zur „firmenmäßigen" Benutzung); BGH GRUR 1991, 319, 320 – *HURRICANE*. Weitere Beispiele bei *Teplitzky*[6] Kap. 51 Rdn. 8 ff Fußn. 26, 28; *Teplitzky* GRUR 1991, 709, 712; *Pastor* S. 685 ff.

336 BGH GRUR 1991, 254, 256 – *Unbestimmter Unterlassungsantrag I*.

337 BGH GRUR ebenda; vgl. auch *Teplitzky*[6] Kap. 51 Rdn. 8 m. weit. Nachw.

338 RG GRUR 1933, 253, 255 – *Bärstangensicherung*.

339 RG GRUR 1937, 153, 157 – *Rüggeberg*; vgl. dazu *Pastor* S. 686; *Pagenberg* GRUR 1976, 78, 83.

340 BGH GRUR 1961, 288, 290 – *Zahnbürsten* m. Anm. *Droste*; vgl. dazu *Pagenberg* GRUR ebenda.

341 BGH GRUR 1992, 463, 464 – *Anzeigenplazierung*.

erhebliche Schwierigkeiten im Vollstreckungsverfahren bereiten würden, hingenommen werden[342].

107 Ist dagegen die Bedeutung allgemeiner, auslegungsbedürftiger Begriffe zwischen den Parteien **streitig,** so verstößt deren Gebrauch im Klageantrag gegen das Bestimmtheitsgebot[343]. Bleiben nämlich Sinngehalt und Bedeutung dieser Begriffe und Bezeichnungen in solchen Fällen offen und ungeklärt, so stehen Inhalt und Umfang des vom Kläger begehrten Verbots nicht eindeutig fest. Die Rechtsprechung hat daher in Fällen, in denen Zweifel über Inhalt und Bedeutung solcher Begriffe bestanden, Formulierungen wie *„ähnliche Behauptungen"*[344], *„Eindruck erwecken"*[345], *„eindeutig und unübersehbar"*[346], *„planmäßig"*[347] oder *„ähnlich wie ..."* (bei der Veröffentlichung von Zeitungsanzeigen)[348] für **unbestimmt** erachtet. Gleiches gilt für allgemeine Wendungen wie *„irreführende Werbeangaben"*[349], *„herabsetzende Äußerungen"*[350], *„verwechslungsfähige Bezeichnung"*[351] oder *„in sonstiger Weise"*[352]. Ebenso für einen Antrag, es zu unterlassen, *„... zu einer den privaten Rahmen überschreitenden Zusammenkunft einzuladen, insbesondere zu Vernissagen oder anderen der Mandantenpflege dienenden kulturellen Veranstaltungen ..."*[353]. **Unzulässig** auch das Antragselement *„sofern der Endverkaufspreis ... nicht einen angemessenen preislichen Abstand nach oben einhält"* (bei Hardcover- zu Taschenbuchausgabe)[354], oder eine Zeitung zu verbreiten mit einem redaktionellen Lokalteil, der demjenigen einer Tageszeitung *„gleichkommt"*[355]. Zu **unbestimmt** auch der Antrag, es zu unterlassen, Aufstellplätze *„ohne marktgerechten Gegenwert"* zu überlassen (bei Verkaufsautomaten)[356], sowie der Antrag es zu unterlassen, anläßlich von Freizeitveranstaltungen *„Bestellungen von Letztverbrauchern entgegenzunehmen, auf die deutsches Recht anwendbar ist, ohne daß der Besteller auf sein Widerrufsrecht hingewiesen wird"*[357]. Gleiches gilt für den Antrag, es zu unterlassen, außerhalb der Ladenöffnungszeiten Waren zu verkaufen, *„sofern es sich nicht um ein Ausbedienen handelt"*[358].

108 (3) **Einschränkende Zusätze.** Bei einem Klageantrag, der auf Unterlassung eines irreführenden Werbeverhaltens gemäß § 3 UWG gerichtet ist, verstößt es nicht gegen das Bestimmtheitsgebot, ohne Einschränkung **Unterlassung der Handlung schlechthin** zu fordern[359]. Auch wenn der Beklagte für die Zukunft zusichert, die durch seine Handlung verursachte Irreführung durch aufklärende Zusätze zu vermeiden, braucht

---

342 BGH GRUR 1991, 254, 256 – *Unbestimmter Unterlassungsantrag I.*

343 BGH GRUR ebenda.

344 RG MuW 1939, 137, 141 – *Ovalglas.*

345 BGH GRUR 1962, 310, 313 – *Gründerbildnis*; BGH GRUR 1976, 197 – *Herstellung und Vertrieb*; vgl. auch BGH GRUR 1964, 33, 34 – *Bodenbeläge: „... um den Anschein eines besonders günstigen Angebots hervorzurufen".*

346 BGH GRUR 1978, 649, 650 – *Elbe-Markt*; BGH GRUR 1979, 115, 117 – *Der Superhit: „... sofern dieses Angebot nicht eindeutig und unübersehbar als Sonderangebot gekennzeichnet ist".*

347 OLG Köln GRUR 1990, 536; vgl. auch OLG München WRP 1971, 534 (*„planmäßige Handlungen"*).

348 BGH GRUR 1991, 254, 257 – *Unbestimmter Unterlassungsantrag I.*

349 *Baumbach/Hefermehl* Einl. UWG Rdn. 457.

350 *Baumbach/Hefermehl* ebenda.

351 BGH GRUR 1963, 430, 431 – *Erdener Treppchen.*

352 *Baumbach/Hefermehl* ebenda; *Pastor* S. 685. **Unzulässig**, weil zu unbestimmt, der Antrag, das Wort *Sitex „sonst im geschäftlichen Verkehr und in der Werbung zu benutzen"*, BGH GRUR 1981, 60, 64 – *Sitex.*

353 BGH GRUR 1991, 917, 919 – *Anwaltswerbung.*

354 BGH GRUR 1992, 310, 311 – *Taschenbuch-Lizenz.*

355 BGH GRUR 1992, 191, 194 – *Amtsanzeiger.*

356 BGH WM 1979, 1190, 1191; MünchKommZPO/*Lüke* § 253 Rdn. 136.

357 BGH GRUR 1992, 561, 562 – *Unbestimmter Unterlassungsantrag II.*

358 OLG Koblenz GRUR 1985, 60; MünchKommZPO/*Lüke* ebenda m. weiteren Beispielen aus der Rechtsprechung.

359 BGH GRUR 1989, 110, 113 – *Synthesizer*; BGH GRUR 1989, 445, 446 – *Professorenbezeichnung in der Arztwerbung I*; BGH GRUR 1992, 525, 526 – *Professorenbezeichnung in der Arztwerbung II.*

der Kläger seinen Antrag nicht entsprechend einzuschränken, etwa durch Zusätze wie *„... es sei denn, daß ...“* oder *„... ohne gleichzeitig darauf hinzuweisen, daß ...“*[360]. Denn nach ständiger Rechtsprechung des BGH ist es nicht Sache des Klägers oder des Gerichts, im Antrag oder im Urteilsausspruch etwaige Maßnahmen zu formulieren, durch die der Verletzer die täuschende und irreführende Wirkung seiner Handlung ausschließen kann[361]. Der Kläger kann danach ohne Verstoß gegen das Bestimmtheitsgebot seinen Antrag auf **Unterlassung schlechthin** einschränkungslos weiterverfolgen.

Nimmt der Kläger gleichwohl einen einschränkenden Zusatz in seinen Klageantrag **109** auf, so ist das **Gericht** daran **gebunden** und eine weitergehende Verurteilung ausgeschlossen[362].

(4) **Gesetzeswiederholung.** Ein Klageantrag, der lediglich den **Gesetzeswortlaut 110** **wiederholt,** ohne die konkrete Verletzungshandlung anzusprechen, erfüllt das Bestimmtheitsgebot grundsätzlich nicht[363]. Unbestimmt ist z. B. ein Antrag, *„den Beklagten zu verurteilen, es zu unterlassen, zu Wettbewerbszwecken über das Geschäft und die Person des Klägers unwahre Tatsachen zu behaupten oder zu verbreiten“*[364]. Ein solcher Antrag kann nicht zu einem Unterlassungsurteil mit vollstreckbarem Inhalt führen; denn ein Urteil kann nur dann eine geeignete Vollstreckungsgrundlage bilden, wenn es die zu unterlassende Verletzungshandlung auch für jeden Dritten erkennbar konkret umschreibt[365]. Entsprechend muß der Klageantrag gefaßt sein.

Anders ist es bei **Rabattverstößen.** Bei ihnen reicht eine Formulierung des Klagean- **111** trags, die sich an dem Wortlaut des § 2 S. 1 RabattG orientiert (etwa: *„mehr als 3%“*), aus[366]; denn der Verstoß kann meist nicht anders und nicht genauer beschrieben werden. *Beispiel*: Antrag, *„den Beklagten zu verurteilen, es zu unterlassen, im Einzelverkauf von Sportartikeln einschließlich Sportkleidung an Endverbraucher Preisnachlässe anzukündigen und/oder zu gewähren, die den 3%-Barzahlungsrabatt übersteigen“*[367]. Es empfiehlt sich gleichwohl, etwa in einem „insbesondere“-Nebensatz[368], die konkrete Verletzungshandlung in den Antrag hereinzunehmen[369].

Eine **Ausnahme** gilt auch im **Personenbeförderungsrecht.** Es ist zulässig und ent- **112** spricht dem Bestimmtheitsgebot, den Unterlassungsantrag wegen eines Verstosses gegen

---

360 BGH GRUR ebenda; vgl. auch BGH GRUR 1968, 200, 204 – *Acrylglas: „... ohne dabei unmißverständlich zum Ausdruck zu bringen, daß ...“*; ähnlich BGH GRUR 1960, 567, 570 – *Kunstglas*.

361 BGH GRUR 1963, 539, 541 – *echt Skai*; BGH GRUR 1972, 132, 133 – *Spezialzucker*; BGH GRUR 1989, 110, 113 – *Synthesizer*; BGH GRUR 1989, 445, 446 – *Professorenbezeichnung in der Arztwerbung I*; BGH GRUR 1991, 550, 552 – *Zaunlasur*; BGH GRUR 1992, 525, 526 – *Professorenbezeichnung in der Arztwerbung II*. Vgl. auch unten Rdn. 140ff.

362 BGH GRUR 1989, 445, 446 – *Professorenbezeichnung in der Arztwerbung I* unter Verweis auf BGH GRUR 1987, 839 – *Professorentitel in der Arzneimittelwerbung*.

363 BGH GRUR 1957, 606, 608 – *Heilmittelvertrieb*; BGH GRUR 1961, 588, 594 – *Einpfennig-Süßwaren*; OLG Köln WRP 1980, 503; OLG Zweibrücken GRUR 1987, 853, 854; *Ahrens* S. 166; *Teplitzky*[6] Kap. 51 Rdn. 8; *Pastor* S. 684; Formular-Komm/*Jacobs* Form. 3.620 Anm. 14.3; *Nirk/Kurtze* Rdn. 188.

364 Beispiel abgewandelt aus OLG Zweibrücken GRUR 1987, 853.

365 BGH GRUR 1991, 254, 256f – *Unbestimmter Unterlassungsantrag I*.

366 OLG Köln GRUR 1972, 270; OLG Frankfurt/M. WRP 1978, 830; *Ahrens* S. 166f; *Teplitzky*[6] Kap. 51 Rdn. 8 Fußn. 20; *Baumbach/Hefermehl* Einl. UWG Rdn. 462; Formular-Komm/*Jacobs* Form. 3.620 Anm. 14.3, Form. 3.626 Anm. 10. Vgl. aber auch – einschränkend – BGH NJW 1992, 1691, 1692 – *Ortspreis*.

367 Beispiel aus Formular-Komm/*Jacobs* Form. 3.620 Anm. 14.3.

368 Vgl. näher unten Rdn. 144ff.

369 Z. B. in dem *Beispiel*: *„... insbesondere den Schülern und Schülerinnen der Grundschule Porz-Ensen und/oder deren Eltern bei Einzelverkauf einen Nachlaß von 10% auf die Normalpreise für Schulsportkleidung anzukündigen und/oder zu gewähren“*.

§ 49 Abs. 4 S. 3 PBefG (Pflicht zur unverzüglichen Rückkehr zum Betriebssitz nach Ausführung eines Beförderungsauftrages mit einem Mietwagen) weitgehend dem Gesetzeswortlaut anzupassen. Denn dieser ist bereits hinreichend konkret gefaßt[370].

113 Eine **Ausnahme** dürfte auch für Unterlassungsanträge nach **§ 17 Abs. 2 UWG** gelten. Der Kläger kann mitunter bei einem Unterlassungsanspruch, mit dem er seine Geschäfts- oder Betriebsgeheimnisse gegen Eingriffe des Beklagten schützen will, diese nicht konkret bezeichnen. Einmal würde er dadurch Gefahr laufen, den Antrag zu eng zu fassen, so daß der Beklagte Möglichkeiten hätte, ihn zu umgehen; zum anderen müßte der Kläger ohne zwingenden Grund gerade diejenigen Tatsachen offenlegen, an deren Geheimhaltung er ein besonderes Interesse hat[371]. Demgegenüber vermag die Rechtsprechung des RG, die die genaue Beschreibung aller Besonderheiten des Geheimnisses verlangte, um die Vollstreckbarkeit zu gewährleisten, nicht zu überzeugen[372].

Nach Ansicht des BGH sind diese Angaben entbehrlich und ist eine **allgemeine Formulierung zulässig**, wenn der Klageantrag sich auf einen konkreten Verletzungseinzelfall stützt, z. B. das Verbot des Nachbaus einer bestimmten, das Betriebsgeheimnis darstellenden Maschine[373]. Dies ist jedoch immer noch eine zu starke Beschränkung. Der Kläger, der sich – etwa aufgrund einer entsprechenden Ankündigung bzw. Androhung durch den Beklagten (dieser hat sich z. B. mit einem Mitarbeiter des Klägers getroffen, um diesen zu veranlassen, ihm regelmäßig Informationen zu liefern) – gegen einen künftigen Eingriff in seine Geschäfts- oder Betriebsgeheimnisse wehren will, muß die Möglichkeiten haben, seine Geschäfts- oder Betriebsgeheimnisse abstrakt zu schützen, um wirksamen Rechtsschutz zu erlangen. Soweit allerdings eine nähere Bestimmung des zu schützenden Geschäfts- oder Betriebsgeheimnisses möglich ist, etwa wenn der Kläger in verschiedenen Bereichen tätig ist (z. B. Forschung betreibt für Pharmaka, für Kosmetika und für Lebensmittel), ist eine Eingrenzung auf den Bereich, den der Kläger vor dem Eingriff des Beklagten geschützt wissen will, in Erfüllung des Bestimmtheitsgebotes erforderlich[374]. Es erscheint in diesen Fällen zumutbar, bei einem Verstoß dem Kläger im Vollstreckungsverfahren den Beweis aufzubürden, daß es sich um ein Geschäfts- oder Betriebsgeheimnis handelt, das sich der Beklagte verschafft hat oder verschaffen will.

114 (5) **Fehlende Vollstreckbarkeit.** Ein Klageantrag, der so gefaßt ist, daß ein daraufhin ergehendes Unterlassungsurteil **keinen vollstreckungsfähigen Inhalt** hat, erfüllt das

---

370 BGH GRUR 1989, 835 – *Rückkehrpflicht III.*

371 Vgl. BGH GRUR 1966, 263, 264 – *Bau-Chemie* m. Anm. *Klaka*; Großkomm/*Köhler* § 19 Rdn. 28; *Baumbach/Hefermehl* § 17 Rdn. 48; HdbWR/*Harte-Bavendamm* § 43 Rdn. 68.

372 RG MuW 1929, 170; vgl. auch *Baumbach/Hefermehl* ebenda.

373 BGH GRUR 1961, 40. 42 – *Wurftaubenpresse* m. Anm. *Heydt*; BGH GRUR 1963, 367 – *Industrieböden*; BGH GRUR 1973, 484 – *Betriebsspionage: „... es zu unterlassen, in dem Betrieb der Klägerin Beauftragte als Arbeitnehmer zu dem Zwecke einzuschleusen, dort irgendwelche Betriebsvorgänge auszukundschaften"*; vgl. andererseits BGH GRUR 1983, 179 – *Stapel-Automat* mit einer detaillierten Beschreibung im Klageantrag; Großkomm/*Köhler* ebenda; *Baumbach/Hefermehl* ebenda; HdbWR/*Harte-Bavendamm* ebenda. Nach BAG NZA 1989, 860 soll bei der Verletzung eines Betriebsgeheimnisses, das in einer Verfahrenstechnik besteht, deren Beschreibung durch die Beschreibung des bei ihrer Anwendung entstehenden Produkts nicht ausreichen, wenn Produkte mit den beschriebenen Eigenschaften auch bei Anwendung anderer Verfahrensweisen entstehen können.

374 Im übrigen ist aber ein Antrag zulässig etwa mit dem Wortlaut, den Beklagten zu verurteilen, es zu unterlassen, *„sich Geschäfts- oder Betriebsgeheimnisse der Klägerin unbefugt über deren Mitarbeiter zu beschaffen oder zu verbreiten"*. **A.A.** HdbWR/*Harte-Bavendamm* § 43 Rdn. 68, der in jedem Fall einen an der konkreten Verletzungsform ausgerichteten Antrag verlangt.

Bestimmtheitsgebot des § 253 Abs. 2 Nr. 2 ZPO nicht[375]. *Beispiel: „... als Zugabe ... offen oder in verschleierter Form anzubieten"* oder *„die zur Zeit feilgehaltenen Waren mit dem Warenzeichen ... zu versehen"*[376]. Eine Antragsformulierung, die den Gegenstand des Unterlassungsgebotes vom Erkenntnis- in das Vollstreckungsverfahren verlegt, ist unzulässig[377].

(6) **Beifügung von Anlagen.** Die notwendige Bestimmtheit des Klageantrags ist mitunter nur dadurch zu erreichen, daß der Verletzungsgegenstand in **sinnlich wahrnehmbarer Form** in den Antrag eingeblendet oder als **Anlage** dem Antrag beigeheftet wird. Das spielt beispielsweise eine Rolle in Nachahmungsfällen, in denen es um die genaue Bezeichnung der angegriffenen Imitation geht[378], sowie bei der Kennzeichnung von Computerprogrammen[379]. Eine **verbale Beschreibung** bleibt in solchen Fällen vielfach zu **ungenau** und bietet keine hinreichend bestimmte Grundlage für einen vollstreckungsfähigen Unterlassungstenor. Das gilt erst recht dann, wenn der verbal beschriebene Verletzungsgegenstand künftigen Änderungen unterliegt, etwa eine Computer-Software weiterentwickelt wird[380]. 115

Eine verbale Beschreibung oder Bezeichnung erfüllt immer dann das Bestimmtheitsgebot, wenn der Verletzungsgegenstand sich nicht verändert, er derselbe bleibt und er durch die Beschreibung hinreichend gekennzeichnet wird. So genügt beispielsweise bei einem *Buch* die Angabe des Autors und des Titels[381]. Bei der *Gestaltung einer Autokarosserie* reicht die Angabe des Herstellers, der Typenbezeichnung und des Baujahres, sofern der Hersteller Änderungen mit anderer Typenbezeichnung und entsprechend geändertem Baujahr kennzeichnet[382]. Schwierig wird es dagegen bei der verbalen Beschreibung einer Produktausstattung, etwa einer *Verpackung*, einer *Flasche*[383], oder von Nachahmungsformen, die verbal kaum bestimmt genug gekennzeichnet werden können. In solchen Fällen kann die notwendige Bestimmtheit dadurch erreicht werden, daß ein Foto, eine Skizze, eine Zeichnung oder eine andere **sinnlich wahrnehmbare Darstellung** in den Antrag aufgenommen wird. Das entspricht der ganz gängigen Übung in der Praxis[384]. Dabei genügt die Aufnahme einer Fotokopie bzw. 116

---

[375] BGH GRUR 1961, 588, 594 – *Einpfennig-Süßwaren*; BGH GRUR 1991, 254, 256 – *Unbestimmter Unterlassungsantrag I*; *Teplitzky*[6] Kap. 51 Rdn. 5; *Baumbach/Hefermehl* ebenda; Formular-Komm/*Jacobs* aaO mit instruktivem Beispiel.

[376] BGH GRUR aaO – *Einpfennig-Süßwaren*.

[377] BGH GRUR ebenda; BGH GRUR 1991, 254, 256 – *Unbestimmter Unterlassungsantrag I*; BGH GRUR 1991, 917, 919 – *Anwaltswerbung*; BGH GRUR 1992, 561, 562 – *Unbestimmter Unterlassungsantrag II*; BGH GRUR 1992, 463, 464 – *Anzeigenplazierung*; *Teplitzky* ebenda; *Baumbach/Hefermehl* ebenda.

[378] Vgl. z. B. BGHZ 41, 55 = GRUR 1964, 621 – *Klemmbausteine I*; BGH GRUR 1981, 517 – *Rollhocker*; BGH GRUR 1986, 673, 674 – *Beschlagprogramm*; BGH GRUR 1988, 690 f – *Kristallfiguren*; OLG Köln GRUR 1983, 456 (*Spülmittelflasche*); OLG Köln GRUR 1990, 356 (*Freischwinger*); OLG Düsseldorf GRUR 1989, 122 (*Sweat-Shirt*); instruktiv auch OLG Düsseldorf GRUR 1990, 207 (*Gardena*); OLG Frankfurt/M. GRUR 1988, 302 (*Le Corbusier-Sessel*); OLG Frankfurt/M. GRUR 1990, 121 (*USM-Haller*): Beigefügung von Preislisten zu dem Klageantrag.

[379] BGHZ 94, 276, 291 f = GRUR 1985, 1041, 1048 f – *Inkasso-Programm*; BGHZ 112, 264, 267 = GRUR 1991, 449 – *Betriebssystem*; OLG Hamm GRUR 1990, 185, 186 (Vorinstanz zu BGH – *Betriebssystem*).

[380] OLG Hamm GRUR ebenda; *Schulze* CR 1989, 799, 800.

[381] BGH GRUR 1981, 352 – *Staatsexamensarbeit*; BGH GRUR 1982, 37, 38 – *WK-Dokumentation*; BGH GRUR 1991, 153 f – *Pizza & Pasta*; OLG Frankfurt/M. GRUR 1990, 124, 125; weitergehend *Schulze* CR ebenda, der auch die Nennung des Verlages und des Erscheinungsjahres verlangt. Die Angabe des Titels reicht in aller Regel auch beim Film.

[382] BGH GRUR 1987, 518 – *Kotflügel*; vgl. auch OLG Köln 1985, 438, 439 (Vorinstanz); *Schulze* CR ebenda.

[383] Vgl. OLG Köln GRUR 1983, 456 (*Spülmittelflasche*); demgegenüber z. B. OLG Hamburg GRUR 1988, 127, 128, wo das Langnese-Honigglas im Antrag verbal beschrieben ist.

[384] Vgl. nur beispielhaft die oben Fußn. 378 aufgeführten Entscheidungen.

eines Durchdrucks; die Einblendung eines Originalfotos, einer Originalskizze etc. in den Antrag ist nicht erforderlich, um die notwendige Bestimmtheit zu erreichen.

117 Läßt sich die Aufnahme in den Antrag etwa aus technischen Gründen nicht bewerkstelligen, weil der Antrag dann zu unübersichtlich wird – z. B. bei Konstruktionszeichnungen, Plänen etc. –, so kann die angegriffene Verletzungshandlung als **Anlage** dem Antrag beigefügt und in dem Antrag in Bezug genommen werden[385].

118 Bei **Computerprogrammen** reicht die Programmbezeichnung für die notwendige Bestimmtheit in aller Regel nicht aus, weil Programme üblicherweise unter gleichbleibender Programmbezeichnung weiterentwickelt werden[386]. Aus einem entsprechend dem Klageantrag ergangenen Unterlassungstitel wird in einem solchen Fall nicht hinreichend klar, welche Fassung verboten ist. Soll das Unterlassungsgebot auch künftige Änderungen und Weiterentwicklungen erfassen, so müssen diese entweder konkret, d. h. gewissermaßen vorausschauend in den Antrag aufgenommen[387], oder der Antrag muß dahin formuliert werden, daß auch diese erfaßt werden. Im ersteren Fall kann ausnahmsweise etwas anderes gelten, wenn schon bei Antragstellung feststeht, daß auch jegliche Änderung und Weiterentwicklung des Programms die Rechte des Klägers verletzt.

Um ein Computerprogramm im Antrag bestimmt genug zu kennzeichnen, muß dieses Programm in seiner **konkreten Fassung** in einer **sinnlich wahrnehmbaren Weise** als **Anlage** vorgelegt und in den Antrag einbezogen werden[388]. Bei Programmen müssen daher Quellenprogramme, Programmlisten, Disketten und andere **Datenträger** als Anlage zum Antrag genommen werden[389], damit das Gericht nachvollziehen kann, ob der Verletzungsgegenstand mit dem geschützten Programm oder – bei Änderungen oder Weiterentwicklungen des Programms – mit dem schutzfähigen gleichbleibenden Teil des Programms identisch ist[390].

119 (7) **„und/oder"-Antrag.** In der Praxis findet man sehr häufig im Antrag die Wendung „und/oder"; sie dient dazu, verschiedene Verletzungsformen zu verbinden, die sämtlich mit dem einheitlichen Antrag erfaßt werden sollen. Typisches *Beispiel: „... anzubieten, zu vertreiben und/oder in den Verkehr zu bringen"*[391]. Der Kläger will damit zum Ausdruck bringen, daß die verschiedenen Verletzungsformen sowohl **alternativ** als auch **kumulativ** angegriffen werden sollen. Eine gewisse anwaltliche Vorsorge ist wohl der Grund dafür, daß diese Formulierung in der Praxis äußerst beliebt ist[392]. Indessen ist sie in einem einheitlichen Antrag unnötig und überflüssig;

---

385 Vgl. z. B. BGH GRUR 1991, 529 – *Explosionszeichnungen* und OLG Hamm GRUR 1989, 501 (Vorinstanz).

386 OLG Hamm GRUR 1990, 185, 186, insoweit bestätigt durch BGHZ 112, 264, 268 = GRUR 1991, 449, 450 – *Betriebssystem*; *Schulze* CR ebenda.

387 *Schulze* CR ebenda.

388 OLG Hamm GRUR 1990, 185, 186, insoweit bestätigt durch BGH aaO – *Betriebssystem*; zur Zulässigkeit eines solchen Antrags: BGHZ 94, 276, 291 f = GRUR 1985, 1041, 1048 – *Inkasso-Programm*.

389 Ebenso *Engel* in Lehmann, Rechtsschutz und Verwertung von Computerprogrammen (1988), 573, 604 Rdn. 96; *Schulze* CR 1986, 779, 789; *Schulze* CR 1989, 799, 800.

390 OLG Karlsruhe CR 1986, 807, 809 (allerdings im konkreten Fall abweichend); *Engel* in Lehmann, ebenda; *Schulze* CR 1986, 779, 789; *Schulze* CR 1989, 799, 800.

391 Z. B. OLG München GRUR 1989, 123.

392 Die „und/oder"-Wendung findet sich in dieser Spielart z. B. in den Anträgen, die in jüngerer Zeit folgenden BGH-Entscheidungen zugrunde lagen: BGH GRUR 1989, 434, 435 – *Gewinnspiel*; BGH GRUR 1989, 773 – *Mitarbeitervertretung*; BGH GRUR 1990, 361, 362 – *Kronenthaler*; BGH GRUR 1990, 367 – *alpi/Alba Moda*; BGH GRUR 1990, 371 – *Preiskampf*; BGH GRUR 1990, 453, 454 – *L-Thyroxin*; BGH GRUR 1990, 617, 618 – *Metro III*; BGH GRUR 1990, 1010, 1011 – *Klinikpackung*; BGH GRUR 1990, 1041 – *Fortbildungs-Kassetten*; BGH GRUR 1990, 1042, 1043 – *Data-Color*; BGH GRUR 1992, 123 – *Kachelofenbauer II*; BGH GRUR 1992, 707 – *Erdgassteuer*; vgl. auch OLG Karlsruhe GRUR 1990, 301.

denn der Fall der kumulativen Verletzung („und") braucht gar nicht erfaßt zu werden, weil ein späterer Verstoß auch nur gegen *eine* Alternative als Verstoß gegen den Titel ausreicht. Die Verbindung der verschiedenen Verletzungsformen in dem Klageantrag durch **„oder"**[393] ist daher richtig, erfaßt die vom Kläger angegriffenen Verletzungsformen und entspricht der Logik.

Anders sind dagegen die Fälle zu beurteilen, in denen der Kläger **verschiedene Aussagen oder Behauptungen** des Beklagten angreift und diese wörtlich in seinen Unterlassungsantrag aufnimmt und nebeneinander stellt[394]. Bei einer solchen Konstellation **muß** der Kläger angeben, wie er seinen Antrag verstanden wissen will, ob er die beanstandeten Aussagen bzw. Behauptungen nur insgesamt, also **kumulativ** oder (auch) **alternativ** in der Weise angreifen will, daß er auch jede einzelne Aussage bzw. Behauptung für sich genommen als wettbewerbswidrig ansieht. Dies macht der Kläger durch die Art der Verbindung der einzelnen Aussagen bzw. Behauptungen in seinem Antrag deutlich: Verknüpft er sie mit **„und/oder"** – so die Regel[395] –, so will er jede einzelne Aussage bzw. Behauptung, aber auch deren Gesamtheit (etwa in einem Rundschreiben, in einer Werbeanzeige) angreifen. Der Kläger muß bei solcher Antragsfassung allerdings darauf achten, daß er in seiner Klagebegründung nicht nur insgesamt, sondern auch für jede einzelne Aussage bzw. Behauptung darlegt, daß und warum sie wettbewerbswidrig ist. Andernfalls riskiert er, daß sein Antrag zwar bestimmt genug, teilweise aber unbegründet ist. Verbindet er die einzelnen Aussagen bzw. Behauptungen mit **„oder"**, so wird ebenfalls deutlich, daß der Kläger jede einzelne von ihnen für wettbewerbswidrig hält, er sie aber auch in ihrer Gesamtheit angreift. Der Kläger läuft bei solcher Antragsformulierung (mit „oder") allerdings Gefahr, daß das Gericht die eine oder andere Aussage bzw. Behauptung anders beurteilt und nur die Aussagen bzw. Behauptungen in ihrer Gesamtheit als wettbewerbswidrig ansieht. Deswegen ist die Verknüpfung mit „und/oder" in solchen Fällen, in denen der Kläger jede einzelne Aussage bzw. Behauptung, diese aber auch in ihrer Gesamtheit angreifen will, vorzuziehen. Um dem **Bestimmtheitsgebot** zu genügen, muß sich daher aus dem **Klageantrag** und nötigenfalls aus dessen **Begründung** ergeben, was der Kläger genau angreifen will. Das gilt auch für den Fall, daß er die von ihm beanstandeten Aussagen bzw. Behauptungen lediglich aneinander reiht, ohne sie mit „und/oder" oder mit „oder" zu verknüpfen; es muß sich dann aus der Begründung ergeben, wie der Kläger seinen Antrag verstanden wissen will[396]. **120**

Derartige „und/oder"-Anträge bergen in der Praxis für den Kläger die Gefahr, daß das Gericht die „und/oder"-Fassung des Antrags übersieht und alle Verletzungsformen kumulativ zur Unterlassung verurteilt. Hält dann das Rechtsmittelgericht diese Gesamtverurteilung nicht aufrecht, weil es den Unterlassungsanspruch nur für eine oder **121**

[393] Die Verbindung nur mit „oder" findet sich z. B. in den Anträgen in BGH GRUR 1990, 461 – *Dresdner Stollen II*; BGH GRUR 1990, 1018 – *Fernmeldeanlagen*; BGH GRUR 1991, 138 – *Flacon*. In BGH GRUR 1990, 685, 686 – *Anzeigenpreis I* sind die verschiedenen Verletzungsformen nur mit **Schrägstrich** verknüpft, was als gleichbedeutend mit einer Verbindung mit „oder" anzusehen ist. Z. B. in BGH GRUR 1991, 393 – *Ott International* und BGH GRUR 1991, 462 – *Wettbewerbsrichtlinie der Privatwirtschaft* sind die verschiedenen Verletzungsformen lediglich mit **Kommata** verbunden, was ebenfalls wie eine Verbindung mit „oder" zu werten ist.

[394] Vgl. dazu z. B. aus jüngerer Zeit die Anträge in den Entscheidungen BGH GRUR 1989, 755 – *Markenqualität*; BGH GRUR 1990, 601 – *Brenner*; BGH GRUR 1991, 150 – *Laienwerbung für Kreditkarten*; BGH GRUR 1991, 552 – *TÜV-Prüfzeichen*; BGH GRUR 1992, 463, 464 – *Anzeigenplazierung*.

[395] Vgl. Fußn. 383.

[396] Vgl. dazu BGH GRUR 1989, 437, 438 – *Erbensucher*; dort waren mit dem Antrag mehrere Werbebehauptungen nebeneinander – ohne Verbindungswort – angegriffen; der BGH hat sich mit jeder **einzelnen** befaßt. Vgl. auch BGH GRUR 1991, 393 – *Ott International*.

einzelne Verletzungsformen als begründet ansieht, so muß das Urteil zum Nachteil des Klägers insgesamt aufgehoben werden.

122 (8) **Prozessuale Behandlung.** Das Bestimmtheitsgebot für den Klageantrag (nach § 253 Abs. 2 Nr. 2 ZPO) ist eine **von Amts wegen** in jeder Lage des Verfahrens zu prüfende Prozeßvoraussetzung[397]. Das Gericht hat daher den Klageantrag darauf zu prüfen, ob er den Bestimmtheitserfordernissen entspricht. Dies ist auch noch in der Revisionsinstanz möglich[398]. Soweit es um die Auslegung des Antrages geht, können eventuelle Mängel grundsätzlich auch ohne Rüge in der Revisionsinstanz geprüft werden[399]. Ergänzt wird diese Prüfungspflicht durch das Erörterungsgebot des § 139 Abs. 1 Satz 1 ZPO, daß das Gericht u. a. auf die Stellung sachdienlicher Anträge hinzuwirken hat. Ihm kommt gerade im wettbewerblichen Unterlassungsprozeß wegen der dargestellten Formulierungsschwierigkeiten besondere Bedeutung zu. Das Gericht sollte daher, wenn Zweifel an der Antragsfassung bestehen, diese mit den Parteien intensiv und sorgfältig erörtern[400]. Befürchtungen, daß sich das Gericht dadurch befangen macht und dem Kläger unzulässige „Antragshilfe" gewährt, sind unbegründet[401], zumal die richtige und den Kern des Verletzungstatbestandes treffende Antragsformulierung auch im Interesse des Beklagten liegt[402].

123 Erfüllt ein Klageantrag die Bestimmtheitserfordernisse nicht und kann dieser Mangel auch nicht durch richterliche Hilfestellung beseitigt werden, so ist die Klage durch Prozeßurteil als **unzulässig** abzuweisen[403].

124 Diese strikte Rechtsfolge hat der BGH allerdings stark abgemildert und **relativiert**: Müßte die Klage danach in der Revisionsinstanz abgewiesen werden, so würde dies zu **unbefriedigenden Ergebnissen** in Fällen führen, in denen die angegriffene Werbung zweifelsfrei wettbewerbswidrig ist und die Klage daher materiell-rechtlich Erfolg haben würde[404]. In solchen Fällen ist das Berufungsurteil aufzuheben und die Sache zurückzuverweisen, um dem Kläger Gelegenheit zu geben, einen sachdienlichen Antrag zu stellen. Dies gilt erst recht dann, wenn der Kläger den in höherer Instanz als unzulässig beanstandeten Antrag aufgrund von Hinweisen, Empfehlungen oder Ratschlägen der Vorinstanz formuliert und gestellt hatte. Denn dem Kläger kann nicht vorgehalten werden, daß er diesen Empfehlungen und Ratschlägen gefolgt ist[405]. In einem solchen Fall muß ihm Gelegenheit gegeben werden, den förmlichen Mangel in einem zweiten Berufungsverfahren nachzubessern, seinen Antrag zu überprüfen, gegebenenfalls neu zu stellen und dazu sachdienlichen Vortrag zu halten[406].

125 cc) **Konkretisierungsgebot.** (1) **Grundsatz.** Anders als das Bestimmtheitsgebot, das die prozessuale Zulässigkeit des Klageantrags betrifft, geht es bei dem **Konkretisierungsgebot** darum, ob der bestimmte Antrag richtig konkretisiert, d. h. auf das Charak-

---

397 Statt vieler *Baumbach/Hefermehl* Einl. UWG Rdn. 457.

398 BGH GRUR 1989, 110, 113 – *Synthesizer*; BGH GRUR 1991, 254, 256 f – *Unbestimmter Unterlassungsantrag I*; BGH GRUR 1992, 561, 562 – *Unbestimmter Unterlassungsantrag II*.

399 BGH GRUR 1963, 218, 220 – *Mampe Halb und Halb II*; BGH GRUR aaO – *Unbestimmter Unterlassungsantrag I*.

400 Vgl. *Teplitzky* Festschr. Oppenhoff, 487, 488, 489 f; *Teplitzky*[6] Kap. 51 Rdn. 1–3.

401 *Teplitzky* Festschr. Oppenhoff, 488; *Teplitzky*[6] Kap. 51 Rdn. 2.

402 Das hat *Teplitzky*[6] Kap. 51 Rdn. 2 überzeugend dargelegt.

403 BGH GRUR 1963, 218, 220 – *Mampe Halb und Halb II*; BGH GRUR 1991, 254, 257 – *Unbestimmter Unterlassungsantrag I*; BGH GRUR aaO – *Unbestimmter Unterlassungsantrag II*; *Baumbach/Hefermehl* Einl. UWG Rdn. 457.

404 BGH GRUR 1991, 254, 257 – *Unbestimmter Unterlassungsantrag I*. So war die Situation aber wohl nicht in dem Fall BGH GRUR aaO – *Unbestimmter Unterlassungsantrag II*.

405 BGH GRUR aaO – *Unbestimmter Unterlassungsantrag I*.

406 BGH GRUR ebenda. Dies muß auch dann gelten, wenn der BGH die Klage materiell-rechtlich für unbegründet hält; daher abzulehnen BGH GRUR aaO – *Unbestimmter Unterlassungsantrag II*

teristische der konkret angegriffenen Verletzungshandlung beschränkt ist. Das Konkretisierungsgebot ist damit ein **materiell-rechtliches Erfordernis**[407]. Es orientiert sich an Inhalt und Reichweite des materiellen Unterlassungsanspruchs, und dieser richtet sich wiederum danach, was der Kläger an dem Wettbewerbsverhalten des Beklagten konkret beanstanden will. Die Erfassung dieses Begehrens des Klägers und dessen korrekte Formulierung gehören zu den wichtigsten, aber auch schwierigsten Aufgaben des Klägers im Wettbewerbsprozeß[408].

Der Unterlassungsantrag muß sich möglichst genau auf die **konkrete Verletzungshandlung** beziehen, so wie sie vom Kläger angegriffen werden soll oder gegen deren künftige Begehung (bei vorbeugendem Unterlassungsantrag) sich der Kläger wehren will; er muß sich mit dem materiell-rechtlichen (Unterlassungs-)Anspruch decken, der dem Kläger zusteht[409]. Der Antrag muß also angeben, was konkret der Kläger angreifen will. Bei **begangener** Verletzung ist das eben diese, weil deren künftige Wiederholung unterlassen werden soll; bei Erstbegehungsgefahr ist es die Verletzungshandlung, deren **Begehung droht** (*Beispiel*: Ankündigung einer Verkaufsveranstaltung am Sonntag ab 11 Uhr im „Universum") oder deren Berechtigung sich der Beklagte **berühmt** (*Beispiel*: Beklagter verficht die Rechtmäßigkeit einer ihn nach § 13 Abs. 4 UWG treffenden Verletzungshandlung). In allen diesen Fällen muß der Antrag so gefaßt sein, daß er **nur die konkrete Verletzungsform** erfaßt[410]. 126

(2) **Konkretisierung bei begangener Verletzung.** Ist die beanstandete und angegriffene Wettbewerbshandlung bereits begangen – so in der Praxis die Regel –, so muß sich der Antrag auf eben diese **konkrete Verletzungshandlung** beziehen[411]. Da der Unterlassungsanspruch nur begründet ist, wenn **Wiederholungsgefahr** besteht, muß er sich auf die konkret begangene Handlung beschränken und kann nicht auf eine mögliche oder andersartige Verletzungshandlung erstreckt werden[412], es sei denn, daß insoweit Erstbegehungsgefahr besteht[413]. 127

Der Antrag hält sich am engsten an die konkrete Verletzungshandlung, wenn diese **unmittelbar** zum **Gegenstand des Antrags** gemacht wird, etwa durch Einblenden der beanstandeten Werbeanzeige oder durch wörtliche Wiedergabe der inkriminierten Behauptungen in dem Antrag[414]. Dies gibt aber nicht immer sicheren Aufschluß 128

(keine Zurückverweisung, sondern Abweisung der Klage als unzulässig, obwohl beide Vorinstanzen sie für zulässig und begründet gehalten hatten). Kritisch auch *Ahrens* EWiR 1992, 713, 714.

[407] Ständ. Rechtsprechung; vgl. BGH GRUR 1961, 288, 290 – *Zahnbürsten*; BGH GRUR 1982, 681, 683 – *Skistiefel*; BGH GRUR 1984, 467, 469 – *Das unmögliche Möbelhaus*; BGH GRUR 1989, 609, 611 – *Fotoapparate*; BGH GRUR 1989, 835 – *Rückkehrpflicht III*; *Ahrens* S. 156 ff; *Teplitzky*[6] Kap. 51 Rdn. 11 m. Fußn. 37 u. Rdn. 13; *Baumbach/Hefermehl* Einl. UWG Rdn. 458; HdbWR/*Seibt* § 70 Rdn. 3; *Pastor* S. 666 f; *Nirk/Kurtze* Rdn. 178, 181; Formular-Komm/*Jacobs* Form. 3.620 Anm. 14.3.

[408] Ebenso *Ahrens* S. 156; *Teplitzky* Festschr. Oppenhoff, 487; *Teplitzky*[6] Kap. 51 Rdn. 1; *Pastor* S. 664; Formular-Komm/*Jacobs* Form. 3.620 Anm. 14.

[409] Vgl. *Teplitzky*[6] Kap. 51 Rdn. 13 ff.

[410] Typische Beispiele in BGH GRUR 1990, 373 – *Schönheits-Chirurgie*; BGH GRUR 1990, 604 – *Dr. S.-Arzneimittel*. Zu verschiedenen Antragsformulierungen vgl. *Ahrens* S. 157 ff; *Teplitzky* ebenda; Formular-Komm/*Jacobs* ebenda.

[411] Ständ. Rechtsprechung; vgl. BGH GRUR 1957, 606, 608 – *Heilmittelvertrieb*; BGH GRUR 1963, 539, 541 – *echt skai*; BGH GRUR 1963, 218, 219 – *Mampe Halb und Halb II*; BGH GRUR 1973, 201, 202 – *Trollinger*; BGH GRUR 1977, 260 – *Friedrich-Karl-Sprudel*; vgl. *Teplitzky* ebenda; *Baumbach/Hefermehl* Einl. UWG Rdn. 459; HdbWR/*Seibt* § 70 Rdn. 3.

[412] *Teplitzky*[6] Kap. 51 Rdn. 12.

[413] BGH GRUR 1957, 606, 608 – *Heilmittelvertrieb*; BGH GRUR 1973, 201, 202 – *Trollinger*; BGH GRUR 1989, 445 – *Professorenbezeichnung in der Arztwerbung I*; *Baumbach/Hefermehl* aaO Rdn. 461.

[414] Beispielsweise: BGH GRUR 1990, 282 – *REVUE-Carat*; BGH GRUR 1990, 282, 283 – *Wettbewerbsverein IV*; BGH GRUR 1990, 1015 – *Order Karte*; BGH GRUR 1990, 1016, 1017 – *Sprachkurs*; BGH GRUR 1990, 1020 – *Freizeitveranstaltung*; BGH

über die konkrete Verletzungsform. Eine Wettbewerbshandlung kann nämlich unter verschiedenen Gesichtspunken zu beanstanden sein. Welchen Gesichtspunkt der Kläger aufgreift, ist bei bloßer Einblendung der Werbeanzeige aus dem Antrag allein nicht zu ersehen: Es muß dann die Klagebegründung herangezogen werden, um zu ermitteln, wogegen sich der Kläger wehrt, was also die konkrete Verletzungsform ist[415]. *Beispiel*: Eine Finanz-Vermittlungsgesellschaft wirbt in einer Anzeige u. a.: *„In besonderen Sanierungsfällen schalten wir unsere hauseigene Leasing-Gesellschaft ein; der Vorteil liegt einfach darin, daß Kreditentscheidungen durch unsere eigene Leasing-Gesellschaft getroffen werden"*. Stellt der Kläger einen Unterlassungsantrag bezüglich dieser konkreten Werbung, so kann man daraus nicht ersehen, ob er sie nur wegen der Bezeichnung „unsere hauseigene Leasing-Gesellschaft" (weil die Gesellschafterzusammensetzung anders ist als bei der werbenden Gesellschaft) angreift oder deswegen, weil sich die werbende Gesellschaft wie ein Kreditgeber geriert, ohne eine Erlaubnis nach dem KWG zu haben, oder aus *allen* in Betracht kommenden rechtlichen Gesichtspunkten. In einem solchen Fall muß sich aus der Klagebegründung ergeben, was der Kläger angreifen will. Die Streitgegenstandsbestimmungslast, insbesondere das Erfordernis der Klarstellung, welchen Streitgegenstand er zum Gegenstand des gerichtlichen Verfahrens machen will, liegt beim Kläger[416].

129 Die strenge Ausrichtung und Beschränkung des Klageantrags auf die Form der konkreten Verletzungshandlung birgt für den Kläger freilich die Gefahr, daß der Antrag zu eng gefaßt ist und Abweichungen, die der Beklagte zur Umgehung eines eventuellen Verbots vornimmt, nicht mehr abdeckt. Dem kann der Kläger dadurch begegnen, daß er die beanstandete Verletzungshandlung **verbal** zu **abstrahieren** sucht[417]. Ergänzend kann er die konkrete Werbung z. B. durch einen *„insbesondere"-Zusatz* in den Antrag aufnehmen und dadurch beispielhaft verdeutlichen, was unter der abstrakten Form zu verstehen ist[418]. Das Problem liegt bei einer solchen Abstrahierung einmal darin, das Unterlassungsbegehren sprachlich richtig und eindeutig zu erfassen, zum anderen darin, daß die Abstraktion, daher auch der Klageantrag zu weit reicht und über den materiellen Unterlassungsanspruch hinausgehen kann oder diesen womöglich ganz verfehlt[419]. Letzteres hat zur Folge, daß der Unterlassungsantrag teilweise oder gar ganz als unbegründet, weil nicht von dem materiell-rechtlichen Unterlassungsantrag gedeckt, abgewiesen wird[420].

130 Nach der Rechtsprechung sind derartige Abstrahierungen und Verallgemeinerungen nicht zu beanstanden, wenn in ihnen das **Charakteristische** des festgestellten konkreten Verletzungstatbestands, dessen **„Wesen"**, dessen **„Kern"** richtig zum Ausdruck kommt (*„Kerntheorie"*)[421]. Dem liegt zugrunde, daß eine in bestimmter Form begangene

---

GRUR 1990, 1022, 1023 – *Importeurwerbung*; BGH GRUR 1990, 1027 – *incl. MwSt. I*; BGH GRUR 1990, 1029, 1030 – *incl. MwSt. III*; BGH GRUR 1990, 1039 – *Anzeigenauftrag*. Vgl. im übrigen Rdn. 115 ff.

415 BGH GRUR 1987, 172, 174 – *Unternehmensberatungsgesellschaft I*; BGH GRUR 1987, 535, 536 – *Wodka „Woronoff"*; BGH GRUR 1989, 437 – *Erbensucher*; BGH GRUR 1989, 445 – *Professorenbezeichnung in der Arztwerbung I*; *Teplitzky* GRUR 1989, 461, 466.

416 BGH GRUR 1992, 552, 554 – *Stundung ohne Aufpreis*; vgl. auch unten Rdn. 150.

417 Näher und eingehender dazu *Ahrens* S. 156; *Teplitzky*[6] Kap. 51 Rdn. 13 i. V. m. Kap. 5 Rdn. 4 ff.

418 Dazu Rdn. 140. Beispiele aus der jüngeren Rechtsprechung: BGH GRUR 1990, 606 – *Belegkrankenhaus*; BGH GRUR 1990, 1022, 1023 – *Importeurwerbung* (in beiden Fällen Anträge mit „insbesondere"-Zusatz). Vgl. näher *Kurtze* Festschr. Nirk (1992), 571, 575 ff.

419 *Teplitzky* Festschr. Oppenhoff, 487, 489 f; *Teplitzky*[6] Kap. 51 Rdn. 4 ff.

420 Näher Rdn. 151.

421 BGH GRUR 1957, 606, 608 – *Heilmittelvertrieb*; BGH GRUR 1961, 288, 290 – *Zahnbürsten*; BGH GRUR 1982, 564, 565 – *Elsässer Nudeln*; BGH GRUR 1984, 467, 469 – *Das unmögliche Möbelhaus*; BGH GRUR 1984, 593, 594 – *adidas-Sportartikel*; BGH GRUR 1989, 115, 116 – *Mietwagen-*

Verletzungshandlung nicht nur die Wiederholung der genau identischen Verletzungsform vermuten läßt, sondern auch eine Vermutung für die Begehung zwar leicht abgewandelter, aber in ihrem Kern gleicher Handlungen begründet[422]. Auf ein instruktives Beispiel aus der BGH-Rechtsprechung zur Verdeutlichung des Charakteristischen in diesem Sinne weist *Teplitzky*[423] hin: Ein Verbrauchermarkt hatte für einzelne, in der Werbung näher bezeichnete adidas-Sportartikel mit günstigen Preisen geworben, ohne allerdings alle diese Artikel in den einzelnen Verkaufsstätten vorrätig zu haben. Die Fa. adidas und ein Verband klagten auf Unterlassung mit unterschiedlichen Anträgen: Die Fa. adidas auf Unterlassung der Werbung mit „adidas-Sportartikeln", der Verband auf Unterlassung der Werbung mit „Sportartikeln", beide jeweils für den Fall, daß nicht ausreichende Warenmengen (was näher präzisiert worden war) vorrätig sind. Der BGH hat die Verallgemeinerung von einzelnen, näher bezeichneten adidas-Sportartikeln auf „adidas-Sportartikel" *schlechthin* nicht als zu weitgehend und noch im Kernbereich liegend angesehen, dagegen in der Erweiterung des Antrages des Verbandes auf „Sportartikel" (ohne Markennennung) eine Verfehlung des Charakteristischen der begangenen und eventuell wieder drohenden Verletzungshandlung gesehen. Denn charakteristisch an der Werbung mit „adidas-Sportartikeln" war gerade die Herausstellung des bekannten Markennamens, da nur von diesem der erstrebte Lockvogeleffekt ausgehen konnte. Deswegen konnte die begangene Handlung keine (Begehungs-)Gefahr begründen, daß die Beklagte auch mit namenlosen Sportartikeln ohne hinreichende Warenvorräte werben würde. Der Antrag des Verbandes ging also zu weit, während sich der der Fa. adidas im Kernbereich hielt[424].

Um das Charakteristische des konkreten Verletzungstatbestandes zu erfassen, hat die Rechtsprechung auch **Verallgemeinerungen und Abstrahierungen** zugelassen wie *„wörtlich oder sinngemäß"*[425], *„warenzeichenmäßiger Gebrauch"* bzw. *„warenzeichenmäßig"*[426], *„im geschäftlichen Verkehr"*[427] und *„kennzeichenmäßig"*[428]. Alle diese Verallgemeinerungen und Abstrahierungen sind zulässig, wenn der so formulierte Antrag von dem materiellen Unterlassungsanspruch gedeckt wird. Erfaßt die Abstraktionsform dagegen Handlungen, auf deren Unterlassung kein Anspruch besteht, so geht sie zu weit. **131**

Mit derartig unzulässigen Abstrahierungen hatte die Rechtsprechung insbesondere im **Kennzeichnungsrecht** zu tun, wenn bei Verwendung eines verwechslungsfähigen Firmenbestandteils innerhalb einer bestimmten Gesamtfirmenbezeichnung die Verwendung des beanstandeten Firmenbestandteils schlechthin beantragt wurde[429]. **132**

Mitfahrt; BGH GRUR 1989, 609, 611 – *Fotoapparate*; BGH GRUR 1989, 835 – *Rückkehrpflicht - III*; BGH GRUR 1989, 445, 446 – *Professorenbezeichnung in der Arztwerbung I*; *Teplitzky*[6] Kap. 51 Rdn. 14; *Baumbach/Hefermehl* Einl. UWG Rdn. 462; HdbWR/*Seibt* § 70 Rdn. 3; MünchKommZPO/*Lüke* § 253 Rdn. 133 ff; *Oppermann* WRP 1989, 713, 714 ff; *Teplitzky* WRP 1989, 335, 336; *Kurtze* Festschr. Nirk, 573; *Teplitzky* GRUR 1990, 393, 396.

422 BGH GRUR 1989, 445, 446 – *Professorenbezeichnung in der Arztwerbung I*; *Baumbach/Hefermehl* ebenda; eingehend *Teplitzky*[6] Kap. 6 Rdn. 3 u. Kap. 51 Rdn. 16 f.

423 Kap. 51 Rdn. 14.

424 BGH GRUR 1984, 593 – *adidas-Sportartikel* m. Anm. *Harte-Bavendamm*. Zu Präzisierungsmöglichkeiten in solchen Fällen *Teplitzky*[6] Kap. 51 Rdn. 15 aE sowie dort Fußn. 44, 45.

425 BGH GRUR 1977, 114, 115 – *VUS*; *Baumbach/Hefermehl* Einl. UWG Rdn. 457. Konkret genug auch *„gut leserlich und deutlich sichtbar"*, BGH GRUR 1989, 673 – *Zahnpasta*.

426 BGH GRUR 1991, 138 – *Flacon*; BGH GRUR 1991, 254, 256 – *Unbestimmter Unterlassungsantrag I*.

427 BGH GRUR 1962, 310, 313 – *Gründerbildnis*; BGH GRUR 1991, 254, 256 – *Unbestimmter Unterlassungsantrag I*.

428 BGH GRUR 1991, 319, 320 – *HURRICANE*. Weitere Beispiele oben Rdn. 105, 106.

429 BGH GRUR 1954, 331, 333 – *Alpah*; BGH GRUR 1954, 70, 72 – *Rohrbogen*; BGH GRUR 1955, 95, 97 – *Buchgemeinschaft*; BGH GRUR 1960, 296, 298 – *Reiherstieg*; BGH GRUR 1989, 449 – *MARITIM*.

Wird vom Beklagten nur die volle Firma mit dem kollisionsbegründenden und beanstandeten Bestandteil benutzt, so muß der **Unterlassungsantrag** auf das Verbot der **vollen Firma** gerichtet werden, nicht auf den beanstandeten Firmenbestandteil schlechthin; denn dieser kann in anderer firmenmäßiger Zusammensetzung nicht mehr verwechslungsfähig und daher zulässig sein[430]. Der Antrag kann jedoch dann auf Unterlassung des beanstandeten **Firmenbestandteils** schlechthin, d. h. in jeder denkbaren firmenmäßigen Zusammensetzung, zielen, wenn der Verletzer diesen Bestandteil, mit dem Ziel benutzt hat, Verwechslungen gerade mit der Firma des Klägers herbeizuführen[431].

133 Um der Gefahr zu begegnen, daß Verallgemeinerungen und Abstrahierungen zu weit gehen, wird in der Praxis vielfach ein *„insbesondere"-Zusatz* hinzugefügt, in dem beispielhaft eine oder mehrere konkrete Verletzungsformen aufgeführt werden. Ein solcher Zusatz enthält regelmäßig keine Einschränkung des verallgemeinernden Obersatzes, sondern eine Verdeutlichung dessen, worauf der Unterlassungsantrag zielt[432].

134 (3) **Konkretisierung bei zu befürchtender Verletzung.** Ist die vom Kläger als wettbewerbswidrig angesehene Verletzungshandlung noch nicht begangen, steht sie aber bevor, weil der Verletzer sie **ankündigt** oder sich **berühmt**, sie ohne Rechtsverstoß ausführen zu können, so muß sich der Antrag spiegelbildlich auf die Ankündigung bzw. die Berühmung beziehen[433]. Nur dann ist die konkrete Verletzungshandlung erfaßt und genügt der Antrag dem Konkretisierungsgebot. Denn der auf die künftige Handlung zielende – vorbeugende – Unterlassungsanspruch ist materiell-rechtlich nur begründet, wenn **Erstbegehungsgefahr** besteht[434]. Ob und mit welchem Inhalt sie gegeben ist, hängt vom Inhalt der Ankündigung bzw. der Berühmung ab.

135 Der Antrag hält sich am engsten an die (zu befürchtende) konkrete Verletzungshandlung, wenn er das genaue Spiegelbild der Ankündigung bzw. Berühmung ist und diese genau wiedergibt. Soweit die Ankündigung bzw. Berühmung selbst unklar und mehrdeutig ist, gilt nichts anderes. Der materielle Unterlassungsanspruch des Klägers bezieht sich auf eben diesen unklaren oder mehrdeutigen Inhalt, so daß grundsätzlich auch der Antrag entsprechend formuliert sein kann, ohne die nötige Konkretisierung zu verfehlen[435]. Nimmt der Beklagte für sich in Anspruch, eine bestimmte Handlung schlechthin begehen zu dürfen, so kann sich der Klageantrag auf eben diese Handlung schlechthin erstrecken[436]. Allerdings muß der Kläger versuchen, durch Auslegung das Wesen und den Kern einer ihm gegenüber oder allgemein ausgedrückten Ankündigung bzw. Berühmung zu ermitteln, um so – entsprechend der „Kerntheorie" – das Charakteristische der Ankündigung bzw. Berühmung herauszufinden, und er muß

---

430 BGH GRUR 1960, 296, 298 – *Reiherstieg*; BGH GRUR 1981, 60, 64 – *Sitex* m. eingehender Anm. *Schulze zur Wiesche* 64; Großkomm/*Teplitzky* § 16 Rdn. 538; HdbWR/*Seibt* § 70 Rdn. 10. **Anders** dagegen beim **Beseitigungs-(Löschungs-)Antrag**; er muß sich auf den bestimmten Firmenbestandteil und darf sich nicht auf die gesamte registrierte Firma beziehen, BGH GRUR 1974, 162, 164 – *etirex*; BGH GRUR aaO – *Sitex*; Großkomm/*Teplitzky* § 16 Rdn. 540. Vgl. auch unten Rdn. 202.

431 BGH GRUR 1954, 457, 459 – *Irus-Usus*; BGH GRUR 1968, 212, 213 – *Hellige*; HdbWR/*Seibt* ebenda.

432 Näher Rdn. 144 ff.

433 BGH GRUR 1963, 218, 220 – *Mampe Halb und Halb II* m. zust. Anm. *Heydt*; BGH GRUR 1963, 378, 381 – *Deutsche Zeitung*; *Baumbach/Hefermehl* Einl. UWG Rdn. 460. Die ältere Rechtsprechung hatte eine derartige Unterlassungsklage bei zu befürchtender künftiger Verletzung als eine solche auf künftige Leistung angesehen und nach § 259 ZPO ein besonderes Rechtsschutzinteresse gefordert, vgl. BGH GRUR 1955, 411 – *Zahl 55*; BGH GRUR 1956, 238 – *Westfalen-Zeitung*.

434 BGH GRUR aaO – *Mampe Halb und Halb II*; BGH GRUR 1989, 430, 431 – *Krankentransportbestellung*; Großkomm/*Köhler* Vor § 13, B, Rdn. 76; *Baumbach/Hefermehl* ebenda.

435 BGH GRUR ebenda; Großkomm/*Köhler* aaO Rdn. 78; *Baumbach/Hefermehl* ebenda.

436 BGH GRUR ebenda; BGH GRUR 1987, 371, 373 – *Kabinettwein*.

dementsprechend seinen Antrag auf diesen **Kern der Berühmung** konzentrieren und beschränken. Ist die Berühmung in einem anhängigen Prozeß erklärt worden, ist es Aufgabe des Gerichts, Inhalt und Tragweite der Berühmung auszulegen[437].

Im übrigen gelten für die Zulässigkeit von Verallgemeinerungen, Abstrahierungen und Zusätzen dieselben Grundsätze wie bei der Konkretisierung bereits begangener Verletzungshandlungen (oben Rdn. 127 ff). **136**

(4) **Konkretisierung bei „gemischter" Verletzung.** Ist die beanstandete und angegriffene Verletzungshandlung begangen, so kann sich daraus die **Befürchtung** des Klägers begründen, daß der Beklagte die Verletzungshandlung in einer von der begangenen **abweichenden** Form vornimmt („gemischte" Verletzungen[438]). Es besteht in solchen in der Praxis häufigen Fallgestaltungen **Wiederholungsgefahr** für die bereits begangene und **Erstbegehungsgefahr** für die zu befürchtende neue Verletzungsform[439]. Diese Befürchtung und damit die Erstbegehungsgefahr können sich aus der Art der bisher begangenen Verletzungshandlung oder aus den Erklärungen, insbesondere einer Berühmung des Beklagten rechtfertigen (*Beispiel*: einer SB-Kette war die besondere Bewerbung von *Filmkameras* wegen unzureichenden Vorrats durch einstweilige Verfügung untersagt worden; ein Jahr später bewarb sie ebenfalls mit unzureichendem Vorrat *Kabinettweine*; jetziger Antrag: Bewerbung *„von Waren"* schlechthin mit zu geringem Vorrat[440]). Die Erstbegehungsgefahr für einen andersartigen Wettbewerbsverstoß ist zu verneinen, wenn der Kläger nicht dartut, daß die Befürchtung besteht, daß der Beklagte sich in dieser Weise verhalten wird[441]. Der materielle Unterlassungsanspruch erstreckt sich, wenn Erstbegehungsgefahr gegeben ist, insoweit auch auf die künftig zu befürchtenden, abweichenden Verletzungsformen. **137**

Ein Antrag, der in einem solchen „gemischten" Fall allein die konkrete Verletzungsform erfaßt, würde zu kurz greifen und das Rechtsschutzziel des Klägers nicht vollständig treffen und abdecken. Der Kläger kann vielmehr einen Antrag mit **Verallgemeinerungen** stellen, die auch alle zu befürchtenden Verletzungsformen erfassen, also **Unterlassung schlechthin** verlangen[442]. **138**

Die Unbedenklichkeit von gewissen Verallgemeinerungen über die enge Fassung der festgestellten Verletzungshandlung hinaus hängt nach der „Kerntheorie" davon ab, ob **139**

---

437 BGH GRUR aaO – *Mampe Halb und Halb II.*

438 Der Ausdruck geht auf *Pastor* (S. 665) zurück, der diesen Fall „gemischte vorbeugende Unterlassung" nennt.

439 BGH GRUR 1987, 371, 373 – *Kabinettwein*; BGH GRUR 1989, 445, 446 – *Professorenbezeichnung in der Arztwerbung I*; *Baumbach/Hefermehl* Einl. UWG Rdn. 461.

440 BGH GRUR ebenda: *„... durch Anzeigen für Waren – mit Ausnahme von Fotoerzeugnissen, insbesondere der Filmkameras der Marke C. – zu werben, ohne daß die Waren in den beiden ersten Tagen seit Erscheinen der Anzeige ... bereitstehen"*. Ähnlich, ebenfalls einen Unterlassungsantrag auf „Waren" schlechthin zulassend BGH GRUR 1987, 52, 53 – *Tomatenmark.*

441 BGH GRUR 1991, 764, 765 f – *Telefonwerbung IV* (insoweit in BGHZ 113, 282 nicht mitabgedruckt) m. krit. Anm. *Klawitter*: Wiederholungsgefahr für die Unterstützung der Telefonwerbung seiner Vertriebshändler durch einen Kfz-Hersteller; keine Erstbegehungsgefahr dagegen für eigene Telefonwerbung des Kfz-Herstellers. Vgl. zur *Beweislast* auch Großkomm/*Köhler* Vor § 13, B, Rdn. 77.

442 BGH GRUR 1979, 859, 860 – *Hausverbot II*; BGH GRUR 1984, 593, 594 – *adidas-Sportartikel*; BGH GRUR 1987, 52, 53 – *Tomatenmark*; BGH GRUR 1987, 371, 373 – *Kabinettwein.* Ein instruktives *Beispiel* in BGH GRUR 1989, 445, 446 – *Professorenbezeichnung in der Arztwerbung I*: Der Bekl. hatte seinen von einer Universität in Guatemala verliehenen Professorentitel auf dem Praxisschild und in Zeitungsanzeigen verwendet; nach BGH lag nichts näher, als anderweitige, im Rahmen der beruflichen Betätigung gleichermaßen charakteristische Verwendungsweisen wie etwa die auf Briefbögen und Rezeptverordnungen u. ä. zu erwarten; daher *unbedenklich* die Zusammenfassung dieser Verwendungsweisen unter dem Oberbegriff der Verwendung „im Rahmen der beruflichen Tätigkeit". Bestätigt in BGH TranspR 1990, 246, 247 – *Rückkehrpflicht IV*; BGH GRUR 1991, 772, 774 – *Anzeigenrubrik I*; vgl. auch *Teplitzky* GRUR 1991, 709.

auch in der erweiterten Form das Charakteristische der konkreten Verletzungsform aus der begangenen Handlung zum Ausdruck kommt. Dieser Kernbereich wird damit von der **Wiederholungsgefahr** gedeckt[443]. Demgegenüber läßt sich die **Erstbegehungsgefahr** für künftige Verletzungshandlungen, die außerhalb des Kernbereichs liegen, nicht aus der Wiederholungsgefahr herleiten. Vielmehr muß der Kläger dartun, woraus sich die Befürchtung für andersartige Verletzungshandlungen und damit die Erstbegehungsgefahr ergeben soll. Es obliegt im Gegenzug sodann dem Beklagten, Umstände darzutun und gegebenenfalls zu beweisen, aus denen sich ergibt, daß aufgrund des begangenen Wettbewerbsverstoßes nicht auf eine Erstbegehungsgefahr hinsichtlich andersartiger Verletzungshandlungen geschlossen werden kann[444].

Im übrigen gelten für die Zulässigkeit von Verallgemeinerungen, Abstrahierungen und Zusätzen dieselben Grundsätze wie bei der Konkretisierung bereits begangener Verletzungshandlungen (oben Rdn. 127 ff).

140 (5) **Einschränkende Zusätze.** Bei abstrahierend-verallgemeinernden Wendungen im Klageantrag begegnet man in der Praxis häufig einschränkenden Zusätzen, um damit den allgemein formulierten Antrag inhaltlich teilweise zurückzunehmen und so die konkrete Verletzungshandlung genauer zu treffen und zu kennzeichnen[445]. Dies geschieht besonders bei Irreführungstatbeständen (nach § 3 UWG) in der Praxis oft durch Zusätze wie *„... es sei denn, daß ...“*[446], *„... ohne darauf hinzuweisen, daß ...“*[447] oder *„wenn* (oder *„sofern“* oder *„soweit“*) *nicht“*[448], die entweder auf eine sachliche Einschränkung oder auf klarstellende bzw. aufklärende Zusätze zielen[449].

141 Bei derartigen Zusätzen ist **Vorsicht geboten**; denn sie können den Antrag unbestimmt und damit unzulässig machen[450]. Soweit der Kläger ein irreführendes Werbeverhalten nach § 3 UWG angreift, kann er ohnehin Unterlassung schlechthin beantragen, wenn die Beschreibung der Verletzungshandlung im Antrag hinreichend konkret ist[451]. Weitere Einschränkungen braucht er nicht vorzunehmen, insbesondere von sich aus keine einschränkenden, der Klarstellung oder Aufklärung dienenden Zusätze in den Antrag aufzunehmen. Denn es ist nach ständiger Rechtsprechung des BGH nicht Sache des Klägers, im Antrag Maßnahmen zu formulieren, die dem beanstandeten Verhalten die irreführende Wirkung nehmen[452] (vgl. oben Rdn. 108).

142 Im übrigen stellen diese Zusätze vielfach den – meist untauglichen – Versuch des Klägers dar, den eigentlich zu allgemein formulierten und damit zu weiten Antrag auf die konkrete Verletzungshandlung zurechtzustutzen[453]. Durch eine klare Fassung des

---

[443] BGH GRUR 1989, 445, 446 – *Professorenbezeichnung in der Arztwerbung I*; BGH GRUR aaO – *Anzeigenrubrik I*; *Teplitzky*[6] Kap. 51 Rdn. 16 f.

[444] BGH GRUR 1987, 371, 373 – *Kabinettwein.*

[445] Näher dazu *Teplitzky*[6] Kap. 51 Rdn. 21 – 28; *Baumbach/Hefermehl* Einl. UWG Rdn. 463; HdbWR/*Seibt* § 70 Rdn. 5 – 9; *Pastor* S. 687 ff, 691.

[446] Z. B. BGH GRUR 1990, 678 – *Herstellerkennzeichen auf Unfallwagen* (insoweit in BGHZ 111, 182 nicht mitabgedruckt); BGH GRUR 1991, 552, 553 – *TÜV-Prüfzeichen*; BGH GRUR 1992, 123 – *Kachelofenbauer II.*

[447] Z. B. BGH GRUR 1989, 682 – *Konkursvermerk*; BGH GRUR 1990, 609, 610 – *Monatlicher Ratenzuschlag*; BGH GRUR 1990, 1024 – *Importeurwerbung.*

[448] Z. B. BGH GRUR 1989, 669, 679 f – *Zahl nach Wahl* (ausführlich); BGH GRUR 1990, 1032, 1033 – *Krankengymnastik* (dort als Hilfsantrag formuliert); BGH GRUR 1992, 171, 172 – *Vorgetäuschter Vermittlungsauftrag*; BGH GRUR 1992, 318 – *Jubiläumsverkauf*; OLG Köln GRUR 1990, 293.

[449] Vgl. *Teplitzky*[6] aaO Rdn. 21.

[450] Näher *Teplitzky*[6] aaO Rdn. 23 ff.

[451] BGH GRUR 1963, 539, 541 – *echt skai*; BGH GRUR 1972, 132, 133 – *Spezialzucker*; BGH GRUR 1989, 110, 113 – *Synthesizer.*

[452] BGH GRUR aaO *Synthesizer* m. weiteren Nachweisen; BGH GRUR 1989, 445, 446 – *Professorenbezeichnung in der Arztwerbung I*; BGH GRUR 1991, 550, 552 – *Zaunlasur*; BGH GRUR 1992, 525, 526 – *Professorenbezeichnung in der Arztwerbung II.*

[453] Zutreffend *Teplitzky*[6] aaO Rdn. 26.

Obersatzes des Antrags erweisen sich solche Zusätze in der Regel als überflüssig. Überdies besteht die Gefahr, daß die Gerichte auch einen derartigen, durch einschränkende Zusätze „konkretisierten" Antrag als noch zu weitgehend ansehen; denn er nimmt dem Beklagten die ihm zwar obliegende, aber auch offenstehende Möglichkeit, selbst Handlungsformen zu finden, die nicht (mehr) wettbewerbswidrig sind[454].

Wenn allerdings der Kläger die von ihm beanstandete Werbung als konkrete Verletzungsform nicht insgesamt als irreführend angreift, sondern einzelne Sätze herausgreift und getrennt zum Gegenstand seines Antrags macht, so muß der Unterlassungsanspruch gerade diese Sätze decken; andernfalls ist er insgesamt unbegründet[455]. **143**

(6) **„insbesondere"-Zusatz.** In der Praxis findet sich häufig in der Antragsfassung ein mit **„insbesondere"** eingeleiteter **Zusatz**, mit dem die **konkrete** Verletzungsform aufgegriffen und in den Antrag aufgenommen wird[456]. In der Regel wird der Zusatz vom Kläger gewählt, wenn er seinen Unterlassungsantrag zwar auf die konkrete Verletzungshandlung ausgerichtet, aber durch abstrakt-verallgemeinernde Wendungen weiter gefaßt hat als die konkrete Verletzungsform, um dem Beklagten eine Ausflucht in abweichende Formen der Verletzungshandlung zu verbauen. In diesem Zusatz liegt weder eine Einschränkung noch eine Erweiterung des allgemein gefaßten Obersatzes, sondern nur dessen beispielhafte **Verdeutlichung** durch eine oder mehrere konkrete Verletzungsformen[457]. Der Klager will an dem Beispiel der konkreten Verletzungsform deutlich machen, worin er das Charakteristische des wettbewerbswidrigen Verhaltens des Beklagten sieht. Dieser Zusatz kann daher weder nach Sinn und Zweck noch nach seiner Funktion als Quasi-Hilfsantrag verstanden werden[458]. Der Streitgegenstand der Unterlassungsklage wird allein durch den Obersatz des Antrages bestimmt und festgelegt; der „insbesondere"-Zusatz ist demgegenüber kein Minus, wie dies für den Hilfsantrag typisch wäre[459]. **144**

Die Rechtsprechung läßt auch einen Austausch der in diesem Zusatz erfaßten konkreten Handlungsbeispiele und eine teilweise Streichung während des Verfahrens zu. Denn **145**

---

454 BGH GRUR 1963, 539, 541 – *echt skai*; BGH GRUR 1972, 132, 133 – *Spezialzucker*; BGH GRUR 1983, 512, 514 – *Heilpraktikerkolleg*; *Teplitzky*[6] aaO Rdn. 27. Nimmt der Kläger gleichwohl einen solchen einschränkenden Zusatz in seinen Antrag auf, ist eine weitergehende Verurteilung durch die Gerichte ausgeschlossen, vgl. BGH GRUR 1989, 445, 446 – *Professorenwerbung in der Arztwerbung I*.

455 Vgl. z. B. BGH GRUR 1991, 550, 552 – *Zaunlasur* (zwei Sätze aus einer Gesamtwerbung herausgegriffen).

456 *Beispiele* in BGH GRUR 1989, 422, 423 – *Flash*; BGH GRUR 1989, 515, 517 – *Vermögensberater*; BGH GRUR 1989, 606 – *Unverb. Preisempfehlung*; BGH GRUR 1990, 532, 533 – *Notarieller Festpreis*; BGH GRUR 1990, 606 – *Belegkrankenhaus*; BGH GRUR 1990, 1022, 1023 – *Importeurwerbung*; BGH GRUR 1990, 1026 – *Keine WSV-Angebote*; GRUR 1990, 1028 – *incl. MWSt. II*; BGH GRUR 1991, 324 – *Finanz- und Vermögensberater*; BGH GRUR 1991, 545 – *Tageseinnahme für Mitarbeiter*; BGH GRUR 1991, 768 – *Fahrschulunterricht*; BGH GRUR 1992, 618 – *Pressehaftung II*. Aus der **Instanz**: OLG Düsseldorf GRUR 1990, 291, 292; OLG Karlsruhe GRUR 1990, 301. Vgl. im übrigen dazu *Ahrens* S. 166; *Teplitzky*[6] Kap. 51 Rdn. 36–39; *Baumbach/Hefermehl* Einl. UWG Rdn. 461 a.E.; HdbWR/*Seibt* § 70 Rdn. 7; Formular-Komm/*Jacobs* Form. 3.620 Anm. 14.3; *Borck* WRP 1979, 180, 184; *Borck* WRP 1981, 248, 253. Eingehend dazu mit weiteren instruktiven Beispielen aus der Rechtsprechung *Kurtze* Festschr. Nirk (1992), 571, 575 ff.

457 BGH GRUR 1991, 772, 773 – *Anzeigenrubrik I*; KG GRUR 1988, 78, 79; OLG Koblenz GRUR 1988, 555, 556; *Baumbach/Hefermehl* ebenda; wie hier auch *Kurtze* Festschr. Nirk, 578 ff; so im Ergebnis auch *Teplitzky*[6] aaO Rdn. 37, 39; *Winkler* GRUR 1990, 73, 77 f (für das Markenrecht).

458 Unzutreffend *Borck* WRP 1981, 248, 251, 252 ff; HdbWR/*Seibt* § 70 Rdn. 7; auch – allerdings differenzierend – *Teplitzky*[6] aaO Rdn. 36 f, der den Zusatz nach dessen Funktion ebenfalls als „Quasi-Hilfsantrag" bezeichnet. Wie hier ausdrücklich auch *Kurtze* ebenda.

459 BGH GRUR aaO – *Anzeigenrubrik I*; KG GRUR 1988, 78, 79; *Baumbach/Hefermehl* Einl. UWG Rdn. 461 a.E.; *Kurtze* Festschr. Nirk, 583; **a. A.** *Teplitzky*[6] aaO Rdn. 36 m. weit. Nachw. in Fußn. 85.

der Streitgegenstand ist durch den Obersatz festgelegt; er wird durch Austausch oder Streichung nicht berührt[460]. Eine solche Maßnahme kann deswegen auch keine Kostenfolge haben. Auch eine teilweise Zurückweisung des Klageantrags scheidet aus[461].

146 Da der mit „insbesondere" eingeleitete, auf die konkrete Veletzungsform abstellende Antrag gegenüber dem verallgemeinernden keinen eigenen Streitgegenstand enthält, ist eine Anschlußberufung, mit der der Kläger diesen Antrag in das Verfahren einführt, unzulässig[462]. Sie kann jedoch in eine zulässige Neufassung des Klageantrags umgedeutet werden[463].

147 Wenn der Kläger als Obersatz einen verallgemeinernden Unterlassungsantrag formuliert hat, der das Beispiel des „insbesondere"-Zusatzes gar nicht deckt, der also **falsch abstrahiert**, so wird dadurch der gesamte Antrag in sich unklar und widersprüchlich[464]. Das Gericht muß in einem solchen Fall von seiner Erörterungspflicht nach § 139 Abs. 1 S. 1 ZPO Gebrauch machen; stellt der Kläger daraufhin den Obersatz seines Antrages nicht um, so muß der Klageantrag insgesamt als unzulässig abgewiesen werden, weil er dem Bestimmtheitsgebot nicht genügt[465].

148 Dieselbe Aufgabe wie der „insbesondere"-Zusatz erfüllt die Hereinnahme einer oder mehrerer konkreter Verletzungsformen in den Antrag durch Formulierungen etwa *„wie z. B. ..."*[466]. Durch sie soll das Charakteristische der Verletzungshandlung beispielhaft verdeutlicht werden.

149 (7) **Prozessuale Behandlung.** Das Konkretisierungsgebot betrifft im Gegensatz zum Bestimmtheitsgebot die **materiell-rechtliche** Seite des Unterlassungsanspruchs. Ob der Klageantrag den Anforderungen an eine hinreichende Konkretisierung genügt, prüft das Gericht daher anhand des Vortrages der Parteien und einer eventuellen Beweiserhebung im Rahmen der **Begründetheit** der Klage[467].

150 Bei der richtigen Formulierung und Abfassung des Antrags im Hinblick auf das Konkretisierungsgebot kommt der **Erörterungspflicht** des Gerichts nach § 139 Abs. 1 S. 1 ZPO eine sehr große Bedeutung zu[468]. Bei den Wettbewerbskammern der Landgerichte und Wettbewerbssenates der Oberlandesgerichte entspricht es täglich geübter Praxis, den Antrag mit den Parteien zu erörtern, Hinweise und Empfehlungen zu geben[469]. Bei Zweifeln, ob der Antrag hinreichend konkret gefaßt ist, veranlassen die Gerichte vielfach den Kläger, von einer verbalisierenden Umschreibung des beanstandeten Wettbewerbsverhaltens auf die konkrete Verletzungshandlung überzugehen, also z. B. die angegriffene Werbung, die Anzeige oder das angegriffene Rundschreiben in den Antrag einzublenden[470]. Derartige Hinweise und Empfehlungen haben, wenn der Kläger ihnen folgt, in aller Regel keine nachteiligen Kostenfolgen; denn der Kläger konkretisiert und verdeutlicht damit seinen Antrag, nimmt ihn nicht teilweise zurück. Allerdings kann im Einzelfall bei einem offensichtlich zu weit gefaßten Antrag die Einblendung der Werbung in den Antrag und damit der Übergang auf die konkrete

---

[460] KG GRUR ebenda.
[461] KG GRUR ebenda.
[462] BGH GRUR 1991, 772, 773 – *Anzeigenrubrik I*; BGH NJW-RR 1988, 185.
[463] BGH GRUR ebenda; BGH NJW 1983, 2200, 2201.
[464] *Beispiel*: BGH GRUR 1990, 450, 452 – *St. Petersquelle*; vgl. auch *Teplitzky*[6] Kap. 51 Rdn. 38; *Borck* WRP 1981, 248, 254.
[465] *Teplitzky*[6] ebenda.
[466] OLG Hamm GRUR 1991, 395, 396.
[467] Ganz einhellige Meinung; vgl. statt vieler BGH GRUR 1963, 218, 220 – *Mampe Halb und Halb II* m. Anm. *Heydt*; *Baumbach/Hefermehl* Einl. UWG Rdn. 458.
[468] *Teplitzky* Festschr. Oppenhoff, 487, 488; *Baumbach/Hefermehl* ebenda; *Borck* WRP 1977, 457, 458 f; *Schubert* ZZP 85 (1972), 29, 44 m. weiteren Nachweisen.
[469] Ein *Beispiel* bietet der in der Berufungsinstanz konkretisierte Antrag, der der Entscheidung des BGH GRUR 1990, 1015 – *Order-Karte* zugrunde lag; vgl. auch *Teplitzky* Festschr. Oppenhoff, 487, 488.
[470] Vgl. dazu Rdn. 115 ff.

Verletzungsform eine sachliche Einschränkung bedeuten und damit eine bei den Kosten zu berücksichtigende teilweise Klagerücknahme. Das ist im Einzelfall durch Auslegung des Vorbringens in der Klagebegründung danach zu entscheiden, was der Kläger mit seinem ursprünglichen Antrag anstrebte; zur Bestimmungslast des Klägers (Klarstellungserfordernis) vgl. jetzt BGH GRUR 1992, 552, 554 – *Stundung ohne Aufpreis* und *Teplitzky*[6] Kap. 46 Rdn. 5.

Folgt der Kläger einem Hinweis oder einer Empfehlung des Gerichtes nicht, geht er beispielsweise nicht von einem abstrakt-verallgemeinernden auf einen Antrag über, der die konkrete Verletzungsform erfaßt, so riskiert er eine teilweise Abweisung seiner Klage mit entsprechender Kostenverurteilung (§ 92 Abs. 1 S. 1 ZPO). **151**

Ob der Klageantrag von dem materiell-rechtlichen Unterlassungsanspruch des Klägers gedeckt ist, kann auch noch in der **Revisionsinstanz** auf entsprechende Rüge geprüft werden[471]. Will der BGH dies entgegen der Vorinstanz bejahen, kann er durchentscheiden, wenn der Vorinstanz Sachverhaltsfeststellungen getroffen hatte, die zur Begründetheit ausreichen; anderenfalls muß der BGH aufheben und zurückverweisen. Will der BGH dies abweichend von der Vorinstanz verneinen, muß er aufheben und zurückverweisen, um dem Kläger Gelegenheit zu geben, seinen Antrag der konkreten Verletzungshandlung anzupassen, sachdienlichen Vortrag zu halten und Beweismittel anzubieten[472]. **152**

Möchte ein Beklagter im anhängigen Prozeß, z. B. über eine irreführende Kennzeichnung seiner Waren, eine Klärung erreichen, beispielsweise ob ein bestimmter aufklärender Zusatz die Irreführung beseitigt, so kann er **Feststellungswiderklage** erheben[473]. **153**

dd) **Zeitliche Begrenzung.** Der Unterlassungsantrag des Klägers ist **in die Zukunft gerichtet** und in der Regel zeitlich unbeschränkt. Entsprechend enthält regelmäßig auch der Unterlassungstitel keine zeitliche Begrenzung. Der Kläger braucht daher im Regelfall eine zeitliche Begrenzung nicht in seinen Klageantrag aufzunehmen, und zwar auch dann nicht, wenn die das Unterlassungsgebot tragende Rechtsgrundlage ihrer Natur nach zeitlich befristet ist (z. B. Patentrecht)[474]. Das ist jedoch dann anders, wenn der **materielle Unterlassungsanspruch** selbst von vorneherein **zeitlich begrenzt** ist, weil die angesprochenen Verkehrskreise den jeweiligen Gegenstand nur eine gewisse Zeit als wettbewerblich eigenartig ansehen. **154**

Eine derartige Begrenzung findet man vornehmlich bei Unterlassungsansprüchen, die sich auf **Leistungsergebnisse** beziehen, die **keinen Sonderrechtsschutz** genießen, aber wegen ihrer wettbewerblichen Eigenart über § 1 UWG geschützt sind[475]. Hierzu gehören z. B. Modeneuheiten, Modeschmuck, Porzellan, Tapeten, Spiel- und Sportarti- **155**

---

471 BGH GRUR 1989, 110, 113 – *Synthesizer* (offengelassen, ob dies auch ohne Rüge vom Revisionsgericht geprüft werden kann); ohne Revisionsrüge: *Stein/Jonas/Grunsky* § 559 Rdn. 10.

472 BGH GRUR 1991, 254, 257 – *Unbestimmter Unterlassungsantrag I* (allerdings für einen mangels Bestimmtheit unzulässigen Klageantrag). Abzulehnen demgegenüber BGH GRUR 1992, 561, 562 – *Unbestimmter Unterlassungsantrag II*, vgl. dazu Rdn. 124 a.E.

473 BGH GRUR 1957, 553 – *Tintenkuli* (Kl. hatte beantragt, der Bekl. den Vertrieb eines Kugelschreibers mit einem roten oder rötlichen Ring zu untersagen, meinte aber, die Bekl. dürfe überhaupt keinen farbigen Ring verwenden; die Bekl. konnte diese Frage mit einer Feststellungswiderklage klären lassen); *Baumbach/Hefermehl* Einl. UWG Rdn. 463.

474 Vgl. *Baumbach/Hefermehl* aaO Rdn. 483; *Körner* GRUR 1985, 909.

475 Z. B. BGHZ 60, 168, 171 = GRUR 1973, 278 – *Modeneuheit* m. Anm. *U. Krieger*; BGH GRUR 1984, 453, 454 – *Hemdblusenkleid* m. Anm. *Jacobs* (jeweils für saisonbedingte Modeerzeugnisse); BGH GRUR 1986, 895, 896 – *Notenstichbilder* m. Anm. *Schulze* (50 Jahre); vgl. auch *Körner* GRUR 1985, 909, 912; kritisch *Krüger* GRUR 1986, 115, 124 f; *Baumbach/Hefermehl* Einl. UWG Rdn. 483; § 1 Rdn. 517, die den Verletzer auf eine Vollstreckungsabwehrklage nach § 767 ZPO bzw. eine Abänderungsklage nach § 323 ZPO verweisen.

kel[476] und insbesondere Computer-Programme, sofern sie keinen Sonderrechtsschutz (Urheberrecht) genießen oder bei denen dies doch zumindest zweifelhaft ist und der Kläger daher den leichter zu erlangenden wettbewerbsrechtlichen Leistungsschutz (§ 1 UWG) in Anspruch nimmt. In diesen Fällen besteht ein Unterlassungsanspruch nur zeitlich begrenzt, und der Kläger muß, wenn er keine teilweise Klageabweisung in Kauf nehmen will, eine **zeitliche Begrenzung** in seinen **Antrag aufnehmen**. Dabei berechnet sich die Frist, innerhalb der ein Unterlassungsanspruch besteht, ab dem Zeitpunkt, zu dem der Kläger das jeweilige Leistungsergebnis in den Verkehr gebracht hat[477].

156 Wie die Befristung des materiellen Unterlassungsanspruchs[478] festgesetzt werden kann, ist vom Kläger in seinem Antrag im **Einzelfall** zu bestimmen. Dabei nimmt er zweckmäßigerweise eine ihm auskömmlich erscheinende zeitliche Begrenzung in den Antrag auf und begründet dies mit dem Gesichtspunkt einer angemessenen Amortisierung und Realisierung des temporären Wettbewerbsvorsprungs[479], damit das Gericht sich daran orientieren kann.

157 b) **Hilfsanträge. aa) Allgemeines.** Die Schwierigkeiten mit der richtigen Antragsformulierung und die dadurch bedingten Risiken[480] lassen es dem Kläger im Wettbewerbsprozeß oft angeraten erscheinen, dem Hauptantrag einen oder mehrere, meist untereinander wiederum im Hilfsverhältnis stehende, gestaffelte **Hilfsanträge** folgen zu lassen[481]. Sie können unterschiedliche Funktion haben, nämlich entweder verschiedene Formen der im Hauptantrag verallgemeinernd beschriebenen Verletzungshandlung erfassen und damit eine Konkretisierung vornehmen (**unechter Hilfsantrag**), oder der Hilfsantrag enthält ein sachliches Minus gegenüber dem Hauptantrag (**echter Hilfsantrag**)[482]. Beiden Arten von Hilfsanträgen begegnet man in der Praxis relativ häufig, wobei allerdings meist schwer zu entscheiden ist, ob es sich um einen echten oder unechten Hilfsantrag handelt.

158 bb) **Unechte Hilfsanträge.** In Wettbewerbsstreitigkeiten will der Kläger häufig mit einem oder mehreren Hilfsanträgen eine Konkretisierung seines allgemein gefaßten Klageantrags auf die konkrete Verletzungshandlung erreichen. Er will verdeutlichen

---

476 Für **Modeneuheiten** eine Saison (BGHZ 60, 168, 171 = GRUR 1973, 278 – *Modeneuheit*), für **klassische Modelle** zwei oder mehr Saisons (BGH GRUR 1984, 453, 454 – *Hemdblusenkleid*); für **Übergangsbluse** ein Jahr: OLG Hamburg GRUR 1988, 83; LG Düsseldorf GRUR 1989, 122 (*Sweat-Shirt*); für **Modeschmuck** 1 – 2 Jahre (AG Hamburg GRUR 1991, 384, 385); für andere Leistungsergebnisse vgl. näher *Krüger* GRUR ebenda. **Offengelassen** für den **Rubrik-Würfel** OLG Frankfurt/M GRUR 1982, 175, 179 („kurzlebiges Solitärspiel"); zeitliche Begrenzung zu Recht **abgelehnt** dagegen für **Absperrpfosten** („Wellmann-Poller") OLG Frankfurt/M. GRUR 1991, 778, 779.

477 **Videospiele** 6 – 12 Monate, vgl. OLG Frankfurt/M. GRUR 1983, 757, 758 – *Pengo*; OLG Frankfurt/M. WRP 1984, 79, 84 ff – *Donkey Kong Junior II*; *Erdmann* Festschr. 175 Jahre OLG Oldenburg (1989), 641, 657; *Baumbach/Hefermehl* Einl. UWG Rdn. 483. Für **Computerprogramme** vgl. *v. Gamm* § 21 Rdn. 55; *Erdmann* ebenda; *v. Gamm* GRUR 1991, 405, 411.

478 Instruktiv OLG Frankfurt/M. GRUR 1983, 757, 758: Unterlassungsantrag abgewiesen, weil im Zeitpunkt der letzten mündlichen Verhandlung die „Amortisationsfrist" schon abgelaufen war.

479 *v. Gamm* § 21 Rdn. 55; *Erdmann* Festschr. 175 Jahre OLG Oldenburg, 641, 657.

480 Näher Rdn. 96 ff.

481 Z. B. aus der jüngeren BGH-Rechtsprechung: BGH GRUR 1989, 113, 114 – *Mietwagen-Testfahrt*; BGH GRUR 1989, 609 – *Fotoapparate* (Unterlassung, *„in Zeitungsanzeigen und/oder sonstigen Werbeträgern Fotoapparate zu bewerben, ...; hilfsweise, Fotoapparate der Marken Pentax und Canon zu bewerben, ..."*); BGH GRUR 1989, 758, 759 – *Gruppenprofil*; BGH GRUR 1990, 1018 – *Fernmeldeanlagen*; BGH GRUR 1990, 1032, 1033 – *Krankengymnastik*; vgl. im übrigen *Teplitzky*[6] Kap. 51 Rdn. 29 – 35; *Borck* WRP 1981, 248, 252 ff. Vgl. allgemein zum Verhältnis Haupt-/Hilfsantrag *Brox* Festschr. „Recht im Wandel" (1985), 121 ff; *Dunz* NJW 1962, 1225 ff.

482 *Borck* WRP ebenda nennt sie „echte" und „Quasi-Hilfsanträge"; ebenso *Teplitzky*[6] Kap. 51 Rdn. 30, 32.

und klarmachen, was er verboten wissen will, in welcher Verhaltensweise er die konkrete Verletzungshandlung sieht[483]. Der Hilfsantrag erfüllt in solchen Fällen **dieselbe Aufgabe** wie ein **„insbesondere"-Zusatz** gleichen Inhalts[484]. Deswegen handelt es sich in Wahrheit nicht um einen Hilfsantrag, sondern um die notwendige, lediglich in einen Hilfsantrag gekleidete **Konkretisierung** des materiellen Unterlassungsanspruchs. Haupt- und Hilfsantrag stehen demgemäß auch nicht in einem materiell-rechtlichen Bedingungsverhältnis[485].

Die Formulierung eines solchen Hilfsantrages mit Konkretisierungsfunktionen ist in der Regel **unnötig** und **überflüssig**[486]. Denn die für den Unterlassungsantrag notwendige Konkretisierung[487] muß schon in dem Hauptantrag enthalten sein. Ist dieser allgemein gefaßt, um damit *über* die konkrete Form der Verletzungs*handlung* hinaus auf weitergehende, kerngleiche *„Formen"* zu abstrahieren, die gerade *nicht* mehr nur noch die der *Handlung* sind, so ist auch die mit dem Hilfsantrag formulierte *konkrete* Verletzungs*form* mitabgedeckt. Es geht um **ein und denselben materiell-rechtlichen Anspruch**, der lediglich einmal *weiter* (Hauptantrag), einmal *enger* (Hilfsantrag) formuliert ist. Beide Anträge stehen *nicht* in einem *Bedingungsverhältnis*. Ebensowenig bezieht sich in solchen Fällen der Hilfsantrag auf ein Minus des Hauptantrages; denn wenn die von dem Hilfsantrag erfaßte Verletzungsform unzulässig, weil wettbewerbswidrig ist, so gilt dies logischerweise auch für die Verletzungshandlung selbst. Wenn der Kläger die konkrete Verletzungshandlung in seinem Klageantrag berechtigterweise **verallgemeinernd** formulieren kann, weil der Unterlassungsanspruch materiell so weit reicht, dann braucht er **keinen Hilfsantrag**, mit dem eine oder mehrere Formen der konkreten Verletzungshandlung erfaßt werden. Wenn man gleichwohl solchen Hilfsanträgen in der Praxis häufig begegnet, so beruht dies auf einer mitunter übertriebenen anwaltlichen Vorsicht und gewissen Bedenken des Klägers, ob der von ihm allgemein formulierte (Haupt-)Antrag die konkrete Verletzungshandlung richtig erfaßt oder ob er nicht vielleicht doch zu weit greift. Der richtig formulierte, die konkrete Verletzungshandlung mit Abstrahierung und Verallgemeinerung zutreffend erfassende Unterlassungsantrag braucht normalerweise keinen Hilfsantrag[488].

Die Praxis, mit Hilfsanträgen zu arbeiten, birgt für den Kläger überdies **zwei** **159**
Gefahren: Einmal kann sich aus dem Bewußtsein, die konkrete Verletzungsform ohnehin mit dem Hilfsantrag abzudecken, eine gewisse Nachlässigkeit bei der Formulierung des Hauptantrages einschleichen. Dies führt in solchen Fällen beim Kläger zu einer Neigung, den Hauptantrag noch über die konkrete Verletzungshandlung hinaus auszureizen, da der Unterlassungsanspruch ohnehin von dem Hilfsantrag gedeckt ist. Zum anderen darf aus der Sicht des Klägers der psychologische Effekt eines solchen Hilfsantrages nicht verkannt werden: Oft springen die Gerichte auf einen derartigen Hilfsantrag, weil er eine konkrete Verletzungsform erfaßt, über die – anders als über den allgemein gefaßten Hauptantrag – relativ schnell und problemlos entschieden werden kann[489]. Der Kläger riskiert damit sowohl, daß sein **Hauptantrag** – mit Kostenfolge (§ 92 Abs. 1 S. 1 ZPO) – **abgewiesen** wird, als auch, daß er einen viel **zu engen**

---

483 Vgl. *Teplitzky*[6] Kap. 51 Rdn. 30; *Borck* WRP aaO 252.

484 Näher Rdn. 144ff; wie hier *Teplitzky*[6] Kap. 51 Rdn. 30, 35; teilweise a. A. *Borck* WRP aaO 254.

485 Das Bedingungsverhältnis besagt, daß der Hilfsantrag auflösend bedingte Rechtsanhängigkeit des Hilfsantrags in der Form begründet, daß eine Sachentscheidung nur für den Fall der Erfolglosigkeit des Hauptantrages begehrt wird, vgl. *Zöller/Stephan* § 260 Rdn. 4; *Brox* Festschr. „Recht im Wandel", 121, 126.

486 A. A. *Borck* WRP 1981, 248, 254.

487 Vgl. näher dazu Rdn. 125ff.

488 A. A. *Teplitzky*[6] Kap. 51 Rdn. 30, der für Fälle zweifelhafter Verallgemeinerungen dringend empfiehlt, Hilfsanträge zu stellen; *Borck* WRP 1981, 248, 254.

489 So zutreffend *Teplitzky*[6] Kap. 51 Rdn. 31.

Unterlassungstitel bekommt, weil dieser nur eine oder einige Formen der konkreten Verletzungshandlung abdeckt, aber eben nicht die konkrete Verletzungshandlung schlechthin[490]. Der Kläger kann dies vermeiden, indem er statt in solchen Fällen Hilfsanträge zu stellen, **„insbesondere"-Zusätze** in seinen Antrag aufnimmt und in ihnen die bereits begangenen Formen der konkreten Verletzungshandlung aufzeigt[491].

160 Wenn allerdings der Hauptantrag des Klägers über Verallgemeinerungen hinaus, die auch weitergehende, kerngleiche Verletzungs*formen* erfassen (oben Rdn. 158), in der Weise **zu weit gefaßt** ist, daß auch **zulässige** Formen erfaßt sind, so sind Hilfsanträge nützlich[492]. Denn der Kläger kann mit ihnen vermeiden, daß ein nur verallgemeinernd formulierter Klageantrag (ohne Hilfsanträge, die die *unzulässigen Formen* erfassen) insgesamt und nicht etwa nur teilweise abgewiesen wird[493].

161 cc) **Echte Hilfsanträge.** Wenn der Kläger mit seinem Haupt- und seinem Hilfsantrag **unterschiedliche konkrete Verletzungshandlungen**, also nicht unterschiedliche Formen ein und derselben konkreten Verletzungshandlung angreift, so haben beide Anträge *unterschiedliche Streitgegenstände*; sie stehen in einem Bedingungsverhältnis, und es handelt sich um einen **echten Hilfsantrag**[494]. Materiell-rechtlich stellt ein solcher Hilfsantrag ein **Aliud** gegenüber dem Hauptantrag dar. *Beispiel*[495]: Hauptantrag der Klägerin auf Unterlassung der Bezeichnung „Verschenktexte" auf dem von der Beklagten herausgegebenen Gedichtband; Hilfsantrag auf Unterlassung der konkreten Aufmachung des Bucheinbandes der Beklagten. Der Hilfsantrag konkretisiert in diesem Beispiel nicht das Begehren des Hauptantrages, vielmehr erfassen beide Anträge verschiedene Verletzungshandlungen, wobei der Hilfsantrag sachlich ein *Aliud* gegenüber dem Hauptantrag darstellt[496].

162 dd) **Prozessuale Behandlung.** Bei der prozessualen Behandlung sowohl der echten wie der unechten Hilfsanträge im **Wettbewerbsprozeß** ergeben sich grundsätzlich keine Besonderheiten gegenüber sonstigen Hilfsanträgen im Zivilprozeß[497]. Man könnte lediglich Zweifel hegen hinsichtlich der *Zulässigkeit* von unechten Hilfsanträgen, weil sie als Konkretisierung dessen, was der Kläger schon mit dem Hauptantrag begehrt, keinen eigenen Streitgegenstand haben. Indessen hat das keine praktische Bedeutung. Denn wenn der Haupt- und der Hilfsantrag denselben Streitgegenstand haben, entscheidet das Gericht über den Hauptantrag; darin ist gleichzeitig eine Entscheidung über den Hilfsantrag enthalten, so daß sich die Frage seiner Zulässigkeit nicht stellt. Geht der Hauptantrag dagegen sachlich zu weit, so weist das Gericht ihn ab und entscheidet gleichzeitig sachlich über den Hilfsantrag, dem es stattgibt; in diesem Fall erübrigt sich die Zulässigkeitsfrage erst recht.

163 Stellt der Kläger **mehrere Hilfsanträge**, so muß er entweder schon durch entsprechende Formulierungen in den Anträgen selbst (z. B. „hilfsweise", „zweithilfsweise"

[490] Näher dazu Rdn. 96 ff.

[491] Vgl. aus der jüngeren BGH-Rechtsprechung die oben Fußn. 456 angeführten Entscheidungen.

[492] Z. B. BGH GRUR 1990, 1032, 1033 – *Krankengymnastik*.

[493] BGH GRUR aaO 1035 – *Krankengymnastik*: Hauptantrag zu weit, weil er auch **zulässige** Handlungsweisen erfaßte.

[494] Haupt- und Hilfsanspruch sind nur dann gegeben, wenn es sich bei beiden um verschiedene prozessuale Ansprüche, um **verschiedene Streitgegenstände** handelt, vgl. näher *Brox* Festschr. „Recht im Wandel", 121, 123 f.

[495] BGH GRUR 1990, 218, 219 – *Verschenktexte*.

[496] Die Aliud-Abgrenzung kann im Einzelfall sehr problematisch sein, vgl. dazu auch BGH GRUR 1992, 552, 554 – *Stundung ohne Aufpreis*.

[497] Zur Behandlung von Hilfsanträgen im Zivilprozeß statt vieler *Stein/Jonas/Schumann* § 260 Rdn. 17 ff; MünchKommZPO/*Lüke* § 260 Rdn. 10 ff; *Baumbach/Lauterbach/Albers/Hartmann* § 260 Anm. 2 C, D; *Zöller/Stephan* § 260 Rdn. 4; *Brox* aaO 121, 126 ff.

usw.) oder in der Klageschrift deutlich machen, in welchem Verhältnis sie zueinander stehen, ob nebeneinander oder – so die Regel – gestaffelt hintereinander[498].

Die Unterscheidung zwischen echtem und unechtem Hilfsantrag hat *erhebliche Bedeutung* für die Fälle, in denen ein solcher Hilfsantrag nachträglich, d. h. während des anhängigen Verfahrens gestellt wird[499]. Dies geschieht in der Praxis vielfach auf Anregung des Gerichts, meist verbunden mit dem Hinweis, daß hinsichtlich des allgemein gefaßten Klageantrags Bedenken bestünden[500]. Der Kläger kann einen solchen Hilfsantrag nachträglich aber auch von sich aus und aus Vorsorge stellen, beispielsweise wenn Zweifel hinsichtlich der Zulässigkeit des allgemein gefaßten Antrags in der Klageerwiderung geltend gemacht werden. Nach ganz einhelliger Meinung[501] liegt in der Stellung eines Hilfsantrags eine **Klageänderung**, die nach Rechtshängigkeit nur zulässig ist, wenn der Beklagte einwilligt – was in der Praxis selten vorkommen wird – oder das Gericht sie für sachdienlich hält (§ 263 ZPO). **164**

Diese Regelung kann indessen nur für den **echten** Hilfsantrag, nicht für den unechten gelten. Denn nur er betrifft einen neuen Streitgegenstand. Seine Sachdienlichkeit wird vom Gericht immer dann bejaht werden müssen, wenn es *selbst* einen entsprechenden *Hinweis gegeben* hat.

Da demgegenüber der **unechte** Hilfsantrag lediglich die Verletzungshandlung konkretisieren soll, die schon in dem bisherigen Antrag abstrahierend erfaßt ist[502], führt er keinen neuen und selbständigen Streitgegenstand in das Verfahren ein. Eine Klageänderung liegt daher bei Stellung eines derartigen unechten Hilfsantrages nicht vor.

c) **Ordnungsmittelandrohung.** Die Ordnungsmittelandrohung gehört nicht zum notwendigen Inhalt des Klageantrags, sondern ist Voraussetzung für die Zwangsvollstreckung aus dem Unterlassungstitel. Gleichwohl ist es in der Praxis üblich, die Ordnungsmittelandrohung, d. h. den Antrag auf gerichtliche **Androhung der gesetzlichen Ordnungsmittel** gleichzeitig mit dem Unterlassungsantrag zu stellen[503]. Damit will der Kläger erreichen, daß im Urteil von vorneherein auch Ordnungsmittel für den Fall des Verstosses angedroht werden. Denn aus einem Unterlassungstitel ohne diese Androhung kann nicht vollstreckt werden[504]. Daher sieht § 890 Abs. 2 ZPO vor, daß die Androhung von Ordnungsmitteln bereits im Urteil ausgesprochen und demgemäß auch gleichzeitig mit der Unterlassung selbst beantragt werden kann. Der Androhungsantrag wird entweder mit dem Antrag auf Unterlassung verbunden oder gesondert in einem zweiten Antrag neben dem Unterlassungsantrag gestellt[505]. Der Kläger sollte den Androhungsantrag, gleichgültig, ob er ihn mit dem Unterlassungsantrag verbindet oder ihn selbständig stellt, jedenfalls **ausformulieren**, damit das Gericht nicht versehentlich eine im Klageantrag vorgegebene, verkürzte Fassung übernimmt und damit die im Urteil ausgesprochene Androhung unwirksam ist[506]. Die Ausformulierung kann **165**

---

[498] Vgl. *Teplitzky*[6] Kap. 51 Rdn. 29.

[499] Vgl. dazu *Borck* WRP 1981, 248, 256.

[500] Näher zu Hinweisen der Gerichte in Wettbewerbsstreitigkeiten *Teplitzky* Festschr. Oppenhoff, 487, 488.

[501] Statt vieler *Brox* aaO 121, 122. *Zöller/Stephan* § 260 Rdn. 3.

[502] Vgl. Rdn. 158 ff.

[503] Statt vieler *Teplitzky*[6] Kap. 51 Rdn. 41 – 45.

[504] Näher Großkomm/*Jestaedt* Vor § 13, E, Rdn. 15 ff.

[505] Näher Formular-Komm/*Jacobs* Form. 3.620 Anm. 17; *Beispiele*: OLG München GRUR 1989, 356 f; OLG Hamm GRUR 1991, 56, 57.

[506] Nach hM muß im Titel der gesetzliche Rahmen der Ordnungsmitteldrohung enthalten sein, also **Art** und **Höchstmaß** des Ordnungsmittels angegeben werden. Dies soll aus der Notwendigkeit einer „entsprechenden Androhung" gemäß § 890 Abs. 2 ZPO folgen; anderenfalls soll der Androhung die nötige Bestimmtheit fehlen. Formulierungen wie *„gesetzliche Ordnungsmittel"*, *„in gesetzlich zulässiger Höhe"*, *„im gesetzlichen Rahmen"*, *„bis zur gesetzlich zulässigen Höhe"* genügen danach nicht und machen die **Androhung** nach überwiegender Meinung der Rechtsprechung unwirksam; vgl. OLG Köln WRP 1979, 667 m. weit. Nachw.; OLG

etwa lauten: *„... dem Beklagten für jeden Fall der Zuwiderhandlung gegen das Unterlassungsgebot ein Ordnungsgeld bis zu 500 000 DM, ersatzweise Ordnungshaft, oder Ordnungshaft bis zu 6 Monaten anzudrohen"*[507]. Die Hereinnahme eines vom Kläger in der Höhe vorgeschlagenen Ordnungsgeldes oder einer bestimmten Ordnungshaft ist unzulässig, weil dies die Festsetzung (und nicht nur die Androhung) des Ordnungsmittels in das Erkenntnisverfahren zöge[508]. Ist im Klageantrag nur davon die Rede, *„es unter Anordnung von Ordnungsmitteln zu unterlassen ..."*[509] oder – häufig, aber sprachlich schief[510] – *„es bei (Ver-)Meidung von Ordnungsmitteln zu unterlassen ..."*[511], gilt der gesetzliche Rahmen des § 890 Abs. 1 ZPO[512].

166 Bei einer **juristischen Person** verlangt das Bestimmtheitserfordernis nicht, daß die Androhung ausdrücklich gegen das Organ gerichtet ist[513]. Das ist auch dann nicht erforderlich, wenn die juristische Person mehrere Organe, z. B. mehrere Geschäftsführer hat[514].

167 *Teplitzky*[515] hat darauf hingewiesen, daß es ratsam sein könnte, den Androhungsantrag nicht schon mit dem Klageantrag, sondern erst in der zweiten Instanz zu stellen, womöglich erst nach rechtskräftiger Entscheidung. Er stützt sich dabei auf die BGH-Entscheidung *Spritzgießmaschine*[516]. Dort hat der BGH aus dem Umstand, daß das Urteil keine Ordnungsmittelandrohung enthielt, gefolgert, daß die Vollstreckung nicht unmittelbar bevorstand und der Schuldner daher nicht über § 717 Abs. 2 ZPO den Vollstreckungsschaden ersetzt verlangen kann. Für den Kläger kann daher durch einen nicht gleichzeitig mit dem Unterlassungsantrag gestellten Androhungsantrag das ihn anderenfalls belastende Risiko, aus § 717 Abs. 2 ZPO in Anspruch genommen zu werden, vermindert werden. Diese Überlegung kann freilich nur für ganz seltene

---

Düsseldorf WRP 1977, 261; ebenso Großkomm/*Jestaedt* Vor § 13, E, Rdn. 18; vgl. auch *Teplitzky*[6] Kap. 51 Rdn. 44 Fußn. 97; **a. A.** OLG München WRP 1980, 356; Formular-Komm/*Jacobs* Form. 3.620 Anm. 17. Zur Androhung von Ordnungsgeld in ganz **bestimmter Höhe** näher Großkomm/*Jestaedt* Vor § 13, E, Rdn. 18. Ob der hM allerdings zu folgen ist, erscheint zweifelhaft; denn der Androhungsrahmen ergibt sich bei einer solchen, auf das Gesetz bezogenen Formulierung unmittelbar aus § 890 ZPO. Überdies erzeugt – wie die Praxis lehrt – eine im Tenor ausgesprochene Ordnungsmittelandrohung „bis zu 500 000 DM" bei rechtsunkundigen Parteien oft die falsche Vorstellung, sie müßten bei einem Verstoß gegen das Unterlassungsgebot tatsächlich eine so horrende Summe, nämlich 500 000 DM „Strafe" zahlen. Durch eine auf das Gesetz bezugnehmende Formulierung kann einer derartigen Fehlvorstellung begegnet werden. Näher unten Rdn. 420.

507 Ganz ähnlich *Teplitzky*[6] Kap. 51 Rdn. 42. Da Ordnungsgeld und Ordnungshaft **alternativ**, nicht kumulativ angedroht werden, muß es im Antrag *„... oder Ordnungshaft"*, nicht einfach *„Ordnungshaft"* oder gar *„und/oder"* heißen.

508 Formular-Komm/*Jacobs* Form. 3.620 Anm. 17.

509 So z. B. die üblicherweise vom BGH in seinen Urteilen verwendete Formulierung. Nur *beispielhaft*: BGH GRUR 1989, 113, 114 – *Mietwagen-Testfahrt*; BGH GRUR 1989, 422, 423 – *FLASH*; BGH GRUR 1989, 510, 511 – *Teekanne II*; BGH GRUR 1990, 607, 608 – *Meister Kaffee*; BGHZ 110, 278 = GRUR 1990, 611, 612 – *Werbung im Programm*; BGH GRUR 1990, 1018 – *Fernmeldeanlagen*. Vgl. auch *Teplitzky*[6] Kap. 51 Rdn. 42.

510 Zutreffend *Teplitzky*[6] ebenda; richtig *„... zur Vermeidung ..."*.

511 *Beispielsweise*: OLG Düsseldorf GRUR 1991, 69; OLG Frankfurt/M. GRUR 1989, 520; OLG München GRUR 1989, 361; OLG Nürnberg GRUR 1991, 63; anders – wie BGH – OLG Koblenz GRUR 1989, 129.

512 Formular-Komm/*Jacobs* Form. 3.620 Anm. 17.

513 Zu der – von der hM bejahten – Frage, ob aus einem gegen eine juristische Person ergangenen Titel die Zwangsvollstreckung nach § 890 ZPO auch gegen deren Organe betrieben werden kann, vgl. Großkomm/*Jestaedt* Vor § 13, E, Rdn. 68, 70; *Stein/Jonas/Münzberg* § 890 Rdn. 61; § 888 Rdn. 43 Fn. 191; *Zöller/Stöber* § 890 Rdn. 6; *Dietrich* Die Individualvollstreckung (1976), 170–195. Vgl. auch BGH GRUR 1991, 929, 931 – *Fachliche Empfehlung II*.

514 BGH GRUR aaO – *Fachliche Empfehlung II* m. weit. Nachweisen.

515 Kap. 51 Rdn. 43.

516 GRUR 1976, 715, 718 m. Anm. *Horn*. Daß dort mit dem Unterlassungsantrag nicht auch ein Androhungsantrag verbunden war, lag offenbar daran, daß die Beklagte im Ausland ansässig war, vgl. dazu Rdn. 168.

Ausnahmefälle mit extrem großen Risiken für den Kläger eine Rolle spielen. Bei den weitaus meisten Unterlassungsklagen überwiegt dagegen das Interesse des Klägers an der **Vollstreckbarkeit** des Titels ganz eindeutig die Furcht vor derartigen Schadenersatzrisiken.

Richtet sich die Unterlassungsklage gegen einen **Ausländer** oder ein **im Ausland ansässiges Unternehmen** – außerhalb des Geltungsbereichs der Vertragsstaaten des EG-Übereinkommens über die gerichtliche Zuständigkeit und Vollstreckung gerichtlicher Entscheidungen in Zivil- und Handelssachen (GVÜ) vom 27. September 1968[517] –, so scheidet die Zustellung eines Unterlassungstitels mit Ordnungsmittelandrohung aus[518]; denn sie greift grundsätzlich in fremde Hoheitsrechte ein[519]. Der Kläger hat **zwei Möglichkeiten**: Er kann entweder von vorneherein seinen Unterlassungsantrag ohne Ordnungsmittelandrohung stellen[520], oder er kann die Zustellung eines mit Ordnungsmittelantrag ergangenen Unterlassungstitels in der Weise beantragen, daß die Zustellung im Ausland ohne die Ordnungsmittelandrohung erfolgt[521]. **168**

Etwas anderes gilt **innerhalb** des Geltungsbereichs des **GVÜ**: Gemäß Art. 43 ist die **Zustellung** eines Unterlassungstitels mit **Ordnungsmittelandrohung** in den Vertragsstaaten des Abkommens zulässig[522]. **169**

d) **Veröffentlichungsbefugnis.** Dem Unterlassungskläger kann, wenn er **obsiegt**, gemäß § 23 Abs. 2 UWG die Befugnis zugesprochen werden, den verfügenden Teil des Urteils, d. h. den Unterlassungsausspruch[523] innerhalb bestimmter Frist auf Kosten der Beklagten **öffentlich bekanntzumachen**. Dazu ist ein Antrag des Klägers erforderlich[524]. Der Antrag muß, um dem Bestimmtheitsgebot (§ 253 Abs. 2 Nr. 2 ZPO) zu genügen und zu einem vollstreckungsfähigen Titel zu führen, die vom Kläger begehrte **Art der Veröffentlichung genau bezeichnen** (so auch § 23 Abs. 3 UWG). Er muß daher die Veröffentlichungsmedien und das Format angeben, ebenso die Frist, innerhalb der die Veröffentlichung vorgenommen werden muß[525]. *Beispiel* für einen Antrag: „... *dem Kläger die Befugnis zuzusprechen* (oder: *den Kläger zu ermächtigen*), *den verfügenden* **170**

---

517 BGBl. 1972 II 774 idF des Beitritts-Übereinkommens vom 9. 10. 1978, BGBl. 1983 II 803.

518 Vgl. *Teplitzky*[6] Kap. 51 Rdn. 43 Fußn. 96; *Schütze* WM 1980, 1438, 1440; *Ost* Die Justiz 1976, 134 ff.

519 Vgl. *Schütze* WM ebenda.

520 Allerdings ist ein Kläger in solchen Fällen aus Rechtsgründen nicht gehindert, einen Androhungsantrag zu stellen, da die Zustellung eines solchen Titels im Ausland eine Frage der Vollstreckung ist, vgl. BGH GRUR 1971, 153, 155 – *Tampax*. Vgl. auch Großkomm/*Jestaedt* Vor § 13, E, Rdn. 19.

521 Vgl. *Schütze* WM aaO 1441; *Ost* Die Justiz aaO 135, der in Fußn. 19 auf die Praxis hinweist, daß für die Zwecke der Zustellung die Ordnungsmittelandrohung geschwärzt wird; ebenso *Schütze* Deutsches/IZPR (1985), 245; vgl. auch *Teplitzky*[6] ebenda.

522 Art. 43 GVÜ läßt die Vollstreckung auch von Entscheidungen zu, die auf Zwangsgeld lauten; dazu gehören auch Entscheidungen nach §§ 880, 890 ZPO. Die Vorschrift betrifft zwar nur die Klauselerteilung bei bereits festgesetzten Ordnungsgeldern, muß aber auch die Zustellung der gerichtlichen Androhung ermöglichen, weil sie sonst wirkungslos wäre. So zutreffend *Schütze* WM aaO 1440 Fußn. 48; **a. A.** *Ost* Die Justiz aaO 135.

523 Näher Großkomm/*Teplitzky* § 23 Rdn. 15 ff; *Teplitzky*[6] Kap. 26 Rdn. 25 – 27. Für eine extensive Anwendung *Schricker* GRUR Int. 1975, 191, 194; *Burhenne* GRUR 1952, 84, 89 f; Großkomm/*Teplitzky* § 23 Rdn. 15, jedoch mit erheblichen Differenzierungen in Rdn. 16 – 23. Für eine extensive Anwendung besteht aber kein Bedürfnis; denn eine weitergehende Veröffentlichungsbefugnis kann ohne weiteres aus dem **wettbewerbsrechtlichen Beseitigungsanspruch** (vgl. Großkomm/*Köhler* Vor § 13, B, Rdn. 125 ff; insbes. Rdn. 189, sowie unten Rdn. 205) hergeleitet werden, vgl. RG MuW 1933, 126; *Teplitzky*[6] Kap. 26 Rdn. 22 ff; *Baumbach/Hefermehl* § 23 Rdn. 3, 10.

524 *Baumbach/Hefermehl* § 23 Rdn. 9; vgl. auch Großkomm/*Teplitzky* § 23 Rdn. 26.

525 Die Fristbestimmung gehört wegen § 23 Abs. 2 UWG in den Antrag. Sie sollte nicht zu kurz bemessen sein und ab Amtszustellung, nicht ab Verkündung des Urteils laufen, um zu vermeiden, daß die Frist schon abgelaufen ist, bevor das Urteil vorliegt, vgl. auch *Baumbach/Hefermehl* § 23 Rdn. 10; Formular-Komm/*Jacobs* Form. 3.621 Anm. 12.

Teil (oder: *den erkennenden Teil*) *des Urteils innerhalb von 2 Wochen ab Amtszustellung (auf Kosten des Beklagten)*[526] *im Format 145 × 130 mm in den Zeitungen „Handelsblatt", „Frankfurter Allgemeine Zeitung", „Die Welt"*[527] *zu veröffentlichen"*[528].

171 Die Veröffentlichungsbefugnis ergibt sich als Anspruch auf Beseitigung schon unmittelbar auf §§ 249, 1004 BGB[529]. Für den **wettbewerbsrechtlichen Unterlassungsanspruch** ist dies auch in § 23 Abs. 2 UWG geregelt, was seine Berechtigung darin hat, daß eine Veröffentlichung ohne Befugnis selbst wettbewerbswidrig sein könnte[530]. Die Veröffentlichungsbefugnis hat den Zweck, bereits eingetretene und fortdauernde Folgen der Rechtsverletzung zu beseitigen[531]. Sie ist eine scharfe und wirkungsvolle, mitunter jedoch über die zur bloßen Beseitigung fortdauernder Schadensfolgen hinausgehende Maßnahme. Ob sie **im Einzelfall** notwendig ist, muß durch eine **Interessenabwägung** – Vor- und Nachteile der Veröffentlichung bzw. Nichtveröffentlichung für beide Parteien – entschieden werden[532], wobei auch die entstehenden Kosten berücksichtigt werden müssen[533]. Das Gericht kann die Veröffentlichungsbefugnis inhaltlich auf den für eine Störungsbeseitigung maßgeblichen und ausreichenden Teil des Unterlassungsanspruchs beschränken, wenn dadurch dem Interesse des Gläubigers genügt ist[534]. Verstößt eine Wettbewerbshandlung auch gegen die Interessen der **Allgemeinheit** (z. B. bei Verstoß gegen § 3 UWG), so kommt es darauf an, ob die Veröffentlichung zur Aufklärung der beteiligten Verkehrskreise erforderlich erscheint, was etwa auf dem Gebiet der **Gesundheitswerbung** zu bejahen sein wird[535].

172 Bei der Interessenabwägung muß auch die **Zeitdauer** seit der letzten Wettbewerbshandlung der beanstandeten Art berücksichtigt werden; denn die Veröffentlichungsbefugnis dient der Abwehr fortdauernder Nachteile, nicht der Genugtuung des obsiegenden Klägers. Ist der Verstoß voraussichtlich vergessen, hat er keine weitere Verbreitung gefunden, sind bisher Verwechslungen nicht vorgekommen und ist eine Irreführung des Verkehr erkennbar nicht eingetreten, so ist die Veröffentlichungsbefugnis zu versa-

[526] Der Hinweis auf die Kostentragungspflicht ist im Antrag nicht unbedingt erforderlich, dient aber der Klarstellung. Der Beklagte trägt die Kosten auch dann, wenn dies nicht ausdrücklich im Urteil ausgesprochen wird, vgl. *Baumbach/Hefermehl* aaO Rdn. 11; Formular-Komm/*Jacobs* aaO Anm. 13; **a. A.** Großkomm/*Teplitzky* § 23 Rdn. 40, der den Kostenausspruch für erforderlich hält.

[527] In welchen Zeitungen veröffentlicht werden soll, gehört zur **Art** der Bekanntmachung (§ 23 Abs. 3 UWG) und ist daher vom Kläger im Antrag anzugeben. Der Kläger kann dies aber auch dem Gericht überlassen und z. B. beantragen *„in zwei vom Gericht zu bestimmenden Zeitschriften"*, vgl. BGH GRUR 1954, 337, 339 – *Radschutz*. Welche Zeitungen in Betracht kommen, hängt von der Schwere und Verbreitung des Verstosses und davon ab, ob die beanstandete Wettbewerbshandlung (z. B. Werbung) selbst in einem Pressemedium veröffentlicht worden war; die Veröffentlichungsbefugnis erstreckt sich dann zumindest auf dasselbe Medium.

[528] Vgl. zur Formulierung eines solchen Antrags BGH WRP 1992, 373 – *Seminarkopien*; BGH GRUR 1992, 527, 528 – *Plagiatsvorwurf II*. Andere Formulierungsbeispiele in Formular-Komm/*Jacobs* Form. 3.621 Anm. 11 ff.

[529] RG GRUR 1933, 256; BGHZ 13, 244, 259 = GRUR 1955, 37, 42 – *Cupresa*; BGH GRUR 1956, 558 – *Regensburger Karmelitengeist* (für Wz-Verletzung); Großkomm/*Köhler* Vor § 13, B, Rdn. 189; *Teplitzky*[6] Kap. 26 Rdn. 22 ff; *Baumbach/Hefermehl* § 23 Rdn. 7, 8. Zur **Gegenerklärung** des Verletzten als mögliche Form der Beschreibung vgl. BGH GRUR 1990, 1012, 1014 – *Pressehaftung I*; BGH GRUR 1992, 618, 619 – *Pressehaftung II* sowie – kritisch – *Teplitzky*[6] Kap. 26 Rdn. 20 f.

[530] BGH GRUR 1968, 437, 439 – *Westfalen-Blatt III*.

[531] BGH GRUR 1957, 231, 237 – *Pertussin I*; BGH GRUR 1966, 272, 274 – *Arztschreiber*; *Baumbach/Hefermehl* § 23 Rdn. 7; Großkomm/*Teplitzky* § 23 Rdn. 29.

[532] BGH GRUR 1961, 189, 182 – *Rippenstreckmetall I*; BGH GRUR 1972, 550, 551 – *Spezialsalz II*; Großkomm/*Teplitzky* § 23 Rdn. 31 ff; *Baumbach/Hefermehl* ebenda. Zu den **maßgebenden Beurteilungsfaktoren** im einzelnen Großkomm/*Teplitzky* § 23 Rdn. 33.

[533] RG GRUR 1940, 106 – *Luxor*; Großkomm/*Teplitzky* ebenda.

[534] BGH GRUR 1992, 527, 529 – *Plagiatsvorwurf II*.

[535] BGH GRUR 1971, 153, 155 – *Tampax*; BGH GRUR 1972, 550, 552 – *Spezialsalz II*; vgl. auch Formular-Komm/*Jacobs* Form. 3.621 Anm. 10.

gen[536]. Gleiches gilt, wenn die Veröffentlichung ihrerseits eine Irreführung hervorrufen würde[537].

Zu den Einzelheiten des Anspruchs auf Veröffentlichung vgl. Großkomm/*Teplitzky* § 23 Rdn. 14ff und *Teplitzky*[6] Kap. 26 Rdn. 22–42. **173**

3. Anträge des Beklagten

a) **Abweisungsantrag.** Der Beklagte wehrt sich, wenn er nicht anerkennt, gegen die Anträge des Klägers in aller Regel mit einem Abweisungsantrag. Ein Anerkenntnis kommt im wettbewerbsrechtlichen Klageverfahren nur äußerst selten vor, da vorprozessuale Korrespondenz, meist eine Abmahnung und mitunter ein Verfügungsverfahren vorausgegangen sind und der Beklagte es in der Regel auf eine gerichtliche Entscheidung ankommen lassen will. Hinsichtlich des Abweisungsantrages ergeben sich in Wettbewerbsstreitigkeiten keine Besonderheiten gegenüber dem normalen Zivilprozeß. **174**

b) **Aufbrauchsfrist. aa) Allgemeines.** Die sofortige Durchsetzung eines titulierten Unterlassungsanspruchs führt vielfach für den Verletzer zu **unverhältnismäßigen Nachteilen,** beispielsweise wenn er noch vorhandene Bestände an Waren, Ausstattungen, Werbematerialien, Geschäftspapieren, Etiketten etc. von einem Tag auf den anderen nicht mehr benutzen und in den Verkehr bringen[538], wenn er seine Firma nicht mehr führen[539] oder seinen Geschäftsbetrieb nicht mehr fortsetzen darf[540]. Erhebliche Einbußen können für den Verletzer auch dadurch entstehen, daß bis zur Entwicklung und Herstellung neuer Waren, neuer Ausstattungen, neuer Werbematerialien, neuer Geschäftspapiere etc. eine gewisse Zeit vergeht und in dieser Zeit die geschäftlichen Aktivitäten des Verletzers vermindert oder gar ganz eingestellt werden müssen[541]. Um die dadurch bedingten erheblichen Nachteile für den Verletzer abzumildern, räumt die Rechtsprechung dem Verletzer die **befristete** Möglichkeit ein, die Vorräte der alten Form weiterzubenutzen und Zeit für die notwendige Umstellung in Anspruch zu nehmen, sofern das Interesse des Verletzten an einer sofortigen und radikalen Unterlassung nicht vorrangig ist[542]. **175**

Es gibt je nach Inhalt des Unterlassungsgebotes **verschiedene Möglichkeiten,** die nachteiligen Auswirkungen eines Unterlassungsgebots für den Verletzer abzumildern.

---

536 Vgl. Großkomm/*Teplitzky* § 23 Rdn. 33; Formular-Komm/*Jacobs* ebenda.

537 Instruktives *Beispiel*: Keine Veröffentlichung des Urteils, das „REI-Chemie GmbH" wegen Verwechslungsgefahr mit „Rhein-Chemie GmbH" verbietet, weil der Verkehr den irrigen Eindruck haben könnte, auch die Verwendung des bekannten Warenzeichens „REI" sei verboten worden (BGH GRUR 1957, 561, 564 – *REI-Chemie*). Vgl. auch Großkomm/*Teplitzky* aaO Rdn. 44; Formular-Komm/*Jacobs* ebenda.

538 Z. B. BGH GRUR 1957, 499, 504 – *Wipp* (Packungen); BGH GRUR 1957, 561, 562, 564 – *REI-Chemie* (Drucksachen und Verpackungen); BGH GRUR 1960, 563, 564, 567 – *Sektwerbung* (Werbematerial, Etiketten, Umhüllungen und Verpackungen); *Teplitzky*[6] Kap. 57 Rdn. 20; HdbWR/*Samwer* § 73 Rdn. 1; *Baumbach/Hefermehl* Einl. UWG Rdn. 487.

539 Z. B. BGH GRUR 1982, 420, 423 – *BBC/DDC*; GRUR 1985, 930, 935 – *JUS-Steuerberatungsgesellschaft*; *Teplitzky*[6] ebenda.

540 Z. B. BGH GRUR 1982, 425 – *Brillen-Selbstabgabestellen* (insoweit nicht in BGHZ 82, 375 mitabgedruckt).

541 *Teplitzky*[6] Kap. 57 Rdn. 17; HdbWR/*Samwer* § 73 Rdn. 4.

542 BGH GRUR 1957, 499, 504 – *Wipp*; BGH GRUR 1957, 561, 564 – *REI-Chemie*; BGH GRUR 1960, 563, 567 – *Sektwerbung*; BGH GRUR 1966, 495, 498 – *UNIPLAST*; BGH GRUR 1982, 420, 423 – *BBC/DDC*; BGH GRUR 1982, 425, 431 – *Brillen-Selbstabgabestellen*; BGH GRUR 1985, 930, 932 – *JUS-Steuerberatungsgesellschaft*; BGHZ 110, 156, 175 = GRUR 1990, 522, 528 – *HBV-Familien- und Wohnungsrechtsschutz*.
Zu Versuchen, sich die prozessuale Einräumung einer Aufbrauchsfrist „abkaufen" zu lassen, und der Bewertung dieses Verhaltens nach §§ 138 BGB, 1 UWG vgl. *Kisseler* WRP 1991, 691, 694.

Sie werden unter dem Oberbegriff **Aufbrauchsfrist** zusammengefaßt; hierzu gehören die **Aufbrauchsfrist** (im engeren Sinn), die *Beseitigungs-* und die *Umstellungsfrist*[543].

176 Die **Aufbrauchsfrist** (im engeren Sinn) soll dem Verletzer die Möglichkeit geben, noch vorhandene Vorräte der zur Unterlassung verurteilten Waren, Ausstattungen, Behältnisse, Verpackungs- und Werbematerialien, Geschäftspapiere etc. einschließlich derjenigen, die sich bei Handelsvertretern und Kommissionären befinden[544], bis zu einem kalendermäßig bestimmten Datum (z. B. bis zum 31. 12. eines Jahres) aufzubrauchen[545].

177 Die **Beseitigungsfrist** gibt dem Verletzer die Möglichkeit, innerhalb einer bestimmten Frist den Verletzungszustand zu beenden, der den Unterlassungsanspruch gegen ihn ausgelöst hat. Sie ist bedeutsam für Unterlassungstitel, denen der Verletzer durch positives Tun entsprechen muß, etwa in Auslauffällen und bei Dauerhandlungen (z. B. unzulässiger Firmengebrauch)[546].

178 Die **Umstellungsfrist** (oder Auslauffrist) soll dem Verletzer gestatten, innerhalb eines bestimmten Zeitraums auch neue Ware und neues Material der alten Form herzustellen und zu vertreiben, wenn und solange dies der Umstellung auf die neue Form untergeordnet ist[547]. Es handelt sich um eine inhaltlich-gegenständliche Erweiterung der Aufbrauchsfrist (im engeren Sinne). Sie ermöglicht es dem Verletzer, z. B. laufende Verträge mit Dritten an die neue Situation anzupassen, alte Eintragungen im Handelsregister oder in der Warenzeichenrolle abzuändern oder zurückzunehmen und durch neue zu ersetzen, ohne daß der Geschäftsbetrieb in der Zwischenzeit unterbrochen werden müßte[548].

179 bb) **Rechtscharakter.** Die Gewährung einer Aufbrauchsfrist ist nicht gesetzlich geregelt. Ihre Grundsätze sind von der Rechtsprechung des RG entwickelt[549] und später vom BGH fortgeführt worden[550].

Die **bisherige Rechtsprechung** sah in der Gewährung einer Aufbrauchsfrist eine aus dem Gesichtspunkt von **Treu und Glauben** (**§ 242 BGB**) hergeleitete *„Rechtswohltat"*[551] **prozessualen** Charakters, die den Titelgläubiger vorübergehend an der Vollstreckung des Titels hindert[552]. Es handelt sich danach um eine „gegenüber dem fristlosen

---

543 Näher HdbWR/*Samwer* § 73 Rdn. 1 ff.

544 HdbWR/*Samwer* aaO Rdn. 3.

545 BGH GRUR 1974, 474, 476 – *Großhandelshaus*; vgl. auch BGH GRUR 1957, 499, 504 – *Wipp*; BGH GRUR 1957, 561, 564 – *REI-Chemie*; BGH GRUR 1960, 563, 567 – *Sektwerbung*; BGH GRUR 1974, 735, 737 – *Pharmamedan*; BGH GRUR 1982, 425, 431 – *Brillen-Selbstabgabestellen*; *Teplitzky*[6] Kap. 57 Rdn. 17, 20; *Baumbach/Hefermehl* Einl. UWG Rdn. 487; HdbWR/*Samwer* aaO Rdn. 3.

546 BGH GRUR 1982, 420, 423 – *BBC/DDC*; BGH GRUR 1985, 930, 932 – *JUS-Steuerberatungsgesellschaft*; *Teplitzky*[6] ebenda; HdbWR/*Samwer* aaO Rdn. 5.

547 Vgl. *Pastor* GRUR 1964, 245; HdbWR/*Samwer* aaO Rdn. 4.

548 Näher HdbWR/*Samwer* ebenda.

549 RG GRUR 1930, 331, 333 – *Loewe*; RG GRUR 1930, 533, 537; RG GRUR 1930, 1194, 1197; RG GRUR 1931, 274; RG GRUR 1932, 1052 – *Markenschutzverband*; RG GRUR 1933, 583, 586 – *Farina*; RG GRUR 1943, 307, 310, 311. Vgl. dazu *Ulrich* GRUR 1991, 26.

550 BGH GRUR 1957, 488, 491 – *MHZ*; BGH GRUR 1957, 499, 501 – *Wipp*; BGH GRUR 1957, 561, 564 – *REI-Chemie*; BGH GRUR 1960, 563, 567 – *Sektwerbung*; BGH GRUR 1966, 495, 498 – *UNIPLAST*; BGH GRUR 1974, 474, 476 – *Großhandelshaus*; BGH GRUR 1974, 735, 737 – *Pharmamedan*; BGH GRUR 1982, 420, 423 – *BBC/DDC*; BGH GRUR 1982, 425, 431 – *Brillen-Selbstabgabestellen*; BGH GRUR 1985, 930, 932 – *JUS-Steuerberatungsgesellschaft*.

551 So BGH GRUR 1974, 735, 737 – *Pharmamedan*; vgl. *Ulrich* GRUR 1991, 26, 27; vgl. auch *Teplitzky*[6] Kap. 57 Rdn. 18.

552 Vgl. die in Fußn. 550 angeführten BGH-Entscheidungen. Ebenso noch *Baumbach/Hefermehl* Einl. UWG Rdn. 487; HdbWR/*Samwer* § 73 Rdn. 10; HdbWR/*Seibt* § 70 Rdn. 13. Mitunter wurde die Bewilligung der Aufbrauchsfrist auf § 765 a ZPO gestützt, z. B. von *Pastor* S. 884 f; *Pastor* GRUR 1964, 245, 247 f; *Tetzner* NJW 1966, 1545, 1547; *Tetzner* WRP 1967, 109; *Ulrich* GRUR 1991, 26, 28.

Unterlassungsgebot mildere Art der Verurteilung"[553]. Der materiell-rechtliche Unterlassungsanspruch selbst wird davon nicht berührt, sondern lediglich zeitweilig dessen Durchsetzung. Dieser Rechtsprechung lag die Überlegung zugrunde, daß die sofortige Durchführung eines titulierten Verbotes für den Beklagten **unverhältnismäßige Nachteile**, andererseits die befristete Fortsetzung des angegriffenen Verhaltens **für den Verletzten keine unzumutbaren Beeinträchtigungen** mit sich bringen würde[554]. Im Einklang mit diesem Verständnis der Aufbrauchsfrist als *prozessuale Wohltat* steht die früher mitunter geäußerte, heute nur noch vereinzelt vertretene Ansicht, die Gewährung jedweder Aufbrauchsfrist sei abzulehnen; denn ein als solches erkanntes rechtswidriges Wettbewerbsverhalten könne nicht, auch nicht zeitweilig durch Bewilligung einer Aufbrauchsfrist sanktioniert werden[555].

Neuerdings scheint der BGH dazu zu neigen, in der Bewilligung einer Aufbrauchs- **180**
frist eine **materielle Anspruchsbeschränkung** in **zeitlicher Hinsicht** zu sehen[556]. Dies kann freilich nicht dahin verstanden werden, daß der Unterlassungsanspruch erst mit Ablauf der bewilligten Aufbrauchsfrist begründet und vorher unbegründet wäre; denn dann dürfte der Beklagte während der Aufbrauchsfrist trotz des gerichtlichen Verbotes sein Wettbewerbsverhalten ungehindert fortsetzen und wäre nicht darauf beschränkt, nur vorhandene Vorräte aufzubrauchen[557], und er brauchte sich auch nicht um eine Umstellung zu kümmern[558]. Der materielle Unterlassungsanspruch ist vielmehr schon *im Zeitpunkt der letzten mündlichen Verhandlung begründet*; deswegen ist es gerechtfertigt, daß der Titel ein **unbegrenztes** Unterlassungsgebot – ohne einen durch die Aufbrauchsfrist bedingten „Gestattungsvorlauf" – ausspricht und die Aufbrauchsfrist in diesen Fällen in einer gesonderten Ziffer des Urteilstenors niedergelegt wird.

Jedoch ist der **materiell-rechtliche Unterlassungsanspruch** aus dem Gesichtspunkt des **Vertrauensschutzes** (des Beklagten) in zwei Richtungen **eingeschränkt**, einmal in **sachlicher Hinsicht** – für bestimmte Verhaltensweisen des Unterlassungsgebots (z. B. Aufbrauch nur alter Vorräte, Verbot der Neuherstellung, Pflicht zur Umstellung) – und zum anderen in **zeitlicher Hinsicht** – Beschränkung auf eine bestimmte Frist. Die Aufbrauchsfrist ist daher nach dieser Ansicht eine auf dem Vertrauensschutz beruhende materiell-rechtliche Anspruchsbegrenzung[559]. Dem ist zuzustimmen[560].

553 BGH GRUR aaO – *Pharmamedan*.

554 Vgl. insbesondere BGH GRUR 1974, 474, 476 – *Großhandelshaus*.

555 Vgl. OLG München GRUR 1985, 365; OLG München WRP 1967, 32. Früher *v. Gamm* WZG § 24 Rdn. 54, inzwischen aber aufgegeben: *v. Gamm* UWG, § 1 Rdn. 363.

556 BGHZ 110, 156, 175 = GRUR 1990, 522, 528 – *HBV-Familien- und Wohungsrechtsschutz*; so schon *Heydt* GRUR 1961, 284 und jetzt Großkomm/*Teplitzky* § 16 Rdn. 542; vorsichtiger jedoch zur Einschätzung dieser Entscheidung *Teplitzky*[6] Kap. 19 Rdn. 20. Wie hier neuestens *Kisseler* WRP 1991, 691, 693, 697.

557 BGH GRUR 1974, 474, 476 – *Großhandelshaus*.

558 Vgl. zur Verpflichtung zur Umstellung BGH GRUR 1982, 420, 423 – *BBC/DDC*; BGH GRUR 1985, 930, 932 – *JUS-Steuerberatungsgesellschaft*.

559 BGHZ 110, 156, 175 = GRUR 1990, 522, 528 – *HBV-Familien- und Wohnungsrechtsschutz*; neuestens auch *Kisseler* WRP ebenda. Im Ergebnis ebenso schon *Heydt* GRUR 1961, 248 und insbes. *Ahrens* S. 57. Dagegen läßt sich die Anspruchsbegrenzung *nicht* aus dem *Grundsatz der Verhältnismäßigkeit* herleiten, obwohl dies bei den vorausgesetzten wirtschaftlichen Nachteilen auf Seiten des Beklagten naheliegen würde; denn der Grundsatz der Verhältnismäßigkeit findet im Zivilrecht keine allgemeine Anerkennung, vgl. statt vieler *Palandt/Heinrichs* § 242 Rdn. 53. *Ahrens* aaO spricht m.E. zu Unrecht von „Übermaßsanktion", was sich an den Verhältnismäßigkeitsgrundsatz anlehnt. In Wirklichkeit geht es um Vertrauensschutz des Beklagten. Zur Auffassung *Teplitzky's* vgl. oben Fußn. 556.

560 Dabei mag offen bleiben, ob man die dogmatische Anknüpfung für die materiell-rechtliche Anspruchsbegrenzung in § 242 BGB findet – wie die bisherige BGH-Rechtsprechung und auch *Kisseler* WRP aaO 693 – oder in dem Vertrauensschutz des Beklagten; im Ergebnis macht dies keinen Unterschied.

181 cc) **Voraussetzungen.** Die Gewährung einer Aufbrauchsfrist setzt voraus, daß für den **Beklagten** die sofortige Durchsetzung des erkannten Unterlassungsgebots **unverhältnismäßige Nachteile** nach sich ziehen würden[561]. Das muß von ihm *substantiiert dargelegt* werden; zumindest muß sich aus seinem Vortrag ein hinreichendes Interesse auf Zubilligung einer Aufbrauchsfrist erkennen lassen[562]. Für den **Kläger** darf die befristete Fortsetzung des angegriffenen Verhaltens **keine unzumutbaren Beeinträchtigungen** mit sich bringen[563]. Auch dies muß *der Beklagte darlegen* oder muß sich für das Gericht aus dem Sachvortrag beider Parteien erschließen.

Auch bei einem Verstoß gegen **§ 3 UWG** kann eine Aufbrauchsfrist zugebilligt werden, wenngleich das **Interesse** der **Allgemeinheit** auf eine *sofortige Durchsetzung* des titulierten Verbotes der irreführenden und täuschenden Werbemaßnahme gerichtet sein mag[564]. Wenn die zur Unterlassung verurteilte Werbung über längere Zeit beanstandungslos durchgeführt worden ist, tritt das Interesse der Allgemeinheit hinter die Belange des Beklagten zurück[565]. Der Ansicht, bei einem Verstoß gegen § 3 UWG seien insoweit besonders strenge Maßstäbe anzulegen[566], kann nicht gefolgt werden. Dem *Interesse der Allgemeinheit* an der Unterlassung der Irreführung und Täuschung wird schon durch die *Zuerkennung des Anspruchs selbst* Rechnung getragen. Es ist kein Grund ersichtlich, bei der Abwägung der beteiligten Interessen diesem Gesichtspunkt erneut und damit überproportional Vorrang einzuräumen.

182 Auf der Grundlage der Interessen der Beteiligten und – bei § 3 UWG – der Allgemeinheit hat das Gericht im **Einzelfall** eine **Interessenabwägung** vorzunehmen. Dabei sind alle *Umstände* zu beachten, die für eine Entscheidung über eine Aufbrauchsfrist bedeutsam sein können[567]. In der Rechtsprechung ist beispielsweise berücksichtigt worden, daß der Beklagte bewußt in Kauf genommen hatte, eine bestimmte Kennzeichnung nicht weiterverwenden zu dürfen[568], daß er bereits früher in Kennzeichnungsrechte der Klägerin unzulässig eingegriffen hatte[569], daß die Werbung lange Zeit unbeanstandet geduldet worden war[570], daß die beanstandete Firmenkennzeichnung zwar am Laden und auf dem Geschäftspapier, nicht aber auf der Ware angebracht war[571], wie weit sich bei einer verwechslungsfähigen Firmenkennzeichnung die Kundenkreise überschnitten[572]. Im *Einzelfall* ist auch zu beachten, wie die bisherigen Instanzen ausgegangen waren und ob der Beklagte davon ausgehen mußte, letztlich

---

561 Statt vieler BGH GRUR 1960, 563, 567 – *Sektwerbung*; BGH GRUR 1974, 474, 476 – *Großhandelshaus*; BGH GRUR 1982, 425, 431 – *Brillen-Selbstabgabestellen* (insoweit in BGHZ 82, 375 nicht mitabgedruckt); *Baumbach/Hefermehl* Einl. UWG Rdn. 487; HdbWR/*Samwer* § 73 Rdn. 12 ff; HdbWR/*Seibt* § 70 Rdn. 13.

562 Vgl. statt vieler BGH GRUR 1966, 495, 498 – *UNIPLAST*; BGH GRUR 1974, 735, 737 – *Pharmamedan*; BGH GRUR 1982, 420, 423 – *BBC/DDC*.

563 Vgl. BGH GRUR aaO – *UNIPLAST*; BGH GRUR aaO – *Pharmamedan*.

564 BGH GRUR 1960, 563, 567 – *Sektwerbung*.

565 BGH ebenda.

566 So KG WRP 1971, 326, 327; LG Hamburg WRP 1975, 54, 56; *Teplitzky*[6] Kap. 57 Rdn. 21; *Baumbach/Hefermehl* Einl. UWG Rdn. 487. Bezeichnenderweise hat das KG WRP aaO die beantragte Aufbrauchsfrist **gewährt**, und zwar trotz Verstoßes gegen § 3 UWG, § 360 Abs. 1 Nr. 7 StGB und §§ 4 Abs. 2 Nr. 2, 27 WZG und dabei die angeblich strengen Maßstäbe (bei § 3 UWG) weder begründet noch erkennbar angewendet. In dem vom LG Hamburg WRP aaO entschiedenen Fall ging es um irreführende Kfz-Werbeprospekte; dort hat das Gericht die Aufbrauchsfrist abgelehnt. Eine einfache Interessenabwägung unter Berücksichtigung des Interesses der Allgemeinheit hätte dort freilich ohnehin zu einer Ablehnung einer Aufbrauchsfrist führen müssen, ohne – wie dort geschehen – einen generellen Vorrang des Allgemeininteresses festzuschreiben. **Zutreffend** BGH GRUR aaO – *Sektwerbung*, der § 3 UWG diesen Vorrang gerade nicht einräumt.

567 BGH GRUR 1957, 499, 504 – *Wipp*; *Baumbach/Hefermehl* ebenda.

568 BGH GRUR 1957, 488, 491 – *MHZ*.

569 BGH GRUR ebenda.

570 BGH GRUR 1960, 563, 567 – *Sektwerbung*.

571 BGH GRUR 1966, 495, 498 – *UNIPLAST*.

572 BGH GRUR ebenda.

rechtskräftig zur Unterlassung verurteilt zu werden. Ist er beispielsweise schon in zwei Instanzen unterlegen und muß er auch mit einem ungünstigen Ausgang der Revisionsinstanz rechnen, so muß er sich rechtzeitig auf eine solches Verbot einstellen und entsprechende Vorkehrungen treffen; die Bewilligung einer Aufbrauchsfrist scheidet in solchem Fall regelmäßig aus[573]. Anders ist es dagegen, wenn er in erster Instanz unterlegen war, aber in zweiter Instanz obgesiegt hat; wird er dann von der Revisionsinstanz zur Unterlassung verurteilt, so kann eine Aufbrauchsfrist bewilligt werden[574].

Die Gewährung einer Aufbrauchsfrist setzt weiter voraus, daß der Beklagte (Verletzer) schuldlos oder allenfalls **leicht fahrlässig** gehandelt hat[575]. War er dagegen **bösgläubig**, so kommt eine Aufbrauchsfrist grundsätzlich nicht in Betracht; der Bösgläubige ist nicht schutzwürdig[576]. Bei **grob fahrlässigem** Handeln ist größte Zurückhaltung geboten, etwa dann, wenn der Beklagte im Berufungsverfahren zur Unterlassung verurteilt worden ist und mit einer Bestätigung in der Revisionsinstanz rechnen mußte[577]. **183**

dd) **Folgen.** Die Gewährung einer Aufbrauchsfrist bewirkt, daß der Beklagte noch *vorhandene* Waren, Ausstattungen, Behältnisse, Werbematerialien, Geschäftspapiere, Etiketten, kurz: das, was unter den Unterlassungstitel fällt, bis zu einem **kalendermäßig bestimmten Zeitpunkt** oder *innerhalb eines bestimmten Zeitraumes* (z. B. binnen 6 Monaten) aufbrauchen darf, eine benutzte Kennzeichnung, eine Firma u. ä., sofern diese von dem gerichtlichen Verbot betroffen ist, noch weiter benutzen und seinen Geschäftsbetrieb bis zu dem festgesetzten Zeitpunkt umstellen darf[578]. Dagegen darf der Beklagte nach Rechtskraft des Unterlassungsurteils während der Aufbrauchsfrist *keine neuen*, das gerichtliche Verbot verletzenden Waren, Ausstattungen, Behältnisse, Werbematerialien etc. herstellen oder verbreiten[579]. **184**

Soweit es um die Umstellung auf **andere Kennzeichnungen**, auf eine **andere Firma** o. ä. geht, muß der Beklagte während der Aufbrauchsfrist die notwendigen betrieblichen und sonstigen Maßnahmen ergreifen, um sicherzustellen, daß mit Ablauf der Aufbrauchsfrist nur noch die neue Kennzeichnung, die neue Firma etc. benutzt wird[580].

Die **Schadensersatz-** und die **Auskunftspflicht** des Beklagten bleiben von der Aufbrauchsfrist unberührt[581]. Sie kann sich aber nicht auf solche Schäden erstrecken, die dem Kläger durch den gestatteten Aufbrauch bzw. die Umstellung entsteht, da der Beklagte insoweit auf der Grundlage der neueren BGH-Rechtsprechungstendenz[582] *nicht rechtswidrig* handelt[583]. **185**

---

[573] BGH GRUR ebenda; BGH GRUR 1974, 474, 476 – *Großhandelshaus*; OLG Karlsruhe GRUR 1991, 619, 621.

[574] BGH GRUR 1960, 563, 567 – *Sektwerbung*.

[575] BGH GRUR 1974, 474, 478 – *Großhandelshaus; Teplitzky*[6] Kap. 57 Rdn. 21; *Baumbach/Hefermehl* Einl. UWG Rdn. 487.

[576] BGH GRUR 1957, 488, 491 – *MHZ*; *Teplitzky*[6] ebenda, *Baumbach/Hefermehl* ebenda.

[577] Argument aus BGH GRUR 1960, 563, 567 – *Sektwerbung*; *Teplitzky*[6] ebenda.

[578] BGH GRUR 1974, 474, 476 – *Großhandelshaus*. Zur Frage, welche Wirkungen die Gewährung einer Aufbrauchsfrist auf den *Unterlassungsanspruch anderer Unterlassungsgläubiger* hat, OLG Karlsruhe GRUR 1991, 619, 620 f.

[579] BGH GRUR aaO – *Großhandelshaus*.

[580] BGH GRUR 1974, 735, 737 – *Pharmamedan*.

[581] BGH GRUR 1960, 563, 567 – *Sektwerbung*; BGH GRUR 1974, 735, 737 – *Pharmamedan*; BGH GRUR 1982, 420, 423 – *BBC/DDC*; *Baumbach/Hefermehl* Einl. UWG Rdn. 487; *v. Gamm* Kap. 18 Rdn. 63; *Kisseler* WRP 1991, 691, 693.

[582] Näher Rdn. 180.

[583] Ebenso OLG Karlsruhe GRUR 1991, 619, 621; **a. A.** insoweit keine Einschränkung vornehmend HdbWR/*Samwer* § 73 Rdn. 23 sowie noch BGH GRUR 1960, 563, 567 – *Sektwerbung*; BGH GRUR 1982, 420, 423 – *BBC/DDC*.

186 ee) **Dauer.** Bezüglich der Dauer der Aufbrauchsfrist ist auf die **Umstände des Einzelfalls** abzustellen[584], wobei alle maßgebenden Gesichtspunkte zu berücksichtigen sind. Vom Verletzer wird in jedem Fall zu verlangen sein, daß er unverzüglich alle geeigneten und zumutbaren Maßnahmen ergreift, um die Rechtsverletzung zu beseitigen[585].

Da eine Aufbrauchfrist nur aufgrund eines substantiierten Sachvortrages des Beklagten, der sein Interesse an einer solchen Frist erkennen läßt, gewährt werden kann[586], muß der Beklagte im einzelnen vortragen, aufgrund **welcher Umstände** und für **wie lange** er eine Aufbrauchsfrist benötigt. Es empfiehlt sich auch, daß er Angaben darüber macht, über wieviel Vorräte er noch verfügt und innerhalb welcher Zeit diese nach den bisherigen Erfahrungen aufgebraucht werden können. Nur so kann das Gericht sich ein eigenes Bild über die angemessene Dauer einer Aufbrauchsfrist machen und zu einer für beide Parteien tragbaren Entscheidung kommen.

Die Rechtsprechung gewährt üblicherweise Aufbrauchsfristen von **ca. 6 Monaten**[587], vielfach kürzere[588], selten längere[589]. Bei der Bemessung der Aufbrauchsfrist kann auch beachtlich sein, daß der Beklagte schon während der Dauer des Rechtsstreits aufbrauchen und umstellen konnte; das ist jedenfalls dann der Fall, wenn er schon in zwei Instanzen unterlegen war und mit einer Bestätigung in der Revisionsinstanz rechnen mußte[590].

187 Allerdings kann von einem Beklagten in der Regel *nicht* verlangt werden, daß er schon *aufgrund der ersten Verurteilung* Aufbrauchs- und Umstellungsmaßnahmen ergreift. Er braucht sich – abgesehen davon, daß aus einem nicht rechtskräftigen Urteil vollstreckt wird – grundsätzlich so lange nicht auf Aufbrauch und Umstellung einzustellen, wie noch die Möglichkeit besteht, daß der Unterlassungsantrag abgewiesen wird, er – der Beklagte – also obsiegt. Zu seinen Lasten kann daher *in der Regel nicht*, sondern allenfalls ausnahmsweise die Dauer des Rechtsstreits als „verkappte" Aufbrauchsfrist berücksichtigt werden[591].

188 Ist eine Aufbrauchsfrist nicht mit dem Ende (z. B. „bis zum ..."), sondern mit einer **Zeitspanne** (z. B. „6 Monate") gewährt und ist ein Anfangstermin nicht genannt, so ist im Zweifel anzunehmen, daß die Frist ab Zustellung des Urteils, nicht erst ab Rechtskraft zu laufen beginnt[592].

189 ff) **Prozessuale Behandlung.** Häufig liegt ein Antrag des Beklagten auf Bewilligung einer Aufbrauchsfrist vor, meist ein **Hilfsantrag**, da der Beklagte in erster Linie

---

584 BGH GRUR ebenda.

585 BGH GRUR ebenda.

586 BGH GRUR 1966, 495, 498 – *UNIPLAST*; BGH GRUR 1974, 474, 476 – *Großhandelshaus*; BGH GRUR 1982, 420, 423 – *BBC/DDC*; HdbWR/*Samwer* § 73 Rdn. 16.

587 Vgl. BGH GRUR 1957, 499, 504 – *Wipp* (10. 5. – 30. 09. 1957); BGH GRUR 1982, 425, 431 – *Brillen-Selbstabgabestellen* (18. 12. 1981 – 30. 06. 1982), insoweit in BGHZ 82, 375 nicht mitabgedruckt.

588 BGH GRUR 1960, 563, 564, 567 – *Sektwerbung* (31. 5. – 30. 9. 1960).

589 BGH GRUR 1957, 561, 562, 564 – *REI-Chemie* (31. 05. – 31. 12. 1957); BGH GRUR 1985, 30, 932 – *JUS-Steuerberatungsgesellschaft* (14. 3. – 31. 12. 1985); BGHZ 110, 156, 175 f = GRUR 1990, 522, 528 – *HBV-Familien- und Wohnungsrechtsschutz* (25. 1. – 1. 12. 1990). Kommt es nicht zu einem Rechtsstreit, werden außerprozessual vielfach deutlich längere Aufbrauchsfristen bewilligt.

590 BGH GRUR 1966, 495, 498 – *UNIPLAST*; BGH GRUR 1974, 474, 476 – *Großhandelshaus*.

591 Vgl. Rdn. 180. Ebenso *Ulrich* GRUR 1991, 26, 28. Enger OLG Karlsruhe GRUR 1991, 619, 620 f.

592 OLG Karlsruhe GRUR 1991, 619, 620 f. Dazu, ob die Aufbrauchsfrist überhaupt zu laufen beginnt, wenn das Urteil nicht rechtskräftig wird, vgl. Rdn. 180.

Klageabweisung begehrt[593]. Ein solcher **Antrag** ist aber **nicht erforderlich**[594]. Denn in der Zubilligung einer Aufbrauchsfrist liegt materiell- und auch prozeßrechtlich ein Minus gegenüber dem Klagebegehren auf uneingeschränkte Unterlassung[595]. Der Antrag des Beklagten auf Klageabweisung umfaßt daher den „Hilfsantrag" (als Minus) auf eine zeitlich eingeschränkte Verurteilung; der *Hilfsantrag* ist in Wirklichkeit nur eine *Anregung zu einer teilweisen Klageabweisung*[596].

Daraus ergibt sich gleichzeitig, daß das Gericht **von Amts wegen** prüfen und entscheiden muß, ob dem Beklagten eine Aufbrauchsfrist zuzubilligen ist[597]. Erforderlich ist dafür ein *substantiierter Vortrag des Beklagten*, aus dem sein Interesse an der Gewährung einer solchen Frist für das Gericht erkennbar wird[598]. Unterläßt das Gericht eine Prüfung und Entscheidung über eine Aufbrauchsfrist, obwohl das tatsächliche Vorbringen des Beklagten hierzu Anlaß gegeben hätte, so kann eine nachträgliche Entscheidung nicht durch einen Antrag auf Urteilsergänzung herbeigeführt werden[599]. Vielmehr ist der Beklagte durch die Nichtgewährung einer Aufbrauchsfrist *beschwert* und kann gegen ein erstinstanzliches Urteil **Berufung** (§ 511 ZPO) einlegen. Dasselbe gilt, wenn der Beklagte einen *Hilfsantrag auf Aufbrauchsfrist* gestellt hat und dieser abgewiesen worden ist. Umgekehrt liegt in der Bewilligung einer Aufbrauchsfrist eine **teilweise Klageabweisung.** Der dadurch beschwerte Kläger kann gegen ein erstinstanzliches Urteil seinerseits mit der **Berufung** vorgehen[600]. **190**

Gegen ein zweitinstanzliches Urteil ist **Revision** wegen Gewährung oder Nichtgewährung einer Aufbrauchsfrist in aller Regel *nicht zulässig*, da der Wert der Beschwer die Revisionssumme nicht erreicht. Nur ausnahmsweise sind Fälle mit extremer wirtschaftlicher Bedeutung für die Parteien denkbar, in denen schon die Frage der Aufbrauchsfrist wertmäßig die Revisionssumme überschreitet. Indessen kann der Beklagte *noch in der Revisionsinstanz* erstmals einen (Hilfs-)Antrag auf Bewilligung einer Aufbrauchsfrist stellen und kann darüber auch in der Revisionsinstanz entschieden werden, wenn die dafür notwendigen Voraussetzungen vorliegen (näher Rdn. 192, 195). **191**

Über eine Aufbrauchsfrist ist auf (Hilfs-)Antrag des Beklagten oder von Amts wegen, wenn sich aufgrund des substantiierten Sachvortrages des Beklagten Anlaß **192**

---

593 BGH GRUR 1957, 488, 491 – *MHZ*; BGH GRUR 1957, 499, 504 – *Wipp*; BGH GRUR 1960, 563, 567 – *Sektwerbung*; BGH GRUR 1966, 495, 498 – *UNIPLAST*; BGH GRUR 1974, 474, 476 – *Großhandelshaus*; *Teplitzky*[6] Kap. 57 Rdn. 19; *Baumbach/Hefermehl* Einl. UWG Rdn. 487; HdbWR/*Samwer* § 73 Rdn. 16; HdbWR/*Seibt* § 70 Rdn. 1.

594 BGH GRUR 1960, 563, 567 – *Sektwerbung* (kein Antrag gestellt); BGH GRUR 1961, 283 – *Mon Cheri II*; BGH GRUR 1982, 420, 423 – *BBC/DDC* (kein Antrag gestellt); BGH GRUR 1985, 930, 932 – *JUS-Steuerberatungsgesellschaft* (kein Antrag gestellt); vgl. auch *Teplitzky*[6] Kap. 57 Rdn. 19; *Baumbach/Hefermehl* ebenda; HdbWR/*Samwer* aaO Rdn. 16.

595 So zutreffend *Heydt* GRUR 1961, 248.

596 Zutreffend *Heydt* GRUR aaO.

597 BGH GRUR 1961, 283, 284 – *Mon Cheri II* (wo in schiefer begrifflicher Anlehnung an § 839 BGB von der „*Amtspflicht*" des Gerichts gesprochen wird, von sich aus der Frage der Aufbrauchsfrist nachzugehen) m. krit. Anm. *Heydt*; BGH GRUR 1982, 420, 423 – *BBC/DDC*; *Teplitzky*[6] Kap. 57 Rdn. 19; *Baumbach/Hefermehl* Einl. UWG Rdn. 487.

598 BGH GRUR aaO *BBC/DDC*.

599 BGH GRUR aaO – *Mon Cheri II* m. krit. Anm. *Heydt*.

600 *Heydt* GRUR 1961, 284; *Ehlers* GRUR 1967, 77; *Baumbach/Hefermehl* ebenda. A. A. *Pastor* GRUR 1964, 245, 247; HdbWR/*Samwer* § 73 Rdn. 20. Das KG in WRP 1971, 326, 327 hält nach dem Meistbegünstigungsgrundsatz bei isolierter Anfechtung einer Aufbrauchsfrist *wahlweise* die *Berufung* und die *Beschwerde* (§ 793 ZPO) für statthaft, letztere mit Rücksicht darauf, daß die Rechtsgrundlage für die Aufbrauchsfrist teilweise aus § 795 a ZPO hergeleitet wird. Das ist nach der neueren Tendenz in der BGH-Rechtsprechung – oben Rdn. 180 – nicht mehr haltbar. Es ist danach nur die **Berufung** zulässig.

bietet, **in jeder Instanz** zu entscheiden, nicht nur bei „endgültigen" Entscheidungen[601]. Dies wird mitunter mit der Begründung verneint, daß bei nicht „endgültigen" Entscheidungen der Instanzgerichte die Vollstreckung einstweilen eingestellt werden könne und deshalb für Aufbrauchsfristen kein Bedürfnis bestehe[602]. Daran ist richtig, daß eine Aufbrauchsfrist grundsätzlich nur dann in Betracht kommen kann, wenn das gerichtliche Unterlassungsgebot sofort und endgültig durchgesetzt werden kann, die Unterlassungsverurteilung also endgültig, d. h. rechtskräftig ist. Solange nicht rechtskräftig feststeht, ob der Beklagte zur Unterlassung verpflichtet ist, darf er sein mit der Klage bekämpftes *Verhalten grundsätzlich* (Ausnahme: voraufgegangene einstweilige Verfügung auf Unterlassung) *fortsetzen* und braucht sich – von Ausnahmen abgesehen (oben Rdn. 186) – auch nicht schon um einen Aufbrauch bzw. eine Umstellung zu kümmern.

193 Indessen muß über die Gewährung einer Aufbrauchsfrist **zusammen mit dem Unterlassungsgebot,** d. h. im Urteil und damit zu einer Zeit befunden werden, zu der die „Endgültigkeit" dieser Instanzentscheidung noch gar nicht feststeht[603]. Die Möglichkeit der einstweiligen Einstellung bietet keine Abhilfe; denn sie ist nur gegeben, wenn gegen das Urteil ein Rechtsmittel eingelegt wird. Ob dies tatsächlich geschieht, steht bei Erlaß des Urteils, in dem auch über eine Aufbrauchsfrist zu befinden ist, noch nicht fest. Es wäre nicht prozeßökonomisch, einen Beklagten bei unterlassener Entscheidung über die Aufbrauchsfrist nur deswegen in die Berufung oder Revision zu zwingen, um dadurch über eine Einstellung der Zwangsvollstreckung doch Zeit für einen Aufbrauch bzw. eine Umstellung zu gewinnen[604].

194 Wenn das Instanzgericht eine Aufbrauchsfrist gewährt, der Beklagte aber Berufung oder Revision einlegt, weil er sein Verhalten für rechtsmäßig hält und daher weiter Klageabweisung erstrebt, so muß das **Rechtsmittelgericht** *erneut und eigenständig* über die *Gewährung einer Aufbrauchsfrist* entscheiden. Die Aufbrauchsfrist, die die Vorinstanz bewilligt hatte, wird dadurch **gegenstandslos,** weil sie erst Wirkung erzeugen kann, wenn die Rechtswidrigkeit des Verhaltens des Beklagten „endgültig" feststeht[605]. Bei der neuerlichen Entscheidung über eine Aufbrauchsfrist muß das Gericht allerdings beachten, ob der Kläger nicht mit einer Bestätigung des vorinstanzlichen Urteils rechnen und daher schon früher Vorkehrungen für einen Aufbrauch bzw. eine Umstellung treffen mußte[606].

195 Über eine Aufbrauchsfrist kann auch noch in der **Revisionsinstanz** entschieden, und auch ein (Hilfs-)Antrag auf deren Gewährung gestellt werden[607]. Allerdings müssen

---

601 So auch *Teplitzky*[6] Kap. 57 Rdn. 22 f; *Pastor* S. 890 f; *Pastor* GRUR 1964, 245, 248 f; *Nirk/Kurtze* Rdn. 389; HdbWR/*Samwer* § 73 Rdn. 17.

602 Vgl. dazu *Teplitzky* ebenda.

603 Zutreffend *Teplitzky* ebenda.

604 Ähnlich *Teplitzky* ebenda.

605 Das folgt daraus, daß die Aufbrauchsfrist logischerweise voraussetzt, daß ein Unterlassungsanspruch feststeht und die Fortsetzung der beanstandeten und zur Unterlassung verurteilten Handlung „endgültig" rechtswidrig ist. **A. A.** OLG Karlsruhe GRUR 1991, 619, 621 (allerdings unter unzutreffender Berufung auf *Teplitzky*[5] Kap. 57 Rdn. 23), das die Aufbrauchsfrist, die das Berufungsgericht gewährt hat, trotz Revisionseinlegung laufen lassen will. Die im Ergebnis richtige Entscheidung, die die Bewilligung einer zweiten Aufbrauchsfrist verweigert, hätte zu demselben Ergebnis kommen können, wenn das Gericht mit der Rechtsprechung (s. nächste Fußn.) darauf abgestellt hätte, daß der Beklagte mit einer endgültigen Verurteilung hätte rechnen und daher rechtzeitig Vorkehrungen zur Umstellung hätte treffen können.

606 Vgl. dazu BGH GRUR 1966, 495, 498 – *UNIPLAST*; BGH GRUR 1974, 474, 476 – *Großhandelshaus*; im übrigen Rdn. 180.

607 BGH GRUR 1957, 488, 491 – *MHZ*; BGH GRUR 1957, 499, 504 – *Wipp*; BGH GRUR 1957, 561, 564 – *REI-Chemie*; BGH GRUR 1960, 563, 567 – *Sektwerbung*; BGH GRUR 1966, 495, 498 – *UNIPLAST*; BGH GRUR 1974, 474, 476 – *Großhandelshaus*; BGH GRUR 1982, 425, 431 – *Brillen-Selbstabgabestellen*; *Baumbach/Hefermehl* Einl. UWG Rdn. 487.

die für eine Entscheidung über eine Aufbrauchsfrist maßgebenden *Tatumstände entweder unstreitig oder in den Tatsacheninstanzen festgestellt* worden sein[608]. Neuen Sachvortrag kann das Revisionsgericht nicht berücksichtigen, wenn der Kläger ihn bestreitet[609].

c) **Widerklage.** Der Beklagte kann neben der Verteidigung gegen den Unterlassungsantrag des Klägers seinerseits unter den Voraussetzungen des § 33 ZPO **Widerklage** erheben. Es gelten insoweit in Wettbewerbsstreitigkeiten dieselben Grundsätze wie allgemein im Zivilprozeß. Für die Widerklage wird danach gemäß § 33 Abs. 1 ZPO ein eigener Gerichtsstand am Gericht der Klage begründet[610]. Der erforderliche Zusammenhang zwischen Widerklage und Klageantrag muß ein *rechtlicher* sein; dieser ist nicht schon deswegen gegeben, weil zwischen den Parteien ein Wettbewerbsverhältnis besteht, Klage und Widerklageanspruch im übrigen aber aus unterschiedlichen, nicht in rechtlichem Zusammenhang stehenden Wettbewerbshandlungen herrühren. Streitig ist, ob Widerklage zulässigerweise auch dann erhoben werden kann, wenn sie sich nicht nur gegen den Kläger richtet, sondern gleichzeitig auch gegen dritte Personen, die bisher nicht am Rechtsstreit beteiligt waren und denen dadurch der Gerichtsstand der von ihnen gar nicht erhobenen Klage aufgezwungen wird[611]. Dies hat die Rechtsprechung unter bestimmten Voraussetzungen zugelassen, nicht aber wenn sich die Widerklage nur auf die dritte Person beschränkt[612]. **196**

Eine besondere Konstellation ist gegeben, wenn der abgemahnte Wettbewerber auf Unterlassung der Abmahnung klagt. Erhebt daraufhin der Beklagte seinerseits Widerklage auf Unterlassung der streitigen, von ihm abgemahnten Handlung, so entfällt das Rechtsschutzinteresse für die Klage, wenn die Rechtsfrage, deren Klärung die Klage anstrebt, mit Sicherheit im Rahmen der Widerklage entschieden wird[613]. **197**

4. Besonderheiten bei anderen Klagearten

a) **Klageantrag bei der Beseitigungsklage.** Der Beseitigungsanspruch ist – neben dem Unterlassungsanspruch – der zweite **verschuldensunabhängige Abwehranspruch**[614]. Er spielt im Wettbewerbsrecht eine nicht unbedeutende Rolle; mit ihm sollen künftige Störungen aufgrund eines als Folge einer Verletzungshandlung fortwirkenden Zustandes verhindert werden[615]. **198**

Für die **Antragsformulierung** bei der Beseitigungsklage kommt es auf das Verhältnis zwischen Unterlassungs- und Beseitigungsanspruch, insbesondere darauf an, ob dem Beseitigungsanspruch neben dem Unterlassungsanspruch selbständige Bedeutung zukommt oder ob er lediglich logischer und damit parallel laufender Annex des Unterlassungsanspruchs ist[616]. **199**

---

608 BGH GRUR aaO – *UNIPLAST*; BGH GRUR aaO – *Großhandelshaus*.

609 BGH GRUR aaO – *Großhandelshaus*.

610 BGH NJW 1981, 2642, 2643; *Zöller/Vollkommer* § 33 Rdn. 3.

611 Dies *bejahend* BGH NJW 1966, 1028; MünchKommZPO/*Patzina* § 33 Rdn. 27 ff, 30; anders BGHZ 40, 185, 190; zweifelnd, aber offen gelassen, insbesondere für die Begründung der internationalen Zuständigkeit BGHZ 69, 37, 44.

612 Vgl. BGHZ 69, 37, 44; BGHZ 91, 132, 134; Widerklage nicht zulässig nur gegen Dritten: BGH NJW 1992, 982; zustimmend *Teplitzky*[6] Kap. 45 Rdn. 17.

613 Näher Rdn. 92 f.

614 Vgl. dazu Großkomm/*Köhler* Vor § 13, B, Rdn. 1 ff und Rdn. 125 ff; *Teplitzky*[6] Kap. 22 Rdn. 2; *Teplitzky* GRUR 1989, 461, 464.

615 BGH GRUR 1974, 99, 101 – *Brünova*; *Teplitzky*[6] Kap. 22 Rdn. 2; *Baumbach/Hefermehl* Einl. UWG Rdn. 307, 310; HdbWR/*Gloy* § 21 Rdn. 13; *Ernst-Moll* Festschr. Klaka (1987), 16, 17; *Teplitzky* WRP 1984, 365, 366.

616 Vgl. Großkomm/*Köhler* aaO Rdn. 127 f; *Teplitzky*[6] Kap. 22 Rdn. 4 ff; *Baumbach/Hefermehl* aaO Rdn. 307; HdbWR/*Gloy* ebenda; *Teplitzky* WRP ebenda.

200 aa) **„Erfüllender" Beseitigungsanspruch.** Die Mehrzahl der wettbewerbsrechtlichen **Unterlassungsansprüche** enthält **gleichzeitig** einen **Beseitigungsanspruch** bezüglich fortwirkender Folgen und damit bezüglich der Verletzungshandlungen gegen das Unterlassungsgebot[617]. Wird *beispielsweise* ein Arzt verurteilt, es zu unterlassen, im Rahmen seiner beruflichen Tätigkeit den Titel „Professor" zu führen, so schließt dies die Handlungspflicht ein, ein Praxisschild, daß den Professorentitel aufweist, zu beseitigen, Rezeptblöcke entsprechend zu schwärzen oder zu vernichten, also alles zu tun, um die Unterlassungsverpflichtung zu erfüllen[618]. Anderes *Beispiel*: Wer zur Unterlassung der Führung einer unzulässigen Firmenbezeichnung verurteilt wird, muß das bisherige Firmenschild entfernen, muß sein Geschäftspapier umstellen und die Handelsregistereintragung ändern[619]. In solchen Fällen handelt es sich bei der Beseitigung um eine **Erfüllungshandlung** der Unterlassungsverpflichtung. Der Beseitigungsanspruch braucht daher **nicht**, auch nicht etwa durch einen „insbesondere"-Zusatz[620] **in den Klageantrag aufgenommen** zu werden; er ist von vorneherein und als logische Folge in dem im Antrag formulierten Unterlassungsbegehren enthalten[621]. Es ist auch keineswegs Aufgabe des Klägers, dem Beklagten im Klageantrag im einzelnen zu sagen oder gar vorzuschreiben, welche konkreten Maßnahmen er zur Beseitigung eines dem Unterlassungsgebot zuwiderlaufenden Zustandes treffen muß[622]. Die Erfüllung der im Klageantrag formulierten und entsprechend im Urteil tenorierten Unterlassungsverpflichtung obliegt vielmehr allein dem Beklagten, dem Schuldner, und es gehört daher ins Vollstreckungs- und gerade nicht ins Erkenntnisverfahren, welche konkreten Beseitigungsmaßnahmen der Beklagte zur Erfüllung der titulierten Unterlassungsverpflichtung ergreifen muß[623].

201 Es geht dabei um einen – wie ich ihn nennen möchte – **„erfüllenden" Beseitigungsanspruch**[624]. Mit ihm bezweckt der Kläger, seinen Unterlassungsanspruch zu realisieren, sofern der Verletzer mit seinem bisherigen Handeln dagegen verstoßen hat und diese Verstöße fortdauern. Die Rechtspflicht zur Beseitigung folgt als Erfüllungspflicht aus

---

617 Vgl. RGZ 148, 114, 123 – *Gummi-Waren*; BGH GRUR 1958, 30, 31 – *Außenleuchte*; BGH GRUR 1962, 315, 318 – *Deutsche Miederwoche*; BGH GRUR 1972, 558, 560 – *Teerspritzmaschine*; BGH GRUR 1977, 614, 616 – *Gebäudefassade*; Großkomm/*Köhler* aaO Rdn. 127; *Teplitzky*[6] Kap. 22 Rdn. 4; *Baumbach/Hefermehl* aaO Rdn. 307.

618 BGH GRUR 1989, 445, 446 – *Professorenbezeichnung in der Arztwerbung I*.

619 BGH GRUR 1990, 1042, 1043 – *Datacolor*; OLG Frankfurt/M. GRUR 1990, 697.

620 Näher oben Rdn. 144 ff.

621 Vgl. BGH GRUR 1958, 30, 31 – *Außenleuchte*; BGH GRUR 1977, 614, 616 – *Gebäudefassade*; *Teplitzky*[6] Kap. 22 Rdn. 5; eingehend dazu *Lindacher* GRUR 1985, 423, 424, 430.

622 Vgl. dazu *Teplitzky*[6] Kap. 24 Rdn. 2 ff; *Baumbach/Hefermehl* Einl. UWG Rdn. 307.

623 Näher *Teplitzky* aaO Rdn. 4.

624 Eine andere systematische Ordnung findet sich bei *Ahrens* S. 58 ff und ihm folgend bei *Lindacher* GRUR 1985, 423 ff; beide unterscheiden drei charakteristische Fallgruppen: die erste betrifft diejenigen Konstellationen, in denen die Nichtbeseitigung eines bestimmten körperlichen Zustandes gleichbedeutend mit der Fortsetzungshandlung ist; die zweite Fallgruppe meint diejenigen Gestaltungen, in denen durch Vernichtung, Schwärzung etc. von Prospekten, Geschäftspapieren u. ä. eine erst drohende Störung abgewehrt wird, und als dritte Gruppe werden diejenigen Fälle genannt, in denen etwa durch Widerruf, Gegenwerbung, Urteilsveröffentlichung der fortdauernden psychischen Wirkung eines Wettbewerbsverstoßes entgegengewirkt werden soll.
Teplitzky[6] Kap. 25 Rdn. 11 ergänzt diese Gliederung um Fallgestaltungen, in denen als Folge einer Verletzungshandlung (z. B. nach §§ 17, 18 UWG) ein körperlicher Gegenstand entstanden ist, dessen fortdauernde Existenz die Verletzungshandlung perpetuieren würde. Für die **Antragsfassung** bringt diese Gliederung **keine** erkennbaren **Vorteile**; sämtliche Fallkonstellationen lassen sich in die Kategorien des „erfüllenden" und des „bestimmenden" Beseitigungsanspruchs einordnen. Allenfalls für die materiell-rechtlichen Voraussetzungen mag die *Ahrens*'sche Systematik von Bedeutung sein. Vgl. zur materiell-rechtlichen Seite näher Großkomm/*Köhler* Vor § 13, B, Rdn. 125 ff.

dem materiell-rechtlichen Unterlassungsanspruch des Klägers und aus dem voraufgegangenen Tun, ohne daß auf § 1004 Abs. 1 BGB zurückgegriffen werden muß[625].

Der Kläger braucht – wie bemerkt – diesen „erfüllenden" Beseitigungsanspruch **nicht in den Klageantrag** aufzunehmen; dieser ergibt sich unmittelbar aus dem Unterlassungsantrag und dem darauf ergangenen Unterlassungstenor. Gleichwohl steht es dem Kläger frei, **neben** der Verurteilung zur Unterlassung einen oder mehrere Beseitigungsansprüche in den Klageantrag einzuführen[626]. *Beispiel*: Neben dem Antrag auf Unterlassung der Führung einer unzulässigen Firma kann der Kläger beantragen, den Beklagten zu verurteilen, die Löschung der Firma im Handelsregister zu beantragen, oder ihn zu verurteilen, die Beschriftung an dem Firmengebäude zu beseitigen[627]. Der Kläger kann insoweit parallel vorgehen; dafür ist das Rechtsschutzbedürfnis zu bejahen[628]. Wenn allerdings der Unterlassungsanspruch schon tituliert ist, braucht der Kläger keinen zusätzlichen, auf Beseitigung bestimmter Störungen gerichteten Titel, da dann die Vollstreckung der *einfachere* Weg ist; für eine neue Klage fehlte das Rechtsschutzinteresse[629]. **202**

Zu diesen „erfüllenden" Beseitigungsansprüchen gehören auch solche Fälle, in denen der Kläger von vorneherein nicht Unterlassung begehrt, sondern ausschließlich die Beseitigung einer **bestimmten Störung**, wobei sich dieser Beseitigungsanspruch aber aus dem Unterlassungsanspruch unmittelbar ergibt. *Beispiel*: Das klagende Möbelhaus, das immer durch eine bestimmte Fassadengestaltung (Blütenbild-Muster) erkennbar ist, verlangt von einem Wettbewerber Beseitigung einer ganz ähnlichen Fassadengestaltung; die Klägerin klagt aus § 1 UWG nicht auf Unterlassung, sondern auf Beseitigung dieser *einen*, sie störenden Verletzungshandlung[630]. Auch hier schließt die materielle Pflicht des Beklagten zur Unterlassung gleichzeitig seine Pflicht zur Beseitigung des störenden Zustandes ein; er **erfüllt** die Unterlassungspflicht, indem er die Störung beseitigt[631]. **203**

Der Kläger kann auch in diesen Fällen **beides nebeneinander** beantragen – Unterlassung und Beseitigung[632]. Wenn sich aber – wie in solchen Fällen regelmäßig – das Interesse des Klägers auf eine **bestimmte** Beseitigungshandlung konzentriert, auch nur *eine* bestimmte Verletzungshandlung denkbar ist und andere Verletzungshandlungen nach dem bisherigen Verhalten des Verletzers vernünftigerweise ausscheiden, so decken sich Unterlassungs- und Beseitigungsanspruch[633]. Der Kläger beantragt in solchen Fällen zweckmäßigerweise Beseitigung dieser einen konkreten Verletzungshandlung (in dem *Beispiel*: Antrag auf Beseitigung der Fassade mit Blütenbild-Muster). Er kann freilich nach seiner Wahl stattdessen Unterlassung beantragen, bezogen auf die konkrete Verletzungshandlung (in dem *Beispiel*: Antrag auf Unterlassung, die Fassade mit einem Blütenbild-Muster wie das der Klägerin zu versehen). Beides läuft inhaltlich auf dasselbe hinaus, wenn auch die Streitgegenstände nicht identisch sind[634]. Unterschiede **204**

---

625 *Teplitzky*[6] Kap. 22 Rdn. 11, 13 m. weit. Nachweisen.

626 Dies durch **Klagehäufung**, vgl. Rdn. 247 ff.

627 Vgl. z. B. OLG Frankfurt/M. GRUR 1990, 697; zu Differenzierungen beim Löschungsantrag vgl. Großkomm/*Teplitzky* § 16 Rdn. 540.

628 Vgl. *Teplitzky*[6] Kap. 22 Rdn. 7 und Fußn. 24.

629 Zutreffend *Teplitzky* ebenda; *Teplitzky* WRP 1964, 365, 367; vgl. auch BGHZ 14, 163, 173 = GRUR 1955, 97, 99 – *Constanze II* und BGH GRUR 1957, 278, 279 – *Evidur*.

630 BGH GRUR 1977, 614, 615 – *Gebäudefassade* m. Anm. *Fezer*.

631 BGH GRUR aaO 616.

632 *Teplitzky*[6] Kap. 22 Rdn. 5 aE; *Baumbach/Hefermehl* Einl. UWG Rdn. 307.

633 BGH GRUR 1977, 614, 616 – *Gebäudefassade; Teplitzky*[6] Kap. 22 Rdn. 5; *Teplitzky* WRP 1964, 365, 367; *Lindacher* GRUR 1985, 423, 427.

634 BGH GRUR 1974, 99, 101 – *Brünova*; *Teplitzky* WRP ebenda, der zutreffend darauf hinweist, daß bei Identität des Streitgegenstandes der gleichzeitigen oder aufeinanderfolgenden gerichtlichen Geltendmachung von Unterlassungs- und Beseitigungsanspruch die Rechtshängigkeit und die Rechtskraft entgegenständen – ein „kaum ernsthaft vertretbares Ergebnis"; so aber *Lindacher* GRUR aaO 427.

ergeben sich bei der Vollstreckung: Beseitigung nach §§ 887, 888 ZPO, Unterlassung nach § 890 ZPO[635].

205 bb) **„Bestimmender" Beseitigungsanspruch.** Zu unterscheiden sind Fallgestaltungen, in denen der Kläger nicht nur – wie etwa in dem Beispiel der Möbelhaus-Fassade – Beseitigung einer bestimmten Verletzungshandlung begehrt und einen dahingehenden Antrag formuliert, sondern in denen er ein **weitergehendes aktives, von ihm bestimmtes und vorgegebenes Verhalten** vom Beklagten fordert, um die Störung zu beseitigen. *Beispiel*: Der Kläger begnügt sich nicht mit der Abgabe einer strafbewehrten Unterlassungserklärung bezüglich bestimmter rufschädigender Meinungsäußerungen über ihn, sondern verlangt auch die Veröffentlichung dieser Erklärung[636]. *Oder:* Der Kläger gibt sich nicht mit der Unterlassung bestimmter Behauptungen in einem Rundschreiben zufrieden, sondern verlangt auch deren Widerruf[637].

Die Fälle haben gemeinsam, daß die zusätzliche Handlung, die der Kläger mit seinem Antrag verlangt, nicht eine bloße Erfüllung der Unterlassungspflicht ist und sich daher eine Verpflichtung zu einer Handlung nicht als selbständige Folge aus der Unterlassungspflicht selbst herleiten läßt. Der Kläger will vielmehr ein **Mehr**; er will über die Erfüllung der Unterlassungspflicht hinaus ein bestimmtes aktives Handeln des Beklagten, um die Folgen der schädigenden Verletzungshandlung zu beseitigen[638]. Da der **Kläger** in diesen Fällen die konkrete Handlung, die der Beklagte vornehmen soll, **vorgibt** und **bestimmt**, hat man es bei diesen Fallkonstellationen mit einem **„bestimmenden" Beseitigungsanspruch** zu tun.

206 Der Kläger muß in solchen Fällen die **konkrete Beseitigungshandlung beantragen**[639]. Der Antrag auf Unterlassung reicht nicht aus. Das folgt daraus, daß die zusätzlich verlangte konkrete Beseitigungshandlung eben nicht eine bloße Erfüllung der Unterlassungspflicht darstellt, sondern dieser gegenüber ein Mehr ist.

207 Der Kläger kann freilich auch **beides nebeneinander** beantragen – Unterlassung und Beseitigung. *Beispiel*: Die Inhaberin des Warenzeichens „4711" beantragt, den Beklagten zu verurteilen, die Fernsprechnummer „4711" an das zuständige Fernmeldeamt zurückzugeben (Beseitigungsantrag), **und** ihn zu verurteilen, es bis zur Zuteilung einer anderen Fernsprechnummer zu unterlassen, im Rahmen seines Geschäftsbetriebs die Telefonnummer „4711" werbemäßig herauszustellen (Unterlassungsantrag)[640]. In dem Beispiel dient der Unterlassungsantrag als „flankierende" Maßnahme gegenüber dem Beseitigungsantrag, hat also einen eigenen Sinn. Dementsprechend wird ein Kläger neben einem „bestimmenden" Beseitigungsantrag nur dann auch einen Unterlassungsantrag stellen, wenn dessen Gegenstand nicht schon von dem Beseitigungsantrag erfaßt ist.

208 Wenn der Unterlassungsanspruch schon tituliert ist, so braucht der Kläger – anders als bei dem „erfüllenden" Beseitigungsanspruch[641] – gleichwohl noch einen

---

[635] Vgl. dazu *Teplitzky*[6] Kap. 22 Rdn. 5f und Kap. 24 Rdn. 4.

[636] BGH GRUR 1967, 362, 366 – *Spezialsalz I*; BGH GRUR 1987, 189 – *Veröffentlichungsbefugnis zum Ehrenschutz*; vgl. dazu auch *Teplitzky* GRUR 1989, 461, 464.

[637] Z.B. BGH GRUR 1957, 278 – *Evidur*; BGH GRUR 1964, 82, 83 – *Lesering*; ähnlich auch BGH GRUR 1970, 254 – *Remington*.

[638] *Teplitzky*[6] Kap. 22 Rdn. 6 u. Kap. 24 Rdn. 1ff; *Baumbach/Hefermehl* Einl. UWG Rdn. 312; *Ernst-Moll* Festschr. Klaka (1987), 16, 24.

[639] BGH GRUR 1954, 337, 338 – *Radschutz*; BGH GRUR 1964, 82, 87 – *Lesering*; *Teplitzky*[6] Kap. 24 Rdn. 1, 6f; *Baumbach/Hefermehl* Einl. UWG Rdn. 313.

[640] BGH GRUR 1990, 711, 712 – *Telefonnummer 4711*; vgl. auch *Baumbach/Hefermehl* aaO Rdn. 312 unter Verweis auf BGH, Urt. v. 8. 7. 1958 – I ZR 68/57 mit derselben Problematik.

[641] Vgl. Rdn. 202.

Beseitigungstitel – etwa für den Widerruf – und muß er einen entsprechenden **Antrag** stellen[642]. Dieser kann in solchen Fällen nicht wegen mangelnden Rechtsschutzbedürfnisses unbegründet sein (vgl. oben Rdn. 202).

cc) **Bestimmtheitsgebot.** Auch der Beseitigungsantrag muß – wie der Unterlassungsantrag – dem Bestimmtheitsgebot (§ 253 Abs. 2 Nr. 2 ZPO) genügen, muß also so bestimmt sein, daß er vollstreckungsfähig ist. Es gelten im Ausgangspunkt dieselben Grundsätze wie bei der Unterlassungsklage (vgl. Rdn. 103 ff), doch bestehen **einige Besonderheiten.** **209**

Außerhalb des Wettbewerbsrechts, insbesondere beim Schutz des Sacheigentums, wird überwiegend vertreten, daß der Verletzte keinen Anspruch auf bestimmte Beseitigungsmaßnahmen habe und daß es Sache des Verletzers sei, darüber zu entscheiden, was er zur Beseitigung der Störung unternehme. Ob dies im jeweiligen Fall richtig und ausreichend sei, werde im Vollstreckungsverfahren entschieden[643]. Im **Wettbewerbsrecht** wird dagegen dem Verletzten das Recht eingeräumt, eine **inhaltlich bestimmte Beseitigungsmaßnahme** zu verlangen[644]. Nur dies entspricht auch dem Bestimmtheitsgebot. Denn allgemeine Verurteilungen, die z. B. *„auf Beseitigung der Verletzungsfolgen"* oder *„auf Anbringen unterschiedlicher Merkmale"* gehen[645] und dem Verletzer die Wahl der richtigen Beseitigungsmaßnahme überlassen, geben dem Verletzten keinen hinreichenden Rechtsschutz[646]. Sie verlagern überdies die Frage der richtigen und erforderlichen Beseitigungsmaßnahme unzulässigerweise in das Vollstreckungsverfahren[647]. **210**

Die unterschiedliche Handhabung im Wettbewerbsrecht rechtfertigt sich – was das Bestimmtheitsgebot angeht – daraus, daß – im Gegensatz zum Sacheigentum, bei dem auch bei alternativen Möglichkeiten die Beseitigungsmaßnahmen in der Regel eindeutig definiert sind – streitig und zweifelhaft sein kann, welche Maßnahme zur Beseitigung eines Wettbewerbsverstoßes ausreicht. Deswegen **muß** der wettbewerbsrechtliche Kläger, wenn er Beseitigung verlangt und sich nicht auf Unterlassung beschränkt, die vom Beklagten zu ergreifende **Maßnahme benennen**[648]. Das gilt sowohl für den „erfüllenden" als auch erst recht für den „bestimmenden" Beseitigungsanspruch. Sind mehrere Alternativen möglich, die Störung zu beseitigen, so wird das Interesse des Verletzers, selbst über die Art der Beseitigung entscheiden zu können, dadurch gewahrt, daß der Kläger seinen Antrag **alternativ gestaltet**, d. h. der Beklagte verurteilt wird, entweder das Eine oder das Andere zu tun[649], z. B. entweder eine bestimmte Passage in einem Text zu schwärzen oder den Text insgesamt zu vernichten[650]. **211**

dd) **Konkretisierungsgebot.** Bei dem Konkretisierungsgebot geht es darum, ob der bestimmte Antrag richtig konkretisiert, d. h. auf das Charakteristische der konkret angegriffenen Störung beschränkt ist. **212**

---

642 BGH GRUR 1957, 278 – *Evidur*; BGH GRUR 1964, 82, 83 – *Lesering*; BGH GRUR 1970, 254, 255 – *Remington*; BGH GRUR 1987, 189 – *Veröffentlichungsbefugnis beim Ehrenschutz*; vgl. auch *Ernst-Moll* Festschr. Klaka 16, 24 (zum *Rückrufbegehren*).

643 BGHZ 67, 252, 253; OLG Düsseldorf OLGZ 1988, 83; *Teplitzky*[6] Kap. 24 Rdn. 2 m. weit. Nachw. in Fußn. 3; *Baumbach/Hefermehl* aaO Rdn. 313; *Palandt/Bassenge* BGB[51] § 1004 Rdn. 25; *Schubert* JR 1972, 177, 179.

644 BGH GRUR 1954, 337, 338 – *Radschutz*; BGH GRUR 1964, 82, 87 – *Lesering*; Großkomm/*Köhler* Vor § 13, B, Rdn. 133; *Ahrens* S. 65; *Teplitzky*[6] Kap. 24 Rdn. 3 ff; *Baumbach/Hefermehl* ebenda.

645 Beispiele aus *Baumbach/Hefermehl* ebenda.

646 Großkomm/*Köhler* ebenda; *Baumbach/Hefermehl* ebenda.

647 Vgl. dazu Großkomm/*Köhler* ebenda; *Teplitzky*[6] Kap. 24 Rdn. 4.

648 Großkomm/*Köhler* ebenda; *Teplitzky*[6] aaO Rdn. 3 f, 8; *Baumbach/Hefermehl* ebenda.

649 BGH GRUR 1954, 337, 338 – *Radschutz*; *Teplitzky*[6] aaO Rdn. 8; Großkomm/*Köhler* ebenda.

650 BGH GRUR aaO 342.

213 (1) **„Erfüllender" Beseitigungsanspruch.** Die erforderliche Konkretisierung erweist sich bei einem Klageantrag, der sich auf den „erfüllenden" Beseitigungsanspruch bezieht, als relativ unproblematisch. Denn der Antrag muß sich immer und notwendig auf eine konkret begangene Verletzungshandlung beziehen[651]. Für Verletzungshandlungen, die lediglich möglich und zu befürchten sind, kann keine Beseitigung verlangt werden; im Rahmen des Beseitigungsanspruchs gibt es keine Erstbegehungsgefahr[652]. Solchen künftigen Verstößen, die nicht Wiederholungen bereits begangener Verletzungshandlungen sind, kann der Kläger nur mit dem (vorbeugenden) Unterlassungsantrag begegnen[653].

214 Liegt **eine** konkrete Verletzungshandlung vor, um deren Beseitigung es geht, so muß sich der Antrag konkret auf diese Störung beziehen[654]. *Beispiel*: Beseitigung der Blütenbild-Fassade des Möbelhauses[655]. Sind **mehrere** konkrete Verletzungshandlungen begangen und will der Kläger alle beseitigt wissen, so muß sich sein Antrag kumulativ auf alle beziehen, wobei jede einzelne Verletzungshandlung und deren Beseitigung konkret in den Antrag aufgenommen werden muß[656]. *Beispiel*: (1) Beseitigung des Firmenschildes, (2) Vernichtung des Briefpapiers und (3) Löschungsantrag bezüglich der unzulässigen Firma beim Handelsregister.

215 Im **Kennzeichnungs- und Firmenrecht** muß sich der Löschungsantrag, also der Beseitigungsantrag dann, wenn nach Ansicht des Klägers die Störung – wie regelmäßig – allein in der Verwendung eines bestimmten **Firmenbestandteils** liegt, anders als beim Unterlassungsantrag (vgl. Rdn. 132) auf die Löschung *dieses* Bestandteils in der konkret eingetragenen Firma beschränken; der Kläger kann und darf nicht Löschung der gesamten registrierten Firma verlangen[657]. Denn die Verurteilung zur Beseitigung einer Störung darf grundsätzlich nicht weiter gehen, als dies zur Beseitigung der Beeinträchtigung des Verletzten erforderlich ist[658]. Liegt die Störung allein in der Eintragung eines bestimmten Firmenbestandteils des Verletzers, so kann dementsprechend auch nur die Löschung dieses Bestandteils (in der konkret eingetragenen Firma) verlangt werden. Die Löschung dieses Firmenbestandteils stellt einen weniger weitgehenden Eingriff in die Rechtsstellung des Verletzers dar als die Löschung der vollen Firmenbezeichnung. Denn die Verurteilung zur Löschung dieses Firmenbestandteils in der konkret eingetragenen Firma steht der Eintragung und Verwendung dieses Bestandteils in einer **anderen** Kombination nicht zwingend entgegen[659].

216 Liegt *eine* konkrete Verletzungshandlung vor, kann aber der Beklagte deren **Beseitigung auf verschiedene Weise** herbeiführen (z. B. durch Unkenntlichmachung bestimmter Textstellen oder Vernichtung der Druckschrift), so kann der Kläger **entweder** die verschiedenen alternativen Beseitigungsmöglichkeiten in seinen Antrag aufnehmen und etwa durch den Zusatz *„nach Wahl des Beklagten"* deutlich machen, daß die Wahl der Beseitigungsmaßnahme dem Beklagten obliegt[660]. **Oder** er kann die verschiedenen

---

651 Großkomm/*Köhler* aaO Rdn. 133; *Teplitzky*[6] Kap. 24 Rdn. 8 (allerdings ohne Unterscheidung zwischen Bestimmtheit und Konkretisierung); *Baumbach/Hefermehl* Einl. UWG Rdn. 8.

652 *Teplitzky*[6] Kap. 24 Rdn. 1; *Baumbach/Hefermehl* ebenda; a. A. Großkomm/*Köhler* aaO Rdn. 130.

653 Näher dazu Rdn. 131 ff und Großkomm/*Köhler* aaO Rdn. 75 ff.

654 *Teplitzky*[6] Kap. 24 Rdn. 1, 8.

655 BGH GRUR 1977, 614, 616 – *Gebäudefassade*.

656 Z. B. BGH GRUR 1954, 337, 338, 342 – *Radschutz* (drei verschiedene Beseitigungsmaßnahmen im Klageantrag).

657 BGH GRUR 1974, 162, 164 – *etirex*; BGH GRUR 1981, 60, 64 – *Sitex* m. insoweit zust. Anm. *Schulze zur Wiesche* 64, 66; vgl. auch Großkomm/*Teplitzky* § 16 Rdn. 540 f.

658 BGH GRUR 1966, 35, 38 – *multikord*; BGH GRUR aaO – *Sitex*.

659 BGH GRUR 1974, 162, 164 – *etirex*; BGH GRUR aaO – *Sitex*.

660 BGH GRUR 1954, 337, 338, 342 – *Radschutz*; *Teplitzky*[6] Kap. 24 Rdn. 8.

Beseitigungsweisen in einem im Eventualverhältnis (Haupt- und Hilfsantrag) gestaffelten Beseitigungsantrag formulieren, wobei die Reihenfolge vom Kläger vorgegeben wird[661]. Dieser läuft dabei freilich Gefahr, mit einer zu weitgehenden Alternative (Vernichtung statt Schwärzung) teilweise abgewiesen zu werden und einen Teil der Kosten zu tragen (§ 92 Abs. 1 Nr. 1 ZPO). Auf keinen Fall kann der Kläger in einem solchen Fall von sich aus *eine* Beseitigungsalternative herausgreifen und allein sie zum Gegenstand seines Klageantrags machen; denn damit beschneidet er – bei mehreren möglichen Alternativen – dem Beklagten die diesem obliegende, aber auch zustehende Wahl[662]. Ein solcher Antrag wäre zurückzuweisen.

Wenn ausnahmsweise die verschiedenen Beseitigungsalternativen auf **einer Handlungsebene** liegen und eine Vielzahl von Alternativen besteht, so kann der Kläger auf den Oberbegriff für die nächsthöhere Handlungsebene ausweichen[663]. **217**

(2) **„Bestimmender" Beseitigungsanspruch.** Liegt dem Klageantrag ein „bestimmender" Beseitigungsanspruch zugrunde, so muß der Kläger diesen so genau wie möglich bezeichnen[664]. Dabei kann es erforderlich und angezeigt sein, z. B. den vollen Wortlaut des gewünschten Widerrufs in den Antrag aufzunehmen[665]. **218**

Mehrere Beseitigungsalternativen, bei denen dem Beklagten die Wahl überlassen bleibt, sind bei einem „bestimmenden" Beseitigungsanspruch nur schwer denkbar. In einem solchen Fall müßte der Kläger – wie beim „erfüllenden" Beseitigungsanspruch – die möglichen Alternativen sämtlich in seinen Antrag aufnehmen. Eher denkbar sind mehrere, im Eventualverhältnis gestaffelte „bestimmende" Beseitigungs*ansprüche*. Sie müssen in einem Hauptantrag und einem oder mehreren Hilfsanträgen formuliert werden (z. B. Widerruf eines ganzen Rundschreibens, hilfsweise Widerruf einzelner Textstellen)[666]. **219**

Der „bestimmende" Beseitigungsantrag kann insbesondere bei urheberrechtlich geschützten Leistungsergebnissen, z. B. **Computerprogrammen**, die Vernichtung der Vervielfältigungsstücke (z. B. Disketten) und der ausschließlich zur rechtswidrigen Herstellung von Vervielfältigungsstücken bestimmten Vorrichtungen (gemäß § 98 Abs. 1, 2 UrhG) zum Gegenstand haben[667]. Diesen Vernichtungsanspruch hat der Kläger aber nur nach § 98 Abs. 1, 2 UrhG, nicht auch nach **§ 1 UWG**, über den lediglich **Löschung** der Disketten verlangt werden kann[668]. In der Praxis wird häufig übersehen, daß ein Kläger, wenn er wegen der geringeren Darlegungs- und Beweisanforderungen an die Schutzfähigkeit eines Computerprogramms vom urheberrechtlichen auf einen wettbewerbsrechtlichen Unterlassungsanspruch nach § 1 UWG übergeht[669], seinen Klageantrag teilweise ändern muß; er kann nicht mehr Vernichtung der Datenträger verlangen. **220**

ee) **Widerruf.** Der Klageantrag auf Widerruf ist eine Form der Beseitigungsklage und betrifft den **„bestimmenden" Beseitigungsanspruch**. Es ergeben sich keine Besonderheiten. Auf Rdn. 205 ff sowie Großkomm/*Köhler* Vor § 13, B, Rdn. 148 ff wird verwiesen. **221**

---

661 *Teplitzky* ebenda.

662 BGH GRUR ebenda – *Radschutz*; *Teplitzky* ebenda.

663 *Teplitzky*[6] aaO Rdn. 8 aE.

664 BGH GRUR 1957, 278, 279 – *Evidur*; BGH GRUR 1964, 82, 83 – *Lesering*; BGH GRUR 1970, 254, 255 – *Remington*; BGH GRUR 1987, 189 – *Veröffentlichungsbefugnis beim Ehrenschutz*; *Teplitzky* GRUR 1989, 461, 464.

665 So z. B. in BGH GRUR 1964, 82, 83 – *Lesering*; BGH GRUR 1988, 402 f – *Mit Verlogenheit zum Geld*; *Teplitzky* GRUR ebenda unter Verweis auf einen nicht veröffentlichten Nichtannahmebeschluß des BGH v. 3. 2. 1988 – I ZR 87/87; *Baumbach/Hefermehl* Einl. UWG Rdn. 321.

666 Vgl. *Teplitzky*[6] Kap. 24 Rdn. 8. Zum **Rückrufbegehren** *Ernst-Moll* Festschr. Klaka, 16, 24.

667 OLG Karlsruhe GRUR 1983, 300, 311; *Schricker/Wild* UrhR (1987) § 98 Rdn. 2.

668 BGH GRUR 1988, 690, 693 – *Kristallfiguren*.

669 Zum wettbewerbsrechtlichen Leistungsschutz aus § 1 UWG für **Computerprogramme** vgl. eingehend *Erdmann* Festschr. 175 Jahre OLG Oldenburg (1990), 641, 650 ff.

222 dd) **Veröffentlichungsbefugnis.** Die Veröffentlichungsbefugnis ist eine besondere Form der Störungsbeseitigung[670]. Sie dient in der Regel der Beseitigung fortdauernder und störender Verletzungsfolgen. Sie ist in Rdn. 170ff und in Großkomm/*Teplitzky* § 23 Rdn. 14ff ausführlich behandelt.

223 b) **Anträge des Beklagten bei der Beseitigungsklage.** aa) **Abweisungsantrag und Widerklage.** Es ergeben sich keine Besonderheiten gegenüber den entsprechenden Anträgen des Beklagten bei der Unterlassungsklage (oben Rdn. 174).

224 bb) **Aufbrauchsfrist.** Wie bei dem Unterlassungstitel führt auch die sofortige Durchsetzung eines titulierten Beseitigungsanspruchs vielfach für den Verletzer zu **unverhältnismäßigen Nachteilen.** Ihm kann daher unter denselben Voraussetzungen wie beim Unterlassungsanspruch eine **Aufbrauchsfrist** gewährt werden (oben Rdn. 175 ff). Sofern sich Unterlassungs- und Beseitigungsanspruch inhaltlich decken und lediglich der Unterlassungsanspruch tituliert ist, bezieht sich eine gewährte Aufbrauchsfrist ohnehin auf die dem Unterlassungsgebot zuwiderlaufenden fortdauernden Störungen, für deren Beseitigung der Verletzer sorgen muß; die Aufbrauchsfrist betrifft also gerade die sich aus dem Unterlassungsgebot ergebende Beseitigungspflicht (näher oben Rdn. 183). Verlangt der Verletzte mit seinem Klageantrag Beseitigung, so kann dem Beklagten – wie beim Unterlassungsprozeß – eine Aufbrauchsfrist gewährt werden. Dies gilt sowohl für den „erfüllenden" wie für den „bestimmenden" Beseitigungsanspruch. Macht der Kläger *mehrere Beseitigungsansprüche* geltend, z. B. Beseitigung des Firmenschildes, Vernichtung des Geschäftspapier, Löschung der Firma im Handelsregister, so können *getrennte Aufbrauchsfristen* für die jeweiligen Beseitigungsansprüche oder nur für einzelne Beseitigungsansprüche (z. B. nur für das Firmenschild und das Geschäftspapier) und auch von *unterschiedlicher Dauer* zugebilligt werden.

c) **Klageantrag auf Auskunft und/oder Rechnungslegung**

225 aa) **Auskunftsantrag.** (1) **Allgemeines.** Bei Wettbewerbsverstößen kann dem Verletzten zur Vorbereitung und zur Durchsetzung entweder – so meist – eines Schadensersatzanspruchs oder eines Anspruchs auf Störungsbeseitigung gegen den Verletzer ein **Anspruch auf Auskunftserteilung** zustehen[671]. Die Auskunftspflicht des Verletzers ergibt sich aus dem durch den Wettbewerbsverstoß entstehenden gesetzlichen Schuldverhältnis, aufgrund dessen der Verletzer zum Schadensersatz oder zur Beseitigung verpflichtet sein kann[672], und ist damit unmittelbare Folge der Pflicht zum Schadensersatz nach § 249 BGB oder der Pflicht zur Beseitigung[673]. In der bisherigen Rechtsprechung ist der Anspruch auf Auskunftserteilung vielfach aus Treu und Glauben (§ 242 BGB) mit dem Argument hergeleitet worden, der Verletzte könne seinen Schadensersatz- oder Beseitigungsanspruch nur unter Mithilfe des Verletzers berechnen und konkretisieren, da nur er über die erforderlichen Informationen verfüge[674]; zu dieser Mithilfe sei der Verletzer aufgrund vorangegangenen Tuns, nämlich der vorangegangenen Verletzungs-

---

[670] Vgl. BGH GRUR 1992, 527, 529 – *Plagiatsvorwurf II*; *Teplitzky*[6] Kap. 26 Rdn. 22ff.

[671] Zu den materiellen Voraussetzungen und zum Inhalt des Auskunftsanspruches näher Großkomm/*Köhler* aaO Rdn. 399ff; *Teplitzky*[6] Kap. 38 Rdn. 1ff; *Baumbach/Hefermehl* aaO Rdn. 398.

[672] BGH GRUR 1978, 54, 55 – *Preisauskunft*; BGH GRUR 1987, 647 – *Briefentwürfe*; vgl. *Teplitzky* GRUR 1989, 461, 464; *Teplitzky*[6] Kap. 38 Rdn. 6.

[673] BGH GRUR 1964, 320, 323 – *Maggi*; BGH GRUR 1968, 272 – *Trockenrasierer III*; BGH GRUR 1974, 351, 352 – *Frisiersalon*; vgl. auch Großkomm/*Köhler* aaO Rdn. 401; *Teplitzky*[6] Kap. 26 Rdn. 3.

[674] BGH GRUR 1965, 313 – *Umsatzauskunft*; BGH GRUR 1972, 558, 560 – *Teerspritzmaschinen*; BGH GRUR 1976, 367 – *Ausschreibungsunterlagen*; BGH GRUR 1978, 54, 55 – *Preisauskunft*, allerdings auch auf eine besondere rechtliche Beziehung abstellend; *Baumbach/Hefermehl* aaO Rdn. 399.

handlung bzw. der fortdauernden Störung verpflichtet. Die dogmatische Einbindung des Auskunftsanspruchs in § 242 BGB erscheint freilich nicht erforderlich. Weit mehr überzeugt, den Anspruch unmittelbar aus dem durch den Wettbewerbsverstoß begründeten Schuldverhältnis und der Verpflichtung des Verletzers herzuleiten, den dadurch angerichteten Schaden zu ersetzen bzw. die fortdauernde Störung zu beseitigen[675].

Der Anspruch auf Auskunftserteilung kann **selbständig erhoben** werden[676]. In der **226**
Regel wird er aber mit der Klage verbunden, die der Durchsetzung des Anspruchs dient, den die Auskunftsklage vorbereiten soll, d. h. mit dem Klageantrag auf **Schadensersatzfeststellung** oder bei der echten Stufenklage nach § 254 ZPO mit dem Klageantrag auf **Leistung** dessen, was die Auskunft erbringt[677]. Wird mit dem Auskunftsantrag ein Beseitigungsanspruch vorbereitet, so kann er auch mit dem **Beseitigungsantrag** in einer Klage verbunden werden[678], sofern im übrigen – mit Ausnahme der mit der Auskunftsklage verlangten Mitteilungen – die Voraussetzungen des Beseitigungsanspruchs vorliegen. Bei der Verbindung zwischen Auskunftsantrag einerseits und Antrag auf Schadensersatzfeststellung bzw. -leistung oder Störungsbeseitigung andererseits handelt es sich um eine **objektive Klagehäufung** (unten Rdn. 247 ff).

(2) **Bestimmtheitsgebot.** Der Klageantrag auf Auskunft unterliegt dem Bestimmt- **227**
heitsgebot nach § 253 Abs. 2 Nr. 2 ZPO. Er muß den **Gegenstand** des Auskunftsanspruches sowie den **Zeitraum**, auf den sich das Begehren bezieht, sowie **Art und Umfang** der begehrten Auskunft bestimmt bezeichnen, d. h. auf welche Angaben und auf welchen Zeitraum sich die Auskunft beziehen soll[679]. Wird Auskunft auch über einen Zeitraum über die letzte mündliche Verhandlung hinaus verlangt, so müssen zusätzlich die Voraussetzungen des § 259 ZPO erfüllt sein, weil es sich insoweit um einen auf künftige Leistung gerichteten Anspruch handelt[680].

(3) **Konkretisierungsgebot.** Die zu erteilende Auskunft soll dem Verletzten die **228**
Vorbereitung und auch die Durchsetzung seines Schadensersatz- oder Störungsbeseitigungsanspruchs ermöglichen[681]. Sie darf jedoch nicht zu dem Zweck verlangt werden, dem Verletzten überhaupt erst die Grundlagen für die Geltendmachung eines solchen Anspruchs gegen den Verletzer zu verschaffen und zur Verfügung zu stellen[682]. Deswegen muß der Auskunftsantrag an eine **konkret begangene Verletzungshandlung** anknüpfen, aus der der Verletzte einen Schadensersatz- oder Störungsbeseitigungsanspruch herleitet[683].

Wenn aus einer oder mehreren konkret festgestellten Rechtsverletzungen mit hoher **229**
Wahrscheinlichkeit auf weitere Rechtsverletzungen geschlossen werden kann, kann der Verletzte nach der BGH-Entscheidung *GEMA-Vermutung II*[684] erst einmal eine **Grundauskunft** verlangen. Sie beschränkt sich auf die Angaben, die der Verletzte zur

---

[675] BGH GRUR 1987, 647, 648 – *Briefentwürfe*; BGH GRUR 1988, 307, 308 – *Gaby*, dort als **Gewohnheitsrecht** bezeichnet.

[676] BGH GRUR 1964, 320, 323 – *Maggi*; BGH GRUR 1968, 272, 277 – *Trockenrasierer III*; BGH GRUR 1974, 351, 352 – *Frisiersalon*; *Teplitzky*[6] Kap. 52 Rdn. 4.

[677] *Teplitzky*[6] Kap. 52 Rdn. 4.

[678] Z. B. BGH GRUR 1964, 82, 83 f – *Lesering* (Vorbereitung eines Widerrufs an die Adressaten eines Rundschreibens); BGH GRUR 1970, 254, 255 – *Remington* (Vorbereitung einer Störungsbeseitigung durch Übersendung eines Rundschreibens); *Teplitzky* ebenda.

[679] MünchKommZPO/*Lüke* § 253 Rdn. 142; *Teplitzky*[6] Kap. 52 Rdn. 5. Hinsichtlich des Zeitraums zu unbestimmt etwa das Begehren auf Auskunft „bis heute", vgl. MünchKommZPO/*Lüke* ebenda.

[680] *Teplitzky* ebenda.

[681] BGH GRUR 1964, 320, 323 – *Maggi*; BGH GRUR 1974, 351 – *Frisiersalon*; BGH GRUR 1977, 264 – *Allstar*; *Baumbach/Hefermehl* aaO Rdn. 400.

[682] BGH GRUR 1978, 54, 55 – *Preisauskunft*; BGH GRUR 1987, 647, 648 – *Briefentwürfe*; *Baumbach/Hefermehl* aaO Rdn. 399.

[683] Insoweit im Grundsatz richtig BGH GRUR 1988, 307, 308 – *Gaby*; vgl. dazu aber Rdn. 233.

[684] BGHZ 95, 285, 292 = GRUR 1988, 604, 605.

Prüfung der Frage braucht, ob **weitere Verletzungen** in Betracht kommen, und zwar sowohl solche, die vor, wie solche, die nach der konkret festgestellten Rechtsverletzungen liegen. Diese zum Urheberrecht ergangene Entscheidung kann ohne weiteres auf andere Schutzrechtsverletzungen und auf das Wettbewerbsrecht übertragen werden. Dem teilweise anderen Standpunkt, den der BGH seit der *Gaby*-Entscheidung[685] vertritt, nach der Auskunft erst für die Zeit ab der ersten konkreten Verletzungshandlung soll verlangt werden können, kann nicht gefolgt werden (näher Rdn. 233).

230 Die **inhaltliche Konkretisierung** des Auskunftsantrages hängt von Inhalt und Umfang des Hauptanspruchs ab, der mit der Auskunft vorbereitet oder durchgesetzt werden soll (Akzessorietät des Auskunftsanspruchs)[686]. Der Kläger kann und muß von dem Beklagten über den Auskunftsantrag diejenigen Angaben verlangen, die er für die Vorbereitung und Durchsetzung seines Hauptanspruchs (auf Schadensersatz oder Störungsbeseitigung) braucht und die er sich anders nicht beschaffen kann[687]. Will er z. B. seinen Schadensersatzanspruch nach dem Verletzergewinn berechnen[688], so braucht er andere und mehr Angaben (z. B. die genaue Kalkulation des Gewinns des Verletzers), als wenn er auf der Basis des eigenen entgangenen Gewinns[689] oder üblicher Lizenzgebühr[690] abzurechnen beabsichtigt. Es kommt also für die inhaltliche Konkretisierung auf das vom Auskunftsinteresse bestimmte **Bedürfnis** des Verletzten an[691].

231 Andererseits sind auch die **Belange des Verletzers** zu berücksichtigen und soweit möglich zu schonen[692]. Der Verletzte kann daher regelmäßig nicht die Preisgabe von Geschäftsinterna verlangen[693]. So hat die Rechtsprechung z. B. die Angabe der Namen der Käufer bzw. Abnehmer des Verletzers als zu weitgehend abgelehnt, weil der Verletzte die ihm mitgeteilten Namen für eigene Wettbewerbszwecke mißbrauchen und dies dem Verletzer nicht zugemutet werden könne[694]. In der Regel dient die Angabe der Namen der Käufer bzw. Abnehmer freilich ohnehin nicht der Schadensberechnung, sondern der Durchsetzung des Anspruchs. Nur ausnahmsweise hat die Rechtsprechung daher bei Wettbewerbsverstößen die Auskunftspflicht auch auf die Angabe der Namen der Käufer bzw. Abnehmer erstreckt, wenn anderenfalls eine Schadensberechnung für den Kläger nicht möglich ist[695] oder die Beseitigung der Störung[696] oder die Wiederherstellung des früheren Zustandes anders nicht erreicht werden kann[697]. Überdies braucht der Verletzte die Angabe der Namen der Käufer bzw. Abnehmer unter Umständen deswegen, um – wie bemerkt – die ihm vom Verletzer erteilte Auskunft (z. B. über Liefermengen) und damit den Umfang der Verletzungshandlung zu überprüfen und sich so den Weg des § 260 Abs. 2 BGB zu eröffnen[698].

---

[685] BGH GRUR 1988, 307, 308.

[686] *Teplitzky*[6] Kap. 38 Rdn. 5–7; *Teplitzky* GRUR 1989, 461, 464.

[687] BGH GRUR 1987, 647, 648 – *Briefentwürfe*.

[688] Vgl. dazu näher Großkomm/*Köhler* aaO Rdn. 424; *Teplitzky*[6] Kap. 34 Rdn. 33 ff.

[689] Großkomm/*Köhler* aaO Rdn. 422; *Teplitzky*[6] aaO Rdn. 12 ff.

[690] Großkomm/*Köhler* aaO Rdn. 423; *Teplitzky*[6] aaO Rdn. 27 ff.

[691] BGH GRUR 1978, 52, 53 – *Fernschreibverzeichnisse*; BGH GRUR 1987, 647, 648 – *Briefentwürfe*.

[692] BGH GRUR aaO – *Fernschreibverzeichnisse*; BGH GRUR aaO – *Briefentwürfe*.

[693] BGH GRUR 1961, 288, 293 – *Zahnbürsten*; BGH GRUR 1965, 313, 314 – *Umsatzauskunft*; BGH GRUR aaO – *Briefentwürfe*.

[694] RG GRUR 1935, 183, 187 f; BGH GRUR 1978, 52, 53 – *Fernschreibverzeichnisse* m. Anm. *Schulze zur Wiesche*.

[695] BGH GRUR 1976, 367, 369 – *Ausschreibungsunterlagen* mit krit. Anm. *Fritze*; BGH GRUR aaO – *Fernschreibverzeichnisse*; BGH GRUR aaO – *Briefentwürfe*; in diesen Fällen kommt *kein Wirtschaftsprüfervorbehalt* in Betracht.

[696] RG GRUR 1939, 494, 500 – *Wegengagieren*; BGH GRUR aaO – *Briefentwürfe*.

[697] BGH GRUR 1974, 351, 352 – *Frisiersalon* (betr. Vertriebsbindung) mit Anm. *Storch*; BGH GRUR aaO – *Briefentwürfe*.

[698] BGH GRUR aaO – *Fernschreibverzeichnisse* m. Anm. *Schulze zur Wiesche*.

Der **Konflikt** zwischen dem Auskunftsinteresse des Klägers (Verletzten) und dem Geheimhaltungsinteresse des Beklagten (Verletzer) wird in der Praxis dadurch gelöst, daß der Verletzer diejenigen Angaben, an deren *Geheimhaltung* er ein *berechtigtes Interesse* hat, einer zur Berufsverschwiegenheit verpflichteten vereidigten Person (Wirtschaftsprüfer, Steuerberater, Rechtsanwalt) machen kann. Dies betrifft vornehmlich sensible Daten wie Namen und Anschriften von Kunden, wenn es lediglich darum geht, die *Richtigkeit und Vollständigkeit* der Auskunft zu überprüfen. Bei diesem sogenannten **Wirtschaftsprüfervorbehalt**[699] kann der Verletzer nach seiner Wahl diese Daten dem Verletzten oder einem zur Verschwiegenheit gegenüber dem Verletzten verpflichteten Dritten mitteilen. Er muß ihn ermächtigen und verpflichten, gezielte Fragen des Verletzten zu beantworten, um diesem eine stichprobenartige Überprüfung der Angaben des Verletzers zu ermöglichen. Das gilt allerdings nicht, wenn dem Verletzten die Schadensberechnung erst möglich ist, wenn er die Abnehmer des Verletzers kennt[700].

Diesen Vorbehalt braucht der Kläger allerdings **nicht** in seinen **Antrag** aufzunehmen. Das Gericht kann ihn auch ohne Antrag, auch **ohne Hilfsantrag** des Verletzers **von Amts wegen** anordnen. Darin liegt kein Minus gegenüber dem Klagebegehren, und dies enthält keine teilweise Klageabweisung. Vielmehr ist dies eine nach § 242 BGB gebotene Modifizierung des Klagebegehrens zur Wahrung der Interessen des Beklagten[701].

Ist die **Presse** an der Verletzungshandlung beteiligt, so sind bei der Konkretisierung des Auskunftsantrages deren Belange nach **Art. 5 GG** besonders zu beachten[702]. Der Verletzte hat regelmäßig keinen Anspruch auf Preisgabe der Bezieher, da dies mittelbar die Pressefreiheit beeinträchtigen würde. Überdies ist in derartigen Fällen eine **Gegenerklärung** in dem betreffenden Presseorgan weniger einschneidend als etwa eine Richtigstellung an alle Bezieher, so daß auch aus diesem Grund keine Bezieherliste verlangt werden kann[703]. **232**

Streitig ist der **zeitliche Umfang** der Auskunft. Er muß ebenfalls in dem Klageantrag bezeichnet und konkretisiert werden. Das gilt für die zurückliegende Zeit zunächst für die Verjährungszeit von 6 Monaten (§ 21 UWG). In den Klageantrag ist daher eine entsprechende **zeitliche Begrenzung** aufzunehmen, etwa *„begrenzt auf die letzten 6 Monate vor Klageeinreichung"*. **233**

Nach der *Gaby*-Entscheidung des BGH[704] soll der Auskunftsanspruch erst ab der ersten konkreten Verletzungshandlung geltend gemacht werden können, die der Kläger vortragen und beweisen kann. Dem wird in der Literatur[705] zu Recht entgegengehalten, daß der Verletzte nach gefestigter Rechtsprechung[706] Auskunft auch über den **Umfang**

[699] BGH GRUR 1957, 336 – *Rechnungslegung*; BGH GRUR 1962, 354, 357 – *Furniergitter*; BGH GRUR 1976, 367, 368 – *Ausschreibungsunterlagen*; BGH GRUR 1978, 52, 53 – *Fernschreibverzeichnisse*; BGH GRUR 1981, 535 – *Wirtschaftsprüfervorbehalt*; vgl. näher Großkomm/*Köhler* Vor § 13, B, Rdn. 413; *Teplitzky*[6] Kap. 38 Rdn. 28 – 32; *Baumbach/Hefermehl* Einl. UWG Rdn. 404. Näher unten Rdn. 427.

[700] BGH GRUR 1976, 367, 368 – *Ausschreibungsunterlagen*; vgl. auch *Schulze zur Wiesche* GRUR 1978, 53, 54.

[701] BGH GRUR 1978, 52, 53 – *Fernschreibverzeichnisse*.

[702] BGH GRUR 1987, 647, 648 – *Briefentwürfe*.

[703] BGHZ 70, 39, 43 = GRUR 1978, 187, 189 – *Alkoholtest* m. Anm. *Fezer*; BGH GRUR 1979, 804, 806 – *Falschmeldung*; BGH GRUR aaO – *Briefentwürfe*.

[704] GRUR 1988, 307, 308; zustimmend *Teplitzky* GRUR 1989, 461, 464. Bestätigt durch BGH GRUR 1992, 523, 525 – *Betonsteinelemente*, ohne auf die in der Literatur geäußerte Kritik einzugehen; zustimmend *Teplitzky* GRUR 1991, 709, 711 und – eingehender – *Teplitzky*[6] Kap. 38 Rdn. 7.

[705] *U. Krieger* GRUR 1989, 802, 803; *Tilmann* GRUR 1990, 160 ff; a. A. *Teplitzky*[6] ebenda.

[706] So schon RGZ 107, 251, 255 (für das Patentrecht); RGZ 108, 1, 7 (für das Warenzeichenrecht); ebenso BGHZ 95, 274, 278 = GRUR 1986, 62, 64 –

der Rechtsverletzung verlangen kann, wenn die *Tatsache der Rechtsverletzung bekannt* und lediglich ihr *Ausmaß unbekannt* ist. Der Verletzte muß dann die Möglichkeit haben, von dem Verletzer Auskunft über *alle* Handlungen zu erhalten, die innerhalb der Verjährungsfrist liegen. Die gegenteilige Rechtsprechung des BGH steht auch im Widerspruch zu der BGH-Entscheidung *GEMA-Vermutung II*[707], nach der der Verletzte eine *Grundauskunft* über weitere Verletzungshandlungen, auch frühere, verlangen kann (näher Rdn. 229). Da sich der Auskunftsanspruch aus dem durch den Wettbewerbsverstoß entstandenen *gesetzlichen Schuldverhältnis* herleitet, erstreckt er sich zwingend auf den **gesamten Umfang des – fortgesetzten – Verstoßes** und nicht nur auf die Zeit, ab der dem Verletzer erstmals eine Verletzungshandlung nachgewiesen werden kann[708]. Das Interesse des Verletzers, für früher begangene Verstöße nicht zum Schadensersatz herangezogen zu werden, wird hinreichend durch die Verjährungsregeln gewahrt[709]. Daher bezieht sich der Auskunftsanspruch auf alle, auch auf die *vor* dem ersten nachgewiesenen Verstoß liegenden Verletzungshandlungen, es sei denn, der Verletzer könnte sich auf Verjährung berufen[710].

234 (4) **Erledigung während des Verfahrens.** Bei dem Auskunftsanspruch besteht die Besonderheit, daß er sich bei Wettbewerbsverstößen nicht selten während des Verfahrens dadurch **erledigt**, daß der Beklagte zwar seine Verpflichtung zur Unterlassung und zum Schadensersatz und damit auch zur Auskunftserteilung bestreitet, gleichwohl aber in seinen Schriftsätzen die vom Kläger verlangten Angaben macht[711]. Dies geschieht oft nebenbei, ohne besondere Hervorhebung, erst recht ohne Anerkennung einer Auskunftspflicht, und wird daher vom Kläger nicht selten übersehen. Dieser muß aber darauf reagieren und prüfen, ob die Angaben seinen Auskunftsanspruch ganz oder teilweise erfüllen. Dabei kommt es – was in der Praxis häufig nicht beachtet wird – nicht darauf an, ob der Kläger die ihm auf diese Weise gemachten Angaben für richtig oder falsch, vollständig oder unvollständig hält. Auch falsche und unvollständige Angaben erfüllen den Auskunftsanspruch. Hegt der Kläger Zweifel an der Richtigkeit und Vollständigkeit der Auskunft, so muß er nach § 260 Abs. 2 BGB vorgehen und Antrag auf eidesstattliche Versicherung stellen[712].

235 bb) **Antrag auf Rechnungslegung. (1) Allgemeines.** Der Anspruch auf Rechnungslegung[713] folgt entweder aus besonderen gesetzlichen Bestimmungen – §§ 666, 675 BGB bei Auftrag und Geschäftsbesorgung bzw. §§ 687 Abs. 2, 681, 666 BGB bei berechtigter

GEMA-Vermutung I (für das Urheberrecht); gleiches gilt auch für das **Wettbewerbsrecht,** vgl. *Teplitzky*[6] Kap. 38 Rdn. 6; *U. Krieger* GRUR aaO Fn. 10.

[707] BGHZ 95, 285, 292 = GRUR 1988, 604, 605. Erforderlich ist freilich immer der Nachweis einer konkreten Verletzungshandlung; das Auskunftsbegehren darf nicht bezwecken, die gemutmaßte konkrete Verletzungshandlung erst herauszufinden (Ermittlungsauskunft), vgl. BGH GRUR 1978, 54, 55 – *Preisauskunft*; BGH GRUR 1987, 647, 648 – *Briefbögen*.

[708] Der **BGH** differenziert zwischen Ansprüchen aus *gesetzlichem* Schuldverhältnis und *Vertrag*. Bei letzterem will er eine Informations- und Offenbarungspflicht des Verletzers über weitere Verstöße ansetzen, vgl. BGH GRUR 1992, 61, 64 – *Preisvergleichsliste*. Das überzeugt nicht. Eine entsprechende Auskunftspflicht – wie beim Unterwerfungsvertrag – ergibt sich auch aus dem durch die Verletzung erzeugten gesetzlichen Schuldverhältnis. Solche Aufklärungspflichten hat der BGH in anderem Zusammenhang anerkannt (vgl. BGH GRUR 1987, 54, 55 – *Aufklärungspflicht des Abgemahnten* m. Anm. *Lindacher*); es ist nicht einzusehen, weswegen sie nicht auch hier gelten sollten.

[709] So zutreffend *Tilmann* GRUR aaO 162.

[710] BGH aaO – *GEMA-Vermutung II*; *U. Krieger* GRUR aaO 802, 803; *Tilmann* GRUR ebenda. Vgl. dazu auch die Rechtsprechung im *Patentrecht* BGH GRUR 1956, 265, 269; BGH GRUR 1992, 612, 616 – *Nicola* (für Sortenschutzrecht).

[711] *Teplitzky*[6] Kap. 52 Rdn. 7.

[712] Vgl. *Teplitzky*[6] Kap. 38 Rdn. 36.

[713] Vgl. zum Anspruch auf Rechnungslegung Großkomm/*Köhler* aaO Rdn. 399 ff, 402; *Teplitzky*[6] Kap. 39 Rdn. 1 ff; *Baumbach/Hefermehl* Einl. UWG Rdn. 408 f.

und wissentlich unberechtigter Geschäftsführung ohne Auftrag[714] – oder aus dem durch die schuldhafte Verletzung von gewerblichen Schutzrechten oder des Urheberrechts begründeten gesetzlichen Schuldverhältnis und der daraus resultierenden Schadensersatzpflicht (§§ 687 Abs. 2, 681, 667 BGB analog)[715]. Im letzteren Fall besteht ein Anspruch auf Rechnungslegung freilich nur dann, wenn der Verletzte aus den drei möglichen Alternativen der Schadensersatzberechnung Ersatz des konkreten Schadens, Lizenzanalogie, Herausgabe des Verletzergewinns[716] – die **Herausgabe des** vom Verletzer **erzielten Gewinns** wählt[717]. Der Anspruch auf Rechnungslegung tritt in solchen Fällen neben den Auskunftsanspruch und kann selbständig geltend gemacht werden.

Bei **Wettbewerbsverletzungen** verneint die Rechtsprechung für den Regelfall einen **236**
Anspruch auf Rechnungslegung und gibt dem Verletzten nur einen Auskunftsanspruch[718]. Dies wird damit begründet, daß bei Wettbewerbsverletzungen regelmäßig nur Anspruch auf Ersatz des konkreten, dem Verletzten entstandenen Schadens, nicht auf Herausgabe des Verletzergewinns besteht. Läßt sich der konkrete Schaden nicht genau feststellen, so dient der Auskunftsanspruch dazu, die notwendigen und geeigneten Grundlagen für eine Schadensschätzung nach § 287 ZPO zu gewinnen[719]. Einen Anspruch auf Rechnungslegung braucht der Verletzte in solchen Fällen nicht[720].

Indessen hat die Rechtsprechung bei bestimmten wettbewerbsrechtlichen Fallkon- **237**
stellationen dem Verletzten die Möglichkeit eröffnet, seinen Schaden auf der Basis des herauszugebenden Verletzergewinns oder der Zahlung einer fiktiven Lizenzgebühr zu berechnen, ohne den Nachweis eines konkreten Schadens und des ursächlichen Zusammenhangs zwischen Verletzungshandlung und Schaden führen zu müssen[721]. Dies gilt für solche Wettbewerbsverletzungen, bei denen eine der **Verletzung eines** ausschließlichen **Immaterialgüterrechts** (bei der die drei Berechnungsalternativen seit je zugelassen sind[722]) **vergleichbare Interessenlage** gegeben ist. So hat der BGH in Fällen **sklavischer Nachahmung** bzw. der **unberechtigten Übernahme** eines wettbewerbsrechtlichen und **nach § 1 UWG geschützten Leistungsergebnisses** die Schadensberechnung nach Lizenzanalogie oder Herausgabe des Verletzergewinnes zugelassen[723], weil wegen des besonderen Schutzwertes des nachgebildeten bzw. übernommenen

---

[714] Vgl. *Teplitzky*[6] Kap. 39 Rdn. 3; *Baumbach/Hefermehl* aaO Rdn. 408.

[715] Ständ. Rechtsprechung; vgl. RGZ 46, 14, 17f; BGHZ 34, 320 = GRUR 1961, 354 – *Vitasulfal*; BGHZ 44, 372, 374 = GRUR 1966, 375, 376 – *Meßmer-Tee II*; bei **Urheberrechts-** und **Geschmacksmusterrechtsverletzungen** ist der Rechnungslegungsanspruch ausdrücklich im Gesetz vorgesehen (vgl. § 97 Abs. 1 S. 2 UrhG, § 14a Abs. 1 S. 2 GeschmMG). Vgl. Großkomm/*Köhler* aaO Rdn. 400; *Teplitzky* ebenda; *Baumbach/Hefermehl* ebenda.

[716] Zu den drei Berechnungsmethoden vgl. statt aller Großkomm/*Köhler* aaO Rdn. 422ff; *Baumbach/Hefermehl* aaO Rdn. 381ff und – bereits unter Berücksichtigung neuer Rechtsprechungsakzente (BGH WRP 1992, 700, 703f, 705 – *Tchibo/Rolex II*) – *Teplitzky*[6] Kap. 34 Rdn. 18–34.

[717] Zutreffend *Schulze zur Wiesche* GRUR 1978, 53, 54. Teils **a. A.**, stärker differenzierend Großkomm/*Köhler* aaO Rdn. 423–425; *Teplitzky*[6] Kap.39 Rdn. 4f.

[718] BGH GRUR 1969, 292, 294 – *Buntstreifensatin II*; BGH GRUR 1978, 52f – *Fernschreibverzeichnisse* m. Anm. *Schulze zur Wiesche*; *Baumbach/Hefermehl* aaO Rdn. 408.

[719] BGH GRUR 1965, 313, 314 – *Umsatzauskunft*; BGH GRUR 1978, 52, 53 – *Fernschreibverzeichnisse* m. Anm. *Schulze zur Wiesche* 53, 54.

[720] *Baumbach/Hefermehl* ebenda.

[721] BGH GRUR 1972, 189 – *Wandsteckdose II*; BGH GRUR 1973, 478, 480 – *Modeneuheit*; BGH GRUR 1981, 517, 520 – *Rollhocker*; OLG Köln GRUR 1991, 60, 62; *Baumbach/Hefermehl* ebenda; *Schulze zur Wiesche* GRUR 1978, 54.

[722] Statt vieler BGH GRUR 1959, 379 – 379 – *Gasparone*; BGH GRUR 1962, 401 – *Kreuzbodenventilsäcke II*; BGH GRUR 1962, 509 – *Dia-Rähmchen II*; BGH GRUR 1974, 53 – *Nebelscheinwerfer*; BGH GRUR 1975, 85 – *Clarissa*.

[723] BGH GRUR 1972, 189 – *Wandsteckdose II*; BGH GRUR 1973, 478, 480 – *Modeneuheit*; BGH WRP 1992, 700, 702, 705f – *Tchibo/Rolex II*.

Erzeugnisses auch jedem anderen die Nachbildung untersagt ist und somit eine dem Immaterialgüterrecht entsprechende Leistungsposition zur eigenen Gewinnerzielung ausgenutzt wird[724]. Entsprechendes gilt bei **Namens- und Firmenrechtsverletzungen** (§ 16 UWG)[725]. Auch bei der **Benutzung fremder Vorlagen**, von **Geschäftsgeheimnissen** oder des **technischen Know-how** (§§ 17 ff UWG) ist eine dem Eingriff in den Bestand eines gewerblichen Schutzrechtes vergleichbare Lage gegeben[726], so daß dem Verletzten alle drei Alternativen für seine Schadensberechnung zu Gebote stehen. Alle diese Fälle haben gemeinsam, daß niemand durch den unerlaubten Eingriff in zwar nicht aufgrund Sonderrechtsschutzes absolut, aber doch nach §§ 1, 16, 17 ff UWG geschützte Rechtspositionen besser gestellt werden soll, als er im Fall einer ordnungsmäßig nachgesuchten und entgeltlich erteilten Erlaubnis durch den Rechtsinhaber gestanden hätte[727]. Der Verletzte ist in solchen Fällen häufig auch gar nicht in der Lage, seinen Schaden konkret zu berechnen, darzulegen und zu belegen; er muß auf fiktive Lizenzgebühr oder Herausgabe des Verletzergewinns ausweichen[728]. Fordert er als Schadensersatz die Herausgabe des vom Verletzer erzielten Gewinns, braucht er vom Verletzten die **Rechnungslegung**, um überhaupt die Angaben in die Hand zu bekommen, mit deren Hilfe er seinen Anspruch berechnen kann[729].

238 (2) **Bestimmtheitsgebot.** Der Klageantrag auf Rechnungslegung unterliegt dem Bestimmtheitsgebot nach § 253 Abs. 2 Nr. 2 ZPO. In ihm muß angegeben werden, worüber Rechnung gelegt werden soll. Regelmäßig wird ein solcher Antrag die gelieferten Warenmengen (Stückzahlen etc), die Daten der Lieferungen, die Verkaufspreise, die Einkaufpreise und die Grundlagen und Details der Kalkulation des Verletzers zum Gegenstand haben[730]. Wird die Vorlage von Belegen verlangt, so müssen die geforderten Belege im einzelnen aufgeführt werden[731].

Soweit ein Kläger Rechnungslegung beantragt, es aber inhaltlich um eine Auskunft geht, handelt es sich in der Regel um eine Ungenauigkeit des Ausdruckes, die unschädlich ist[732].

239 Der Kläger kann im Laufe des Rechtsstreits von der einen auf eine andere Berechnungsart (konkreter Schaden, Lizenzanalogie, Herausgabe des Verletzergewinns) wechseln[733]. Darin liegt keine Klageänderung[734]. Denn bei den verschiedenen Berechnungsmethoden des Schadensersatzes handelt es sich lediglich um verschiedene Maßstäbe für die Errechnung der Schadenshöhe, nicht um verschiedene Ansprüche[735]. Die Möglichkeit, auf eine andere Art der Schadensberechnung überzugehen, verliert der Kläger

---

[724] BGH GRUR aaO – *Wandsteckdose II*; BGH GRUR aaO – *Modeneuheit*; BGH GRUR 1981, 517, 520 – *Rollhocker*.

[725] BGHZ 34, 320 = GRUR 1961, 354 – *Vitasulfal*; BGH GRUR 1973, 375, 378 – *Miß Petite*.

[726] BGH GRUR 1960, 554, 556 – *Handstrickverfahren*; BGH GRUR 1965, 313 f – *Umsatzauskunft*; *Baumbach/Hefermehl* aaO Rdn. 408 aE; *Schulze zur Wiesche* GRUR aaO 54.

[727] BGH GRUR aaO – *Wandsteckdose II*; BGH GRUR 1973, 478, 480 – *Modeneuheit*; BGH WRP aaO – *Tchibo/Rolex II*; OLG Köln GRUR 1991, 60, 62.

[728] Instruktives *Beispiel* betr. die Abrechnung des Schadens aus der Imitation von Rolex-Uhren (vgl. dazu schon BGH GRUR 1985, 876 – *Tchibo/Rolex I*): BGH WRP aaO – *Tchibo/Rolex II*; Vorinstanz: OLG Köln GRUR 1991, 60.

[729] *Baumbach/Hefermehl* aaO Rdn. 408.

[730] Näher *Teplitzky*[6] Kap. 39 Rdn. 9.

[731] MünchKommZPO/*Lüke* § 253 Rdn. 143; zu unbestimmt das Begehren nach *„allen Belegen zu den sich aus den begehrten Auskünften ergebenden Positionen"*.

[732] Vgl. dazu BGH GRUR 1978, 52 f – *Fernschreibverzeichnisse*.

[733] BGH WRP 1992, 700, 703 – *Tchibo/Rolex II*; OLG Köln GRUR 1991, 60, 61. Anders noch, aber überholt BGH GRUR 1977, 539, 542 – *Prozeßrechner*.

[734] BGH WRP aaO – *Tchibo/Rolex II*; Vorinstanz: OLG Köln GRUR ebenda.

[735] BGH GRUR 1972, 189 – *Wandsteckdose II*; *Teplitzky*[6] Kap. 34 Rdn. 25.

nicht dadurch, daß er sich in seinem Klageantrag auf eine bestimmte Berechnungsart festgelegt hat[736]. Er kann auch mehrere Berechnungsarten durch Haupt- und Hilfsantrag in den Rechtsstreit einführen[737]. Unzulässig ist es allerdings, mehrere Berechnungsarten zu verquicken, d. h. gemischt nach ihnen abzurechnen[738].

(3) **Konkretisierungsgebot.** Die Rechnung muß gemäß § 259 Abs. 1 BGB eine schriftliche, geordnete Zusammenstellung der Einnahmen und Ausgaben für einen bestimmten Zeitraum in verständlicher, verkehrsüblicher Weise enthalten[739]. Soweit üblicherweise Belege ausgestellt werden, muß der Verletzer solche beifügen[740]. Der Klageantrag muß daher auf diese Angaben und die Vorlage von Belegen (z. B. Lieferscheine, Rechnungen etc.) unter Bezug auf die beanstandete Wettbewerbsverletzung konkretisiert werden. **240**

Im übrigen gilt zur Konkretisierung dasselbe wie beim Auskunftsantrag (Rdn. 228 ff), auch bezüglich seiner **zeitlichen Begrenzung** (Rdn. 233) und bezüglich des **Wirtschaftsprüfervorbehalts** (Rdn. 231).

d) **Anträge des Beklagten bei der Klage auf Auskunft und/oder Rechnungslegung.** **241**
aa) **Abweisungsantrag.** Der Beklagte wird in der Regel einen Abweisungsantrag stellen; insoweit ergeben sich keine Besonderheiten. Eine Widerklage wird bezüglich dieses Antrags regelmäßig nicht erhoben. Es kann daher auf Rdn. 174 verwiesen werden.

bb) **Aufbrauchsfrist.** Die Beantragung und Gewährung einer Aufbrauchs- und Umstellungsfrist durch den Beklagten sind für den Auskunfts- und Rechnungslegungsanspruch grundsätzlich ohne Bedeutung; denn auch die Schadensersatzverpflichtung, deren Berechnung und Durchsetzung der Auskunftsanspruch erleichtern und befördern soll, bleibt von der Aufbrauchsfrist unberührt (vgl. Rdn. 185). Allerdings erstreckt sich der Schadensersatzanspruch nicht auf die im Rahmen der gewährten Aufbrauchsfrist vorgenommenen Handlungen; denn insoweit handelt der Beklagte nach der neueren Tendenz in der Rechtsprechung des BGH nicht (mehr) rechtswidrig (näher Rdn. 180, 185). Daher können sich auch der Auskunfts- und Rechnungslegungsanspruch nicht auf diese Handlungen beziehen. Soweit das Gericht zur Bemessung einer richtigen Aufbrauchsfrist Angaben über die noch vorhandenen Bestände, über die Dauer der regelmäßigen Abverkaufsfrequenz, über die Länge einer Umstellungsfrist braucht, ist es **Sache des Beklagten,** zur Substantiierung seines Aufbrauchsbegehrens diese Angaben vorzutragen (vgl. Rdn. 186); dies hat mit dem Umfang des dem Kläger zustehenden Auskunftsanspruches nichts zu tun. **242**

e) **Klageantrag auf Zahlung. aa) Allgemeines.** Der auf Zahlung gerichtete Klageantrag hat im Wettbewerbsrecht nur geringe Bedeutung[741]. Er spielt einmal eine Rolle bei der Durchsetzung von Schadensersatz- oder Vertragsstrafenansprüchen, wenn diese beziffert werden können oder als letzte Stufe einer Klage nach § 254 ZPO[742] geltend gemacht werden, und zum anderen bei der Erstattung von Abmahnkosten. Der Kläger kann, wenn er den Schadensersatz (noch) nicht beziffern kann, ausnahmsweise einen unbezifferten Klageantrag stellen (näher Rdn. 244/245). Die Probleme der wettbewerbs- **243**

---

736 BGH WRP aaO – *Tchibo/Rolex II*; Vorinstanz: OLG Köln GRUR ebenda; vgl. andererseits BGH GRUR 1977, 539, 542 – *Prozeßrechner*, dem aber eine Verquickung mehrerer Berechnungsarten zugrundelag.

737 OLG Köln GRUR aaO 61 r.Sp. aE.

738 BGH WRP aaO – *Tchibo/Rolex II*; BGH GRUR aaO – *Prozeßrechner*; zu Verständnis und Modifierungen des Verquickungsverbots und einer Einschränkung der *Prozeßrechner*-Entscheidung vgl. Großkomm/*Köhler* Vor § 13, B, Rdn. 351 sowie *Teplitzky*[6] Kap. 34 Rdn. 21–24.

739 BGHZ 39, 87, 94 f; *Teplitzky*[6] Kap. 39 Rdn. 7.

740 BGHZ ebenda.

741 Vgl. näher *Teplitzky*[6] Kap. 52 Rdn. 30; *Baumbach/Hefermehl* aaO Rdn. 488 ff.

742 Näher *Baumbach/Hefermehl* aaO Rdn. 488.

rechtlichen Zahlungsklage liegen in der Schwierigkeit der Berechnung und des Nachweises des dem Kläger entstandenen Schadens[743]. Die **Schadensschätzung nach § 287 ZPO** spielt daher im Wettbewerbsrecht eine sehr viel größere Rolle als im allgemeinen Zivilprozeß[744]. Der Kläger muß zwar, soweit er dies aufgrund ihm zugänglicher Angaben kann, seinen Schaden beziffern und darlegen und so dem Gericht Anhaltspunkte für eine mögliche Schadensschätzung an die Hand geben. Andererseits kommt ihm, wenn er konkrete Angaben nicht oder nur unvollständig machen kann, die Darlegungs- und Beweiserleichterung des § 287 ZPO zugute[745]. Daher können auch pauschale, nicht sonderlich substantiierte Schadensbegründungen ausreichen[746], sogar nicht vorgetragene Tatsachen Berücksichtigung finden[747] und auch allgemeine Erfahrungsregeln[748] einfließen.

244 bb) **Bestimmtheitsgebot bei Zahlungsantrag.** Ein Klageantrag, der auf **Zahlung** gerichtet ist, z. B. auf Schadensersatz, Erstattung von Abmahnkosten etc., ist grundsätzlich **ziffernmäßig** zu bestimmen (nach § 253 Abs. 2 Nr. 2 ZPO)[749]. Ausnahmsweise darf der Kläger von einer Bezifferung des auf Zahlung gerichteten Klageantrags absehen, wenn die ziffernmäßige Festlegung entscheidend von der Ausübung des richterlichen Ermessens oder einer richterlichen Schätzung (§ 287 ZPO) abhängig ist[750]. Trägt der Kläger alsdann die zur Ermittlung seiner Forderung nötigen tatsächlichen Grundlagen vor, so sieht die Rechtsprechung das Bestimmtheitsgebot als erfüllt an. Es reicht insoweit aus, den Klageantrag in der Weise zu formulieren, daß ein vom Gericht zu schätzender Schadensbetrag verlangt wird, wobei eine Mindesthöhe („mindestens ... DM") angegeben werden kann, um die Bandbreite des richterlichen Ermessens oder der richterlichen Schätzung nach unten zu begrenzen.

245 Ein unbezifferter Klageantrag, der auf Verurteilung zur Zahlung (meist Schadensersatz) zielt, ist dann, wenn das Gericht keine Schätzung vornehmen soll, als **Feststellungsantrag** zu verstehen[751].

246 cc) **Bestimmtheitsgebot bei Stufenklage.** Wenn die Leistungsklage (auf Schadensersatz) mit dem Antrag auf Rechnungslegung, auf Vorlage des Vermögensverzeichnisses oder auf Abgabe der eidesstattlichen Versicherung (§ 259 Abs. 2 BGB) verbunden wird – **Stufenklage** (§ 254 ZPO) –, stellt der Kläger zunächst einen **unbezifferten Antrag**; er verstößt damit nicht gegen das Bestimmtheitsgebot (§ 253 Abs. 2 Nr. 2 ZPO). Wird während des Rechtsstreits Rechnung gelegt, ein Vermögensverzeichnis vorgelegt oder gibt der Beklagte die eidesstattliche Versicherung ab, so ist der Kläger

---

743 Eingehend und eine stärkere Anwendung des § 287 ZPO befürwortend *Teplitzky*[6] Kap. 52 Rdn. 31, 33 ff; *Teplitzky* GRUR 1989, 461, 465; vgl. *P. Arens* ZZP 88 (1975), 1, 44 ff; *Klauser* JZ 1968, 167, 168 f; *Volhard* Festschr. Oppenhoff (1985), 509, 517 ff.

744 *Teplitzky* aaO Rdn. 33.

745 Vgl. jetzt besonders BGH WRP 1992, 700, 705 f – *Tchibo/Rolex II*; ferner BGH VersR 1962, 1099; BGH NJW 1964, 589, 590; BGH GRUR 1974, 735, 736 – *Pharmamedan*; BGH GRUR 1975, 434, 437 f – *BOUCHET*; BGH GRUR 1979, 869, 871 – *Oberarmschwimmringe* (für Schadensersatz aus § 945 ZPO) m. zust. Anm. *Pietzcker*; BGHZ 100, 31, 33 f = GRUR 1987, 630, 631 f – *Raubpressungen*; BGH, Beschl. v. 3. 2. 1988 – I ZR 90/87, mitgeteilt bei *Teplitzky* GRUR 1989, 461, 464.

746 BGH WRP aaO – *Tchibo/Rolex II*; *Teplitzky* aaO Rdn. 35; *Klauser* JZ aaO 167, 169 m. weit. Nachw.

747 Vgl. BGH VersR 1962, 1099; BGH NJW 1964, 589; BGH VersR 1966, 162; *Teplitzky* ebenda; kritisch *Klauser* JZ ebenda.

748 BGH GRUR 1974, 735, 736 – *Pharmamedan*; BGH WRP aaO – *Tchibo/Rolex II*; *Teplitzky*[6] Kap. 52 Rdn. 35.

749 *Stein/Jonas/Schumann* § 253 Rdn. 31; MünchKommZPO/*Lüke* § 253 Rdn. 94; *Baumbach/Hefermehl* aaO Rdn. 457.

750 BGHZ 45, 91, 93; BGH NJW 1967, 1420, 1421; BGH NJW 1969, 1427, 1428; *Baumbach/Hefermehl* aaO Rdn. 457 aE.

751 BGH GRUR 1990, 1012, 1014 – *Pressehaftung I*.

imstande, seinen Schaden zu beziffern, und muß seinen Antrag umstellen[752]. Bleibt er gleichwohl bei seinem unbezifferten Antrag, so ist dieser durch Prozeßurteil als unzulässig abzuweisen[753]. Stellt der Kläger dagegen von vorneherein einen unbezifferten Antrag auf Schadensersatz, weil das Gericht nach § 287 ZPO schätzen soll, so hat es den Antrag als *Feststellungsantrag* anzusehen und zu behandeln[754].

VI. Klageverfahren

Literatur

Ahrens Die Mehrfachverfolgung desselben Wettbewerbsverstoßes, WRP 1983, 1; *Altenmüller* Die schiedsrichterliche Entscheidung kartellrechtlicher Streitigkeiten (1973); *Benkard* Patentgesetz, 8. Aufl. (1988) mit *Bearbeiter*; *Bergerfurth* Hilfsanträge zur Erledigung der Hauptsache? NJW 1968, 530; *Bergerfurth* Erledigung der Hauptsache im Zivilprozeß, NJW 1992, 1655; *Blomeyer* Die Klageänderung und ihre prozessuale Behandlung, JuS 1970, 123 und 229; *Borck* Vom Nutzen und Nachteil der Klageänderung für den Wettbewerbsprozeß, WRP 1979, 431; *Borck* Die einseitige Erledigungserklärung im Unterlassungsrechtsstreit, WRP 1987, 8; *Brückmann* Klageänderung und „Umformulierung" von Unterlassungsanträgen im Wettbewerbsprozeß, WRP 1983, 656; *Deubner* Grundprobleme der Erledigung der Hauptsache, JuS 1962, 205; *v. Gamm* Kartellrecht, 2. Aufl. (1990); *v. Gamm* Wein- und Bezeichnungsvorschriften des Gemeinschaftsrechts und nationales Recht gegen den unlauteren Wettbewerb, GRUR 1984, 165; *Göppinger* Die Erledigungserklärung im Verfahren wegen Arrestes und einstweiliger Verfügung ZZP 70 (1957), 423; *Gross* Klageänderung und Klagerücknahme, ZZP 75 (1962), 93 und 447; ZZP 76 (1963), 200; *Habscheid* Der gegenwärtige Stand der Lehre von der Erledigung des Rechtsstreits in der Hauptsache, JZ 1963, 624; *Hadding* Die Klagebefugnis der Mitbewerber und der Verbände nach § 13 Abs. 1 UWG im System des Zivilprozeßrechts; *Harraeus* Über den gleichzeitigen Ablauf von Patentverletzungs- und Patentnichtigkeitsverfahren, GRUR 1964, 181; *Henckel* Die Klagerücknahme als gestaltende Verfahrenshandlung, Festschr. E. Bötticher (1969), 173; *Horn* Patentverletzungsprozeß und Nichtigkeitsverfahren, GRUR 1969, 169; *Immenga/Mestmäcker* GWB, 2. Aufl. (1992) mit *Bearbeiter*; *Langen/Niederleithinger/Ritter/Schmidt* GWB, 6. Aufl. (1982); *K. Schmidt* Aussetzungszwang gemäß § 96 II GWB, NJW 1977, 10; *Lipps* Schiedsabreden in wettbewerbsbeschränkenden Verträgen, BB 1965, 312; *Loewenheim* Probleme der vorprozessualen Abmahnung bei der Verfolgung von Wettbewerbsverstößen durch Verbände, WRP 1979, 839; *v. Maltzahn* Die Aussetzung im Patentverletzungsprozeß nach § 148 ZPO bei erhobener Patentnichtigkeitsklage, GRUR 1985, 163; *Möhring* Das Gesetz gegen Wettbewerbsbeschränkungen in der Rechtsprechung des Bundesgerichtshofes, NJW 1963, 133; *Schulz* Die Erledigung von Rechtsmitteln, JZ 1983, 331; *Schwab* Die einseitige Erledigungserklärung, ZZP 72 (1959), 127; *Smid* Verfahren und Kriterien der Kostenentscheidung nach § 91 a ZPO, ZZP 97 (1984), 245; *Steindorff* Kartellrecht und Schiedsgerichtsbarkeit, WuW 1984, 198; *Teplitzky* Wettbewerbsrechtliche Ansprüche, 6. Aufl. (1992); *Teplitzky* Streitfragen beim Arrest und bei der einstweiligen Verfügung, DRiZ 1982, 41; *Teplitzky* Die Rechtsfolgen der unbegründeten Ablehnung einer strafbewehrten Unterlassungserklärung; GRUR 1983, 609; *Teplitzky* Die jüngste Rechtsprechung des Bundesgerichtshofs zum wettbewerblichen Anspruchs- und Verfahrensrecht, GRUR 1989, 461; GRUR 1990, 393 und GRUR 1991, 709; *Tetzner* Klagehäufung im Wettbewerbsrecht, GRUR 1981, 803; *Teubner/Prange* Die hilfsweise Erledigungserklärung, MDR 1989, 586; *Traub* Wettbewerbsrechtliche Verfahrenspraxis, 2. Aufl. (1991); *Ulrich* Die „Erledigung" des einstweiligen Verfügungsverfahrens durch nachlässige Prozeßführung, WRP 1990, 651; *Ulrich* Die Erledigung der Hauptsache im Wettbewerbsprozeß, GRUR 1982, 14; *Wieczorek* ZPO, 2. Aufl. (1976 ff); *v. Winterfeld* Zur Unständigkeitsverteilung zwischen allgemeinen Zivilgerichten und Kartellgerichten, NJW 1985, 1816. Zur Kommentarliteratur vgl. die Literatur vor Rdn. 16.

---

752 *Stein/Jonas/Schumann* § 254 Rdn. 21; MünchKommZPO/*Lüke* § 254 Rdn. 21; *Zöller/Stephan* § 254 Rdn. 3. Zum Umfang der *Verjährungsunterbrechung* bei der Stufenklage: BGH NJW 1992, 2563.

753 RGZ 84, 370; OLG Düsseldorf NJW 1965, 2352; OLG Stuttgart NJW 1969, 1216; MünchKommZPO/*Lüke* ebenda; *Zöller/Stephan* ebenda m. weit. Nachweisen.

754 BGH GRUR 1990, 1012, 1014 – *Pressehaftung I.*

1. Klagehäufung

247 a) **Anspruchshäufung (objektive Klagehäufung).** Die Anspruchshäufung (objektive Klagehäufung) liegt bei einer Mehrheit von Streitgegenständen und Identität der Parteien vor[755]. In Wettbewerbsstreitigkeiten begegnet man ihr äußerst häufig[756]. Sie ist unter den Voraussetzungen des § 260 ZPO ohne weiteres zulässig: Für sämtliche vom Kläger geltend gemachten Ansprüche gegen denselben Beklagten müssen das Prozeßgericht zuständig und dieselbe Prozeßart zulässig sein[757]. Diese Voraussetzungen liegen bei den in Wettbewerbsstreitigkeiten typischen Fallgestaltungen so gut wie ausnahmslos vor. So kann der Kläger gegen denselben Beklagten **mehrere Unterlassungsansprüche** geltend machen; diese können sich entweder aus verschiedenen Wettbewerbshandlungen des Beklagten herleiten[758], oder sie können verschiedene Verletzungsformen ein und derselben Wettbewerbshandlung betreffen[759]. Vielfach werden mit dem Unterlassungsanspruch **Ansprüche auf Beseitigung,** oder **Schadensersatz** oder auf **Kostenerstattung** oder auf **Vertragsstrafe** kombiniert, auch ein Anspruch auf **Auskunfts- oder Rechnungslegung** zur Berechnung eines Schadensersatzanspruchs[760] oder Ansprüche auf **Löschung von Firma und/oder Warenzeichen**[761]. Diese Fälle, in denen mehrere Ansprüche **kumulativ** geltend gemacht werden, bieten, wenn die Anträge korrekt gestellt sind, keine Besonderheiten[762].

248 Probleme können sich hingegen bei der **eventualen** Anspruchshäufung ergeben, bei der **Haupt- und Hilfsanträge** gestellt werden[763]. Dies findet man in wettbewerbsrechtlichen Klageverfahren recht häufig; der Kläger will mit dem Hilfsantrag gegenüber dem allgemein gefaßten Hauptantrag die konkrete Verletzungsform genauer erfassen und das Risiko einer vollständigen Klageabweisung vermeiden (näher Rdn. 158).

---

[755] Vgl. *Stein/Jonas/Schumann* § 260 Rdn. 7, 8, 37; MünchKommZPO/*Lüke* § 260 Rdn. 4 f; *Zöller/Stephan* § 260 Rdn. 1, 2.

[756] *Teplitzky*[6] Kap. 46 Rdn. 3.

[757] Näher dazu *Stein/Jonas/Schumann* aaO Rdn. 31 ff; MünchKommZPO/*Lüke* aaO Rdn. 31 f; *Zöller/Stephan* aaO Rdn. 2.

[758] *Teplitzky* aaO Rdn. 3; *Beispiele*: BGH GRUR 1989, 115 – *Mietwagen-Mitfahrt*; BGH GRUR 1990, 687, 688 – *Anzeigenpreis II*; BGH GRUR 1991, 472 f – *Germania*; BGH GRUR 1991, 614, 615 – *Eigenvertriebssystem*; BGH GRUR 1991, 680 – *Porzellanmanufaktur*; BGH GRUR 1991, 917, 918 – *Anwaltswerbung*.

[759] *Teplitzky* ebenda; *Beispiele*: BGH GRUR 1990, 375 – *Steuersparmodell*; BGH GRUR 1990, 378, 379 – *Meister-Aktuell*; BGH GRUR 1991, 150 – *Laienwerbung für Kreditkarten*; BGH GRUR 1992, 66 – *Königl.-Bayerische Weisse*. Dabei ist allerdings im Einzelfall zu beachten und zu prüfen, ob der Kläger wirklich unterschiedliche Verletzungsformen meint oder ob er sein Klagebegehren, das *eine* Verletzungshandlung betrifft, nur auf mehrere unterschiedliche Anspruchsnormen stützen will (z. B. § 3 UWG und § 1 UWG). Will er ersteres, so muß er dies im Prozeß *unzweideutig kenntlich machen*; vgl. näher dazu BGH GRUR 1992, 552, 554 – *Stundung ohne Aufpreis* (Stützung des Anspruchsbegehrens auf § 1 Abs. 1 RabattG und eher beiläufig auch auf § 3 UWG) sowie *Teplitzky*[6] aaO Rdn. 2–5.

[760] *Beispiele* aus der neueren BGH-Rechtsprechung: BGH GRUR 1990, 44 – *Annoncen-Avis*; BGH GRUR 1990, 461 – *Dresdner Stollen II*; BGH GRUR 1990, 463, 464 – *Firmenrufnummer*; BGH GRUR 1991, 921, 922 – *Sahnesiphon*; BGH GRUR 1992, 61 – *Preisvergleichsliste*; BGH GRUR 1992, 117 – *IEC-Publikation*; BGH GRUR 1992, 523, 525 – *Betonsteinelemente* (jeweils Unterlassung, Auskunft und Schadensersatz); BGHZ 110, 156, 158 f = GRUR 1990, 522 – *HBV-Familien- und Wohnungsrechtsschutz* (Beseitigung und Unterlassung); BGH GRUR 1992, 61 – *Preisvergleichsliste*; BGH GRUR 1992, 171, 172 – *Vorgetäuschter Vermittlungsauftrag* (Unterlassung und Vertragsstrafe); BGH GRUR 1992, 176 – *Abmahnkostenverjährung* (Auskunft und Kostenerstattung); BGH GRUR 1991, 679 – *Fundstellenangabe* (Unterlassung und Kostenerstattung); BGH GRUR 1991, 472 f – *Germania* (verschiedene Unterlassungsansprüche, Schadensersatzfeststellung und Rechnungslegung).

[761] *Beispiele*: BGH GRUR 1991, 465 – *Salomon*; BGH GRUR 1991, 475, 476 – *Caren Pfleger*; BGH GRUR 1991, 556 f – *Leasing Partner*; BGH GRUR 1991, 863, 864 – *Avon* (Firma und Warenzeichen).

[762] *Teplitzky* aaO Rdn. 3 f.

[763] Vgl. *Stein/Jonas/Schumann* aaO Rdn. 15 ff; MünchKommZPO/*Lüke* aaO Rdn. 10 ff; *Zöller/Stephan* aaO Rdn. 6.

Der Kläger braucht mehrere Ansprüche **nicht** zu einem Verfahren zu **verbinden**. Er kann jeden Anspruch einzeln einklagen bzw. einige Ansprüche zusammenfassen, andere in getrennten Verfahren geltend machen. § 260 ZPO berechtigt den Kläger zur Verbindung, verpflichtet ihn aber nicht. Allerdings hat der Kläger bei seinem prozessualen Verhalten das Gebot von **Treu und Glauben** (§ 242 BGB) und die Schranken des **Rechtsmißbrauchs** (§ 13 Abs. 5 UWG) zu beachten. Er darf nicht mehrere Ansprüche nur deswegen trennen und in gesonderten Verfahren geltend machen, um dem Beklagten möglichst hohe Prozeßkosten zu verursachen[764]. Auch die **gestaffelte** Erhebung verschiedener Unterlassungsklagen aus *einem* Wettbewerbsverhalten wegen verschiedener konkreter Verletzungsformen („*Salami-Taktik*") ist rechtsmißbräuchlich, wenn dadurch nur Kosten zu Lasten des Beklagten produziert werden sollen[765]. **249**

b) **Parteienhäufung (subjektive Klagehäufung)**. Parteienhäufung (subjektive Klagehäufung) gibt es auf Kläger- und auf Beklagtenseite. Sie ist unter den Voraussetzungen der §§ 59, 60 ZPO in Wettbewerbsstreitigkeiten ohne weiteres zulässig[766]. **250**

Auf **Klägerseite** ist die Parteienhäufung zwar theoretisch in vielen Fällen möglich, da ein wettbewerbswidriges Verhalten in der Regel eine Vielzahl von Mitbewerbern trifft und jeder von ihnen Ansprüche geltend machen kann[767]. Doch begegnet man einem gemeinsamen Vorgehen mehrerer Mitbewerber gegen einen Konkurrenten in der Praxis nur selten[768]. Der Grund liegt darin, daß jeder betroffene Mitbewerber und die nach § 13 Abs. 2 Nr. 2 UWG klagebefugten Verbände eigene wettbewerbsrechtliche Ansprüche haben und zu deren Durchsetzung nicht auf die Hilfe von Mitbewerbern angewiesen sind[769]. Einer gesonderten Klage eines anderen Anspruchstellers steht weder die Rechtshängigkeit noch die Rechtskraft eines parallelen ersten Verfahrens entgegen; denn es handelt sich um jeweils unterschiedliche Parteien und Ansprüche[770]. In der Praxis muß überdies vielfach schnell auf einen Wettbewerbsverstoß reagiert werden; deswegen fehlt regelmäßig die Zeit für die notwendige Abstimmung. Die Tendenz in der Praxis geht eher dahin, auch bei Abstimmung unter den betroffenen Mitbewerbern nur *einen* Kläger vorzuschicken. Demgegenüber treten in großen und bedeutenden Wettbewerbssachen, die das *Interesse einer ganzen Branche* betreffen, oft viele Kläger auf, um auch dem Gericht gegenüber das Gewicht des Klagebegehrens zu verdeutlichen. **251**

Jeder Verletzte kann seine Ansprüche in **getrennten Verfahren** geltend machen. Ist wegen des angegriffenen Wettbewerbsverstoßes schon eine andere Klage anhängig, so

---

764 Vgl. *Teplitzky*[6] Kap. 13 Rdn. 60; *Baumbach/Hefermehl* § 13 Rdn. 9 empfehlen, die Streitwerte der Folgeprozesse jeweils niedriger festzusetzen, ähnlich *Loewenheim* WRP 1979, 839, 842; *Ahrens* WRP 1983, 1 ff. Indessen hängt der Streitwert vom Interesse des Klägers ab und nicht davon, ob gegen den Beklagten schon eine Klage wegen dieses Wettbewerbsverstosses anhängig oder der Beklagte sogar schon verurteilt ist. Vgl. im übrigen auch BGH GRUR 1960, 379, 381 – *Zentrale*; OLG Düsseldorf GRUR 1973, 51; OLG Hamburg MDR 1975, 32 und WRP 1981, 401; Großkomm/*Erdmann* § 13 Rdn. 137; *Baumbach/Hefermehl* § 13 Rdn. 53.

765 OLG Hamburg GRUR 1984, 826; Großkomm/*Erdmann* ebenda; *Baumbach/Hefermehl* ebenda. Vgl. aber OLG Frankfurt/M. WRP 1984, 211, 212.

766 Vgl. *Stein/Jonas/Leipold* § 59 Rdn. 2–4; MünchKommZPO/*Schilken* § 59 Rdn. 4 ff; *Zöller/Vollkommer* §§ 59, 60 Rdn. 4–7.

767 *Teplitzky*[6] Kap. 46 Rdn. 9 f; *Baumbach/Hefermehl* § 13 Rdn. 7.

768 *Beispiel*: BGH GRUR 1991, 917, 918 – *Anwaltswerbung*; Klage mehrerer Rechtsanwälte in einem Amtsgerichtsbezirk gegen ein bestimmtes Werbeverhalten einer dort ansässigen Sozietät.

769 *Baumbach/Hefermehl* ebenda; *Hadding* JZ 1970, 305, 310 f.

770 BGH GRUR 1960, 379, 380 – *Zentrale* m. Anm. *Harmsen*, OLG Düsseldorf GRUR 1973, 51 (zur Erstattungsfähigkeit der Mehrkosten); OLG Karlsruhe GRUR 1979, 558, 559; *Baumbach/Hefermehl* ebenda m. weit. Nachw.; *Hadding* JZ ebenda; *Tetzner* GRUR 1981, 803. Allerdings kann bei einem bereits existierenden Unterlassungstitel eines anderen Klägers die *Wiederholungsgefahr* fehlen, vgl. OLG Karlsruhe GRUR 1991, 619, 621.

fehlt dadurch nicht das Rechtsschutzinteresse für den neuen Kläger[771]. §§ 59, 60 ZPO berechtigen zur gemeinschaftlichen Klageerhebung, verpflichten aber nicht. Allerdings sind der Grundsatz von **Treu und Glauben** (§ 242 BGB) und die Schranken des **Rechtsmißbrauchs** (§ 13 Abs. 5 UWG)[772] zu beachten. Wenn verschiedene Kläger sich bezüglich ihres Vorgehens und auch wegen der Zwangsvollstreckung aus einem künftigen Titel abgestimmt haben und nur deswegen getrennt klagen, um zu Lasten des Beklagten möglichst *hohe Verfahrenskosten* zu produzieren, so ist das *rechtsmißbräuchlich* und muß zur Abweisung der zusätzlichen Klagen wohl bereits nach § 13 Abs. 5 UWG, mindestens aber wegen fehlenden Rechtschutzinteresses führen[773]. Darin kann auch, wenn die verschiedenen, abgestimmt vorgehenden Kläger Mitbewerber, nicht Verbände sind, seinerseits ein sittenwidriges Wettbewerbsverhalten nach § 1 UWG liegen mit der Folge eines Schadensersatzanspruchs (wegen der Kosten), die der so „überfallene" Beklagte gegen einen Kostenerstattungsanspruch aufrechnen kann. In der Praxis dürften allerdings eine solche Abstimmung und ein solcher Rechtsmißbrauch nur sehr schwer nachzuweisen sein[774].

Ebenso kann es rechtsmißbräuchlich sein, wenn verschiedene Kläger zwar gemeinsam klagen, aber jeweils *unterschiedliche Prozeßbevollmächtigte* beauftragen. Soll der Beklagten damit auf Kosten getrieben werden, so ist die Beauftragung unterschiedlicher Prozeßbevollmächtigter nicht „zur zweckentsprechenden Rechtsverfolgung notwendig" im Sinne von § 91 Abs. 1 S. 1 ZPO; die zusätzlichen Kosten sind nicht erstattungsfähig. Allerdings dürfte auch in diesen Fällen in der Praxis der Nachweis rechtsmißbräuchlichen Verhaltens nur schwer zu führen sein. Die verschiedenen Kläger werden sich darauf berufen, jeweils den Anwalt ihres Vertrauens einschalten zu wollen, was in einfach gelagerten Sachen bei klarem Wettbewerbsverstoß jedoch nicht ausreicht. Unter Umständen kann aber Interessenkollision unter den einzelnen Klägern vorliegen, so daß die Beauftragung verschiedener Anwälte sachgerecht und notwendig sein kann. Es kommt auf den *Einzelfall* an.

Der Verletzte handelt grundsätzlich nicht rechtsmißbräuchlich, wenn er **mehrere Unterlassungsansprüche**, die er zunächst in *einem* Verfügungsverfahren geltend gemacht hatte, in **getrennten Hauptklagen** weiterverfolgt, sofern einem Anspruch ein unstreitiger Sachverhalt zugrundeliegt, bei anderen aber eine Beweisaufnahme erforderlich werden kann[775].

252 Auf **Beklagtenseite** trifft man eine Parteihäufung relativ oft. Sie kommt vor, wenn für *eine* Verletzungshandlung wegen des weiten Störerbegriffs im Wettbewerbsrecht[776]

---

[771] *Baumbach/Hefermehl* ebenda.

[772] Näher zu den Schranken Großkomm/*Erdmann* aaO Rdn. 121 ff; *Teplitzky*[6] Kap. 13 Rdn. 60 u. Kap. 46 Rdn. 10; *Baumbach/Hefermehl* aaO Rdn. 46 ff.

[773] BGH GRUR 1960, 379, 381 (obiter) – *Zentrale* m. Anm. *Harmsen*; OLG Hamm, Beschl. v. 29. 07. 1982 – 4 W 95/82, (*Traub* Wettbewerbsrechtliche Verfahrenspraxis[2] (1991), S. 200); *Baumbach/Hefermehl* § 13 Rdn. 7; *Hadding* JZ aaO 311, der allerdings auf die Wiederholungsgefahr, nicht auf das Rechtsschutzinteresse abstellt. Vgl. demgegenüber OLG Düsseldorf GRUR 1973, 51: keine Erstattung der zusätzlichen Kosten (das LG hatte 26 zunächst getrennte Verfahren nach § 147 ZPO miteinander verbunden). Zur Frage, ob eine sogen. „*Konzernsalve*" (getrennte Unterlassungsklage von drei geschäftlich miteinander verbundener Unternehmen) rechtsmißbräuchlich sein kann, OLG Hamm GRUR 1991, 691; kritisch zu dieser Entscheidung *Teplitzky*[6] Kap. 13 Rdn. 60 in Fußn. 123.

[774] Das gegenseitige Zurverfügungstellen von Schriftsätzen reicht als Indiz für Rechtsmißbrauch nicht aus, vgl. BGH GRUR aaO – *Zentrale*.

[775] KG, Beschl. v. 14. 02. 1986 – 5 W 5852/85 (*Traub* aaO S. 32).

[776] Als Störer haftet im Wettbewerbsrecht – unabhängig von Art und Umfang seines eigenen Tatbeitrags – jeder, der in irgendeiner Weise willentlich und adäquat-kausal an der Herbeiführung der rechtswidrigen Beeinträchtigung mitgewirkt hat, wobei als Mitwirkung auch die Unterstützung oder Ausnutzung der Handlung eines eigenverantwortlich handelnden Dritten genügt, sofern der in An-

mehrere verantwortlich sind, etwa der Inhaber einer Marke und dessen Lizenznehmer[777] oder die ausländische Muttergesellschaft, die deutsche Tochtergesellschaft, deren Geschäftsführer, mitunter auch der deutsche Repräsentant[778]. Daneben kann eine Häufung auf Beklagtenseite auftreten, wenn mehrere Beklagte in *einem* Verfahren aus unterschiedlichen Verletzungshandlungen verklagt werden[779]. Es handelt sich um eine Kombination von objektiver und subjektiver Klagehäufung. Sofern im jeweiligen Einzelfall die Voraussetzungen der §§ 59, 60 ZPO erfüllt sind, ergeben sich keine Besonderheiten[780].

Auch auf Beklagtenseite sind der Grundsatz von **Treu und Glauben** (§ 242 BGB) und die Schranken des **Rechtsmißbrauchs** zu beachten. Beauftragen etwa mehrere Beklagte in einer offensichtlich unbegründeten Wettbewerbsklage jeweils unterschiedliche Prozeßbevollmächtigte, so kann dies ebenso rechtsmißbräuchlich sein wie entsprechend auf Klägerseite (vgl. Rdn. 251). Andererseits können gerade auf Beklagtenseite eher divergierende Interessen und damit Kollisionsprobleme auftauchen, so daß die Vertretung durch verschiedene Prozeßbevollmächtigte im *Einzelfall* durchaus angebracht und sinnvoll sein kann. Bei rechtsmißbräuchlicher „Vermehrung" der Prozeßbevollmächtigten scheidet eine Erstattung der zusätzlich verursachten Kosten aus (§ 91 Abs. 1 S. 1 ZPO)[781].

2. Klageänderung

a) **Allgemeines.** Klageänderungen kommen in Wettbewerbsstreitigkeiten relativ **253**
häufig vor[782], entweder daß der Streitgegenstand des Unterlassungsantrags während des Rechtsstreits geändert wird oder daß der Kläger seinen Klageanspruch auf weitere Verletzungshandlungen ausdehnt oder daß der Kläger von einem Anspruch auf einen anderen übergeht. Ob und wann eine Klageänderung vorliegt, ist im Wettbewerbsprozeß nach denselben Grundsätzen zu entscheiden wie im allgemeinen Zivilprozeß[783]. Maßgebend sind §§ 263, 264 ZPO; die Zulässigkeit der Klageänderung hängt von der Einwilligung des Prozeßgegners oder davon ab, daß das Gericht sie für sachdienlich erachtet (§ 263 ZPO). Willigt der Prozeßgegner in die Klageänderung ein, so ist deren Zulässigkeit unproblematisch; das Gericht braucht keine eigene Prüfung anzustellen[784]. Regelmäßig wird der Prozeßgegner jedoch nicht einwilligen. In diesen Fällen muß das Gericht entscheiden, ob es die Klageänderung für *sachdienlich* erachtet[785].

Die Prüfung der Sachdienlichkeit setzt jeweils voraus, daß in dem geänderten **254**
Klageantrag überhaupt eine **Klageänderung** zu sehen ist. Dabei muß es sich in jedem Fall um einen geänderten Klageantrag in **derselben Verfahrensart** handeln[786]; der

---

spruch Genommene die rechtliche Möglichkeit hatte, diese Handlung zu verhindern; vgl. BGH GRUR 1988, 832, 834 – *Benzinwerbung*; BGH GRUR 1988, 829, 830 – *Verkaufsfahrten II*; BGH GRUR 1990, 463, 464 – *Firmenrufnummer*; BGH GRUR 1990, 373, 374 – *Schönheitschirurgie*; BGH GRUR 1991, 769, 770 f – *Honoraranfrage*.

777 *Beispiel*: BGH GRUR 1991, 475, 476 – *Caren Pfleger*.

778 *Beispiel*: BGH GRUR 1991, 472, 473 – *Germania*.

779 Z. B. BGH GRUR aaO – *Germania*.

780 *Teplitzky*[6] Kap. 46 Rdn. 8.

781 Vgl. dazu OLG Düsseldorf GRUR 1973, 51 (allerdings für den Fall der Mehrfachverfolgung, also der Kostentreibung auf Klägerseite); auf Beklagtenseite dürften freilich dieselben Grundsätze gelten.

782 Näher dazu *Teplitzky* aaO Rdn. 11 ff; *Baumbach/Hefermehl* aaO Rdn. 466; *Borck* WRP 1979, 431; *Brückmann* WRP 1983, 656, 657 f.

783 *Teplitzky* aaO Rdn. 12 f; *Borck* WRP aaO 431.

784 Vgl. dazu *Stein/Jonas/Schumann* § 263 Rdn. 7 ff; MünchKommZPO/*Lüke* § 263 Rdn. 28; *Zöller/Stephan* § 263 Rdn. 12 f.

785 *Teplitzky* aaO Rdn. 24 f.

786 *Teplitzky* aaO Rdn. 14. Der Wechsel der Verfahrensart wird allerdings, soweit damit in die Verteidigungsmöglichkeiten des Gegners eingegriffen wird, wie eine Klageänderung behandelt, vgl. BGH NJW 1977, 1883; *Zöller/Stephan* aaO Rdn. 10. Zur Frage der Zulässigkeit des Übergangs vom Verfügungs- in das Hauptsacheverfahren näher unten Rdn. 266.

Übergang vom Antrag auf Erlaß einer einstweiligen Verfügung zur entsprechenden Hauptsacheklage – etwa weil es am Verfügungsgrund (Dringlichkeit im Sinne von § 25 UWG) fehlt – ist keine Klageänderung[787].

255 b) **Änderung des Klagegrundes.** Ändert der Kläger seinen Vortrag über den Lebenssachverhalt, aus dem er seinen Anspruch herleitet, nicht aber die rechtliche Anspruchsnorm, so liegt eine Änderung des Klageanspruchs vor. Dies ist eine Änderung des Streitgegenstandes und damit eine **Klageänderung** im Sinne von § 263 ZPO[788]. Ein Fall des § 264 Nr. 1 ZPO ist nicht gegeben, da sich diese Vorschrift nur auf solche Ergänzungen und Berichtigungen der tatsächlichen und rechtlichen Ausführungen bezieht, die den Klagegrund gerade unberührt lassen[789]. *Teplitzky*[790] bringt das Beispiel, daß A gegen B aus § 3 UWG auf Unterlassung klagt, weil B in einer an Haushalte verteilten Broschüre die irreführende Behauptung X aufgestellt habe; die nachfolgende Berichtigung, es sei keine Broschüre, sondern ein Handzettel gewesen, hält sich im Rahmen des § 264 Nr. 1 ZPO und ist *keine Klageänderung.* Berichtigt A dagegen seinen Vortrag dahin, daß die Behauptung nicht in einer Broschüre, sondern in einem Handzettel aufgestellt ist, der in Geschäften zur Mitnahme ausliegt, so trägt er bei gleicher Anspruchsnorm (§ 3 UWG) einen anderen Lebenssachverhalt und damit einen neuen Klagegrund vor; dies ist eine *Klageänderung* (Umkehrschluß aus § 264 Nr. 1 ZPO).

256 c) **Änderung der Anspruchsnorm.** Die Änderung der Anspruchsnorm (z. B. § 826 BGB anstatt § 1 UWG) stellt bei gleichbleibendem Lebenssachverhalt **keine Klageänderung** dar; denn der Klagegrund ändert sich nicht[791]. Die Subsumtion des vorgetragenen Sachverhalts unter eine bestimmte rechtliche Anspruchsnorm ist grundsätzlich Aufgabe des Gerichts, nicht des Klägers.

Indessen sind die Grenzen fließend[792]. Der Lebenssachverhalt wird vom Kläger in aller Regel unter einem bestimmten rechtlichen Gesichtspunkt vorgetragen. Ändert der Kläger die rechtliche Anspruchsnorm, unter der er dem Gericht den Lebenssachverhalt bisher vorgetragen hatte, ohne gleichzeitig den Antrag zu ändern, so *verbirgt* sich dahinter mitunter gerade auch eine *Änderung des Lebenssachverhaltes selbst* und damit *des Klagegrundes.* Greift er beispielsweise einen von seinem Mitbewerber versandten Rundbrief wegen irreführender Behauptungen über seine – des Klägers – Produkte aus § 3 UWG an und geht er während des Rechtsstreits auf einen Unterlassungsanspruch aus § 1 UWG wegen diskriminierender vergleichender Werbung über, so liegt in der Änderung der Anspruchsnorm auch eine Änderung des vorgetragenen Lebenssachverhalts, auch wenn sich beide Sachverhalte aus einem Rundschreiben herleiten[793]. In solchen Fällen liegt eine **Klageänderung** vor.

Das Gericht muß daher im *Einzelfall* sorgfältig prüfen, ob sich hinter dem geänderten rechtlichen Gesichtspunkt eine Änderung des Lebenssachverhalts verbirgt oder

---

787 *Stein/Jonas/Schumann* § 263 Rdn. 36, MünchKommZPO/*Lüke* § 263 Rdn. 25. Näher unten Rdn. 266.

788 Näher *Stein/Jonas/Schumann* § 264 Rdn. 31 ff; MünchKommZPO/*Lüke* aaO Rdn. 13 ff; *Zöller/Stephan* aaO Rdn. 7; *Teplitzky* aaO Rdn. 17.

789 Vgl. BGH GRUR 1964, 154, 155 – *Trockenrasierer II*; *Stein/Jonas/Schumann* § 264 Rdn. 56 ff; MünchKommZPO/*Lüke* § 264 Rdn. 7; *Zöller/Stephan* § 264 Rdn. 2; *Teplitzky* ebenda.

790 AaO Rdn. 18.

791 RGZ 98, 22, 23; *Stein/Jonas/Schumann* § 264 Rdn. 10; *Zöller/Stephan* § 264 Rdn. 8; *Baumbach/Hefermehl* aaO Rdn. 466.

792 Zur Problematik näher *Teplitzky* aaO Rdn. 2 – 5.

793 Vgl. z. B. OLG Hamm WRP 1989, 529, 531; einheitliche Werbung, angegriffen unter zwei verschiedenen wettbewerbsrechtlichen Aspekten.

dieser unverändert geblieben ist (BGH GRUR 1992, 552, 554 – *Stundung ohne Aufpreis*).

Keine Klageänderung liegt vor, wenn der Kläger seinen Antrag – bei gleichem **257**
Klagebegehren – lediglich unformuliert oder treffender auf die konkrete Verletzungsform konzentriert[794]. Ebenso sind die Fälle zu beurteilen, in denen der Kläger in einen zwar auf die konkrete Verletzungshandlung zugeschnittenen, aber gleichwohl abstrakt-allgemein formulierten Unterlassungsantrag einen scharf auf die konkrete Verletzungsform ausgerichteten **„insbesondere"-Zusatz** (dazu Rdn. 144) aufnimmt. Der Kläger will dadurch deutlich machen, worin er das Charakteristische des wettbewerblichen Fehlverhaltens des Beklagten sieht. Der „insbesondere"-Zusatz hat keinen eigenen Streitgegenstand[795], in ihm liegt weder eine Klageänderung noch eine Klageerweiterung oder -beschränkung. Er kann daher auch nicht als Quasi-Hilfsantrag verstanden werden (näher Rdn. 144).

Dasselbe gilt für einen **Hilfsantrag,** mit dem der Kläger neben dem abstrakt- **258**
allgemein gefaßten Hauptantrag die konkrete Verletzungsform erfassen will[796]. Auch damit wird nicht ein geänderter Streitgegenstand, sondern ein gegenüber dem ursprünglichen Streitgegenstand des Hauptantrages eingeschränkter Streitgegenstand in den Rechtsstreit eingeführt; dieser stellt im Vergleich zum Hauptantrag und dessen Streitgegenstand ein Minus dar (näher Rdn. 253).

d) **Änderung des Klageantrags.** Bei der Änderung des Klageantrags ist immer zu **259**
prüfen, ob ein Ausnahmefall des § 264 Nr. 2 oder 3 ZPO vorliegt[797]. Die Rechtsprechung legt dabei § 264 Nr. 2 ZPO weit aus und versucht, eine Klageänderung möglichst zu verneinen[798]. Danach ist § 264 Nr. 2 ZPO immer dann anzuwenden, wenn der Kläger auf derselben rechtlichen Grundlage in Verfolgung der gleichen Forderung unmittelbar den **Endzweck** anstrebt, dessen Erreichung er durch die Stellung des neuen oder zusätzlichen Antrag verfolgt. **Keine Klageänderung** sind deswegen der Übergang vom **Feststellungs- zum Leistungsantrag**[799]; denn Klagegrund und Endzwecke beider Anträge stimmen überein. Umgekehrt liegt im Übergang vom **Leistungsantrag zu einem Feststellungsantrag** entweder eine Klageänderung – so der Normalfall – oder eine Klageerweiterung, sofern sich der Beklagte weiterer, noch unbestimmter Handlungen, die über das ursprüngliche Klagebegehren hinausgehen, berühmt. Da beides von § 264 Nr. 2 ZPO gleich behandelt wird, ist in keinem dieser Fälle eine Klageänderung zu sehen[800]. Keine Klageänderung ist auch der Übergang von der **Auskunfts- oder Rechnungslegungsklage zum Zahlung- oder Feststellungsantrag** (hinsichtlich derselben Forderung)[801]; denn auch dabei erstrebt der Kläger mit den unterschiedlichen Anträgen denselben Endzweck. Wird die zunächst auf Feststellung (etwa von Schadensersatz) oder Leistung gerichtete Klage während des Rechtsstreits um einen **Antrag auf Auskunft oder Rechnungslegung ergänzt,** so liegt darin eine Klageerweiterung im Sinne von

---

794 Näher dazu *Brückmann* WRP 1983, 656, 657.

795 BGH GRUR 1991, 772, 773 – *Anzeigenrubrik I*; KG GRUR 1988, 78, 79; *Teplitzky* aaO Rdn. 20; *Kurtze* Festschr. Nirk (1992), 583.

796 Vgl. *Teplitzky* ebenda, im übrigen näher oben Rdn. 158 ff.

797 *Teplitzky* aaO Rdn. 19 ff.

798 BGH NJW 1960, 1950; BGH NJW 1979, 925, 926; *Stein/Jonas/Schumann* § 264 Rdn. 66 ff; *Zöller/Stephan* § 264 Rdn. 3 m. weit. Nachweisen aus der Rechtsprechung; *Teplitzky* aaO Rdn. 23.

799 BGH NJW 1960, 1950; BGH WM 1975, 827, 828; BGH NJW 1984, 2295; BGH NJW 1985, 1784; BGH MDR 1987, 318; OLG Frankfurt/M. NJW-RR 1987, 1536; MünchKommZPO/*Lüke* § 264 Rdn. 14; *Zöller/Stephan* aaO Rdn. 3; *Baumbach/Hefermehl* aaO Rdn. 466; *Teplitzky* ebenda.

800 OLG Celle VersR 1975, 264; *Zöller/Stephan* ebenda; *Baumbach/Hefermehl* ebenda; *Teplitzky* ebenda.

801 BGH NJW 1960, 1950; BGHZ 52, 169, 171 = NJW 1969, 1486; BGH NJW 1979, 925, 926; MünchKommZPO/*Lüke* aaO Rdn. 14; *Zöller/Stephan* ebenda; *Teplitzky* ebenda.

§ 264 Nr. 2 ZPO und ebenfalls keine Klageänderung[802]. Gleiches gilt, wenn der ursprünglich auf Feststellung oder Leistung (von Schadensersatz) gerichtete Antrag auf einen solchen auf Auskunft oder Rechnungslegung **beschränkt** wird, um dadurch erst einmal die Grundlage für eine Schadensberechnung zu gewinnen[803]. **Keine Klageänderung** ist auch die Ergänzung des Unterlassungsantrags um einen Antrag auf **Veröffentlichungsbefugnis**[804]. Mit einem Anwendungsfall von § 264 Nr. 2 ZPO – **keine Klageänderung** – hat man es auch beim Übergang vom **Unterlassungs- zum Beseitigungsantrag** zu tun[805]; denn auch dabei stimmen Klagegrund und Endzweck überein. Die **Löschung** ist eine Form der Beseitigung, so daß auch der geänderte, jetzt darauf gerichtete Antrag unter § 264 Nr. 2 ZPO fällt[806]. Gleiches gilt für den Übergang auf einen Antrag auf **Widerruf**[807]. Auch der Übergang von **einer Form der Beseitigung auf eine andere**, z. B. Übergang vom Antrag auf Entfernung zum Antrag auf Vernichtung oder auf Widerruf wird von § 264 Nr. 2 ZPO erfaßt und ist keine Klageänderung[808].

260 Dagegen liegt eine **Klageänderung** vor, wenn der Kläger vom **Beseitigungs-**, z. B. **Löschungsantrag auf einen Antrag auf Ersatz** übergeht[809]. In solchen Fällen könnte allenfalls § 264 Nr. 3 ZPO anzuwenden sein; doch scheidet dies in Wettbewerbsstreitigkeiten regelmäßig aus, weil es dabei nicht um die Herausgabe eines Gegenstandes geht. Auch die Umstellung von der **Leistungs-**(Unterlassungs-)**Klage** auf eine Klage auf **Erstattung der Kosten** (wenn sich der Klageanspruch zwischen Klageeinreichung und -zustellung erledigt) ist eine Klageänderung[810].

Auch die **Ausdehnung der Klage auf weitere Verletzungshandlungen** stellt eine **Klageänderung** dar. Dies fällt nicht unter § 264 Nr. 2 ZPO, da es dabei gerade nicht um die Erweiterung des Klageantrags „in der Hauptsache", sondern um die Erweiterung auf andere Lebenssachverhalte geht.

261 e) **Sachdienlichkeit.** In allen Fällen, in denen aus den dargelegten Gründen eine Klageänderung nicht vorliegt, braucht der geänderte Antrag nicht förmlich zugelassen, sondern lediglich dem Prozeßgegner zugestellt zu werden[811]. Bejaht das Gericht aber eine Klageänderung und willigt der Prozeßgegner nicht ausdrücklich oder konkludent ein (§ 267 ZPO)[812], so muß es prüfen, ob es die Klageänderung für **sachdienlich** erachtet[813]. Die Beurteilung der Sachdienlichkeit ist im wesentlichen dem Ermessen des Tatrichters überlassen[814]. Sie kann nicht selbständig angefochten werden (§ 268 ZPO). Allerdings kann sie im Rahmen richtiger Rechtsanwendung daraufhin vom Revisionsgericht überprüft werden, ob die Tatsacheninstanz das Ermessen pflichtgemäß ausgeübt hat[815].

---

802 *Teplitzky* ebenda; MünchKommZPO/*Lüke* aaO Rdn. 13.
803 *Teplitzky* ebenda.
804 BGH GRUR 1961, 538, 541 – *Feldstecher*; *Teplitzky* ebenda.
805 *Baumbach/Hefermehl* aaO Rdn. 466.
806 *Baumbach/Hefermehl* ebenda.
807 *Baumbach/Hefermehl* ebenda.
808 *Baumbach/Hefermehl* ebenda.
809 *Baumbach/Hefermehl* ebenda.
810 BGH GRUR 1990, 530, 532 – *Unterwerfung durch Fernschreiben*; OLG Hamm WRP 1988, 316, 327.
811 BGHZ 17, 234, 236; *Zöller/Geimer* § 198 Rdn. 3; *Zöller/Stephan* § 263 Rdn. 11.
812 Vgl. näher *Stein/Jonas/Schumann* § 267 Rdn. 1; MünchKommZPO/*Lüke* aaO Rdn. 28; *Zöller/Stephan* § 267 Rdn. 2; *Teplitzky* aaO Rdn. 24.
813 Zur **Sachdienlichkeit** vgl. *Stein/Jonas/Schumann* § 263 Rdn. 12–18; MünchKommZPO/*Lüke* aaO Rdn. 31 ff; *Zöller/Stephan* § 263 Rdn. 14; *Teplitzky* aaO Rdn. 24–27; *Baumbach/Hefermehl* aaO Rdn. 466.
814 BGH GRUR 1991, 852, 856 – *Aquavit*.
815 BGH NJW 1975, 1228; BGH MDR 1985, 741; MünchKommZPO/*Lüke* aaO Rdn. 40; *Zöller/Stephan* ebenda.

Maßgeblich ist dafür in erster Linie der Gesichtspunkt der **Prozeßwirtschaftlichkeit (Prozeßökonomie)**[816]; es ist darauf abzustellen, ob und inwieweit die Zulassung der Klageänderung der Ausräumung des Streitstoffes innerhalb des anhängigen Rechtsstreites dient und einem anderenfalls zu erwartenden weiteren Rechtsstreit vorbeugt. Dies muß das Gericht *in jedem Einzelfall* prüfen, wobei jedoch kein strenger Maßstab anzulegen, sondern im Sinne einer positiven Zulassungsentscheidung großzügig zu verfahren ist[817]. Für Wettbewerbsstreitigkeiten läßt sich allerdings ebensowenig wie für den allgemeinen Zivilprozeß generell sagen, daß eine Klageänderung grundsätzlich sachdienlich ist oder ein verständiger Richter sie „fast immer"[818] für sachdienlich erachten wird[819]. **262**

Nach der Rechtsprechung des BGH, der insoweit uneingeschränkt zuzustimmen ist, hat die **Prozeßwirtschaftlichkeit** ihre Grenzen und ist **zu verneinen**, wenn mit dem geänderten Antrag ein *völlig neuer Streitstoff* in den Rechtsstreit eingeführt wird, für den die bisherigen Ergebnisse des Prozesses (Sachvortrag, Beweisergebnis) ohne Bedeutung sind, *und* wenn der Rechtsstreit ohne Berücksichtigung des neuen Streitstoffes entscheidungsreif wäre[820]. Darüber hinaus soll die Prozeßwirtschaftlichkeit zu verneinen sein, wenn der Kläger sein *bisheriges Begehren* durch ein *anderes ersetzt*, aber der Beklagte ein schutzwürdiges Interesse an der Entscheidung über den ursprünglichen Streitstoff hat und sich daher bei Zulassung der Klageänderung genötigt sähe, seinerseits negative Feststellungsklage hinsichtlich des ursprünglichen Streitstoffes zu erheben[821]. Indessen kann dieser Fall nicht anders beurteilt werden, als wenn der Kläger zusätzlich einen neuen Streitstoff neben dem bisherigen in den Rechtsstreit einführen würde. Auch dort kommt es nur auf die Frage der Prozeßwirtschaftlichkeit, nicht auf die subjektiven Parteiinteressen an[822]. Gleiches muß gelten, wenn der Kläger sein bisheriges Begehren durch ein anderes substituiert. Eventuelle Interessen des Beklagten sind dadurch hinreichend gedeckt, daß dieser negative Feststellungsklage bezüglich des vom Kläger fallengelassenen Begehrens erheben und so eine gerichtliche Entscheidung auch darüber erzwingen kann[823]. Daß in diesem Fall die Prozeßwirtschaftlichkeit anders als sonst zu beurteilen sein soll, überzeugt nicht. **263**

Auf die **subjektiven Parteiinteressen**, insbesondere die Interessen des Prozeßgegners kommt es für die Frage der Sachdienlichkeit grundsätzlich nicht an[824]. Der objektive Gesichtspunkt der Prozeßwirtschaftlichkeit hat Vorrang. Unerheblich ist daher auch, ob den Parteien durch die Zulassung der Klageänderung eine Tatsacheninstanz verloren **264**

---

[816] BGHZ 1, 65, 72; BGH NJW 1958, 184; BGH GRUR 1964, 154, 156 – *Trockenrasierer II*; BGH NJW 1975, 1228; BGH NJW 1985, 1841, 1842; BGH NJW-RR 1987, 58; *Stein/Jonas/Schumann* aaO Rdn. 12; *Zöller/Stephan* aaO Rdn. 14; *Teplitzky*[6] aaO Rdn. 24.

[817] *Stein/Jonas/Schumann* § 263 Rdn. 1 aE; *Baumbach/Hefermehl* ebenda, *Teplitzky* ebenda.

[818] So *Baumbach/Hefermehl* ebenda.

[819] *Teplitzky* aaO Rdn. 24 ff; Beispiel für verneinte Sachdienlichkeit; BGH GRUR 1991, 852, 856 – *Aquavit* (Übergang des Unterlassungsanspruchs auf neuen Werbetext).

[820] BGHZ 1, 65, 72; BGH GRUR 1964, 154, 156 – *Trockenrasierer II*; BGH WM 1983, 604; BGH NJW 1985, 1841, 1842; *Stein/Jonas/Schumann* § 263 Rdn. 13; MünchKommZPO/*Lüke* § 263 Rdn. 33; *Zöller/Stephan* § 263 Rdn. 15; *Teplitzky* aaO Rdn. 25.

[821] *Borck* WRP 1979, 431, 432; *Henckel* Festschr. E. Bötticher (1969), 173, 181 ff; vgl. auch *Teplitzky* ebenda.

[822] Eingehend *Stein/Jonas/Schumann* aaO Rdn. 12/13.

[823] Die Erschwerung der Verteidigung des Beklagten spricht ohnehin nicht gegen die Sachdienlichkeit, vgl. *Stein/Jonas/Schumann* aaO Rdn. 12 unter Hinweis auf die Gesetzesgeschichte.

[824] BGHZ 1, 67, 72; BGH GRUR 1964, 154, 156 – *Trockenrasierer II*; *Stein/Jonas/Schumann* ebenda; *Zöller/Stephan* Rdn. 14; *Teplitzky* aaO Rdn. 26.

geht[825]. Insofern gilt in Wettbewerbsstreitigkeiten nichts anderes als im allgemeinen Zivilprozeß, wiewohl gerade in Fällen, in denen es bei §§ 1, 3 UWG auf die Verkehrsauffassung ankommt, erfahrungsgemäß die Beurteilung durch zwei Tatsacheninstanzen von außerordentlicher Bedeutung ist[826].

265 f) **Prozessuale Behandlung.** Eine Klageänderung ist grundsätzlich **jederzeit** möglich und **zulässig**[827]. Die Restriktionen der §§ 282, 296 ZPO für die erste und der §§ 527, 528 ZPO für die zweite Instanz gelten für die Klageänderung nicht, auch nicht ihrem Rechtsgedanken nach[828]. Denn mit der Klageänderung wird ein neuer Anspruch geltend gemacht, nicht ein neues Angriffsmittel im Sinne der genannten Bestimmungen.

In der **Revisionsinstanz** ist eine Klageänderung nur in den engen Grenzen des § 561 ZPO zulässig[829]. Die Geltendmachung eines neuen Anspruchs ist gänzlich ausgeschlossen[830]. Zulässig sind nur Veränderungen des Antrags, sofern sie sich auf Modifikationen oder Einschränkungen des ursprünglichen Begehrens beschränken und die hierzu erforderlichen Tatsachen bereits durch das Berufungsgericht festgestellt worden sind[831].

Aus **Sicht des Klägers** sind bei einer Klageänderung in **Wettbewerbsstreitigkeiten** zwei Umstände zu beachten: Soweit mit der Klageänderung ein *neuer Anspruch* geltend gemacht wird, muß bei der Kostenentscheidung § 93 ZPO, also die Frage beachtet werden, ob der Beklagte insoweit Anlaß zur Klageerhebung gegeben hat. In der Regel wird der Kläger bezüglich des neu eingeführten Anspruchs abmahnen müssen, um die negative Kostenfolge des § 93 ZPO zu vermeiden[832]. Handelt es sich bei der Klage um das aufgrund Fristsetzung nach § 926 ZPO eingeleitete *Hauptsacheverfahren* nach vorangegangener Unterlassungsverfügung, so muß der Kläger bei einer Klageänderung darauf achten, daß damit nicht gleichzeitig der mit dem Verfügungsverbot übereinstimmende Hauptsacheantrag konkludent zurückgenommen wird mit der Folge, daß über §§ 269 Abs. 3, 926 Abs. 2 ZPO das Verfügungsverbot aufzuheben ist und der Kläger nach § 945 ZPO auf Schadensersatz haftet[833].

266 g) **Übergang vom Verfügungs- zum Klageverfahren.** Ob der Kläger in Analogie zu den Regeln über die Klageänderung vom Verfügungsverfahren in das normale Klageverfahren übergehen kann, ist streitig, wird aber von der Rechtsprechung und Literatur mit Recht ganz überwiegend **verneint**[834]. Das Verfügungsverfahren und das normale Klageverfahren sind grundsätzlich *unterschiedliche*, von der ZPO zur Verfü-

---

[825] BGH NJW 1985, 1841, 1842; BGH NJW 1987, 1946; *Stein/Jonas/Schumann* § 263 Rdn. 24; MünchKommZPO/*Lüke* § 263 Rdn. 43 m. weit. Nachweisen; *Zöller/Stephan* ebenda; *Teplitzky* ebenda.

[826] So mit Recht *Teplitzky* ebenda.

[827] *Stein/Jonas/Schumann* aaO Rdn. 24; *Teplitzky* aaO Rdn. 29.

[828] Streitig; wie hier BGH GRUR 1964, 154, 156 – *Trockenrasierer II*; BGH NJW 1986, 2257, 2258; MünchKommZPO/*Lüke* § 263 Rdn. 42; *Baumbach/Lauterbach/Albers/Hartmann* § 263 Anm. 4Bd; *Teplitzky* aaO Rdn. 29; a. A. *Stein/Jonas/Schumann* § 263 Rdn. 1, 21, § 264 Rdn. 59.

[829] MünchKommZPO/*Lüke* aaO Rdn. 45; *Baumbach/Lauterbach/Albers/Hartmann* § 263 Anm. 3C; *Baumbach/Lauterbach/Albers* § 561 Anm. 2C; *Teplitzky* aaO Rdn. 29; nach *Stein/Jonas/Schumann* § 263 Rdn. 27ff ist eine Klageänderung in der Revisionsinstanz schlechthin ausgeschlossen.

[830] BGHZ 26, 31, 37; BGHZ 28, 131, 137; BGH NJW 1961, 777, 779; MünchKommZPO/*Lüke* aaO Rdn. 45; *Teplitzky* ebenda.

[831] BGHZ 26, 31, 38; *Teplitzky* ebenda.

[832] *Borck* WRP 1979, 431, 434; *Teplitzky* aaO Rdn. 30.

[833] *Borck* WRP ebenda; *Teplitzky* aaO Rdn. 31.

[834] OLG Karlsruhe WRP 1968, 456; OLG Karlsruhe OLGZ 77, 484, 485 = WRP 1977, 272; OLG Hamm NJW 1971, 387; OLG Hamm NJW 1978, 58; MünchKommZPO/*Lüke* § 263 Rdn. 25; *Stein/Jonas/Schumann* § 263 Rdn. 36; *Baumbach/Lauterbach/Albers/Hartmann* § 263 Anm. 4Bd aE; *Baumbach/Lauterbach/Albers* § 920 Anm. 1C; *Zöller/Stephan* § 263 Rdn. 7; *Teplitzky*[6] Kap. 46, Rdn. 14f; *Pastor* S. 341; a.A OLG Braunschweig MDR 1971, 1017 (bei beiderseitigem Einverständnis); OLG Celle WRP 1972, 323, 324 (Anwendung von § 295 ZPO bei vollzogenem Übergang); *Wieczorek* ZPO (1958) § 935 Anm. A II b 2; *Teplitzky* DRiZ 1982, 41 (bei beiderseitigem Einverständnis); offengelassen bei *Ahrens* S. 273.

gung gestellte *Verfahrensarten zur Durchsetzung wettbewerbsrechtlicher Unterlassungsansprüche*. Der Übergang von einer Verfahrensart in die andere ist nach der ZPO im Grundsatz nur zulässig, wenn das Gesetz ihn ausdrücklich zuläßt – wie beim Übergang vom Urkundenprozeß in den normalen Prozeß (§ 596 ZPO) – oder ihn sogar notwendig vorsieht – wie beim Übergang vom Mahnverfahren in das ordentliche Leistungsverfahren nach Widerspruch des Schuldners (§ 696 ZPO). Die Möglichkeit, vom Verfügungsverfahren in das normale Klageverfahren überzugehen, findet sich dagegen im Gesetz nicht.

Eine analoge Anwendung der Vorschriften über die Klageänderung (§§ 263, 264 ZPO), die mitunter befürwortet wird[835], scheitert daran, daß diese Bestimmungen auf die Änderung des Angriffs innerhalb derselben Verfahrensart zugeschnitten sind und dafür einen angemessenen Interessenausgleich bieten[836]. Der Wechsel des Angreifers von einer Verfahrensart in die andere erfordert dagegen eine besondere *Beachtung der Interessen gerade des Prozeßgegners*, was bei den Klageänderungsgrundsätzen gerade nicht geschieht[837]. Zu berücksichtigen ist auch, daß das Verfügungsverfahren zusätzlich zu dem normalen Klageverfahren *Dringlichkeit voraussetzt*; des Risikos, daß diese nicht gegeben ist, kann sich der Verfügungskläger nicht dadurch entledigen, daß er in das normale Klageverfahren überwechselt. Überdies zeigt gerade die Vorschrift des § 926 ZPO, daß der Gesetzgeber einen Übergang vom Verfügungsverfahren in das normale Klageverfahren nicht gewollt hat und es an der für eine Analogie immer erforderlichen systemwidrigen Regelungslücke fehlt.

Aus entsprechenden Gründen scheitert auch eine Analogie zu § 596 ZPO[838]. Das Verhältnis zwischen Urkundenprozeß und Nachverfahren ist mit demjenigen zwischen Verfügungsverfahren und normalem Hauptsacheverfahren nicht vergleichbar. Daß Gesichtspunkte der Prozeßwirtschaftlichkeit und der Praktikabilität, sicherlich auch eine wünschenswerte Risikominimierung für die Zulässigkeit eines solchen Wechsels sprechen könnten und der Wechsel überdies auch dann möglich sein sollte, wenn der Prozeßgegner einwilligt[839], ist *de lege ferenda* sicherlich anzuerkennen; de lege lata ist er jedoch weder direkt noch in Analogie zu §§ 263, 264 ZPO oder § 596 ZPO zulässig.

3. Klagerücknahme

Für die Klagerücknahme (§ 269 ZPO) gelten in Wettbewerbsstreitigkeiten dieselben **267**
Grundsätze und Regelungen wie im normalen Klageverfahren[840]. Der Kläger muß allerdings bei voraufgegangenem Verfügungsverbot und Fristsetzung (zur Hauptsacheklage) nach § 926 ZPO beachten, daß die Klagerücknahme über § 269 Abs. 3 ZPO zur *Aufhebung der Verfügung* (nach § 926 Abs. 2 ZPO) und zum *Schadensersatz* nach § 945 ZPO führen kann[841].

In der **Konkretisierung** eines abstrakt-allgemein gefaßten Unterlassungsantrags auf die konkrete Verletzungsform – etwa auf Hinweis des Gerichtes – ist in aller Regel *keine teilweise Klagerücknahme* zu sehen; da der Streitgegenstand sich durch die Konkretisierung nicht ändert. Es handelt sich in der Regel nur um eine Klarstellung

---

835 Vgl. OLG Braunschweig MDR 1971, 1017.
836 Wie hier *Teplitzky*[5] (Vorauflage) Kap. 46 Rdn. 14.
837 Näher dazu oben Rdn. 264.
838 Ebenso OLG Karlsruhe WRP 1968, 456, 457; OLG Karlsruhe OLGZ 77, 484, 485 = WRP 1977, 272; *Teplitzky* (Vorauflage) aaO Rdn. 15; wohl auch *Ahrens* S. 273.
839 Vgl. dazu noch *Teplitzky* (Vorauflage) aaO Rdn. 16; *Ahrens* S. 458.
840 *Teplitzky*[6] Kap. 46 Rdn. 32.
841 *Borck* WRP 1979, 431, 434; *Teplitzky* aaO Rdn. 33.

des Antrags (oben Rdn. 150)[842]. Soll allerdings ein ursprünglich abstrakt-allgemein gefaßter Antrag aus der Sicht des Klägers auch andere, ähnliche Verletzungshandlungen erfassen, für die der Kläger eine Erstbegehungsgefahr sieht und vorträgt, und beschränkt er dann seinen Antrag nur noch auf die konkret begangene Verletzungsform, so liegt hinsichtlich des ursprünglich weitergehenden Unterlassungsantrags eine teilweise Klagerücknahme vor (Rdn. 150).

4. Erledigung der Hauptsache

268 a) **Allgemeines.** Fragen zur Erledigung der Hauptsache während des anhängigen Rechtsstreits zählen zu den schwierigsten und umstrittensten im Zivilprozeßrecht. Die ZPO enthält lediglich in **§ 91 a** eine nur die Kosten betreffende und daher insgesamt **unzulängliche Regelung**[843]. Auf die *allgemein* im Zivilprozeßrecht umstrittenen Fragen zur Hauptsacheerledigung kann hier nicht eingegangen werden; es wird insoweit auf die ZPO-Kommentierungen, auf die ZPO-Lehrbücher und das umfangreiche Schrifttum verwiesen[844]. Im folgenden sollen die Streitfragen behandelt werden, die auch oder besonders **im wettbewerblichen Klageverfahren** anzutreffen und zu entscheiden sind. Soweit spezielle Erledigungsgründe, z. B. die Verjährung im Verfügungsverfahren, eine Rolle spielen, werden sie dort abgehandelt[845].

269 b) **Erledigungsgründe.** In Wettbewerbsstreitigkeiten gelten im Prinzip dieselben Gründe für eine wirksame Erledigungserklärung wie im normalen Klageverfahren, doch ergeben sich eine Reihe spezifischer *wettbewerbsrechtlicher Erledigungsgründe*[846]. Als Gründe kommen **Ereignisse oder Tatsachen** in Betracht, die **während des Rechtsstreits eine zunächst zulässige und begründete Klage unzulässig oder unbegründet** werden lassen[847]. Auf eine von vorneherein unzulässige oder unbegründete Klage kann der Eintritt eines bestimmten Ereignisses dagegen keine erledigende Wirkung haben.

270 aa) **Strafbewehrtes Unterlassungsversprechen.** Der in Wettbewerbsstreitigkeiten *häufigste Erledigungsfall* ist in der **Abgabe einer** ernsthaften, angemessenen und mit Strafversprechen bewehrten **Unterwerfungserklärung** des Unterlassungsschuldners[848]. Dadurch wird die **Wiederholungsgefahr beseitigt** mit der Folge, daß eine materiellrechtliche Voraussetzung des Unterlassungsanspruchs nicht mehr gegeben ist[849]. Das

---

[842] Vgl. BGH GRUR 1991, 772, 773 – *Anzeigenrubrik I* (für den „insbesondere"-Zusatz).

[843] Vgl. *Teplitzky* aaO Rdn. 33; *Ulrich* GRUR 1982, 14.

[844] Schrifttumsübersichten bei *Stein/Jonas/Leipold* § 91 a Rdn. 1 Fußn. 1; MünchKommZPO/*Lindacher* § 91 a vor Rdn. 1; *Zöller/Vollkommer* § 91 a vor Rdn. 1; *Baumbach/Lauterbach/Albers/Hartmann* § 91 a vor Anm. 1.

[845] Vgl. Großkomm/*Messer* § 21 Rdn. 78 f; näher dazu auch *Teplitzky*[6] Kap. 55 Rdn. 23 – 32.

[846] *Teplitzky* aaO Rdn. 35 ff; *Melullis* Rdn. 360 f; *Baumbach/Hefermehl* Einl. UWG Rdn. 506 ff; *Ulrich* GRUR aaO 14, 16 ff.

[847] BGHZ 83, 12, 13; BGH NJW 1986, 589; BGH NJW-RR 1988, 1151; OLG Düsseldorf GRUR 1989, 931, 932; OLG Köln WRP 1987, 55, 56; OLG München WRP 1979, 274; *Stein/Jonas/Leipold*, § 91 a Rdn. 5; *Zöller/Vollkommer* § 91 a Rdn. 3; *Baumbach/Lauterbach/Albers/Hartmann* § 91 a Anm. 2 A; *Teplitzky* aaO Rdn. 36 (der die mitunter gebrauchte Wendung, die Klage müsse „von Anfang an" zulässig und begründet gewesen sein, kritisiert; es kommt für die Zulässigkeit und Begründetheit allein auf den Zeitpunkt des Eintritts des erledigenden Ereignisses an); *Baumbach/Hefermehl* aaO Rdn. 506; *Melullis* Rdn. 360; HdbWR/*Seibt* § 71 Rdn. 6; *Ulrich* GRUR aaO 15.

[848] Vgl. *Teplitzky* aaO Rdn. 35, *Baumbach/Hefermehl* aaO Rdn. 271, 506; *Melullis* aaO; HdbWR/*Seibt* § 71 Rdn. 1.

[849] BGH GRUR 1959, 544, 545 – *Modenschau*; BGH GRUR 1970, 558, 559 – *Sanatorium*; BGH GRUR 1980, 241, 242 – *Rechtsschutzbedürfnis*; BGH GRUR 1982, 313, 314 – *Rezeptsammlung für Apotheker*; BGH GRUR 1989, 758, 759 – *Gruppenprofil*; BGH GRUR 1990, 530, 532 – *Unterwerfung durch Fernschreiben*; *Teplitzky*[6] Kap. 8 Rdn. 36 ff; *Baumbach/Hefermehl* aaO Rdn. 269 f; *Ulrich* GRUR aaO 14, 16. Vgl. näher Großkomm/*Köhler* Vor § 13, B, Rdn. 36 ff. Vgl. auch oben Rdn. 76 ff.

gilt auch, wenn der Verletzer wegen der Verletzungshandlung *gegenüber einem Dritten* eine strafbewehrte Unterlassungsverpflichtung eingegangen ist[850]. Streitig ist, ob schon die *Abgabe oder* erst die *Annahme* des strafbewehrten Unterlassungsversprechens die Wiederholungsgefahr ausräumt. Die Rechtsprechung[851] steht unter ganz überwiegender Zustimmung der Literatur[852] auf dem Standpunkt, daß schon die Abgabe einer Unterwerfungserklärung erledigende Wirkung hat, sofern die Erklärung ernsthaft, uneingeschränkt, unwiderruflich und strafbewehrt erfolgt. Erforderlich ist freilich immer der **Zugang** einer solchen Erklärung (§ 131 Abs. 1 S. 2 BGB)[853]. Dies ist im Rahmen eines anhängigen Rechtsstreits unproblematisch, wenn die Erklärung – wie in der Regel – in einer mündlichen Verhandlung zu Protokoll genommen wird.

Dagegen kommt es auf die **Annahme** einer solchen Erklärung durch den Unterlassungsgläubiger grundsätzlich **nicht** an[854]. Denn aus dem Zweck und der Unwiderruflichkeit der Abgabe der Unterwerfungserklärung ergibt sich, daß eine Wiederholung des beanstandeten Wettbewerbsverhaltens durch den Verletzer nicht zu befürchten ist. Lediglich dann, wenn die Unterwerfungserklärung mit Einschränkungen, Vorbehalten, Bedingungen oder keinem bzw. einem unangemessenen Strafversprechen versehen ist, kommt es für die Erledigung darauf an, ob der Gläubiger sich damit zufrieden gibt und sie annimmt. Nimmt der Gläubiger eine uneingeschränkte, unwiderrufliche und strafbewehrte Unterlassungserklärung, die sich auf den von ihm geltend gemachten Unterlassungsanspruch bezieht, nicht an und erklärt er nicht die Hauptsache für erledigt, so ist seine Klage als **unbegründet**, nicht als unzulässig (wegen fehlenden Rechtsschutzinteresses) abzuweisen; denn es **fehlt** seit Abgabe der Unterwerfungserklärung die materiell-rechtliche Voraussetzung der **Wiederholungsgefahr**[855]. **271**

bb) Feststellungs- und Leistungs-(Wider-)klage. Ein in Wettbewerbsstreitigkeiten ebenfalls häufig anzutreffender Erledigungsgrund liegt in der Erhebung einer auf Unterlassung eines bestimmten Wettbewerbsverhaltens gerichteten Leistungsklage (in einem gesonderten Verfahren) oder Leistungs-Widerklage, nachdem die andere Prozeßpartei – meist der Kläger – zuvor *wegen desselben Streitstoffes negative Feststellungsklage* erhoben hatte, daß dem Prozeßgegner kein Unterlassungsanspruch zustehe (näher Rdn. 87). Nach auch im Wettbewerbsrecht ganz herrschenden, aber streitigen Ansicht **entfällt** für die zeitlich früher erhobene negative Feststellungsklage das **Feststellungsinteresse** (§ 256 Abs. 1 ZPO) und damit das **Rechtsschutzinteresse**, sobald die spiegelbildliche Leistungsklage oder Leistungs-Widerklage erhoben und darüber verhandelt wor- **272**

---

[850] OLG Hamm GRUR 1984, 68 m. weit. Nachw.; *Zöller/Vollkommer* § 91 a Rdn. 58 „Wettbewerbsprozeß".

[851] BGH GRUR 1983, 186, 187 – *Wiederholte Unterwerfung I*; BGH GRUR 1984, 214, 216 – *Copy-Charge*; BGH GRUR 1985, 937, 938 – *Vertragsstrafe bis zu ... II*; BGH GRUR 1986, 814, 815 – *Whisky-Mischgetränk*; OLG Stuttgart WRP 1986, 175.

[852] *Teplitzky*[6] Kap. 8 Rdn. 41 ff; Kap. 46 Rdn. 36; Großkomm/*Köhler* aaO Rdn. 51 f; *Baumbach/Hefermehl* aaO Rdn. 270; *Teplitzky* GRUR 1983, 609.

[853] Die **Beweislast** für den Zugang trägt der Erklärende (KG WRP 1982, 467); der Nachweis der Absendung reicht nicht aus (KG WRP 1990, 415, 417). Es empfiehlt sich daher Übermittlung per Boten oder Einschreiben (Rückschein), vgl. Großkomm/*Köhler* aaO Rdn. 37.

[854] Großkomm/*Köhler* aaO Rdn. 37 aE.

[855] Heute hM; vgl. BGH GRUR 1984, 214, 216 – *Copy-Charge*; BGH GRUR 1984, 593, 595 – *adidas-Sportartikel*; BGH GRUR 1985, 155, 156 – *Vertragsstrafe bis zu ... I*; BGH GRUR 1985, 937 – *Vertragsstrafe bis zu ... II*; eingehend Großkomm/*Köhler* aaO Rdn. 36, 50 ff; *Teplitzky*[6] Kap. 8 Rdn. 37 ff, 49 f; *Baumbach/Hefermehl* Einl. UWG Rdn. 506, 508; § 25 Rdn. 47 a; HdbWR/*Seibt* § 71 Rdn. 6; *Zöller/Vollkommer* § 91 a Rdn. 4; *Pastor* S. 788 f; *Teplitzky* GRUR 1983, 609 f; *Borck* WRP 1987, 8, 13; unklar, ob Abweisung als unzulässig oder unbegründet; *Melullis* Rdn. 363; **a.A** noch, aber überholt BGH GRUR 1964, 82, 86 – *Lesering*; BGH GRUR 1967, 362, 366 – *Spezialsalz I*; BGH GRUR 1972, 558, 559 f – *Teerspritzmaschine*; BGH GRUR 1978, 192 – *Hamburger Brauch*; ebenso *Ulrich* aaO 16. Zur Entwicklung der Rechtsprechung näher *Teplitzky* GRUR aaO.

den ist, so daß sie nicht mehr einseitig zurückgenommen werden kann[856]. In der Erhebung der Leistungs-(Wider-)klage und der Verhandlung in diesem Verfahren ist das erledigende Ereignis zu sehen. Der Feststellungskläger muß seine Klage in der Hauptsache **für erledigt erklären**. Anderenfalls wird sie wegen fortgefallenen und damit fehlenden Rechtsschutzinteresses als **unzulässig**, nicht als unbegründet abgewiesen (näher oben Rdn. 91).

273 cc) **Vergleichsabschluß**. Eine Erledigung der Hauptsache liegt häufig auch in dem Abschluß eines Vergleichs – entweder außergerichtlich oder in einem anderen Verfahren[857]. Der Vergleich muß allerdings den geltend gemachten Anspruch **endgültig** für die Zukunft erfüllen; ein nur temporärer Vergleich, in dem sich z. B. in einem Verfügungsverfahren der Antragsgegner verpflichtet, das beanstandete Wettbewerbsverhalten bis zur Entscheidung in der Hauptsache zu unterlassen, erledigt den im Hauptsacheverfahren geltend gemachten Anspruch nicht[858]. Soweit ein Vergleich in dem **anhängigen Verfahren** abgeschlossen wird, kommt ihm per se erledigende Wirkung zu, sofern der Beklagte im Rahmen dieses Vergleiches eine strafbewehrte Unterlassungserklärung abgibt, die für den geltend gemachten Unterlassungsanspruch die Wiederholungsgefahr ausräumt (oben Rdn. 78 f). Der Rechtsstreit wird, was den Unterlassungsanspruch angeht, in einem solchen Fall durch den Vergleich **unmittelbar erledigt**, ohne daß es einer Erledigungserklärung bedarf[859]. Sind auch andere Ansprüche geltend gemacht, so tritt durch den Abschluß eines auf den Unterlassungsanspruch ausgerichteten Vergleichs eine **Teilerledigung** ein.

274 Für eine *Kostenentscheidung nach § 91 a ZPO* ist bei einem **gerichtlichen Vergleich** in der Regel *kein Raum*, da auch bei Fehlen einer Kostenvereinbarung § 98 ZPO eingreift[860]. Anders, wenn der Vergleich keine Kostenvereinbarung enthält und die Parteien bewußt dem Gericht überlassen haben, nach § 91 a ZPO über die Kosten zu entscheiden[861]. Bei der Entscheidung nach § 91 a ZPO können der Inhalt des Vergleichs und der Umfang des wechselseitigen Nachgebens berücksichtigt werden[862]; allerdings ist Zurückhaltung geboten, da die Parteien dies gerade nicht gewollt haben werden, sondern eine Kostenentscheidung nach dem voraussichtlichen Prozeßausgang[863].

275 Der **außergerichtliche Vergleich** erledigt den Rechtsstreit nicht unmittelbar, sondern aufgrund *übereinstimmender Erklärungen* der Parteien[864]. Haben die Parteien in dem Vergleich auch eine Kostenvereinbarung getroffen, so ist für eine Entscheidung über die Kosten nach § 91 a ZPO kein Raum[865]. Haben die Parteien sich nicht auch über

---

[856] BGH GRUR 1985, 41, 44 – *REHAB*; BGH GRUR 1987, 402, 403 – *Parallelverfahren*; weitere Nachweise aus der Rechtsprechung oben Fußn. 263; wie hier auch *Baumbach/Hefermehl* aaO Rdn. 497; *Teplitzky*[6] Kap. 52 Rdn. 20; **a.A.** MünchKommZPO/*Lüke* § 256 Rdn. 62; *Lindacher* Festschr. v. Gamm (1990), 83, 89 ff mit weit. Nachw. zur Gegenmeinung in Fußn. 37.

[857] *Teplitzky*[6] Kap. 46 Rdn. 35; *Baumbach/Hefermehl* aaO Rdn. 503; *Stein/Jonas/Leipold* § 91 a Rdn. 6, 30; *Zöller/Vollkommer* § 91 a Rdn. 3, 30, 31; *Ulrich* GRUR aaO 18. Zum Vergleichsabschluß vgl. unten Rdn. 462 ff.

[858] *Baumbach/Hefermehl* § 25 Rdn. 50.

[859] *Baumbach/Hefermehl* aaO Rdn. 503; *Zöller/Vollkommer* aaO Rdn. 30; näher dazu Rdn. 465.

[860] Vgl. *Stein/Jonas/Leipold* § 91 a Rdn. 25; *Zöller/Vollkommer* aaO Rdn. 30.

[861] BGH NJW 1985, 103; BGH LM Nr. 30 zu § 91 a ZPO; OLG München OLGZ 90, 348, 350; *Zöller/Vollkommer* ebenda.

[862] So OLG München OLGZ aaO 349; OLG Bamberg JurBüro 1984, 1740; **a. A.** OLG Bremen OLGZ 89, 100 (Kostenverteilung nach dem Inhalt des Vergleichs).

[863] Zutreffend *Zöller/Vollkommer* ebenda. Abzulehnen daher OLG Bremen OLGZ ebenda.

[864] *Baumbach/Hefermehl* § 25 Rdn. 50; *Zöller/Vollkommer* aaO Rdn. 31; vgl. auch Rdn. 471.

[865] HM; vgl. BGHZ 39, 60, 69; BGH LM Nr. 30 zu § 91 a ZPO; OLG Düsseldorf MDR 1978, 940; OLG Frankfurt/M. MDR 1984, 674; OLG Hamm MDR 1976, 147 f; OLG Hamm AnwBl. 1982, 73; OLG Karlsruhe MDR 1988, 1063; OLG Koblenz JurBüro 1991, 263; *Stein/Jonas/Leipold* § 98 Rdn. 3, 16; MünchKommZPO/*Belz* § 98 Rdn. 31; *Baumbach/*

die Kosten geeinigt und erklären sie aufgrund des außergerichtlichen Vergleichs die Hauptsache für erledigt, so ist über die Kosten nach § 91 a ZPO zu entscheiden. Dabei ist gemäß § 98 ZPO im Zweifel davon auszugehen, daß die Kosten gegeneinander aufgehoben werden sollen[866].

dd) **Erfüllung des Anspruchs.** In der Erfüllung des geltend gemachten und anhängigen Anspruchs liegt immer eine *Erledigung der Hauptsache*[867]. In Wettbewerbsstreitigkeiten kommt dies in der Regel bei Klagen auf **Auskunft oder Rechnungslegung** in Betracht, wenn Auskunft erteilt bzw. Rechnung gelegt wird[868]. Bei Verbindung einer solchen Klage mit einer Schadensersatzfeststellungsklage oder im Wege der Stufenklage mit einer Zahlungsklage tritt entsprechend eine *Teilerledigung* ein. Ergibt die Auskunft, daß kein Schaden entstanden ist, so erledigen sich damit auch die späteren Stufen. **276**

Sofern die Erfüllung des Anspruchs im Rahmen eines **Vergleichs** geschieht, gelten die Ausführungen oben Rdn. 273 f.

ee) **Zeitablauf.** Auch durch Zeitablauf kann Erledigung der Hauptsache eintreten[869]. Das ist etwa der Fall, wenn Unterlassung eines Räumungsverkaufs, einer zeitlich beschränkten Werbeveranstaltung, einer Werbung auf einer Messe verlangt wird und dieses Ereignis im Zeitpunkt der letzten mündlichen Verhandlung bereits beendet ist. Auch dann, wenn wettbewerbsrechtlicher Leistungsschutz *zeitlich beschränkt* besteht, z. B. bei *Modeneuheiten*, tritt bei Ablauf der Schutzfrist Erledigung ein[870]. Zeitablauf allein reicht freilich nicht in jedem Fall aus. Erforderlich ist auch, daß damit die Wiederholungsgefahr oder Erstbegehungsgefahr ausgeräumt ist. Dies wiederum hängt von der Formulierung und Fassung des Klageantrags ab. Beschränkt sich dieser konkret auf das einzelne Ereignis, so scheidet eine Wiederholungsgefahr notwendigerweise mit Beendigung dieses Ereignisses aus. Ist der Antrag dagegen allgemein gefaßt, weil der Kläger befürchten muß, daß der Beklagte ähnliche, zeitlich beschränkte Wettbewerbshandlungen wiederholt, so beseitigt der Zeitablauf die Wiederholungs- oder die Erstbegehungsgefahr nicht und tritt durch Zeitablauf keine Erledigung ein[871]. **277**

ff) **Gesetzesänderung.** Eine Gesetzesänderung während des anhängigen Rechtsstreits kann zu einer Erledigung führen, sofern dadurch dem Anspruch während des laufenden Verfahrens ex nunc die materiell-rechtliche Grundlage entzogen wird[872]. In **278**

Lauterbach/Albers/Hartmann § 98 Anm. 3 E m. weit. Nachw. A. A. OLG Bremen OLGZ 80, 222, 223 f; MünchKommZPO/*Lindacher* § 91 a Rdn. 53; *Zöller/Vollkommer* § 91 a Rdn. 31 (in jedem Fall Entscheidung nach § 91 a ZPO). Vermittelnd *Zöller/Herget* § 98 Rdn. 5.

866 OLG Frankfurt/M. MDR 1984, 674; *Stein/Jonas/Leipold* aaO Rdn. 98; MünchKommZPO/*Lindacher* aaO Rdn. 53 aE; *Zöller/Vollkommer* § 91 a Rdn. 31; *Zöller/Herget* § 98 Rdn. 5. A. A. BGH LM aaO; MünchKommZPO/*Belz* ebenda; *Baumbach/Lauterbach/Albers/Hartmann* ebenda: Keine Kostenentscheidung nach § 91 a ZPO, da § 98 ZPO bei Fehlen einer Kostenregelung unmittelbar wirkt. Die Kontroverse hat keine große praktische Bedeutung, da bei Anwendung von § 98 ZPO – unmittelbar oder mittelbar über einen Beschluß nach § 91 a ZPO – keine Kostenerstattung stattfindet, also keine wechselseitigen Ansprüche entstehen, um deren Durchsetzung es gehen könnte; vgl. dazu MünchKommZPO/*Belz* ebenda und *Zöller/Herget* ebenda.

867 *Teplitzky* ebenda; *Stein/Jonas/Leipold* § 91 a Rdn. 6; MünchKommZPO/*Lindacher* § 91 a Rdn. 5; *Zöller/Vollkommer* § 91 a Rdn. 4; *Ulrich* GRUR aaO 16; *Borck* WRP aaO 8, 10.

868 *Teplitzky* ebenda. Eingehend zur Erfüllung und Durchsetzung des Auskunfts- und Rechnungslegungsanspruchs Großkomm/*Köhler* aaO Rdn. 427.

869 *Teplitzky*[6] Kap. 46 Rdn. 39; *Stein/Jonas/Leipold* ebenda; *Baumbach/Hefermehl* Einl. UWG Rdn. 506; MünchKommZPO/*Lindacher* ebenda; *Zöller/Vollkommer* ebenda; *Pastor* S. 787; *Ulrich* GRUR aaO 18 f,: *Borck* WRP aaO 12.

870 *Beispiel*: BGH GRUR 1992, 448 – *Pullovermuster*. Vgl. *Teplitzky* aaO Rdn. 39. Näher oben Rdn. 155.

871 *Beispiele*: BGH GRUR 1990, 1020 – *Freizeitveranstaltung*; BGH GRUR 1990, 1026 – *Keine WSV-Angebote*; OLG Düsseldorf GRUR 1989, 65, 66.

872 *Teplitzky* ebenda; *Stein/Jonas/Leipold* aaO Rdn. 54; *Baumbach/Lauterbach/Albers/Hartmann* § 91 a Anm. 8 E „Gesetzesänderung"; *Zöller/Vollkommer* aaO Rdn. 58 „Nichtigerklärung eines Gesetzes".

solchen Fällen trifft der Gesetzgeber vielfach gesetzliche Kostenregelungen für anhängige Verfahren[873]. Fehlt eine solche Regelung, so ist es angemessen, dem letztlichen *Sieger* die Kosten aufzuerlegen[874]. Dies gilt *nicht* für eine *Änderung der Rechtsprechung*, für die jede Partei selbst das Risiko trägt[875].

279 Wird ein **Gesetz** oder eine Vorschrift vom Bundesverfassungsgericht für **nichtig erklärt**, wie z. B. die Preisangabenverordnung 1960, und geschieht dies während des anhängigen Verfahrens, so tritt dadurch eine Erledigung der Hauptsache nicht ein[876]. Denn die Nichtigerklärung erfolgt rückwirkend, so daß der Klage *von Anfang an* die *materielle Rechtsgrundlage gefehlt* hat. Dazu, welche Wirkungen die Nichtigerklärung nach abgeschlossenem Erkenntnisverfahren auf die **Vollstreckung** hat, vgl. Großkomm/*Jestaedt* Vor § 13, E, Rdn. 44.

280 gg) **Veränderung von Umständen.** Ändern sich während des anhängigen Rechtsstreits die Umstände und wirkt sich dies auf die materiellen Klagevoraussetzungen aus, so tritt dadurch eine Erledigung der Hauptsache ein. Das ist z. B. der Fall, wenn eine vom Beklagten bisher zu Unrecht geschützte Bezeichnung, wie z. B. „Fachgeschäft", durch Veränderung des Geschäftsbetriebs zulässig wird[877]. Eine Veränderung der Umstände führt nach überwiegender und zutreffender Ansicht auch dann zur Erledigung, wenn sie vom **Kläger zu vertreten** ist, sei es daß sie in dessen Verantwortungsbereich fällt, sei es daß sie von ihm selbst herbeigeführt worden ist[878]. Mit einem solchen Fall hat man es etwa bei Wegfall der eigenen Klagebefugnis nach § 13 UWG z. B. durch Geschäftsaufgabe des Klägers und dadurch bedingtem Fortfall des Wettbewerbsverhältnisses zu tun oder wenn der klagende Verband seine Klagebefugnis verliert[879].

281 Eine Erledigung der Hauptsache tritt auch dann ein, wenn eine andere *materielle Klagevoraussetzung wegfällt*, etwa wenn während des anhängigen Rechtsstreits das Patent oder das Warenzeichen erlischt, aus dem der Kläger vorgeht, und die Klage damit ihre materielle Rechtsgrundlage verliert[880].

282 c) **Prozessuale Behandlung. aa) Einseitige Erledigungserklärung.** Wenn ein Erledigungsgrund gegeben ist, so liegt es am **Kläger**, den Rechtsstreit ganz oder teilweise, jedenfalls bezüglich desjenigen Anspruchs, auf den sich der Erledigungsgrund bezieht,

---

873 Beispiele und Nachweise bei *Stein/Jonas/Leipold* ebenda.

874 Ebenso OLG Hamburg ZMR 1977, 91; KG MDR 1954, 489; *Baumbach/Lauterbach/Albers/Hartmann* ebenda; **a.A** BFH BB 1976, 1445 (Verlierer muß Kosten tragen, auch wenn er sonst obsiegt hätte).

875 OLG Hamburg ZMR ebenda; *Baumbach/Lauterbach/Albers/Hartmann* ebenda.

876 BGH JZ 1965, 257; BGH GRUR 1985, 58, 59 f – *Mischverband II* (Klage konnte nicht mehr auf § 1 UWG i.V.m. § 1 PAngV gestützt werden); *Stein/Jonas/Leipold* aaO Rdn. 8; *Zöller/Vollkommer* aaO Rdn. 58 „Nichtigerklärung eines Gesetzes". Vgl. im übrigen BGH GRUR 1988, 787 – *Nichtigkeitsfolgen der Preisangabenverordnung*; OLG Köln GRUR 1985, 458; OLG Düsseldorf GRUR 1987, 572 (jeweils allerdings bezüglich der Wirkung der BVerfG-Nichtigkeitsentscheidung bezüglich §§ 1 Abs. 1, 2 Abs. 2 PAngV (alt) vom 8. 11. 1983 – BVerfGE 65, 248 = GRUR 1984, 276 m. Anm. *Jacobs* – auf ein abgeschlossenes einstweiliges Verfügungsverfahren).

877 *Baumbach/Hefermehl* aaO Rdn. 506 aE. *Anderer Fall*: Der Beklagte erreicht während des Verfahrens die Alleinstellung, deren er sich berühmt, vgl. *Borck* WRP aaO 12.

878 *Teplitzky*[6] Kap. 46 Rdn. 37 f, der sich kritisch mit der Gegenmeinung auseinandersetzt; ebenso *Stein/Jonas/Leipold* § 91 a Rdn. 6; *Baumbach/Hefermehl* aaO Rdn. 506; OLG Frankfurt/M. WRP 1979, 799, 801; OLG Düsseldorf WRP 1980, 701; *Göppinger* ZZP 70 (1957), 432 Fußn. 34. **A. A.** ursprünglich besonders *Ulrich* GRUR aaO 17 f, jetzt (WRP 1990, 651, 652 f) aufgegeben; ferner – teilweise – OLG Schleswig NJW-RR 1986, 38, 39; *Zöller/Vollkommer* § 91 a Rdn. 5 und Rdn. 58 „Verjährung".

879 *Teplitzky* aaO Rdn. 37; *Ulrich* GRUR aaO 17 f.

880 RGZ 148, 400, 404 = GRUR 1936, 167, 168 (Erlöschen eines Patents während des Rechtsstreits); *Ulrich* GRUR aaO 17.

für **in der Hauptsache erledigt** zu erklären[881]. Die einseitige Erledigungserklärung muß von ihm bzw. dem Anspruchsteller abgegeben werden. Der Beklagte und Anspruchsgegner kann seinerseits lediglich der Erledigungserklärung des Klägers zustimmen bzw. eine Erledigungserklärung des Klägers anregen; selbst kann er die Hauptsache nicht für erledigt erklären, da er über den Streitgegenstand nicht verfügen kann[882].

Die Erledigung kann grundsätzlich **in jedem Stadium des Verfahrens** erklärt werden[883]. Sie setzt allerdings **Rechtshängigkeit**, also Zustellung der Klage voraus[884]. In der *Revisionsinstanz* ist eine einseitige Erledigungserklärung nur dann zu beachten, wenn das erledigende Ereignis zwischen den Parteien nicht streitig ist[885]; denn das Revisionsgericht kann keine tatsächlichen Feststellungen über die Erledigung treffen. Unerheblich ist, ob der Beklagte der Erledigung zustimmt[886]. **283**

Liegt ein Erledigungsgrund vor, erklärt aber gleichwohl der Kläger und Anspruchsteller den Rechtsstreit **nicht** in der Hauptsache **für erledigt** – etwa weil er der Ansicht ist, daß die vom Beklagten abgegebene strafbewehrte Unterlassungserklärung den Anspruch nicht voll abdeckt und daher unzureichend ist –, so muß die **Klage** als unbegründet oder unzulässig **abgewiesen** werden, je nachdem, ob eine formelle oder materielle Klagevoraussetzung weggefallen ist[887]. Denn das erledigende Ereignis *nimmt* der Klage die Zulässigkeit (sofern diese gegeben war), jedenfalls die Begründetheit[888]. Das Gericht hat allerdings in einem solchen Fall, in dem der Kläger sich weigert, eine Erledigungserklärung abzugeben, sehr sorgfältig zu prüfen, ob tatsächlich Erledigung eingetreten ist. Das Gericht entscheidet durch Prozeß- oder Sachurteil. **284**

Liegt ein Erledigungsgrund vor und gibt der **Kläger** dementsprechend eine **Erledigungserklärung** ab, so ist es Sache des Beklagten, das in der Erledigungserklärung liegende Angebot, den Rechtsstreit übereinstimmend für erledigt zu erklären, anzunehmen. Nimmt er das Angebot an und schließt er sich der Erledigungserklärung des Klägers an, liegen also **übereinstimmende Erledigungserklärungen** vor, so ist der Rechtsstreit ganz oder teilweise (wenn sich der Rechtsstreit auch auf andere nicht erledigte Ansprüche erstreckt) erledigt. Dazu näher Rdn. 291 ff. **285**

Der Beklagte kann seinen **Abweisungsantrag aufrechterhalten**, braucht sich also nicht der Erledigungserklärung des Klägers anzuschließen, wenn er die Klage **im Zeitpunkt des angeblichen Erledigungseintritts** für **unzulässig oder unbegründet** hält[889]. **286**

---

881 Es wird auf die ZPO-Kommentierungen verwiesen; *Stein/Jonas/Leipold* § 91 a Rdn. 37 f; MünchKommZPO/*Lindacher* § 91 a Rdn. 69 ff; *Zöller/Vollkommer* § 91 a Rdn. 34 ff.

882 *Stein/Jonas/Leipold* aaO Rdn. 50; MünchKommZPO/*Lindacher* aaO Rdn. 101; *Zöller/Vollkommer* aaO Rdn. 52; *Bergerfurth* NJW 1968, 530; *Schulz* JZ 1983, 331, 333; *Habscheid* JZ 1963, 624; *Deubner* JuS 1962, 208 Fußn. 34; streitig, **a. A.** *Rosenberg/Schwab*, § 133 III 3; *Schwab* ZZP 72 (1959), 134 f.

883 BGHZ 50, 197, 198; BGH LM Nr. 2 zu § 91 a ZPO; BGH GRUR 1971, 516 – *Brockhaus-Enzyklopädie*; *Stein/Jonas/Leipold* aaO Rdn. 13 f; MünchKommZPO/*Lindacher* aaO Rdn. 38 f; *Zöller/Vollkommer* aaO Rdn. 16, 18, 20; *Baumbach/Hefermehl* aaO Rdn. 507.

884 BGHZ 83, 12, 14; BGHR ZPO § 91 a Abs. 1 S. 1 – Erledigungsstreit I; BGH NJW-RR 1988, 1151; KG NJW 1991, 500 f; *Teplitzky* aaO Rdn. 40; *Stein/Jonas/Leipold* aaO Rdn. 10, 11; *Zöller/Vollkommer* aaO Rdn. 36, 40; *Teplitzky* GRUR 1989, 461, 469; **a. A.** MünchKommZPO/*Lindacher* aaO Rdn. 75 (Anhängigkeit reicht aus unter Verweis auf VwGO und FGO, bei denen Rechtshängigkeit nicht erforderlich ist; nicht berücksichtigt wird dabei, daß diese Verfahrensordnungen die Unterscheidung zwischen Anhängigkeit und Rechtshängigkeit nicht kennen) und wohl auch *Bergerfurth* NJW 1992, 1655, 1656.

885 BGHZ 106, 359, 368 = NJW 1989, 2885, 2887; BGH GRUR 1977, 144 – *VUS*; MünchKommZPO/*Lindacher* aaO Rdn. 83; *Zöller/Vollkommer* aaO Rdn. 51; *Smid* ZZP 97 (1984), 298 f.

886 BGH LM Nr. 34 zu § 91 a ZPO; BGHZ 106, 359, 368 = NJW 1989, 2885, 2887.

887 Vgl. *Borck* WRP aaO 8.

888 Vgl. BGHZ 83, 12, 13; BGH NJW 1991, 1114, 1116 aE; *Stein/Jonas/Leipold* aaO Rdn. 5; *Zöller/Vollkommer* aaO Rdn. 3.

889 BGH NJW 1969, 237; *Baumbach/Hefermehl* ebenda. **a.A.** MünchKommZPO/*Lindacher* aaO Rdn. 16 f.

Denn dann hat aus seiner rechtlichen Sicht derjenige Umstand, der den Kläger zur Erledigung der Hauptsache veranlaßt hat, den Rechtsstreit gerade nicht erledigt. Solche einseitig bleibenden Erledigungserklärungen kommen in **Wettbewerbsstreitigkeiten** regelmäßig nur bei solchen Erledigungsgründen vor, die objektiver Natur sind und auf die weder die eine noch die andere Partei Einfluß hat, z. B. Zeitablauf (Beendigung einer Messeveranstaltung, Ende einer Wanderausstellung etc.)[890]. Bei dem in Wettbewerbsstreitigkeiten häufigsten Erledigungsgrund, der Abgabe einer strafbewehrten Unterlassungserklärung durch den Beklagten, scheidet eine nur einseitige Erledigungserklärung praktisch aus. Auch wenn der Beklagte trotz Abgabe einer Unterwerfungserklärung glaubt, zur Unterlassung nicht verpflichtet zu sein, besteht aus seiner Sicht kaum ein Grund, sich der im Anschluß an die Unterwerfungserklärung abgegebenen Erledigungserklärung des Klägers nicht anzuschließen, zumal in der Abgabe einer Unterwerfungserklärung in aller Regel kein Anerkenntnis erblickt werden kann[891].

287 Der **Beklagte** muß bei seiner Entscheidung, ob er sich der Erledigungserklärung anschließt oder nicht, auch das **Kostenrisiko** beachten. Schließt er sich nicht an, so läuft er Gefahr, daß das Gericht feststellt, daß die Hauptsache erledigt ist, also dem entsprechenden einseitigen Antrag des Klägers stattgibt und ihm – dem Beklagten – nach § 91 ZPO die Kosten auferlegt. In der Praxis schließt sich der Beklagte zur Minderung des Kostenrisikos häufig selbst dann der Erledigungserklärung des Klägers an, wenn er die Klage nach wie vor für unbegründet oder gar unzulässig hält.

288 **Bleibt** die Erledigungserklärung **einseitig,** so muß das **Gericht** über die Erledigung durch **Urteil** entscheiden[892]. Die einseitige Erledigungserklärung des Klägers ist in diesem Fall prozessual ein **Feststellungsantrag** – verbunden mit einer Klageänderung –, daß die Hauptsache erledigt ist[893]. Das Gericht hat zu prüfen, ob die Klage vor dem Umstand, der zur Erledigungserklärung geführt hat, zulässig und begründet war und der Umstand, der zu der Erledigungserklärung geführt hat, die Hauptsache tatsächlich erledigt hat. Das Gericht kann die Erledigung auf die einseitige Erklärung des Klägers hin nur aussprechen, *wenn die Klage* vor dem erledigten Ereignis **zulässig und begründet** war[894]. Eine entsprechende sachliche Prüfung durch das Gericht ist, bezogen auf den Zeitpunkt des Eintritts des erledigenden Ereignisses *unerläßlich*; hierfür ist nötigenfalls eine Beweisaufnahme durchzuführen[895].

---

890 Vgl. dazu oben Rdn. 277. *Beispiel* für eine einseitige Erledigungserklärung aus solchem Grund: BGH GRUR 1992, 448 – *Pullovermuster.*

891 OLG Stuttgart WRP 1984, 576; OLG Karlsruhe WRP 1985, 102, 103; OLG Celle NJW-RR 1986, 1061; OLG Koblenz GRUR 1988, 556 m. weit. Nachw.; *Teplitzky* aaO Rdn. 46; *Baumbach/Lauterbach/Albers/Hartmann* aaO Anm. 8 C; *Zöller/Vollkommer* aaO Rdn. 58 „Wettbewerbsprozeß".

892 BGHZ 94, 268, 274; BGHZ 106, 359, 366 = NJW 1989, 2885, 2887; BGH VersR 1982, 296; BGH NJW 1986, 589; *Stein/Jonas/Leipold* aaO Rdn. 41, 43; *Zöller/Vollkommer* aaO Rdn. 43, 45; *Baumbach/Lauterbach/Albers/Hartmann* § 91 a Anm. 15 A m. weit. Nachw. aus der Rechtsprechung; *Baumbach/Hefermehl* Einl. UWG Rdn. 508. Der **Beklagte** kann sich allerdings neben dem Klageabweisungsantrag **hilfsweise der Erledigung** anschließen, vgl. *Zöller/Vollkommer* aaO Rdn. 13, 43.

893 HM; vgl. BGH GRUR 1990, 530, 531 – *Unterwerfung durch Fernschreiben*; OLG Saarbrücken NJW 1967, 2212 f; OLG Zweibrücken NJW 1968, 110; OLG München NJW 1975, 2021; OLG Nürnberg NJW-RR 1987, 1278; *Teplitzky*[6] Kap. 49 Rdn. 42–46; *Zöller/Vollkommer* aaO Rdn. 34; *Baumbach/Hefermehl* ebenda; **a. A.** *Stein/Jonas/Leipold* aaO Rdn. 39 (privilegierte Klagerücknahme; MünchKommZPO/*Lindacher* aaO Rdn. 88; *Rosenberg/Schwab* § 133 III 4 a (Institut sui generis).

894 BGHZ 37, 137, 142 f; BGHZ 83, 12, 13; BGHZ 91, 126, 127; BGH NJW 1986, 588, 589; BGH GRUR 1990, 530, 531 – *Unterwerfung durch Fernschreiben*; BGH GRUR 1992, 474, 475 – *Btx-Werbung II*; *Zöller/Vollkommer* § 91 a Rdn. 44 m. weit. Nachw. Vgl. oben Rdn. 284, 286.

895 BGH NJW 1982, 767, 768; BGH GRUR aaO – *Btx-Werbung II*; *Zöller/Vollkommer* ebenda. Vgl. unten Rdn. 295.

Bejaht das Gericht die Erledigung, so spricht es im **Urteil** aus, daß die **Hauptsache erledigt ist**[896]. Es handelt sich um ein **Sachurteil**, das mit den üblichen Rechtsmitteln angefochten werden kann[897]. Über die Kosten entscheidet das Gericht nach **§ 91 ZPO**[898].

Verneint das Gericht die Erledigung, so ist die **Klage abzuweisen**[899]. Dies kann entweder darauf beruhen, daß die Klage nach Ansicht des Gerichts von vorneherein unzulässig oder unbegründet war, so daß eine Erledigung gerade nicht eingetreten ist[900], oder darauf, daß der Umstand, auf den der Kläger seine einseitige Erklärung stützt, nach Ansicht des Gerichts die Hauptsache nicht erledigt hat[901]. Da der Kläger statt seines ursprünglichen Antrags nur noch einen einseitigen Antrag auf Hauptsacheerledigung (Feststellungsantrag) stellt, kann das Gericht in letzterem Fall über den ursprünglichen Antrag nicht mehr entscheiden, sondern muß den Erledigungsantrag und damit die Klage abweisen[902]. Der Kläger kann sich dagegen nicht in der Weise schützen, daß er seinen ursprünglichen Antrag aufrechterhält und die Erledigungserklärung nur hilfsweise abgibt; eine **hilfsweise Erledigungserklärung** unter Aufrechterhaltung des Klageantrags ist nicht zulässig, weil dadurch die prozessuale Stellung des Beklagten unangemessen beeinträchtigt würde[903].

Der Kläger kann jedoch Erledigung erklären und für den Fall, daß eine Erledigung verneint wird, *hilfsweise* seinen alten Antrag aufrechterhalten[904]. Über die Kosten entscheidet das Gericht nach **§ 91 ZPO**; sie sind in diesem Fall dem Kläger aufzuerlegen[905].

Gegen die Entscheidung des Gerichts sind die **üblichen Rechtsmittel** zulässig[906]. **289**
Trotz § 99 Abs. 1 ZPO, der eine isolierte Anfechtung der Kostenentscheidung ausschließt, ist die *Berufung* in solchen Fällen selbst dann zulässig, wenn sich der Kläger

[896] BGHZ 79, 275, 278 f; BGHZ 94, 268, 274; BGH NJW 1981, 686; *Stein/Jonas/Leipold* aaO Rdn. 44; MünchKommZPO/*Lindacher* aaO Rdn. 78 f; *Zöller/Vollkommer* aaO Rdn. 45 f; *Baumbach/Lauterbach/Albers/Hartmann* aaO Anm. 15 C (Tenor: „Die Hauptsache ist erledigt", BGH VersR 1982, 296 und OLG Bamberg VersR 1976, 891 oder „Der Rechtsstreit ist in der Hauptsache erledigt", vgl. MünchKommZPO/*Lindacher* aaO Rdn. 78).

[897] Streitig; wie hier BGH NJW 1968, 2243; OLG Nürnberg NJW-RR 1987, 1278, 1279; OLG Nürnberg NJW-RR 1989, 444; MünchKommZPO/*Lindacher* aaO Rdn. 78; *Baumbach/Lauterbach/Albers/Hartmann* aaO Anm. 15 C; *Zöller/Vollkommer* aaO Rdn. 45; **a. A.** *Stein/Jonas/Leipold* aaO Rdn. 45; *Rosenberg/Schwab* § 133 III 4 c (Prozeßurteil).

[898] BGHZ 23, 333, 340; BGHZ 83, 12, 15; *Stein/Jonas/Leipold* aaO Rdn. 41; MünchKommZPO/*Lindacher* aaO Rdn. 80; *Baumbach/Lauterbach/Albers/Hartmann* aaO Anm. 15 E; *Zöller/Vollkommer* aaO Rdn. 47. **A. A.** *Rosenberg/Schwab* § 134 III 5 a; OLG Stuttgart NJW 1962, 1872.

[899] *Stein/Jonas/Leipold* aaO Rdn. 42 f; MünchKommZPO/*Lindacher* aaO Rdn. 79; *Zöller/Vollkommer* aaO Rdn. 44; *Baumbach/Lauterbach/Albers/Hartmann* aaO Anm. 15 D.

[900] BGHZ 83, 12, 13; BGH NJW 1986, 589; *Stein/Jonas/Leipold* aaO Rdn. 42; MünchKommZPO/*Lindacher* ebenda; *Zöller/Vollkommer* ebenda; *Baumbach/Lauterbach/Albers/Hartmann* ebenda.

[901] OLG Nürnberg NJW-RR 1989, 444 f; *Stein/Jonas/Leipold* aaO Rdn. 43; MünchKommZPO/*Lindacher* ebenda; *Baumbach/Lauterbach/Albers/Hartmann* ebenda.

[902] OLG Nürnberg NJW-RR ebenda; *Stein/Jonas/Leipold* ebenda; MünchKommZPO/*Lindacher* ebenda; *Baumbach/Lauterbach/Albers/Hartmann* ebenda.

[903] BGHZ 106, 359, 367 f = NJW 1989, 2885, 2887 im Anschluß an BGH NJW 1967, 564 (gegen BGH NJW 1975, 539); *Stein/Jonas/Leipold* aaO Rdn. 17, 38; MünchKommZPO/*Lindacher* aaO Rdn. 74; *Zöller/Vollkommer* aaO Rdn. 35; *Teplitzky*[6] Kap. 46 Rdn. 42; *Teubner/Prange* MDR 1989, 586; **a. A.** OLG Koblenz GRUR 1988, 43, 46 – *Weingut*; *Ulrich* GRUR 1982, 14, 26; *Bergerfurth* NJW 1992, 1655, 1660.

[904] BGH NJW 1965, 1597 f; BGH WM 1982, 1260; OLG Nürnberg NJW-RR 1989, 444, 445; *Stein/Jonas/Leipold* aaO Rdn. 17; MünchKommZPO/*Lindacher* ebenda; *Zöller/Vollkommer* ebenda; *Bergerfurth* NJW 1968, 530, 531.

[905] BGH NJW 1969, 237; *Stein/Jonas/Leipold* aaO Rdn. 42 aE; MünchKommZPO/*Lindacher* aaO Rdn. 80; *Zöller/Vollkommer* aaO Rdn. 47; *Baumbach/Lauterbach/Albers/Hartmann* aaO Anm. 15 D.

[906] BGHZ 37, 137; BGH LM Nr. 16 zu § 91 a ZPO; *Stein/Jonas/Leipold* aaO Rdn. 46; MünchKommZPO/*Lindacher* aaO Rdn. 81; *Zöller/Vollkommer* aaO Rdn. 49; *Baumbach/Lauterbach/Albers/Hartmann* aaO Anm. 15 I.

nicht gegen die Sachentscheidung selbst, sondern nur gegen die ihn belastende Kostenentscheidung wehren will[907]; denn er wendet sich auch in diesem Fall gerade dagegen, daß das Gericht seinem Erledigungsantrag nicht stattgegeben hat.

290 Bei einseitiger Erledigungserklärung des Klägers besteht der **Streitwert** des Verfahrens, wenn das Gericht dem Klageabweisungsantrag des Beklagten stattgibt, in der Regel lediglich in dem verbleibenden **Kosteninteresse**[908]; denn die Frage, ob die Klage zulässig und begründet war, hat für die Parteien in diesem Fall regelmäßig keine Bedeutung mehr. Das gilt sowohl für ein Rechtsmittel des Klägers wie für ein solches des Beklagten, für letzteren jedenfalls dann, wenn für ein weitergehendes verwertbares Interesse des Beklagten konkrete Anhaltspunkte fehlen. Dies wird in **Wettbewerbsstreitigkeiten** regelmäßig der Fall sein, es sei denn, daß ausnahmsweise auch nach Erledigung der Hauptsache das Interesse der Parteien an einer mittelbaren Rechtfertigung des jeweiligen Standpunktes deutlich im Vordergrund steht, etwa beim Vorwurf des Geheimnisverrats (§§ 17, 18 UWG). Das Kosteninteresse bemißt sich daher in der Instanz, in der die Hauptsache für erledigt erklärt wird, von der Erledigungserklärung an nach der **Summe der** bis dahin entstandenen **Kosten**[909]. Die Streitwerte der höheren Instanzen bestehen in der Summe der Kosten der Vorinstanzen, soweit diese dem Rechtsmittelkläger auferlegt worden sind.

291 bb) **Übereinstimmende Erledigungserklärungen.** Wenn sich der **Beklagte** der Erledigungserklärung des Klägers **anschließt**, also übereinstimmende Erledigungserklärungen beider Parteien vorliegen, so ist der **Rechtsstreit** ganz oder – bei nur teilweiser Erledigungserklärung – bezüglich des erledigten Teils **beendet**[910]. Das Gericht hat nicht zu prüfen, ob der Rechtsstreit tatsächlich erledigt ist, und kann die Erledigungserklärung des Klägers auch nicht in eine Klagerücknahme umdeuten[911].

292 Anders als bei der einseitigen Erledigungserklärung (oben Rdn. 283) ist für übereinstimmende Erledigungserklärungen beider Parteien **Rechtshängigkeit nicht erforderlich**; es genügt Anhängigkeit des Rechtsstreits, also die Einreichung der Klage[912].

---

[907] BGHZ 57, 224ff; *Stein/Jonas/Leipold* aaO Rdn. 47; MünchKommZPO/*Lindacher* ebenda; *Zöller/Vollkommer* ebenda; *Baumbach/Hefermehl* aaO Rdn. 508.

[908] *Stein/Jonas/Leipold* ebenda; MünchKommZPO/*Lindacher* aaO Rdn. 85 f; *Zöller/Vollkommer* aaO Rdn. 48.

[909] Sehr streitig; wie hier grundlegend BGH NJW 1961, 1210; BGH ZIP 1982, 745; BGHZ 106, 359, 366 = NJW 1989, 2885, 2886; BGH NJW 1990, 3148; OLG Koblenz MDR 1984, 671 f; OLG Frankfurt/M. GRUR 1987, 650; OLG Stuttgart MDR 1989, 265; MünchKommZPO/*Lindacher* aaO Rdn. 86; *Ulrich* GRUR 1982, 14 27; modifizierend (Schätzung nach § 3 ZPO, aber *regelmäßig* Kosteninteresse) BGH GRUR 1990, 530, 531 – *Unterwerfung durch Fernschreiben*; Großkomm/*Jestaedt* Vor §§ 23 a, 23 b Rdn. 44; *Teplitzky*[6] Kap. 46 Rdn. 42–46; *Zöller/Vollkommer* aaO Rdn. 48; **a. A.**, nämlich **bisheriger Streitwert** maßgebend: OLG Karlsruhe Justiz 1982, 434; KG MDR 1984, 408; KG WRP 1987, 111; OLG Frankfurt/M. MDR 1984, 320; OLG München MDR 1989, 73; *Stein/Jonas/Leipold* aaO Rdn. 47; *Zöller/Schneider* § 3 Rdn. 16 „Erledigung der Hauptsache" – „Einseitige Erledigungserklärung". **Ermäßigter Streitwert** auf 50%: OLG Celle NJW 1970, 2113; OLG Bremen JurBüro 1971, 92; OLG München NJW 1975, 2021; OLG Nürnberg NJW-RR 1987, 1278, 1279; OLG Köln JurBüro 1991, 832.

[910] BGHZ 106, 359, 366 = NJW 1989, 2285, 2286; *Stein/Jonas/Leipold* aaO Rdn. 20; MünchKommZPO/*Lindacher* aaO Rdn. 35; *Zöller/Vollkommer* aaO Rdn. 12; *Baumbach/Lauterbach/Albers/Hartmann* aaO Anm. 8 B; *Baumbach/Hefermehl* aaO Rdn. 507.

[911] BGHZ 83, 12, 14 f; BGHZ 106, 359, 366 = NJW 1989, 2885, 2886; *Stein/Jonas/Leipold* aaO Rdn. 22 f; *Zöller/Vollkommer* ebenda; *Baumbach/Hefermehl* ebenda.

[912] Streitig; wie hier BGHZ 21, 298; OLG Köln NJW 1954, 1043; *Stein/Jonas/Leipold* aaO Rdn. 10; MünchKommZPO/*Lindacher* aaO Rdn. 26 aE; *Teplitzky*[6] Kap. 46 Rdn. 40; *Baumbach/Hefermehl* ebenda. **A. A.** KG MDR 1967, 133; KG NJW-RR 1987, 994; OLG Nürnberg NJW 1975, 2206; OLG München NJW 1976, 974; OLG Köln NJW 1978, 111; *Zöller/Vollkommer* aaO Rdn. 17 (Rechtshängigkeit erforderlich).

Bei übereinstimmenden Erledigungserklärungen hat das Gericht gemäß § 91 a ZPO nur noch über die **Kosten** des Rechtsstreits auf der Grundlage des **bisherigen Sach- und Streitstandes** zu entscheiden[913], es sei denn, daß die Parteien einen Kostenvergleich abschließen[914]. Die Entscheidung ergeht von Amts wegen ohne Antragserfordernis durch **Beschluß** (§ 91 a Abs. 1 S. 2 ZPO).[915] Die Entscheidung kann (§ 91 a Abs. 1 S. 2 ZPO) und wird in der Regel *ohne mündliche* Verhandlung ergehen, da der bisherige Streitstoff bekannt ist und nicht erneut verhandelt zu werden braucht[916]. Bei übereinstimmenden **Teilerledigungserklärungen**, wenn also der Rechtsstreit nicht insgesamt beendet ist, entscheidet das Gericht über die Kosten auch des erledigten Teils im **Endurteil** (Grundsatz der Einheitlichkeit der Kostenentscheidung)[917]. 293

Gegen den Kostenbeschluß nach § 91 a Abs. 1 S. 2 ZPO ist die **sofortige Beschwerde** (§ 577 ZPO) gegeben; eine weitere Beschwerde findet nicht statt (§ 568 Abs. 3 ZPO)[918]. Wird erst im Endurteil über die Kosten des erledigten Teils entschieden, so kann die diesbezügliche Kostenentscheidung entweder isoliert mit der sofortigen Beschwerde oder zusammen mit der in der Hauptsache eingelegten Berufung angefochten werden[919]. Eine Nachprüfung in der Revisionsinstanz ist auch dann ausgeschlossen, wenn die Kostenentscheidung mit einer im übrigen zulässigen Revision angefochten wird[920]. 294

Die gerichtliche Kostenentscheidung erfolgt auf der Grundlage des **bisherigen Sach- und Streitstandes** (§ 91 a Abs. 1 S. 1 ZPO). Dabei hat das Gericht überschlägig, nicht ins Detail gehend wie bei einem Urteil zu prüfen, wie der Rechtsstreit nach dem bisherigen Sachvortrag der Parteien zu entscheiden gewesen wäre, und danach die Kosten zu verteilen[921]. Liegt der Erledigungsgrund in der Abgabe einer strafbewehrten Unterlassungserklärung, so ist darin kein Anerkenntnis mit der Folge der automatischen Kostenbelastung des Beklagten (§§ 91 a, 93 ZPO) zu sehen; das Gericht hat unabhängig von der strafbewehrten Unterlassungserklärung zu prüfen, ob der Unterlassungsanspruch begründet war. 295

Ist der Prozeßausgang offen, so werden die Kosten regelmäßig gegeneinander aufzuheben sein[922]. Wären bei fortdauerndem Rechtsstreit Beweise zu erheben gewesen, so werden ebenfalls die Kosten in der Regel gegeneinander aufzuheben sein[923]. Eine

913 Näher dazu OLG Frankfurt/M. NJW 1987, 1410; OLG Frankfurt/M. GRUR 1987, 462; *Stein/Jonas/Leipold* aaO Rdn. 25 ff; MünchKommZPO/*Lindacher* aaO Rdn. 40 f. *Zöller/Vollkommer* aaO Rdn. 22 ff; *Baumbach/Lauterbach/Albers/Hartmann* aaO Anm. 8 A ff; *Baumbach/Hefermehl* ebenda.

914 Näher Rdn. 273 – 275, 469 f.

915 *Stein/Jonas/Leipold* aaO Rdn. 26, 31; MünchKommZPO/*Lindacher* aaO Rdn. 40; *Zöller/Vollkommer* aaO Rdn. 23; *Baumbach/Lauterbach/Albers/Hartmann* aaO Anm. 9 C.

916 Zutreffend MünchKommZPO/*Lindacher* aaO Rdn. 41. Eine Partei kann allerdings die mündliche Verhandlung erzwingen, indem sie die Erledigungserklärung erst im Termin abgibt, vgl. *Zöller/Vollkommer* ebenda.

917 BGH LM Nr. 5 zu § 91 a ZPO; *Stein/Jonas/Leipold* aaO Rdn. 31; MünchKommZPO/*Lindacher* aaO Rdn. 56; *Zöller/Vollkommer* aaO Rdn. 56; *Baumbach/Lauterbach/Albers/Hartmann* aaO Anm. 8 G.

918 Näher *Stein/Jonas/Leipold* aaO Rdn. 32 f; MünchKommZPO/*Lindacher* aaO Rdn. 60 ff; *Zöller/Vollkommer* aaO Rdn. 27; *Baumbach/Lauterbach/Albers/Hartmann* aaO Anm. 10.

919 Ganz hM; vgl. BGHZ 40, 265, 271; OLG Koblenz GRUR 1981, 672; KG MDR 1986, 241; *Stein/Jonas/Leipold* aaO Rdn. 34; MünchKommZPO/*Lindacher* aaO Rdn. 104 ff; *Zöller/Vollkommer* aaO Rdn. 56 m. weit. Nachweisen; *Baumbach/Lauterbach/Albers/Hartmann* aaO Anm. 10 A; *Baumbach/Hefermehl* aaO Rdn. 507 aE.

920 BGH NJW 1967, 1131; BGH GRUR 1991, 460, 462 – *Silenta*.

921 Näher *Stein/Jonas/Leipold* aaO Rdn. 27; MünchKommZPO/*Lindacher* aaO Rdn. 42 ff; *Zöller/Vollkommer* aaO Rdn. 24 ff; *Baumbach/Lauterbach/Albers/Hartmann* aaO Anm. 8 C.

922 *Teplitzky*[6] Kap. 46 Rdn. 47 m. Nachw. in Fußn. 81.

923 *Teplitzky* ebenda.

Beweisaufnahme braucht das Gericht nicht mehr durchzuführen, ist daran allerdings auch nicht gehindert[924]. Ob das Gericht im Zeitpunkt der Erledigung *präsente* und sofort auswertbare *Beweismittel*, wie z. B. an Gerichtsstelle anwesende Zeugen, berücksichtigen *muß*, ist streitig. Da das Gericht bei der Kostenentscheidung nach § 91 a ZPO ein weitgehendes Ermessen hat, *kann* es richtiger Ansicht nach präsente Beweise noch erheben bzw. berücksichtigen, braucht es aber nicht[925].

296 **Kartellrechtliche Vorfragen** können im Rahmen der Prüfung nach § 91 a ZPO ausnahmsweise auch vom Nicht-Kartellrecht beantwortet werden. Eine Aussetzung nach § 96 Abs. 2 GWB ist nicht erforderlich[926].

297 Bei der Kostenentscheidung nach § 91 a ZPO ist auch die Vorschrift des § 93 ZPO zu beachten[927]. Das gilt zu Lasten sowohl des Klägers als auch des Beklagten. Dem Beklagten sind z. B. in reziproker Anwendung des § 93 ZPO die Kosten aufzuerlegen, wenn er sich vor Erhebung der gegen ihn gerichteten Unterlassungsklage bereits einem Dritten gegenüber strafbewehrt unterworfen hatte und dadurch die Wiederholungsgefahr fortgefallen ist[928], er dies aber vor Klageeinreichung verschwiegen hat[929].

5. Unterbrechung durch Konkurs

Literatur

Ackmann/Wenner Auslandskonkurs und Inlandsprozeß: Rechtssicherheit contra Universalität im deutschen Internationalen Konkursrecht? IPRax 1989, 144; *Ackmann/Wenner* Inlandswirkung des Auslandskonkurses: Verlustscheine und Restschuldbefreiungen, IPRax 1990, 209; *Habscheid* Unterbrechung oder Ausdehnung des Inlandsprozesses bei ausländischen Konkursverfahren, KTS 1990, 403; *Jaeger* Konkursordnung, 9. Aufl. (1977 ff) mit *Bearbeiter*; *Koch* Auslandskonkurs und Unterbrechung des Inlandsprozesses, NJW 1989, 3072; *Kuhn/Uhlenbruck* Konkursordnung, 10. Aufl. (1986); *Leipold* Ausländischer Konkurs und inländischer Zivilprozeß, Festschr. K. H. Schwab (1990), 289; *Trunk* Auslandskonkurs und inländische Zivilprozesse, ZIP 1989, 279; *Teplitzky* Wettbewerbsrechtliche Ansprüche, 6. Aufl. (1992); zur ZPO-Kommentarliteratur vgl. Literatur vor Rdn. 16.

298 a) **Allgemeines.** Nach § 240 ZPO wird das Verfahren durch die **Eröffnung des Konkurses** über das Vermögen einer Partei **unterbrochen**, wenn es die Konkursmasse betrifft. Zur Konkursmasse gehört das gesamte, der Zwangsvollstreckung unterlie-

---

924 BGHZ 13, 142, 145; BGHZ 21, 298, 300; OLG Köln MDR 1969, 848; OLG Stuttgart MDR 1989, 1000; *Stein/Jonas/Leipold* ebenda; MünchKommZPO/*Lindacher* aaO Rdn. 46 f; *Zöller/Vollkommer* aaO Rdn. 26; *Teplitzky* ebenda. **A. A.** (keine Beweisaufnahme) OLG München JurBüro 1979, 1196; OLG Köln GRUR 1989, 705; OLG Hamm AnwBl. 1990, 48 (Ausnahme: Urkundenwürdigung); *Baumbach/Lauterbach/Albers/Hartmann* aaO Anm. 8 C.

925 Vgl. Fußn. 899. Solche Beweismittel wie präsente Zeugen, vorliegende Urkunden sind zu berücksichtigen, sofern – bei Zeugen – nicht das Waffengleichheitsprinzip verletzt wird, vgl. zutreffend MünchKommZPO/*Lindacher* aaO Rdn. 47. In der Praxis werden nach übereinstimmender Erledigungserklärung zwar in aller Regel vorliegende Urkunden für die Kostenentscheidung herangezogen, nicht aber präsente, d. h. geladene oder gestellte Zeugen gehört.

926 OLG Köln WRP 1976, 497 f; *Teplitzky* aaO Rdn. 46.

927 Ganz hM; OLG Stuttgart WRP 1984, 576; OLG Karlsruhe WRP 1985, 102, 103; vgl. *Stein/Jonas/Leipold* aaO Rdn. 29; MünchKommZPO/*Lindacher* aaO Rdn. 43; *Zöller/Vollkommer* aaO Rdn. 24, 25 m. weit. Nachweisen; *Baumbach/Lauterbach/Albers/Hartmann* aaO Anm. 8 E „Abmahnung", *Teplitzky* aaO Rdn. 49.

928 Vgl. eingehend dazu Großkomm/*Kreft* Vor §13, C, Rdn. 44 ff.

929 MünchKommZPO/*Lindacher* ebenda; vgl. auch *Lindacher* GRUR 1987, 55 f.

gende Vermögen des Gemeinschuldners (§ 1 Abs. 1 KO). Der **Auslandskonkurs** hat allerdings nach der Rechtsprechung des für Wettbewerbsstreitigkeiten zuständigen I. Zivilsenats des BGH aus Gründen der Rechtssicherheit nicht die Unterbrechung eines im Inland gegen den Gemeinschuldner geführten Prozesses zur Folge[930].

Die Unterbrechung betrifft das **gesamte** Verfahren, auch wenn dieses nur teilweise konkursbefangenes Vermögen betrifft, sofern es sich nicht um abtrennbare Streitgegenstände handelt[931]. **299**

Bei der Frage, ob und unter welchen Voraussetzungen das auf **Unterlassung** gerichtete Verfahren durch die Konkurseröffnung unterbrochen wird, ergeben sich spezielle, das **wettbewerbsrechtliche Verfahren** betreffende Probleme. Unproblematisch ist dagegen die Unterbrechung des wettbewerblichen Verfahrens auf **Schadensersatz** durch die Konkurseröffnung über das Vermögen des Klägers oder des Beklagten, und zwar gleichgültig, ob ein bezifferter Leistungs- oder ein Feststellungsantrag gestellt ist[932]. Auch das den Schadensersatzanspruch vorbereitende Verfahren auf **Auskunft oder Rechnungslegung** wird entsprechend unterbrochen[933]. **300**

b) **Konkurs des Unterlassungsklägers.** Besondere Probleme wirft die Frage auf, ob und unter welchen Voraussetzungen der **wettbewerbliche Unterlassungsanspruch** zur Konkursmasse (im Sinne von § 1 Abs. 1 KO) des Klägers gehört[934]. Dabei ist unerheblich, daß der Unterlassungsanspruch selbst in der Regel vermögensrechtlicher Natur ist[935]. Entscheidend ist, ob er die **Konkursmasse betrifft.** Dies ist im Grundsatz zu **verneinen**; denn der Unterlassungsanspruch ist nicht übertragbar, daher auch nicht pfändbar und gehört daher grundsätzlich nicht zu dem Vermögen, das der Zwangsvollstreckung unterliegt[936]. Andererseits sind die am Unternehmen hängenden Rechte wie Warenzeichen, Firma, Geschäftsbezeichnung mit dem Unternehmen übertragbar und an sich auch pfändbar[937]. Da die Pfändung eines Unternehmens aber praktisch ausscheidet, kommt zwar auch bezüglich *dieser Rechte* eine Pfändung nicht in Betracht; doch gehören sie als Bestandteil des Unternehmens zur Masse[938]. **301**

Häufig basiert der Unterlassungsanspruch nicht einmal auf einer geldwerten Rechtsposition des Gemeinschuldners, etwa der Firma, einer Geschäftsbezeichnung, sondern auf §§ 1, 3 UWG[939]. Ein Unterlassungsanspruch kann seinem Sinn und Zweck nach auch nicht nach § 69 KO in eine Geldforderung umgewandelt werden[940]. Gleichwohl genügt nach der heute ganz herrschenden Meinung, der uneingeschränkt zuzustimmen ist, für die Unterbrechungswirkung nach § 240 ZPO, daß die Konkursmasse von dem Unterlassungsanspruch zumindest mittelbar in ihrem Bestand und in ihrer Verwertbar-

---

930 BGH NJW 1988, 3096; ebenso schon BGH NJW 1962, 1511; BGH GRUR 1976, 204 – *Eiskonfekt II*; BGH NJW 1979, 2477, 2478; BFHE 123, 406; vgl. auch *Stein/Jonas/Schumann* § 240 Rdn. 12; *Teplitzky*[6] Kap. 48 Rdn. 1; MünchKommZPO/*Feiber* § 240 Rdn. 14; *Zöller/Stephan* § 240 Rdn. 1; *Trunk* ZIP 1989, 279; *Ackmann/Wenner* IPRax 1990, 209; *Ackmann/Wenner* IPRax 1989, 144; vgl. auch *Koch* NJW 1989, 3072; *Habscheid* KTS 1990, 403 ff; *Leipold* Festschr. Schwab (1990), 289 ff; unzutreffend OLG Karlsruhe NJW-RR 1991, 295; **a. A.** BGHZ 95, 256 = JZ 1986, 91, 95 m. Anm. *Lüderitz* (Auslandskonkurs auch im Inland anzuerkennen).

931 Vgl. *Baumbach/Hefermehl* Einl. UWG Rdn. 467; MünchKommZPO/*Feiber* aaO Rdn. 15.

932 *Teplitzky* aaO Rdn. 9; *Zöller/Stephan* § 240 Rdn. 4.

933 BGH LM Nr. 4 zu § 146 KO; *Teplitzky* aaO Rdn. 10 m. weit. Nachw.; *Zöller/Stephan* ebenda m. weit. Nachw.

934 Näher dazu *Teplitzky* aaO Rdn. 2 ff; *Baumbach/Hefermehl* aaO Rdn. 467 ff.

935 Vgl. oben Rdn. 49.

936 *Teplitzky* aaO Rdn. 3.

937 Vgl. *Baumbach/Hefermehl* aaO Rdn. 468; *Teplitzky* ebenda.

938 *Baumbach/Hefermehl* ebenda: „Es geht nicht an, die Gläubiger um den vielleicht größten Wert zu prellen."

939 *Teplitzky* ebenda.

940 *Teplitzky* aaO Rdn. 3 aE.

keit beeinflußt wird[941]. Das wird für den **wettbewerblichen Unterlassungsanspruch**, den ein Mitbewerber geltend macht, in aller Regel zu bejahen sein, auch wenn der Kläger (als Mitbewerber) durch das beanstandete Wettbewerbsverhalten nicht unmittelbar geschädigt oder nicht in einem seiner geldwerten Rechte (Warenzeichen, Firma, Geschäftsbezeichnung) betroffen ist. Denn der Mitbewerber ist in jedem Fall **Inhaber einer geldwerten Wettbewerbsposition**, deren wirtschaftliche Wertschätzung durch das Bestehen oder Nichtbestehen des Unterlassungsanspruchs berührt wird, auch wenn sich dieser Anspruch auf § 1 oder § 3 UWG stützt[942].

302 Anders ist dies bei einem **Verband** zu beurteilen, der nach § 13 Abs. 2 UWG klagebefugt ist[943]. Er verfolgt den wettbewerbsrechtlichen Unterlassungsanspruch nicht als Inhaber einer geldwerten Wettbewerbsposition, und er klagt nicht als selbst im Wettbewerb stehender Marktteilnehmer, sondern aufgrund einer vom Gesetz vorgesehenen verbandsmäßigen Interessenvertretung[944]. Für die Vermögenslage des Verbandes ist allein abzustellen auf den Erfolg des Unterlassungsanspruchs selbst, nicht auf die Kostenfolgen des Prozeßausgangs[945]. Entgegen den von *Marotzke* geäußerten Bedenken[946] wird dadurch dem Konkursverwalter (über das Vermögen des Verbandes) nicht die Möglichkeit genommen, im Einzelfall beträchtliche Aktivposten in Form prozessualer Kostenerstattungsansprüche für die Masse zu realisieren. Denn der Verband verliert schon mit der Eröffnung des Konkurses seine Rechtsfähigkeit (§ 42 Abs. 1 BGB) und damit auch seine Klagebefugnis; er kann daher nach Eröffnung des Konkursverfahrens keine prozessualen Kostenerstattungsansprüche mehr erwerben[947].

303 c) **Konkurs des Unterlassungsbeklagten.** Durch den Konkurs des Unterlassungsbeklagten wird das Verfahren in der Regel unterbrochen[948]. Da das der Vollstreckung unterliegende Vermögen in die Masse fällt (§ 1 Abs. 1 KO), genügt es, daß das Verhalten des Gemeinschuldners (Beklagten), das dieser unterlassen soll, in irgendeiner **Beziehung zum Vermögen des Beklagten** steht[949]. Das ist zu bejahen, wenn es um ein bestimmtes Wettbewerbsverhalten des Beklagten geht, unabhängig davon, ob es sich um eine rein tatsächliche Störung oder um eine solche unter Berufung auf ein zur Masse gehöriges Recht handelt[950]. Auf eine Wiederholungsgefahr auch seitens der Masse, d.h. des Konkursverwalters kommt es in diesem Fall nicht an; es genügt, wenn im Falle der Wiederholung die Masse beteiligt wäre[951]. Wenn die Wiederholungsgefahr nach wie vor vom Gemeinschuldner ausgeht, so wird das Verfahren gleichwohl zunächst im ganzen unterbrochen[952].

304 **Ausnahmsweise** wird der Unterlassungsprozeß durch die Konkurseröffnung über das Vermögen des Beklagten nicht unterbrochen, wenn das Verfahren rein persönliche, sein Vermögen nicht berührende Verhaltensweisen betrifft, etwa der Kläger bei fehlen-

---

941 RGZ 132, 362, 363; RGZ 141, 427, 428; BGH GRUR 1966, 218 – *Diarähmchen III* m. Anm. *Utescher* (Patentverletzung); KG WRP 1990, 833; MünchKommZPO/*Feiber* § 240 Rdn. 24; *Zöller/Stephan* aaO Rdn. 4 aE; *Teplitzky* aaO Rdn. 4f; *Baumbach/Hefermehl* aaO Rdn. 468.

942 Vgl. KG WRP ebenda; *Teplitzky* ebenda.

943 KG WRP ebenda; *Teplitzky* ebenda.

944 KG WRP ebenda.

945 So zutreffend KG WRP ebenda; MünchKommZPO/*Feiber* aaO Rdn. 24 Fußn. 42; *Teplitzky*[6] Kap. 48 Rdn. 6 in Fußn. 20.

946 Anmerkung zu KG EWiR 1990, 1031; ebenso noch *Teplitzky* in der Vorauflage Kap. 48 Rdn. 6.

947 Zutreffend KG WRP ebenda.

948 *Teplitzky*[6] Kap. 48 Rdn. 7; *Baumbach/Hefermehl* aaO Rdn. 469.

949 Ebenso *Teplitzky* aaO Rdn. 7/8; *Baumbach/Hefermehl* ebenda. Enger noch, aber überholt RGZ 45, 374, 376 (entscheidend, ob zu unterlassende Handlung die Teilungsmasse wertvoller macht); RGZ 89, 114, 115 (entscheidend, ob sich Beklagter auf ein Gegenrecht, z. B. eine Lizenz berufen kann).

950 Zutreffend *Teplitzky* aaO Rdn. 7; *Baumbach/Hefermehl* aaO Rdn. 469.

951 Vgl. *Teplitzky* aaO Rdn. 8.

952 BGH GRUR 1966, 218 – *Diarähmchen III*; *Jaeger/Henckel* KO[9], § 10 Rdn. 75.

dem Wettbewerbszweck die Unterlassung verleumderischer Beleidigungen nach § 15 UWG verlangt[953].

d) **Aufnahme des Verfahrens.** Die Aufnahme des unterbrochenen Verfahrens geschieht nach § 250 ZPO, im übrigen nach §§ 10, 11 KO[954]. Besondere Probleme ergeben sich gerade in **Wettbewerbsstreitigkeiten** daraus, daß diese Bestimmungen auf Unterlassungsansprüche nicht zugeschnitten sind[955]. **305**

Der **Unterlassungsprozeß** gegen den Gemeinschuldner wird von der BGH-Rechtsprechung als **Aktivprozeß** im Sinne von **§ 10 KO** angesehen[956]. Als Aktivprozeß bezeichnet man denjenigen Rechtsstreit, in dem ein Recht Verfahrensgegenstand ist, das für den Fall seines Bestehens zur Aktivmasse (Teilungsmasse) des Konkursverfahrens gehört; § 10 KO nennt ein Verfahren Aktivprozeß, das *für den Gemeinschuldner* anhängig ist[957]. Diese Rechtsprechung hat zur Folge, daß zunächst nur der *Konkursverwalter*, nicht auch der Prozeßgegner das Verfahren aufnehmen kann (§ 10 Abs. 1 S. 1 KO). Erst wenn der Konkursverwalter seine Entscheidung verzögert (unter Berücksichtigung einer angemessenen Prüfungs- und Überlegungszeit), kann der Prozeßgegner beantragen, den Konkursverwalter zur Aufnahme und zugleich zur Verhandlung zur Hauptsache zu laden (§§ 239 Abs. 2 ZPO, 10 Abs. 1 S. 2 KO). Wenn der Konkursverwalter die *Aufnahme ablehnt*, was auch konkludent, aber doch eindeutig erklärt werden kann bzw. muß[958], sind sowohl der Prozeßgegner als auch der Gemeinschuldner selbst zur Aufnahme berechtigt (§ 10 Abs. 2 KO)[959]. **306**

Dieser Ansicht ist mit Recht *widersprochen* worden[960]. Denn **§ 10 KO ist weder direkt noch analog anwendbar.** Eine direkte Anwendung scheidet aus, weil es sich bei der Unterlassungsklage gegen den Gemeinschuldner nicht um einen zur Zeit der Konkurseröffnung für den Gemeinschuldner anhängigen Prozeß (§ 10 Abs. 1 S. 1 KO), also *nicht* um einen *Aktivprozeß des Gemeinschuldners* handelt[961]. Zwar kann ein Aktivprozeß auch ein Verfahren sein, an dem der Gemeinschuldner als Beklagter beteiligt ist; dies aber nur dann, wenn Gegenstand des Verfahrens ein *Recht des Beklagten* ist[962]. Daran fehlt es bei der Unterlassungsklage. Mit ihr wird nicht über ein Recht des Beklagten entschieden, mit dem er sich gegen den Unterlassungsanspruch verteidigt, sondern über den Unterlassungsanspruch selbst[963]. § 10 KO paßt auf diese Konstellation nicht. Die Vorschrift will dem Konkursverwalter die Entscheidung überlassen, ob er Rechte, die der Gemeinschuldner für sich in Anspruch nahm, für die Masse geltend machen will[964]. Nur wenn er die Aufnahme verzögert, kann der Prozeßgegner ihn zu einer Entscheidung zwingen (§§ 239 Abs. 2 ZPO, 10 Abs. 1 S. 2 KO). **307**

---

953 MünchKommZPO/*Feiber* aaO Rdn. 24; *Teplitzky* aaO Rdn. 7; *Baumbach/Hefermehl* ebenda.

954 BAG VersR 1983, 967, 968; BGH ZIP 1983, 592; MünchKommZPO/*Feiber* aaO Rdn. 36 ff; *Teplitzky* aaO Rdn. 12; *Baumbach/Hefermehl* aaO Rdn. 469 aE.

955 Vgl. *Teplitzky* aaO Rdn. 12; *K. Schmidt* ZZP 90 (1977), 38, 54 ff; *Jaeger/Henckel* § 10 Rdn. 72 f.

956 RGZ 134, 377, 379; BGH GRUR 1966, 218, 219 f – *Diarähmchen III*; BGH GRUR 1983, 179, 180 – *Stapel-Automat*; *Teplitzky* aaO Rdn. 13; kritisch *K. Schmidt* ZZP aaO.

957 Vgl. MünchKommZPO/*Feiber* aaO Rdn. 39; *Jaeger/Henckel* aaO Rdn. 73.

958 BGH GRUR aaO – *Stapel-Automat*; MünchKommZPO/*Feiber* aaO Rdn. 42; *Teplitzky* aaO Rdn. 13.

959 BGH GRUR ebenda – *Stapel-Automat*; MünchKommZPO/*Feiber* aaO Rdn. 42; *Teplitzky* ebenda.

960 *Jaeger/Henckel* aaO Rdn. 73 m. weit. Nachw.; *Kuhn/Uhlenbruck* KO[10], § 11 Rdn. 2; *Pastor* S. 512; *K. Schmidt* ZZP aaO 56 ff.

961 *Jaeger/Henckel* ebenda.

962 *Jaeger/Henckel* ebenda; MünchKommZPO/*Feiber* aaO Rdn. 39.

963 Zutreffend *Jaeger/Henckel* ebenda.

964 So mit Recht *Jaeger/Henckel* ebenda.

In der Literatur wird daher ganz überwiegend die Anwendung von § 11 KO befürwortet[965], der sogleich die *Aufnahme* sowohl durch den Konkursverwalter als *auch durch den Prozeßgegner* erlaubt. Diese Vorschrift paßt besser auf die Unterlassungsklage. Mit ihr verfolgt der Kläger gegen den Konkursverwalter ein Recht, das er, wenn bei Konkurseröffnung noch kein Prozeß anhängig gewesen wäre, unmittelbar gegen den Konkursverwalter einklagen könnte, ohne ihm eine konkursbedingte Überlegungsfrist einräumen zu müssen. Die Rechtsverfolgung gegen den Konkursverwalter ist *Passivprozeß der Masse*; sie gehört daher zu dem Bereich des § 11 KO[966]. Unerheblich ist in diesem Zusammenhang, ob der Konkursverwalter sich mit einem Recht der Konkursmasse gegen den Unterlassungsanspruch verteidigt. Dies nötigt nicht, dem Konkursverwalter eine Überlegungszeit einzuräumen. Die Situation ist *vergleichbar* mit dem *Aussonderungsstreit.* Auch dort muß der Konkursverwalter entscheiden, ob er sich gegen die Klage mit einem massezugehörigen Recht verteidigt oder ob er es in der Masse behält oder freigibt. Gleichwohl kann der Gegner den Rechtsstreit sofort aufnehmen[967].

308 **Setzt** der Konkursverwalter das in dem Unterlassungsprozeß beanstandete Wettbewerbsverhalten – wie in der Regel – **nicht fort**, obwohl sich dieses auf die Masse bezog, so kann er sofort anerkennen mit der Folge, daß die Prozeßkosten nicht der Masse zur Last fallen (§ 11 Abs. 2 KO)[968]. Er kann aber auch vortragen, daß – etwa, weil der Betrieb des Gemeinschuldners nicht fortgeführt wird – die *Wiederholungsgefahr entfallen* und deswegen die **Hauptsache erledigt** sei[969]. In diesem Fall bedarf es keiner gesicherten Unterwerfungserklärung des Konkursverwalter, um die Wiederholungsgefahr entfallen zu lassen. Nur dann, wenn der Konkursverwalter die Gefahrenlage aufrechterhält oder gar selbst schafft, kann der gegen den Gemeinschuldner begonnene Unterlassungsprozeß gegen ihn – den Konkursverwalter – fortgeführt werden[970]. Geht von dem Konkursverwalter dagegen keine Wiederholungsgefahr aus, so ist der Prozeß, jedenfalls soweit er die Masse angeht, mit der Konkurseröffnung in der **Hauptsache erledigt**[971]. Ein etwaiger Kostenerstattungsanspruch des Klägers ist als **Konkursforderung** anzumelden[972].

6. Aussetzung des Verfahrens

309 a) **Allgemeines.** Die Aussetzung des Verfahrens spielt in Wettbewerbsstreitigkeiten im allgemeinen keine sonderlich bedeutende Rolle. Sie findet vornehmlich in *Schutzrechtsprozessen* statt, wenn der Bestand des jeweils betroffenen Schutzrechts vorab geklärt werden muß, sowie bei der Beantwortung *kartellrechtlicher Vorfragen* (§ 96 Abs. 2 GWB)[973]. Außerdem ist sie bei bestimmten *europarechtlichen Fragen* fakultativ oder zwingend vorgeschrieben (Art. 177 Abs. 2, 3 EWGV). Im übrigen gelten in Wettbewerbsstreitigkeiten die allgemeinen Aussetzungsregeln der ZPO (§§ 148, 149, 246, 247, 678 Abs. 2). Insoweit wird auf die Kommentierungen dieser Vorschriften verwiesen.

---

965 Siehe Fußn.965.

966 *Jaeger/Henckel* ebenda; *Kuhn/Uhlenbruck* ebenda.

967 So mit Recht *Jaeger/Henckel* ebenda; *K. Schmidt* ZZP aaO 56 ff.

968 *Jaeger/Henckel* aaO Rdn. 74; MünchKommZPO/*Feiber* aaO Rdn. 46.

969 *Jaeger/Henckel* ebenda.

970 Zutreffend *Jaeger/Henckel* ebenda.

971 *Jaeger/Henckel* ebenda.

972 OLG München KTS 1987, 327; *Jaeger/Henckel* aaO Rdn. 74 aE; MünchKommZPO/*Feiber* aaO Rdn. 46.

973 Eine Aussetzung wegen Vorlage an das Bundesverfassungsgericht nach Art. 100 Abs. 1 GG (wegen der angenommenen Verfassungswidrigkeit eines nachkonstitutionellen Gesetzes, vgl. dazu *Stein/Jonas/Schumann* § 148 Rdn. 51 ff) kommt bei Wettbewerbsstreitigkeiten nur selten in Betracht. Die PAngV (alt) ist vom BVerfG durch Beschluß vom 8. 11. 1983 (BVerfGE 65, 248 = GRUR 1984, 276) bezeichnenderweise aufgrund einer Verfassungsbeschwerde, nicht etwa einer Vorlage nach Art. 100 Abs. 1 GG für nichtig erklärt worden.

b) **Aussetzung nach § 148 ZPO.** Das Gericht kann, wenn die Entscheidung des Rechtsstreits ganz oder teilweise von dem Bestehen oder Nichtbestehen eines Rechtsverhältnisses abhängt, das den Gegenstand eines anderen anhängigen Rechtsstreits bildet oder von einer Verwaltungsbehörde festzustellen ist, anordnen, daß die Verhandlung bis zur Erledigung des anderen Rechtsstreits oder bis zur Entscheidung der Verwaltungsbehörde auszusetzen ist (*fakultative Aussetzung*, § 148 ZPO)[974]. Diese **Vorgreiflichkeit** eines anderen Rechtsstreits oder der Entscheidung einer Verwaltungsbehörde kommt in **Wettbewerbsstreitigkeiten** nur ganz ausnahmsweise in Betracht[975]. Im einstweiligen Verfügungsverfahren scheidet sie ohnehin aus, weil sich dort wegen der gebotenen Dringlichkeit ein Verfahrensstillstand verbietet[976]. Eher denkbar ist eine Aussetzung in **Schutzrechtsprozessen**, wenn der Bestand des Schutzrechtes in einem besonderen Verfahren vorab geprüft wird bzw. werden muß[977], etwa in **Warenzeichenprozessen**, wenn ein Löschungsverfahren von Amts wegen (§ 10 Abs. 2 WZG) oder auf Antrag eines Dritten anhängig ist (§ 11 WZG)[978]. Wenn dagegen, wie dies in der Praxis regelmäßig der Fall ist, die Rechtsbeständigkeit eines Warenzeichens von einer Prozeßpartei in Frage gestellt wird, ist dies im Warenzeichenprozeß selbst zu klären. 310

In **Gebrauchsmustersachen** *kann* das Gericht nach pflichtgemäßem Ermessen die Aussetzung des Verletzungsprozesses (Unterlassungsklage) anordnen, wenn ein Löschungsverfahren betreffend das der Klage zugrundeliegende Musterrecht anhängig ist (§ 19 S. 1 GebrMG)[979]. Das Gericht *muß* aussetzen, wenn es die Gebrauchsmustereintragung für *unwirksam* hält (§ 19 S. 2 GebrMG)[980]. 311

In **Patentverletzungsprozessen** *kann* ausgesetzt werden, wenn gegen das Klagepatent eine *Nichtigkeitsklage* (§§ 22, 81 ff PatG 1981) oder ein *Einspruchsverfahren* (§§ 21, 59 PatG 1981) schwebt[981]. Die Aussetzung steht im Ermessen des Gerichts und kann auch noch in der Revisionsinstanz erfolgen[982], auch schon vor der Entscheidung über die Annahme der Revision nach § 546 Abs. 1 ZPO[983]. Entsprechendes gilt bei der Klage auf Erteilung einer **Zwangslizenz**[984]. Ist dagegen eine Patentverletzungsklage anhängig mit Anträgen auf Unterlassung und Rechnungslegung, so kommt eine Aussetzung nach § 148 ZPO nicht in Betracht, wenn der Beklagte während des Verfahrens eine Klage auf Erteilung einer Zwangslizenz erhebt; denn auch bei Erfolg einer solchen Klage könnte sich der Patentverletzungsprozeß nur für die Zukunft, nicht auch für die Vergangenheit erledigen[985]. 312

c) **Aussetzung nach § 96 Abs. 2 GWB.** Nach § 96 Abs. 2 GWB **muß** der Rechtsstreit **ausgesetzt** werden, wenn die Entscheidung ganz oder teilweise von einer Entscheidung 313

---

974 Vgl. dazu *Stein/Jonas/Schumann* § 148 Rdn. 23 ff; MünchKommZPO/*Peters* § 148 Rdn. 6 ff; *Zöller/Stephan* § 148 Rdn. 5 f; *Teplitzky*[6] Kap. 48 Rdn. 17 ff.

975 *Teplitzky* aaO Rdn. 18.

976 *Stein/Jonas/Schumann* aaO Rdn. 34; MünchKommZPO/*Peters* aaO Rdn. 3; *Zöller/Stephan* aaO Rdn. 4, 9; *Teplitzky*[6] Kap. 55 Rdn. 21; *Teplitzky* DRiZ 1982, 42.

977 Zutreffend *Teplitzky*[6] Kap. 48 Rdn. 18, 20.

978 OLG Köln GRUR 1970, 606, 607; *Teplitzky* aaO Rdn. 21.

979 Vgl. OLG München GRUR 1957, 272; *Benkard/Rogge* PatG[8], § 19 GebrMG Rdn. 6; *Baumbach/Lauterbach/Albers/Hartmann* Einf. §§ 148 – 155 Anm. 1 A a; *Teplitzky* aaO Rdn. 22 (beide noch zu § 11 GebrMG); MünchKommZPO/*Peters* aaO Rdn. 24.

980 *Benkard/Rogge* aaO Rdn. 7. Rechtsmittel gegen den Aussetzungsbeschluß: Beschwerde (§§ 252, 567 ZPO), gegen deren Ablehnung sofortige Beschwerde (§§ 252, 577 ZPO), vgl. näher *Benkard/Rogge* aaO Rdn. 8.

981 Näher *Benkard/Rogge* § 139 PatG Rdn. 107; *Harraeus* GRUR 1964, 181, 184; *Horn* GRUR 1969, 169, 170 f; *v. Maltzahn* GRUR 1985, 183 ff.

982 BGH GRUR 1958, 75, 80 – *Tonfilmwand*; BGH GRUR 1958, 179, 180 – *Resin*; *Benkard/Rogge* ebenda.

983 BGHZ 81, 397, 398 f – GRUR 1982, 99 f – *Verbauvorrichtung*.

984 *Benkard/Rogge* § 81 PatG Rdn. 26.

985 OLG Karlsruhe GRUR 1956, 436; *Teplitzky* ebenda.

abhängt, die nach dem **Gesetz gegen Wettbewerbsbeschränkungen** zu treffen ist[986], d.h. von einer danach zuständigen *Kartellbehörde*, einem *Kartellsenat* oder einem anderen nach dem GWB zuständigen Gericht. Die Aussetzung ist *zwingend*, weil kein Nicht-Kartellgericht eine kartellrechtliche Vorfrage entscheiden soll, dies vielmehr in die ausschließliche Zuständigkeit der Kartellgerichte gehört (§ 96 Abs. 1 GWB)[987]. Bei der Frage, ob im Einzelfall die Entscheidung nach dem GWB getroffen werden muß, ist von Sinn und Zweck der ausschließlichen Zuständigkeit der nach dem GWB zur Entscheidung berufenen Gerichte und Spruchkörper auszugehen; dadurch soll eine einheitliche Rechtsprechung auf dem Gebiet des Wirtschaftsrechtes, soweit es das GWB ordnet, gewährleistet werden[988].

Die Regelung gilt für **alle Rechtszüge** und **alle Rechtswege**[989], nicht aber für das einstweilige Verfügungsverfahren[990] und für das Schiedsgericht[991], und unterliegt nicht der Parteidisposition[992].

Die kartellrechtliche Vorfrage muß **entscheidungserheblich** sein, d.h. die Entscheidung des Rechtsstreits muß ganz oder teilweise von ihr abhängen[993]. Das ist nicht der Fall, wenn der Klage bereits aus anderen, nicht-kartellrechtlichen Gründen stattzugeben oder sie deswegen abweisungsreif ist oder wenn in der Revisionsinstanz bereits nicht-kartellrechtliche Revisionsangriffe durchgreifen[994].

314 Die Rechtsprechung hat einige **Ausnahmen** von dem Aussetzungszwang anerkannt:

Ist das in einer Nicht-Kartellsache angerufene Gericht **gleichzeitig Kartellgericht**, dann kann es ohne Aussetzung die kartellrechtliche Vorfrage selbst mitentscheiden. Das Verfahren wird damit insgesamt zum Kartellverfahren[995].

---

986 Vgl. BGHZ 64, 342, 345 f = GRUR 1975, 610 – *Abschleppunternehmen*; BGHZ 89, 88, 91 = WuW/E BGH 2066, 2067 – *Stangenlademagazin*; näher dazu *Stein/Jonas/Schumann* § 148 Rdn. 37 ff; *K. Schmidt* in Immenga/Mestmäcker, GWB², § 96 Rdn. 4 ff; *Langen/Niederleithinger/Ritter/Schmidt* GWB⁶, § 96 Rdn. 2 ff; *v. Gamm* KartR⁶, § 96 Rdn. 3 f; *K. Schmidt* NJW 1977, 11.

987 BGHZ aaO – *Abschleppunternehmen*; *Stein/Jonas/Schumann* aaO Rdn. 37; *K. Schmidt* in Immenga/Mestmäcker aaO Rdn. 4; *v. Gamm* aaO Rdn. 3.

988 BGHZ aaO – *Abschleppunternehmen*. Eingehend zum Normzweck *K. Schmidt* in Immenga/Mestmäcker aaO Rdn. 4 m. zahlr. Nachw.: Dem nach dem GWB für Kartellrechtssachen nicht zuständigen Gericht soll nicht nur die „Hauptsachenkompetenz" genommen werden (Abs. 1), sondern auch die „Vorfragenkompetenz" (Abs. 2).

989 WuW/E BGH 283, 284 – *Bremsmotor*; WuW/E BGH 347, 349 f – *Lesemappen* (beide für Revisionsinstanz); OLG Düsseldorf WuW/E OLG 2871, 2872 (für Berufungsinstanz); BAG WuW/E VG 347 m. Anm. *Nacken* (für Arbeitsgericht); vgl. im übrigen *K. Schmidt* in Immenge/Mestmäcker aaO Rdn. 1, 7, 34 m. zahlr. weit. Nachweisen.

990 Dies wäre mit dem Bedürfnis nach Verfahrensbeschleunigung unvereinbar, OLG Düsseldorf WRP 1959, 333; OLG Düsseldorf WuW/E OLG 303, 306; OLG Düsseldorf WRP 1960, 54; OLG Köln GRUR 1966, 641; OLG Köln WRP 1976, 714, 720; OLG München WuW/E OLG 2555, 2557; OLG Hamburg WRP 1981, 589, 590; LG Essen WuW/E LG/AG 155; **a. A.**, aber überholt OLG Hamm WuW/E OLG 3208; **wie hier** eingehend *K. Schmidt* in Immenga/Mestmäcker aaO Rdn. 12; *Teplitzky*⁶ Kap. 55 Rdn. 21; *Stein/Jonas/Grunsky* Vor § 916 ZPO Rdn. 26, 27; *Ahrens* S. 180.

991 BGH GRUR 1963, 331, 334 – *Basaltlava*; WuW/E BGH 597, 602 – *Mikrophos*; BGHZ 46, 365, 368 = GRUR 1967, 378 – *Schweißbolzen*; *K. Schmidt* in Immenga/Mestmäcker § 91 Rdn. 38; § 96 Rdn. 1, 7; *v. Gamm* aaO Rdn. 3; *Lipps* BB 1965, 313; *Steindorff* WuW 1984, 195; **a. A.** *Altenmüller* Die schiedsrichterliche Entscheidung kartellrechtlicher Streitigkeiten (1973), 48 f; kritisch dazu *K. Schmidt* ebenda.

992 *K. Schmidt* in Immenga/Mestmäcker § 96 Rdn. 1; *Teplitzky*⁶ Kap. 48 Rdn. 24.

993 BGHZ 30, 186, 189 = GRUR 1959, 494 – *Markenschokolade II*; BGHZ 64, 342, 346 = GRUR 1975, 610 f – *Abschleppunternehmen*; *K. Schmidt* in Immenga/Mestmäcker aaO Rdn. 15; *Teplitzky* aaO Rdn. 25; *Möhring* NJW 1963, 137; *K. Schmidt* NJW 1977, 12.

994 BGHZ 37, 1, 3 f, 29 f = GRUR 1962, 470 – *AKI*; BGHZ 64, 342, 346 = GRUR 1975, 610 – *Abschleppunternehmen*; BGH GRUR 1985, 883, 885 – *Abwehrblatt I*; *K. Schmidt* in Immenga/Mestmäcker aaO Rdn. 16; *v. Gamm* aaO § 96 Rdn. 3; *Teplitzky* ebenda.

995 BGHZ 31, 162, 165 = GRUR 1960, 350 – *Malzflocken*; *Teplitzky* aaO Rdn. 27.

Ist das **kartellrechtlich zu beurteilende Rechtsverhältnis** unter den Parteien in tatsächlicher und rechtlicher Hinsicht **unstreitig**, so hat das Prozeßgericht ein Vorprüfungsrecht, ob die Rechtslage insoweit objektiv überhaupt zweifelhaft sein kann. Verneint das Prozeßgericht dies und hält es die Sach- und Rechtslage für völlig zweifelsfrei, so kann es selbst entscheiden und braucht nicht auszusetzen[996].

Im **Revisionsverfahren** wird ein nicht-kartellrechtlicher Rechtsstreit, bei dem aber die Entscheidung von einer kartellrechtlichen Entscheidung abhängig ist (§ 96 Abs. 2 GWB), kraft Geschäftsverteilung von dem **Kartellsenat am Bundesgerichtshof** (§ 95 Abs. 1 GWB) übernommen[997]. Bei der dem jeweiligen Zivilsenat des BGH obliegenden Prüfung kann nicht maßgebend sein, ob sich die Parteien über die nach dem GWB zu beurteilende Sach- und Rechtslage einig sind mit der Folge, daß der Senat selbst entscheiden könnte. Vielmehr behält der Zivilsenat nur dann die Sache und gibt nicht an den Kartellsenat ab, wenn er unabhängig vom möglicherweise abweichenden Rechtsvortrag der Klagepartei *keine ernsthaften Zweifel* daran hat, daß sich der Klageanspruch *nicht* aus dem GWB herleiten läßt[998]. Anderenfalls könnte der Kartellsenat unnötig mit Streitigkeiten belastet werden, die außerhalb seiner Aufgaben liegen, und würde er andererseits Entscheidungen auf Rechtsgebieten zu fällen genötigt sein, für die die Fachsenate besonders befähigt sind[999]. **315**

d) Vorlage an den EuGH

Literatur

Arnold Gesetzlicher Richter und Pflicht zur Vorlage an den EuGH, Festschrift Neumayer (1986), 17; *Bebr* Art. 177 of the EEC Treaty in the practice of national courts, ICLQ 1977, 241; *Beutler/Bieber/Pipkorn/Streil* Die Europäische Gemeinschaft – Rechtsordnung und Politik, 3. Aufl. (1987) mit *Bearbeiter*; *Bleckmann* Europarecht, 5. Aufl. (1990); *Daig* Auslegung und Anwendung von Art. 177 EWGV durch den Gerichtshof der EG, Festschrift Kutscher (1981), 79; *Dauses* Das Vorabentscheidungsverfahren nach Artikel 177 EWG-Vertrag (1986); *Dumon* Questions préjudicielles et arbitrage, CDE (Cahiers de droit européen) 1983, 217; *Everling* Das Vorabentscheidungsverfahren vor dem Gerichtshof der Europäischen Gemeinschaften (1986); *Feige* Bundesverfassungsgericht und Vorabentscheidungskompetenz des Gerichtshofes der Europäischen Gemeinschaften, AöR 1975, 530; *Glaesner* Die Vorlagepflicht unterinstanzlicher Gerichte im Vorabentscheidungsverfahren, EuR 1990, 143; *Grabitz* Kommentar zum EWG-Vertrag (Stand Juni 1990) mit *Bearbeiter*; *Groeben/Thiesing/Ehlermann* Kommentar zum EWG-Vertrag, 4. Aufl. (1991) mit *Bearbeiter*; *Hepting* Art. 177 EWG-Vertrag und die private Schiedsgerichtsbarkeit, EuR 1982, 313; *Ipsen* Europäisches Gemeinschaftsrecht (1972); *Kalbe* Keine nationalen Rechtsmittel gegen Vorabentscheidungen des Europäischen Gerichtshofes, RIW 1987, 455; *Lenaerts* La modulation de l'obligation de renvoi préjudicial, CDE (Cahiers de droit européen) 1983, 471; *Liber* Über die Vorlagepflicht des Art. 177 EWGV und deren Mißachtung (1986); *Meier* Krieg der Richter – Was nun? RIW 1985, 748; *Meier* Zur Einwirkung des Gemeinschaftsrechts auf nationales Verfahrensrecht im Falle höchstrichterlicher Vertragsverletzungen, EuZW 1991, 11; *Millarg* Anm. zu EuGH (EuR 1983, 161 – C.I.L.F.I.T./Lanificio di Gavardo), EuR 1983, 163; *Nicolaysen* Vertragsverletzung durch mitgliedstaatliche Gerichte, EuR 1985, 368; *Oppermann* Europarecht (1991);

---

996 BGHZ 30, 186, 191, 194 = GRUR 1959, 494, 495 – *Markenschokolade II*; BGHZ 64, 342, 346 = GRUR 1975, 610 – *Abschleppunternehmen*; *v. Gamm* ebenda; *Teplitzky* aaO Rdn. 28; *v. Winterfeld* NJW 1985, 1816, 1819.

997 BGHZ 64, 342, 345 = GRUR 1975, 610 – *Abschleppunternehmen*; BGH GRUR 1985, 883, 884 – *Abwehrblatt I*; *v. Gamm* aaO § 95 Rdn. 3.

998 BGHZ aaO – *Abschleppunternehmen*; *K. Schmidt* in Immenga/Mestmäcker § 95 Rdn. 15; *v. Gamm* ebenda; *v. Winterfeld* NJW aaO 1820; zu Unrecht zweifelnd, ob sich dies aus BGH – *Abschleppunternehmen* ergibt, aber im Ergebnis zustimmend *Teplitzky* aaO Rdn. 29 aE. Die Zuständigkeit des Kartellsenates entfällt nicht, wenn er nach Übernahme die Vorfrage nicht als erheblich ansieht, BGHZ 31, 162, 166 ff = GRUR 1960, 350, 352 – *Malzflocken*; *v. Gamm* ebenda.

999 BGHZ aaO – *Abschleppunternehmen*.

Paetow Die Vorabentscheidung nach Art. 177 EWGV, ihre formellen und materiellen Voraussetzungen, MDR 1967, 445 und MDR 1968, 806; *Schermers* Judicial Protection in the European Communities, 3. Aufl. (1983); *Schiller* Willkürliche Verletzung der Vorlagepflicht an den EuGH, RIW 1988, 452; *Teplitzky* Wettbewerbsrechtliche Ansprüche, 6. Aufl. (1992); *Tomuschat* Die gerichtliche Vorabentscheidung nach den Verträgen über die Europäischen Gemeinschaften (1964); *Voß* Erfahrungen und Probleme bei der Anwendung des Vorabentscheidungsverfahrens nach Art. 177 EWGV, EuR 1986, 95; *Zehetner* Zum Vorlagerecht nationaler Gerichte an den Gerichtshof der Europäischen Gemeinschaften, EuR 1975, 113; zur Kommentarliteratur vgl. die Literatur vor Rdn. 16.

316 aa) **Vorabentscheidungskompetenz des EuGH.** Nach **Art. 177 Abs. 1 lit. a–c** EWGV entscheidet der Europäische Gerichtshof (EuGH)[1000] im Wege der Vorabentscheidung über die Auslegung des EWG-Vertrages, über die Gültigkeit und die Auslegung der Handlungen der Gemeinschaftsorgane und über die Auslegung der Satzungen der durch den Rat geschaffenen Einrichtungen, soweit diese Satzungen dies vorsehen. Diese Vorabentscheidungskompetenz des EuGH unterscheidet sich funktional von den Klageverfahren, für die der Gerichtshof zuständig ist (Art. 178 ff EWGV). Während es dort um das gemeinschaftskonforme Verhalten der Mitgliedstaaten und um die Kontrolle der Tätigkeit der Gemeinschaftsorgane geht, bezweckt das Vorabentscheidungsverfahren die Kontrolle und Gewährleistung einer *einheitlichen Anwendung des Gemeinschaftsrechts* durch die Mitgliedstaaten, indem der Gerichtshof die **Auslegung des Gemeinschaftsrechts** verbindlich für die Gerichte und Behörden der Mitgliedstaaten festlegt[1001]. Um diese Ziele zu erreichen, sieht **Art. 177 Abs. 2** für nicht letztinstanzliche Gerichte eines Mitgliedstaates das *Recht* und **Art. 177 Abs. 3** für letztinstanzliche Gerichte die *Pflicht* vor, den EuGH mit der Auslegung des Gemeinschaftsrechts zu befassen, d. h. eine konkrete Fragestellung **dem EuGH** zur Entscheidung **vorzulegen**, sofern diese Fragestellung für das Verfahren vor dem nationalen Gericht erheblich ist[1002].

Der EuGH entscheidet hingegen *nicht* über die Vereinbarkeit der *Normen des nationalen Rechts* eines Mitgliedstaates mit dem Gemeinschaftsrecht[1003] und trifft keine für die staatlichen Gerichte bindenden Entscheidungen über die Auslegung des nationalen Rechts eines Mitgliedstaates[1004], etwa über die Auslegung von § 3 UWG im Lichte des Gemeinschaftsrechts[1005]. Dafür sind ausschließlich die jeweiligen nationalen Gerichte zuständig.

1000 Das Gericht erster Instanz gemäß Art. 168 a EWGV ist für Vorabentscheidungen gemäß Art. 177 EWGV nicht zuständig (Art. 168 a Abs. 1 S. 2 EWGV).

1001 EuGH Rs. 26/62, *Van Gend & Loos/Niederländ. Finanzverw.*, Slg. 1963, 3; EuGH Rs. 106/77, *Staatl. Finanzverw./Simmenthal*, Slg. 1978, 629; BVerfGE 52, 187, 200; *Grabitz/Wohlfahrt* EWGV (Stand: Juni 1990), Art. 177 Rdn. 7, 9 f; *Krück* in Groeben/Thiesing/Ehlermann, EWGV[4], Art. 177 Rdn. 9 ff; *Everling* S. 18 ff; *Oppermann* Europarecht (1991), Rdn. 651; *Draig* in Groeben/Thiesing/Ehlermann, HdbEuR, Art. 177 Rdn. 6; *Baumbach/Hefermehl* Einl. UWG Rdn. 633.

1002 Näher dazu *Grabitz/Wohlfahrt* Art. 177 Rdn. 15 ff; *Krück* in Groeben/Thiesing/Ehlermann, Art. 177 Rdn. 18 ff; *Baumbach/Hefermehl* aaO Rdn. 633 ff; *Teplitzky*[6] Kap. 21 Rdn. 5–7 u. Kap. 48 Rdn. 30 f.

1003 EuGH Rs. 6/64, *Costa/E.N.E.L.*, Slg. 1964, 1253, 1268; EuGH Rs. 20/64, *Albatros/SOPECO*, Slg. 1965, 46; *Grabitz/Wohlfahrt* aaO Rdn. 25; *Krück* in Groeben/Thiesing/Ehlermann, aaO Rdn. 36; *Baumbach/Hefermehl* aaO Rdn. 633 aE.

1004 EuGH Rs. 107/76, *Hoffmann-La Roche/Centrafarm*, Slg. 1979, 957, 972; EuGH Rs. 175/78, *Saunders*, Slg. 1979, 1129, 1135; EuGH Rs. 180/83, *Moser/Land Baden-Württemberg*, Slg. 1984, 2539; EuGH Rs. 209–213/84, *Asjes u. a.*, Slg. 1986, 1457; EuGH Rs. 296/84, *Sinatra/FNROM*, Slg. 1986, 1056; BVerfGE 52, 187, 200; *Grabitz/Wohlfahrt* aaO Rdn. 24, 28; *Krück* in Groeben/Thiesing/Ehlermann, aaO Rdn. 34; *Oppermann* Rdn. 652; *Baumbach/Hefermehl* ebenda.

1005 Vgl. dazu etwa – im Zusammenhang mit alkoholischen Getränken – BGH GRUR Int. 1980, 117, 118 – *Fürstenthaler*; BGH GRUR 1982, 423, 424 f – *Schloßdoktor/Klosterdoktor*; BGH GRUR 1982, 495, 496 – *Domgarten-Brand*; EuGH GRUR 1981, 430 (Vorlageurteil von *Schloßdoktor/Klosterdoktor*) m. Anm. *Gaedertz*; *Baumbach/Hefermehl* § 3 UWG Rdn. 259; *v. Gamm* GRUR 1984, 165, 168.

Das Vorabentscheidungsverfahren hat in der Praxis inzwischen immer größere Bedeutung erlangt. Ausgenommen die Beamtenklagen sind inzwischen gut die Hälfte aller beim Gerichtshof anhängigen Verfahren solche auf Vorabentscheidung über dem Gerichtshof vorgelegte Fragen[1006].

bb) Recht zur Vorlage (Art. 177 Abs. 2 EWGV). Wird eine der in Art. 177 Abs. 1 lit. a – c EWGV aufgeführten Fragen dem Gericht eines Mitgliedstaates gestellt und hält dieses Gericht eine Entscheidung darüber für den Erlaß seines Urteils für erforderlich, so **kann** es diese Frage dem Gerichtshof zur Entscheidung **vorlegen** (**Art. 177 Abs. 2 EWGV**). Das gilt nicht für letztinstanzliche Gerichte (vgl. Art. 177 Abs. 3). Für sie besteht ein *Recht*, aber **keine Pflicht** zur Vorlage. Von diesem Recht machen die Instanzgerichte in den Mitgliedstaaten immer wieder Gebrauch[1007]. **317**

Vorlageberechtigt sind die **Gerichte** eines Mitgliedstaates. Damit sind die staatlichen Gerichte entsprechend der nationalen Gerichtsverfassung des jeweiligen Mitgliedstaates gemeint[1008]. Schiedsgerichte sind nicht vorlageberechtigt[1009].

Das staatliche Gericht muß die Beantwortung der an den EuGH herangetragenen Frage für den **Erlaß seines Urteils** für **erforderlich** halten. Damit scheidet die Einholung von Gutachten über allgemeine, abstrakte oder hypothetische Fragen, die möglicher-

---

1006 *Oppermann* Rdn. 650, 651. Vgl. auch *Everling* Das Vorabentscheidungsverfahren vor dem Gerichtshof der Europäischen Gemeinschaften (1986) 9 ff. Allerdings sind die deutschen Gerichte bei Vorlagen unterrepräsentiert, was darauf schließen läßt, daß das Gemeinschaftsrecht von deutschen Richtern entweder überhaupt nicht beachtet oder eigenständig ausgelegt und angewendet wird, vgl. *Voß* EuR 1986, 95, 97.

1007 Vgl. z. B. LG Hamburg, Vorlagebeschl. v. 2. 10. 1987, ABl. EG C 326, S. 4; OLG Frankfurt/M. GRUR Int. 1989, 857 (zu Bierlieferungsverträgen); OLG München GRUR Int. 1990, 546 (zur Rechtsberatungserlaubnis; dazu ergangen EuGH GRUR Int. 1991, 807). Zu Vorlagen von Gerichten **anderer Mitgliedstaaten** beispielsweise: Gerechtshof Den Haag zum freien Dienstleistungsverkehr (GRUR Int. 1986, 68, Ber.); Cour d'appell Versailles zur Praxis von Verwertungsgesellschaften (GRUR Int. 1986, 222, Ber.); Tribunal de Police Reims zur Buchpreisbindung in Frankreich (GRUR Int. 1986, 665, Ber.); Ostre Landsret zur Erschöpfung bei Videoverleih (GRUR Int. 1986, 565, Ber.); Cour d'appell Versailles zur Anwendung der Richtlinien über die Verwirklichung der Niederlassungsfreiheit und des freien Warenverkehrs auf Selbstbedienungsgroßhandelsunternehmen (GRUR Int. 1986, 741, Ber.); Cour d'appell Colmar zum nationalen Schutz einer Handelsbezeichnung (GRUR Int. 1987, 120, Ber.); Tribunal de Commerce Lüttich zu wettbewerbsbeschränkenden Klauseln in Sortenlizenz (GRUR Int. 1987, 275, Ber.); Cour d'appell Aix-en Provence und Cour d'appell Poitier jeweils zur Geschäftspraxis der Verwertungsgesellschaft SACEM (GRUR Int. 1988, 273 und 532, Ber.); Cour de Cassation Luxemburg zu Preisgegenüberstellungen (GRUR Int. 1989, 165, Ber.); Monomoles Protodikeio Thessaloniki zum Fernsehmonopol in Griechenland (GRUR Int. 1990, 243, Ber.); Ostre Landsret zum Schutz von Warenzeichen für nicht benutzte Waren (GRUR Int. 1991, 299); Court of Appeal of England and Wales zur Praxis bei brit. „Licenses of rights" (GRUR Int. 1991, 67, Ber.); Cour d'appell Montpellier zum bilateralen Schutz von Herkunftsangaben (GRUR Int. 1992, 226); Tribunal de grande instance Straßburg zum Verbot des Verlustverkaufs (GRUR Int. 1992, 239, Ber).

1008 EuGH Rs. 61/65, *Vaassen-Göbbels/Vorstand des Beambtenfonds voor het Mijnbedrijf*, Slg. 1966, 584, 601 f; *Grabitz/Wohlfahrt* aaO Rdn. 41; *Krück* in Groeben/Thiesing/Ehlermann, aaO Rdn. 46. Hierunter fällt auch das **Bundesverfassungsgericht**, vgl. *Feige* AöR 1975, 530 ff; *Oppermann* Rdn. 653; vgl. Rdn. 318.

1009 EuGH Rs. 102/81, *„Nordsee" Deutsche Hochseefischerei/Reederei Mond Hochseefischerei Nordstern*, Slg. 1982, 1095, 1110 f; *Grabitz/Wohlfahrt* aaO Rdn. 43; *Krück* in Groeben/Thiesing/Ehlermann, aaO Rdn. 49; *Bleckmann* Rdn. 615; *Dauses* S. 55 f; *Oppermann* Rdn. 653.
Der EuGH hat allerdings ausdrücklich Vorlagen staatlicher ordentlicher Gerichte, die *im Zusammenhang mit Schiedsgerichtsverfahren* stehen, sei es im Rahmen der Hilfe, die sie den Schiedsgerichten gewähren, sei es im Rahmen der ihnen obliegenden Überprüfung des Schiedsspruchs als *zulässig* erachtet, vgl. EuGH ebenda; *Grabitz/Wohlfahrt* aaO Rdn. 43; *Krück* in Groeben/Thiesing/Ehlermann, aaO Rdn. 50; *Hepting* EuR 1982, 313.

weise in dem Verfahren relevant werden können, aus[1010]. Die Entscheidung über das Ersuchen um Vorabentscheidung nach Art. 177 Abs. 2 EWGV liegt im freien Ermessen des nationalen Gerichts; es kann von einer Vorlage absehen, wenn die klärungsbedürftige Frage entweder bereits Gegenstand einer Auslegung durch den Gerichtshof war oder die richtige Lösung derart offenkundig ist, daß sie keinem vernünftigen Zweifel unterliegt[1011].

318 cc) **Pflicht zur Vorlage (Art. 177 Abs. 3 EWGV).** Wird eine der in Art. 177 Abs. 1 lit. a – c EWGV aufgeführten Fragen in einem schwebenden Verfahren bei einem einzelstaatlichen Gericht gestellt, dessen Entscheidungen selbst nicht mehr mit Rechtsmitteln des innerstaatlichen Rechts angefochten werden können, so ist dieses Gericht zur Anrufung des Gerichtshofs **verpflichtet (Art. 177 Abs. 3 EWGV)**. Ob die Entscheidung eines Gerichts noch mit einem Rechtsmittel angefochten werden kann, bestimmt sich entsprechend der herrschenden **konkreten Betrachtungsweise** danach, ob *im konkreten Fall* die Möglichkeit besteht, Rechtsmittel einzulegen[1012]. Dabei kann in vermögensrechtlichen Streitigkeiten, die die **Revisionssumme nicht erreichen**, und bei nichtvermögensrechtlichen Streitigkeiten, bei denen eine Revision nur bei Zulassung durch das Oberlandesgericht gemäß § 546 Abs. 1 ZPO statthaft ist, die *Frage der Zulassung nicht davon abhängig gemacht werden*, ob es im konkreten Einzelfall um die Auslegung von Gemeinschaftsrecht geht und im Revisionsverfahren voraussichtlich eine Vorabentscheidung des EuGH einzuholen sein wird[1013]. Zwar mag *im Einzelfall* die Rechtssache

1010 EuGH Rs. 52/76, *Benedetti/Munari*, Slg. 1977, 163; EuGH Rs. 104/79, *Foglia/Novello I*, Slg. 1980, 745, 749; EuGH Rs. 244/80, *Foglia/Novello II*, Slg. 1981, 3045, 3063; *Grabitz/Wohlfahrt* aaO Rdn. 44; *Krück* in Groeben/Thiesing/Ehlermann, aaO Rdn. 61.

1011 Vgl. *Regina v. The Pharmaceutical Society of GB*, Court of Appeal GRUR Int. 1988, 675, 677f; danach sind allerdings bei der Annahme geklärter oder klarer Auslegungsfragen große Vorsicht und Zurückhaltung geboten. Vgl. Rdn. 319.

1012 Der EuGH hat diese Frage bisher nicht entschieden, aber in einem *obiter dictum* in der Rs. 6/64, *Costa/E.N.E.L.*, Slg. 1964, 1253, betreffend das Friedensgericht in Mailand, darauf abgestellt, daß dessen Entscheidung nicht mehr mit Rechtsmitteln angefochten werden könne. Für **konkrete Betrachtungsweise:** *Ipsen* S. 768; *Grabitz/Wohlfahrt* aaO Rdn. 49; *Everling* S. 46f (mit überzeugender Begründung); *Streil* in Beutler/Bieber/Pipkorn/Streil, S. 238; *Krück* in Groeben/Thiesing/Ehlermann, aaO Rdn. 64f, jeweils mit Nachweisen; *Daig* in Groeben/Thiesing/Ehlermann, HdbEuR aaO Rdn. 38; *Schumann* ZZP 1965, 77, 102f; *Teplitzky*[6] Kap. 21 Rdn. 5 m. Fußn. 6. **A. A.** für **abstrakte Betrachtungsweise** *Bleckmann* Rdn. 616; *Dauses* S. 71f; *Oppermann* Rdn. 655; *Schermers* Judicial Protection in the European Communities, 3. Aufl. (1983), S. 575; *Dumon* in CDE 1983, 217. Der **BGH** hat entsprechend seiner Vorlagepflicht als letztinstanzliches Gericht in den letzten Jahren häufiger dem EuGH Fragen zur Entscheidung vorgelegt, z. B. BGH GRUR 1986, 545 – *Weichwährungsflugscheine* (dazu EuGH NJW 1989, 2192; vom BGH durch Urteil vom 30. 11. 1989 – I ZR 170/83 – entschieden: teilweise Klageabweisung, im übrigen Zurückverweisung; vgl. *Teplitzky* GRUR 1990, 393, 398); BGH GRUR Int. 1989, 409 – *Umgekehrter Kaffee-HAG-Fall* (dazu EuGH GRUR Int. 1990, 960 – *HAG II*; näher *Teplitzky* GRUR 1989, 461, 470 und GRUR 1991, 709, 716); BGH GRUR 1991, 556 – *Yves Rocher* (vgl. dazu *Teplitzky* GRUR 1991, 709, 716); BGH GRUR 1992, 72 – *quattro*; BGH EuZW 1992, 644 – *Cliff Richard*.

1013 So aber *Baumbach/Lauterbach/Albers* § 546 Anm. 2 B a; *Glaesner* EuR 1990, 143, 149; unklar *Meier* EuZW 1991, 11, 12f, insbes. Fußn. 26. *Für Zulassung* BVerwG NJW 1988, 664 (für die Nichtzulassungsbeschwerde gemäß § 132 Abs. 1, 2 Nr. 1 VwGO). In der Literatur wird nicht hinreichend unterschieden zwischen dem Zulassungsverfahren im Zivil- und im Verwaltungsrechtsweg. Während im **Zivilrechtsweg** die Zulassung der Revision von dem Berufungsgericht (OLG) ausgesprochen wird (§ 546 Abs. 1 ZPO) und es eine Nichtzulassungsbeschwerde nicht gibt, bei der der BGH wegen grundsätzlicher (gemeinschaftlicher) Bedeutung die Revision doch zulassen könnte, kennt der **Verwaltungsrechtsweg** die Nichtzulassungsbeschwerde (§ 132 Abs. 1 VwGO). Ihr ist stattzugeben, wenn die Sache grundsätzliche Bedeutung hat (§ 132 Abs. 2 Nr. 1 VwGO), was bei der Klärung einer gemeinschaftsrechtlichen Frage durch Vorlage an den EuGH *immer* zu bejahen ist (BVerwG NJW ebenda). Entsprechendes – ebenfalls Nichtzulassungsbeschwerde mit Zulassungspflicht bei „grundsätzlicher Bedeutung" – sehen vor: §§ 115 Abs. 2 Nr. 1, Abs. 3 FGO, 160 Abs. 2 Nr. 1, 160 a SGG und – eingeschränkt (§ 72 a

grundsätzliche Bedeutung haben, weil über die Auslegung von Gemeinschaftsrecht entschieden werden muß, so daß eine Revisionszulassung durch das Oberlandesgericht geboten ist. Doch kann das Berufungsgericht sich *nicht generell* seiner eigenen Vorlagepflicht als letztinstanzliches Gericht nach Art. 177 Abs. 3 EWGV dadurch entziehen, daß es die Revision zuläßt und damit nicht mehr letztinstanzlich entscheidet.

Ist die **Revisionssumme** erreicht, so bedarf es nicht der Zulassung der Revision (§ 546 Abs. 1 ZPO). Geht es um eine gemeinschaftsrechtliche Frage, die dem EuGH nach Art. 177 Abs. 1 EWGV vorgelegt werden muß, so verletzt der BGH seine Vorlagepflicht aus § 177 Abs. 3 EWGV, wenn er die Revision durch Beschluß gemäß § 554 b ZPO nicht annimmt. Denn die Rechtssache *hat*, wenn eine Vorlage an den EuGH vorzunehmen ist, *grundsätzliche Bedeutung* und *muß* daher *angenommen* werden[1014]. Es besteht eine *gemeinschaftsrechtliche Verpflichtung* des BGH, im Falle einer unterbliebenen Vorlage des Oberlandesgerichts die Revision in einer revisiblen Sache *anzunehmen*[1015].

Was als **Rechtsmittel** gemäß Art. 177 Abs. 3 EWGV anzusehen ist, richtet sich nach dem jeweiligen innerstaatlichen Recht[1016]. Danach gehören außerordentliche Rechtsbehelfe wie z. B. die Verfassungsbeschwerde nicht zu den Rechtsmitteln[1017]. Anderenfalls bestände eine Vorlage*pflicht* nur für das BVerfG[1018]. Umgekehrt ist aber das **BVerfG** vorlagepflichtig, wenn sich bei ihm eine der in Art. 177 Abs. 1 lit. a – b EWGV aufgeführten Frage als entscheidungserheblich erweist[1019]. Es ist auch seinerseits *gemeinschaftsrechtlich verpflichtet*, eine Verfassungsbeschwerde etwa gegen ein OLG-Urteil oder gegen einen Nichtannahme-Beschluß des BGH *anzunehmen* (§ 93 c BVerfGG), und darf sie nicht ablehnen (§ 93 b BVerfGG), wenn es um eine gemeinschaftsrechtliche Fragestellung geht[1020].

Keine Vorlagepflicht besteht dagegen im **Eilverfahren**, auch wenn gegen die Entscheidung des Gerichts kein Rechtsmittel mehr möglich ist[1021]. Das folgt nicht aus der besonderen Eilbedürftigkeit eines solchen Verfahrens, sondern daraus, daß die Parteien

---

Abs. 1) – auch §§ 72 Abs. 2 Nr. 1, 72 a ArbGG. Für den **Zivilrechtsweg** ist de lege ferenda zu überlegen, ob die Möglichkeit einer (Nichtzulassungs-)Beschwerde für den Fall in die ZPO aufgenommen werden sollte oder nicht sogar wegen Art. 5 EWGV aufgenommen werden *muß*, daß geltend gemacht wird, die Sache berühre eine gemeinschaftsrechtliche Frage und müsse dem EuGH vorgelegt werden; vgl. dazu z. B. *Meier* EuZW aaO 14, der die Zulassung der *Restitutionsklage* vorschlägt.

1014 So zutreffend *Meier* EuZW aaO 11, 12 f. Die EG-Kommission hat zum ersten Mal in der Geschichte der EG ein Vertragsverletzungsverfahren gemäß Art. 169 EWGV beim EuGH eingeleitet (vgl. Rdn. 329), nachdem der BGH durch Beschluß vom 11. 5. 1989 – I ZR 163/88 – die Revision gegen ein Urteil des OLG Köln (GRUR 1989, 694 = ZLR 1988, 667 – *Pingo-Hähnchen* m. ablehn. Anm. *Meier*), bei dem es um die Klärung einer gemeinschaftsrechtlichen Frage ging, durch Beschluß nicht angenommen und die Sache nicht dem EuGH vorgelegt hatte; vgl. näher *Meier* EuZW ebenda.

1015 Es besteht de lege lata keine prozessuale Möglichkeit des BGH, in *nicht revisiblen* Sachen die Revision nach § 546 Abs. 1 ZPO zuzulassen (irrig *Meier* EuZW aaO 12); de lege ferenda vgl. Fußn. 1018.

1016 Vgl. *Grabitz/Wohlfahrt* aaO Rdn. 49.

1017 *Grabitz/Wohlfahrt* aaO Rdn. 50; *Krück* in Groeben/Thiesing/Ehlermann, aaO Rdn. 66.

1018 So mit Recht *Grabitz/Wohlfahrt* ebenda; *Daig* in Groeben/Thiesing/Ehlermann, HdbEuR aaO Rdn. 38.

1019 BVerfGE 52, 187, 199 f; *Grabitz/Wohlfahrt* ebenda; *Daig* in Groeben/Thiesing/Ehlermann, HdbEuR aaO Rdn. 39; *Feige* AöR 1975, 530.

1020 Ähnlich *Meier* EuZW aaO 13.

1021 EuGH Rs. 107/76, *Hoffmann-La Roche/Centrafarm*, Slg. 1977, 957, 972 ff; EuGH Rs. 35 und 36/82, *Morson/Niederländ. Staat*, Slg. 1982, 3723, 3734 f. OLG Hamburg GRUR Int. 1982, 255, 256; OLG Frankfurt/M. WRP 1985, 566, 571; KG GRUR 1986, 471 f; *Grabitz/Wohlfahrt* aaO Rdn. 51; *Krück* in Groeben/Thiesing/Ehlermann, aaO Rdn. 67; *Daig* in Groeben/Thiesing/Ehlermann, HdbEuR aaO Rdn. 44; *Everling*, S. 44 f; *Streil* in Beutler/Bieber/Pipkorn/Streil, S. 238; *Bleckmann* Rdn. 619; *Oppermann* Rdn. 653; *Baumbach/Hefermehl* Einl. UWG Rdn. 635 aE; § 25 UWG Rdn. 5 a; *Teplitzky*[6] Kap. 55 Rdn. 21.

die gemeinschaftsrechtliche Frage in einem anschließenden Hauptsacheverfahren klären lassen können[1022]. Allerdings ist das Gericht auch im Eilverfahren **zur Vorlage berechtigt**[1023].

319 Das letztinstanzliche Gericht braucht dann nicht an den EuGH vorzulegen, wenn es selbst die Frage **nicht** für **entscheidungserheblich** hält – selbst in Abweichung von der Vorinstanz, die die Erheblichkeit *bejaht*, aber gleichwohl *nicht vorgelegt* hatte[1024]. Keine Vorlagepflicht besteht auch dann, wenn die betreffende gemeinschaftsrechtliche Frage **bereits Gegenstand einer Auslegung** durch den EuGH war („*acte éclaire*")[1025] oder wenn die richtige **Auslegung** des Gemeinschaftsrechts derart **offenkundig** ist, daß für vernünftige Zweifel kein Raum bleibt („*acte clair*")[1026]. Dies ist nach den Eigenheiten des Gemeinschaftsrechts, der besonderen Schwierigkeiten seiner Auslegung und der Gefahr voneinander abweichender Gerichtsentscheidungen innerhalb der Gemeinschaft zu beurteilen[1027]. Das Gericht kann daher von einer Vorlage wegen Offenkundigkeit der Auslegung nur dann absehen, wenn es überzeugt ist, daß auch für die Gerichte der übrigen Mitgliedstaaten und für den EuGH selbst die gleiche Gewißheit besteht[1028].

320 dd) **Zweifel an der Gültigkeit der Handlungen des Gemeinschaftsrechts.** Ergeben sich im Verfahren vor einem Gericht eines Mitgliedstaates Zweifel an der **Gültigkeit** einer Handlung des Gemeinschaftsrechts, so besteht **in jeder Instanz** eine **Vorlagepflicht**[1029]. Diese Frage, die lange umstritten war[1030], ist seit dem *Foto-Frost*-Urteil des EuGH[1031] geklärt[1032]. Danach kann das nationale Gericht zunächst selbst die im Verfahren geäußerten Zweifel über die Gültigkeit einer Handlung des Gemeinschaftsrechts behandeln[1033]. Hält es die Zweifel für **unbegründet**, so kann das Gericht dies in seinen Entscheidungsgründen selbst feststellen; denn dadurch wird der Bestand des

---

1022 Vgl. *Grabitz/Wohlfahrt* ebenda.

1023 EuGH Rs. 29/69, *Stauder/Stadt Ulm*, Slg. 1969, 419; EuGH Rs. 78/70, *Deutsche Grammophon/Metro-SB-Großmärkte*, Slg. 1971, 487; EuGH Rs. 107/76, *Hoffmann-La Roche/Centrafarm*, Slg. ebenda; EuGH Rs. 35 und 36/81, *Morson/Niederl. Staat*, Slg. ebenda; *Grabitz/Wohlfahrt* aaO Rdn. 63.

1024 EuGH NJW 1983, 1257, 1258; BVerfG NJW 1988, 1456 f; BVerfG NJW 1988, 1459 f; BVerfG NJW 1988, 2173; OLG Hamm GRUR 1992, 542, 543; *Grabitz/Wohlfahrt* aaO Rdn. 53 m. weit. Nachweisen; *Baumbach/Hefermehl* aaO Rdn. 636.

1025 EuGH Rs. 283/81, *C.I.L.F.I.T./Lanificio di Gavardo*, Slg. 1982, 3415, 3428; *Krück* in Groeben/Thiesing/Ehlermann, aaO Rdn. 69; *Daig* in Groeben/Thiesing/Ehlermann, HdbEuR aaO Rdn. 43; *Oppermann* Rdn. 657; *Baumbach/Hefermehl* ebenda.

1026 EuGH aaO – *C.I.L.F.I.T./Lanificio di Gavardo*; BVerfGE 31, 279, 284; BGH EuZW 1992, 644, 646 – *Cliff Richard*; *Grabitz/Wohlfahrt* ebenda; *Dauses* S. 73; *Krück* in Groeben/Thiesing/Ehlermann, aaO Rdn. 68; *Baumbach/Hefermehl* ebenda.

1027 EuGH aaO – *C.I.L.F.I.T/Lanificio di Gavardo*; *Grabitz/Wohlfahrt* ebenda; *Baumbach/Hefermehl* ebenda; *Millarg* EuR 1983, 163; *Lenaerts* CDE 1983, 471; weitere Nachweise bei *Grabitz/Wohlfahrt* ebenda.

1028 EuGH aaO – *C.I.L.F.I.T./Lanificio di Gavardo*; BVerfG NJW 1988, 1456; *Grabitz/Wohlfahrt* ebenda; *Krück* in Groeben/Thiesing/Ehlermann, ebenda; *Millarg* EuR aaO 163; *Lenaerts* CDE aaO 471.

1029 EuGH Rs. 314/85, *Foto-Frost/Hauptzollamt Lübeck-Ost*, Slg. 1987, 4199, 4230 ff; *Grabitz/Wohlfahrt* aaO Rdn. 54; *Krück* in Groeben/Thiesing/Ehlermann, aaO Rdn. 74; *Bleckmann* Rdn. 618.

1030 Die gegenteilige Ansicht stützte sich darauf, daß sich nach Art. 177 Abs. 2 EWGV die Befugnis der unteren und mittleren Gerichte, ohne vorherige Befassung des EuGH selbständig zu entscheiden, nicht nur auf Auslegungs-, sondern auch auf Gültigkeitsfragen erstreckt; danach wäre ein nicht letztinstanzliches Gericht befugt, die Gültigkeit von Gemeinschaftsrechtsakten von sich aus zu verneinen und den entsprechenden Akt schlicht nicht anzuwenden; vgl. *Tomuschat* Die gerichtliche Vorabentscheidung nach den Verträgen über die Europäischen Gemeinschaften (1964), 57 ff; vgl. dazu auch *Krück* in Groeben/Thiesing/Ehlermann, aaO Rdn. 73.

1031 EuGH Rs. 314/85, *Foto-Frost/Hauptzollamt Lübeck-Ost*, Slg. 1987, 4199, 4230 ff.

1032 Näher *Grabitz/Wohlfahrt* aaO Rdn. 54; *Krück* in Groeben/Thiesing/Ehlermann, aaO Rdn. 74. Eingehend zu dem *Foto-Frost*-Urteil *Glaesner* EuR aaO 143; *Goffin* CDE 1990, 216.

1033 Dies gilt indes – wie der EuGH aaO angedeutet hat – nicht für den einstweiligen Rechtsschutz, vgl. *Glaesner* EuR aaO 147.

Gemeinschaftsrechts nicht tangiert[1034]. Sieht es die Zweifel dagegen als **berechtigt** an, so muß das Gericht, gleich welcher Instanz, die Frage dem EuGH vorlegen[1035]. Das wird vom EuGH mit dem Erfordernis der einheitlichen Anwendung des Gemeinschaftsrechts und mit der Rechtssicherheit begründet. Außerdem ergibt sich dies aus Art. 173 EWGV, der dem EuGH die ausschließliche Zuständigkeit für die Nichtigerklärung von Handlungen der Gemeinschaftsorgane zuweist[1036]. Ein besonderer Grad an Zweifeln ist nicht erforderlich, damit das nationale Gericht vorlegt. Insbesondere braucht das Gericht – anders als bei Art. 100 Abs. 1 GG – *nicht* von der Rechtswidrigkeit des Gemeinschaftsrechtsaktes *überzeugt* zu sein[1037].

ee) **Verfahren.** Das Vorabentscheidungsverfahren ist anders als ein kontradiktori- **321**
sches Verfahren ein **Zwischenverfahren**, das lediglich einen Teilabschnitt des vor dem vorlegenden nationalen Gericht anhängigen Rechtsstreites bildet[1038]. Es handelt sich um einen zwischengeschalteten Verfahrensschritt, bedingt durch die Aufgabenteilung zwischen den nationalen Gerichten und dem EuGH. „Herr des Verfahrens" bleibt das nationale Gericht, das auch allein über Beginn und Ende und insbesondere den Gegenstand des Vorlageverfahrens entscheidet[1039].

Hinsichtlich des Vorlageverfahrens im einzelnen wird auf die Darstellungen und Kommentierungen zu Art. 177 EWGV und auf die Satzung des EuGH vom 17. 4. 1957 (BGBl. II 1166, geänderte Fassung: BGBl. 1972 II 1154)[1040] verwiesen. Hier sollen nur einige **Grundsätze** dargelegt werden.

Art. 177 EWGV stellt keine besonderen Anforderungen an **Form, Inhalt** und **Zeit-** **322**
punkt der Vorlage. Die Kriterien bestimmen sich deswegen grundsätzlich nach nationalem Recht[1041]. Der EuGH hat lediglich einige **inhaltliche Mindestanforderungen** aufgestellt, an die sich das Vorlageersuchen zu halten hat. So müssen die *Gründe* dargelegt werden, aus denen das vorlegende Gericht eine Beantwortung der Frage für entscheidungserheblich hält, sofern sich diese nicht eindeutig aus den Akten ergeben[1042]. Außerdem hat der Gerichtshof auf die Notwendigkeit hingewiesen, den *rechtlichen Rahmen* zu umreißen, in den sich die erbetene Auslegung einfügen soll[1043], ohne daß aber das Recht des vorlegenden Gerichtes angetastet wird, selbst nach eigenem Ermessen die Erheblichkeit der Vorlagefrist für seine Entscheidung zu beurteilen[1044]. Das Vorlageersuchen soll überdies so formuliert sein, daß es nicht nur dem EuGH eine

1034 EuGH aaO – *Foto-Frost/Hauptzollamt Lübeck-Ost*; *Grabitz/Wohlfahrt* ebenda; *Krück* in Groeben/Thiesing/Ehlermann, ebenda. In nicht revisiblen Streitigkeiten kann sich das OLG nicht dadurch von seiner Vorlagepflicht „befreien", daß es die Revision zuläßt und dem BGH die Vorlage überläßt, vgl. oben Rdn. 318.

1035 EuGH aaO – *Foto-Frost/Hauptzollamt Lübeck-Ost*; *Grabitz/Wohlfahrt* ebenda; *Krück* in Groeben/Thiesing/Ehlermann, ebenda; *Daig* in Groeben/Thiesing/Ehlermann, HdbEuR aaO Rdn. 41; *Oppermann* Rdn. 656; *Constantinesco* AWD 1967, 125 ff.

1036 EuGH aaO – *Foto-Frost-Hauptzollamt Lübeck-Ost*; *Grabitz/Wohlfahrt* aaO Rdn. 54; *Krück* in Groeben/Thiesing/Ehlermann, aaO Rdn. 74.

1037 Vgl. Rdn. 9 der Entscheidungsgründe, Slg. aaO 4204 r. Sp.; *Glaesner* EuR aaO 146 f.

1038 Vgl. *Grabitz/Wohlfahrt* aaO Rdn. 2; *Daig* in Groeben/Thiesing/Ehlermann, HdbEuR aaO Rdn. 3; *Oppermann* Rdn. 659.

1039 EuGH Rs. 244/80, *Foglia/Novello II*, Slg. 1981, 3045; *Grabitz/Wohlfahrt* aaO Rdn. 2, 3.

1040 Vgl. insbes. die Darstellungen von *Everling* und *Dauses* (Literatur vor Rdn. 316) und die Kommentierungen von *Grabitz/Wohlfahrt* EWGV und von *Krück* in Groeben/Thiesing/Ehlermann, EWGV (Literatur vor Rdn. 316); zur Satzung des EuGH vgl. die Kommentierung von *Wolf* in Groeben/Thiesing/Ehlermann, Bd. 3, S. 4695 ff.

1041 *Grabitz/Wohlfahrt* aaO Rdn. 35.

1042 EuGH aaO – *Foglia/Novello II*; EuGH Rs. 98, 162, 258/85, *Bertini u. a./Regione Lazio u. a.*, Slg. 1986, 1893; *Grabitz/Wohlfahrt* aaO Rdn. 36.

1043 EuGH Rs. 244/78, *Union Laitière Normande/French Dairy Farmers*, Slg. 1979, 2663; EuGH Rs. 36 und 71/80, *Irish Creamery Milk Suppliers Ass. u. a./Irische Regierung*, Slg. 1981, 735; *Grabitz/Wohlfahrt* ebenda.

1044 EuGH Rs. 72/83, *Campus Oil u. a./Irischer Minister für Industrie und Energie*, Slg. 1984, 2727.

sachdienliche Beantwortung ermöglicht, sondern auch die *Regierungen der Mitgliedstaaten* sowie die *sonstigen Betroffenen* in die Lage versetzt, gemäß Art. 20 der EuGH-Satzung Erklärungen abzugeben[1045].

Die **Formulierung der Vorlagefrage** obliegt dem vorlegenden nationalen Gericht[1046]. Es entscheidet auch darüber, ob die an den EuGH gerichtete Frage entscheidungserheblich ist[1047]. Der EuGH ist seinerseits berechtigt, die Fragestellung **umzuformulieren**, allerdings begrenzt durch die Zuständigkeit des EuGH, ausschließlich über Gemeinschaftsrecht zu befinden, und durch den Zweck des Vorlageverfahrens[1048]. In der Praxis formuliert der Gerichtshof Fragen insbesondere dann um, wenn sie *zu konkret gefaßt* sind und auf eine Entscheidung des Ausgangsprozesses durch den EuGH hinauslaufen würden[1049]. *Zu direkt* gestellte Fragen, mit denen die Vereinbarkeit einer bestimmten Vorschrift des nationalen Rechts mit dem Gemeinschaftsrecht geklärt werden soll, werden vom Gerichtshof unter Berücksichtigung des Sachverhalts umgedeutet[1050]. *Unvollkommen* oder *unklar* formulierte Fragen versucht der Gerichtshof, unter Heranziehung der Gründe für die Vorlage auf ihren Kern zu konzentrieren[1051]. Werden mehrere Fragen gestellt, so folgt der EuGH nicht notwendig der vorgegebenen Reihenfolge, sondern beantwortet sie entsprechend ihrem systematischen Zusammenhang[1052]; dabei läßt er Fragen unbeantwortet, auf die es wegen der bestimmten Beantwortung einer voraufgegangenen Frage nicht mehr ankommt oder faßt mehrere Fragen zusammen[1053].

Was den **Zeitpunkt** der Vorlage anlangt, so wird auch dieser von dem nationalen Gericht nach freiem Ermessen bestimmt. Der EuGH hat jedoch darauf verwiesen, daß es je nach der Gestaltung des Falles von Vorteil sein kann, daß zum Zeitpunkt der Vorlage der *Sachverhalt* und die ausschließlich nach nationalem Recht zu beurteilenden Fragen *geklärt* sind[1054].

323 Eine **erneute Vorlage** durch das nationale Gericht ist **zulässig**, auch wenn die Fragen schon Gegenstand einer Vorabentscheidung in einem gleichgelagerten Fall gewesen sind[1055]. Art. 177 EWGV beschränkt das Recht und die Pflicht nicht auf eine einmalige Vorlage. Auch wenn Gerichte an die vom EuGH vorgenommene Auslegung gebunden sind[1056], können sie erneut vorlegen, wenn sie beim Verständnis oder der Anwendung

---

1045 EuGH Rs. 141/81, *Holdijk*, Slg. 1982, 1299; *Grabitz/Wohlfahrt* aaO Rdn. 37.

1046 *Grabitz/Wohlfahrt* aaO Rdn. 31; *Krück* in Groeben/Thiesing/Ehlermann, aaO Rdn. 78; *Oppermann* Rdn. 658.

1047 Vgl. *Regina v. The Pharmaceutical Society of GB*, Court of Appeal GRUR Int. 1988, 675, 677 f; *Grabitz/Wohlfahrt* aaO Rdn. 31, 32; *Krück* in Groeben/Thiesing/Ehlermann, aaO Rdn. 80.

1048 *Grabitz/Wohlfahrt* aaO Rdn. 31.

1049 *Grabitz/Wohlfahrt* aaO Rdn. 32.

1050 EuGH Rs. 78, 70, *Deutsche Grammophon/Metro-SB-Großmärkte*, Slg. 1971, 487; EuGH Rs. 10/71, *Staatsanwaltschaft von Luxemburg/Muller*, Slg. 1971, 723; EuGH Rs. 82/71, *Staatsanwaltschaft von Italien/SAIL Bari*, Slg. 1972, 119, 136; EuGH Rs. 66/77, *Kuyken/Rijksdienst voor Arbeidsvoorziening*, Slg. 1977, 2311; EuGH Rs. 13/78, *Joh. Eggers Sohn & Co./Freie Hansestadt Bremen*, Slg. 1978, 1935; EuGH Rs. 298, 84, *Iorio/Ital. Staatsbahn*, Slg. 1986, 251; *Grabitz/Wohlfahrt* ebenda; *Bleckmann* Rdn. 630.

1051 EuGH Rs. 35/85, *Procureur de la Republique/Tissier*, Slg. 1986, 1210.

1052 EuGH Rs. 20/70, *Transports Lesage & Cie/Hauptzollamt Freiburg*, Slg. 1970, 861; *Grabitz/Wohlfahrt* ebenda; *Wolf* in Groeben/Thiesing/Ehlermann, Art. 20 EuGH-Satzung Rdn. 32 m. weit. Nachweisen in Fußn. 112.

1053 EuGH Rs. 82/71, *Staatsanwaltschaft von Italien/SAIL Bari*, Slg. 1972, 119, 136; *Grabitz/Wohlfahrt* ebenda; *Wolf* in Groeben/Thiesing/Ehlermann aaO Rdn. 32 m. weit. Nachweisen in Fußn. 113.

1054 EuGH Rs. 36 und 71/80, *Irish Creamery Milk Suppliers Ass. u. a./Irische Regierung*, Slg. 1981, 735; vgl. auch *Grabitz/Wohlfahrt* aaO Rdn. 62. Zur Sachverhaltsermittlung durch das vorlegende Gericht oder den EuGH vgl. *Voß* EuR aaO 99 ff.

1055 EuGH Rs. 28–30/62, *Da Costa & Schaake/Niederländ. Finanzverw.*, Slg. 1963, 60; *Grabitz/Wohlfahrt* aaO Rdn. 64.

1056 Zur Bindung näher unten Rdn. 327.

der EuGH-Entscheidung Schwierigkeiten haben, wenn sie dem EuGH eine neue Rechtsfrage stellen oder wenn sie neue Gesichtspunkte unterbreiten, die zu einer abweichenden Beantwortung einer bereits gestellten Frage führen können[1057].

Das Vorlageverfahren selbst ist grundsätzlich durch das **Fehlen von Parteien** im **324**
eigentlichen Sinne gekennzeichnet[1058], wenn auch die Parteien des Ausgangsverfahrens, die Mitgliedstaaten, die EG-Kommission und gegebenenfalls der Rat, sofern die Gültigkeit oder Auslegung einer seiner Handlungen in Frage steht, beteiligt sind[1059]. Sie können Schriftsätze einreichen oder schriftliche Erklärungen abgeben (Art. 20 Abs. 2 EuGH-Satzung)[1060].

Der Gerichtshof entscheidet **aufgrund mündlicher Verhandlung** durch Urteil[1061]. **325**
Vorzeitig kann das Verfahren nur von dem vorlegenden nationalen Gericht beendet werden, etwa wenn seiner Ansicht nach doch keine Entscheidungserheblichkeit mehr besteht oder gegen die Vorlage zulässigerweise (nach dem nationalen Recht) und erfolgreich ein Rechtsmittel oder Rechtsbehelf eingelegt worden ist[1062].

Das Vorlageverfahren wird von der Rechtsprechung als **Aussetzung** gewertet, ob- **326**
wohl es sich eigentlich um ein Zwischenverfahren (von Richter zu Richter) und um einen Teilabschnitt des vor dem nationalen Gericht beginnenden und endenden Gesamtverfahrens handelt[1063].

ff) **Bindungswirkung.** Das Urteil des EuGH bindet nach Maßgabe seines Tenors, **327**
der im Lichte der Entscheidungsgründe zu verstehen ist[1064], nur *inter partes*, insoweit freilich sowohl das vorlegende Gericht als auch alle anderen Gerichte, die in *derselben Sache* zu entscheiden haben[1065]. Allerdings sind diese Gerichte befugt, den EuGH erneut anzurufen, wenn ihrer Ansicht nach eine weitere Klärung erforderlich ist[1066].

[1057] EuGH Rs. 65/85, *Wünsche/Bundesrepublik Deutschland*, Slg. 1986, 948; *Grabitz/Wohlfahrt* ebenda.

[1058] EuGH Rs. 28/62, *Da Costa & Schaake/Niederländ. Finanzverw.*, Slg. 1963, 60; *Grabitz/Wohlfahrt* aaO Rdn. 4; *Krück* in Groeben/Thiesing/Ehlermann, aaO Rdn. 82 f.

[1059] Näher *Krück* in Groeben/Thiesing/Ehlermann, aaO Rdn. 83 und Fußn. 116.

[1060] Näher *Wolf* in Groeben/Thiesing/Ehlermann, Art. 20 EuGH-Satzung Rdn. 17; *Krück* in Groeben/Thiesing/Ehlermann, aaO Rdn. 82 ff.

[1061] Näher *Dauses* S. 95 f; *Wolf* in Groeben/Thiesing/Ehlermann, aaO Rdn. 30 ff. Nach deutschem nationalen Recht ist allerdings kein Rechtsmittel oder Rechtsbehelf gegeben, vgl. Rdn. 328.
Zu den **Kosten** heißt es regelmäßig in den Urteilen des EuGH, die auf Vorlageersuchen hin ergeben, daß die von den beteiligten Staaten und Organen verauslagten Kosten nicht erstattungsfähig sind und daß das vorlegende nationale Gericht über die Kosten entscheidet; vgl. EuGH Rs. 2/67, *De Moor/Caisse de Pension des Employes Prives*, Slg. 1967, 279; *Wolf* in Groeben/Thiesing/Ehlermann, aaO Rdn. 33; *Oppermann* Rdn. 661; vgl. auch *Baumbach/Hefermehl* Einl. UWG Rdn. 638.
Das Vorlageverfahren selbst ist **kostenfrei** (Art. 72 EuGH-Verfahrensordnung); vgl. *Dauses* S. 94; *Streil* in Beutler/Bieber/Pipkorn/Streil, S. 268; *Oppermann* Rdn. 661. Zu den **Gebühren der Anwälte**: Das Vorlageverfahren ist gebührenrechtlich eine besondere Angelegenheit und stellt einen besonderen Rechtszug iS des § 113 Abs. 2 S. 2 BRAGO dar; dem Rechtsanwalt stehen für seine Tätigkeit im Vorlageverfahren vor dem EuGH die gleichen Gebühren zu (nach § 113 Abs. 2 S. 1, 2 BRAGO) wie im Normenkontrollverfahren vor dem BVerfG, vgl. BGH AWD 1974, 102; BGH AWD 1974, 417; *Grabitz/Wohlfahrt* aaO Rdn. 69.

[1062] EuGH Rs. 127/73, *BRT/SABAM*, Slg. 1974, 51; EuGH Rs. 2/82, *Delhaize Frères/Belg. Staat*, Slg. 1983, 2973; *Grabitz/Wohlfahrt*, aaO Rdn. 66. Zu **Rechtsmitteln** nach deutschem Recht unten Rdn. 328.

[1063] BGH GRUR 1976, 145 – *Terranova/Terrapin*; OLG Köln WRP 1977, 734, 735; *Teplitzky*[6] Kap. 48 Rdn. 30 f; vgl. auch *Grabitz/Wohlfahrt* aaO Rdn. 2.

[1064] EuGH Rs. 135/77, *Bosch/Hauptzollamt Hildesheim*, Slg. 1978, 855, 859.

[1065] BVerfGE 45, 142, 162; BVerfGE 52, 187, 200 f; BVerfGE 73, 339, 370; BVerfG NJW 1988, 1459 f; EuGH Rs. 29/68, *Milch-, Fett- und Eierkontor/Hauptzollamt Saarbrücken*, Slg. 1969, 165, 178; *Dauses* S. 104; *Krück* in Groeben/Thiesing/Ehlermann, aaO Rdn. 87; *Streil* in Beutler/Bieber/Pipkorn/Streil, S. 244; *Oppermann* Rdn. 661.

[1066] EuGH Rs. 65/85, *Wünsche/Bundesrepublik Deutschland*, Slg. 1986, 948; EuGH Rs. 43/87, *Nicolet/Hauptzollamt Frankfurt/M.*, Slg. 1988, 1566; *Grabitz/Wohlfahrt* aaO Rdn. 64.

Tatsächlich reicht die Bindungswirkung jedoch weiter: Nach der Rechtsprechung des EuGH sind die nationalen Gerichte, auch wenn sie an dem Rechtsstreit, in dem vorgelegt worden ist, nicht beteiligt sind, ihrerseits **berechtigt**, die vom EuGH vorgenommene **Auslegung anzuwenden**[1067].

Hat der EuGH im Rahmen der Vorlage nach Art. 177 EWGV einen Gemeinschaftsakt für **ungültig** erklärt, so berechtigt diese Feststellung aus Gründen der Einheitlichkeit des Gemeinschaftsrechts und wegen der Rechtssicherheit **jedes andere Gericht** innerhalb der Gemeinschaft, diesen Akt als ungültig anzusehen[1068].

328 gg) **Rechtsmittel.** Ob und welche Rechtsmittel gegen den Vorlagebeschluß oder gegen das Unterlassen einer Vorlage an den EuGH gegeben sind, bestimmt sich nach nationalem Recht[1069]. Art. 177 EWGV steht der Zulässigkeit von nationalen Rechtsmitteln nicht entgegen[1070].

Die Anfechtung eines Vorlagebeschlusses in einem **Wettbewerbsprozeß** kann überhaupt nur in Betracht kommen, wenn das Landgericht vorlegt[1071]. Denn Beschlüsse des Oberlandesgerichts und des BGH sind ohnehin nicht anfechtbar (§ 567 Abs. 4 S. 1 ZPO für OLG)[1072]. Richtiger Ansicht nach **scheidet** die **Beschwerde** auch gegen einen Vorlagebeschluß des Landgerichts **aus**[1073]. Eine unmittelbare Anwendung von § 252 ZPO kommt deswegen nicht in Betracht, weil der Vorlagebeschluß keinen Verfahrensstillstand bewirkt. Einer analogen Anwendung steht der allgemeine Prozeßrechtsgrundsatz entgegen, daß die Instanzgerichte ihre eigentliche Prozeßentscheidung ohne „Steuerung" durch die übergeordnete Instanz finden und fällen dürfen[1074]. Dieses Ergebnis läßt sich auch damit rechtfertigen, daß das Vorlageverfahren gewissermaßen ein Prüfungsverfahren innerhalb des Ausgangsverfahrens und damit lediglich ein Teilabschnitt dieses Ausgangsverfahrens ist[1075]. Den Parteien bleibt nur die Möglichkeit eingehend begründeter Gegenvorstellungen beim vorlagebereiten Gericht selbst, um es zu einer freiwilligen Abänderung seiner Vorlageentscheidung zu bewegen[1076].

329 Die **Nichtbeachtung der Vorlagepflicht** kann, da es sich um eine EG-Vertragsverletzung handelt, zu einem Verletzungsverfahren gemäß Art. 169 EWGV gegen den Mitgliedstaat führen, dem das nicht vorlegende Gericht angehört[1077]. Allerdings hat die EG-Kommission bisher aus Zweckmäßigkeitserwägungen von solchen Klagen abgese-

---

1067 EuGH Rs. 66/80, *International Chemical Corporation/Amministrazione delle Finanze dello Stato*, Slg. 1981, 1191, 1214 f; *Grabitz/Wohlfahrt* aaO Rdn. 71; *Deuses* S. 104 f; *Krück* in Groeben/Thiesing/Ehlermann, aaO Rdn. 89.

1068 EuGH ebenda – *International Chemical Corporation/Amministrazione delle Finanze dello Stato*; *Grabitz/Wohlfahrt* ebenda; *Streil* in Beutler/Bieber/Pipkorn/Streil, S. 245; *Krück* in Groeben/Thiesing/Ehlermann, aaO Rdn. 88; *Everling* S. 65; *Oppermann* Rdn. 661.

1069 Vgl. *Grabitz/Wohlfahrt* aaO Rdn. 66; *Krück* in Groeben/Thiesing/Ehlermann, aaO Rdn. 80 aE. Art. 177 EWGV steht innerstaatlichen Rechtsmitteln gegen den Vorlagebeschluß nicht entgegen, vgl. EuGH Rs. 13/61, *De Geus/Bosch*, Slg. 1962, 109 f; EuGH Rs. 146/73, *Rheinmühlen/Einfuhr- und Vorratsstelle*, Slg. 1974, 148; *Daig* in Groeben/Thiesing/Ehlermann, HdbEuR aaO Rdn. 9.

1070 EuGH Rs. 13/61, *Bosch/Willem van Rijn*, Slg. 1962, 99, 109; EuGH Rs. 31/68, *Chanel/Cepeha*, Slg. 1970, 403; EuGH Rs. 146/73, *Rheinmühlen/Einfuhr- und Vorratsstelle II*, Slg. 1974, 139; *Grabitz/Wohlfahrt* ebenda; *Krück* in Groeben/Thiesing/Ehlermann, aaO Rdn. 80.

1071 So z. B. der Fall, der OLG Köln WRP 1977, 734 zugrundelag.

1072 Vgl. dazu *Stein/Jonas/Grunsky* § 567 Rdn. 2; *Zöller/Schneider* § 567 Rdn. 57 f; *Baumbach/Lauterbach/Albers* § 567 Anm. 4 A a.

1073 OLG Köln WRP 1977, 734, 735 f; MünchKommZPO/*Feiber* § 252 Rdn. 19; *Teplitzky*[6] Kap. 48 Rdn. 31; *Zehetner* EuR 1975, 113, 126 f; vgl. auch *Streil* in Beutler/Bieber/Pipkorn/Streil, S. 243, 267; *Dauses* JZ 1979, 125, 128.

1074 OLG Köln WRP ebenda.

1075 EuGH Rs. 6/64, *Costa/E.N.E.L.*, Slg. 1964, 1253; EuGH Rs. 244/80, *Foglia/Novello II*, Slg. 1981, 3045.

1076 OLG Köln WRP aaO 736.

1077 Vgl. *Grabitz/Wohlfahrt* aaO Rdn. 55; *Dauses* S. 76 f; *Krück* in Groeben/Thiesing/Ehlermann, aaO Rdn. 76; *Glaesner* EuR 1990, 143, 148.

hen[1078], sogar in Verfahren, in denen erkennbar bewußt von der Rechtsprechung des EuGH abgewichen, aber gleichwohl nicht vorgelegt worden ist[1079]. Denn eine solche Klage würde wegen des Gewaltenteilungsprinzips auf Schwierigkeiten stoßen, da der Mitgliedstaat die nach Art. 171 EWGV erforderlichen Konsequenzen aus einer Verurteilung nicht ziehen und nicht durchsetzen könnte[1080]. Von dieser Politik ist die EG-Kommission **inzwischen abgerückt**; sie leitet nunmehr auch Vertragsverletzungsverfahren gegen Mitgliedstaaten nach Art. 169 EWGV ein, wenn ein innerstaatliches *Gericht* das Gemeinschaftsrecht verletzt, indem es gegen die Vorlagepflicht nach Art. 177 EWGV verstößt[1081].

Gegen das **Unterlassen einer Vorlage** an den EuGH steht dem Betroffenen die **Verfassungsbeschwerde** wegen Entzugs des gesetzlichen Richters zu[1082]. Sie kann freilich nur dann in Betracht kommen, wenn das Gericht einer **Vorlagepflicht** nach Art. 177 Abs. 3 EWGV unterliegt, also letztinstanzlich in der Sache entscheidet[1083]. Denn insoweit ist der EuGH **gesetzlicher Richter** im Sinne von Art. 101 Abs. 1 S. 2 GG[1084]. Danach ist ein letztinstanzliches deutsches Gericht **verpflichtet**, die sich in einem bei ihm anhängigen Verfahren zur Hauptsache stellenden, entscheidungserheblichen Fragen im Sinne von Art. 177 Abs. 1 EWGV, auf die es für jeden erfahrenen und kundigen Juristen offensichtlich und vernünftigerweise nicht lediglich eine zweifelsfreie Antwort gibt, **dem EuGH vorzulegen**[1085]. **330**

Nach der Rechtsprechung des BVerfG wird allerdings nur dann gegen die Garantie des gesetzlichen Richters verstoßen, wenn das Unterlassen der Vorlage an den EuGH auf **Willkür** (Art. 3 Abs. 1 GG) beruht[1086]. Das muß im Einzelfall unter Berücksichtigung des Gemeinschaftsrechts beurteilt werden[1087]. Willkür ist dann zu bejahen, wenn ein zur Vorlage verpflichtetes Gericht diese Pflicht grundsätzlich verkennt *oder* in seiner Entscheidung bewußt von der Rechtsprechung des EuGH abweicht und gleichwohl nicht oder nicht erneut vorlegt[1088]. Willkürlich kann eine Entscheidung aber auch dann sein, wenn das nationale Gericht einer gemeinschaftsrechtlichen Fragestellung, die dem EuGH vorgelegt werden müßte, ausweicht, obwohl sich deren Entscheidungserheblichkeit aufdrängt. In Fällen, in denen eine Rechtsprechung des EuGH noch

---

1078 Vgl. Antwort der Kommission auf die schriftliche Anfrage Nr. 608/78, ABl. 1978 C 28, S. 8.

1079 Z. B. Conseil d'Etat AJDA 1967 Nr. 5 S. 284; Conseil d'Etat AJDA 1967 Nr. 5 S. 285 m. Anm. *Nicolaysen;* Conseil d'Etat EuR 1968, 317 m. Anm. *Constantinesco*; BFH AWD 1968, 354 m. Anm. *Meier*; BFH AWD 1968, 397; BFH AWD 1968, 445 m. Anm. *Pelka*; BFH AWD 1969, 240; BFH AWD 1970, 230 m. Anm. *Meier*; BFH RIW/AWD 1978, 72; BFH BStBl. II 1981, 692; BFH RIW 1985, 742 m. Anm. *Meier.*

1080 Vgl. *Grabitz/Wohlfahrt* ebenda m. weit. Nachweisen; *Krück* in Groeben/Thiesing/Ehlermann, ebenda; *Glaesner* EuR aaO 148.

1081 So hat die Kommission am 3. 8. 1990 ein Vertragsverletzungsverfahren gegen die Bundesrepublik Deutschland eingeleitet, nachdem der BGH durch Beschluß vom 11. 5. 1989 – I ZR 163/88 – die Revision gegen ein Urteil des OLG Köln, das gemeinschaftsrechtliche Fragen berührte, nicht angenommen hatte; vgl. näher oben Fußn. 1014 und *Meier* EuZW aaO 11. Die Kommission ist sich zwar der Schwierigkeiten bei der Durchsetzung bewußt (Gewaltenteilungsprinzip!), will damit aber erreichen, daß ihr Rechtsstandpunkt bei den deutschen Behörden und Gerichten stärker verbreitet wird und – bei wiederholten Verstößen gegen Gemeinschaftsrecht – eine gesetzgeberische Klarstellung erfolgt; vgl. *Meier* EuZW aaO 14.

1082 Vgl. *Baumbach/Hefermehl* Einl. UWG Rdn. 637 aE; *Teplitzky*[6] Kap. 21 Rdn. 5 f.

1083 Dazu oben Rdn. 318.

1084 BVerfGE 73, 339, 366 – *Solange II*; BVerfG NJW 1988, 1456, 1457; BVerfGE 75, 223, 237 ff; *Dauses* S. 77; *Vedder* NJW 1987, 526, 528 f; *Arnold* Festschr. Neumayer (1986), 17, 24 ff; *Maidowski* JuS 1988, 114.

1085 So die Formel des BVerfG in NJW 1988, 1456.

1086 BVerfGE 3, 359, 364 ff; BVerfGE 29, 198, 207; BVerfGE 73, 339, 364 f – *Solange II*; BVerfG NJW 1988, 1456; *Baumbach/Hefermehl* aaO Rdn. 637; *Teplitzky*[6] ebenda; *Meier* RiW 1985, 748; *Glaesner* EuR aaO 149.

1087 BVerfG NJW aaO 1457; *Baumbach/Hefermehl*, ebenda.

1088 BVerfGE 75, 223, 245 ff; BVerfG NJW 1988, 2173.

nicht vorliegt oder noch nicht erschöpfend ist oder in denen die nicht nur entfernte Möglichkeit besteht, daß der EuGH seine Rechtsprechung fortentwickeln wird, wird der gesetzliche Richter nur dann willkürlich entzogen, wenn das Gericht den ihm zukommenden Beurteilungsspielraum **erheblich** („in unvertretbarer Weise") überschreitet[1089].

Dagegen ist zu Unrecht **Kritik** geäußert worden; die enge Beschränkung der Anfechtungsmöglichkeit gegen eine unterbliebene Vorlage verstoße gegen das Gemeinschaftsrecht, insbesondere die Rechtsprechung des EuGH, daß die Mitgliedstaaten die Zugangsmöglichkeit zum EuGH gemäß Art. 177 EWGV in keiner Weise einschränken oder auch nur zeitweise schwächen dürften[1090]. Die Kritik übersieht, daß die Rechtsprechung des BVerfG die Zugangsmöglichkeit zum EuGH in keiner Weise beeinträchtigt, sondern nur die – nationale – Anfechtungsmöglichkeit gegen eine unterlassene Vorlage betrifft. Da Art. 177 EWGV aber nicht einmal selbst vorschreibt, daß dem Betroffenen bei unterlassener Vorlage eine Anfechtung zustehen muß, berührt diese Rechtsprechung nicht nur nicht das Gemeinschaftsrecht, sondern bietet sogar mehr, als das Gemeinschaftsrecht verlangt. Die Mitgliedstaaten brauchen ihrerseits überhaupt keine Anfechtungsmöglichkeit vorzusehen. Aus *nationaler Sicht* ist die Beschränkung der BVerfG-Rechtsprechung auf eine Willkürprüfung ebenfalls *gerechtfertigt*; denn das BVerfG kann nicht oberstes nationales „Vorlage-Kontroll-Gericht" sein[1091]. Den Besonderheiten des Gemeinschaftsrechts trägt das BVerfG dadurch angemessen Rechnung, daß es den Willkürmaßstab im konkreten Fall an den gemeinschaftsrechtlichen Erfordernissen des Art. 177 EWGV mißt (oben Rdn. 330).

Sofern ein **nicht letztinstanzliches Gericht** der *Vorlagepflicht* unterliegt – wenn es um die Gültigkeit eines Gemeinschaftsrechtsaktes geht (oben Rdn. 320) – und diese Pflicht verletzt, kann das Urteil mit den ordentlichen **Rechtsmitteln** angefochten werden, die das deutsche Verfahrensrecht zur Verfügung stellt (unten Rdn. 479 ff)[1092]. Dabei wird das Urteil einer umfassenden Kontrolle gerade auch in rechtlicher Hinsicht unterzogen. Unter Umständen ist dann das Rechtsmittelgericht seinerseits zur Vorlage an den EuGH verpflichtet[1093].

VII. Beweisverfahren

Literatur

Ahrens Wettbewerbsverfahrensrecht (1983); *Baumgärtel* Treu und Glauben, gute Sitten und Schikaneverbot im Erkenntnisverfahren, ZZP 69 (1956), 89; *Baumgärtel/Ulrich* Handbuch der Beweislast im Privatrecht (1987), Bd. 3, UWG, S. 67 ff; *Beier* Entwicklung und gegenwärtiger Stand des Wettbewerbsrechts in der Europäischen Wirtschaftsgemeinschaft, GRUR Int. 1984, 61; *Borck* Über „Bärenfang", Beweislast und „Pressedienst", WRP 1963, 191; *Borck* Irreführende Werbung und Umkehr der Beweislast, GRUR 1982, 657; *Droste* Wahrheit und Klarheit in der Werbung, MA 1959, 643; *Fenge* Beweislast in Wettbewerbsprozessen, JurA 1970, 547; *Fritze* Die Umkehr der Beweislast, GRUR 1975, 61; *v. Gamm* Beweislast und Beweiswürdigung im

[1089] BVerfG NJW 1988, 1456, 1457; *Glaesner* EuR aaO 150; *Nicolaysen* EuR 1988, 368, 373; *Kalbe* RIW 1987, 455, 457 f.

[1090] Neuerdings z. B. *Meier* EuZW aaO 13. Kritisch auch *Glaesner* EuR aaO 150; *Nicolaysen* EuR aaO 373; *Arnold* Festschr. Neumayer 17, 27, die jeweils auf die nicht so enge Rechtsprechung des BVerfG bei Verletzung der Vorlagepflicht nach Art. 100 Abs. 1 S. 2 GG hinweisen. Zu der Rechtsprechung des EuGH vgl. EuGH Rs. 106/77, *Staatl. Finanzverw./Simmenthal*, Slg. 1978, 629; EuGH Rs. 97/85, bestätigt durch EuGH Rs. C 213/89, *The Queen/Secretary of State for Transport ex parte: Factortame Ltd. u. a.*, Slg. 1990, I-2433.

[1091] Zutreffend *Schiller* RIW 1988, 452, 455.

[1092] Vgl. *Glaesner* EuR aaO 148.

[1093] *Glaesner* EuR ebenda.

Wettbewerbsprozeß, WRP 1959, 172; *Gramp* Anmerkung zum Urteil des LAG Berlin ZZP 96, 113, ZZP 96 (1983), 115; *Gramp* Die Ablehnung von rechtswidrig erlangten Beweismitteln im Zivilprozeß, DRiZ 1981, 41; *Habscheid* Das Recht auf Beweis, ZZP 96 (1983), 306; *Harms* § 3 UWG und das Problem der Beweislast, GRUR 1969, 251; *Hefermehl* Anmerkung zu BGH GRUR 1963, 270 – Bärenfang, GRUR 1963, 274; *Kur* Beweislast und Beweisführung im Wettbewerbsprozeß (1981); *Kur* Irreführende Werbung und Umkehr der Beweislast, GRUR 1982, 663; *Moser v. Filseck* Anmerkung zu BGH GRUR 1961, 356 – Pressedienst, GRUR 1961, 360; *Müller* Demoskopie und Verkehrsauffassung im Wettbewerbsrecht, insbesondere im Rahmen des § 3 UWG, WRP 1989, 783; *Peters* Die Verwertbarkeit rechtswidrig erlangter Beweise und Beweismittel im Zivilprozeß, ZZP 76 (1963), 145; *Pietzner* Auskunft, Rechnungslegung und Schadensersatz bei wettbewerbswidrigen Eingriffen in fremde Firmenrechte, GRUR 1972, 151; *Pleyer* Schallaufnahmen als Beweismittel im Zivilprozeß, ZZP 69 (1956), 321; *Reinecke* Die Information des Zeugen über das Beweisthema, MDR 1990, 1061; *Röhl* Tonbandaufnahmen – Zulässigkeit und Grenzen ihrer Verwendung im Rechtsstaat, JZ 1957, 67; *Sauberschwarz* Die Auswirkungen der Umfrage-Gutachten auf das Wettbewerbs- und Warenzeichenrecht, WRP 1970, 46; *Sauberschwarz* Gutachten von Marktmeinungsforschungsinstituten als Beweismittel im Wettbewerbs- und Warenzeichenprozeß (1969); *Schlund* Heimliches Mithören von Telefongesprächen, BB 1976, 1491; *Schricker* Probleme der Europäischen Angliederung des Rechts des unlauteren Wettbewerbs, Festschrift für Zweigert (1981), 537; *vom Stein* Zur Beurteilung irreführender Werbung ohne demoskopische Gutachten, WRP 1970, 332; *Teplitzky* Wettbewerbsrechtliche Ansprüche, 6. Aufl. (1992); *Teplitzky* Zu Anforderungen an Meinungsforschungsgutachten, WRP 1990, 145; *Teplitzky* Die jüngste Rechtsprechung des Bundesgerichtshofs zum wettbewerblichen Anspruchs- und Verfahrensrecht, GRUR 1989, 461, GRUR 1990, 393, und GRUR 1991, 709; *Teplitzky* Der Beweisantrag im Zivilprozeß und seine Behandlung durch die Gerichte, JuS 1968, 71; *Teplitzky* Der Beweisantrag im Zivilprozeß, DRiZ 1970, 280; *Tetzner* Superlativwerbung als vergleichende Werbung, NJW 1956, 1900; *Tilmann* Die Verkehrsauffassung im Wettbewerbs- und Warenzeichenrecht, GRUR 1984, 716; *Tilmann/Ohde* Die Mindestirreführungsquote im Wettbewerbsrecht und im Gesundheitsrecht – 1. Teil, GRUR 1989, 229; *Ulrich* Beweisführung und Beweislast im Wettbewerbsprozeß, WRP 1986, 584; *Walter* Freie Beweiswürdigung (1979); *Werner* Verwertung rechtswidrig erlangter Beweismittel, NJW 1988, 993; *Zeiss* Die Verwertung rechtswidrig erlangter Beweismittel, ZZP 89 (1976), 377; zur ZPO-Kommentarliteratur vgl. die Literatur vor Rdn. 16.

1. Grundsätze

Im Klageverfahren in **Wettbewerbssachen** gelten im Grundsatz dieselben Regeln über das Beweisverfahren wie im normalen Zivilprozeß[1094]. Dazu kann auf die Kommentierungen zum Beweisverfahren (§§ 284 ff ZPO) verwiesen werden[1095]. Allerdings ergeben sich, bedingt durch die mitunter besondere materiell-rechtliche Situation im Wettbewerbsrecht und allgemein im gewerblichen Schutzrecht, einige **Besonderheiten** und eine unterschiedliche Bedeutung und Gewichtung der einzelnen Beweismittel gegenüber dem normalen Zivilprozeß. Ein außergewöhnlich großes Gewicht kommt dabei dem Sachverständigengutachten in Form der **Meinungsumfrage** zu, etwa zur Ermittlung der Verkehrsauffassung bei Beurteilung einer bestimmten Werbung, zur Ermittlung der Auffassung der Allgemeinheit bei der Konkretisierung der guten Sitten im Sinne von § 1 UWG, bei der Frage der Irreführung der beteiligten Verkehrskreise im Sinne von § 3 UWG etc. Auf diese Besonderheiten des Beweisverfahrens im Wettbewerbsprozeß (Klageverfahren) beschränkt sich die folgende Darstellung. **331**

Auch im Wettbewerbsprozeß gilt der **Beibringungsgrundsatz**: Die Parteien bestimmen mit ihrem Sachvortrag, welche Tatsachen das Gericht als anspruchsbegründend **332**

1094 *Teplitzky*[6] Kap. 47 Rdn. 1; *Melullis* Rdn. 346; *Baumbach/Hefermehl* Einl. UWG Rdn. 472.

1095 Vgl. *Stein/Jonas/Leipold* § 286 Rdn. 25 ff; MünchKommZPO/*Prütting* § 284 Rdn. 75 ff; *Zöller/Stephan* Vor § 284 Rdn. 1 ff; *Baumbach/Lauterbach/Albers/Hartmann* Anh. § 286 Anm. 1 – 4.

oder -vernichtend seiner Entscheidung zugrundelegen soll[1096]. Bestehen insoweit Unklarheiten, so hat das Gericht gemäß § 139 ZPO auf Aufklärung hinzuwirken. Dies spielt gerade im Wettbewerbsprozeß eine besondere Rolle, da mitunter der Antrag nicht mit dem Tatsachenvortrag in Einklang steht, etwa der Vortrag den Antrag nicht deckt oder der Antrag über den Vortrag hinausgeht (näher Rdn. 96 ff). Das Gericht hat die vorgetragenen Tatsachen, möglicherweise ergänzt nach entsprechenden Hinweisen gemäß § 139 ZPO, zu berücksichtigen, soweit sie entscheidungserheblich sind. Sind sie *unstreitig* (§ 138 Abs. 3 ZPO), *zugestanden* (§ 288 ZPO) oder *offenkundig* und damit *gerichtsbekannt* (§ 291 ZPO), so bedarf es keiner Beweiserhebung.

333 **Offenkundige Tatsachen** bedürfen keines Beweises (§ 291 ZPO). Die Offenkundigkeit kann sich aus Kenntnissen ergeben, die das Gericht *amtlich* erlangt hat und die damit *gerichtsbekannt* sind[1097]. Wissen und Kenntnisse, die der Richter privat erworben hat, sind nicht offenkundig[1098]. Tatsachen sind außerdem dann offenkundig, wenn sie *allgemeinkundig* sind, d. h. wenn sie in einem größeren oder kleineren Bezirk einer beliebigen Menge bekannt oder wahrnehmbar sind, z. B. Gebräuche und Gewohnheiten, die in einer Gegend bestehen und über die man sich aus zuverlässigen Quellen ohne besondere Fachkunde sicher unterrichten kann, z. B. über ein geschichtliches Ereignis[1099]. Unter diesen Voraussetzungen kann Offenkundigkeit z. B. für die Verkehrsbekanntheit oder Berühmtheit einer Marke bestehen[1100]. Eine Tatsache kann aber auch *gerichtskundig* sein, nämlich dann, wenn das Gericht sie in amtlicher Eigenschaft wahrgenommen hat und sie ihm nunmehr bekannt ist oder durch Nachprüfung in den Akten wieder bekanntgemacht werden kann. Das ist z. B. der Fall, wenn das entscheidende oder ein anderes Gericht die Tatsache in einem vorangegangenen Prozeß schon festgestellt hatte und sich seitdem erkennbar nichts geändert hat[1101].

Die Offenkundigkeit bewirkt, daß eine **Beweiserhebung entbehrlich** ist[1102]. Das gilt freilich dann *nicht*, wenn die andere Partei gegen die Offenkundigkeit argumentiert und für das Gegenteil Beweis antritt. Dann darf das Gericht, sofern das Vorbringen substantiiert ist, nicht ohne Beweiserhebung entscheiden[1103]. Ist eine Tatsache weder unstreitig noch zugestanden noch offenkundig, so **muß** das Gericht **Beweis erheben**, wenn sie entscheidungserheblich ist.

334 Von diesem verfahrensrechtlichen Grundsatz gilt für den **Wettbewerbsprozeß** eine wichtige **Ausnahme**, die zwar im allgemeinen Zivilprozeß theoretisch auch vorkommt, dort aber keine Bedeutung hat: Zur Ermittlung der **Verkehrsauffassung**, die im materiel-

1096 RGZ 103, 95, 96; RGZ 151, 93, 97; MünchKommZPO/*Lüke* Einl. Rdn. 181; *Zöller/Stephan* ebenda.

1097 RGZ 102, 339, 343 (Kenntnisse des Gerichts aus Tageszeitungen); *Baumbach/Hefermehl* aaO Rdn. 474; *Stein/Jonas/Leipold* § 291 Rdn. 4; MünchKommZPO/*Prütting* § 291 Rdn. 4; *Zöller/Stephan* § 291 Rdn. 1.

1098 *Baumbach/Hefermehl* ebenda; *Stein/Jonas/Leipold* ebenda; MünchKommZPO/*Prütting* aaO Rdn. 9 (mit krit. Hinweis auf die *Meister-Kaffee*-Entscheidung des BGH, vgl. dazu Rdn. 366); *Zöller/Stephan* ebenda.

1099 BGHZ 32, 133, 136 = GRUR 1961, 33, 34 – *Dreitannen*; BGH NJW 1954, 1656 f; *Baumbach/Hefermehl* ebenda; *v. Gamm* Kap. 7 Rdn. 12; *Stein/Jonas/Leipold* ebenda; MünchKommZPO/*Prütting* aaO Rdn. 5 ff; *Zöller/Stephan* ebenda.

1100 *Baumbach/Hefermehl* ebenda.

1101 BGH GRUR 1974, 220, 221 – *Club Pilsener*; BGHZ 30, 357, 361 = GRUR 1960, 83, 85 – *Nährbier* (Feststellungen in einem anderen Verfahren); *v. Gamm* Kap. 7 Rdn. 12; MünchKommZPO/*Prütting* aaO Rdn. 9 f; zu Einschränkungen vgl. Großkomm/*Teplitzky* § 16 Rdn. 236 m. weit. Nachweisen in Fußn. 293.

1102 *Stein/Jonas/Leipold* aaO Rdn. 6; MünchKommZPO/*Prütting* aaO Rdn. 18; *Zöller/Stephan* aaO Rdn. 2.

1103 BGH GRUR 1990, 607, 608 – *Meister-Kaffee*. Zu Mißverständnissen im Zusammenhang mit diesem Urteil, etwa bei *Melullis* Rdn. 354, vgl. *Teplitzky* GRUR 1991, 709, 712 und unten Rdn. 366. Vgl. im übrigen MünchKommZPO/*Prütting* aaO Rdn. 19.

len Wettbewerbsrecht und im gewerblichen Schutzrecht sehr oft entscheidungserheblich ist, und zur Feststellung der **Relevanz** einer werblichen Irreführung (nach § 3 UWG) hat die Rechtsprechung dem Gericht gestattet, unter bestimmten Voraussetzungen und in bestimmten Fallgestaltungen aufgrund **eigener Sachkunde**, aufgrund **eigener Lebenserfahrung** und aufgrund von **Indizientatsachen** und **ohne Beweisaufnahme**, d. h. im Ergebnis ohne die Einholung einer kostspieligen Meinungsumfrage zu entscheiden (näher unten Rdn. 364 ff)[1104].

Wie im normalen Zivilprozeß setzt auch im Wettbewerbsprozeß die Beweiserhebung grundsätzlich einen **Beweisantrag** (= Beweisantritt) der beweisbelasteten Partei voraus[1105]. Die *Einnahme des Augenscheins* und die *Begutachtung durch Sachverständige* können auch *von Amts wegen* angeordnet werden (§ 144 ZPO). Der Beweisantritt muß sich auf einen substantiierten Sachvortrag beziehen, der der Beweiserhebung zugänglich sein muß und nicht so unbestimmt sein darf, daß er erst durch die Beweiserhebung konkretisiert werden soll. Der **Beweisermittlungsantrag,** d. h. der Beweisantritt für substantiierten Vortrag, der der Ausforschung dient, ist auch im Wettbewerbsprozeß **unzulässig**[1106]. Allerdings ist Zurückhaltung geboten: Für die Darlegung der Verkehrsauffassung reicht es im Wettbewerbsprozeß, das Verständnis der beteiligten Verkehrskreise darzulegen. Der in diesem Zusammenhang gestellte *Antrag auf Einholung einer Verkehrsbefragung* (Meinungsumfrage) soll zwar die Verkehrsauffassung erst feststellen, ist aber *nicht* als *Beweisermittlungsantrag* anzusehen[1107]. 335

2. Beweismittel

Als Beweismittel kommen im Wettbewerbsprozeß dieselben wie im normalen Zivilprozeß in Betracht, d. h. Augenschein (§ 371 ZPO), Zeugen (§ 373 ZPO), Gutachten (§ 402 ZPO), Urkunden (§ 420 ZPO) und Parteivernehmung des Gegners (§ 445 ZPO)[1108]. Zur Streitfrage, ob es sich bei der daneben von Rechtsprechung und Gesetz zugelassenen „amtlichen Auskunft" um ein selbständiges zusätzliches Beweismittel handelt, vgl. Rdn. 342. 336

a) **Augenschein.** Die Einnahme des Augenscheins (§ 371 ZPO) spielt in Wettbewerbsstreitigkeiten eine erhebliche Rolle, geht es doch vielfach um **gegenständliche Wahrnehmungen,** aufgrund deren sich das Gericht seine Überzeugung bilden muß[1109]. Die gegenständliche Wahrnehmung kann *optisch* geschehen (z. B. Inaugenscheinnehmen von bestimmten entscheidungserheblichen Gegenständen, von Nachahmungen etc.), aber auch durch *Anhören* (z. B. eines Musikstückes auf einer CD oder Schall- 337

1104 BGH GRUR 1961, 544, 545 – *Hühnergegacker*; BGH GRUR 1963, 270, 273 – *Bärenfang*; BGH GRUR 1980, 797, 798 – *Topfit-Boonekamp*; BGH GRUR 1982, 491, 492 – *Möbel-Haus*; BGH GRUR 1984, 467, 468 – *Das unmögliche Möbelhaus*; BGH GRUR 1985, 140, 141 – *Größtes Teppichhaus der Welt*; BGH GRUR 1987, 444 – *Laufende Buchführung*; *Teplitzky*[6] Kap. 47 Rdn. 3 ff; *Baumbach/Hefermehl* aaO Rdn. 476, 477; *v. Gamm* Kap. 7 Rdn. 12 ff; *Melullis* Rdn. 354; *Kur* S. 138 ff; *Tilmann* GRUR 1984, 716, 717; *Borck* WRP 1963, 191, 192. Zur **Relevanz**: BGH GRUR 1981, 71, 72 – *Lübecker Marzipan*; OLG Köln GRUR 1983, 385, 386 f – *Lübecker Marzipan II*; *Böhm* GRUR 1986, 290, 291.

1105 MünchKommZPO/*Prütting* § 284 Rdn. 76 ff; *Zöller/Stephan* Vor § 284 Rdn. 3; *Teplitzky* JuS 1968, 71; *Teplitzky* DRiZ 1970, 280.

1106 BGH NJW 1974, 1710. Vgl. dazu *Stein/Jonas/Leipold* § 284 Rdn. 40–48; MünchKommZPO/*Prütting* aaO Rdn. 73; *Zöller/Stephan* Vor § 284 Rdn. 5.

1107 Ganz einhellige Meinung; der Antrag auf Einholung einer Meinungsumfrage wird in der Rechtsprechung und Lehre – soweit ersichtlich – nirgends als Beweisermittlungsantrag gewertet.

1108 HdbWR/*Kreft* § 17 Rdn. 11; *vom Stein* GRUR 1973, 73, 75 f.

1109 *Stein/Jonas/Schumann* § 371 Rdn. 4; MünchKommZPO/*Damrau* § 371 Rdn. 2; *Zöller/Stephan* § 371 Rdn. 1.

platte), durch *Betasten* (z. B. eines Stoffes, ob er sich wie Leinen anfühlt), durch *Beriechen* (z. B. eines Parfüms, ob es nach Lavendel riecht) oder durch *geschmackliches Kosten* (z. B. eines Bonbon, ob es nach Lakritz schmeckt). Der richterliche Augenschein erweist sich in der Praxis meist als sehr **zuverlässiges**, nicht verfälschbares **Beweismittel** und bringt schnellere und bessere Klärung als die Lektüre umfangreicher Schriftsätze. Das Gericht sollte daher dieses Beweismittel nutzen, wo immer es sich bietet.

Zweifel ergeben sich in der Praxis oft bei der Frage, ob es sich bei der Augenscheinseinnahme durch das Gericht um Wahrnehmung als Teil des Sachvortrags einer Partei (*dann keine Beweiserhebung*) oder um eine solche im Sinne von § 371 ZPO (*dann Beweiserhebung*) handelt. Die Entscheidung ist danach zu treffen, ob die Wahrnehmung durch das Gericht der Klärung **streitigen** Vorbringens dient[1110]. Geht es in einem Prozeß z. B. um die Irreführung einer konkreten Werbung (§ 3 UWG) und legt der Kläger mit der Klageschrift die Werbung vor, deren Unterlassung er begehrt, so streiten die Parteien in der Regel nicht über den Inhalt der Werbung, so wie sie gegenständlich wahrnehmbar ist, sondern um deren Verständnis. Die konkrete Werbung selbst ist unstrittig; das Gericht nimmt sie als Teil des Sachvortrages des Klägers zur Kenntnis (keine Beweiserhebung, da die Vorlage lediglich der Information des Gerichts dient). Trägt eine Partei dagegen in einem Prozeß z. B. um wettbewerblichen Leistungsschutz einer bestimmten Verpackung das *wettbewerbliche Umfeld* vor, legt sie z. B. in diesem Zusammenhang zahlreiche Verpackungen von Mitbewerbern vor und nimmt das Gericht diese in Augenschein, so handelt es sich um eine Beweiserhebung, sofern – wie regelmäßig – das wettbewerbliche Umfeld streitig ist. Der Augenschein dient der Klärung dieses Streitpunktes.

Die Einnahme des Augenscheins kann **von Amts wegen** (§ 144 ZPO) oder auf **Antrag** (§ 371 ZPO) erfolgen. Sie steht im Ermessen des Gerichts; maßgeblich ist, ob sie zur Wahrheitsermittlung erforderlich ist[1111].

338 b) **Zeugen.** Der Anhörung von Zeugen (§ 373 ZPO) kommt in Wettbewerbsstreitigkeiten eine ähnlich große Bedeutung zu wie im normalen Zivilprozeß. Sie muß allerdings auch hier als sehr **ungenaue** und **unzuverlässige Erkenntnisquelle** gewertet werden[1112]. Meist stehen Zeugen gerade im Wettbewerbsprozeß in gewisser Abhängigkeit zu einer Partei, sei es als *Angestellte*, sei es als *Beauftragte* (z. B. Testkäufer, Detektive u. ä.)[1113]. Diese Zeugen befinden sich bei ihrer Aussage vielfach unter dem – nicht selten eingebildeten – Druck, womöglich ihre Stellung oder ihren Auftrag zu gefährden, wenn sie die Wahrheit sagen. Haben sie die Angelegenheit selbst *bearbeitet*, stehen sie vor dem menschlichen Problem, möglicherweise einen eigenen Fehler einräumen zu müssen, erst recht wenn sie ihn ihrem Arbeitgeber gegenüber verschwiegen oder zu vertuschen versucht haben. Überdies ist die menschliche Erinnerung erfahrungsgemäß weitaus schlechter, als manche Zeugen wahrhaben und manche Richter beachten wollen. Bei Vorgängen, die Monate, bisweilen Jahre zurückliegen, kann sich kaum jemand an Einzelheiten erinnern, wenn er nicht auf zeitnahe Notizen, auf Korrespondenz oder sonstige Stützen zurückgreifen kann. Sagt ein Zeuge gleichwohl

---

1110 *Zöller/Stephan* aaO Rdn. 8.

1111 BGH NJW 1970, 946, 949 – *Anastasia*; *Stein/Jonas/Schumann* ebenda; MünchKommZPO/*Damrau* aaO Rdn. 3; *Zöller/Stephan* aaO Rdn. 1.

1112 Vgl. *Baumbach/Hefermehl* Einl. UWG Rdn. 475; *Baumbach/Lauterbach/Albers/Hartmann* Üb 1 C vor § 373. Erkenntnisse über Aussagepsychologie, die im Strafprozeß seit langem geläufig sind und dort zum Standardwissen jedes Richters und Anwalts gehören, sind im Zivilprozeß – leider – so gut wie unbekannt. Jeder Richter, jeder Anwalt ist sein eigener Psychologe. Gesicherte Erkenntnis der Aussagepsychologie werden in gerichtlichen und anwaltlichen Beweiswürdigungen im Zivilprozeß nur äußerst selten berücksichtigt.

1113 *Baumbach/Hefermehl* ebenda.

präzise und unter Darlegung von Details aus, sollte das Gericht vorsichtig und zurückhaltend würdigen[1114].

Zeugenbeweis wird vom Gericht nur auf **Antrag** erhoben. Der entsprechende 339
Beweisbeschluß muß die Bezeichnung der streitigen Tatsachen enthalten, über die der Beweis zu erheben ist (*Beweisthema*, § 359 Nr. 1 ZPO). Vielfach beobachtet man in der Praxis die **Unsitte**, daß dem Zeugen mit der Ladung das genaue, detailliert angegebene Beweisthema, wie es im Beweisbeschluß genannt ist, und ihm damit gerade dasjenige vorab mitgeteilt wird (z. B. Daten, Inhalt von Korrespondenz etc), worüber er vernommen werden soll. Dies entwertet die Aussage erheblich, kann sich doch der Zeuge entsprechend vorbereiten, abstimmen, besprechen. Die Zivilprozeßordnung verlangt eine solche Handhabung nicht: Zwar muß das Beweisthema im **Beweisbeschluß** substantiiert angegeben sein, weil dadurch die Beweisaufnahme und das Fragerecht der Parteien (§ 397 ZPO) eingegrenzt und von der unzulässigen Ausforschung abgegrenzt wird[1115]. Für die **Ladung** des Zeugen genügt dagegen die summarische Bezeichnung des Vernehmungsgegenstandes (§ 377 Abs. 2 Nr. 2 ZPO)[1116].

Auch im Wettbewerbsprozeß gilt der Grundsatz, daß das Berufungsgericht einen 340
Zeugen *erneut vernehmen* muß, wenn es entweder dessen Glaubwürdigkeit oder den Sinngehalt der Aussage abweichend vom Landgericht, das den Zeugen vernommen hatte, würdigen will[1117].

c) **Gutachten.** Die Einholung von Gutachten (§ 402 ZPO) hat in Wettbewerbsstrei- 341
tigkeiten grundsätzlich eine ähnliche Bedeutung wie im normalen Zivilprozeß, wiewohl es hier seltener um Fragen geht, bei denen sich das Gericht externer Sachkunde bedienen muß. Der Wettbewerbsprozeß weist indessen insofern eine ganz **typische Besonderheit** auf, als zur Ermittlung der Verkehrsauffassung, der Verkehrsgeltung und der Verkehrsdurchsetzung vom Gericht die Durchführung von **Meinungsumfragen (Verkehrsbefragungen, demoskopische Gutachten)** angeordnet werden kann.

Die Einholung einer **Verkehrsbefragung** ist nach heute allgemeiner Meinung Beweis durch **Sachverständigengutachten**[1118]. Indessen werden die heute in der Praxis üblichen Meinungsumfragen dem Wesen eines Gutachtens meist nicht gerecht. Denn dem Gericht werden vielfach nur Tabellen und Ergebnisse geliefert statt – wie es ein Gutachten erfordern würde – sachverständige Deutungen wichtiger Frageergebnisse. Insbesondere fehlen regelmäßig eine Gewichtung einzelner Prozentwerte und des Verhältnisses der Einzelantworten, die Darlegung möglicher Fehlerquellen und deren Bedeutung[1119]. Für die Auswertung des Tabellenmaterials hat das Gericht regelmäßig selbst nicht die nötige Sachkunde[1120]. Eine ordnungsgemäße Meinungsumfrage muß daher auch eine **Deutung und Gewichtung der statistischen Ergebnisse** enthalten[1121].

1114 *Baumbach/Hefermehl* ebenda: *„Mißtrauen ist da Richterpflicht"*.

1115 Näher dazu *Zöller/Stephan* Vor § 284 Rdn. 5, § 359 Rdn. 3.

1116 Näher *Reinecke* MDR 1990, 1061, 1062; MünchKommZPO/*Damrau* § 377 Rdn. 6; *Zöller/Stephan* § 359 Rdn. 3.

1117 BGH GRUR 1991, 401, 402 – *Erneute Vernehmung*; BGH GRUR 1992, 61, 64 – *Preisvergleichsliste*; *Teplitzky* GRUR 1991, 709, 712.

1118 Statt vieler BGH GRUR 1987, 171, 172 – *Schlußverkaufswerbung*; *Teplitzky*[6] Kap. 47 Rdn. 16; *Melullis* Rdn. 353; *Baumbach/Lauterbach/Albers/Hartmann* Übers. § 402 Anm. 1 C; HdbWR/*Kreft* § 17 Rdn. 21; HdbWR/*Ohde* § 18 Rdn. 35; *Tilmann/Ohde* GRUR 1989, 229, 236 f; *Teplitzky*[6] Kap. 47 Rdn. 16, 20; *Teplitzky* WRP 1990, 145, 147.

1119 BGH GRUR 1989, 440, 442 (insoweit in BGHZ 106, 101 ff nicht mitabgedruckt) – *Dresdner Stollen I* m. Anm. *Tilmann*; BGH GRUR 1990, 461, 462 – *Dresdner Stollen II*; *Teplitzky* WRP aaO, S. 147.

1120 *Teplitzky* ebenda.

1121 BGH GRUR aaO – *Dresdner Stollen I und II*. Näher unten Rdn. 385.

342 Neben die genannten Beweismittel tritt im Wettbewerbsprozeß als Beweismittel *sui generis* die **„amtliche Auskunft"**, die das Gericht – etwa zur Ermittlung der Verkehrsauffassung in bestimmten Fach- oder Geschäftskreisen – bei der Industrie- und Handelskammer, der Handwerkskammer, dem DIHT oder bei anderen öffentlich-rechtlichen Körperschaften einholt[1122]. Ob es sich dabei wirklich um ein eigenartiges, zusätzliches Beweismittel handelt[1123], erscheint zweifelhaft. Zutreffender ist es, derartige „amtliche Auskünfte" als **Sachverständigengutachten** einzuordnen[1124].

Nicht zu diesen „amtlichen Auskünften" gehören solche Auskünfte, die sich das Gericht von *privaten Verbänden*, z. B. dem Ring Deutscher Makler, oder sonstigen privatrechtlich organisierten Stellen erteilen läßt. Sie sind zweifelsfrei als Sachverständigengutachten im Sinne von § 402 ZPO zu werten[1125].

343 Die Einholung eines Gutachtens und einer Auskunft kann **von Amts wegen** (§ 144 ZPO) oder auf **Antrag** (§§ 402, 373, 403 ZPO) erfolgen. Dabei ist der **Antritt** des Sachverständigenbeweises nur als Anregung an das Gericht zu werten, ein Gutachten einzuholen[1126]. Denn das Gericht darf und muß von Amts wegen, unter Umständen schon vor der mündlichen Verhandlung (§ 358 a ZPO), ein Gutachten einholen, wenn seine eigene Sachkunde zur Ermittlung der entscheidungserheblichen Tatsachen nicht ausreicht[1127]. Diese Grundsätze können allerdings in **Wettbewerbsstreitigkeiten**, wenn es um die Einholung einer **Meinungsumfrage** geht, nur sehr eingeschränkt gelten. Denn wegen der hohen Kosten, die mit einer solchen Maßnahme für die beweisbelastete Partei (als Vorschuß) und für die unterliegende Partei (über § 91 ZPO) verbunden sind[1128], wird in der Praxis eine Meinungsumfrage nur äußerst selten ohne entsprechenden Beweisantritt von Amts wegen eingeholt.

344 d) **Urkunden.** Der Beweis durch Vorlage von Urkunden[1129] – schriftsätzlicher oder mündlicher Vortrag über deren Inhalt oder die *Ankündigung* der Vorlage ist, was in der Praxis mitunter übersehen wird, noch *kein Beweisantritt*[1130] – spielt im Wettbewerbsprozeß eine ebenso bedeutsame Rolle wie im normalen Zivilprozeß. Besonderheiten ergeben sich nicht.

Die Beurteilung der Beweiskraft der vorgelegten Urkunden unterliegt der **freien Beweiswürdigung** durch das Gericht. Die Beweiskraft eines von beiden Vorinstanzen als Beweismittel anerkannten Schriftstücks darf vom Berufungsgericht nicht mit der Begründung verneint werden, daß es durch die Aussage eines Zeugen vollkommen entwertet werde, wenn das Landgericht die Aussage dieses Zeugen als unglaubhaft

---

1122 *Teplitzky*[6] Kap. 47 Rdn. 14 f; HdbWR/*Kreft* § 17 Rdn. 11.

1123 So *Teplitzky* aaO Rdn. 14 unter Verweis auf BGH NJW 1979, 266, 268 und §§ 273 Abs. 2 Nr. 2, 358 a ZPO (in Fußn. 25 f); ebenso MünchKomm-ZPO/*Damrau* § 402 Rdn. 11.

1124 BGH GRUR 1987, 171, 172 – *Schlußverkaufswerbung*; BGH JZ 1963, 225; *Zöller/Stephan* § 402 Rdn. 6.

1125 BGH NJW 1963, 586 (gutachtliche Auswertung eines Fahrtenschreiberdiagramms durch die Herstellerfirma); *Teplitzky* ebenda; *Zöller/Stephan* ebenda.

1126 *Stein/Jonas/Leipold* § 403 Rdn. 1; MünchKomm-ZPO/*Damrau* § 403 Rdn. 1, 2; *Zöller/Stephan* § 403 Rdn. 1.

1127 BGH NJW 1962, 1770; *Stein/Jonas/Leipold* ebenda; MünchKommZPO/*Damrau* aaO Rdn. 2; *Baumbach/Lauterbach/Albers/Hartmann* § 403 Anm. 1; *Zöller/Stephan* ebenda.

1128 Näher dazu unten Rdn. 375.

1129 Urkunden müssen in *Urschrift* (bei Privaturkunden, BGH NJW 1980, 1047, 1048) oder in *beglaubigter Abschrift* vorgelegt werden (§ 435 ZPO); BGH DB 1986, 798 m. weit. Nachweisen; vgl. *Stein/Jonas/Leipold* § 420 Rdn. 2, 4; § 435 Rdn. 4; MünchKommZPO/*Schreiber* § 420 Rdn. 3; *Baumbach/Lauterbach/Albers/Hartmann* § 420 Anm. 2 A; *Zöller/Stephan* § 420 Rdn. 1.

1130 § 420 ZPO; vgl. *Stein/Jonas/Leipold* § 420 Rdn. 2, 4; MünchKommZPO/*Schreiber* ebenda; *Baumbach/Lauterbach/Albers/Hartmann* aaO Anm. 1; *Zöller/Stephan* ebenda.

beurteilt und das Berufungsgericht den Zeugen nicht erneut vernommen hat (oben Rdn. 340)[1131].

e) **Parteivernehmung des Gegners.** Die Parteivernehmung des Gegners als Beweismittel (§ 445 ZPO) ist in Wettbewerbsstreitigkeiten nur von untergeordneter Bedeutung und kaum praktisch. Soweit sie ausnahmsweise in Betracht kommt, ist sie unter denselben Voraussetzungen zulässig wie im normalen Zivilprozeß[1132]. **345**

Ein darauf gerichteter Beweisantrag des Klägers, den Beklagten als Partei zu vernehmen, empfiehlt sich vorsorglich, wenn es um die Aufklärung von Tatumständen geht, die **innerbetriebliche Vorgänge** beim Beklagten betreffen[1133]. Die BGH-Rechtsprechung hat allerdings in solchen Fällen dem Beklagten *Beweiserleichterungen* eingeräumt (näher Rdn. 359 ff) und in der *Bärenfang*-Entscheidung einen Antrag des Klägers auf Vernehmung des Beklagten als Partei nicht für erforderlich gehalten[1134].

3. Verwertung rechtswidrig erlangter Beweismittel

Die Verwertung von rechtswidrig erlangten Beweismitteln unterliegt im **Wettbewerbsprozeß** denselben Schranken, die die Rechtsprechung grundsätzlich aufgestellt hat. Danach besteht ein generelles Verwertungsverbot für solche Beweismittel, die unter Verletzung von Grundrechten, insbesondere des Persönlichkeitsrechtes beschafft worden sind[1135]. In Fällen, in denen gegen §§ 201 bis 203 StGB verstoßen wurde, ist dies regelmäßig zu bejahen[1136]. Allerdings schränkt die Rechtsprechung dieses generelle Verwertungsverbot dann ein, wenn eine **Notstandslage** vorliegt, wenn aufgrund einer Güterabwägung die Verwertung der Abwehr größeren Unrechts dient[1137], oder bei **doloser Ausnutzung der Beweisnot** der beweisbelasteten Partei (§§ 226, 826 BGB)[1138]. **346**

Die Verwertung **heimlicher Tonbandaufnahmen** ist in der Regel unzulässig (§ 201 StGB)[1139], kann aber im Einzelfall statthaft sein, wenn dies das einzige Mittel ist, rechtswidrige Telefonate – z. B. den Geheimnisverrat eines Angestellten (§ 17 UWG) – zu beweisen. In solchen Fällen schlägt aufgrund einer Güterabwägung das Abwehrinteresse des Betroffenen gegenüber dem Persönlichkeitsrecht des Anrufers durch[1140]. **347**

Das **Mithören von Telefongesprächen durch Dritte** und deren Zeugenschaft unterliegen grundsätzlich keinem Verwertungsverbot, es sei denn, das Telefonat hat erkennbar persönlichen und vertraulichen Charakter[1141]. Bei normalen, insbesondere geschäftlichen Telefongesprächen muß der Teilnehmer damit rechnen, daß das Telefonat über Mithöreinrichtungen, die heute fast in jedem etwas komfortableren Telefonapparat **348**

[1131] BGH GRUR 1992, 61, 63 – *Preisvergleichsliste.*

[1132] Näher dazu *Stein/Jonas/Leipold* § 445 Rdn. 10 ff; *Baumbach/Lauterbach/Albers/Hartmann* Übers. § 445 Anm. 2 A; *Zöller/Stephan* § 445 Rdn. 2 ff.

[1133] Ebenso *Baumgärtel/Ulrich* § 3 UWG Rdn. 22.

[1134] BGH GRUR 1963, 270, 271; vgl. dazu *Baumgärtel/Ulrich* aaO Rdn. 12 und unten Rdn. 360.

[1135] BGH NJW 1982, 1397, 1398; BGH NJW 1991, 1180; BAG NJW 1983, 1691, 1692. Vgl. näher MünchKommZPO/*Prütting* § 284 Rdn. 62 ff.

[1136] *Stein/Jonas/Leipold* § 284 Rdn. 56 ff, 58, 63; MünchKommZPO/*Prütting* aaO Rdn. 65; *Zöller/Stephan* Vor § 284 Rdn. 12.

[1137] BVerfGE 34, 238, 247; BVerfG NJW 1973, 891, 892 f; BGH NJW 1982, 277, 278; BGH NJW 1988, 1016, 1017.

[1138] Näheres bei *Zöller/Stephan* ebenda.

[1139] BGH NJW 1988, 1016, 1017; *Stein/Jonas/Leipold* aaO Rdn. 58; MünchKommZPO/*Prütting* aaO Rdn. 66; *Zöller/Stephan* ebenda.

[1140] MünchKommZPO/*Prütting* ebenda; *Zöller/Stephan* ebenda. Bejaht vom BGH z. B. bei einer Ehrenschutzklage, NJW 1982, 277.

[1141] BGH NJW 1982, 1397, 1398. Das gilt nicht für Telefonate, die in einem Nebenraum über eine Bürosprechanlage mitgehört werden können, BGH NJW 1991, 1180; BAG NJW 1983, 1691; *Stein/Jonas/Leipold* aaO Rdn. 61; MünchKomm-ZPO/*Prütting* aaO Rdn. 69. Zur Verwertung von Aussagen von sogen. *Lauschzeugen* BGH NJW 1991, 2824 = JZ 1991, 927 m. Anm. *Helle*: Güterabwägung zwischen Beweisnot und Schutz des Persönlichkeitsrechts erforderlich.

Angestellten, Mitarbeitern usw. mitgehört wird. Die Rechtsprechung mutet daher dem Teilnehmer zu, den etwaigen Wunsch, Dritte nicht mithören zu lassen, ausdrücklich zu äußern und sich von seinem Gesprächspartner bestätigen zu lassen[1142].

349 Im Wettbewerbsprozeß und auch in Rechtsstreitigkeiten um gewerbliche Schutzrechte werden häufig zur Vorbereitung eines gerichtlichen Vorgehens Beweismittel durch **Testkäufe**, durch Entlocken von **Testangeboten**, durch den Einsatz von **Testpersonen** oder auch durch **Testbeobachtungen** und **Testfotos** (etwa eines unzulässig nachgeahmten Gegenstandes) beschafft. Für solche Beweismittel besteht **kein Verwertungsverbot**. Legitimen Kontrollmaßnahmen kann sich ein Wettbewerber, der seine Geschäftsräume dem allgemeinen Verkehr öffnet, weder unter Berufung auf sein Hausrecht noch auf eine vertragliche Unterlassungspflicht entziehen[1143]. Ein Wettbewerber kann daher die Beschaffung von derartigen Beweismitteln nicht dadurch verhindern, daß er durch einen Aushang oder durch AGB jedem Besucher die Pflicht auferlegt, Testkäufe zu unterlassen[1144].

Allerdings können **Testkäufe**, der Einsatz von **Testpersonen**, von Detektiven, die Vornahme von **Testbeobachtungen** oder die Aufnahme von **Testfotos** selbst wettbewerbswidrig und nach **§ 1 UWG** unzulässig sein[1145]. Die Problematik solcher Beweismittel wird denn auch regelmäßig im Rahmen von § 1 UWG unter dem Gesichtspunkt unzulässiger Betriebsstörung, nicht im Beweisverfahrensrecht behandelt. Von der Rechtsprechung werden derartige Maßnahmen gegen den Mitbewerber unter diesem Gesichtspunkt als zulässig und wettbewerbskonform angesehen, sofern die den Test durchführenden Personen sich *wie normale Nachfrager* verhalten. Ein ungewöhnliches und auffälliges Verhalten, etwa das wahrnehmbare Fotografieren in den Geschäftsräumen des Wettbewerbers[1146], begründet dagegen die *Gefahr von Betriebsstörungen*, z. B. durch Auseinandersetzung mit dem betroffenen Mitbewerber oder dessen Personal und ist daher regelmäßig wettbewerbswidrig.

4. Beweiswürdigung

350 Das Gericht hat gemäß § 286 ZPO das Beweisergebnis nach freier Überzeugung zu würdigen. Dieser Verfahrensgrundsatz der **freien Beweiswürdigung** gilt auch im Wettbewerbsprozeß. Es wird insoweit auf die Kommentierungen zu § 286 ZPO verwiesen[1147]. Zu Besonderheiten bei der Beweiswürdigung einer vom Gericht eingeholten **Meinungsumfrage** unten Rdn. 385.

5. Beweislast

351 **a) Subjektive und objektive Beweislast.** Auch im Wettbewerbsprozeß spielt die Beweislast für entscheidungserhebliche Tatsachen eine maßgebliche Rolle. Es ergeben

---

1142 BGH NJW 1982, 1397, 1398. Zweifelnd und im Ergebnis enger MünchKommZPO/*Prütting* ebenda.

1143 BGHZ 43, 359, 367 = GRUR 1965, 612, 614 – *Warnschild*; BGH GRUR 1966, 564, 565 – *Hausverbot I*; BGH GRUR 1979, 859, 860 – *Hausverbot II* m. Anm. *Ohlgart*; BGH GRUR 1981, 827, 828 – *Vertragswidriger Testkauf* m. Anm. *Jacobs*; BGH GRUR 1989, 113, 114 – *Mietwagen-Testfahrt*; BGH GRUR 1991, 843, 844 – *Testfotos* (zu *Testfotos*) m. krit. Anm. *Krings*; OLG Karlsruhe WRP 1988, 120, 121; OLG Nürnberg GRUR 1982, 571 (zu *Testbeobachtungen*); *Baumbach/Hefermehl* § 1 UWG Rdn. 245 ff; *v. Gamm* Kap. 30 Rdn. 17 f; HdbWR/*Jacobs* § 45 Rdn. 63; *Teplitzky*[6] Kap. 47 Rdn. 29.

1144 BGH GRUR 1981, 827, 828 – *Vertragswidriger Testkauf*.

1145 Vgl. dazu BGH Fußn. 1144; *Baumbach/Hefermehl* ebenda; *v. Gamm* ebenda; HdbWR/*Jacobs* ebenda. Zum Anstifterverhalten von Testpersonen vgl. BGH GRUR 1989, 113, 114 – *Mietwagen-Mitfahrt* und *Teplitzky*[6] Kap. 47 Rdn. 29.

1146 BGH GRUR 1991, 843, 844 – *Testfotos*.

1147 *Stein/Jonas/Leipold* § 286 Rdn. 1 ff; MünchKommZPO/*Prütting* § 286 Rdn. 6 ff; *Baumbach/Lauterbach/Albers/Hartmann* § 286 Anm. 2 A – F; *Zöller/Stephan* § 286 Rdn. 9 ff.

sich wichtige **Besonderheiten** im Zusammenhang insbesondere mit den Tatbeständen der §§ 1, 3 und 16 UWG[1148]. Sie werden bei der Kommentierung dieser Vorschriften behandelt[1149]. Hier kann nur kurz auf sie eingegangen werden.

Man unterscheidet zwischen der subjektiven (= formellen) und der objektiven **352**
(= materiellen) Beweislast. Unter der **subjektiven Beweislast** (auch **Beweisführungslast**) versteht man die den Parteien im Prozeß obliegende Notwendigkeit, zur Abwendung des Prozeßverlustes alles zu beweisen, was streitig und zur Überzeugung des Gerichts von der Richtigkeit der anspruchsbegründenden bzw. -vernichtenden Tatsachen erforderlich ist[1150]. Die subjektive Beweislast korrespondiert daher mit der **Darlegungslast**; sie setzt ein, wenn der Darlegungslast durch schlüssigen Vortrag genügt ist[1151]. Subjektive Beweislast und Darlegungslast können freilich im Einzelfall auch auseinanderfallen, etwa wenn die Darlegung des Sachverhalts – z. B. bei einer behaupteten und beworbenen Alleinstellung[1152] – der beweisbelasteten Partei mangels eigener Erkenntnismöglichkeit unmöglich oder unzumutbar ist[1153].

Unter der **objektiven Beweislast** versteht man das der beweisfällig gebliebenen Partei **353**
drohende **Risiko des Prozeßverlustes** wegen Nichterweislichkeit der ihren Sachvortrag tragenden Tatsachenbehauptung[1154]. Regelmäßig ist diese objektive Beweislast gemeint, wenn in der Praxis von Beweislast gesprochen wird. Die **Terminologie des BGH** ist in den älteren Entscheidungen nicht einheitlich und oft unpräzise[1155]. Das Gericht unterscheidet nicht deutlich zwischen Beweislastumkehr, Beweislasterleichterung und Umkehr der Beweisführungslast. Meist spricht der BGH von der Darlegungs- und Beweispflicht, die grundsätzlich der Kläger, in Ausnahmefällen der Beklagte zu erfüllen habe[1156], und meint damit die prozessuale Aufklärungspflicht, die das Gericht im Einzelfall flexibel nach Zumutbarkeitskriterien verteilt. Dabei geht es jedoch nicht um eine das Beweisrisiko verteilende Umkehr der Beweisführungslast, d. h. die Last einer Partei, bestimmte Tatsachen vorzutragen und Beweis zu führen[1157].

b) Verteilung der Beweislast. aa) Grundsatz. Die Verteilung der (subjektiven) Be- **354**
weislast folgt aus dem geltend gemachten materiell-rechtlichen Anspruch bzw. aus den dagegen erhobenen Einwendungen. Danach hat der **Kläger** alle seinen Anspruch

---

1148 Zur Beweislast im Wettbewerbsprozeß allgemein *Baumgärtel/Ulrich* ab S. 67 ff; *Baumbach/Hefermehl* Einl. UWG Rdn. 472; HdbWR/*Helm* § 48 Rdn. 99 ff.

1149 Zur Beweislast bei § 16 UWG vgl. Großkomm/*Teplitzky* § 16 Rdn. 533–537. Die Beweislast wird – wie die Sachregister z. B. bei *Baumbach/Hefermehl* und *v. Gamm* belegen – wegen der Vielfältigkeit der unterschiedlichen Fallkonstellationen auch in der übrigen Kommentarliteratur bei den jeweiligen materiell-rechtlichen Tatbeständen dargestellt.

1150 *Stein/Jonas/Leipold* § 286 Rdn. 29 f; MünchKommZPO/*Prütting* § 286 Rdn. 93 f; *Zöller/Stephan* Vor § 284 Rdn. 18.

1151 BGH NJW 1979, 2142.

1152 BGH GRUR 1958, 485 – *Odol*; BGH GRUR 1961, 85 – *Pfiffikus-Dose*; BGH GRUR 1978, 249 – *Kreditvermittlung*; BGH GRUR 1983, 779, 781 – *Schuhmarkt*; BGH GRUR 1985, 140, 142 – *Größtes Teppichhaus der Welt*; *Baumbach/Hefermehl* § 3 UWG Rdn. 80; *v. Gamm* Kap. 36 Rdn. 61, Kap. 37 Rdn. 2 aE.

1153 BGH GRUR 1961, 356, 359 – *Pressedienst*; BGH GRUR 1963, 270, 271 – *Bärenfang*; BGH GRUR 1975, 78, 79 – *Preisgegenüberstellung*; *v. Gamm* Kap. 36 Rdn. 59 ff.

1154 *Stein/Jonas/Leipold* aaO Rdn. 25 ff; MünchKommZPO/*Prütting* aaO Rdn. 95; *Zöller/Stephan* Vor § 284 Rdn. 18.

1155 So mit Recht *Baumbach/Hefermehl* § 3 UWG Rdn. 120; insbesondere *Baumgärtel/Ulrich* § 3 UWG Rdn. 6 ff, 18.

1156 Z. B. BGH GRUR 1961, 356, 359 – *Pressedienst* m. Anm. *Moser v. Filseck*; BGH GRUR 1963, 270, 271 – *Bärenfang* m. Anm. *Hefermehl*; BGH GRUR 1971, 164, 165 – *Discount Geschäft*; BGH GRUR 1975, 78, 79 – *Preisgegenüberstellung*.

1157 Ebenso *v. Gamm* Kap. 36 Rdn. 60; *Baumbach/Hefermehl* aaO Rdn. 120; *Baumgärtel/Ulrich* aaO Rdn. 18; *Kur* S. 68 ff, 189 ff; teilweise – für einige Entscheidungen – a. A. *Kur* S. 213 ff; *Borck* WRP 1963, 191; *Fenge* JurA 1970, 547, 566; *Fritze* GRUR 1975, 61.

begründenden, d. h. alle seinem Anspruch *günstigen Tatsachen* vorzutragen und zu beweisen[1158]. Dagegen obliegt dem **Beklagten** die Beweislast für die *anspruchsvernichtenden und -hindernden Tatsachen*, d. h. für alle Tatsachen, die seine Einwendungen und Einreden tragen[1159].

355 Diese Grundsätze gelten auch in **Wettbewerbsstreitigkeiten**: Der **Kläger** trägt die Darlegungs- und Beweislast, daß die Werbeangaben, die er beanstandet, die Bezeichnung, die er angreift, das Verhalten, das er untersagt wissen will, in tatsächlicher Hinsicht die Voraussetzungen eines gesetzlichen Tatbestandes (z. B. §§ 1, 14, 15, 16 UWG) erfüllen[1160]. Soweit Tatbestandsmerkmale im Regel-Ausnahme-Verhältnis stehen, hat der **Beklagte** das Vorliegen der Ausnahme darzulegen und zu beweisen. So muß bei **der Betriebs- und Kreditschädigung** (Anschwärzung nach § *14 Abs. 1 UWG*) zwar der Kläger die anspruchsbegründenden Tatsachen beweisen, insbesondere die Eignung zur Kreditschädigung[1161]. Er braucht dagegen nicht den Beweis der Unwahrheit zu führen[1162] (anders bei § 824 BGB[1163]). Die Beweislast für die Wahrheit trägt vielmehr der Beklagte[1164], und zwar auch dann, wenn der Kläger auskunftspflichtig ist[1165]. Ein Regel-Ausnahme-Verhältnis besteht z. B. auch bei § *6 a UWG*: Danach ist **Hersteller- und Großhändlerwerbung** im Direktverkauf grundsätzlich verboten und nur bei bestimmten Ausnahmen zulässig; für deren Vorliegen im Einzelfall trägt der **Beklagte**, d. h. der Werbende die Beweislast[1166].

Diese Beweislastverteilung gilt im Grundsatz auch für die **irreführende Werbung** im Sinne von § 3 UWG[1167]. Bei ihr stellt sich die Frage der Darlegungs- und Beweislast in dreifacher Hinsicht: bei der Ermittlung der **Bedeutung** der Werbeangabe, wie sie von einem nicht unbeachtlichen Teil des Verkehrs verstanden wird (*Ermittlung der Verkehrsauffassung*), bei der Ermittlung von **Eigenschaften** der beworbenen Ware oder

---

1158 BGH MDR 1991, 413; *Stein/Jonas/Leipold* § 286 Rdn. 41; MünchKommZPO/*Prütting* aaO Rdn. 105, 106; *Baumbach/Lauterbach/Albers/Hartmann* § 286 Anm. 2 B; *Zöller/Stephan* Vor § 284 Rdn. 19.

1159 *Stein/Jonas/Leipold* aaO Rdn. 42 f; MünchKommZPO/*Prütting* ebenda; *Baumbach/Lauterbach/Albers/Hartmann* ebenda; *Zöller/Stephan* ebenda.

1160 Vgl. *v. Gamm* Kap. 22 Rdn. 30, 36, 75, 77; Kap. 36 Rdn. 59 ff; *Baumbach/Hefermehl* § 1 Rdn. 336, 391, 745, 778; § 3 Rdn. 80, 120; Vor §§ 14, 15 Rdn. 14; § 14 Rdn. 38, 40. Zur Beweislastverteilung bei § 16 UWG vgl. Großkomm/*Teplitzky* § 16 Rdn. 533, 537. Wegen Einzelheiten wird auf die Kommentierung der jeweiligen Vorschriften verwiesen.

1161 BGH GRUR 1966, 633, 635 – *Teppichkehrmaschine*; *v. Gamm* Kap. 49 Rdn. 26; *Baumbach/Hefermehl* § 14 Rdn. 27.

1162 RGZ 115, 74, 79; BGH GRUR 1957, 93, 94 – *Jugendfilmverleih*; BGH GRUR 1962, 34, 35 – *Torsana*; *v. Gamm* ebenda; *Baumbach/Hefermehl* aaO sehen in einem Leugnen des Werbenden eine unzulässige Rechtsausübung (venire contra factum proprium). Dies zu Unrecht; denn es geht nicht um die materiell-rechtliche Wertung des Verteidigungsvorbringens des Werbenden, sondern um die prozessualen Fragen der subjektiven Beweisführungslast und der objektiven Beweislast.

1163 Vgl. RGZ 56, 271, 285; RGZ 115, 74, 79; zu Beweiserleichterungen, wenn der Verletzer für die Richtigkeit der Behauptung jede Substantiierung verweigert, vgl. BGH NJW 1974, 1710, 1711; BGH LM Nr. 18 zu § 824 BGB; MünchKomm BGB²/*Mertens* § 824 Rdn. 85; *Steffen* in BGB-RGRK¹² § 824 Rdn. 59; *Palandt/Thomas* § 824 Rdn. 12.

1164 BGH GRUR aaO – *Jugendfilmverleih*; BGH GRUR aaO – *Torsana*; *v. Gamm* ebenda; *Baumbach/Hefermehl* ebenda.

1165 BGH GRUR aaO – *Jugendfilmverleih*.

1166 Großkomm/*Piper* § 6 a Rdn. 47–49; *Baumbach/Hefermehl* § 6 a Rdn. 15, 17.

1167 BGH GRUR 1958, 485, 486 – *Odol*; BGH GRUR 1959, 365, 366 – *Englisch-Lavendel*; BGH GRUR 1961, 356, 359 – *Pressedienst*; BGH GRUR 1963, 270, 271 – *Bärenfang*; BGH GRUR 1965, 368, 373 – *Kaffee C*; BGH GRUR 1969, 422, 425 – *Kaltverzinkung*; BGH GRUR 1971, 153, 155 – *Tampax*; BGH GRUR 1973, 594, 596 – *Skisicherheitsbindung*; BGH GRUR 1975, 78, 79 – *Preisgegenüberstellung*; BGH GRUR 1978, 249, 250 – *Kreditvermittlung*; BGH GRUR 1983, 650, 651 – *Kamera*; BGH GRUR 1985, 140, 142 – *Größtes Teppichhaus der Welt*; BGH GRUR 1991, 848, 849 – *Rheumalind II*; *v. Gamm* Kap. 36 Rdn. 59; *Baumbach/Hefermehl* § 3 Rdn. 80, 119; HdbWR/*Helm* § 48 Rdn. 99; *Teplitzky*⁶ Kap. 47 Rdn. 30.

Leistung, mit denen der Werbende im Verkehr auftritt (*Ermittlung der Eigenschaften*), und bei der Frage der **Relevanz**, d. h. ob eine irreführende Angabe Einfluß auf den Kaufentschluß haben kann[1168]. Die Darlegungs- und Beweislast für alle drei genannten Aspekte liegt grundsätzlich bei dem, der geltend macht, daß die Werbeangabe irreführend ist und gegen § 3 UWG verstößt, also beim **Kläger**, nicht – was näher läge – bei dem Werbenden selbst[1169]. Das ergibt sich aus dem genannten prozessualen Grundsatz, daß jede Partei die ihren Anspruch begründenden Tatsachen darlegen und beweisen muß.

Daran hat sich durch die **EG-Richtlinie Nr. 84/450 zur Angleichung der Rechts- und Verwaltungsvorschriften der Mitgliedstaaten über irreführende Werbung** vom 10. 9. 1984[1170] nichts geändert. **Art. 6** verpflichtet die Mitgliedstaaten, im Einzelfall eine *Beweislastumkehr* zu Lasten des Werbenden vorzusehen; das Gericht muß die Möglichkeit haben, *„vom Werbenden Beweis für die Richtigkeit von in der Werbung enthaltenen Tatsachenbehauptungen zu verlangen, wenn ein solches Verlangen unter Berücksichtigung der berechtigten Interessen des Werbenden und anderer Verfahrensbeteiligter im Hinblick auf die Umstände des Einzelfalls angemessen erscheint"*. Die Vorschrift stellt damit auf den Einzelfall ab und ist gegenüber dem ursprünglichen Vorschlag für diese Richtlinie[1171], die in allen Fällen irreführender Werbung eine rigorose Beweislastumkehr zu Lasten des Werbenden statuieren wollte, entscheidend abgeschwächt[1172]. Nach ganz überwiegender Meinung erfordert Art. 6 daher keine Angleichung bzw. Änderung des § 3 UWG und der grundsätzlichen Beweislastverteilung zu Lasten des Klägers. Denn die zu § 3 UWG entwickelte Rechtsprechung sieht für bestimmte Fallkonstellationen ohnehin *Beweiserleichterungen für den Kläger* und Darlegungs- und Beweisnotwendigkeiten zu Lasten des Werbenden vor[1173]. Damit ist Art. 6 der Richtlinie genüge getan[1174]. 356

bb) Beweis des ersten Anscheins. Die Grundsätze des Beweises des ersten Anscheins gestatten dem Gericht, bei einem **typischen Geschehensablauf**, der nach der Lebenserfahrung infolge Häufigkeit gleicher Ereignisse auch gleiche Folgen auslöst, bestimmte Schlußfolgerungen zu ziehen[1175]. Der Beweis des ersten Anscheins ist echter, dem Formalbeweis gleichwertiger Beweis, bedingt *keine Umkehr der Beweislast*, nötigt aber den Beklagten zum *Gegenbeweis*, daß die ernsthafte Möglichkeit eines atypischen Geschehensablaufs besteht[1176]. Im **Wettbewerbsprozeß** spielt der Beweis des ersten Anscheins insbesondere bei der Klage auf *Feststellung der Schadensersatzpflicht* eine 357

1168 HdbWR/*Helm* ebenda.

1169 Vgl. Rdn. 354 und Fußn. 1158.

1170 Abl. EG 1984, Nr. L 250/20, auch abgedruckt in GRUR Int. 1984, 688. Näher dazu HdbWR/*Jacobs* § 26 Rdn. 11 ff.

1171 Vorschlag der Richtlinie, zuletzt in der 4. Fassung vom 1. 3. 1978, abgedruckt in GRUR Int. 1978, 246 mit Erläuterungen 248; ausführlich dazu *Schricker* Festschr. Zweigert (1981), 537, 544 ff; vgl. auch *Beier* GRUR Int. 1984, 61, 68 f; HdbWR/*Jacobs* aaO Rdn. 11, 23.

1172 GRUR Int. 1978, 247; HdbWR/*Jacobs* aaO Rdn. 23.

1173 Dazu näher unten Rdn. 358 ff.

1174 *Baumbach/Hefermehl* § 3 Rdn. 120 a; HdbWR/*Jacobs* ebenda; HdbWR/*Helm* § 48 Rdn. 14, 99; Zweifelnd *Baumgärtel/Ulrich* § 3 UWG Rdn. 42, die darauf hinweisen, daß eine gesetzliche Regelung andere Wirkungen als eine wandelbare höchstrichterliche Rechtsprechung hat, die überdies keine rechtliche Bindung über den Einzelfall hinaus entfaltet. Dem ist entgegenzuhalten, daß Art. 6 der Richtlinie gerade die Umstände des Einzelfalls maßgeben lassen will, was durch die Rechtsprechung weitaus flexibler möglich ist als durch eine gesetzliche Regelung; hinzu kommt, daß § 3 UWG selbst die Beweislast nicht regelt, sondern die Verteilung der Beweislast von der Rechtsprechung vorgenommen wird, daher eine Änderung des Gesetzes auch deswegen nicht erforderlich ist.

1175 Näher zum Anscheinsbeweis *Stein/Jonas/Leipold* § 286 Rdn. 87 ff; MünchKommZPO/*Prütting* § 286 Rdn. 47 ff; *Baumbach/Lauterbach/Albers/Hartmann* § 286 Anm. 3 B; *Zöller/Stephan* § 286 Rdn. 16.

1176 Ständ. Rechtsprechung; vgl. BGH NJW 1972, 1131; BGHZ 92, 143, 146 f = NJW 1985, 47, 48.

wichtige Rolle: es entspricht einem typischen Geschehensablauf, daß ein Wettbewerbsverstoß, eine Kennzeichnungs- oder Firmenrechtsverletzung bei dem Betroffenen mit Wahrscheinlichkeit zu einem Schaden führt[1177]. Der Kläger kann sich daher in solchem Fall für die Wahrscheinlichkeit des Schadenseintritts auf den Beweis des ersten Anscheins berufen[1178]. Entsprechendes gilt für den Auskunfts- und Rechnungslegungsanspruch, wenn mit ihm die Schadensberechnung vorbereitet werden soll[1179].

358 cc) **Beweiserleichterungen, Beweislastumkehr.** Für bestimmte Fallkonstellationen, bei denen sich für den darlegungs- und beweispflichtigen Kläger *Beweisschwierigkeiten* ergeben können, hat die Rechtsprechung aus der prozessualen *Darlegungs- und Wahrheitspflicht des Beklagten* nach § 138 ZPO **Beweiserleichterungen zugunsten des Klägers** hergeleitet[1180]. Dabei geht es nicht um eine Umkehr der Beweislast[1181]. Die Darlegungs- und Beweislast bleibt vielmehr beim Kläger; er muß, soweit ihm dies möglich ist, substantiiert vortragen und diejenigen Beweise anbieten, die ihm zugänglich sind. Daneben hat die Rechtsprechung in bestimmten Fällen aber auch eine **Umkehr der Beweislast** vorgenommen, und zwar in Fällen, in denen dem Beklagten möglich ist und zugemutet werden kann, die Berechtigung seines Wettbewerbsverhaltens darzulegen und zu beweisen[1182].

359 (1) **Betriebsinterna des Werbenden.** In der Werbung wird vielfach Bezug genommen auf interne Verhältnisse des Werbenden, indem er z. B. seine Größe, seine Spitzenstellung, seine Tradition, die Sachkunde seiner Mitarbeiter, seine Preisgestellung werblich hervorhebt und dadurch Vorteile im Wettbewerb zu gewinnen sucht. Für einen **Kläger**, der solche werbliche Hervorhebung beanstandet, ergeben sich **erhebliche Schwierigkeiten**, seiner Darlegungs- und Beweisführungslast zu genügen; denn vom Werbenden werden interne Vorgänge herausgestellt, in die der Kläger regelmäßig keinen Einblick hat.

360 Die Rechtsprechung gewährt, gestützt auf die *Fotokopist*-Entscheidung[1183] des Reichsgerichts, dem eigentlich darlegungs- und beweispflichtigen Kläger in solchen Fällen **Beweiserleichterungen**, da er *außerhalb des Geschehensablaufs* steht und den Sachverhalt nicht von sich aus ermitteln kann, während dem Beklagten die erforderliche tatsächliche Aufklärung ohne weiteres möglich und auch zuzumuten ist[1184]. Das ist

---

[1177] BGH GRUR 1954, 457, 459 – *Irus/Urus*; BGH GRUR 1974, 84, 88 – *Trumpf*; BGH GRUR 1974, 735, 736 – *Pharmamedan*; BGH GRUR 1975, 434, 438 – *BOUCHET*; BGH GRUR 1978, 52 – *Fernschreibverzeichnisse*.

[1178] *Teplitzky*[6] Kap. 47 Rdn. 11; *Baumbach/Hefermehl* Einl. UWG Rdn. 473.

[1179] BGH GRUR aaO – *Irus/Urus*; BGH GRUR 1976, 367, 369 – *Ausschreibungsunterlagen*; Großkomm/*Köhler* Vor § 13, B, Rdn. 404; *Baumbach/Hefermehl* aaO Rdn. 400; *Pietzner* GRUR 1972, 151, 158.

[1180] Näher *v. Gamm* Kap. 36 Rdn. 60 ff; *Baumbach/Hefermehl* § 3 Rdn. 120; HdbWR/*Helm* § 48 Rdn. 101; *Teplitzky* aaO Rdn. 31 f, jeweils mit Nachweisen aus der Rechtsprechung.

[1181] Oben Fußn. 1157; vgl. auch BGH GRUR 1961, 85, 90 – *Pfiffikus-Dose*; BGH GRUR 1961, 356, 359 – *Pressedienst*; BGH GRUR 1975, 78, 79 – *Preisgegenüberstellung*; BGH GRUR 1985, 140, 142 – *Größtes Teppichhaus der Welt*; *v. Gamm* ebenda; *Baumbach/Hefermehl* ebenda; HdbWR/*Helm* ebenda; *Teplitzky* ebenda; teils **anderer Ansicht** *Kur* S. 213 ff; *Fritze* GRUR 1975, 61 ff. Diese Fälle haben **nichts** mit dem **Beweis des ersten Anscheins** – dazu Rdn. 357 – zu tun; so aber *Moser v. Filseck* GRUR 1961, 360; denn dort geht es um einen typischen Geschehensablauf, der nach der Lebenserfahrung typische Schlußfolgerungen rechtfertigt. Davon kann bei Werbebehauptungen, deren Richtigkeit oder Unrichtigkeit nur bei Kenntnis betriebsinterner Vorgänge beurteilt werden kann, nicht gesprochen werden; ebenso *Hefermehl* GRUR 1963, 275 f; *Baumgärtel/Ulrich* § 3 UWG Rdn. 12.

[1182] Vgl. *v. Gamm* aaO Rdn. 61; *Baumbach/Hefermehl* ebenda; HdbWR/*Helm* aaO Rdn. 102, 104.

[1183] RGZ 166, 240 = GRUR 1941, 233.

[1184] BGH GRUR 1961, 356, 359 – *Pressedienst*; BGH GRUR 1963, 270, 271 – *Bärenfang*; BGH GRUR 1970, 461, 463 – *Euro-Spirituosen*; BGH GRUR 1975, 78, 79 – *Preisgegenüberstellung*; BGH GRUR aaO – *Größtes Teppichhaus der Welt*; Großkomm/*Lindacher* § 3 Rdn. 1014; *v. Gamm* ebenda; *Baumbach/Hefermehl* Einl. UWG Rdn. 465; § 3 Rdn. 120; HdbWR/*Helm* ebenda; *Teplitzky* aaO Rdn. 31; *Baumgärtel/Ulrich* aaO Rdn. 6 ff.

namentlich nach dem **Näheprinzip**[1185] bei **betriebsinternen Vorgängen** im Bereich des **Beklagten** zu bejahen, in die der Kläger *keinen Einblick* hat, etwa bei der *Anzahl ständiger freier Mitarbeiter bei einem juristischen Pressedienst*[1186] oder bei der Werbung eines seit 1925 in Köln ansässigen Unternehmens ohne Bindung an Ostpreußen für den typisch ostpreußischen Honiglikör *„Bärenfang"* mit dem Slogan *„nach einem alten ostpreußischen Familienrezept hergestellt"*[1187] oder bei der Bezeichnung einer Spirituosen-GmbH mit *„Euro-Spirituosen GmbH"* bei einem Stammkapital von 20 000 DM und der Weigerung der beklagten GmbH, Angaben über ihren Umsatz zu machen[1188]. Nicht unbedingt um betriebsinterne Vorgänge[1189], aber doch um solche, zu denen der Beklagte weitaus *sachnäher* steht, ging es bei einem Preisvergleich der heutigen zu den früher verlangten eigenen Preisen. Der Kläger, ein Wirtschaftsverband, konnte keine genauen Tatsachenkenntnisse über die früheren Preise des Beklagten haben; für ihn habe – so der BGH – kein Anlaß bestanden, die Preise der Beklagten in der Vergangenheit zu beobachten[1190]. Zu den ähnlich gelagerten Fällen der Alleinstellungs- und Spitzenstellungsberühmung vgl. Rdn. 362.

In solchen Fällen widerspricht es dem Gebot einer redlichen, mit Treu und Glauben zu vereinbarenden Prozeßführung, wenn sich der Beklagte auf ein reines Bestreiten beschränkt. Vielmehr ist er aufgrund seiner prozessualen Darlegungspflicht gehalten, seinerseits die für die Beurteilung maßgebenden Umstände näher darzulegen, anderenfalls das Klagevorbringen nach § 138 Abs. 3 ZPO als zugestanden anzusehen ist[1191]. Diese Rechtsprechung konstatiert nach richtiger und heute ganz überwiegender Ansicht **keine Umkehr der (objektiven) Beweislast**[1192]. Der Kläger wird nicht aus seiner Verpflichtung entlassen, zur Stützung seines Anspruchs alle tatsächlichen Umstände vorzutragen, die er kennt oder die er mit seinen Möglichkeiten aufklären kann. Er muß vielmehr seinerseits die Umstände und Anhaltspunkte *substantiiert vortragen* und, soweit ihm dies – außer Parteivernehmung des Gegners[1193] – möglich ist, zu Beweis stellen[1194], die gegen die Richtigkeit der als irreführend angegriffenen Werbebehauptung sprechen. Diese Darlegungs- und Beweislast des Klägers stößt freilich an ihre Grenzen, wo der *Kläger* mit ihm zugänglichen Erkenntnisquellen zur Aufklärung *nichts* oder *nichts mehr beitragen* kann, sondern auf die Mitwirkung des Beklagten angewiesen ist, der diese Aufklärung geben kann und dem sie auch zuzumuten ist. Für den **Beklagten** ergibt sich diese Mitwirkungspflicht aus der **prozessualen Wahrheits- und Förderungspflicht** nach § 138 Abs. 1 ZPO und aus dem Gebot von **Treu und Glauben (§ 242 BGB)** in Verbindung mit der öffentlichen Werbebehauptung[1195]. Wer eine Werbe-

1185 Großkomm/*Lindacher* § 3 Rdn. 1014.

1186 BGH GRUR 1961, 356, 359 – *Pressedienst*; dazu Großkomm/*Lindacher* § 3 Rdn. 1015.

1187 BGH GRUR 1963, 270, 271 – *Bärenfang*; dazu Großkomm/*Lindacher* ebenda.

1188 BGH GRUR 1970, 461, 463 – *Euro-Spirituosen*.

1189 Hierauf weisen mit Recht *Baumgärtel/Ulrich* aaO Rdn. 17 hin.

1190 BGH GRUR aaO – *Bärenfang*; BGH GRUR aaO – *Preisgegenüberstellung*.

1191 BGH GRUR aaO – *Bärenfang*; BGH GRUR aaO – *Preisgegenüberstellung*.

1192 *v. Gamm* Kap. 36 Rdn. 60; *Baumbach/Hefermehl* aaO Rdn. 120; *Baumgärtel/Ulrich* aaO Rdn. 18, 22; HdbWR/*Helm* Rdn. 101; *Teplitzky*⁶ Kap. 47 Rdn. 30–32; *Harmsen* GRUR 1969, 253; *Hefermehl* GRUR 1963, 274, 275; **a. A.** *Fenge* JurA 1970, 547, 567; *Borck* WRP 1963, 191 (für *„Bärenfang"*, nicht für *„Pressedienst"*). *Kur* S. 189 ff sieht darin ebenfalls eine Umkehr der Beweisführungslast, aber auch einen Anwendungsfall der Beweisvereitelungsgrundsätze; letztere beziehen sich allerdings vornehmlich auf Beweismittel, nicht auf die Aufklärung des Sachverhalts, um die es hier geht.

1193 Für nicht erforderlich gehalten in BGH GRUR 1963, 270, 271 – *Bärenfang*.

1194 BGH GRUR aaO – *Bärenfang*; BGH GRUR 1978, 249, 250 – *Kreditvermittlung*; *v. Gamm* ebenda; *Baumbach/Hefermehl* ebenda.

1195 Vgl. dazu BGH GRUR 1961, 356, 359 – *Pressedienst*; BGH GRUR aaO – *Bärenfang* m. Anm. *Hefermehl*; BGH GRUR 1971, 164, 167 – *Discount-Geschäft*; BGH GRUR 1975, 78, 79 – *Preisgegenüberstellung*; BGH GRUR aaO – *Größtes*

aussage macht, deren Richtigkeit sich nur bei Kenntnis betriebsinterner Vorgänge beim Werbenden beurteilen läßt, muß aufgrund dieses Werbeverhaltens an der Aufklärung mitwirken (prozessuale Folge des vorangegangenen Werbeverhaltens). Ob das Gericht – wie *von Gamm* meint[1196] – im Rahmen der freien Beweiswürdigung nach § 286 ZPO darauf schließen kann, daß die Werbebehauptung unrichtig und irreführend ist, wenn der Beklagte seiner Darlegungslast nicht nachkommt, hängt von den Umständen des Einzelfalls ab. Damit wird auch nur eine mögliche prozessuale Folge dieser Konstellation beschrieben; für die dogmatische Einordnung ist damit nichts gewonnen.

361 (2) **Werbung mit fachlich umstrittener Meinung.** Im Rahmen des § 3 UWG erachtet die Rechtsprechung den Beklagten für darlegungs- und beweisbelastet, wenn er mit einer **fachlich umstrittenen Meinung** wirbt, ohne die Gegenmeinung zu erwähnen. Der Werbende übernimmt in einem derartigen Fall dadurch, daß er eine bestimmte Aussage trifft, die Verantwortung für ihre Richtigkeit, die er im Streitfall auch beweisen muß[1197]. Das gilt namentlich für eine Werbung, die an das Gesundheitsbewußtsein der angesprochenen Verkehrskreise appelliert. Die Rechtsprechung wendet diese Grundsätze auch an, wenn die gesundheitsbezogene Werbung schon jahrelang eine bestimmte Wirkweise der Ware behauptet hatte und dies allgemein nicht zu beanstanden war, aber in neuerer Zeit an dieser Wirkweise gezweifelt wurde. Hat in einem solchen Fall der Kläger das Fehlen der wissenschaftlichen Grundlage der Werbeaussage hinreichend substantiiert vorgetragen, ist es Aufgabe des **Beklagten**, die *wissenschaftliche Absicherung* seiner Werbeaussage darzulegen und zu beweisen[1198].

Dabei geht es nicht um bloße Beweiserleichterungen zugunsten des Klägers, sondern – wie sich insbesondere aus den *Odol*- und *Rheumalind II*-Urteilen des BGH[1199] ergibt – um die **Umkehr der Beweislast** zu Lasten des Beklagten[1200]. Der Kläger muß allerdings seinerseits zunächst substantiiert dartun, daß die dargestellte Meinung fachlich umstritten ist[1201] bzw. die wissenschaftliche Grundlage für die gesundheitsbezogene Werbeaussage fehlt[1202].

362 (3) **Alleinstellungswerbung.** Bei einer Alleinstellungsbehauptung in der Werbung bleibt die Darlegungs- und Beweislast in Abweichung vom *Näheprinzip* grundsätzlich beim **Kläger**, der die Irreführungsgefahr der Werbeangabe geltend macht[1203]. Eine allgemeine Umkehr der Beweislast findet in solchen Fällen nicht statt[1204]. Grundsätzlich

---

Teppichhaus der Welt; *v. Gamm* ebenda; *Baumbach/Hefermehl* ebenda; *Baumgärtel/Ulrich* aaO Rdn. 1, 13, 15, 17, 22 n.

[1196] AaO Rdn. 60.

[1197] BGH GRUR 1958, 485, 486 – *Odol* (Systemvergleich zwischen Pastillen und Gurgelmittel gegen Halsentzündung); BGH GRUR 1965, 368, 373 – *Kaffee C* (Veredelungsverfahren zur besonderen Bekömmlichkeit eines Kaffees); vgl. auch BGH GRUR 1971, 153, 155 – *Tampax*, wo allerdings zur Beweislast nichts ausgeführt ist; *Baumbach/Hefermehl* aaO Rdn. 120; eingehend *Baumgärtel/Ulrich* § 3 Rdn. 32 ff; HdbWR/*Helm* § 48 Rdn. 100.

[1198] BGH GRUR 1991, 848, 849 – *Rheumalind II* (therapeutische Wirkung einer wollenen Bettdecke).

[1199] BGH GRUR 1958, 485 – *Odol* m. Anm. *Droste*; BGH GRUR 1991, 848, 849 – *Rheumalind II*.

[1200] Zutreffend *Baumgärtel/Ulrich* aaO Rdn. 33; unklar *Baumbach/Hefermehl* ebenda; **a. A.** HdbWR/*Helm* ebenda (Beweislast bleibt beim Kläger). Die in diesem Zusammenhang häufig zitierten Urteile *Tampax* (GRUR 1971, 153 m. Anm. *Droste*) und *Kaffee C* (GRUR 1965, 369) geben für die Beweislastfrage nichts her.

[1201] BGH GRUR aaO 487 – *Odol*.

[1202] BGH GRUR aaO 849 – *Rheumalind II*.

[1203] BGH GRUR 1978, 249, 250 – *Kreditfinanzierung*; *Baumbach/Hefermehl* § 3 Rdn. 80, 119 f; HdbWR/*Helm* § 48 Rdn. 104; *Baumgärtel/Ulrich* aaO Rdn. 26 ff.

[1204] *Baumbach/Hefermehl* ebenda; *v. Gamm* Kap. 36 Rdn. 61; HdbWR/*Helm* ebenda; *Teplitzky*[6] Kap. 47 Rdn. 31; *v. Gamm* WRP 1959, 172; *Harms* GRUR 1969, 251, 255 ff; **a. A.** *Droste* MA 1959, 643.
Eine Analogie zu § 14 UWG, wo den Äußernden die Beweislast trifft (vgl. *Baumbach/Hefermehl* § 14 Rdn. 1, 27; *Baumgärtel/Ulrich* § 14 UWG Rdn. 2), kommt nicht in Betracht, da es dort um den direkten Angriff gegen einen Wettbewerber

muß auch hier der Kläger alle maßgebenden Tatsachen und Umstände vortragen und substantiieren, aus denen sich die Unrichtigkeit der von dem Beklagten in Anspruch genommenen Alleinstellung herleitet[1205]. Allerdings ist es für den Kläger meist sehr schwierig, substantiiert vorzutragen. Denn er kennt die innerbetrieblichen Vorgänge nicht, die die Alleinstellungsbehauptung rechtfertigen könnten, wie z. B. Umsatz, Geschäftsausstattung, genaue Zahl des Personals usw. Andere Umstände, wie Größe der Geschäftsräume, Umfang des Sortiments sind für ihn dagegen als Außenstehenden ohne weiteres erkennbar. Soweit es um die Kenntnis **betriebsinterner Vorgänge** geht, räumt die Rechtsprechung dem Kläger **Beweiserleichterungen** ein; er braucht nur diejenigen Umstände vorzutragen, die er kennen kann, wohingegen es dem Werbenden zugemutet wird, die für seine Aussage maßgebenden Interna näher darzulegen[1206].

Beweiserleichterungen räumt die Rechtsprechung dem Kläger auch in Fällen ein, in denen der Werbende bei seiner Alleinstellungsbehauptung nicht nur die eigenen, sondern auch die **Betriebsinterna der Mitbewerber** einbezieht, der Kläger also die internen Vorgänge einer Mehrzahl von Konkurrenten vortragen müßte und diese ihrerseits nicht bereit sind, Aufschluß über ihre Betriebsinterna zu geben[1207]. So z. B. bei der Bezeichnung „*Größtes Kreditvermittlungsinstitut Südwestdeutschlands*“[1208], der Kläger mußte nicht nur die Größe der Beklagten, sondern auch aller anderen in Südwestdeutschland ansässigen Kreditvermittlungsinstitute substantiiert vortragen. Die Rechtsprechung folgert diese Beweiserleichterungen aus **Treu und Glauben** (§ 242 BGB): Der Kläger habe keine Möglichkeit, die Unrichtigkeit der Alleinstellungsbehauptung zu substantiieren; dies sei ihm auch nicht zuzumuten, weil ihm Einzelheiten nicht zugänglich seien[1209].

Es geht dabei nicht um eine Beweislastumkehr, sondern um **Beweiserleichterungen** zugunsten des Klägers[1210]. Auch hier muß allerdings der Kläger zunächst Umstände und Anhaltspunkte gegen die Richtigkeit der Alleinstellungsaussage vortragen sowie Umstände, die im konkreten Fall zu Beweiserleichterungen führen[1211].

(4) **Bezugnehmende Werbung.** Bei einer kritisierenden bezugnehmenden Werbung **363**
bleibt die Darlegungs- und Beweislast nur insoweit beim **Kläger**, als er darzulegen und zu beweisen hat, daß nach dem Eindruck der angesprochenen Verkehrskreise die beanstandete Werbeaussage offen oder verdeckt auf *seine* Waren und Leistungen

---

geht, vgl. *Baumbach/Hefermehl* ebenda; a. A., nämlich für Analogie *Tetzner* NJW 1956, 1903.

1205 BGH GRUR aaO – *Kreditvermittlung* m. Anm. *Droste.*

1206 BGH GRUR 1961, 85, 90 – *Pfiffikus-Dose* (für die Angabe „*Größte Klebstoff-Fabrik Bayerns*“); BGH GRUR aaO – *Kreditvermittlung*; BGH GRUR 1983, 779, 780 – *Schuhmarkt*; BGH GRUR 1985, 140, 142 – *Größtes Teppichhaus der Welt*; Großkomm/*Lindacher* aaO Rdn. 1018; *Baumbach/Hefermehl* aaO Rdn. 80; *v. Gamm* Kap. 36 Rdn. 61; HdbWR/*Helm* aaO Rdn. 104 m. weit. Nachweisen aus der Rechtsprechung; *Baumgärtel/Ulrich* aaO Rdn. 26 ff.

1207 BGH GRUR aaO – *Kreditvermittlung*; BGH GRUR aaO – *Schuhmarkt*; BGH GRUR aaO – *Größtes Teppichhaus der Welt*; *Baumbach/Hefermehl* ebenda; *v. Gamm* ebenda; HdbWR/*Helm* ebenda; *Baumgärtel/Ulrich* aaO Rdn. 27 ff; a. A. – auch insoweit keine Beweislastumkehr – *Teplitzky*[6] Kap. 47 Rdn. 32.

1208 BGH GRUR 1978, 249 m. Anm. *Droste.*

1209 BGH GRUR aaO – *Kreditvermittlung*; BGH GRUR aaO – *Schuhmarkt*; BGH GRUR aaO – *Größtes Teppichhaus der Welt*; OLG Stuttgart BB 1971, 441; *Baumbach/Hefermehl* ebenda; *v. Gamm* ebenda; HdbWR/*Helm* ebenda; *Baumgärtel/Ulrich* aaO Rdn. 27.

1210 *Baumgärtel/Ulrich* aaO Rdn. 28.

1211 Instruktiv OLG Stuttgart WRP 1983, 713: Unterlassung der Werbung mit „Schweizer Spitzenqualität“. Streitig war, ob es sich um eine Spitzenqualität handelte und das Produkt aus der Schweiz kam. Der *Kläger* hat – so das OLG – die Beweislast dafür, daß es keine Spitzenqualität ist; denn er kann das fertige Produkt prüfen. Der *Beklagte* muß dagegen beweisen, daß das Produkt aus der Schweiz stammt, wenn der Kläger den Herstellungsort nicht kennt und ihn auch nicht herausfinden kann. Vgl. dazu *Baumgärtel/Ulrich* aaO Rdn. 31.

oder die *eines Wettbewerbers* (sofern die Klage von einem Verband erhoben wird) kritisierend, herabsetzend oder gar diskriminierend Bezug nimmt[1212]. Sodann hat aber der **Beklagte** die Beweislast, daß ein hinreichender Anlaß für die bezugnehmende Werbeaussage besteht, etwa ein Aufklärungsbedarf der Verbraucher[1213], und daß sich seine Werbeaussage in den Grenzen des Erforderlichen und einer wahrheitsgemäßen und sachlichen Erörterung hält[1214]. Der BGH hat dazu in der Entscheidung *Schornsteinauskleidung*[1215] ausgeführt, daß die **Beweislast** für die Richtigkeit kritisierender bezugnehmender Werbeangaben *demjenigen obliegt*, der sie *verbreitet*. Denn er übernehme gegenüber den umworbenen Verkehrskreisen die *Verantwortung* für die Verläßlichkeit seiner Angaben. Dies hat der BGH in späteren Entscheidungen bestätigt, ohne allerdings auf die Beweislast näher einzugehen[1216].

Darin liegt **keine Beweislastumkehr**, aber doch eine erhebliche Einschränkung des Grundsatzes, daß der Kläger den Beweis für die Unrichtigkeit der Werbung des Beklagten zu erbringen hat[1217]. Seine dogmatische Rechtfertigung findet dies in dem Umstand, daß die kritisierende bezugnehmende Werbung – anders als Werbung im allgemeinen – generell *unzulässig* ist[1218]. Der Werbende, der sich auf eine ausnahmsweise Zulässigkeit beruft, muß daher die Umstände beweisen, aus denen sich die Zulässigkeit im Einzelfall ergeben soll. Es geht daher um die Beweislastverteilung im **Regel-Ausnahme-Verhältnis**[1219].

6. Ermittlung der Verkehrsauffassung ohne Beweiserhebung

364 a) **Ausgangspunkte.** In der Praxis des Wettbewerbsprozesses spielt die *Ermittlung der Verkehrsauffassung*[1220] zu einer bestimmten Werbung und – ergänzend – der *Relevanz* einer festgestellten Irreführung eine zentrale Rolle. Denn für das Verständnis und die wettbewerbsrechtliche Beurteilung einer Werbemaßnahme oder -behauptung kommt es nicht darauf an, wie der Werbende sie gemeint hat, was er damit zum Ausdruck bringen wollte, sondern allein darauf, wie die **beteiligten Verkehrskreise** sie auffassen. *Deren* Verständnis ist daher zu ermitteln und aufzuklären, um eine Entscheidungsgrundlage zu gewinnen, ob die beanstandete Werbemaßnahme bzw. -behauptung gegen die guten Sitten im Wettbewerb verstößt (§ 1 UWG) oder irreführend ist (§ 3 UWG)[1221].

1212 *v. Gamm* Kap. 22 Rdn. 77; *Baumbach/Hefermehl* § 1 Rdn. 336; *Baumgärtel/Ulrich* § 3 UWG Rdn. 58.

1213 Vgl. z. B. BGH GRUR 1970, 422, 424 – *Tauchkühler*; BGH GRUR 1969, 283, 284 – *Schornsteinauskleidung*; BGH GRUR 1986, 618, 620 – *Vorsatz-Fensterflügel*.

1214 RG GRUR 1939, 72, 78 – *Asbestzement*; BGH GRUR 1961, 85, 90 – *Pfiffikus-Dose*; BGH GRUR 1962, 34, 35 – *Torsana*; BGH GRUR 1969, 283, 286 – *Schornsteinauskleidung*; BGH GRUR 1971, 159, 160 – *Motorjacht*; *v. Gamm* ebenda; *Baumbach/Hefermehl* ebenda; *Baumgärtel/Ulrich* ebenda.

1215 BGH GRUR 1969, 283, 286 m. Anm. *Harmsen*.

1216 BGH GRUR 1971, 159, 160 – *Motorjacht* m. Anm. *Schulze zur Wiesche*. Beweislast nicht erwähnt z. B. in BGH GRUR 1986, 548 – *Dachsteinwerbung*; BGH GRUR 1986, 618 – *Vorsatz-Fensterflügel* und in BGH GRUR 1987, 49 – *Cola-Test*.

1217 So mit Recht *Schulze zur Wiesche* GRUR 1971, 161, 162; *Baumgärtel/Ulrich* aaO Rdn. 60.

1218 Vgl. BGH GRUR 1969, 283, 285 – *Schornsteinauskleidung*; BGH GRUR 1971, 159, 160 – *Motorjacht*.

1219 Zutreffend *Baumgärtel/Ulrich* aaO Rdn. 60.

1220 Näher dazu *v. Gamm* Kap. 7 Rdn. 1 ff; *Baumbach/Hefermehl* Einl. UWG Rdn. 249, § 3 Rdn. 23 ff; *Teplitzky*[6] Kap. 47 Rdn. 4 – 10; eingehend *Tilmann* GRUR 1984, 716 ff.

1221 Vgl. eingehend dazu Großkomm/*Lindacher* § 3 Rdn. 984 ff.

Die **Verkehrsauffassung** ist **Tatfrage**. Ihre Feststellung obliegt dem Tatrichter. Sie ist der Beweiserhebung zugänglich[1222]. Ist sie – wie regelmäßig im Wettbewerbsprozeß – bezogen auf die beanstandete Werbemaßnahme bzw. -behauptung streitig, so muß grundsätzlich Beweis erhoben werden. Indessen wird die Verkehrsauffassung in der Praxis in dem weit überwiegenden Teil der anhängigen Verfahren **ohne Beweiserhebung** aufgrund eigener Lebenserfahrung und Sachkunde des Gerichts ermittelt, und wird der Rechtsstreit auf dieser Grundlage entschieden. Dies ist nach der Rechtsprechung möglich und **zulässig**[1223]. 365

Die **Vermeidung einer Beweiserhebung** kommt den berechtigten Belangen und Interessen der Parteien entgegen. Die Beweiserhebung über die Verkehrsauffassung durch Einholung einer Verkehrsbefragung ist zeitaufwendig und teuer und damit – wie *Lindacher*[1224] formuliert – kein Beweismittel „für alle Tage"; Kostenvorschüsse von 30 000,– DM und mehr sind die Regel. Gewerbetreibende, die sich gegen die Werbung eines Mitbewerbers wehren wollen, sind oft gar nicht in der Lage und vielfach auch nicht bereit, derart hohe Beträge zu investieren und deren Verlust zu riskieren, wenn die Verkehrsbefragung anders als erwartet ausfällt. Die hohen Kosten stehen mitunter auch in keinem wirtschaftlich vernünftigen Verhältnis zu der Marktbedeutung der beanstandeten Werbung. Dies kann daher im Ergebnis zu einer *Rechtsverweigerung* führen: Der Kläger, der sich den hohen Kostenvorschuß nicht leisten kann oder ihn nicht zahlen will – weil dieser in keinem Verhältnis zu der wirtschaftlichen Bedeutung des Klagebegehrens steht –, muß entweder seine Klage zurücknehmen oder gewärtigen, wegen Beweisfälligkeit abgewiesen zu werden. Das Recht und der Anspruch sind mit einer zumutbaren Kostenbelastung nicht mehr durchsetzbar. Diese Entwicklung berührt, wenn die Kostenbelastung wegen Verteuerung der Gutachten noch größer wird, die *Rechtsschutzgarantie des Art. 19 Abs. 3 GG*[1225]. Sie vertieft auch den Graben zu den *europäischen Nachbarrechten*, denen das Institut der Meinungsumfrage als Beweismittel unbekannt ist[1226]. Die Gerichte sollten daher ihre eigene Sachkunde und Erfahrung, soweit wie möglich, einbringen und den ihnen von der Rechtsprechung eingeräumten Beurteilungsspielraum, eine Entscheidung ohne Beweiserhebung zu treffen, *umfassend* nutzen[1227].

Das gilt nicht in gleichem Maße für wettbewerbsrechtliche Felder, auf denen demoskopische Gutachten schlechthin *unentbehrlich* sind, wie z. B. im **Kennzeich-**

1222 Ganz einhellige Meinung; vgl. statt vieler BGH GRUR 1957, 123, 124 – *Lowitz*; BGH GRUR 1960, 567, 570 – *Kunstglas*; BGH GRUR 1967, 600, 603 – *Rhenodur*; Großkomm/*Lindacher* aaO Rdn. 984; Großkomm/*Teplitzky* § 16 Rdn. 236, 286 u. 317; *v. Gamm* aaO Rdn. 11; *Tilmann* GRUR aaO 717 ff.

1223 BGHZ 53, 339, 340 = GRUR 1970, 461 – *Euro-Spirituosen*; BGH GRUR 1971, 29, 31 – *Deutscher Sekt*; BGH GRUR 1971, 365, 367 – *Wörterbuch*; BGH GRUR 1975, 658 – *Sonnenhof*; BGH GRUR 1980, 797, 798 – *Topfit-Boonekamp*; BGH GRUR 1982, 491, 492 – *Möbelhaus*; BGH GRUR 1984, 467, 468 – *Das unmögliche Möbelhaus*; BGH GRUR 1990, 532, 533 – *Notarieller Festpreis*; BGH GRUR 1992, 406, 407 – *Beschädigte Verpackung*; BGH GRUR 1992, 707, 709 – *Erdgassteuer*; *v. Gamm* aaO Rdn. 12 mit weit. Nachweisen; *Baumbach/Hefermehl* Einl. UWG Rdn. 249; *Teplitzky*[6] Kap. 47 Rdn. 4 ff; *Tilmann* GRUR ebenda; kritisch *Schramm* GRUR 1973, 453 ff. Nach einer 1981 erschienenen Auswertung von *Kur* (Beweislast und Beweisführung im Wettbewerbsprozeß, S. 109) hat sie in 3000 Wettbewerbsprozeßakten nur 14 Umfragegutachten gefunden. Das Verhältnis dürfte heute nicht viel anders sein.

1224 Großkomm/*Lindacher* aaO Rdn. 989; vgl. zum besonderen Charakter auch BGH GRUR 1990, 1053, 1054 f – *Versäumte Meinungsumfrage*.

1225 Bedenken äußern auch Großkomm/*Lindacher* aaO Rdn. 1006 und insbesondere HdbWR/*Kreft* § 17 Rdn. 22 f. Näher dazu unten Rdn. 375.

1226 Zutreffend Großkomm/*Lindacher* aaO Rdn. 989 mit Nachw. in Fußn. 1325.

1227 Kritisch gegen einen „bedenkenlosen" Einsatz der eigenen Sachkunde *Baumbach/Hefermehl* Einl. UWG Rdn. 476; *Müller* WRP 1989, 783, 787.

nungsrecht[1228], bei **geographischen Herkunftsangaben**[1229] oder in Warenzeichensachen, bei denen es um die Verkehrsgeltung und Verkehrsdurchsetzung eines Zeichens geht[1230].

366 Zur Entscheidung nach eigener Sachkunde und Erfahrung sind die Gerichte auch dann befugt und nicht etwa zu einer Beweiserhebung gezwungen, wenn eine **gegenteilige Verkehrsauffassung** als diejenige, die das Gericht ansetzen will, **unter Beweis gestellt** wird. Insofern hat die *Meister-Kaffee*-Entscheidung des BGH[1231] zu Mißverständnissen[1232] Anlaß gegeben: Es ging dort um die Beurteilung *offenkundiger Tatsachen* gemäß § 291 ZPO; ihnen gegenüber ist – so der BGH – ein gegenteiliger Sachvortrag nebst Beweisantritt immer beachtlich. Die Entscheidung stellt dagegen nicht die Befugnis des Gerichts in Frage, die zwischen den Parteien streitige *Verkehrsauffassung* kraft eigener Sachkunde, Lebens- und Verbrauchererfahrung und ohne Beweiserhebung zu beurteilen, selbst wenn das Gegenteil zu Beweis gestellt ist[1233]; denn dabei handelt es sich nicht um eine offenkundige Tatsache im Sinne von § 291 ZPO. Eine verschärfte Beweiserhebungspflicht des Gerichts anstelle von Feststellungen aufgrund eigener Sachkunde ist der Entscheidung daher nicht zu entnehmen[1234].

367 b) **Voraussetzungen.** Die Rechtsprechung hat Grundsätze entwickelt, nach welchen Voraussetzungen das Gericht *aufgrund eigener Sachkunde und Lebenserfahrung* ohne Beweiserhebung entscheiden kann[1235].

Danach muß es sich um **Gegenstände und Leistungen des allgemeinen Bedarfs** handeln; der Tatrichter muß **Teil des** von der Werbung **angesprochenen Verkehrskreises** sein, und es dürfen **keine Umstände** vorliegen, die **Zweifel an der Sachkunde** des Richters aufkommen lassen. Diese Voraussetzungen müssen **kumulativ** gegeben sein. Außerdem gilt der Erfahrungssatz, daß der Richter aus eigener Sachkunde eine **Irreführung eher bejahen als verneinen** kann[1236]. Werden Richter durch eine Werbung irregeführt, so ist dies auch für Verbraucher zu vermuten. Wird der Richter dagegen nicht irregeführt, so ist eine Irreführung eines nicht unerheblichen Teils der Verbraucher

---

1228 Vgl. BGHZ 4, 96, 107, 108 = GRUR 1952, 511 – *Farina/Urkölsch*; BGHZ 32, 133, 136 f = GRUR 1961, 33 – *Dreitannen*; *v. Gamm* aaO Rdn. 14.

1229 Vgl. z. B. BGH GRUR 1981, 71, 72 – *Lübecker Marzipan*; BGH GRUR 1981, 666, 668 – *Ungarische Salami*; BGH GRUR 1982, 564, 566 – *Elsässer Nudeln*; BGH GRUR 1983, 32, 34 – *Stangenglas*; OLG Köln GRUR 1983, 385, 386; *Klette* GRUR 1982, 567 ff.

1230 Vgl. z. B. BGHZ 21, 182, 195 = GRUR 1957, 89 – *Ihr Funkberater*; BGH GRUR 1957, 426, 428 – *Getränke-Industrie*; BGH GRUR 1982, 672, 674 – *Aufmachung von Qualitätsseifen*; OLG Düsseldorf GRUR 1983, 390; *Tilmann* GRUR aaO 717.

1231 BGH GRUR 1990, 607, 608 = BB 1991, 1524 m. krit. Anm. *Lindacher*; kritisch auch MünchKommZPO/*Prütting* § 291 Rdn. 9 Fußn. 11.

1232 Z. B. OLG Hamm GRUR 1991, 636 (LS).

1233 So zutreffend klargestellt in BGH GRUR 1992, 406, 407 – *Beschädigte Verpackung*; ebenso OLG Köln GRUR 1992, 538, 539 – *Bildröhrendiagonale*; *Teplitzky* GRUR 1991, 709, 712; a. A. und dezidiert kritisch Großkomm/*Lindacher* aaO Rdn. 997; *Lindacher* BB 1991, 1524.

1234 Zutreffend *Teplitzky*[6] Kap. 47 Rdn. 10; *Teplitzky* GRUR ebenda.

1235 Stånd. Rechtsprechung, vgl. BGH GRUR 1980, 797, 798 – *Topfit-Boonekamp*; BGH GRUR 1982, 491, 492 – *Möbelhaus*; BGH GRUR 1990, 532, 533 – *Notarieller Festpreis*; BGH GRUR 1990, 1024, 1025 – *Lohnsteuerhilfeverein IV*; BGH GRUR 1992, 450, 452 – *Beitragsrechnung*; vgl. *v. Gamm* aaO Rdn. 12; *Teplitzky* aaO Rdn. 7 – 10; *Baumbach/Hefermehl* aaO Rdn. 249, 476.

1236 Grundlegend BGH GRUR 1963, 270, 273 – *Bärenfang*; vgl. auch BGH GRUR 1975, 378, 379 – *Verleger von Tonträgern*; BGH GRUR 1982, 431, 432 – *Point*; BGH GRUR 1983, 257, 258 – *bis zu 40%*; BGH GRUR 1985, 140, 141 – *Größtes Teppichhaus der Welt*; BGH GRUR 1987, 45 – *Sommerpreiswerbung*; BGH GRUR 1987, 446, 447 – *Laufende Buchführung*; BGH GRUR aaO – *Notarieller Festpreis*; BGH GRUR aaO – *Beitragsrechnung*; BGH GRUR 1992, 406, 407 – *Beschädigte Verpackung*; Großkomm/*Lindacher* aaO Rdn. 987; *v. Gamm* aaO Rdn. 12 f; *Teplitzky*[6] Kap. 47 Rdn. 8; *Baumbach/Hefermehl* aaO Rdn. 476; HdbWR/*Helm* § 48 Rdn. 110; kritisch *Müller* WRP 1989, 783, 787.

gleichwohl nicht ausgeschlossen. Das bedeutet freilich nicht, daß der Richter aus seiner Eigenfeststellungskompetenz die Irreführungskompetenz nicht **auch verneinen** kann[1237].

Über hinreichende Sachkunde verfügt der Richter im allgemeinen nur, wenn und **368**
soweit sich die Werbung an einen Verkehrskreis wendet, dem er selbst angehört[1238]. Zu den **angesprochenen Verkehrskreisen** gehören die Mitglieder des Spruchkörpers, wenn sie zu dem Adressatenkreis der Werbung, die Gegenstand des Rechtsstreits ist, zu zählen sind. Dabei ist unerheblich, ob der einzelne Richter tatsächlich die Werbung gesehen, beachtet, wahrgenommen hat oder überhaupt beabsichtigt, die beworbene Ware oder gewerbliche Leistung zu kaufen oder zu verbrauchen bzw. in Anspruch zu nehmen. Wenn das Gericht aus eigener Sachkunde und Lebenserfahrung urteilt, muß es *sein* Verständnis und *seine* Beurteilung **repräsentativ** für den „Normalverbraucher" ansetzen und danach entscheiden[1239].

Diese *Rechtsprechung* hat der BGH neuerdings **erweitert** und dem Richter Eigenfeststellungskompetenz auch dann zugebilligt, wenn er zwar *nicht* zu dem angesprochenen Verkehrskreis gehört, aber eine **besonders hohe Irreführungsgefahr** besteht und davon ausgegangen werden muß, daß nur ein Teil des angesprochenen Verkehrskreises über besondere, eigene Erfahrungen verfügt[1240].

Wenn sich die beanstandete Werbung an **Fachkreise** richtet, versagen regelmäßig die eigene Sachkunde und Lebenserfahrung als Entscheidungsmaßstab. Das Gericht **muß** in solchem Fall dem **Beweiserbieten nachgehen** und die Auffassung der angesprochenen, aus seiner Sicht fremden Verkehrskreise durch *geeignete Beweismittel* (z.B. Auskunft bei der IHK, bei der Handwerkskammer, dem DIHT oder Einholung einer Verkehrsbefragung) ermitteln[1241].

Zweifel an der eigenen Sachkunde und Lebenserfahrung müssen das Gericht veran- **369**
lassen, den Beweisantritten nachzugehen und die verfügbaren **Beweismittel auszuschöpfen**. Solche Zweifel können sich etwa aus einer besonderen Kompliziertheit der Sach-

1237 Vgl. BGH GRUR 1978, 652, 653 – *mini-Preis*; Großkomm/*Lindacher* aaO Rdn. 990; HdbWR/*Helm* § 48 Rdn. 110.

1238 BGHZ 53, 339, 341 = GRUR 1970, 461, 462 – *Euro-Spirituosen*; BGH GRUR 1985, 140, 141 – *Größtes Teppichhaus der Welt*; Großkomm/*Lindacher* aaO Rdn. 991; *Teplitzky*[6] Kap. 47 Rdn. 7.

1239 Ohne Beweisaufnahme (Meinungsumfrage) haben Berufungsgericht und BGH die Irreführung z.B. **bejaht** für *„Heilpraktikerkolleg"* (BGH GRUR 1983, 513; Hinweis auf eine staatliche oder eine staatlich kontrollierte und geförderte Einrichtung), *„Bundeszentrale für Fälschungsbekämpfung"* (BGH GRUR 1980, 794, 796; die Bezeichnung erweckt den Anschein staatlicher Tätigkeit), *„Grippemittel"* (BGH GRUR 1983, 333, 334; Verbraucher meint, das Mittel diene der Virusbekämpfung), *„Betonklinker"* (BGH GRUR 1982, 563, 564; erweckt den Eindruck, es handele sich um Klinker mit Betoneigenschaften, nicht um Beton mit Klinkereigenschaften), *„Watti"* (BGH GRUR 1962, 411, 412; Verbraucher erwartet Erzeugnis aus textiler Watte, nicht aus Zellstoff), *„Notarieller Festpreis"* (BGH GRUR 1990, 532, 533; Verbraucher erwartet, der Notar habe die Korrektheit der Preisbildung geprüft). **Verneint** dagegen, ebenfalls ohne Beweisaufnahme, für *„Schuhmarkt"* (BGH GRUR 1983, 779, 780; Verbraucher hat keine konkreteren Vorstellungen als die Vorstellung „Einzelhandelsgeschäft"), *„Allgemeine Deutsche Steuerberatungsgesellschaft"* (BGH GRUR 1982, 239, 240; kein Hinweis auf ein auf die deutsche Wirtschaft beispielhaftes und besonders wichtiges Unternehmen), *„Kunststoffglas"* (BGH GRUR 1972, 360, 361; kein Hinweis, daß es sich um ein Erzeugnis aus Glas oder um ein Mischprodukt aus Glas und Kunststoff handelt), *„Original Ersatzteile"* (BGH GRUR 1963, 142, 145; Verbraucher erwartet nicht, daß die Ersatzteile vom Kfz-Hersteller selbst hergestellt werden). Weitere Nachweise bei *Tilmann* GRUR aaO 719; Großkomm/*Lindacher* aaO Rdn. 996; *Teplitzky* aaO Rdn. 7 Fußn. 10.

1240 BGH GRUR aaO – *Beitragsrechnung*.

1241 Vgl. BGH GRUR 1955, 481, 483 – *Hamburger Kinderstube*; BGH GRUR 1957, 426, 428 – *Getränke-Industrie*; BGH GRUR 1959, 365, 366 – *Englisch-Lavendel*; BGH GRUR 1959, 599, 601 – *Teekanne*; BGH GRUR 1962, 411, 412 – *Watti*; *v. Gamm* aaO Rdn. 15; *Teplitzky* aaO Rdn. 9; *Baumbach/Hefermehl* ebenda.

frage, aus einem vorgelegten Parteigutachten[1242] oder daraus ergeben, daß sich die Richter allenfalls im Randbereich der angesprochenen Verkehrskreise fühlen. Besondere Zurückhaltung bei der Beurteilung aufgrund eigener Sachkunde ist auch dann geboten, wenn der Berufungsrichter aufgrund eigener Sachkunde von der Entscheidung der Vorinstanz **abweichen** will[1243], die ihrerseits – ebenfalls aufgrund eigener Sachkunde – die Irreführung einer bestimmten Werbung **bejaht** hatte[1244]. Umgekehrt – das Landgericht hat die Irreführungsgefahr ohne Beweiserhebung *verneint*, das Berufungsgericht will sie dagegen aus eigener Sachkunde *bejahen* – kann die höhere Instanz ohne Beweisaufnahme entgegengesetzt entscheiden[1245].

Zweifel an der eigenen hinreichenden Sachkunde des Gerichts sind insbesondere regelmäßig dann gegeben, wenn es bezüglich der streitgegenständlichen Werbung die Eignung zur Irreführung der angesprochenen Verkehrskreise **verneinen** will. Denn für die Bejahung der Irreführungseignung reicht nach der Rechtsprechung bereits ein Prozentsatz von ca. 10 – 15% der angesprochenen Verkehrskreise[1246], bei gesundheits- und umweltbezogener Werbung reichen sogar noch geringere Prozentsätze[1247] von Verbrauchern, die die konkrete Werbung mißverstehen. Daher besagt der Umstand, daß die Tatrichter die Irreführungseignung verneinen wollen, grundsätzlich nichts darüber, ob die Werbung nicht gleichwohl einen nach der Rechtsprechung *relevanten* Teil der Adressaten irreführt.

370 Anderes gilt konsequenterweise dann, wenn die Tatrichter aufgrund eigener Sachkunde und Lebenserfahrung die **Irreführungseignung** der beanstandeten Werbung **bejahen** wollen. Werden schon sie von der zu beurteilenden Werbemaßnahme getäuscht, so ist davon auszugehen, daß diese Beurteilung als **repräsentativ** für einen relevanten Teil der angesprochenen Verkehrskreise anzusehen ist. Es gilt daher der **Grundsatz**, daß der Richter die Irreführungseignung einer konkreten, von ihm zu beurteilenden Werbung aus eigener Sachkunde, Lebens- und Verbrauchererfahrung **ohne Beweiserhebung** (selbst bei Beweisantritt für die gegenteilige Beurteilung) **bejahen** kann, sie aber nur **verneinen** darf, wenn er aufgrund eigener Sachkunde eine Irreführungsgefahr sowohl für sich als auch für nicht unbeachtliche Teile der angesprochenen Verkehrs-

1242 BGH GRUR 1984, 467, 468 f – *Das unmögliche Möbelhaus*; BGH GRUR 1992, 406, 407 – *Beschädigte Verpackung*; Großkomm/*Lindacher* aaO Rdn. 994.

1243 Zur Zurückhaltung mahnend auch Großkomm/*Lindacher* aaO Rdn. 994 und *Teplitzky*[6] Kap. 47 Rdn. 7.

1244 *Beispiele* aus der BGH-Rechtsprechung: *„naturrot"* (BGH GRUR 1983, 245: das OLG hatte die Bezeichnung, verwendet für Beton-Dachsteine, als irreführend angesehen; der BGH verlangte eine Beweisaufnahme), *„Stangenglas"* (BGH GRUR 1983, 32, 33 f: das OLG hatte die Abbildung eines Stangenglases als Hinweis auf ein Kölsch-Bier angesehen; der BGH forderte eine Beweisaufnahme). Weitere Nachweise bei Großkomm/*Lindacher* aaO Rdn. 996.

1245 Beispiel aus der BGH-Rechtsprechung: *„Spezialsalz"* (BGH GRUR 1967, 362, 368 f): das OLG hatte die Andeutung von gesundheitsfördernden Wirkungen aus eigener Sachkunde verneint; der BGH verlangte eine Beweisaufnahme, vgl. dazu BGH GRUR 1972, 550 – *Spezialsalz II*.

1246 Vgl. BGH GRUR 1979, 716, 718 – *Kontinent-Möbel* (ca. 10%); BGH GRUR 1981, 71, 72 – *Lübecker Marzipan* (13,7%; vgl. dazu OLG Köln GRUR 1983, 385, 387); BGH GRUR 1989, 440, 442 – *Dresdner Stollen I* m. Anm. *Tilmann* (17,3%; vgl. dazu LG Hamburg WRP 1986, 629 (Vorinstanz) m. Anm. *Frisinger*); *Baumbach/Hefermehl* § 3 Rdn. 28 m. weit. Nachweisen; kritisch gegenüber solchen Prozentquoten *Teplitzky* aaO Rdn. 27.

1247 Für gesundheitsbezogene Werbung grundlegend BGHZ 47, 259, 261 = GRUR 1967, 592 – *Gesunder Genuß*; für umweltbezogene Werbung grundlegend BGH GRUR 1991, 546, 547 – *... aus Altpapier*; BGHZ 105, 277, 280 = GRUR 1991, 548, 549 – *Umweltengel*; BGH GRUR 1991, 550, 551 – *Zaunlasur*.

kreise ausschließen kann[1248]. Es bleiben die *Fälle der „grauen Mitte"*[1249] – die weder in der einen noch in der anderen Richtung eindeutig sind –, in denen Beweis erhoben werden muß.

7. Ermittlung der Verkehrsauffassung durch Beweiserhebung

Literatur

Andersen Bemerkungen zur Definition der beteiligten Verkehrskreise aus der Sicht und der Erfahrung der Umfrageforschung, GRUR 1981, 160; *Böhm* Die Beweiswürdigung demoskopischer Gutachten im Rahmen von § 3 UWG, GRUR 1986, 290; *Droste* Die Umfrage als notwendige Erkenntnisquelle unlauteren Wettbewerbs, WRP 1966, 323; *Klette* Probleme der Herkunftsangabe – Gedanken zur BGH-Entscheidung „Ungarische Salami", WRP 1981, 503; *Klette* Zur sogenannten Additionsmethode bei Mehrfach-Irreführungen, GRUR 1983, 414; *Klette* Zur Relevanz der Herkunftstäuschung im Wettbewerbsrecht, NJW 1986, 359; *Knaak* Demoskopische Umfragen in der Praxis des Wettbewerbs- und Warenzeichenrechts (1986); *Müller* Demoskopie und Verkehrsauffassung im Wettbewerbsrecht, WRP 1989, 783; *Noelle-Neumann* Über offene Fragen, Suggestivfragen und andere Probleme demoskopischer Erhebungen für die Rechtspraxis, GRUR 1968, 133; *Noelle-Neumann* Umfragen in der Massengesellschaft, Einführung in die Methoden der Demoskopie (1963); *Noelle-Neumann/Schramm* Umfrageforschung in der Rechtspraxis (1961); *Noelle-Neumann/Schramm* Testen der Verwechslungsgefahr, GRUR 1976, 51; *Noelle-Neumann/Schramm* Umfrageforschung in der Rechtspraxis, GRUR 1958, 119; *Noelle-Neumann/Schramm* Höhe der Verkehrsgeltung, Bewertung und Bedeutung, GRUR 1966, 70; *Noelle-Neumann/Schwarzenauer* Juristische und demoskopische Denkungsart, MA 1973, 331; *Ohde* Zur demoskopischen Ermittlung der Verkehrsauffassung von geographischen Herkunftsangaben, GRUR 1989, 88; *Schramm* Der Richter als Verkehrsbeteiligter, WRP 1973, 453; *Schramm* Die geschlossene Fragestellung beim demoskopischen Test, GRUR 1968, 139; *Schramm* Rechtsprechung zum Umfragetest, in Festschr. Wendel (1969), 142; *vom Stein* Zur Beweiswürdigung demoskopischer Gutachten über Fragen der Verkehrsgeltung, GRUR 1972, 73; *Teplitzky* Wettbewerbsrechtliche Ansprüche, 6. Aufl. (1992); *Teplitzky* Zu Anforderungen an Meinungsforschungsgutachten, WRP 1990, 145; *Tetzner* Demoskopische Gutachten als Beweismittel, JZ 1965, 125; *Tilmann* Die Verkehrsauffassung im Wettbewerbs- und Warenzeichenrecht, GRUR 1984, 716; *Tilmann* Aktuelle Probleme des Schutzes geographischer Herkunftsangaben, GRUR 1986, 593; *Tilmann/Ohde* Die Mindestirreführungsquote im Wettbewerbsrecht und im Gesundheitsrecht, GRUR 1989, 229 und 301; *Tonner* Verbraucherschutz im UWG und die UWG-Reform von 1986, NJW 1987, 1917; *Ullmann* Der Verbraucher – ein Hermaphrodit, GRUR 1991, 789.

a) **Ausgangspunkte.** Kann der Richter die Verkehrsauffassung nicht aufgrund eigener Sachkunde und Lebenserfahrung selbst feststellen und darauf seine Entscheidung **371**
stützen, so muß die **Verkehrsauffassung** durch **Beweiserhebung festgestellt** werden. Dafür kommen grundsätzlich sämtliche Beweismittel der ZPO in Betracht – mit Ausnahme des Zeugenbeweises, der regelmäßig ausscheiden dürfte[1250]. In der Praxis stützen sich die Gerichte meist auf **Auskünfte** der Industrie- und Handelskammern, der Handwerkskammern, auch auf Auskünfte von Fachverbänden oder sonstigen berufsspezifischen Einrichtungen[1251] und auf **Verkehrsbefragungen (Meinungsumfragen, demoskopische Gutachten)**.

[1248] Vgl. näher BGH GRUR 1984, 467, 468 – *Das unmögliche Möbelhaus*; BGH GRUR 1990, 532, 533 – *Notarieller Festpreis*; BGH GRUR 1992, 406, 407 – *Beschädigte Verpackung*; BGH GRUR 1992, 707, 709 – *Erdgassteuer*; *Teplitzky* aaO Rdn. 7 f u. 27 sowie oben Rdn. 367.

[1249] *Tilmann* GRUR aaO 719; ebenso Großkomm/*Lindacher* aaO Rdn. 995 Fußn. 1338.

[1250] Großkomm/*Lindacher* aaO Rdn. 1000; HdbWR/*Kreft* § 17 Rdn. 11; *vom Stein* GRUR 1972, 73, 75 f.

[1251] Näher zu Kammer- und Verbandsauskünften Großkomm/*Lindacher* aaO Rdn. 1001 f.

372 Die Beweiserhebung wird regelmäßig aufgrund eines entsprechenden **Beweisantrags** der beweisbelasteten Partei erfolgen (vgl. Rdn. 335). Sie kann aber auch gemäß § 144 Abs. 1 ZPO **von Amts wegen** angeordnet werden; dabei ist aber wegen der hohen Kosten, die auf die beweisbelastete Partei zukommen, Zurückhaltung geboten. Bliebe allerdings die beweisbelastete Partei sonst beweisfällig, so ist unter Umständen die Anordnung von Amts wegen geboten; zumindest besteht eine Hinweispflicht des Gerichts.[1252]

Der Antrag auf Einholung einer Verkehrsbefragung kann auch noch in der **Berufungsinstanz** gestellt werden, und zwar auch dann, wenn die beweisbelastete Partei in erster Instanz auf Befragen des Gerichts erklärt hatte, einen solchen Antrag nicht stellen zu wollen[1253]. Eine Präklusion wegen grober Fahrlässigkeit (§ 528 Abs. 2 ZPO) scheidet aus. Denn die Beweiserhebung durch Verkehrsbefragung ist – anders als die Verwendung der meisten anderen Beweismittel der ZPO – ein ungewöhnlich aufwendiges Verfahren, das regelmäßig hohe Kosten verursacht, längere Zeit in Anspruch nimmt und außerdem wegen der Schwierigkeit richtiger Fragestellungen in besonderem Maße der Gefahr des Mißlingens ausgesetzt ist. Im Hinblick darauf erscheint es regelmäßig nicht vorwerfbar, wenn die beweisbelastete Partei bestrebt ist, gerade diese Form der Beweiserhebung zu vermeiden und sie dem Gericht durch einen entsprechenden Beweisantrag nur dann nahezulegen, wenn ihr dies nach dem Stand des Verfahrens wirklich unerläßlich erscheinen muß[1254]. Das ist erst dann der Fall, wenn das Gericht unmißverständlich zum Ausdruck bringt, daß es einen Beweisantritt für notwendig hält und nicht nach § 144 Abs. 1 ZPO vorzugehen gedenkt.[1255].

373 b) **Beweiserhebung durch Auskünfte.** Die Beweiserhebung durch Auskünfte empfiehlt sich, wenn zu ermitteln ist, wie angesprochene **Fachkreise** die zu beurteilende Werbung verstehen, insbesondere wenn es um das Verkehrsverständnis von *Fachtermini* geht[1256]. Diese Art der Beweiserhebung hat freilich ihre Schwächen. Die angefragte Stelle – Industrie- und Handelskammer, Handwerkskammer, DIHT u. ä. – beantwortet das Auskunftsersuchen nicht aus eigenem Wissen, sondern fragt regelmäßig bei ihren Mitgliedern nach. Dabei benutzt sie oft eigene Formulierungen, in die sie das Auskunftsersuchen kleidet, verwendet die Form eines Rundbriefes u. ä. Es besteht bei einem solchen Vorgehen die Gefahr, daß schief und unpräzise, auch lustlos oder gar nicht geantwortet wird. Die erteilten Auskünfte sind daher in der Praxis von zweifelhaftem Wert[1257].

Um einer Auskunft einen für die Entscheidung des Gerichts verwertbaren Gehalt zu geben, empfiehlt es sich, der Auskunftsstelle **genaue Vorgaben** mitzuteilen, das Auskunftsersuchen genau zu formulieren und gleichzeitig zu bitten, diese Formulierung ohne Änderung an die eventuell zu befragenden Dritten (Mitglieder etc.) weiterzugeben[1258]. Beweisrechtliche Bedenken, die von *Teplitzky* hiergegen geäußert werden[1259], bestehen gegen ein solches Vorgehen nicht; sie sind allenfalls gegen derartige Auskünfte schlechthin als Erkenntnisquelle begründet.

1252 BGH GRUR 1990, 1053, 1054 f – *Versäumte Meinungsumfrage.*

1253 BGH GRUR aaO 1054 f – *Versäumte Meinungsumfrage.*

1254 BGH GRUR aaO 1054 f – *Versäumte Meinungsumfrage.*

1255 BGH GRUR ebenda unter Hinweis auf die gerichtliche Fürsorgepflicht (vgl. dazu BVerfGE 75, 183, 190).

1256 Großkomm/*Lindacher* aaO Rdn. 1001; *Baumbach*/*Hefermehl* § 3 Rdn. 117. Zweifelnd für den Fall der Irreführungsverneinung HdbWR/*Helm* § 48 Rdn. 112.

1257 Zutreffend *Teplitzky*[6] Kap. 47 Rdn. 15.

1258 Ebenso *Teplitzky* aaO Rdn. 15.

1259 AaO.

c) Beweiserhebung durch Verkehrsbefragung (**Meinungsumfrage**). **aa) Ausgangspunkte.** Die Verkehrsbefragung ist grundsätzlich das geeignetste Beweismittel, um die Verkehrsauffassung hinsichtlich einer bestimmten Werbemaßnahme bzw. -behauptung zu ermitteln[1260]. Auch für die Feststellung der Verkehrsbekanntheit eines Warenzeichens oder einer Ausstattung, der Verkehrsdurchsetzung einer „berühmten Marke" wird auf dieses Beweismittel zurückgegriffen[1261]. Richtig angewandt und sachkundig ausgewertet liefert es objektive und zuverlässige Ergebnisse. **374**

Die Problematik dieses Beweismittels liegt besonders in den **hohen Kosten**, die in der Regel – auch bei einer „Omnibus"-Befragung – bei 30 000,– DM und mehr liegen, bei der **langen Verfahrensdauer** und insbesondere der **Schwierigkeit**, die richtigen Fragen zu formulieren. In der Mehrzahl der Wettbewerbsprozesse sind allein schon die Kosten ein unüberwindliches Hindernis, eine Verkehrsbefragung seitens der beweisbelasteten Partei zu beantragen und durch das Gericht anzuordnen[1262]. Der Kosten- und Zeitaufwand steht in der Regel in keinem Verhältnis zu dem Gegenstandswert und zur Bedeutung der Sache. Mitunter führt die Möglichkeit, daß das Gericht eine Verkehrsbefragung anordnen könnte, in der Praxis überdies zu einer einseitigen Benachteiligung einer Partei, wenn diese nämlich – anders als die Gegenpartei – finanziell nicht in der Lage ist, den erforderlichen Kostenvorschuß für ein solches Gutachten aufzubringen oder das Risiko zu tragen, letztlich über § 91 ZPO mit den Kosten belastet zu werden. Die Drohung mit der Verkehrsbefragung darf nicht zur *Einschüchterung der finanziell schwächeren Partei* benutzt werden. Mit Rücksicht auf die hohen Kosten sollte aus diesen Gründen nur dann von dem Beweismittel Gebrauch gemacht werden, wenn ein entsprechender Beweisantrag vorliegt, andere Beweismittel nicht verfügbar sind oder keine zuverlässigen Ergebnisse erbringen und die eigene Sachkunde des Gerichts nicht ausreicht, ohne Beweiserhebung zu entscheiden (näher Rdn. 365). **375**

Die hohen Kosten und die sozial unausgewogene und nicht akzeptable Konsequenz, daß deswegen möglicherweise *Recht Unrecht weichen* muß, hat Überlegungen ausgelöst, die **Kostenfolgen zu mildern**[1263]. So ist vorgeschlagen worden, daß das Gericht die Einholung der Verkehrsbefragung von der Erklärung der beweisbelasteten Partei abhängig machen soll, nur diejenigen Kosten geltend zu machen, die der Kostenbeamte oder auf Erinnerung das Gericht festsetzt; hiervon soll insbesondere das Honorar des Sachverständigen betroffen sein[1264]. Andere wollen Billigkeitserwägungen in die strikte Regelung des § 91 ZPO hineininterpretieren und die Billigkeitsklausel des § 80 Abs. 1 PatG (§ 36q PatG aF), die in § 18 Abs. 3 S. 1 GebrMG und § 13 Abs. 3 WZG übernommen worden ist, auch für die Entscheidung über die Kosten einer Verkehrsbefragung

---

1260 Vgl. Großkomm/*Lindacher* § 3 Rdn. 1002, 1003 ff; *Teplitzky* aaO Rdn. 16 ff; HdbWR/*Kreft* § 17 Rdn. 12 ff; HdbWR/*Ohde* § 18 Rdn. 58. A. A. (Eignungsvorrang der Auskunft gegenüber der Meinungsumfrage) *Baumbach/Hefermehl* § 3 Rdn. 117.

1261 BGH GRUR 1957, 88, 92 – *Ihr Funkberater*; BGH GRUR 1957, 426, 428 – *Getränke-Industrie*; BGH GRUR 1968, 581, 582 – *Blunazit*; BGH GRUR 1982, 611, 612 f – *Prodont*; HdbWR/*Kreft* aaO Rdn. 13 mit weit. Nachweisen.

1262 Näher Großkomm/*Lindacher* aaO Rdn. 1006; HdbWR/*Kreft* aaO Rdn. 22 ff und oben Rdn. 365. Der Tendenz der Berufungsgerichte, einem in erster Instanz wegen der prohibitiv hohen Kosten unterlassenen, in der Berufungsinstanz dann aber doch gestellten Beweisantrag auf Einholung einer Meinungsumfrage mit dem Verspätungseinwand zu begegnen, hat der BGH (GRUR 1990, 1053, 1054 – *Versäumte Meinungsumfrage*) mit Recht einen Riegel vorgeschoben; vgl. oben Rdn. 372.

1263 Näher dazu *Sauberschwarz* S. 19 ff; HdbWR/*Kreft* aaO Rdn. 23.

1264 *Noelle-Neumann/Schramm* GRUR 1958, 119, 130; vgl. dazu *vom Stein* GRUR 1972, 314, 317; HdbWR/*Kreft* aaO Rdn. 24.

heranziehen[1265]. Derartige Vorschläge sind zwar *de lege ferenda zu erwägen.* **De lege lata** können sie jedoch ohne Hilfe des Gesetzgebers oder des Bundesverfassungsgerichts[1266] nicht greifen; denn § 91 ZPO läßt keinen Raum für Billigkeitsüberlegungen, und ein so schwerwiegender Eingriff in ein grundlegendes Prinzip des Zivilprozeßrechts, wie es in § 91 ZPO zum Ausdruck kommt, erscheint über richterliche Rechtsfortbildung nicht zulässig.

376 Bei der Beurteilung des Wertes einer Verkehrsbefragung ist auch zu beachten, daß sie sich nicht in allen Fällen zur Ermittlung der Verkehrsauffassung eignet. Geht es beispielsweise um die Feststellung einer **zeitlich länger zurückliegenden Verkehrsauffassung**, um die Verkehrsbekanntheit eines Zeichens schon **vor einer Vielzahl von Jahren**, um die Prüfung, ob eine bestimmte Bezeichnung **früher** als Gattungsbezeichnung oder als geographische Herkunftsangabe verstanden worden ist, versagt die Verkehrsbefragung als Erkenntnismittel[1267]. Sie kann immer nur das **gegenwärtige** Verständnis des Verkehrs zuverlässig abfragen, nicht ein vergangenes. In solchen Fällen müssen andere Erkenntnisquellen herangezogen werden, z. B. ältere Berichte und Dokumente, Zeitungsartikel, Jubiläumsschriften, früher eingeholte Privatgutachten[1268].

377 **bb) Verfahrensablauf.** Wenn das Gericht eine Verkehrsbefragung anordnen will, erläßt es zunächst einen **Beweisbeschluß**. Darin ist die zu klärende Beweisfrage noch verhältnismäßig allgemein formuliert[1269]. Ob der Beweisbeschluß schon das zu beauftragende Institut angibt, wird von den Instanzgerichten unterschiedlich gehandhabt. Es empfiehlt sich, die Parteien zunächst aufzufordern, insoweit Vorschläge zu unterbreiten. Denn in der Praxis kommt es nicht selten vor, daß einige Institute schon Meinungsumfragen im Parteiauftrag in der Sache veranstaltet haben, ohne daß das Gericht dies weiß, und daher „besetzt" sind. Auch kommt es vor, daß bestimmte Institute von einer der Parteien oder von beiden regelmäßig und intensiv in anderen Sachen beschäftigt werden, was die Besorgnis der Befangenheit begründen kann.

Andererseits kann sich aus Sicht des Gerichts empfehlen, ein bestimmtes Institut[1270] schon im Beweisbeschluß zu benennen und dazu die Stellungnahme der Parteien zu erbitten. Das ist insbesondere dann der Fall, wenn das Gericht schon mehrfach mit

---

1265 HdbWR/*Kreft* aaO Rdn. 25; *vom Stein* GRUR aaO 316 will dagegen auf die Billigkeitsklauseln der § 26 Abs. 1 GebrMG, § 53 PatG aF, § 23 a UWG, § 31 a WZG zurückgreifen, die freilich nur eine partielle Streitwertherabsetzung, dagegen keine Freistellung von extern entstandenen und über § 91 Abs. 1 ZPO aufgebürdeten Kosten vorsehen. Auch der darin zum Ausdruck kommende Rechtsgedanke ist ein anderer.

1266 Vgl. oben Rdn. 365. Versuche, den verfassungsrechtlichen Bedenken zu begegnen (vgl. z. B. HdbWR/*Kreft* aaO Rdn. 26), bewirken allenfalls eine Milderung der Kostenbelastung durch Prozeßkostenhilfe (die einer inländischen juristischen Person, z. B. einer GmbH nur unter der einschränkenden Voraussetzung des § 116 Abs. 1 Nr. 2 ZPO gewährt werden kann), durch Rechtsschutzversicherung und Musterprozeßabreden, lösen aber nicht die verfassungsrechtliche Frage des erschwerten, teilweise verbauten Zugangs zu den Gerichten und damit die Frage der Rechtsschutzgarantie.

1267 HdbWR/*Kreft* aaO Rdn. 12; HdbWR/*Ohde* § 18 Rdn. 47; *Noelle-Neumann/Schramm* GRUR 1958, 119, 127. Vgl. OLG Köln WRP 1972, 269, 271; OLG Frankfurt/M. WRP 1983, 32. **Anders**, wenn der maßgebliche Zeitpunkt nur *wenige Jahre zurückliegt*, vgl. OLG Karlsruhe GRUR 1992, 460, 462 (zur Bekanntheit von „Mc Donald's").

1268 Näher HdbWR/*Kreft* ebenda; *Noelle-Neumann/Schramm* GRUR ebenda.

1269 Vgl. Großkomm/*Lindacher* aaO Rdn. 1009; *Teplitzky*[6] Kap. 47 Rdn. 20; HdbWR/*Kreft* aaO Rdn. 14; *Noelle-Neumann/Schramm* GRUR aaO 129.

1270 Die Einholung einer Meinungsumfrage ist nach heute allgemeiner Meinung Sachverständigengutachten, vgl. oben Rdn. 341. Dafür zeichnet, auch wenn ein Institut beauftragt ist, der Leiter oder ein mit der Durchführung der Meinungsumfrage betrauter Mitarbeiter verantwortlich. Insofern ist diese Person, nicht das Institut als Sachverständiger beauftragt und anzusehen; vgl. näher HdbWR/*Kreft* aaO Rdn. 21 und Großkomm/*Lindacher* aaO Rdn. 1009.

diesem Institut zusammengearbeitet, gute Erfahrungen gemacht und es eine reibungslose Verständigung zwischen Gericht und Institut gegeben hat.

Die Meinungsforschung liegt in der Bundesrepublik Deutschland in der Hand von **privatwirtschaftlich organisierten Instituten**[1271]. Als **Gerichtsgutachter** sollte ein Institut gewählt werden, das über den erforderlichen technischen Apparat verfügt und einen Fachmann abstellen kann, der in der Lage ist, dem Gericht die statistischen Ergebnisse zu erläutern, und auch hinreichende rechtliche Kenntnisse hat, um die Relevanz seiner Begutachtung für die gerichtliche Entscheidung einschätzen zu können[1272]. **378**

Ist das Institut beauftragt, so unterbreitet es dem Gericht einen **Befragungsvorschlag**[1273]. Darin werden Anregungen zur Formulierung der zu stellenden Fragen, zur Bestimmung der beteiligten Verkehrskreise und zu der Methode gegeben, nach der sich die Auswahl der zu befragenden Personen vollziehen soll (**Quotenmethode** oder **Random-Methode**)[1274]. **379**

Den Befragungsvorschlag leitet das Gericht den Parteien zur Stellungnahme zu. Diese wiederum werden dem Sachverständigen (Institut) mitgeteilt – entweder nur zur Kenntnisnahme oder bei gewichtigen Einwänden oder Gegenvorschlägen mit der Bitte, einen dies berücksichtigenden geänderten Vorschlag zu erarbeiten[1275]. Mitunter wird dann vom Gericht ein sogen. **Einweisungstermin** (Erörterungstermin; vgl. § 404a Abs. 2, 5 ZPO[1276]) anberaumt, in dem das Gericht, die Prozeßbevollmächtigten, unter Umständen auch die Parteien selbst und von ihnen herangezogene Privatgutachter sowie Mitarbeiter des beauftragten Instituts den Befragungsvorschlag erörtern[1277]. Ein solcher Termin erübrigt sich allerdings, wenn das Gericht aufgrund der Stellungnahmen der Parteien und eine daran anschließende Überprüfung durch das beauftragte Institut so viel Klarheit gewonnen hat, daß es den Fragenkatalog, die zu befragenden Verkehrskreise und das anzuwendende Auswahlverfahren endgültig festlegen kann[1278].

Rechtlich unerheblich ist in diesem Zusammenhang, ob die Parteien einer solchen Festlegung zustimmen oder gar untereinander Einvernehmen erzielt haben. Denn die **alleinige Verantwortung** für den korrekten, d. h. zu wirklich zuverlässigen und brauchbaren Ergebnissen führenden Ansatz der Meinungsumfrage trägt das **Gericht**[1279]. Es ist daher letztlich die **Aufgabe des Gerichts**, den **Fragenkatalog** mit Hilfe des zugezogenen Instituts so zu **formulieren**, daß ein **objektiv zutreffendes Ergebnis** erwartet werden kann[1280].

cc) **Inhalt der Meinungsumfrage.** Der Inhalt der Meinungsumfrage wird bestimmt von den **Fragestellungen** und den **statistischen Tabellen**, in denen die Antworten numerisch und prozentual festgehalten sind. **380**

1271 HdbWR/*Ohde* aaO Rdn. 12, 35; Großkomm/*Lindacher* ebenda. Zur Zeit werden besonders Emnid/Bielefeld, GfK/Nürnberg, GFM-GETAS/Hamburg, IfD/Allensbach und Infratest/München zur Durchführung von Meinungsumfragen herangezogen.

1272 Vgl. näher HdbWR/*Ohde* aaO Rdn. 35.

1273 Großkomm/*Lindacher* aaO Rdn. 1009; *Teplitzky* aaO Rdn. 20; HdbWR/*Kreft* aaO Rdn. 15.

1274 Näher dazu HdbWR/*Kreft* ebenda; *Noelle-Neumann/Schramm* GRUR aaO 122f mit weit. Nachweisen.

1275 Großkomm/*Lindacher* ebenda; *Teplitzky* ebenda.

1276 Das Gesetz schreibt die Durchführung eines solchen Einweisungstermins *nicht zwingend* vor, vgl. *Zöller/Stephan* § 404a Rdn. 2 (auch z. B. *telefonische* Einweisung möglich); **a. A.** offenbar *Ullmann* GRUR 1991, 789, 795. Freilich wird die Durchführung eines solchen Einweisungstermin in Fällen, in denen eine Meinungsumfrage eingeholt werden soll, stets *zweckmäßig* sein.

1277 Großkomm/*Lindacher* ebenda; *Teplitzky* ebenda; HdbWR/*Kreft* ebenda; *Sauberschwarz* S. 113f, 133ff.

1278 HdbWR/*Kreft* ebenda.

1279 BGH GRUR 1987, 171, 172 – *Schlußverkaufswerbung*; BGH GRUR 1987, 535, 538 – *Wodka „Woronoff“*; *Teplitzky* WRP 1990, 145, 146; Großkomm/*Lindacher* aaO Rdn. 1010; **a. A.** *Ullmann* GRUR 1991, 789, 795.

1280 *Teplitzky*[6] aaO Rdn. 18; *Teplitzky* WRP ebenda.

Die **richtige Formulierung** der Fragen hat entscheidenden Einfluß auf ein objektives und zuverlässiges Ergebnis. Schon kleine Nuancen und Unterschiede können zu signifikant unterschiedlichen Ergebnissen führen. Das gilt auch für die **Reihenfolge** der Fragen und das Zwischenschalten von **Filterfragen**[1281]. Die Formulierung der Fragen muß jedes suggestive Element vermeiden, auch die unterschwellige Tendenz, den Befragten zum Raten zu veranlassen oder zu Gefälligkeitsantworten oder zu Antworten, mit denen der Befragte sein Sozial-Prestige zu wahren versucht[1282].

381 Die richtige Fragestellung spielt insbesondere bei der Ermittlung der **Relevanz** der durch die angegriffene Werbung erzeugten Fehlvorstellung eine wichtige Rolle[1283]. Dabei kommt es darauf an, die Beweisfrage und den Fragenkatalog so zu formulieren, daß wirklich die Bedeutung der irrigen Vorstellung über die tatsächlichen Gegebenheiten für die Kaufentscheidung nachgefragt wird. In diesem Zusammenhang hat der BGH in dem Urteil *Aquavit*[1284] eine fehlerhafte Fragestellung beanstandet. Es ging dabei um die Relevanz der durch die angegriffene Werbung erzeugten Fehlvorstellung, der beworbene Aquavit werde als trinkfertiges Endprodukt, d. h. auf 41,5% Alkoholvolumen verdünnt, nach Australien und zurück und damit zweimal über den Äquator transportiert. Tatsächlich wurde aber nicht dieses Endprodukt, sondern ein ***konzentriertes Destillat*** (mit zwischen 60 und 70 Volumen-Prozent) zweimal über den Äquator befördert. Die – nach der Werbung durch diese Transportweise bedingte – Qualitätsverbesserung wurde nur durch die zweimalige Äquatorüberquerung des Destillats erreicht. Die in der Meinungsumfrage an alle diejenigen Befragten, die aufgrund der Werbung annahmen, das ***trinkfertige Endprodukt*** werde transportiert, gerichtete Frage ging sinngemäß dahin, ob ein solcher Transport für sie bedeutsam sei und ihre Kaufentscheidung beeinflussen könne oder ob er ihnen gleichgültig sei. Bei dieser Fragestellung ist vom *BGH beanstandet* worden, daß sie nicht konkret die Bedeutung der relativ geringfügigen Abweichung der irrigen Vorstellung (Transport des Endprodukts) von den tatsächlichen Gegebenheiten (Transport des Destillats) erfaßte, sondern den Befragten zumindest auch die Vorstellung nahelegte, es komme auf den Transport schlechthin an, also auf die Alternativen „Transport nach Australien zurück" oder „überhaupt kein Transport". Der BGH hat es als nach der allgemeinen Lebenserfahrung ausgeschlossen angesehen, daß ein gleich hoher Prozentsatz der Befragten den tatsächlich geringen Unterschied zwischen Vorstellung und Wirklichkeit für ebenso kaufentscheidend gehalten hätte wie den großen Unterschied zwischen den beiden durch die Frage nahegelegten Alternativen „Transport" oder „überhaupt kein Transport". Die wirkliche Verbrauchervorstellung hätte in diesem Fall am besten durch eine *Splitbefragung* (vgl. Rdn. 384) – Transport des Endproduktes oder Transport des Destillats – ermittelt werden können[1285].

382 Es gibt eine Reihe von Fragetypen und Fragetechniken, von denen die offenen und geschlossenen Fragestellungen die in der Praxis gebräuchlichsten sind.

Offene Fragen sind solche, für deren Beantwortung den Befragten nicht von vorneherein Antwortvorgaben und Antwortalternativen angeboten werden[1286]. Der Befragte

---

1281 Eingehend dazu HdbWR/*Ohde* aaO Rdn. 25, 42.

1282 BGH GRUR 1981, 71, 73 f – *Lübecker Marzipan*; vgl. HdbWR/*Ohde* aaO Rdn. 50.

1283 Vgl. BGH GRUR 1981, 71, 73 f – *Lübecker Marzipan*; BGH GRUR 1982, 564, 566 – *Elsässer Nudeln* m. Anm. *Klette*; BGH GRUR 1991, 852, 853 – *Aquavit*; HdbWR/*Kreft* aaO Rdn. 20; HdbWR/*Ohde* aaO Rdn. 50; *Klette* NJW 1986, 359 f; kritisch *Tilmann* GRUR 1984, 716, 720 f.

1284 BGH GRUR 1991, 852.

1285 Vgl. dazu *Teplitzky* GRUR 1991, 709, 713.

1286 Vgl. BGH GRUR 1992, 66, 68 f – *Königl.-Bayerische Weisse* m. krit. Anm. *Knaak*; Großkomm/*Lindacher* aaO Rdn. 1011; HdbWR/*Ohde* aaO Rdn. 22; *Noelle-Neumann* GRUR 1968, 133, 134 f; *Tilmann/Ohde* GRUR 1989, 229, 231; vgl. auch *Ullmann* GRUR 1991, 789, 795.

kann unbeeinflußt die Frage beantworten. Der **Vorteil** der offenen Frage besteht darin, daß sie dem Befragten die Möglichkeit eröffnet, sich unbeeinflußt von vorgegebenen Antwortmöglichkeiten zur Sache zu äußern[1287]. Mit einer solchen Frage wird in erster Linie dasjenige abgerufen, was dem Befragten unmittelbar präsent ist, was ihm spontan und unreflektiert einfällt, woran er sich unmittelbar erinnert. Als **Nachteil** solcher offener Fragen ist allerdings zu berücksichtigen, daß die Antworten häufig keinen unmittelbaren Bezug zum eigentlichen Untersuchungsgegenstand haben und sich daher im Hinblick auf die Beweisfrage des Gerichts mitunter nur schwer interpretieren lassen[1288]. Deswegen haben Antworten auf offene, ungestützte Fragen regelmäßig nur einen geringen unmittelbaren Erkenntniswert[1289]. Gleichwohl empfiehlt sich, zu **Beginn der Themenbehandlung** eine offene Frage zu stellen oder dann, wenn eine neue Alternative des Themas angesprochen werden soll[1290]. Wegen des regelmäßig nur geringen Erkenntniswertes solcher offenen Fragen verlangt die BGH-Rechtsprechung zur Eingrenzung und Präzisierung der Beweisfrage, daß **nachfassende** offene oder – besser – geschlossene (gestützte) **Fragen** angeschlossen werden[1291]. In seiner Entscheidung *Porzellanmanufaktur*[1292] hat der BGH gerügt, daß das Berufungsgericht bei der Würdigung der Antworten auf die dort allein gestellte offene Frage, was unter der Angabe „Porzellanmanufaktur" zu verstehen sei, eine nicht unbedeutende Kategorie von Antworten zum Nachteil der klagenden Partei als nicht eindeutig genug gänzlich außer Betracht gelassen hatte, obwohl diese Antworten ebenfalls die Möglichkeit einer Irreführung einschlossen. Der BGH hat beanstandet, daß der offenen Fragestellung nicht *zusätzliche Nachfaßfragen* angeschlossen worden sind, mit denen hätte aufgeklärt werden können, welche Bedeutung den nicht eindeutig einzuordnenden Antworten tatsächlich beizumessen war[1293].

Mit **geschlossenen (gestützten) Fragen** hat man es dann zu tun, wenn gleichzeitig mit der Frage *Antwortalternativen* vorgegeben werden, unter denen der Befragte eine Auswahl treffen kann[1294]. Dies geschieht regelmäßig entweder in der Weise, daß dem Befragten von dem Interviewer verschiedene Antworten vorgelesen oder vorgehalten werden, bei denen er sich dann für eine oder mehrere Alternativen entscheiden kann, die er – der Befragte – für zutreffend hält. Oder es wird ihm ein **Bilder- oder Kartensatz mit Antwortvorgaben** vorgelegt, aus denen er diejenigen auswählen kann, die seiner Ansicht nach richtig sind. In der Praxis dienen diese geschlossenen Fragen vielfach als **Nachfaßfragen**, um im Anschluß an eine zu Anfang gestellte offene Frage die Aufmerksamkeit des Befragten auf das eigentliche Beweisthema zu lenken[1295]. Der **Vorteil** geschlossenen Fragen liegt in dieser **Zentrierung der Aufmerksamkeit** des Befragten auf den Gegenstand der Beweisfrage[1296]. Der **Nachteil** besteht darin, daß vielfach nur schwer festzustellen ist, ob mit den geschlossenen Fragen wirklich ein bereits vorhandenes Wissen, vorhandene Kenntnisse und Vorstellungen abgefragt werden oder ob der Befragte nicht erst durch die Antwortvorgaben zu einem bestimmten Verständnis und zu bestimmten Vorstellungen gedrängt wird und dieses dann als *seine*

1287 Eingehend HdbWR/*Ohde* ebenda.

1288 HdbWR/*Ohde* ebenda.

1289 Ebenso kritisch BGH GRUR aaO – *Königl.-Bayerische Weisse*; vgl. dazu *Teplitzky* GRUR aaO 713.

1290 HdbWR/*Ohde* aaO Rdn. 22.

1291 BGH GRUR 1991, 680, 682 – *Porzellanmanufaktur*; BGH GRUR aaO – *Königl.-Bayerische Weisse*.

1292 BGH GRUR 1991, 680.

1293 Vgl. dazu *Teplitzky* GRUR aaO 713; näher zu allem auch *Teplitzky*[6] Kap. 47 Rdn. 22 f.

1294 Eingehend HdbWR/*Ohde* aaO Rdn. 23.

1295 BGH GRUR aaO – *Porzellanmanufaktur*; BGH GRUR aaO – *Königl.-Bayerische Weisse*; Großkomm/*Lindacher* aaO Rdn. 1011; HdbWR/*Ohde* ebenda; *Teplitzky* GRUR ebenda; *Ullmann* GRUR 1991, 789, 795.

1296 HdbWR/*Ohde* ebenda.

Antwort nennt[1297]. Außerdem veranlaßt die Vorlage von Antwortalternativen den Befragten zum Raten, was wohl die von ihm erwartete, „richtige" Antwort sein könnte; er will sich nicht die Blöße geben, nicht Bescheid zu wissen.

383 Wenn nach einer eingangs gestellten offenen Frage mittels geschlossenen (gestützten) Fragestellungen **nachgefaßt** wird, dürfen in die Antwortvorgaben nicht nur einzelne, sondern müssen **alle** nach dem normalen Sprachverständnis naheliegenden **Antwortvorgaben aufgenommen** werden[1298]. Anderenfalls wird möglicherweise ein unbestimmter Teil der Befragten daran gehindert, den für ihn nächstliegenden Sinngehalt unmittelbar durch die Wahl der entsprechenden Antwort auszudrücken. Hierauf hat der BGH in dem Urteil *Königl.-Bayerische Weisse*[1299] besonders hingewiesen und konkret beanstandet, daß dort unter den 7, teils eher fernliegenden Antwortvorgaben auf die Frage nach Vorstellungen, die mit der Bierbezeichnung „Königl.-Bayerische Weisse" verbunden würden, zwei Antwortmöglichkeiten *fehlten*, die nach der Lebenserfahrung und nach den auf andere Fragen gegebenen Antworten nahelagen, nämlich die Vorgaben, es könne sich um ein Bier aus einer Braustätte handeln, die *zu Zeiten des Bayerischen Königshauses in dessen Eigentum* gestanden oder die von dem Königshaus ein *entsprechendes Bezeichnungsrecht erhalten* hatte. Diese Unterlassung begründete nach Ansicht des BGH die Befürchtung, daß alle diejenigen Befragten, die mit dem nachgefragten Begriff eine dieser beiden naheliegenden Vorstellungen verbanden, diese aber mangels Antwortvorgaben nicht nennen konnten, genötigt waren, *andere Vorgaben* zu wählen, die sie zwar *nicht* unbedingt für *richtig* hielten, die aber ihrer Vorstellung am nächsten kamen. Darin hat der BGH eine deutliche **Verfälschung des Ergebnisses** zu Lasten der klagenden Partei gesehen[1300].

Ein ähnlicher Befragungsfehler lag dem BGH-Urteil *40% weniger Fett*[1301] zugrunde. Im dortigen Fall hatte das Berufungsgericht in den Antwortvorgaben einer geschlossenen Frage, mit der das Verkehrsverständnis der Angabe „40% weniger Fett" für „fettreduzierte Kartoffelchips" ermittelt werden sollte, solche Antworten nicht berücksichtigt, die bei offener Fragestellung von nahezu 50% der Befragten gegeben worden waren[1302].

384 Besondere Bedeutung kommt in der Praxis den sogen. **Splitbefragungen** zu[1303]. Sie spielen insbesondere bei Fragen nach der Irreführungseignung oder der Verkehrsbekanntheit von *Ausstattungselementen* eine erhebliche Rolle. Diese Methodik wird allerdings in der Praxis vielfach nicht beachtet. Insbesondere wird bei Einleitung eines Verfahrens oft nicht hinreichend berücksichtigt, daß es möglicherweise auf einen *Split* ankommen kann und die dabei gewonnenen Ergebnisse gänzlich unterschiedlich zu denen sein können, die der Kläger möglicherweise erwartet[1304]. Dazu ein *Beispiel*[1305]: Der Kläger griff einen von dem Beklagten unter der Bezeichnung „Russischer Balsam" in den Verkehr gebrachten Magenbitter unter dem Gesichtspunkt unzulässiger Gesundheitswerbung an; mit der Bezeichnung „Balsam" verbinde der Verkehr ein heilendes, gesundheitsförderndes Mittel. Wäre die im dortigen Verfahren eingeholte Verkehrsbe-

---

1297 HdbWR/*Ohde* ebenda.

1298 BGH GRUR aaO 68 – *Königl.-Bayerische Weisse*; *Teplitzky* GRUR ebenda.

1299 BGH GRUR ebenda.

1300 BGH GRUR ebenda; *Teplitzky* GRUR ebenda.

1301 BGH GRUR 1992, 70, 71 f.

1302 Nämlich die Antworten „*Vergleich mit herkömmlichen Chips*" und „*Vergleich mit eigenen Chips des Herstellers*". Näher *Teplitzky* GRUR aaO 713.

1303 BGH GRUR 1968, 581, 584 – *Blunazit*; BGH GRUR 1987, 535, 537 – *Wodka „Woronoff"*; HdbWR/*Kreft* aaO Rdn. 16 ff; HdbWR/*Ohde* aaO Rdn. 42; *Teplitzky*[6] Kap. 47 Rdn. 25; *Tilmann* GRUR 1984, 716, 723.

1304 Vgl. die nachfolgenden Beispiele sowie HdbWR/*Kreft* aaO Rdn. 17 – 19.

1305 Das Beispiel wird auch von HdbWR/*Kreft* aaO Rdn. 18 geschildert, allerdings mit anonymisierten Bezeichnungen.

fragung ihrer Konzeption nach so aufgebaut worden, daß den Befragten die Flasche mit dem Etikett „Russischer Balsam“ vorgestellt und ein Gesundheitsbezug abgefragt worden wäre, so hätte die Klage mit hoher Wahrscheinlichkeit Erfolg gehabt. Der Beklagte des dortigen Verfahrens wandte jedoch ein, daß der behauptete Gesundheitsbezug nicht auf der Bezeichnung „Russischer Balsam“ beruhe, sondern von der *Gattung Magenbitter selbst* ausgehe; mit einem *solchen Produkt* verbindet der Verkehr eine heilende Wirkung. Da dem Beklagten nur diejenigen Prozentsätze der Befragten zugerechnet werden konnten, die die heilende Wirkung gerade auf die Bezeichnung „Russischer Balsam“ bezogen, mußte die Verkehrsbefragung so angelegt werden, daß auch ermittelt werden mußte, ein wie hoher Prozentsatz der Befragten mit der Gattung Magenbitter selbst heilende Wirkung verband. Dies konnte nur mit einer *Splitbefragung* geschehen, bei der den Befragten die Original-Flasche „Russischer Balsam“ vorgestellt wurde und eine zweite, genauso aussehende Flasche mit einem veränderten Flaschenetikett (im dortigen Fall: „Russischer Baikal“). Die Splitbefragung ergab, daß *beide Ausstattungen zu nahezu denselben Ergebnissen* (deutlich über 35%) kamen und der *Unterschied* in dem entscheidenden Gesundheitsbezug *bei weniger als 2%* lag. Daraus resultierte die Folgerung, daß der von dem Kläger beanstandete Gesundheitsbezug nur in der Gattung des Getränks selbst liegen konnte[1306].

Eine ähnliche Splitbefragung lag dem BGH-Urteil *Wodka „Woronoff“*[1307] zugrunde: Es ging um die Ausstattung des in Deutschland hergestellten Wodkas mit der Bezeichnung „Woronoff“. Es sollte durch eine Verkehrsbefragung festgestellt werden, ein wie hoher Prozentsatz der Befragten durch die *Bezeichnung „Woronoff“* über die *Herkunft* des Wodkas irregeführt würde (Herkunft aus der Sowjetunion anstatt aus Deutschland). Auch hier mußte in einem Split geprüft werden, wieviele Befragten schon mit dem Produkt Wodka selbst eine Herkunft aus der Sowjetunion verbanden[1308]. Anders als im Fall „Russischer Balsam“ mußten allerdings bei der Auswertung dieses Splits diejenigen, die schon mit der Gattung eine Herkunft aus der Sowjetunion verbanden, nicht vollständig unberücksichtigt bleiben; denn auch sie waren durch die Bezeichnung „Woronoff“ irregeführt: sie sahen in dieser Kennzeichnung eine *Bestätigung* ihrer schon von der Gattung herrührenden Vorstellung, der Wodka stamme aus der Sowjetunion, nicht aus Deutschland[1309].

(4) **Auswertung der Meinungsumfrage.** Bei der Auswertung der Verkehrsbefragung **385**
ist das Gericht in hohem Maße auf die Hilfe des Sachverständigen angewiesen. Die Vorlage von Tabellensätzen und statistischen Zahlenkolonnen ist grundsätzlich *ungeeignet*, dem Gericht einen hinreichenden Überblick über die Bedeutung und Gewichtung der Antworten zu vermitteln. Es ist die eigentliche Aufgabe des Sachverständigen, in einem **Begleitgutachten** für das Gericht die Bedeutung der einzelnen Antworten für die Beantwortung der Beweisfrage schlüssig und nachvollziehbar darzulegen und auch die einzelnen Antworten zu gewichten[1310]. Nur so kann das Gericht die Verkehrsbefragung **zuverlässig und richtig auswerten** und zur Grundlage seiner

[1306] Als Konsequenz dieses Ergebnisses hat der Kläger, der selbst einen äußerst bekannten und verbreiteten Magenbitter herstellt, die Klage zurückgenommen.

[1307] BGH GRUR 1987, 535.

[1308] Nicht in jedem Fall führt ein Split zu sachgerechten, objektiven und zuverlässigen Erkenntnissen; vgl. dazu besonders HdbWR/*Kreft* aaO Rdn. 17 und das dort geschilderte Beispiel *„Karlsberg Ur-Pils“* (Split zu *„Karlsberg Pils“*).

[1309] Zu dem damit berührten Problem der **Mehrfachirreführung** vgl. *Klette* WRP 1981, 503 ff; *Klette* GRUR 1983, 414 ff; *Tilmann* 1984, 716, 723.

[1310] BGH GRUR 1989, 440, 442 f – *Dresdner Stollen I* m. Anm. *Tilmann* (insoweit in BGHZ 106, 101 ff nicht mitabgedruckt); BGH GRUR 1990, 461, 462 – *Dresdner Stollen II*; Großkomm/*Lindacher* aaO Rdn. 1012; *Teplitzky* WRP 1990, 145, 148.

Entscheidung machen. Im Zweifelsfall ist die *Erörterung* des Umfrageergebnisses mit dem Sachverständigen *in der mündlichen Verhandlung* angezeigt[1311].

Bei der Bewertung der Umfrageergebnisse sind zwei Kriterien zu unterscheiden, das der **Zuverlässigkeit (reliability)** und das der **Gültigkeit (validity)**[1312]. Ergebnisse gelten als zuverlässig, entsprechen also der *reliability*, wenn sie sich bei wiederholter Anwendung derselben Meßmethode bei gleichartigen Bedingungen immer wieder einstellen. Voraussetzung dafür ist allein, daß die Umfrage mit der erforderlichen Sachkunde und Sorgfalt durchgeführt worden ist. Die Umfrageergebnisse entsprechen dagegen der *validity*, wenn sie tatsächlich diejenige Realität einfangen, die zu ermitteln ihre Aufgabe ist. Von der reliability der Umfrageergebnisse auf ihre validity zu schließen, wäre verfehlt. Beispielsweise geben starke Raucher bei Umfragen ihren täglichen Zigarettenkonsum zu niedrig an. Das bestätigt sich immer wieder bei jeder Umfrage[1313]. Das Ergebnis ist also *zuverlässig*, aber eben *nicht gültig*. Als Beweismittel taugt nur eine Meinungsumfrage, die nach den sachkundigen Erkenntnissen des Gutachters dem *validity*-Anspruch entspricht[1314].

Aber auch dabei sind **Fehlertoleranzen** zu berücksichtigen, die sich aus den dargelegten Vor- und Nachteilen der offenen und geschlossenen Fragen, aus der Reihenfolge der Fragen und der Größenordnung des Stichprobenumfangs ergeben können[1315]. Deswegen sollte ein **„technischer" Sicherheitszuschlag** von 5% hinzugerechnet werden, um die Fehlertoleranzen im Sinne eines objektiv richtigen Ergebnisses auszutarieren[1316].

386 d) **Vorlage von Partei-Gutachten.** Gerade in Prozessen, die für die Parteien von großer wirtschaftlicher Bedeutung sind und in denen die Kosten für Verkehrsbefragungen problemlos aufgewendet werden, kommt es in der Praxis häufig vor, daß die Parteien schon vor Einleitung des Verfahrens oder während des Rechtsstreits eigene Verkehrsbefragungen in Auftrag geben und diese dann dem Gericht als Entscheidungshilfe vorlegen[1317]. Im Verfahren der einstweiligen Verfügung sind solche Partei-Gutachten zur Glaubhaftmachung eines bestimmten Sachvortrages sogar häufig unerläßlich.

Diese Gutachten sind prozessual als **Gegenstand des Sachvortrages** derjenigen Partei zu werten, die das Gutachten vorlegt. Insofern sind Konzeption und Ergebnis derartiger Partei-Gutachten kritisch zu überprüfen[1318]. Meist werden Fehler in der Fragestellung oder in der Auswertung der Ergebnisse schon von der Gegenpartei aufgedeckt. Zu berücksichtigen ist aber andererseits, daß diese Parteigutachten, wenn sie – wie meist – von einem seriösen Institut erstattet werden, eine wichtige zusätzliche Entscheidungshilfe für das Gericht sein können und dem Gericht Anlaß geben müssen, die von dem gerichtlichen Sachverständigen vorgelegten Ergebnisse besonders sorgfältig und kritisch zu bewerten[1319]. Manipulationen und bewußte Verfälschungen finden sich

---

1311 Zutreffend Großkomm/*Lindacher* ebenda; weitergehend, für eine Regelerörterung *Ullmann* GRUR aaO 795.

1312 Näher dazu HdbWR/*Ohde* aaO Rdn. 30; Großkomm/*Lindacher* aaO Rdn. 1007.

1313 Beispiel aus HdbWR/*Ohde* ebenda.

1314 Großkomm/*Lindacher* ebenda.

1315 Einzelheiten bei HdbWR/*Ohde* aaO Rdn. 17; vgl. auch Großkomm/*Lindacher* aaO Rdn. 1004, 1007; *Ohde* GRUR 1989, 88, 96.

1316 Ebenso Großkomm/*Lindacher* aaO Rdn. 1008; *Tilmann/Ohde* GRUR 1989, 229, 239, die freilich einen „technischen" Sicherheitszuschlag von 5–10% befürworten, allerdings die materielle Mindestirreführungsquote mit nur 5% ansetzen.

1317 Zur Kostenerstattung für privat eingeholte Meinungsumfrage-Gutachten unten Rdn. 458 ff.

1318 Im Ergebnis zutreffend, wenn auch zu skeptisch gegenüber dem Erkenntniswert solcher Privatgutachten *Teplitzky*[6] Kap. 47 Rdn. 19 Fußn. 44, Rdn. 23 sowie *Teplitzky* WRP aaO 146.

1319 BGH GRUR 1987, 171 – *Schlußverkaufswerbung*; BGH GRUR 1989, 440, 443 – *Dresdner Stollen I*; BGH GRUR 1990, 461, 462 – *Dresdner Stollen II*; *Teplitzky*[6] aaO Rdn. 23; *Teplitzky* WRP aaO 148.

in einem solchen Gutachten selten, da sie schnell erkannt und es insgesamt wertlos machen würde. Der formale „Mangel“, daß es sich um ein Partei-Gutachten handelt, darf daher nicht überbewertet werden[1320].

VIII. Feststellungsklage

Literatur

Ahrens Wettbewerbsverfahrensrecht (1983); *Johannsen* Anmerkung zu BGH LM § 256 Nr. 46; *Olschewski* Zurückverweisung durch das Berufungsgericht bei fehlendem Feststellungsinteresse, NJW 1971, 551; *Rosenberg/Schwab* Zivilprozeßrecht, 14. Aufl. (1986); *Schotthöfer* Rechtliche Probleme im Verhältnis zwischen Feststellungsklage und Unterlassungsklage, WRP 1986, 14; *Teplitzky* Wettbewerbsrechtliche Ansprüche, 6. Aufl. (1992); *Teplitzky* Die jüngste Rechtsprechung des Bundesgerichtshofs zum wettbewerblichen Anspruchs- und Verfahrensrecht, GRUR 1989, 461; GRUR 1990, 393 und GRUR 1991, 709; *Weiß* Das Feststellungsinteresse als unqualifizierte Prozeßvoraussetzung, NJW 1971, 1596. Zur Kommentarliteratur vgl. Literatur vor Rdn. 16.

1. Allgemeines

Die Feststellungsklage spielt im Wettbewerbsrecht – ergänzend zur Leistungs- **387**
klage – eine wichtige Rolle. Sie kommt in zwei Grundformen vor, einmal als Schadensersatzfeststellungsklage, wenn der Schaden noch nicht endgültig beziffert werden kann, zum anderen als Klage auf Feststellung des Nichtbestehens eines bestimmten Unterlassungsanspruchs, dessen sich entweder ein Kontrahent berühmt oder der durch einstweilige Verfügung zuerkannt worden ist[1321].

Die auf **Schadensersatzfeststellung** gerichtete (*positive*) Klage ist in der Regel Teil eines aus mehreren Anträgen bestehenden Klagebegehrens, mit dem Unterlassung und Feststellung der Schadensersatzpflicht des Schädigers verlangt wird[1322]. Der Feststellungsantrag bezweckt dabei in erster Linie die *Unterbrechung der Verjährung* für den Schadensersatzanspruch zu einem Zeitpunkt, zu dem dem Geschädigten eine Bezifferung seines Schadens noch nicht, jedenfalls noch nicht vollständig und endgültig möglich ist[1323]. Würde der Geschädigte erst Klage erheben, wenn er seinen Schaden beziffern kann, so würde in der Regel der Ersatzanspruch für diejenigen Schäden, die länger als 6 Monate vor Klageerhebung zurückliegen, verjährt sein[1324]. Die Feststellungsklage wird in der Praxis aber auch oft dann erhoben, wenn es nicht etwa um die Bezifferung geht, die dem Geschädigten noch nicht möglich ist, sondern überhaupt noch nicht feststeht, ob überhaupt ein Schaden entstanden ist oder noch entstehen wird, die Entstehung eines Schadens aber ernsthaft möglich ist[1325].

1320 Ebenso *Teplitzky* WRP ebenda.

1321 Vgl. näher *Teplitzky*[6] Kap. 52 Rdn. 8 ff; *Baumbach/Hefermehl* Einl. UWG Rdn. 496 ff; *Schotthöfer* WRP 1986, 14 ff.

1322 Vgl. z. B. aus der neueren Rechtsprechung BGH GRUR 1990, 44 – *Annoncen-Avis*; BGH GRUR 1990, 461 – *Dresdner Stollen II*; BGH GRUR 1990, 463, 464 – *Firmenrufnummer*; BGH GRUR 1992, 523, 525 – *Betonsteinelemente*. Näher auch oben Rdn. 247.

1323 RGZ 77, 213, 215; BGH GRUR 1960, 193, 196 – *Frachtenrückvergütung*; Großkomm/*Messer* § 21 Rdn. 32; *Baumbach/Hefermehl* aaO Rdn. 501. Die **Unterlassungsklage** unterbricht **nicht** die **Verjährung des Schadensersatzanspruchs**, vgl. näher Großkomm/*Messer* aaO Rdn. 56. Gleiches gilt für die **Auskunftsklage**, es sei denn, der Schadensersatzanspruch wäre im Wege der Stufenklage (§ 254 ZPO) mit dieser verbunden, vgl. RGZ 115, 27, 29; BGH NJW 1975, 1409 f; Großkomm/*Messer* ebenda; *Teplitzky*[6] Kap. 16 Rdn. 38.

1324 Näher Großkomm/*Messer* aaO Rdn. 73–75.

1325 Das Feststellungsinteresse ist schon zu bejahen, wenn Schadensfolgen ernsthaft möglich sind; Wahrscheinlichkeit ist insoweit nicht erforderlich und interessiert erst bei der Prüfung der Begründetheit; vgl. BGH GRUR 1992, 559 – *Mikrofilmanlage*; *Teplitzky* GRUR 1991, 709, 715. Zur Begründetheit vgl. Rdn. 398.

Die *(negative)* Feststellungsklage, die das **Nichtbestehen eines bestimmten Unterlassungsanspruchs** zum Gegenstand hat, kann entweder als *Reaktion auf eine* – vermeintlich unberechtigte – *Abmahnung* erhoben werden, um zu klären, daß kein Unterlassungsanspruch besteht[1326]. Oder der Antragsgegner einer einstweiligen Unterlassungsverfügung kann sie als *Alternative zum Antrag nach § 926 ZPO* erheben, wenn er eine Klärung in einem Hauptsacheverfahren und nicht nur im summarischen Verfahren der einstweiligen Verfügung sucht[1327].

2. **Feststellungsinteresse**

388 a) **Grundsätze.** Die Feststellungsklage setzt nach § 256 Abs. 1 ZPO ein *„rechtliches Interesse"* voraus, daß ein *„Rechtsverhältnis ... durch richterliche Entscheidung alsbald festgestellt werde"*. Gegenstand der Feststellungsklage muß daher ein **konkretes Rechtsverhältnis** sein. Dieses braucht nicht notwendig zwischen den Parteien zu bestehen; es kommt auch ein Rechtsverhältnis des Beklagten *zu Dritten* in Betracht, wenn der Kläger aus besonderen Gründen ein berechtigtes Interesse an der Klärung dieses Rechtsverhältnisses und an der Feststellung gerade gegenüber dem Beklagten hat[1328].

Das **Feststellungsinteresse** ist *nicht* als *zusätzliche*, auf die *Feststellungsklage* zugeschnittene *besondere Prozeßvoraussetzung* zu verstehen (näher Rdn. 60, 62). Vielmehr wird dadurch klargestellt, daß auch bei einer Klage, der kein mit Leistungsantrag verfolgbarer Anspruch zugrundeliegt, ein Rechtsschutzinteresse daran bestehen muß, daß der Kläger zur Feststellung des Bestehens oder Nichtbestehens eines bestimmten Rechtsverhältnisses die staatlichen Gerichte anrufen kann (Rdn. 57 ff, 60).

389 Bei der *Geltendmachung eines Anspruchs* ergibt sich das Rechtsschutzinteresse bereits unmittelbar aus der vom Anspruchsteller mit seiner Klage behaupteten Nichterfüllung, ohne daß es besonders vorgetragen werden müßte. Bei dem *Begehren auf Feststellung des Bestehens oder Nichtbestehens eines Rechtsverhältnisses* muß es dagegen vom Kläger gesondert dargelegt und vom Gericht festgestellt werden[1329]. Das soll nach überwiegender Meinung allerdings **nur für** ein **stattgebendes**, nicht auch für ein abweisendes **Feststellungsurteil** gelten[1330]. Begründet wird dies damit, daß auch ein die Leistungsklage abweisendes Sachurteil ein (negatives) Feststellungsinteresse sei; ebenso wie dort sei die Feststellungsklage ohne Prüfung des Feststellungsinteresses als unbegründet abzuweisen, wenn feststehe, daß der behauptete Anspruchsgrund nicht bestehe und auch nicht zumindest wahrscheinlich sei. Die dagegen geäußerte **Kritik**[1331] ist **berechtigt**: Weder aus dem Wortlaut des § 256 Abs. 1 ZPO noch aus dem Sinn und Zweck des Rechtsschutzinteresses läßt sich eine solche Einschränkung dogmatisch begründen, sondern allenfalls mit prozessualer Zweckmäßigkeit rechtfertigen[1332].

1326 Vgl. BGH GRUR 1985, 571, 572 – *Feststellungsinteresse*; *Teplitzky*[6] Kap. 52 Rdn. 10, 19 f.

1327 HM; vgl. BGH NJW 1986, 1815; OLG Koblenz GRUR 1986, 95; *Stein/Jonas/Grunsky* § 926 Rdn. 2 m. weit. Nachweisen; *Zöller/Vollkommer* § 926 Rdn. 3; *Teplitzky* aaO Rdn. 10 und Fußn. 16; HdbWR/*Spätgens* § 97 Rdn. 6; *Ahrens* S. 192; offen gelassen, aber das Berufungsgericht gleichwohl insoweit bestätigend BGH GRUR 1985, 571, 572 – *Feststellungsinteresse*.

1328 BGH GRUR 1987, 938, 939 – *Videorechte* (Klärung des Rechtes zur Videoauswertung eines amerik. Spielfilms); *Baumbach/Hefermehl* aaO Rdn. 497; *Melullis* Rdn. 534.

1329 BGHZ 18, 98, 106; BGH NJW 1972, 198; MünchKommZPO/*Lüke* § 256 Rdn. 35.

1330 BGH NJW 1958, 384; BGH NJW 1978, 2031, 2032; *Stein/Jonas/Schumann* Vor § 253 Rdn. 129 ff; MünchKommZPO/*Lüke* aaO Rdn. 36; *Zöller/Stephan* § 256 Rdn. 7; *Teplitzky* aaO Rdn. 13; **a. A.** *Olschewski* NJW 1971, 551, 552; *Weiß* NJW 1971, 1596, 1597; *Rosenberg/Schwab* § 94 IV 1; *Thomas/Putzo* § 256 Anm. I 2 c und oben Rdn. 60 Fußn. 189.

1331 *Olschewski* NJW aaO 552; *Weiß* NJW aaO 1597.

1332 MünchKommZPO/*Lüke* ebenda; *Johannsen* in Anm. zu BGH LM § 256 Nr. 46 = NJW 1958, 384.

Zu berücksichtigen ist in diesem Zusammenhang auch, daß die herrschende Meinung zum allgemeinen Zivilrecht entwickelt worden ist und die **Besonderheiten des Wettbewerbsrechts** dabei wenig oder keine Beachtung gefunden haben. Man wird nach den beiden geschilderten Grundformen der im Wettbewerbsprozeß überwiegend vorkommenden Feststellungsklagen **differenzieren** müssen: Bei der **Schadensersatzfeststellungsklage** folgt das Feststellungsinteresse – wie beim allgemeinen Rechtsschutzinteresse der Leistungsklage – bereits unmittelbar aus der Nichterfüllung bzw. Nichtanerkennung des dem Geschädigten möglicherweise zustehenden Schadensersatzanspruchs. Insofern braucht für das Feststellungsinteresse als besondere Prozeßvoraussetzung vom Kläger nur vorgetragen zu werden, daß die *ernste Möglichkeit* von Schadensfolgen besteht, was sich in der Regel schon aus der Lebenserfahrung schließen läßt[1333]. Das Gericht braucht dies nicht gesondert zu prüfen[1334]; für die Bejahung des Feststellungsinteresses reicht die entsprechende Behauptung des Klägers aus. Das hat nichts damit zu tun, daß die *Zuerkennung* der Schadensersatzfeststellung die *Wahrscheinlichkeit* eines Schadens voraussetzt; denn dies ist materielle Voraussetzung für die *Begründetheit* der Klage, weil ohne die Wahrscheinlichkeit eines Schadenseintritts eine Schadensersatzverpflichtung logischerweise ohne reale – materiell-rechtliche – Grundlage wäre[1335]. **Im Ergebnis**, freilich aus anderen Gründen, ist daher für die Schadensersatzfeststellungsklage der **herrschenden Meinung zu folgen**. Allerdings braucht das Feststellungsinteresse dort nicht nur bei abweisendem, sondern auch bei stattgebendem Feststellungsurteil nicht gesondert vom Gericht geprüft zu werden. Trägt der Kläger die ernsthafte Möglichkeit vor, daß ein Schaden eintritt, ergibt sich das *Feststellungsinteresse* unmittelbar aus der *Nichtanerkennung eines möglichen Anspruchs* durch den Schädiger.

Anderes muß für die (negative) Feststellungsklage gelten, die auf das **Nichtbestehen eines bestimmten Unterlassungsanspruchs** gerichtet ist. Denn dort geht es nicht um die Nichterfüllung bzw. Nichtanerkennung eines Anspruchs. Vielmehr erstrebt der Kläger gerade umgekehrt die Feststellung, daß ein *gegen ihn geltend gemachter (Unterlassungs-)Anspruch nicht besteht*. In dieser Konstellation muß der Kläger sein Feststellungsinteresse darlegen, und das Gericht muß im Rahmen der Zulässigkeit prüfen, ob es vorliegt, gleichgültig ob dem Begehren stattgegeben oder ob es abgewiesen wird. Hier nach dem materiellen Erfolg der Feststellungsklage zu differenzieren und auf die Prüfung des Feststellungsinteresses zu verzichten, wenn die Klage in der Sache keinen Erfolg hat[1336], ist nicht gerechtfertigt, zumal auch und erst recht bei materiell unbegründeter Klage ein Interesse, die staatlichen Gerichte zu bemühen, zweifelhaft ist. Die Frage hat freilich im **Wettbewerbsprozeß** auch in dieser Konstellation kaum praktische Relevanz. Denn das Rechtsschutzinteresse (Feststellungsinteresse) ergibt sich für den Kläger regelmäßig aus der vorangegangenen Abmahnung bzw. aus der gegen ihn ergangenen Unterlassungsverfügung, gegen die er sich wehrt[1337].

Das Feststellungsinteresse **fehlt** oder **entfällt** grundsätzlich dann, wenn der Anspruchsteller auf Leistung klagen oder auf anderem, billigerem Weg sein Prozeßziel **390**

1333 Vgl. BGH GRUR 1992, 559 – *Mikrofilmanlage*; *Teplitzky* GRUR 1991, 709, 715. Vgl. auch Rdn. 357.

1334 A. A. MünchKommZPO/*Lüke* aaO Rdn. 35.

1335 *Teplitzky* GRUR ebenda.

1336 So die hM; vgl. Nachweise in Fußn. 1330.

1337 Allerdings fehlt das Feststellungsinteresse bei voraufgegangener einstweiliger Verfügung gegen den Feststellungskläger dann, wenn keine erheblichen Fortwirkungen der auf eine konkrete Handlung in der Vergangenheit bezogenen einstweiligen Verfügung mehr bestehen, also das Unterlassungsgebot gegenstandslos geworden ist und wenn für die Klärung kostenrechtlicher Fragen der einfachere und billigere Weg über das Widerspruchsverfahren offen ist; vgl. BGH GRUR 1985, 571, 572f – *Feststellungsinteresse*; HdbWR/*Spätgens* § 97 Rdn. 6; *Teplitzky*[6] Kap. 52 Rdn. 28.

erreichen kann[1338]. Die Feststellungsklage ist aber trotz der Möglichkeit einer Leistungsklage dann **zulässig**, wenn die Durchführung des Feststellungsverfahrens unter dem Gesichtspunkt der Prozeßwirtschaftlichkeit zu einer *sinnvollen und sachgemäßen Erledigung* der aufgetretenen Streitpunkte führt[1339]. Diese Grundsätze haben im **Wettbewerbsverfahrensrecht** in vielfacher Hinsicht eine besondere Ausprägung erfahren (dazu Rdn. 393 ff).

391 b) **Prozessuale Behandlung.** Das Feststellungsinteresse ist Prozeßvoraussetzung und als solche in jedem Stadium des Verfahrens, auch noch in der Revisionsinstanz, *von Amts wegen zu beachten*[1340]. Es muß *bis zum Schluß der mündlichen Verhandlung* vorliegen[1341]. Allerdings braucht der Kläger bei der auf Schadensersatzfeststellung gerichteten positiven Feststellungsklage nicht auf eine Leistungsklage überzugehen, wenn der Schaden im Laufe des Verfahrens *bezifferbar wird*[1342]. Anderes gilt, wenn sich das Verfahren noch in erster Instanz befindet, der Beklagte den Übergang auf die Leistungsklage anregt und dadurch keine Verzögerung eintritt[1343].

Fehlt das Feststellungsinteresse, so ist die Klage **unzulässig**[1344]. Fällt es während des Verfahrens fort, so wird die Klage *ex nunc* unzulässig[1345]. Der Kläger kann in bestimmten Situationen die Klageabweisung dadurch vermeiden, daß er die **Hauptsache für erledigt erklärt** (näher Rdn. 91).

3. Positive Feststellungsklage

392 Der positiven Feststellungsklage begegnet man in Wettbewerbsstreitigkeiten in der Regel in Form der auf **Feststellung der Schadensersatzpflicht** gerichteten Klage. Sie wird oft im Wege der objektiven Klagehäufung mit dem Antrag auf Unterlassung und Auskunft bzw. Rechnungslegung verbunden (näher Rdn. 247). Daneben kann eine positive Feststellungsklage in Fällen in Betracht kommen, in denen der ursprünglich vorhandene Verfügungsanspruch später weggefallen ist und der Antragsteller die Berechtigung seines Verfügungsantrages im Feststellungsverfahren geklärt wissen will[1346].

393 a) **Feststellungsinteresse bei Schadensersatzfeststellung.** Das Feststellungsinteresse ist bei der Schadensersatzfeststellungsklage in der Regel unproblematisch. Es ergibt sich aus der ernsthaften Möglichkeit von Schadensfolgen und der Nichtanerkennung einer Schadensersatzpflicht durch den Schädiger[1347].

Nach gefestigter Rechtsprechung ist es für das Feststellungsinteresse unerheblich, daß der Kläger im Wege der **Stufenklage** (§ 254 ZPO) eine Leistungsklage erheben

---

[1338] BGH BB 1974, 1184; BGH NJW 1984, 1118, 1119; Ausnahme z. B. in BGH GRUR 1985, 571, 573 – *Feststellungsinteresse*; *Stein/Jonas/Schumann* § 256 Rdn. 87; MünchKommZPO/*Lüke* aaO Rdn. 49; *Zöller/Stephan* § 256 Rdn. 7, jeweils mit weit. Nachweisen.

[1339] BGH NJW 1984, 1118, 1119; BGH GRUR 1987, 938, 939 – *Videorechte*. Vgl. oben Rdn. 88 f.

[1340] Einhell. Meinung; BGH GRUR 1956, 93, 96 – *Pergluton*; BGH NJW-RR 1990, 130 m. weit. Nachweisen; *Stein/Jonas/Schumann* aaO Rdn. 120; MünchKommZPO/*Lüke* aaO Rdn. 35; *Zöller/Stephan* aaO Rdn. 7, 17; *Teplitzky* aaO Rdn. 14; *Baumbach/Hefermehl* aaO Rdn. 496.

[1341] BGHZ 18, 98, 106; BGHZ 99, 340, 341 = GRUR 1987, 402, 403 – *Parallelverfahren*; *Stein/Jonas/Schumann* aaO Rdn. 122; MünchKommZPO/*Lüke* ebenda; *Zöller/Stephan* ebenda; *Baumbach/Hefermehl* ebenda.

[1342] BGH GRUR 1969, 373, 376 – *Multoplane*; BGH GRUR 1978, 187, 188 – *Alkoholtest* (insoweit in BGHZ 70, 39 nicht mitabgedruckt); BGH LM Nr. 5 zu § 256 ZPO; MünchKommZPO/*Lüke* aaO Rdn. 55; *Teplitzky* aaO Rdn. 18; *Baumbach/Hefermehl* aaO Rdn. 501.

[1343] BGH LM Nr. 5 zu § 256 ZPO; *Teplitzky* ebenda.

[1344] MünchKommZPO/*Lüke* aaO Rdn. 35; *Zöller/Stephan* aaO Rdn. 7; *Teplitzky* aaO Rdn. 14; *Baumbach/Hefermehl* aaO Rdn. 496.

[1345] MünchKommZPO/*Lüke* ebenda; *Zöller/Stephan* aaO Rdn. 7, 17, jeweils mit Nachweisen.

[1346] Vgl. dazu *Teplitzky* aaO Rdn. 24 ff.

[1347] BGH GRUR 1992, 559 – *Mikrofilmanlage*; *Teplitzky* GRUR 1991, 709, 715.

kann[1348]. Die Feststellungsklage ist trotz der Möglichkeit der Stufenklage in Wettbewerbsprozessen die richtige und prozeßökonomisch vorteilhafteste Klageart. Denn auch wenn der Beklagte die begehrte Auskunft erteilt, bleibt ein Ersatzanspruch gleichwohl der Höhe nach schwierig zu begründen, da es regelmäßig noch eingehender Prüfung bedarf, in welchen Fällen die beanstandete Handlungsweise einen Schaden verursacht hat[1349]. Der Kläger wird sich regelmäßig auch sorgfältig überlegen müssen, nach welcher Berechnungsmethode er seinen Schaden ermitteln und geltend machen will[1350]. Die Feststellungsklage wird in solchen Fällen gerade deswegen für zulässig erachtet, weil sie die *Verjährung unterbricht*[1351].

Allerdings **fehlt** das **Feststellungsinteresse**, wenn der Kläger von vorneherein seinen Schaden insgesamt **beziffern** kann[1352]. Ihm ist in solchem Fall zuzumuten, sogleich auf Leistung zu klagen. **394**

Ist der Schaden bei Klageerhebung nur **teilweise bezifferbar**, so ist das **Feststellungsinteresse gegeben**[1353]. Ebenso, wenn der Schaden erst im Laufe des Verfahrens bezifferbar wird; der Kläger braucht dann grundsätzlich nicht auf die Leistungsklage überzugehen[1354], es sei denn, das Verfahren befindet sich noch in der ersten Instanz, der Beklagte regt den Übergang an, und es tritt dadurch keine Verzögerung ein[1355].

b) **Weggefallener Verfügungsanspruch.** Streitig ist, ob ein Antragsteller, dessen Verfügungsanspruch bei Erlaß der einstweiligen Verfügung bestanden hat, später aber – etwa wegen Abgabe einer strafbewehrten Unterlassungserklärung – weggefallen ist, ein Feststellungsinteresse an einer Klage hat, mit der er die ursprüngliche Begründetheit seines Verfügungsanspruchs bestätigt wissen will[1356]. Dies wird teilweise bejaht unter Hinweis auf das dem Antragsteller sonst drohende Risiko, auf einen Antrag nach § 926 Abs. 1 ZPO entweder eine aussichtslose Hauptsachenklage erheben oder die Aufhebung der einstweiligen Verfügung nach § 926 Abs. 2 ZPO mit der Schadensersatzfolge des § 945 ZPO gewärtigen zu müssen[1357]. Dieses Risiko besteht indes für den Antragsteller nicht. Denn bei Wegfall des Verfügungsanspruchs fehlt es nach ganz einhelliger Meinung[1358] an dem Rechtsschutzinteresse für einen Fristsetzungsantrag nach § 926 Abs. 1 ZPO, so daß der Antragsteller weder eine Aufhebung nach § 926 Abs. 2 ZPO noch die Schadensersatzfolge des § 945 ZPO zu befürchten braucht[1359]. Ein Aufhebungsverfahren nach § 927 ZPO kann der Antragsteller dadurch vermeiden, daß er auf die Rechte aus dem (Verfügungs-)Titel verzichtet[1360]. Richtiger Ansicht nach[1361] **fehlt** daher dem Antragsteller bei Wegfall seines Verfügungsanspruchs nach ergangener einstweiliger Verfügung das **Feststellungsinteresse** an einer Klage, mit der er die Bestätigung seines ursprünglich gegebenen Verfügungsanspruchs erstrebt. **395**

1348 BGH GRUR 1960, 193, 196 – *Frachtenrückvergütung* m. zust. Anm. *Schramm*; anders, allerdings für einen Sonderfall BGH GRUR 1956, 93, 96 – *Pergluton*; *Teplitzky* aaO Rdn. 16; *Baumbach/Hefermehl* aaO Rdn. 501. Zum Umfang der *Verjährungsunterbrechung* bei der Stufenklage: BGH NJW 1992, 2563.

1349 BGH GRUR aaO – *Frachtenrückvergütung*.

1350 Eingehend zu den verschiedenen Berechnungsmethoden Großkomm/*Köhler* Vor § 13, B, Rdn. 321 ff.

1351 BGH GRUR aaO – *Frachtenrückvergütung*.

1352 BGH GRUR 1957, 553, 554 – *Tintenkuli* m. Anm. *Heydt*; BGH GRUR aaO – *Frachtenrückvergütung*; MünchKommZPO/*Lüke* aaO Rdn. 49 f; *Zöller/Stephan* aaO Rdn. 7, 8 a; *Baumbach/Hefermehl* aaO Rdn. 497.

1353 *Teplitzky* aaO Rdn. 17; *Baumbach/Hefermehl* aaO Rdn. 501.

1354 Vgl. oben Rdn. 403.

1355 Vgl. *Teplitzky* aaO Rdn. 18.

1356 Vgl. dazu *Ahrens* S. 190 ff; *Teplitzky* aaO Rdn. 24 ff.

1357 OLG Hamburg MDR 1965, 49, 50; OLG Nürnberg WRP 1980, 443; *Pastor* S. 454, 486, 509; offen gelassen bei *Ahrens* S. 191; weitere Nachweise bei *Teplitzky* aaO Fußn. 35.

1358 BGH NJW 1973, 1329; BGH NJW 1974, 503; OLG Hamburg NJW-RR 1986, 1122; OLG Hamm MDR 1986, 418; OLG Karlsruhe NJW-RR 1988, 252; *Stein/Jonas/Grunsky* § 296 Rdn. 7; *Zöller/Vollkommer* § 926 Rdn. 12 m. weit. Nachweisen.

1359 Zutreffend *Teplitzky* aaO Rdn. 26.

1360 Vgl. *Teplitzky* ebenda.

1361 Wie hier *Stein/Jonas/Grunsky* ebenda; *Zöller/Vollkommer* ebenda; *Teplitzky* ebenda.

396 Allerdings ist ein Feststellungsinteresse für den Antragsteller gegeben, wenn sich der Antragsgegner bei einer solchen Fallkonstellation eines **Schadensersatzanspruchs berühmt**[1362]. In diesem Fall hat der Antragsteller jedenfalls ein *Feststellungsinteresse* für eine – *negative* – Feststellungsklage, daß ein solcher Anspruch nicht besteht[1363].

397 c) **Klageantrag.** Der Feststellungsantrag unterliegt dem **Bestimmtheitsgebot** des § 253 Abs. 2 Nr. 2 ZPO[1364]. Er muß den Schadensersatz, den der Kläger begehrt, so bestimmt bezeichnen, daß Klarheit über den Umfang der Rechtskraft eines entsprechenden Urteils besteht, und darüber, in welchem Umfang die Verjährung durch die Erhebung der Feststellungsklage unterbrochen ist[1365]. Bei *Klagehäufung* mit einem Unterlassungs- und einem Auskunfts- bzw. Rechnungslegungsanspruch – wie in der Praxis üblich (vgl. Rdn. 247) – genügt es, im Antrag auf die im Unterlassungsantrag konkretisierte Handlung Bezug zu nehmen. Bei *isoliertem* Schadensersatzfeststellungsantrag muß die Handlung, die den Schaden verursacht haben soll, bestimmt bezeichnet werden[1366].

Nicht erforderlich ist, daß der Kläger sich schon auf die **Art der Schadensberechnung** (Abschöpfung des Verletzergewinns, eigener entgangener Gewinn oder Lizenzanalogie) festlegt, zumal er sein diesbezügliches *Wahlrecht* noch bis zur letzten mündlichen Verhandlung im Höheverfahren ausüben kann (vgl. Rdn. 430).

398 Der Antrag muß ferner den **Zeitpunkt** enthalten, ab dem der Kläger Schadensersatz begehrt, will er keine *Kostennachteile* in Kauf nehmen. Dabei ist einmal darauf zu achten, daß der Anspruch auf Schadensersatz einen *schuldhaften* Wettbewerbsverstoß voraussetzt, und zum anderen die *Verjährung* zu beachten. Der Kläger kann danach berechtigterweise erst ab dem Zeitpunkt Schadensersatz verlangen, ab dem er ein Verschulden des Beklagten schlüssig dartun kann, und dann auch nur so weit zurück, wie der Anspruch noch nicht verjährt ist. Nimmt er keine Beschränkungen in seinen Feststellungsantrag auf, muß der Kläger einen Teil der Kosten tragen, wenn sein Schadensersatzbegehren aus den genannten Gründen nur teilweise Erfolg hat.

399 Ein unbestimmter Leistungsantrag, z. B. auf Ersatz allen Schadens kann als Feststellungsantrag vom Gericht *umgedeutet* und positiv beschieden werden, wenn die künftige Entstehung eines Schadensersatzanspruchs wahrscheinlich ist[1367].

Ein Feststellungshauptantrag ist neben einem auf Leistung gerichteten Hilfsantrag unzulässig[1368].

400 d) **Materielle Voraussetzungen.** Die Begründetheit der auf Schadensersatzfeststellung gerichteten Klage setzt einen Ersatzanspruch und einen Schaden voraus. Da dieser in seinem Umfang noch nicht feststeht, genügt die **Wahrscheinlichkeit** des Schadenseintritts[1369]. Er muß nach der Lebenserfahrung in der Zukunft mit einiger Sicherheit zu erwarten sein[1370].

1362 BGH NJW 1973, 1329; *Teplitzky* aaO Rdn. 27.

1363 Näher *Teplitzky* ebenda und in Fußn. 49.

1364 BGH GRUR 1957, 553, 554 – *Tintenkuli*; MünchKommZPO/*Lüke* § 253 Rdn. 151, § 256 Rdn. 64; *Zöller/Stephan* aaO Rdn. 15.

1365 BGH MDR 1958, 408; BGH NJW 1983, 2247, 2250; *Zöller/Stephan* ebenda.

1366 Vgl. MünchKommZPO/*Lüke* § 253 Rdn. 151.

1367 BGH NJW 1984, 2295; BGH MDR 1988, 46; *Zöller/Stephan* aaO Rdn. 16.

1368 BGH LM § 256 Nr. 16; *Zöller/Stephan* ebenda.

1369 BGH GRUR 1954, 457, 459 – *Irus/Urus*; BGH GRUR 1960, 144, 147 – *Bambi*; BGH GRUR 1960, 193, 196 – *Frachtenrückvergütung*; BGH GRUR 1964, 686, 689 – *Glockenpackung II*; BGH GRUR 1974, 735, 736 – *Pharmamedan*; BGH GRUR 1984, 741, 742 – *patented*; *Teplitzky* aaO Rdn. 28; *Baumbach/Hefermehl* aaO Rdn. 500; *Teplitzky* GRUR 1991, 709, 715. **Nicht erforderlich** ist im **Wettbewerbsprozeß**, daß der Kläger dartut, daß ein Schaden mit *größter* Wahrscheinlichkeit eintritt (dazu MünchKommZPO/*Lüke* § 256 Rdn. 64 und Fußn. 168); so ausdrücklich BGH GRUR aaO – *Pharmamedan*.

1370 So BGH GRUR 1972, 180, 183 – *Cheri*; *Teplitzky*[6] Kap. 43 Rdn. 29; *Baumbach/Hefermehl* ebenda.

4. Negative Feststellungsklage

401 Die negative Feststellungsklage spielt im Wettbewerbsverfahrensrecht in der Regel als Abwehr entweder einer vermeintlich unberechtigten Abmahnung und bei der Berühmung eines Unterlassungsanspruchs oder einer einstweiligen Unterlassungsverfügung eine Rolle. Mit ihr kann der Kläger schnelle Klarheit in einem Hauptsacheverfahren gewinnen[1371].

402 a) **Feststellungsinteresse.** Das Feststellungsinteresse nach § 256 ZPO ergibt sich bei diesen Konstellationen aus dem jeweiligen Sachverhalt, und zwar entweder aus der mit der Abmahnung verbundenen *Berühmung* eines Unterlassungsanspruchs oder aus dem *Erlaß einer einstweiligen Verfügung*. Die Bejahung des Feststellungsinteresses ist daher in diesen Fällen regelmäßig problemlos[1372].

403 aa) **Feststellungsinteresse und Leistungsklage.** Das Feststellungsinteresse fehlt in diesen Fällen nicht regelmäßig deswegen, weil **Leistungsklage** erhoben werden könnte. Denn eine Leistungsklage kann nach den hierfür allein maßgeblichen Grundsätzen der Prozeßökonomie das Interesse an einer Feststellungsklage nur dann ausschließen, wenn ihre Voraussetzungen und ihre Risiken für den Kläger von denen der Feststellungsklage nicht grundlegend verschieden sind[1373]. Es wäre in keiner Weise prozeßwirtschaftlich, den Kläger zunächst zu einer Leistungsklage zu zwingen, die an einem gegenüber der Feststellungsklage zusätzlichen Erfordernis scheitern kann, und ihn damit vor die Notwendigkeit zu stellen, die Feststellungsklage mit ihren anderen und geringeren Erfolgsvoraussetzungen erst nach erfolgloser Durchführung des Leistungsprozesses zu erheben. Die entsprechende *Leistungsklage*, gerichtet auf Unterlassung der Berühmung, einen wettbewerblichen Unterlassungsanspruch zu haben, ist *nicht ohne weiteres und zweifelsfrei gegeben*. Nach der Rechtsprechung ist eine unberechtigte Abmahnung gegenüber einem (vermeintlichen) allgemeinen Wettbewerbsverstoß – anders als bei Schutzrechtsverletzungen – in der Regel nicht als anspruchsbegründende Verletzung eines Rechtes anzusehen, sondern allenfalls in Ausnahmefällen und unter bestimmten Voraussetzungen als wettbewerbswidrig im Sinne von § 1 UWG zu beurteilen[1374]. Dem Abgemahnten würde daher, verwiese man ihn auf die Leistungsklage (Unterlassungsklage), ein *erhebliches zusätzliches Risiko* aufgebürdet. Deswegen ist in solchen Fällen die **Feststellungsklage** ein **angemessenes, geeignetes und zulässiges Mittel** zur Klärung der ungewissen Rechtslage[1375].

404 bb) **Feststellungsklage und Widerspruch.** Der Antragsgegner einer gegen ihn ergangenen einstweiligen Verfügung hat ein *Feststellungsinteresse* hinsichtlich des **der Verfügung zugrundeliegenden Rechtsverhältnisses.** Er kann *wählen*, ob er Widerspruch einlegt oder die Klärung im Wege der negativen Feststellungsklage zu erreichen sucht[1376]. Er wird sich für die *negative Feststellungsklage* entscheiden, wenn er ohnehin

---

[1371] *Ahrens* S. 192; *Teplitzky* aaO Rdn. 10; *Baumbach/Hefermehl* aaO Rdn. 497; *Melullis* Rdn. 534.

[1372] Eine Ausnahme kann sich ergeben, wenn das in einer Beschlußverfügung erlassene Unterlassungsgebot zwischenzeitlich gegenstandslos geworden ist und zwischen den Parteien nur noch Streit über die kostenrechlichen Auswirkungen des Verfügungsverfahrens bestehen, vgl. BGH GRUR 1985, 571, 572 – *Feststellungsinteresse*; *Teplitzky* aaO Rdn. 28.

[1373] BGH GRUR aaO 573 – *Feststellungsinteresse*.

[1374] Vgl. BGH WRP 1965, 97, 99 – *Kaugummikugeln*; BGH GRUR 1969, 479, 481 – *Colle de Cologne*; BGH GRUR aaO – *Feststellungsinteresse*; *Teplitzky* aaO Rdn. 21; *Baumbach/Hefermehl* Allg. Rdn. 136.

[1375] BGH GRUR 1973, 206, 207 – *Skibindungen*; BGH GRUR aaO – *Feststellungsinteresse*; *Ahrens* S. 192; *Teplitzky* ebenda; *Baumbach/Hefermehl* Einl. UWG Rdn. 497; *Melullis* Rdn. 534.

[1376] BGH NJW 1978, 2157, 2158; BGH GRUR 1985, 571, 572 – *Feststellungsinteresse* (insoweit das Berufungsgericht bestätigend); BGH NJW 1986, 1815; OLG Koblenz GRUR 1986, 95; *Stein/Jonas/Grunsky* § 926 Rdn. 2 m. weit. Nachweisen; *Zöller/Vollkommer* § 926 Rdn. 3; *Ahrens* S. 191; *Teplitzky* aaO Rdn. 10 und Fußn. 16.

die Frage eines Wettbewerbsverstoßes im **Hauptsacheverfahren** nötigenfalls bis zum BGH geklärt wissen will. Das Widerspruchsverfahren würde ihn unnötig Zeit kosten. Für den *Widerspruch* wird sich der Antragsteller entscheiden, wenn die ergangene einstweilige Verfügung ihn in seiner wettbewerblichen Betätigung behindert und er daher daran interessiert ist, die ihm lästige Verfügung zunächst beseitigen zu lassen. Er kann auch *beides parallel* laufen lassen, d. h. sowohl Widerspruch einlegen als auch negative Feststellungsklage erheben.

405 Das **Feststellungsinteresse** für eine negative Feststellungsklage fehlt indessen, wenn das in einer einstweiligen Verfügung ausgesprochene Unterlassungsgebot **wegen Zeitablaufs gegenstandslos** geworden ist und der Kläger mit seiner Feststellungsklage auf Unbegründetheit des Unterlassungsbegehrens nicht mehr die Vollstreckungswirkung verhindern will, sondern nur noch die ihm *unangenehme Kostenfolge*[1377]. In solchem Fall kann und muß der Kläger als Schuldner der einstweiligen Verfügung den im Verhältnis zur Feststellungsklage *einfacheren und billigeren Weg des Widerspruchs* gegen die Verfügung wählen, um so eine Kostenentscheidung über §§ 91, 92 ZPO oder § 91 a ZPO zu erwirken[1378].

406 cc) **Feststellungsklage und Hauptsacheverfahren.** Nach einhelliger Meinung kann der Antragsgegner einer gegen ihn ergangenen einstweiligen Verfügung grundsätzlich *wahlweise* entweder *Fristsetzung zur Erhebung der Hauptsacheklage beantragen* oder *negative Feststellungsklage* erheben[1379]; §§ 936, 926 ZPO enthalten keine erschöpfende Regelung. Nicht zulässig wäre dagegen, beides parallel laufen zu lassen, da die nach richterlicher Fristsetzung anhängig gemachte Leistungsklage (auf Unterlassung) *einer negativen Feststellungsklage das Feststellungsinteresse nimmt.* Das Feststellungsinteresse ist daher konsequenterweise von vorneherein zu verneinen, wenn der Antragsgegner den Antragsteller über §§ 936, 926 ZPO zwingt, von sich aus Leistungsklage zu erheben.

407 dd) **Feststellungsklage und Aufhebungsverfahren.** Liegen bei einer gegen ihn erlassenen einstweiligen Verfügung die Voraussetzungen des § 927 ZPO (Aufhebung wegen veränderter Umstände) vor, so kann der Antragsgegner *wählen*, ob er *Aufhebung der Verfügung* beantragt oder *negative Feststellungsklage* erhebt[1380]. Er kann auch beides parallel laufen lassen[1381], weil unterschiedliche Rechtsschutzziele verfolgt werden: Das Aufhebungsverfahren soll den Verfügungstitel beseitigen, während die negative Feststellungsklage dazu dient, das der einstweiligen Verfügung zugrundeliegende Rechtsverhältnis zu klären.

408 b) **Wegfall des Feststellungsinteresses.** Besondere Probleme ergeben sich bei der **negativen Feststellungsklage,** wann und unter welchen Voraussetzungen das anfangs gegebene Feststellungsinteresse **im Laufe des Verfahrens wegfällt** und dadurch die Feststellungsklage **unzulässig** wird.

Ob das Feststellungsinteresse entfällt, wenn der Prozeßgegner die **Berühmung** eines (vermeintlichen) Unterlassungsanspruchs gegen den Kläger **aufgibt**, ist Tatfrage: Eine

---

1377 BGH GRUR aaO 572 – *Feststellungsinteresse*; *Teplitzky* aaO Rdn. 28; *Baumbach/Hefermehl* ebenda; *Melullis* Rdn. 536.

1378 BGH GRUR aaO – *Feststellungsinteresse.*

1379 BGH NJW 1978, 2157, 2158; BGH GRUR aaO 572 – *Feststellungsinteresse* (insoweit das Berufungsgericht bestätigend); *Stein/Jonas/Grunsky* ebenda; *Zöller/Stephan* ebenda; *Ahrens* S. 191; *Teplitzky* ebenda.

1380 *Stein/Jonas/Grunsky* § 926 Rdn. 16; *Zöller/Stephan* ebenda.

1381 *Stein/Jonas/Grunsky* ebenda; *Zöller/Stephan* ebenda.

unbedingte Verzichtserklärung erledigt den Rechtsstreit, nicht aber ein bloßer Verzicht auf die Berühmung, der jederzeit wieder rückgängig gemacht werden kann[1382].

Wenn im Feststellungsprozeß der Beklagte im Laufe des Verfahrens seinerseits **409**
(Leistungs-)**Klage** oder **Widerklage** auf Unterlassung gerade *des* Verhaltens erhebt, dessen Rechtmäßigkeit der Kläger mit seiner negativen Feststellungsklage geklärt wissen will, also eine **spiegelbildliche Leistungsklage** rechtshängig macht – entweder in *demselben Verfahren* als *Leistungswiderklage* oder in einem anderen Verfahren, möglicherweise auch vor einem anderen Gericht als *selbständige Leistungsklage* –, so *entfällt* nach einhelliger Ansicht das *Feststellungsinteresse* für die negative Feststellungsklage (vgl. Rdn. 87 ff). Dies allerdings erst dann, wenn über die Leistungsklage verhandelt worden ist und sie *nicht mehr einseitig zurückgenommen werden kann*[1383]. Denn von diesem Zeitpunkt an besteht für den Feststellungskläger kein schutzwürdiges Interesse mehr an einer parallelen Weiterverfolgung der Feststellungsklage[1384]. Er muß seine Klage in der **Hauptsache für erledigt erklären**; anderenfalls riskiert er deren *Abweisung* als *unzulässig* (vgl. Rdn. 91).

Ausnahmsweise kann das Feststellungsinteresse – trotz Leistungsklage – **erhalten** bleiben, wenn die Feststellungsklage bereits *in der Revisionsinstanz* anhängig[1385] oder schon bis zur Entscheidungsreife vorgeschritten oder bereits durch Zwischenurteil über einzelne Streitpunkte für den Feststellungskläger erkannt war[1386], und zwar in dem Zeitpunkt, in dem *„die Veränderung der tatsächlichen Situation eintrat"*[1387]. Das ist, wenn das verändernde Ereignis eine Leistungsklage oder -widerklage ist, derjenige Zeitpunkt, in dem diese nicht mehr einseitig zurückgenommen werden kann[1388]. Entsprechendes gilt, wenn die Leistungsklage *rechtsmißbräuchlich* erhoben wird und ihr aus diesem Grund das Rechtsschutzinteresse fehlt[1389].

Der BGH wendet diese Grundsätze auch auf das Verhältnis einer positiven Feststellungsklage und einer später erhobenen Leistungsklage desselben Rubrums mit gleichem Streitstoff an[1390].

c) **Klageantrag.** Der Antrag der negativen Feststellungsklage unterliegt dem **Be- 410**
stimmtheitsgebot des § 253 Abs. 2 Nr. 2 ZPO[1391]. Er muß das Rechtsverhältnis, d. h. die Berühmung eines (vermeintlichen) Unterlassungsanspruchs genau bezeichnen. Darüber hinaus muß er – negativ – den vom Gegner behaupteten angeblichen Wettbewerbsverstoß und damit den Schuldgrund hinreichend **konkret** bezeichnen[1392]. Insoweit gelten dieselben Grundsätze wie bei der Konkretisierung des Unterlassungsantrages (näher dazu Rdn. 125). Ist der Schuldgrund nicht hinreichend konkret bezeichnet, so *fehlt* dem Feststellungsantrag die erforderliche *Bestimmtheit* (§ 253 Abs. 2 Nr. 2 ZPO); die

1382 Vgl. *Stein/Jonas/Schumann* § 256 Rdn. 127; *Zöller/Stephan* § 256 Rdn. 17.

1383 BGH GRUR 1985, 41, 44 – *REHAB*; BGHZ 99, 340, 341 f = GRUR 1987, 402 – *Parallelverfahren*; BGH NJW-RR 1990, 1532 – WM 1990, 695; OLG Hamm WRP 1986, 349, 350; OLG Düsseldorf GRUR 1992, 208.

1384 Das soll nach OLG Düsseldorf GRUR 1992, 208 auch dann gelten, wenn sich der Feststellungskläger dem Beklagten gegenüber strafbewehrt verpflichtet hat, das beanstandete Wettbewerbsverhalten zu unterlassen, diese Verpflichtung aber mit der auflösenden Bedingung verbunden hat, daß die Klage auf negative Feststellung rechtskräftig zu seinen Gunsten entschieden werde.

1385 BGH NJW 1968, 50; *Teplitzky* aaO Rdn. 20.

1386 BGHZ 18, 22, 41 f; *Teplitzky* ebenda; *Baumbach/Hefermehl* aaO Rdn. 497; kritisch *Schotthöfer* WRP 1986, 14, 17.

1387 BGHZ aaO 41.

1388 Zutreffend *Teplitzky* ebenda mit Nachweisen.

1389 RG JW 1936, 3185; BGH NJW 1973, 1500, 1501; BGHZ 99, 340, 343; MünchKommZPO/*Lüke* § 256 Rdn. 61.

1390 BGH NJW-RR 1990, 1532, 1533; MünchKommZPO/*Lüke* ebenda.

1391 *Stein/Jonas/Schumann* § 256 Rdn. 110, 112; MünchKommZPO/*Lüke* aaO Rdn. 64; *Zöller/Stephan* § 256 Rdn. 15.

1392 *Stein/Jonas/Schumann* aaO Rdn. 110.

Klage ist in solchem Fall *deswegen* nicht wegen fehlenden Feststellungsinteresses abzuweisen[1393].

411 d) **Materielle Voraussetzungen.** Da es bei der negativen Feststellungsklage um die Klärung der Frage geht, ob ein Wettbewerbsverstoß begangen worden ist und deswegen ein (angeblicher) wettbewerbsrechtlicher Unterlassungsanspruch besteht, bestimmen sich die materiellen Voraussetzungen – umgekehrt und spiegelbildlich – danach, ob ein Wettbewerbsverstoß auf Klägerseite vorliegt bzw. ein solcher nicht gegeben ist[1394].

5. Beweislast.

412 Bei der **positiven Feststellungsklage** hat der **Kläger** die Begründetheit darzulegen wie bei der Leistungsklage[1395]. Für die Begründetheit der Schadensersatzfeststellungsklage genügt die *Wahrscheinlichkeit* des Eintritts von Schadensfolgen[1396]. Die Anforderungen sind nicht sonderlich hoch[1397]. Schon allgemeine Erfahrungssätze, daß aus dem beanstandeten Verhalten regelmäßig Schäden entstehen, können eine hinreichende Wahrscheinlichkeit begründen[1398]. Eine ins einzelne gehende Darlegung wird von der Rechtsprechung nicht gefordert, würde auch unangemessen sein[1399].

Bei der **negativen Feststellungsklage** muß der **Kläger** behaupten und beweisen, daß sich der Beklagte eines Anspruchs gegen den Kläger berühmt, während der **Beklagte** die Beweislast dafür trägt, daß der Anspruch, dessen er sich berühmt, begründet ist[1400]. Die Verteilung der Beweislast bezüglich des Bestehens des materiell-rechtlichen Anspruchs hängt also nicht vom Zufall der Parteirollen ab[1401].

IX. Urteil

Literatur

Bock Anmerkung zu BGH LM Nr. 54a zu § 322 ZPO; *Borck* Probleme bei der Vollstreckung von Unterlassungstiteln, GRUR 1991, 428; *Grunsky* Prozeß- und Sachurteil, ZZP 80 (1967), 55; *Habscheid* Die materielle Rechtskraft des die negative Feststellungsklage aus Beweisgründen abweisenden Urteils, NJW 1988, 2641; *Jestaedt* Die Vollstreckung von Unterlassungstiteln nach § 890 ZPO bei Titelfortfall, WRP 1988, 433; *Kapp* Kaninchen aus dem Zylinder? Zum Scheinproblem der materiellen Rechtskraft des abweisenden Urteils bei der negativen Feststellungsklage, MDR 1988, 710; *Körner* Befristete und unbefristete Unterlassungstitel bei Wettbewerbsverstößen, GRUR 1985, 909; *U. Krieger* Zum Anspruch auf Auskunftserteilung bei Warenzeichenverletzung, GRUR 1989, 802; *Krüger* Der Schutz kurzlebiger Produkte gegen Nachahmungen (Nichttechni-

1393 *Stein/Jonas/Schumann* aaO Rdn. 112 mit Nachweisen.

1394 Insofern ändern sich im Vergleich zur wettbewerbsrechtlichen Unterlassungsklage lediglich die Parteirollen.

1395 *Stein/Jonas/Schumann* aaO Rdn. 117; MünchKommZPO/*Lüke* aaO Rdn. 68; *Zöller/Stephan* aaO Rdn. 17.

1396 BGH GRUR 1964, 457, 469 – *Irus/Urus*; BGH GRUR 1960, 193, 196 – *Frachtenrückvergütung*; BGH GRUR 1972, 180, 183 – *Cheri*; BGH GRUR 1974, 735, 736 – *Pharmamedan*; BGH GRUR 1984, 741, 742 – *patented*; *Teplitzky* aaO Rdn. 29; *Baumbach/Hefermehl* aaO Rdn. 500.

1397 BGH GRUR 1964, 686, 690 – *Glockenpackung I*; BGH GRUR 1974, 735, 736 – *Pharmamedan*; *Teplitzky* ebenda; *Baumbach/Hefermehl* ebenda.

1398 Einhellige Meinung; vgl. BGH GRUR aaO – *Pharmamedan*; *Teplitzky* ebenda; *Baumbach/Hefermehl* ebenda. Vgl. auch Rdn. 357, 389.

1399 BGH GRUR 1954, 457, 459 – *Irus/Urus*; BGH GRUR 1974, 84, 88 – *Trumpf*; BGH GRUR aaO – *Pharmamedan*; BGH GRUR 1975, 434, 438 – *BOUCHET*; *Teplitzky* ebenda; *Baumbach/Hefermehl* ebenda.

1400 BGH NJW 1977, 1637, 1638; BGH KTS 1982, 405, 406; *Stein/Jonas/Schumann* ebenda; MünchKommZPO/*Lüke* ebenda; *Zöller/Stephan* ebenda. Zu der umstrittenen Frage der **Rechtskraft** eines abweisenden negativen Feststellungsurteils, das auf einer **Verkennung der Beweislast** beruht, vgl. Rdn. 439.

1401 *Stein/Jonas/Schumann* ebenda; MünchKommZPO/*Lüke* ebenda.

scher Bereich), GRUR 1986, 115; *Künzl* Zur Rechtskraft von Urteilen über negative Feststellungsklagen, JR 1987, 57; *Lepp* Zwang zum Fehlurteil? NJW 1988, 806; *Lindacher* Der „Gegenschlag" des Abgemahnten, Festschrift v. Gamm (1990), 83; *Pastor* Der Wettbewerbsprozeß, 3. Aufl. (1980); *Reimer* Anmerkung zu BGH GRUR 1965, 327 – Gliedermaßstäbe, GRUR 1965, 331; *Teplitzky* Anmerkungen zur Behandlung von Unterlassungsanträgen, Festschrift Oppenhoff (1985), 487; *Teplitzky* Wettbewerbsrechtliche Ansprüche, 6. Aufl. (1992); *Teplitzky* Die jüngste Rechtsprechung des Bundesgerichtshofs zum wettbewerblichen Anspruchs- und Verfahrensrecht, GRUR 1989, 461, GRUR 1990, 393 und GRUR 1991, 709; *Teplitzky* Zu Anforderungen an Meinungsforschungsgutachten, WRP 1990, 145; *Tiedtke* Rechtskraftwirkungen eines die negative Feststellungsklage abweisenden Urteils, JZ 1986, 1031; *Tiedtke* Zur Rechtskraft eines die negative Feststellungsklage abweisenden Urteils, NJW 1990, 1697; *Tilmann* Zum Anspruch auf Auskunftserteilung bei Warenzeichenverletzung II, GRUR 1990, 160; *Traub* Wettbewerbsrechtliche Verfahrenspraxis, 2. Aufl. (1991); *Zeuner* Zur Rechtskraftwirkung des Unterlassungsanspruchs für den nachfolgenden Schadensersatzprozeß – BGHZ 42, 340, JuS 1966, 147; zur ZPO-Kommentarliteratur vgl. die Literatur vor Rdn. 16.

1. Allgemeines

Das gerichtliche Verfahren endet in der Regel mit dem **Urteil**. Andere Beendigungs- **413**
gründe sind z. B. Klagerücknahme (vgl. Rdn. 267), Erledigung der Hauptsache, an die sich ein Kostenbeschluß nach § 91 a ZPO anschließt (vgl. Rdn. 268 ff), oder Vergleich (vgl. Rdn. 463 ff). Für das Urteil in **Wettbewerbsstreitigkeiten** gilt grundsätzlich nichts anderes als allgemein im Zivilprozeß. Maßgebend sind §§ 300 ff ZPO; insoweit wird auf die Kommentierungen zur ZPO verwiesen. Allerdings bestehen einige **Besonderheiten**, z. B. bei der Abfassung der Urteilsformel nach § 313 Abs. 1 Nr. 4 ZPO, auf die eingegangen werden soll.

2. Sachurteil und Prozeßurteil

Wie im allgemeinen Zivilverfahrensrecht kann auch ein Wettbewerbsprozeß *entwe-* **414**
der durch Prozeßurteil oder durch Sachurteil enden. Das Prozeßurteil weist die Klage als unzulässig ab, wenn eine Zulässigkeitsvoraussetzung fehlt, während das Sachurteil auf den materiell-rechtlichen Inhalt des Streites eingeht und entweder die Klage abweist oder ganz oder teilweise zuspricht[1402], je nachdem, ob der eingeklagte Anspruch begründet ist.

Ein **Prozeßurteil** kann in Wettbewerbsstreitigkeiten z. B. darauf beruhen, daß der Klageantrag nicht dem Bestimmtheitsgebot des § 253 Abs. 2 Nr. 2 ZPO entspricht (näher Rdn. 123) oder das angerufene Gericht nicht gemäß § 24 UWG zuständig ist[1403]. Das kommt freilich in der Praxis selten vor. Bei unbestimmter Antragsfassung wird und muß das Gericht von § 139 ZPO Gebrauch machen und auf eine genügend bestimmte Fassung hinwirken[1404]; zu einem Prozeßurteil wird es in solchen Fällen nur selten kommen. Stellt sich die Unbestimmtheit des Klageantrags erst in der Revisionsinstanz heraus, so würde eine Klageabweisung durch Prozeßurteil zu einem unbefriedigenden Ergebnis führen, wenn die angegriffene Werbung zweifelsfrei wettbewerbswidrig ist und die Klage daher materiell-rechtlich Erfolg haben würde[1405]. In

[1402] Näher MünchKommZPO/*Musielak* Vor § 300 Rdn. 2; *Zöller/Vollkommer* Vor § 300 Rdn. 5; *Grunsky* ZZP 80 (1967), 55.

[1403] Vgl. Großkomm/*Erdmann* § 24 Rdn. 13.

[1404] Näher Rdn. 96, 122; vgl. im übrigen *Teplitzky* Festschr. Oppenhoff (1985), 487, 488, 489 f; *Teplitzky*[6] Kap. 51 Rdn. 1 – 3.

[1405] BGH GRUR 1991, 254, 257 – *Unbestimmter Unterlassungsantrag I*. Vgl. demgegenüber aber BGH GRUR 1992, 561, 562 – *Unbestimmter Unterlassungsantrag II*.

solchen Fällen ist das Berufungsgericht aufzuheben und die Sache zurückzuverweisen, um dem Kläger Gelegenheit zu geben, einen sachdienlichen Antrag zu stellen. Dies gilt erst recht dann, wenn der Kläger den in höherer Instanz als unzulässig beanstandeten Antrag aufgrund von Hinweisen, Empfehlungen oder Ratschlägen der Vorinstanz formuliert und gestellt hatte. Denn dem Kläger kann nicht vorgehalten werden, daß er diesen Empfehlungen und Ratschlägen gefolgt ist. In einem solchen Fall muß ihm Gelegenheit gegeben werden, den förmlichen Mangel in einem zweiten Berufungsverfahren nachzubessern, seinen Antrag zu überprüfen, gegebenenfalls neu zu stellen und dazu sachdienlichen Vortrag zu halten[1406].

Auch die **Zuständigkeit** des angerufenen Gerichts wird in der Regel gegeben sein, zumal ein Wettbewerbsverstoß, wenn er überregional begangen wird, vor verschiedenen Gerichten verfolgt werden kann (vgl. § 24 Abs. 2 ZPO)[1407]. Auch Prozeßurteile wegen Fehlens des Rechtsschutzinteresses (vgl. etwa BGH GRUR 1987, 568 – *Gegenangriff* oder BGHZ 99, 340 = GRUR 1987, 402 – *Parallelverfahren*) kommen nur äußerst selten vor. In der Regel steht daher am Ende eines Wettbewerbsprozesses ein **Sachurteil**.

3. Sachurteil

415 a) **Unterlassung.** aa) **Abfassung des Urteilstenors.** Auf die Abfassung der Urteilsformel (§ 313 Abs. 1 Nr. 4 ZPO) im wettbewerblichen Unterlassungsprozeß muß besondere Sorgfalt gelegt werden[1408], da sie die Grundlage für die Vollstreckung bildet und sich danach der Umfang der Rechtskraft und der Vollstreckung richtet. Der Urteilstenor muß deswegen den Gegenstand des Verbots deutlich bezeichnen (§ 890 i.V.m. § 253 Abs. 2 Nr. 2 ZPO), um eine geeignete **Grundlage für das Vollstreckungsverfahren** bilden zu können[1409]. Es muß für beide Parteien, insbesondere für den Unterlassungsschuldner, eindeutig bestimmbar sein, welche Handlung er künftig zu unterlassen hat[1410]. Unklarheiten dürfen sich insoweit nicht ergeben. Nötigenfalls müssen zur **Auslegung** des Urteilstenors die **Entscheidungsgründe** und das **Klagevorbringen** herangezogen werden[1411], wobei allerdings einer erweiternden Auslegung im Hinblick auf den Sanktionscharakter der Ordnungsmittel des § 890 ZPO verhältnismäßig enge Grenzen gezogen sind[1412]. Ergeben auch sie keine Klarheit über den Umfang des Unterlassungsgebotes, so genügt der Urteilstenor nicht den Bestimmtheitsanforderungen[1413]. Das ist z. B. regelmäßig in Fällen anzunehmen, in denen der Urteilstenor eine bloße Wiedergabe des gesetzlichen Verbotstatbestandes (Gesetzeswiederholung) enthält. Ob ein Verhalten dem gesetzlichen Verbot unterfällt, darf nicht vom Erkenntnis- in das Vollstreckungs-

---

1406 BGH GRUR ebenda. Näher Rdn. 124.

1407 Vgl. näher Großkomm/*Erdmann* § 24 Rdn. 26 ff.

1408 Auf ein Beispiel einer unsorgfältigen Antragsfassung und Tenorierung weist *Teplitzky* GRUR 1991, 709, 712 Fußn. 48 im Zusammenhang mit BGH GRUR 1991, 929, 930 – *Fachliche Empfehlung II* hin. Weiteres Beispiel: BGH NJW 1992, 1691 – *Ortspreis*.

1409 BGH GRUR 1991, 138 – *Flacon*; BGH GRUR 1991, 254, 255 – *Unbestimmter Unterlassungsantrag I*; BGH NJW 1992, 1691 – *Ortspreis*; BGH GRUR 1992, 561, 562 – *Unbestimmter Unterlassungsantrag II*.

1410 BGH WRP 1989, 572, 574 – *Bioäquivalenz-Werbung* (insoweit in BGHZ 107, 136 nicht mitabgedruckt); *Teplitzky* GRUR 1989, 461, 467.

1411 BGH GRUR 1987, 172, 174 – *Unternehmungsberatungsgesellschaft I* (insoweit nicht in BGHZ 98, 330 mitabgedruckt); BGH GRUR 1987, 535, 536 – *Wodka „Woronoff"*; BGH GRUR 1989, 445 – *Professorenbezeichnung in der Arztwerbung I*; BGH GRUR 1989, 437 – *Erbensucher*; BGH GRUR 1990, 611, 616 – *Werbung im Programm* (insowet in BGHZ 110, 278 nicht mitabgedruckt); *Teplitzky* GRUR 1989, 461, 466 und GRUR 1990, 393, 396.

1412 BGH WRP aaO – *Bioäquivalenz-Werbung*; näher dazu *Teplitzky*[6] Kap. 57 Rdn. 8 u. 14 mit Fußn. 25.

1413 BGH NJW 1992, 1691, 1692 – *Ortspreis*.

verfahren verlagert werden[1414]. Umstände *außerhalb* des Urteils, wie etwa eine darin nicht zum Ausdruck gebrachte Meinung des Gerichts, dürfen nicht – auch nicht vom erkennenden Gericht selbst – zur Auslegung herangezogen werden[1415].

Bei der Abfassung der Urteilsformel (gemäß § 313 Nr. 1 Nr. 4 ZPO) ist das Gericht an die Anträge der anspruchstellenden Partei gebunden; es darf nicht etwas zusprechen, was die Partei nicht beantragt hat (§ 308 Abs. 1 S. 1 ZPO)[1416]. Es stellen sich daher bei der Formulierung des Urteilstenors dieselben Fragen und Probleme wie bei der **Antragsfassung.** Das gilt nicht nur für die hinreichende Bestimmtheit (§ 253 Abs. 2 Nr. 2 ZPO, Rdn. 101 f, 103 ff), sondern auch für die Erfüllung des Konkretisierungsgebotes (Rdn. 101 f, 125 ff), d. h. der möglichst genauen Bezugnahme auf die konkrete Verletzungshandlung. Dabei darf freilich der Tenor nicht so eng gefaßt sein, daß der Unterlassungsschuldner schon durch geringfügige Änderungen seiner Werbung dem Verbotstenor entschlüpft und der Verletzte einen neuen Unterlassungsprozeß anstrengen muß[1417]. Auch dies hängt freilich in erster Linie von der richtigen Fassung des Antrags ab. Der Kläger hat es daher selbst in der Hand, durch die richtige Erfassung dessen, was zur Unterlassung verurteilt werden soll, eventuelle spätere Schlupflöcher erst gar nicht entstehen zu lassen (näher Rdn. 102). Die Besonderheiten bei der Fassung des Unterlassungsantrages, insbesondere das Bestimmtheits- und das Konkretisierungsgebot, sind in Rdn. 103 ff, 125 ff ausführlich behandelt. Da die Grundsätze über die richtige Antragsfassung auch für die **Formulierung des Urteilstenors** gelten[1418], kann auf die dortige Kommentierung verwiesen werden. Dort ist auch jeweils auf die **prozessuale Behandlung im Urteil** eingegangen, vgl. insbesondere Rdn. 122 – 124, 149 – 153, 162 – 164 (letzteres für *Hilfsanträge*). **416**

bb) Zeitliche Begrenzung. Der Unterlassungstitel enthält grundsätzlich keine zeitliche Begrenzung. Er ist in die Zukunft gerichtet und gilt in der Regel zeitlich unbeschränkt, auch wenn die das Unterlassungsgebot tragende Rechtsgrundlage in vielen Fällen ihrer Natur nach zeitlich befristet ist[1419]. Dies gilt auch für den Fall, daß eine der materiell-rechtlichen Voraussetzungen nachträglich entfällt[1420]. Der Unterlassungsschuldner kann seinerseits Vollstreckungsabwehrklage nach § 767 ZPO oder Abänderungsklage nach § 323 ZPO erheben, wenn ein solcher Fall eintritt[1421]. **417**

Wenn aber der materielle Unterlassungsanspruch *von vorneherein zeitlich begrenzt* ist, d. h. wenn sich die Schutzdauer im Zeitpunkt der letzten mündlichen Verhandlung bestimmen läßt, kann nur ein entsprechend **zeitlich begrenzter Unterlassungstitel** ausgesprochen werden (näher Rdn. 154 ff). Die zeitliche Begrenzung ist **in den Titel aufzunehmen,** auch wenn ein zeitlich unbegrenzter Antrag gestellt war[1422]. Das ist z. B. in der BGH-Entscheidung *Modeneuheit*[1423] geschehen (nicht dagegen in der

[1414] BGH NJW aaO – *Ortspreis.* Vgl. auch Rdn. 110 ff mit weiteren Nachweisen.

[1415] BGH GRUR 1992, 525, 526 – *Professorenbezeichnung in der Arztwerbung II*; *Teplitzky*[6] Kap. 57 Rdn. 5.

[1416] BGH NJW 1991, 1683, 1684; BGH GRUR 1992, 552, 554 – *Stundung ohne Aufpreis*; MünchKommZPO/*Musielak* § 308 Rdn. 5 ff; *Zöller/Vollkommer* § 308 Rdn. 2 ff; *Baumbach/Hefermehl* Einl. UWG Rdn. 478.

[1417] BGHZ 5, 189, 193 = GRUR 1952, 577, 579 – *Zwillings-Zeichen*; *Baumbach/Hefermehl* aaO Rdn. 480.

[1418] Vgl. *Baumbach/Hefermehl* aaO Rdn. 478; *Teplitzky*[6] Kap. 57 Rdn. 9 – 11.

[1419] *Baumbach/Hefermehl* Einl. UWG Rdn. 483; *Melullis* Rdn. 163; § 1 Rdn. 517; *Körner* GRUR 1985, 909.

[1420] *Baumbach/Hefermehl* aaO Rdn. 483.

[1421] *Baumbach/Hefermehl* ebenda und § 1 Rdn. 517; *Körner* GRUR aaO 517; *Krüger* GRUR 1986, 115, 125.

[1422] Näher Rdn. 155. Kritisch *Baumbach/Hefermehl* ebenda und *Krüger* GRUR ebenda, die den Verletzer auf eine Vollstreckungsabwehrklage nach § 767 ZPO bzw. eine Abänderungsklage nach § 323 ZPO verweisen wollen. Ebenso OLG Düsseldorf GRUR 1983, 748.

[1423] BGH GRUR 1973, 478 m. Anm. *U. Krieger.*

Entscheidung *Hemdblusenkleid*[1424]), ferner in Instanzgerichtsentscheidungen z. B. für Videospiele (vgl. näher Rdn. 154 – 156). Unterbleibt eine solche zeitliche Begrenzung im Tenor, so kann sich der Verletzer nach Ablauf der Schutzdauer mit der Vollstreckungsabwehrklage nach § 767 ZPO (wenn weiter vollstreckt wird) oder der Abänderungsklage nach § 323 ZPO helfen[1425].

418 cc) **Kerntheorie**[1426]. Der Unterlassungstitel bildet die Grundlage für die Vollstreckung, die regelmäßig nach § 890 ZPO vorzunehmen ist. Ob eine nach dessen Erlaß begangene Handlung unter den *Titel* fällt, also in dessen **Verbotsbereich** liegt, ist nach Inhalt und Umfang des im Titel ausgesprochenen Verbotes zu bestimmen, nötigenfalls durch Auslegung[1427] und unter Heranziehung der Entscheidungsgründe[1428]. Zweifelsfrei werden diejenigen Handlungen erfaßt, die mit dem im Titel ausgesprochenen Verbot *identisch* sind, also z. B. die *Fortsetzung* der verbotenen Werbung ohne Rücksicht auf den Titel[1429]. Darüber hinaus erstreckt sich der Schutzumfang des Titels auch auf solche Handlungen, die von der Verbotsform *nur unerheblich abweichen* und deshalb vom Verkehr als *gleichwertig* angesehen werden[1430], und schließlich auf alle abweichenden Handlungen, die den **Kern der Verletzungshandlung** unberührt lassen, in diesem Kernbereich liegen und daher implizit bereits Gegenstand der Prüfung im Erkenntnisverfahren waren[1431]. Es geht dabei in erster Linie um ein *vollstreckungsrechtliches Problem*. Wegen Einzelheiten wird verwiesen auf Großkomm/*Jestaedt* Vor § 13, E, Rdn. 22 ff.

419 dd) **Ordnungsmittelandrohung.** Der Unterlassungstitel enthält regelmäßig gleichzeitig eine **Ordnungsmittelandrohung.** Sie ist für die spätere Festsetzung von Ordnungsmitteln bei Verstoß gegen den Titel erforderlich, also erste Vollstreckungsvoraussetzung[1432]. Sie wird nur auf **Antrag** des Unterlassungsgläubigers ausgesprochen, den dieser regelmäßig zusammen mit seinem Unterlassungsantrag stellt (näher Rdn. 165 ff). Ist nur *Ordnungsgeldandrohung* beantragt, so hat das Gericht Ersatzordnungshaft von Amts wegen anzudrohen.[1433]

420 Nach herrschender Meinung[1434] **muß** im Titel der gesetzliche Rahmen der Ordnungsmittelandrohung enthalten sein, also **Art und Höchstmaß** des Ordnungsmittels

---

[1424] BGH GRUR 1984, 453 m. Anm. *Jacobs*; wohl deswegen keine Aufnahme in den Tenor, weil das Berufungsurteil aufgehoben und zurückverwiesen wurde.

[1425] So OLG Düsseldorf GRUR 1983, 748; *Baumbach/Hefermehl* § 1 Rdn. 517; *Körner* GRUR aaO 517; *Krüger* GRUR aaO 125.

[1426] Vgl. näher Rdn. 102 Fußn. 315, Rdn. 130. Zum Begriff *„Kerntheorie"* Rdn. 130.

[1427] BGH WRP 1989, 572, 574 – *Bioäquivalenz-Werbung* (insoweit in BGHZ 107, 136 nicht mitabgedruckt). Näher oben Rdn. 415.

[1428] Vgl. oben Rdn. 415 und die in Fußn. 1411 aufgeführten BGH-Entscheidungen; Großkomm/*Jestaedt* Vor § 13, E, Rdn. 22.

[1429] Großkomm/*Jestaedt* aaO Rdn. 23.

[1430] OLG Frankfurt/M. WRP 1972, 451; Großkomm/*Jestaedt* ebenda.

[1431] BGHZ 5, 189, 193 f = GRUR 1952, 577, 579 – *Zwillings-Zeichen*; OLG Frankfurt/M. WRP 1972, 451; OLG Frankfurt/M. GRUR 1979, 75; OLG Frankfurt/M. NJW-RR 1989, 169; OLG München WRP 1971, 332; OLG Koblenz WRP 1981, 332, 333; OLG Köln WRP 1989, 334, 335 m. Anm. *Teplitzky*; OLG Stuttgart WRP 1989, 276, 277; *Baumbach/Hefermehl* Einl. UWG Rdn. 485, 581; Großkomm/*Jestaedt* ebenda m. weit. Nachweisen; *Stein/Jonas/Münzberg* § 890 Rdn. 33; *Teplitzky*[6] Kap. 51 Rdn. 13 ff und besonders Kap. 57 Rdn. 11 – 16. Vgl. auch oben Rdn. 130.

[1432] Vgl. Großkomm/*Jestaedt* aaO Rdn. 15.

[1433] BGH, Urt. v. 21. 5. 1992 – I ZR 9/91 – sub II 56 – *Kilopreise III*; Großkomm/*Jestaedt* Vor § 13, E, Rdn. 62; *Stein/Jonas/Münzberg*, § 890 Rdn. 35; *Teplitzky*[6] Kap. 57 Rdn. 25; *Baumbach/Lauterbach/Albers/Hartmann* § 890 Anm. 3 C.

[1434] OLG Düsseldorf MDR 1977, 412, 413; OLG Köln WRP 1979, 667; OLG Hamm NJW 1980, 1289; OLG Koblenz WRP 1982, 454; *Stein/Jonas/Münzberg* § 890 Rdn. 14 m. weit. Nachweisen in Fußn. 73; *Zöller/Stöber* § 890 Rdn. 12; Großkomm/*Jestaedt* aaO Rdn. 17 m. weit. Nachweisen in Fußn. 23; *Baumbach/Hefermehl* Einl. UWG Rdn. 579; *Teplitzky*[6] Kap. 57 Rdn. 25; **a. A.** OLG München WRP 1980, 356 (in ständ. Rechtsprechung) und oben Rdn. 165 Fußn. 506.

konkret angegeben werden, und zwar Ordnungshaft *alternativ* („*oder*") neben Ordnungsgeld[1435]. Die Androhung von Ordnungsmitteln „*in gesetzlicher Höhe*", „*in gesetzlich zulässigem Rahmen*", „*bis zur gesetzlich zulässigen Höhe*" soll nicht ausreichen; derartige Formulierungen sollen die Androhung unwirksam machen[1436]. Die herrschende Meinung stützt sich auf den **Wortlaut** des § 890 Abs. 2 ZPO; danach muß der Verurteilung „eine entsprechende Androhung" vorausgehen. Außerdem wird angeführt, der Unterlassungsschuldner müsse über das mögliche Ausmaß der „repressiven Rechtsfolgen", nämlich über die Höhe des Ordnungsgeldes bis zu 500 000 DM und Ordnungshaft bis zu 2 Jahren unterrichtet werden[1437].

Diese Gesichtspunkte überzeugen nicht. Der Wortlaut des § 890 Abs. 2 ZPO ist nicht eindeutig. Während früher allgemein von „Strafandrohung" gesprochen war[1438], heißt es zwar jetzt „entsprechende Androhung", doch ist damit lediglich eine sprachliche Anpassung – ohne sachliche Änderung – vorgenommen worden[1439]. Eine „*entsprechende Androhung*" wäre auch eine solche, die lediglich auf das „gesetzlich zulässige Höchstmaß" der Ordnungsmittel hinweist[1440]. Sinn und Zweck der Vorschrift zwingen ebenfalls nicht dazu, Art und Höchstmaß der Ordnungsmittel konkret zu benennen, um den Unterlassungsschuldner die schweren Folgen eines Verstoßes vor Augen zu führen. Diese Argumentation verkennt den Charakter der Ordnungsmittel als *Beugemittel*; sie sind nicht „Strafe"[1441]. Daß Urteile staatlicher Gerichte zu beachten sind und nicht folgenlos mißachtet werden können, ist Gemeingut. Es kann daher für die „entsprechende Androhung" gemäß § 890 Abs. 2 ZPO nur darauf ankommen, entweder eine **konkrete Höhe** z. B. des Ordnungsgeldes anzudrohen, die sich **innerhalb des gesetzlichen Rahmens** bewegt – dies ist zulässig[1442], muß aber vom Unterlassungsgläubiger beantragt werden, was in der Praxis nur selten vorkommt –, oder **allgemein** für den Fall der Zuwiderhandlung auf die **Verhängung von Ordnungsmitteln** und deren Höchstbegrenzung hinzuweisen. Auch bei *Strafnormen* ergeben sich die Höchstgrenzen für Sanktionen unmittelbar aus dem Gesetz. Es ist nicht einzusehen, weswegen demgegenüber bei *Ordnungsmitteln* die Nennung im Gesetz (§ 890 Abs. 1 ZPO) nicht ausreichen soll. Die Praxis lehrt, daß die Nennung der Höchstgrenzen im Urteil weit häufiger zu **Mißverständnissen** führt, als daß sie aufklärend wirkt: Nicht wenige Unterlassungsschuldner glauben, daß schon ein einmaliger Verstoß, auf den sie mitunter wenig oder gar keinen Einfluß haben, zu einer „Strafe" von einer halben Million DM führt, und sie empfinden dies – zu Recht – als völlig unangemessen[1443]. Demgegenüber weiß *jeder* Unterlassungsschuldner, daß er ein Ordnungsmittel in angemessener Höhe riskiert, wenn er gegen einen gerichtlichen Unterlassungstitel verstößt. Sinn und Zweck der Vorschrift, den Schuldner zu warnen, werden deswegen hinreichend erfüllt, wenn sich die **Androhung** im Urteil **allgemein** auf „*Ordnungsmittel in angemessener*

1435 Großkomm/*Jestaedt* aaO Rdn. 18.

1436 *Stein/Jonas/Münzberg* ebenda; Großkomm/*Jestaedt* ebenda; **a. A.** OLG München WRP 1980, 356.

1437 Vgl. z. B. OLG Hamm NJW 1980, 1289.

1438 Der Wortlaut ist durch Art. 98 Nr. 15 EGStGB vom 2. 3. 1974 geändert worden, BGBl. I 469, 561; vgl. Großkomm/*Jestaedt* aaO Rdn. 7.

1439 Näher dazu OLG Hamm NJW aaO.

1440 Das räumt auch die hM ein, vgl. z. B. OLG Hamm NJW ebenda.

1441 Nach BVerfGE 58, 159, 163 = NJW 1981, 2457 sollen sich in § 890 ZPO auch nach der Novellierung weiterhin *strafrechtliche Elemente* finden. Dem folgt eine verbreitete Ansicht, vgl. näher *Stein/Jonas/Münzberg* aaO Rdn. 3 m. Nachw. in Fußn. 15. Indessen überwiegt nur bei **§ 890 Abs. 1 ZPO der repressive Charakter der Rechtsfolgen** für einen begangenen Ordnungsverstoß, während bei der Androhung nach **Abs. 2** der **Beugecharakter** im Vordergrund steht; vgl. näher Großkomm/*Jestaedt* aaO Rdn. 7 ff; *Stein/Jonas/Münzberg* aaO Rdn. 3; *Baumbach/Hefermehl* aaO Rdn. 575; *Jestaedt* WRP 1981, 433, 435.

1442 Vgl. OLG Hamm NJW-RR 1988, 960; Großkomm/*Jestaedt* aaO Rdn. 17.

1443 Vgl. Rdn. 165 Fußn. 506 aE.

Höhe", auf „*Ordnungsmittel in gesetzlich zulässiger*" oder „... *im gesetzlichen Rahmen*" beschränken würde[1444].

421 Die Androhung von ersatzweise zu vollziehender Ordnungshaft ist gegen die **Geschäftsführer** einer GmbH zulässig[1445]. Hat die GmbH mehrere Geschäftsführer, so entspricht die Androhung gegen „*die Geschäftsführer*" dem Bestimmtheitsgebot; denn eine solche Androhung richtet sich eindeutig gegen *sämtliche* Geschäftsführer, und jeder von ihnen kommt für eine künftige Zuwiderhandlung in Betracht[1446].

422 Zur Ordnungsmittelandrohung bei einem Unterlassungstitel gegen einen **Ausländer** oder ein **im Ausland ansässiges Unternehmen** vgl. oben Rdn. 168 f und Großkomm/*Jestaedt* Vor § 13, E, Rdn. 19.

423 ee) **Aufbrauchsfrist.** Die sofortige Durchsetzung eines Unterlassungstitels führt oftmals zu erheblichen Nachteilen und wirtschaftlich unsinniger Verschwendung von Vermögenswerten bzw. Investitionen, beispielsweise wenn noch Bestände an Waren, Ausstattungen, Werbematerialien, Geschäftspapieren, Etiketten etc. vorhanden sind und diese ab sofort nicht mehr verwendet werden dürfen, also vernichtet werden müssen. In solchen Fällen kann das Gericht dem Verletzer die **befristete** Möglichkeit einräumen, die **Vorräte aufzubrauchen,** sofern das Interesse des Verletzten an einer sofortigen und radikalen Unterlassung nicht überwiegt[1447]. Häufig wird die Zubilligung einer solchen Frist vom Verletzer beantragt. Doch ist ein **Antrag nicht erforderlich;** das Gericht hat **von Amts wegen** zu prüfen und zu entscheiden, ob dem Beklagten eine Aufbrauchsfrist gewährt wird[1448]. Dazu muß der Beklagte allerdings substantiiert vortragen, woraus sich sein Interesse an einer solchen Frist ergibt.[1449] Eingehend zum Rechtscharakter, zu den Voraussetzungen, den Folgen, der Dauer und der prozessualen Behandlung der Aufbrauchsfrist vgl. Rdn. 175 ff.

424 ff) **Veröffentlichungsbefugnis.** Nach § 23 Abs. 2 UWG kann der obsiegenden Partei im Urteil in einer Wettbewerbssache die Befugnis zugesprochen werden, den verfügenden Teil des Urteils innerhalb bestimmter Frist auf Kosten der unterliegenden Partei öffentlich bekanntzumachen[1450]. Das Gericht kann die Veröffentlichungsbefugnis inhaltlich auf den für eine Störungsbeseitigung maßgeblichen und ausreichenden Teil des Unterlassungsanspruchs beschränken[1451]. Wegen Einzelheiten wird verwiesen auf Rdn. 170 ff und Großkomm/*Teplitzky* § 23 Rdn. 14 ff.

425 b) **Beseitigung.** Im Wettbewerbsprozeß, der ganz oder teilweise auf die *Beseitigung einer fortdauernden Störung* gerichtet ist, muß sich die Urteilsformel ebenfalls an den Anträgen des Gläubigers orientieren (§ 308 Abs. 1 S. 1 ZPO). Wegen Besonderheiten der Antragsfassung und damit auch der Urteilsformel wird verwiesen auf Rdn. 198 ff.

1444 Wie hier OLG München WRP 1980, 356; Formular-Komm/*Jacobs* Form. 3.620 Anm 17 und oben Rdn. 165 Fußn. 506.

1445 BGH GRUR 1991, 929, 931 – *Fachliche Empfehlung II*; *Stein/Jonas/Münzberg* § 890 Rdn. 1; *Zöller/Stöber* § 890 Rdn. 6. Das BVerfG hat diese Auffassung als *verfassungsrechtlich unbedenklich* angesehen, BVerfGE 20, 323, 355 f.

1446 BGH GRUR 1991, 929, 931 – *Fachliche Empfehlung II*; *Teplitzky* GRUR ebenda; **a. A.** *Borck* GRUR 1991, 428, 431.

1447 BGH GRUR 1960, 563, 567 – *Sektwerbung*; BGH GRUR 1966, 495, 498 – *UNIPLAST*; BGH GRUR 1982, 420, 423 – *BBC/DDC*; BGH GRUR 1982, 425, 431 – *Brillen-Selbstabgabestellen*; BGH GRUR 1985, 930, 932 – *JUS-Steuerberatungsgesellschaft*; BGHZ 110, 156, 175 = GRUR 1990, 522, 528 – *HBV-Familien- und Wohnungsrechtsschutz*.

1448 BGH GRUR aaO – *Sektwerbung*; BGH GRUR 1961, 283 – *Mon Cheri II*; BGH GRUR aaO – *BBC/DDC*; BGH GRUR aaO – *JUS-Steuerberatungsgesellschaft*. Vgl. im einzelnen Rdn. 189, 190.

1449 BGH GRUR aaO – *BBC/DDC*.

1450 Vgl. näher Rdn. 170 ff, 222 und Großkomm/*Teplitzky* § 23 Rdn. 14 ff.

1451 BGH GRUR 1992, 527, 529 – *Plagiatsvorwurf II*.

c) **Auskunft und Rechnungslegung.** Mit dem wettbewerbsrechtlichen Unterlassungsantrag wird im Wettbewerbsprozeß vielfach ein Auskunfts- und Rechnungslegungsanspruch verbunden, der der Berechnung eines bezifferten Schadensersatzanspruchs dient (näher Rdn. 225 ff). Auch insoweit muß sich die Urteilsformel an die gestellten Anträge anlehnen und darf nicht mehr oder etwas anderes zusprechen, als der Gläubiger begehrt (§ 308 Abs. 1 S. 1 ZPO). Wegen des Antrags auf Auskunftserteilung und auf Rechnungslegung, seine Bestimmtheit und Konkretisierung wird auf Rdn. 225 ff verwiesen. Zur **Grundauskunft** vgl. Rdn. 229. **426**

Die **Art und Weise** der Auskunft und/oder der Rechnungslegung sind im Urteilstenor zu ***konkretisieren***. Der Tenor muß eine geeignete Grundlage für die Vollstreckung sein. Das ist er nur dann, wenn der Schuldner weiß, worüber und mit welchen Angaben er im einzelnen Auskunft geben oder Rechnung legen muß.

Die Auskunftspflicht ist, wenn das *Geheimhaltungsinteresse* des Schuldners dies erfordert und eine *Interessenabwägung* dies rechtfertigt, vom Gericht mit einem sogenannten **Wirtschaftsprüfervorbehalt** auszusprechen[1452]. Dazu bedarf es zwar *keines Antrags*, auch *keines Hilfsantrags des Schuldners*; denn Inhalt, Art und Umfang des Auskunftsanspruches bestimmen sich nach dem Ergebnis einer Abwägung der beiderseitigen Interessen. Doch ist es Sache des Beklagten, der eine solche Beschränkung erstrebt, die *Umstände vorzutragen*, die es bei der Abwägung rechtfertigen, einen Wirtschaftsprüfervorbehalt aufzunehmen[1453]. Denn es kann *nicht* davon ausgegangen werden, daß der Vorbehalt als das den Verletzer am wenigsten belastende Mittel grundsätzlich immer auszusprechen ist. Dem steht das **erhebliche Interesse des Verletzten** gegenüber nicht nur über die Verletzung selbst, sondern auch deren Ausmaß und Umfang und damit über den Verletzungsbereich unterrichtet zu werden[1454]. Näher dazu Rdn. 231. **427**

Der **zeitliche Umfang** der Auskunft, die der Gläubiger verlangen kann, ist streitig. In der jüngeren Rechtsprechung des BGH wird ein Auskunftsanspruch erst ab der ersten konkreten Verletzungshandlung zugebilligt[1455]. Wegen Einzelheiten wird auf Rdn. 229, 233 verwiesen. In die Urteilsformel ist in jedem Fall aufzunehmen, **ab wann** der Gläubiger Auskunft und/oder Rechnungslegung verlangen kann. **428**

Ist der Rechnungslegungsanspruch – wie in der Praxis häufig – mit dem Anspruch auf Unterlassung und Schadensersatz, bei letzterem auch durch Stufenklage nach § 254 ZPO (vgl. Rdn. 246), anhängig gemacht, so bildet der **Schadensersatzanspruch** einen **selbständigen rechtshängigen Anspruch**; er ist nicht von dem Rechnungslegungsanspruch abhängig[1456]. Wird dieser abgewiesen, weil das Gericht die gelegte Rechnung oder einen bereits bezahlten Anspruch als Erfüllung ansieht, so führt das nicht notwendig auch zur Abweisung des Schadensersatzanspruchs. Vielmehr ist zunächst über den Anspruch auf Rechnungslegung durch *Teilurteil* zu entscheiden, nicht auch über den Ersatzanspruch, zumal sich im Verfahren auf Abgabe der Versicherung neue, weitere **429**

1452 BGH GRUR 1962, 354, 357 – *Furniergitter*; BGH GRUR 1976, 367, 368 – *Ausschreibungsunterlagen*; BGH GRUR 1978, 52, 53 – *Fernschreibverzeichnisse*; BGH GRUR 1981, 535 – *Wirtschaftsprüfervorbehalt*; BGH GRUR 1992, 117, 118 – *IEC Publikation*; Großkomm/*Köhler* Vor § 13, B, Rdn. 413; *Teplitzky*[6] Kap. 38 Rdn. 28–32; *Baumbach/Hefermehl* Einl. UWG Rdn. 404. Vgl. auch oben Rdn. 231.

1453 BGH GRUR aaO – *Wirtschaftsprüfervorbehalt.*

1454 BGH GRUR aaO – *Ausschreibungsunterlagen*; BGH GRUR aaO – *Fernschreibverzeichnisse*; BGH GRUR aaO – *Wirtschaftsprüfervorbehalt.*

1455 BGH GRUR 1988, 307, 308 – *Gaby*; BGH GRUR 1992, 523, 525 – *Betonsteinelemente*; zustimmend *Teplitzky*[6] Kap. 38 Rdn. 7; *Teplitzky* GRUR 1991, 709, 711; kritisch *U. Krieger* GRUR 1989, 802, 803; *Tilmann* GRUR 1990, 160 ff.

1456 RGZ 108, 1, 5; BGH GRUR 1958, 149, 150 – *Bleicherde* m. Anm. *Bußmann*; *Baumbach/Hefermehl* aaO Rdn. 489.

Ansprüche rechtfertigende Gesichtspunkte ergeben können[1457]. Der Schadensersatzanspruch ist in diesem Fall, wenn der Verletzte mit seinem Anspruch auf Rechnungslegung nicht durchdringt, als **Feststellungsanspruch** zu werten[1458]. Umgekehrt ist aber der Rechnungslegungsanspruch abzuweisen, wenn der Schadensersatzanspruch unbegründet ist und abgewiesen wird[1459].

430 d) **Schadensersatzfeststellung.** Die Schadensersatzpflicht des Verletzers kann dann im Urteilstenor festgestellt werden, wenn **Schadensfolgen** aufgrund der beanstandeten Handlung *wahrscheinlich* sind[1460]. Auf Rdn. 389 wird verwiesen. Bei der Abfassung der Urteilsformel ergeben sich keine Besonderheiten. Zu beachten ist allerdings, daß ein **begrenzter zeitlicher Umfang** der Schadensersatzpflicht, bezogen auf die Vergangenheit (vgl. dazu Rdn. 417), im Urteilstenor ausgesprochen werden muß.

Die **Art des Schadensersatz** – Lizenzanalogie, Herausgabe des Verletzergewinns, Ersatz des dem Geschädigten entgangenen Gewinns[1461] – wird im Feststellungstenor **nicht festgelegt.** Der Tenor umfaßt alle drei alternativen Berechnungsmöglichkeiten. Der Geschädigte kann von seiner Wahlmöglichkeit **bis zur letzten mündlichen Verhandlung** über den *bezifferten* Schadensersatz (Zahlungsantrag) Gebrauch machen (keine Klageänderung)[1462]; die Wahlschuldregeln des § 263 BGB sind nicht anwendbar[1463].

Zum Feststellungsausspruch, wenn der Kläger einen unbezifferten Klageantrag stellt, vgl. Rdn. 245, 393 ff. und 431.

431 e) **Zahlung.** Bei der Abfassung des Urteilstenors eines Zahlungsanspruchs ergeben sich in Wettbewerbsstreitigkeiten keine Besonderheiten gegenüber dem allgemeinen Zivilverfahrensrecht. Soweit der Kläger ausnahmsweise keinen bezifferten Zahlungsantrag stellt, weil er die Bezifferung der richterlichen Schätzung (§ 287 ZPO) überlassen will, und er die nötigen tatsächlichen Grundlagen vorträgt, die eine Schätzung ermöglichen, setzt das Gericht den ihm angemessenen Betrag im Urteilstenor fest. Kann oder soll das Gericht eine Schätzung nicht vornehmen, ist der unbezifferte Zahlungsantrag als **Feststellungsantrag** zu verstehen und hat das Gericht im Urteilstenor auf Feststellung zu erkennen (näher oben Rdn. 244, 245).

4. Teilurteil

432 Die Zulässigkeit eines Teilurteils bestimmt sich nach § 301 ZPO. Insoweit wird auf die Kommentierungen zur ZPO verwiesen. Sind in einer Klage *mehrere* wettbewerbsrechtliche Ansprüche geltend gemacht, so darf ein Teilurteil über einen oder einige dieser Ansprüche nur ergehen, wenn **kein untrennbarer Zusammenhang** mit den anderen Ansprüchen besteht, vor allem mit Rücksicht auf die Möglichkeit einer abweichenden Entscheidung in der Rechtsmittelinstanz[1464]. Die Gefahr einander widersprechender Entscheidungen muß ausgeschlossen sein; das setzt voraus, daß die Entscheidung über den Teil nicht davon abhängt, wie der Streit über den Rest ausgeht.

Über eine **unselbständige Anschlußberufung** kann nicht durch Teilurteil vorab entschieden werden, weil – jedenfalls theoretisch – möglich ist, daß die Berufung

---

1457 BGH GRUR aaO 151 – *Bleicherde.*

1458 RGZ ebenda.

1459 RGZ ebenda; *Baumbach/Hefermehl* ebenda.

1460 BGH GRUR 1992, 559 – *Mikrofilmanlage* (für Feststellungsinteresse reicht schon aus, daß Schadensfolgen ernsthaft möglich sind); vgl. *Teplitzky* GRUR 1991, 709, 715.

1461 Näher Großkomm/*Köhler* Vor §13, B, Rdn. 321 ff.

1462 BGH WRP 1992, 700, 703 – *Tchibo/Rolex II*; OLG Köln GRUR 1991, 60, 61; vgl. im einzelnen Großkomm/*Köhler* aaO Rdn. 350.

1463 BGHZ 44, 372 – GRUR 1966, 375, 379 – *Meßmer-Tee II*; BGH GRUR 1977, 539, 542 – *Prozeßrechner*; Großkomm/*Köhler* ebenda.

1464 BGH GRUR 1961, 85, 87 – *Pfiffikus-Dose*; *Baumbach/Hefermehl* aaO Rdn. 482.

als unzulässig verworfen oder mit Zustimmung des Gegners (§ 515 Abs. 1 ZPO) zurückgenommen wird und die Anschlußberufung dadurch ihre Wirkung verliert (§ 522 Abs. 1 ZPO)[1465].

Ein Teilurteil ist **zulässig,** wenn es den geltend gemachten Unterlassungsanspruch in einem **örtlich begrenzten Bereich** für begründet, dessen Begründetheit außerhalb dieses Bereichs aber für aufklärungsbedürftig hält[1466]. Über den entscheidungsreifen Teil kann es vorab entscheiden, wenn die getroffene räumliche Abgrenzung (dort: OLG-Bezirk Köln) sowohl für den Beklagten als auch für das Vollstreckungsgericht unschwer feststellbar ist[1467]. **433**

5. Rechtskraftwirkung

a) **Leistungsurteil.** Die Rechtskraft eines Urteils erstreckt sich nur so weit, als über den durch die Klage oder die Widerklage erhobenen Anspruch **entschieden** ist (§ 322 Abs. 1 ZPO). Sie wirkt nur *inter partes* hinsichtlich desselben Streitgegenstandes. Sie steht daher der Klage eines Dritten wegen derselben Verletzungshandlung nicht entgegen[1468]. **434**

Umstritten ist, ob sich die Rechtskraft des auf **Unterlassung** gerichteten Titels **auf den Schadensersatzprozeß auswirkt.** Das RG hatte die Rechtskrafterstreckung auf den Schadensersatzprozeß verneint[1469], weil es sich bei der Feststellung der Rechtswidrigkeit nur um ein den Anspruch bedingendes Rechtsverhältnis handele und der Schadensersatzanspruch durch das Bestehen des Unterlassungsanspruchs eben nicht bedingt sei. Der BGH hat die Frage für den **gesetzlichen** Unterlassungsanspruch aus Verletzung von Schutzrechten oder wegen Wettbewerbsverstoßes ausdrücklich offen gelassen[1470]. Dagegen hat er sie für einen auf einer **vertraglichen** Unterlassungspflicht beruhenden Titels auf den Schadensersatzprozeß jedenfalls für die Zeit ab Erhebung der Unterlassungsklage **bejaht**[1471], sie ergibt sich aus der *Feststellungswirkung* des Unterlassungstitels, die eine nochmalige Verhandlung und Entscheidung über diese Rechtsfolge (Unterlassungspflicht) unzulässig macht[1472]. **435**

Diese Rechtsprechung muß auch für einen rechtskräftigen Titel gelten, der den Verletzer aufgrund einer **gesetzlichen** Unterlassungspflicht verurteilt hat. Insoweit zwischen vertraglichem und gesetzlichem Unterlassungsgrund zu unterscheiden, besteht kein nachvollziehbarer Grund. In beiden Fällen geht es darum, daß sich die Feststellungswirkung des Unterlassungstitels auch auf den Schadensersatzanspruch erstreckt, sofern im Unterlassungsprozeß über die Rechtswidrigkeit der beanstandeten Handlung entschieden worden ist. Die Feststellungswirkung greift sowohl positiv wie negativ ein: Ist die Unterlassungsklage rechtskräftig abgewiesen, weil die beanstandete Handlung nicht rechtswidrig war, so kann kein Schadensersatz zugesprochen werden. Mit

---

[1465] BGHZ 20, 311, 312.

[1466] BGH GRUR 1986, 469, 470 – *Stangenglas II* (Bekanntheit der Kölsch-Stange im OLG Bezirk Köln erwiesen, darüber hinaus nicht); *Baumbach/Hefermehl* ebenda.

[1467] BGH GRUR aaO – *Stangenglas II.*

[1468] Allerdings kann die Klage eines Dritten, wenn gegen den Verletzer wegen desselben Wettbewerbsverstoßes schon ein rechtskräftiger Titel vorliegt, wegen *Fehlens der Wiederholungsgefahr* unbegründet sein; eingehend dazu Großkomm/*Köhler* Vor § 13, B, Rdn. 73, der zutreffend – wie bei der Mehrfachabmahnung – auf die Umstände des Einzelfalls, insbesondere die Person des Klägers und des Beklagten und die Beziehungen zueinander abstellt, und – grundsätzlich eher ablehnend, jedenfalls sehr stark einschränkend – *Teplitzky*[6] Kap. 7 Rdn. 13 ff.

[1469] RGZ 160, 163, 166; RG GRUR 1940, 196.

[1470] BGH GRUR 1984, 820, 825 – *Intermarkt II.*

[1471] BGHZ 42, 340, 353 f = GRUR 1965, 327, 330 – *Gliedermaßstäbe* m. Anm. *Reimer.*

[1472] BGHZ aaO 354 = GRUR aaO 330 – *Gliedermaßstäbe.*

der überwiegenden Meinung in der Literatur ist daher die *Rechtskraftwirkung* des Unterlassungstitels, wenn er auf einer *gesetzlichen Unterlassungspflicht* beruht, zu *bejahen*[1473]. Eine *Begrenzung* auf die Zeit ab Erhebung der Unterlassungsklage mag bei einer vertraglichen Unterlassungspflicht geboten sein. Bei einem gesetzlichen Unterlassungsgebot ist sie überflüssig; denn die festgestellte – oder verneinte – Rechtswidrigkeit bezieht sich auf die Verletzungshandlung insgesamt, nicht erst auf die Verletzungshandlung ab Erhebung der Unterlassungsklage. Der Schuldner kann im Schadensersatzprozeß, wenn er rechtskräftig zur Unterlassung verurteilt worden ist, nur noch geltend machen, daß ihn kein Verschulden trifft, jedenfalls nicht vor Abmahnung oder Erhebung der Unterlassungsklage, oder der Ersatzanspruch ganz oder teilweise verjährt ist[1474].

436 b) **Feststellungsurteil.** Wird die Feststellungsklage, gleich ob es sich um eine positive oder negative handelt, aus prozeßrechtlichen Gründen als **unzulässig** abgewiesen, etwa weil das Feststellungsinteresse fehlt, so erzeugt dieses Urteil keine materielle Rechtskraft[1475]. Die Feststellungsklage kann wiederholt werden, wenn der prozeßrechtliche Grund, der zur Abweisung geführt hat, beseitigt ist, z. B. das Feststellungsinteresse mit neu entstandenen Tatsachen substantiell anders begründet wird[1476].

Wird dagegen über die Feststellungsklage materiell-rechtlich entschieden, so ist zwischen positiver und negativer Feststellungsklage und zwischen Erfolg und Abweisung der Klage zu differenzieren.

437 Wird die **positive Feststellungsklage** zugesprochen, hat sie also *Erfolg*, so steht damit zwischen den Parteien das Rechtsverhältnis, das Gegenstand der Klage war (z. B. die Schadensersatzpflicht des Beklagten), rechtskräftig fest[1477]. Wird sie aus *sachlichen Gründen* rechtskräftig *abgewiesen*, so steht zwischen den Parteien das Nichtbestehen des Rechtsverhältnisses (Anspruchs) fest[1478]. Der Kläger kann dann zwar zulässigerweise Leistungsklage erheben, da die Streitgegenstände nicht identisch sind. Die Rechtskraft hindert aber, daß der Klagegrund nochmals geprüft wird, so daß die Leistungsklage als unbegründet abgewiesen werden muß[1479].

438 Hat die **negative Festellungsklage** *Erfolg*, so steht damit zwischen den Parteien rechtskräftig fest, daß der ursprünglich geltend gemachte Anspruch nicht besteht[1480]. Der Beklagte kann dann zwar noch Leistungsklage erheben, weil die Streitgegenstände nicht identisch sind; diese muß aber als unbegründet abgewiesen werden. Dadurch wird freilich nicht ausgeschlossen, daß ein anderer Anspruchsteller, etwa ein anderer Wettbewerber, aufgrund desselben Sachverhalts einen Unterlassungsanspruch gegen

---

1473 *Baumbach/Hefermehl* aaO Rdn. 484, 491; *Reimer* GRUR 1965, 331, 332; *Bock* LM Nr. 54 a zu § 322 ZPO; *Zeuner* JuS 1966, 147, 151; *Pastor* S. 854; a. A. (keine Auswirkung auf Auskunfts-, Rechnungslegungs- und/oder Schadensersatzklage) *Teplitzky*[6] Kap. 51 Rdn. 50, der dort aber (in Fußn. 101) die Gründe für die hier vertretene Auffassung ebenfalls als „beachtlich" bezeichnet und seine Meinung nur auf die derzeitige Rechtsprechungslage gründet.

1474 So zutreffend das Berufungsgericht (OLG Karlsruhe) in der Sache *Intermarkt II*, wo der BGH selbst die Frage aber unentschieden gelassen hat (BGH GRUR 1984, 820, 821).

1475 *Stein/Jonas/Schumann* § 256 Rdn. 165; MünchKommZPO/*Lüke* § 256 Rdn. 70; *Zöller/Vollkommer* § 322 Rdn. 1.

1476 MünchKommZPO/*Lüke* ebenda.

1477 BGH NJW 1982, 2257 mit weit. Nachw.; BGH GRUR 1990, 70, 71 – *Rechtskraft der Feststellung*; *Stein/Jonas/Schumann* aaO Rdn. 167; *Stein/Jonas/Leipold* § 322 Rdn. 116; MünchKommZPO/*Gottwald* § 322 Rdn. 168; *Zöller/Vollkommer* aaO Rdn. 6.

1478 *Stein/Jonas/Schumann* ebenda; *Stein/Jonas/Leipold* ebenda; MünchKommZPO/*Gottwald* ebenda; *Zöller/Vollkommer* aaO Rdn. 12.

1479 BGH NJW 1989, 393, 394; MünchKommZPO/*Lüke* aaO Rdn. 73.

1480 *Stein/Jonas/Leipold* aaO Rdn. 117; *Melullis* Rdn. 535.

den Feststellungskläger geltend macht und durchsetzt. Die Rechtskraft des Feststellungsurteils steht, da sie nur *inter partes* wirkt, nicht entgegen[1481].

Wird die negative Feststellungsklage dagegen *aus sachlichen Gründen* **abgewiesen**, so hat das Urteil dieselbe Rechtskraft wie ein Urteil, das das **Gegenteil** dessen, was mit der negativen Feststellungsklage begehrt wird, **positiv feststellt**[1482]. Damit steht mit der Rechtskraft dieser Entscheidung jedenfalls dann, wenn den Gründen kein unmißverständlicher Anhalt zu entnehmen ist, daß das Gericht über den Sachverhalt nicht abschließend entscheiden wollte[1483], zwischen den Parteien verbindlich fest, daß der Beklagte dieses Verfahrens zu Recht Unterlassung verlangt hat, der Unterlassungsanspruch also begründet ist[1484]. Dies soll nach der BGH-Rechtsprechung auch dann gelten, wenn die rechtskräftige Abweisung der negativen Feststellungsklage auf einer **Verkennung der Darlegungs- und Beweislast**[1485] beruht, die Klage also deswegen abgewiesen wird, weil der Kläger einen Beweis nicht erbracht hat, der nach der materiellen Beweislastverteilung von dem Beklagten hätte geführt werden müssen[1486]. Diese Rechtsprechung ist zu Recht auf **Ablehnung** gestoßen; denn es geht nicht um die Rechtskraft einer fehlerhaften Beweislastentscheidung[1487], sondern um die eingeschränkte Berücksichtigung eines fehlerhaft getroffenen Entscheidungsinhaltes[1488].

Bezieht sich das negative Feststellungsbegehren auf das Nichtbestehen eines **nicht bezifferten Anspruchs**, etwa eines Schadensersatzanspruchs, dessen sich der Beklagte berühmt, so bedeutet die Klageabweisung die positive Feststellung des Bestehens des Anspruchs *nur dem Grunde nach*. Die spätere Leistungsklage kann dann immer noch als unbegründet abgewiesen werden[1489].

6. Kosten

a) **Allgemeines.** Die Kostenentscheidung im wettbewerbsrechtlichen Klageverfahren **439** richtet sich nach denselben Vorschriften und Maßstäben, die im allgemeinen Zivilverfahren gelten (§§ 308 Abs. 2, 91–93, 94–101, 269 Abs. 3 S. 2–4, 515 Abs. 3, 566 ZPO)[1490]. Das betrifft sowohl die Gerichts- wie die Anwaltskosten. Bei einem Urteil werden die Kosten entweder der **unterliegenden Partei** auferlegt (§ 91 Abs. 1 ZPO) oder bei teilweisem Obsiegen und Unterliegen **gegeneinander aufgehoben** (jede Partei trägt ihre außergerichtlichen Kosten selbst und die Hälfte der Gerichtskosten) oder im **Verhältnis von Obsiegen und Unterliegen geteilt** (§ 92 Abs. 1 ZPO). Dieses Verhältnis ist in der Praxis oft schwierig zu bestimmen, wenn *mehrere selbständige Ansprüche* eingeklagt sind (z. B. Unterlassung, Auskunft, Schadensersatzfeststellung), der Kläger aber nicht mit allen Erfolg hat[1491]. Obsiegt der Kläger z. B. mit seinem Unterlassungsan-

---

[1481] Zutreffend *Melullis* ebenda.

[1482] BGH NJW 1975, 1320; BGH NJW 1983, 2023; BGH NJW 1986, 2508, 2509; BGH NJW 1989, 393; *Stein/Jonas/Schumann* aaO Rdn. 167; *Stein/Jonas/Leipold* aaO Rdn. 117; MünchKommZPO/*Gottwald* aaO Rdn. 169; *Zöller/Vollkommer* aaO Rdn. 11; *Melullis* ebenda; kritisch MünchKommZPO/*Lüke* aaO Rdn. 71.

[1483] Vgl. dazu BGH NJW 1989, 393.

[1484] Vgl. Fußn. 1482.

[1485] Zur *Beweislast* bei der negativen Feststellungsklage vgl. Rdn. 412.

[1486] BGH NJW 1986, 2508, 2509; zustimmend *Habscheid* NJW 1988, 2641 ff; *Kapp* MDR 1988, 710; offenbar ebenfalls dazu neigend *Melullis* ebenda; unkritisch MünchKommZPO/*Lüke* aaO Rdn. 72.

[1487] So zu Unrecht *Habscheid* NJW aaO 2643 f.

[1488] So zutreffend MünchKommZPO/*Gottwald* aaO Rdn. 170; *Zöller/Vollkommer* aaO Rdn. 1; *Tiedtke* JZ 1986, 1031 ff; *Künzl* JR 1987, 57 ff; *Lepp* NJW 1988, 806 ff; *Tiedtke* JZ 1986, 1031 ff.

[1489] BGH NJW 1975, 1320, 1321; BGH NJW 1986, 2508; MünchKommZPO/*Lüke* aaO Rdn. 71 aE; MünchKommZPO/*Gottwald* aaO Rdn. 169; *Zöller/Vollkommer* aaO Rdn. 11.

[1490] Vgl. HdbWR/*Samwer* § 74 Rdn. 24; *Baumbach/Hefermehl* Einl UWG Rdn. 525.

[1491] Zur Anspruchshäufung (objektive Klagehäufung) näher oben Rdn. 247 ff.

spruch, unterliegt aber mit seinem Begehren auf Auskunft und Schadensersatzfeststellung, so kommt es für die Kostenverteilung auf die **Teilstreitwerte** der einzelnen Ansprüche an. Für den Kläger empfiehlt sich daher, für *jeden* von ihm erhobenen Anspruch *von vorneherein* einen *Teilstreitwert* anzugeben[1492].

Die Kosten eines ohne Erfolg eingelegten **Rechtsmittels** fallen der Partei zur Last, die es eingelegt hat (§ 97 Abs. 1 ZPO); bei Teilerfolg ist § 92 ZPO entsprechend anzuwenden[1493]. Die Kosten können ganz oder teilweise der im Rechtsmittelverfahren obsiegenden Partei auferlegt werden, wenn sie aufgrund eines neuen Vorbringens obsiegt, das sie in einem früheren Rechtszug hätte geltend machen können (§ 97 Abs. 2 ZPO)[1494]. Überdies können – was in der Praxis oft übersehen wird – die Kosten eines ohne Erfolg gebliebenen *Angriffs- und Verteidigungsmittels* derjenigen Partei auferlegt werden, die es geltend gemacht hat, auch wenn sie in der Hauptsache obsiegt (§ 96 ZPO).

Zu den Kosten des **Vergleichs** siehe oben Rdn. 274, 275.

440 b) **Abmahnung und Gegenabmahnung.** Erhebliche Bedeutung kommt im Wettbewerbsprozeß der Kostenregelung des **§ 93 ZPO** zu, nach der der Kläger die Kosten des Verfahrens trägt, wenn der Beklagte zu dem Verfahren keinen Anlaß gegeben hat und den Anspruch im Sinne dieser Vorschrift sofort anerkennt[1495]. Bei der auf **Unterlassung** gerichteten **Leistungsklage** fehlt eine Veranlassung seitens des Beklagten regelmäßig dann, wenn dieser vor Prozeßbeginn *nicht abgemahnt* und ihm damit *keine Gelegenheit* gegeben worden ist, den Unterlassungsanspruch außergerichtlich durch Abgabe einer strafbewehrten Unterlassungserklärung zu erfüllen[1496].

441 § 93 ZPO gilt in gleicher Weise bei der **negativen Feststellungsklage**, mit der sich der (seiner Meinung nach) zu Unrecht Abgemahnte gegen den behaupteten Unterlassungsanspruch wehrt und eine Klärung des Rechtsverhältnisses erstrebt[1497]. Ob allerdings auch vor Erhebung der negativen Feststellungsklage eine **Gegenabmahnung** erforderlich ist, um die für den Feststellungskläger die Kostenfolge des § 93 ZPO zu vermeiden, ist **streitig**. Die Meinungen sind in Rechtsprechung und Literatur geteilt[1498]. *Gegen* die Notwendigkeit vorheriger Gegenabmahnung spricht der Umstand, daß der Gegner durch seine Abmahnung selbst die Gefahr einer negativen Feststellungsklage heraufbeschworen hat; er berühmt sich eines Unterlassungsanspruchs und braucht daher von dem Abgemahnten nicht seinerseits auf das Risiko einer solchen Feststellungsklage hingewiesen zu werden[1499]. Dementsprechend könnte eine Gegenabmah-

[1492] HdbWR/*Samwer* ebenda; *Pastor* S. 896.

[1493] RGZ 73, 238, 244; *Stein/Jonas/Leipold* § 97 Rdn. 8; MünchKommZPO/*Belz* § 97 Rdn. 13; *Zöller/Herget* § 97 Rdn. 8; *Baumbach/Hefermehl* Einl UWG Rdn. 595.

[1494] § 97 Abs. 2 ZPO ist auch anzuwenden, wenn die Partei im Berufungsverfahren aufgrund eines nunmehr erst in gewillkürter Prozeßstandschaft geltend gemachten Anspruchs eines Dritten obsiegt, nachdem er in erster Instanz mit einem eigenen Anspruch unterlegen war, vgl. BGH GRUR 1992, 108, 109 – *Oxygenol*.

[1495] Vgl. näher Großkomm/*Kreft* Vor § 13, C, Rdn. 3; *Teplitzky*[6] Kap. 41 Rdn. 7 f; *Baumbach/Hefermehl* aaO Rdn. 529.

[1496] Allg. Meinung vgl. *Teplitzky*[6] aaO Rdn. 2, 7 ff und die Nachweise dort in Fußn. 16; *Baumbach/Hefermehl* ebenda.

[1497] Vgl. *Melullis* Rdn. 539.

[1498] **Für** die Notwendigkeit einer Gegenabmahnung: LG Köln GRUR 1989, 542 f; Großkomm/*Kreft* aaO Rdn. 202 mit weit. Nachw.; *Baumbach/Hefermehl* aaO Rdn. 561. **Gegen** die generelle Notwendigkeit einer Gegenmahnung OLG Frankfurt/M. WRP 1981, 282; OLG Hamm GRUR 1985, 84 f und GRUR 1989, 297 (LS); OLG Köln WRP 1986, 428, 429; OLG Stuttgart WRP 1988, 766, 767; *Pastor* S. 44; Gegenabmahnung erforderlich, wenn der Abmahnende erkennbar von **unrichtigem Sachverhalt** ausgeht: OLG Düsseldorf WRP 1979, 719; OLG Köln WRP 1983, 172, 173; *Teplitzky*[6] Kap. 41 Rdn. 72–74; *Melullis* Rdn. 539; *Lindacher* Festschr. v. Gamm (1990), 83, 87 f.

[1499] Zutreffend Großkomm/*Kreft* aaO Rdn. 202.

nung allenfalls in den Fällen erforderlich sein, in denen der Abmahnende für den Abgemahnten erkennbar von unrichtigen tatsächlichen Voraussetzungen ausgeht[1500]. *Andererseits* kennt der Abmahnende in der Regel nicht die Verteidigungsgründe, die das Verhalten des Abgemahnten rechtfertigen könnten. Er ist zwar von seinem Unterlassungsanspruch überzeugt, wird sich aber in der Regel Gegenargumenten, die seinen Anspruch zweifelhaft und das Risiko des Unterliegens bei einer negativen Feststellungsklage groß erscheinen lassen, nicht verschließen. Überdies dient die Gegenabmahnung der *Vermeidung unnötiger Inanspruchnahme der Gerichte* und damit der Prozeßwirtschaftlichkeit. Deswegen ist eine **Gegenabmahnung** grundsätzlich **erforderlich,** bevor negative Feststellungsklage erhoben wird, wenn der Kläger die Kostenfolge des § 93 ZPO vermeiden will[1501].

Nur dann, wenn die Abmahnung ersichtlich *vorsätzlich in Schädigungsabsicht* und *ohne Rücksicht auf die deutliche Rechtslage* ausgesprochen wird, wird eine **Gegenabmahnung** dem Abgemahnten **nicht zuzumuten** sein, bevor er negative Feststellungsklage erhebt[1502]. Auch bei *vorhersehbarer Erfolglosigkeit* ist eine Gegenabmahnung entbehrlich[1503].

c) **Erledigung der Hauptsache.** Besondere Probleme wirft die Kostenentscheidung bei Erledigung der Hauptsache auf. Dabei ist zu unterscheiden zwischen der einseitigen und der übereinstimmenden Erledigungserklärung (näher Rdn. 268 ff). Bei *einseitiger Erledigungserklärung* entscheidet das Gericht nach §§ 91, 92 ZPO über die Kosten, bei *übereinstimmender Erledigungserklärung* nach § 91 a ZPO. Auf die eingehenden Ausführungen Rdn. 288 und 293 ff wird verwiesen. **442**

d) **Kostenerstattung.** Während die Kostenentscheidung bestimmt, welche Prozeßpartei die Prozeßkosten (Gerichtskosten und Anwaltsgebühren) zu tragen hat, wird im **Kostenfestsetzungsverfahren** (§§ 103 – 107 ZPO) entschieden, welche Kosten unter den Parteien zu erstatten sind bzw. welche Kosten die unterliegende Partei zu erstatten hat. Insofern bestehen *keine Besonderheiten* zum allgemeinen Zivilverfahrensrecht. **443**

In **Wettbewerbsstreitigkeiten** ergeben sich jedoch spezielle Probleme und Fragen, ob *bestimmte Kosten zur Vorbereitung und Durchführung des Prozesses* zur zweckentsprechenden Rechtsverfolgung oder -verteidigung notwendig waren (§ 91 Abs. 1 S. 1 ZPO) und daher **erstattungsfähig** sind.

[1500] OLG Düsseldorf WRP 1979, 719; OLG Köln WRP 1983, 172, 173; *Melullis* ebenda; *Lindacher* Festschr. v. Gamm ebenda; *Teplitzky* nennt aaO als weiteren Ausnahmefall die Erhebung der Feststellungsklage längere Zeit nach der Abmahnung, obwohl der Abmahnung weitere Schritte nicht gefolgt waren.

[1501] Wie hier Großkomm/*Kreft* ebenda; *Baumbach/Hefermehl* aaO Rdn. 561 sowie die Instanzgerichtsentscheidungen in Fußn. 1498.

[1502] Vgl. zur Entbehrlichkeit einer Abmahnung in solchen Fällen KG WRP 1980, 203; OLG Hamm WRP 1979, 805; OLG Köln WRP 1976, 493, 494; OLG Köln WRP 1981, 481, 482; OLG Köln WRP 1986, 426, 427; OLG Köln AfP 1990, 51, 52 (bei offensichtlicher Schmähkritik oder grober Verletzung der journalistischen Sorgfaltspflicht); **a. A.** Großkomm/*Kreft* aaO Rdn. 95 mit Nachweisen aus der OLG-Rechtsprechung in Fußn. 137. Ob allerdings diese Rechtsprechung, die auch bei vorsätzlichem Wettbewerbsverstoß eine Abmahnung grundsätzlich für erforderlich hält, auf die **Gegenabmahnung** anzuwenden ist, erscheint angesichts der unterschiedlichen Interessenlage sehr zweifelhaft. Unrichtig m.E. auch die Ansicht von Großkomm/*Kreft* aaO Rdn. 203, die Unzumutbarkeit der Gegenabmahnung werde noch seltener als die Unzumutbarkeit der Abmahnung in Betracht kommen. Das Gegenteil erscheint zutreffend, da der Abmahnende eben selbst das Risiko der negativen Feststellungsklage erzeugt hat und er bei einer ohne Rücksicht auf die auch für ihn deutliche Rechtslage ausgesprochenen Abmahnung nicht darauf vertrauen kann, daß er nicht mit einer negativen Feststellungsklage überzogen wird. Diese Fälle dürften aber ohnehin meist unter die Fälle *vorhersehbarer Erfolglosigkeit* einer Gegenabmahnung fallen (vgl. Fußn. 1503).

[1503] Zutreffend Großkomm/*Kreft* aaO Rdn. 92 ff, 203.

444 aa) **Kosten eines Patentanwalts.** In Patent-, Gebrauchsmuster-, Geschmacksmuster-, Sortenschutz- und Warenzeichensachen sind die Kosten eines mitwirkenden Patentanwalts in den Tatsacheninstanzen stets bis zur Höhe einer Gebühr (§ 11 BRAGO) nebst notwendigen Auslagen erstattungsfähig (§ 143 Abs. 4, 5 PatG, § 27 Abs. 5 GebrMG, § 12 Abs. 2 GeschmMG nF, § 38 Abs. 4 SortSchG, § 32 Abs. 5 WZG)[1504]. Eine Prüfung, ob die Zuziehung und Mitwirkung eines Patentanwalts notwendig war, findet in diesen Fällen nicht statt, da die Erstattungsfähigkeit in diesen Fällen gesetzlich geregelt ist[1505].

445 In **Wettbewerbsstreitigkeiten** besteht dagegen keine entsprechende gesetzliche Vorschrift. Die Erstattungsfähigkeit richtet sich ausschließlich nach § 91 Abs. 1 S. 1 ZPO. Danach ist im jeweiligen *Einzelfall* zu prüfen und zu entscheiden, ob die Zuziehung und Mitwirkung eines Patentanwalts – zusätzlich zu einem Rechtsanwalt – zur zweckentsprechenden Rechtsverfolgung oder Rechtsverteidigung **notwendig** war[1506]. Nach der ständigen Rechtsprechung der Instanzgerichte ist die Mitwirkung eines Patentanwalts nur ausnahmsweise notwendig, nämlich dann, wenn bei einem Wettbewerbsprozeß *auch warenzeichen-, patent-, gebrauchs- oder geschmacksmusterrechtliche Anspruchsgrundlagen* eine Rolle spielen[1507] oder wenn ein technischer Sachverhalt zu beurteilen ist, insbesondere Vorgänge oder Unterlagen nach ihrem *technischen Gehalt* zu erörtern und im Hinblick auf *technische Zusammenhänge* zu würdigen sind, wie z. B. in Fällen sklavischer Nachahmung von Maschinen, Geräten oder Ersatzteilen[1508]. Wenn *zeichenrechtliche Fragen* hereinspielen, wird die Mitwirkung eines Patentanwalts oft zweckmäßig sein, etwa um die Zeichenrolle durchzusehen und den Stoff für den Prozeßbevollmächtigten (Rechtsanwalt) zu sichten[1509]. Geht es dagegen nur um *unzulässige Werbung*, so ist die Mitwirkung eines Patentanwalts in aller Regel *nicht erforderlich*[1510].

Über diese engen Grenzen hinaus kann die Erstattungsfähigkeit gegeben sein, wenn der Patentanwalt die Funktion eines Verkehrsanwalts erfüllt hat und er zu einer *Sozietät mit Rechtsanwälten* gehört, die die Partei als Verkehrsanwalt hätte in Anspruch nehmen können[1511]. Hat ein Rechtsanwalt und Patentanwalt in beiden Funktionen mitgewirkt, so erhält er **doppelte Gebühren**, und zwar die Patentanwaltsgebühr neben den Gebühren als Rechtsanwalt; beide sind erstattungsfähig[1512].

1504 MünchKommZPO/*Belz* § 91 Rdn. 69; HdbWR/*Samwer* § 74, Rdn. 27.

1505 OLG Düsseldorf GRUR 1980, 136; MünchKommZPO/*Belz* ebenda; *Zöller/Herget* § 91 Rdn. 13 „Patentanwaltskosten".

1506 Vgl. *Baumbach/Lauterbach/Albers/Hartmann* § 91 Anm. 21 „Patentanwalt"; *Zöller/Herget* § 91 Rdn. 13 „Patentanwaltkosten"; HdbWR/*Samwer* § 74 Rdn. 27; *Baumbach/Hefermehl* Einl. UWG Rdn. 570.

1507 OLG Braunschweig, Beschl. vom 11. 8. 1981 – 2 W 75/81, zitiert nach *Traub* Wettbewerbsrechtliche Verfahrenspraxis² (1991), S. 54; OLG Hamburg JurBüro 1986, 1744; OLG Koblenz GRUR 1984, 536.

1508 OLG München WRP 1960, 292; OLG Celle GRUR 1970, 152; OLG Hamburg JurBüro 1970, 1091; OLG Hamburg JurBüro 1975, 1103; OLG Nürnberg GRUR 1976, 389; OLG Düsseldorf WRP 1977, 28; OLG Hamm JurBüro 1977, 1007; OLG Düsseldorf GRUR 1981, 923; OLG Koblenz WRP 1983, 305; OLG Düsseldorf, Beschl. v. 30. 11. 1989 – 2 W 55/89 (*Traub* aaO S. 87); OLG Koblenz WRP 1988, 126; OLG Frankfurt/M. GRUR 1989, 375 (LS). A. A. – Notwendigkeit der Zuziehung grundsätzlich zu bejahen – *Baumbach/Lauterbach/Albers/Hartmann* § 91 Anm. 21 „Patentanwalt". Großzügiger auch OLG Nürnberg, Beschl. v. 13. 8. 1984 – 3 W 2642/84 (*Traub* aaO S. 336). Vgl. weitere Nachweise in der Rechtsprechungszusammenstellung bei *Traub* aaO jeweils Nr. 5.17.

1509 OLG Nürnberg, Beschl. v. 2. 9. 1988 – 3 W 2910/88 (*Traub* aaO S. 336); OLG Frankfurt/M. Mitt. 1988, 157 (Vorlage eines Auszugs aus der Zeichenrolle, um zu belegen, daß das Patentamt wiederholt den Wortbestandteil „Meister" eingetragen hat, reicht nicht).

1510 OLG Hamburg JurBüro 1975, 1103; *Zöller/Herget* ebenda.

1511 OLG Frankfurt/M. WRP 1980, 337, 338; OLG Hamburg 1989, 1699.

1512 OLG Karlsruhe AnwBl. 1989, 106, aber Nachweis entsprechender Mehrleistung erforderlich (OLG Schleswig SchlHA 1988, 42).

Erstattungsfähig ist immer nur *eine* Gebühr der BRAGO[1513]. Uneinheitlich ist die Rechtsprechung in der Frage, ob bei Mitwirkung in der **Revisionsinstanz** für den Patentanwalt eine 13/10- oder eine 20/10-Gebühr anfällt[1514]. 446

bb) Kosten eines Verkehrsanwalts. Bei der Frage der Erstattungsfähigkeit von Kosten eines **Verkehrsanwalts** ist die Rechtsprechung allgemein und auch in Wettbewerbsstreitigkeiten *zurückhaltend*[1515]. Neben den allgemeinen Streitfragen hinsichtlich der Verkehrsanwaltskosten, derentwegen auf die ZPO-Kommentierungen verwiesen wird, stellt sich im **Wettbewerbsprozeß** das besondere Problem, ob und unter welchen Umständen eine Partei sich der Hilfe eines in diesem Rechtsgebiet spezialisierten und erfahrenen Anwalts – neben dem Prozeßbevollmächtigten – bedienen kann[1516]. Die Rechtsprechung ist uneinheitlich und die Kasuistik von Oberlandesgericht zu Oberlandesgericht verschieden, wobei wiederum zwischen Verfügungs- und Hauptsacheverfahren differenziert wird[1517]. Der Umstand allein, daß es sich um eine Wettbewerbsstreitigkeit handelt, macht die Mitwirkung eines Verkehrsanwalts **nicht** grundsätzlich **notwendig**[1518]. Allerdings können besondere *Schwierigkeiten bei der Beurteilung der Rechtslage, Erschwernisse in der Informationserteilung*, insbesondere *das Fehlen spezialisierter Wettbewerbsanwälte am Gerichtsort* die Zuziehung eines Verkehrsanwalts rechtfertigen[1519]. Maßgeblich kommt es im *Einzelfall* darauf an, ob es um schwierig zu beantwortende Fragen des Wettbewerbsrechts bzw. -verfahrensrechts geht, bei denen die Erfahrung eines Spezialanwalts gefragt ist[1520]. Auch dann, wenn eine Partei nach ihren persönlichen Fähigkeiten und wegen der Schwierigkeit der Sach- und Rechtslage zur unmittelbaren Informationserteilung selbst nicht in der Lage oder dies für sie unzumutbar ist, sind die Kosten für einen Wettbewerbs-Verkehrsanwalt zu erstatten[1521]. Gleiches gilt, wenn der Streit um Vorgänge geht, die der Verkehrsanwalt besser kennt als die Partei, weil er – z. B. bei *Verhandlungen* – aktiv für die Partei beteiligt war[1522]. 447

1513 OLG Frankfurt/M. JurBüro 1987, 1218, 1219.

1514 *13/10 Gebühr*: OLG Hamburg MDR 1988, 684; OLG Köln Beschl. v. 13. 4. 1981 – 17 W 120/81 (*Traub* aaO S. 284); OLG München, Beschl. v. 23. 1. 1989 – 11 W 646/89 (*Traub* aaO S. 318); *Baumbach/Lauterbach/Albers/Hartmann* § 91 Anm. 21 „Patentanwalt"; *20/10 Gebühr*: OLG Frankfurt/M. WRP 1988, 614 (unter Aufgabe der früheren Rechtspr. GRUR 1978, 498). Richtig erscheint eine 13/10-Gebühr, da die 20/10-Gebühr den BGH-Anwalt dafür „entschädigen" soll, daß bei nicht angenommener Revision keine Verhandlungsgebühr anfällt – ein Gesichtspunkt, der bei der Patentanwaltsgebühr keine Rolle spielt, zumal bei der Beteiligung eines Patentanwalts in der Revisionsinstanz ohnehin nur *eine* Gebühr erstattungsfähig ist (Fußn. 1513).

1515 Vgl. *Baumbach/Lauterbach/Albers/Hartmann* § 91 Anm. 21 „Spezialrecht"; *Zöller/Herget* § 91 Rdn. 13 „Spezialanwalt"; HdbWR/*Samwer* § 74 Rdn. 27.

1516 HdbWR/*Samwer* ebenda.

1517 Näher dazu die Rechtsprechungszusammenstellung bei *Traub* aaO jeweils unter Nr. 5.12.

1518 OLG Hamburg JurBüro 1976, 513; OLG Hamm AnwBl. 1983, 559; OLG München AnwBl. 1964, 178; großzügiger dagegen OLG Koblenz WRP 170, 363; OLG Koblenz WRP 1982, 352; das OLG Frankfurt/M. AnwBl. 1985, 531, 532 wendet eine *„40 km-Rechtsprechung"* an (Nachweise bei *Traub* aaO S. 114): Heranziehung eines Verkehrsanwalts erforderlich, wenn die Informationserteilung an den Prozeßanwalt die Partei mehr als einen halben Arbeitstag kostet, wofür bei 40 km Entfernung zwischen Sitz und Gerichtsort eine Vermutung spricht; dagegen OLG Koblenz WRP 1988, 55.

1519 OLG Frankfurt/M. GRUR 1978, 451 (allerdings nicht, wenn auch am Sitz des Prozeßgerichts derartige Spezialanwälte zugelassen sind); OLG Bamberg JurBüro 1978, 1029; OLG Karlsruhe, Beschl. v. 14. 7. 1988 – 13 W 91/88 (*Traub* aaO S. 143).

1520 OLG Hamm AnwBl. 1983, 559; OLG Karlsruhe WRP 1984, 161.

1521 OLG Braunschweig, Beschl. v. 19. 1. 1988 – 2 W 2/88 (*Traub* aaO S. 54); OLG Bremen JurBüro 1988, 884; OLG Düsseldorf, Beschl. v. 1. 9. 1988 – 2 W 123/88 (*Traub* aaO S. 86); OLG München AnwBl. 1985, 47.

1522 Z. B. OLG Braunschweig, Beschl. v. 2. 10. 1984 – 2 W 105/84 (*Traub* aaO S. 54).

448 Die Kosten für die **Zuziehung eines Hausanwalts** sind grundsätzlich *nicht erstattungsfähig*[1523]. Nur ausnahmsweise kann seine Mitwirkung notwendig im Sinne von § 91 ZPO sein, wenn die vorgenannten Kriterien vorliegen, etwa dann, wenn er die Verhandlungen geführt hat, um die es in dem Rechtsstreit geht.

449 Von einem **Verband** im Sinne von § 13 Abs. 2 Nr. 2, 3 UWG, der es sich zur Aufgabe gemacht hat, auftretende Wettbewerbsverstöße zu verfolgen, kann erwartet werden, daß er über genügend geschultes Personal verfügt, das in der Lage ist, seinen Prozeßbevollmächtigten über den Sachverhalt zu informieren[1524]. Dazu bedarf es keines Verkehrsanwalts. Das gilt jedenfalls, wenn es sich um einen einfachen Sachverhalt handelt[1525]. Die Kosten eines von einem Verband zugezogenen Anwalts sind daher in der Regel nicht erstattungsfähig.

450 cc) **Kosten für Testkäufe.** In Wettbewerbsstreitigkeiten werden oft zur Vorbereitung einer gerichtlichen Auseinandersetzung **Testkäufe** vorgenommen[1526]. Sie dienen einmal dem Zweck, den Nachweis eines Wettbewerbsverstoßes erbringen zu können, und zum anderen der Beweissicherung; es soll verhindert werden, daß der Verletzer etwa nach Abmahnung auf ein zulässiges Verhalten übergeht und im Prozeß bestreitet, sich je anders verhalten zu haben.

Weitgehende Einigkeit besteht darüber, daß die Kosten für Testkäufe **erstattungsfähig** sind, sofern die Testhandlungen aufgrund eines *schon vorher gefaßten Entschlusses* zur Rechtsverfolgung vorgenommen worden sind[1527]. Sie können im Kostenfestsetzungsverfahren geltend gemacht und festgesetzt und brauchen nicht gesondert eingeklagt zu werden[1528]. Beim Testkauf ist **sparsam und wirtschaftlich** vorzugehen[1529]. Im Einzelfall muß immer geprüft werden, ob nicht *andere, weniger kostenaufwendige*

[1523] KG JurBüro 1972, 996; OLG Celle JurBüro 1975, 775; OLG Koblenz MDR 1976, 761; OLG München MDR 1978, 409; OLG Koblenz JurBüro 1978, 1068, 1343; OLG Stuttgart JurBüro 1978, 1205; MünchKommZPO/*Belz* aaO Rdn. 73; *Baumbach/Lauterbach/Albers/Hartmann* aaO „Unternehmen"; *Zöller/Herget* aaO „Verkehrsanwalt" Nr. 2.

[1524] OLG Bamberg JurBüro 1978, 1030; OLG Frankfurt/M. WRP 1982, 335, 337; OLG Stuttgart JurBüro 1983, 1835, 1836; OLG Bremen JurBüro 1986, 103; OLG Düsseldorf, Beschl. v. 4. 5. 1988 – 2 W 84/88 (*Traub* aaO S. 86); MünchKommZPO/*Belz* aaO Rdn. 71.

[1525] OLG Frankfurt/M. WRP ebenda.

[1526] Solche Testkäufe sind nach der Rechtsprechung im Bereich des gewerblichen Rechtsschutzes *zulässig* (vgl. Rdn. 349), nur bei Vorliegen besonderer Umstände (z. B. bloße Absicht, den Mitbewerber „hereinzulegen") sind sie als sittenwidrig (§ 1 UWG) anzusehen; vgl. BGH GRUR 1989, 113, 144 – *Mietwagen-Testfahrt*; BGHZ 43, 359, 367 = GRUR 1965, 612 – *Warnschild*; BGH GRUR 1965, 607, 609 – *Funkmietwagen*; BGH GRUR 1985, 447, 450 – *Provisionsweitergabe*; BGH GRUR 1992, 612, 614 – *Nicola* (dort auch für Sortenschutzrecht bejaht), vgl. auch *Teplitzky*[6] Kap. 47 Rdn. 29 und *Baumbach/Hefermehl* § 1 UWG Rdn. 245 ff, jeweils mit weit. Nachweisen; *Rojahn* WRP 1984, 241 ff.

[1527] KG GRUR 1976, 665; OLG Koblenz VersR 1980, 433; OLG Schleswig JurBüro 1984, 920; OLG Hamm MDR 1985, 414; OLG Koblenz BB 1985, 1355; OLG Frankfurt/M. GRUR 1985, 401 („Auskaufen" der widerrechtlich gekennzeichneten Ware allerdings unzulässig); OLG Düsseldorf WRP 1986, 33; OLG Stuttgart NJW-RR 1986, 978; OLG Karlsruhe, Beschl. v. 4. 10. 1988 – 13 W 162/88 (*Traub* aaO S. 144); OLG Karlsruhe WRP 1988, 184; MünchKommZPO/*Belz* aaO Rdn. 92; *Baumbach/Lauterbach/Albers/Hartmann* § 91 Anm. 21 „Vorbereitungskosten, Testkauf"; *Zöller/Herget* § 91 Rdn. 13 „Testkauf"; *Baumbach/Hefermehl* Einl. UWG Rdn. 573; HdbWR/*Samwer* § 74 Rdn. 28.

[1528] So die einhellige Meinung der Oberlandesgerichte; vgl. Nachweise bei *Traub* aaO jeweils unter Nr. 5.26; vgl. auch *Zöller/Herget* ebenda. A. A. nur OLG Hamm MDR 1985, 414 sowie – bei umstrittenen Aufwendungen – OLG Karlsruhe WRP 1988, 381.

[1529] HM, vgl. statt vieler OLG Frankfurt/M. GRUR 1985, 401; OLG Frankfurt/M. GRUR 1988, 791 (LS); MünchKommZPO/*Belz* aaO Rdn. 92; *Zöller/Herget* ebenda; *Baumbach/Hefermehl* ebenda; HdbWR/*Samwer* ebenda.

Beweismöglichkeiten bestehen, z. B. Zeugenbeweis, Testfotos etc., mit deren Hilfe das Beweismittel ebenso gut, aber weitaus billiger erreicht werden kann[1530].

Äußerst streitig ist, ob der Kläger, der zur Vorbereitung seiner Klage Testkäufe getätigt hat, sich bei der Kostenfestsetzung den **Gegenwert anrechnen** lassen oder die gekauften **Waren** Zug-um-Zug **herausgeben** muß[1531]. Dies ist entgegen der überwiegenden Meinung für den Regelfall zu **verneinen**[1532]. Denn der Testkauf-Gegenstand hat für den Kläger in aller Regel *keinen materiellen Wert* – er dient *nicht* der *Bedarfsdekkung* –, sondern erfüllt nur eine *prozessuale Funktion* und hat insoweit allenfalls einen *Beweiswert*. Nach Beendigung des Verfahrens hat sich dieser Beweiswert erschöpft, so daß *kein meßbarer Vorteil* beim Kläger verbleibt[1533]. Meist stellen die testgekauften Waren im Gegenteil eher eine *Behinderung* für den Kläger dar: Sie nehmen Platz in Anspruch, und der Kläger kann und will sie selbst nicht gebrauchen und auch nicht vermarkten; selbst ihre Vernichtung kostet Geld. Anders können Fälle zu beurteilen sein, in denen die testgekaufte Ware ausnahmsweise auch einen materiellen Wert für den Kläger hat und behält. Diese Fälle dürften allerdings selten sein, da es sich dann meist um *relativ teure Ware* handelt[1534] und es dann ohnehin an der Notwendigkeit der Testkaufkosten fehlen wird. Würde gleichwohl danach ausnahmsweise eine Herausgabepflicht bestehen, so könnte sie **nicht im Kostenfestsetzungsverfahren** als Zug-um-Zug-Verpflichtung ausgesprochen werden. Denn der Erstattungspflichtige macht damit ein *Zurückbehaltungsrecht* nach § 273 Abs. 1 BGB und eine Einwendung geltend, die *ihren Grund nicht im Kostenrecht* hat. Der Erstattungsberechtigte müßte in solchem Fall die Testkauf-Kosten einklagen[1535]. **451**

Aus den genannten Gründen kommt eine Zug-um-Zug-Herausgabepflicht nicht in Betracht[1536]. Der Kläger ist allerdings nach Beendigung des Verfahrens seinerseits *berechtigt*, die testgekauften Waren an den Beklagten herauszugeben. Eine *Pflicht* des Beklagten, sie anzunehmen, dürfte allerdings nicht bestehen; er kann die Entgegennahme ablehnen.

Die hier vertretene Ansicht vermeidet die erheblichen praktischen Schwierigkeiten, in die die Gegenmeinung notwendig dann gerät, wenn die Kostenentscheidung *gequo-* **452**

1530 Das ergibt sich insbesondere aus dem *Grundsatz der Verhältnismäßigkeit*. Beispielsweise wäre der Testkauf eines PKW, um einen Rabattverstoß zu beweisen, nicht notwendig; der Verstoß kann durch Zeugnis von Testpersonen bewiesen werden.

1531 Vgl. dazu KG GRUR 1976, 665; OLG Koblenz WRP 1979, 813; OLG Stuttgart NJW-RR 1986, 978; OLG Karlsruhe WRP 1988, 381; MünchKommZPO/*Belz* aaO Rdn. 92; *Zöller/Herget* ebenda; *Baumbach/Lauterbach/Albers/Hartmann* aaO „Vorbereitungskosten, „Testkauf“ aE; HdbWR/*Samwer* ebenda.

1532 Ebenso OLG Koblenz WRP 1979, 813; HdbWR/*Samwer* ebenda; **a. A.**, nämlich nur Zug-um-Zug gegen Übereignung KG GRUR 1976, 65; OLG Stuttgart NJW-RR 1986, 978; OLG Nürnberg, Beschl. v. 3. 7. 1986 – 3 W 2113/86 (*Traub* aaO S. 338); OLG Karlsruhe WRP 1988, 381 will den Erstattungsberechtigten sogar auf das zivilrechtliche Klageverfahren anstatt das Kostenfestsetzungsverfahren verweisen; MünchKommZPO/*Belz* ebenda; *Zöller/Herget* ebenda. Die Zug-um-Zug-Herausgabe kann danach *von Amts wegen* im Kostenfestsetzungsverfahren getroffen werden, vgl. OLG Nürnberg aaO.

1533 Soweit die überwiegende Meinung in der OLG-Rechtsprechung mit dem *Vorteil* argumentiert, den der Testkäufer herausgeben müsse, gibt sie sich nicht hinreichend Rechenschaft darüber, worin denn der Vorteil bestehen soll.

1534 Nicht einmal in solchen Fällen verbleibt dem Testkäufer ein Vorteil, etwa bei Parfümerie-Erzeugnissen, die daraufhin testgekauft werden, ob die Verpackung absichtlich beschädigt worden ist (vgl. dazu BGH GRUR 1992, 406 – *Beschädigte Verpackung*); denn der Mitbewerber bzw. Verletzte muß, will er das Erzeugnis vermarkten (woran er in der Regel gar kein Interesse hat), die Verpakkung erneuern und kodieren, was erhebliche Kosten verursacht.

1535 So zutreffend OLG Hamm MDR 1985, 414. Anspruchsgrundlage: §§ 677, 683, 670 BGB.

1536 Zutreffend OLG Koblenz WRP 1979, 813; HdbWR/*Samwer* ebenda.

telt und dem Erstattungsberechtigten nur ein Anteil seiner notwendigen Kosten erstattet wird. Die überwiegende Meinung, die auch bei Quotelung eine Erstattung nur Zug-um-Zug gegen Übergabe und Übereignung der Testkauf-Ware aussprechen will[1537], läßt sich dogmatisch nicht rechtfertigen, insbesondere nicht mit der Überlegung, Gegenstand der Kostenfestsetzung könne nur die Differenz zwischen dem Testkaufpreis und dem Vorteil durch Besitz und Eigentum der Testkaufsache sein. Denn wenn dem Erstattungsberechtigten wirklich ein Vorteil verbliebe (wenn er die Testkaufsache behält), würde er diesen gerade aufgeben müssen und verlieren, wenn er die Testkaufsache Zug-um-Zug gegen Zahlung etwa nur von ⅓ der Testkaufkosten (wenn die Kostenquotelung so wäre) herausgeben müßte.

453 dd) **Detektivkosten.** In Wettbewerbsstreitigkeiten kann die Einschaltung eines Detektivbüros sinnvoll und notwendig sein, wenn zur Vorbereitung eines Rechtsstreits Maßnahmen wie z. B. die Anbahnung und Durchführung von Testkäufen, von Testgesprächen getroffen oder wenn Ermittlungen vorgenommen werden müssen[1538]. Die Kosten sind erstattungsfähig, wenn sie prozeßbezogen aufgewendet worden sind, wenn die erstrebten Feststellungen wirklich notwendig waren, z. B. um überhaupt substantiiert vortragen zu können[1539], und die Feststellungen nicht einfacher und billiger, etwa durch eigene Angestellte, hätten erlangt werden können[1540]. Die Ermittlungsergebnisse müssen so in den Rechtsstreit *eingeführt* und benutzt worden sein, daß sie die *prozessuale Stellung der Partei verbessert* haben[1541]. Unerheblich ist hingegen, ob die Ermittlungen des Detektivbüros den Prozeßausgang beeinflußt haben; es genügt, daß eine vernünftige Partei aus objektiver Sicht berechtigten Grund gehabt hat, einen Detektiv einzuschalten[1542]. Allerdings ist die Beeinflussung des Prozeßausgangs regelmäßig ein Indiz für die Notwendigkeit der Einschaltung eines Detektivbüros[1543].

454 Im Erstattungsverfahren sind wegen der oft sehr hohen Detektivkosten **Ermittlungsberichte** und **Rechnungen** vorzulegen[1544]. Die Höhe der Kosten muß in einem *angemessenen Verhältnis* zu dem Streitwert des Verfahrens stehen[1545].

455 Im **Wettbewerbsprozeß** spielt die Einschaltung von Detektiven etwa bei unzulässigen Abwerbungsversuchen, bei herabsetzenden Äußerungen[1546] oder bei der Verfolgung von Rabattverstößen bei Pkw-Verkauf, mitunter auch bei Testkäufen[1547] eine erhebliche Rolle, auch bei vermuteten Verstößen gegen §§ 17, 18 UWG. Diesen Fällen ist gemeinsam, daß der Betreffende, auf den das Detektivbüro angesetzt ist, möglichst keinen Verdacht schöpfen und er sich so verhalten soll, wie er dies vermuteterweise auch sonst tut. In anderen Fällen dürfte die Einschaltung eines Detektivbüros dagegen selten notwendig im Sinne von § 91 Abs. 1 ZPO sein[1548]; es kommt auf den Einzelfall an.

1537 Vgl. OLG Stuttgart NJW-RR 1986, 978, so wohl auch MünchKommZPO/*Belz* ebenda und *Zöller/Herget* ebenda, ohne allerdings auf dieses Problem einzugehen.

1538 Vgl. z. B. OLG Stuttgart Die Justiz 1983, 119; näher *Zöller/Herget* § 91 Rdn. 13 „Detektivkosten".

1539 OLG Hamm JurBüro 1986, 1036.

1540 OLG Frankfurt/M. WRP 1970, 154; OLG Bremen, Beschl. v. 18. 10. 1989 – 2 W 174/88 (*Traub* aaO S. 63); OLG Hamburg, Beschl. v. 29. 1. 1988 – 8 W 19/88 (*Traub* aaO S. 162; Erstattungsfähigkeit bejaht bei Ermittlungen über die wettbewerbsrechtlich beanstandeten personellen und räumlichen Verflechtungen zwischen der beklagten Partei und Dritten).

1541 OLG Bremen aaO.

1542 OLG Koblenz JurBüro 1975, 373; *Zöller/Herget* ebenda.

1543 OLG Schleswig JurBüro 1978, 435; *Zöller/Herget* ebenda.

1544 OLG Frankfurt/M. VersR 1978, 1145; *Zöller/Herget* ebenda. Vgl. für *eingeklagte* Detektivkosten BGH MDR 1990, 1099.

1545 OLG Frankfurt/M. NJW 1971, 1183, 1185.

1546 OLG Nürnberg, Beschl. v. 2. 3. 1977 – 3 W 8/77 (*Traub* aaO S. 334).

1547 OLG Stuttgart Die Justiz 1983, 119.

1548 Vgl. dazu die Rechtsprechungszusammenstellung bei *Traub* aaO jeweils unter Nr. 5.5.

ee) Kosten für Fangprämien. Auch Aufwendungen für **Belohnungen** – sogenannte *Fangprämien* – für die Beschaffung von Beweismitteln, z. B. für die Überlassung von Urkunden, die Benennung von Zeugen, sind erstattungsfähig, wenn sie prozeßbezogen, d. h. im Rahmen eines schon vorher gefaßten Entschlusses zur Rechtsverfolgung getätigt worden sind[1549]. Solche Ermittlungen müssen sich auf das unbedingt notwendige Maß beschränken. Immer ist zu prüfen, ob der Zweck nicht auf andere Weise erreicht werden kann. Insbesondere dürfen solche Zahlungen *nicht* den *Charakter eines Zeugenkaufs* annehmen[1550]. **456**

ff) Kosten einer Meinungsumfrage. Meinungsumfrage-Gutachten haben für die Streitentscheidung in Wettbewerbsprozessen oft erhebliche Bedeutung, namentlich wenn es um die Ermittlung der Verkehrsauffassung etwa bei behaupteter Irreführung (§ 3 UWG) geht (näher Rdn. 364 ff). Ob und in welchem Umfang die Kosten für ein **privat,** d. h. von einer Partei vor oder während des anhängigen Rechtsstreits **eingeholtes Gutachten** erstattungsfähig sind, richtet sich nach denselben Kriterien wie die Erstattungsfähigkeit von Detektivkosten[1551]. Maßgebend kommt es darauf an, ob das Gutachten prozeßbezogen eingeholt worden ist und ob es erforderlich war, um überhaupt substantiiert vortragen zu können[1552]. Das Gutachten muß in den Prozeß eingeführt worden sein und die *prozessuale Stellung der Partei verbessert* haben. Unerheblich ist dagegen, ob es die Entscheidung des Rechtsstreits konkret beeinflußt hat[1553]. **457**

Anhand dieser Kriterien muß die Erstattungsfähigkeit für das **einstweilige Verfügungsverfahren** und das **Klageverfahren unterschiedlich** beurteilt werden[1554]. Im Verfahren der *einstweiligen Verfügung* obliegt dem Antragsteller regelmäßig die *Glaubhaftmachungslast* für die von ihm vorgetragene Verkehrsauffassung. Diese Glaubhaftmachung kann er in der Regel nur durch Vorlage eines vorprozessual eingeholten Meinungsumfrage-Gutachtens erreichen[1555]. Dies gilt erst recht für Fälle, in denen die Richter nicht zu den angesprochenen Verkehrskreisen gehören und sich daher kein eigenes Bild über die Verkehrsauffassung machen können. Legt der Antragsteller *kein Gutachten* vor, wird er zumindest in Zweifelsfällen, in denen das Gericht nicht schon aufgrund eigener Sachkunde entscheiden kann (vgl. näher Rdn. 364–370, insbes. Rdn. 367), *an der Glaubhaftmachungslast scheitern.* Die Kosten eines vorprozessual eingeholten Meinungsumfrage-Gutachtens sind daher im **Verfügungsverfahren** regelmäßig **erstattungsfähig,** wenn die vorgenannten Kriterien erfüllt sind[1556]. **458**

1549 OLG Karlsruhe JurBüro 1975, 655 = NJW 1975, 173; OLG München GRUR 1992, 345; *Stein/Jonas/Leipold* § 91 Rdn. 39; *Baumbach/Lauterbach/Albers/Hartmann* § 91 Anm. 21 „Zeuge und Sachverständige".

1550 Vgl. OLG Hamburg JurBüro 1991, 1518 = MDR 1991, 904: Zahlung von 30000 DM an einen an einer vorsätzlichen Brandstiftung beteiligten Zeugen durch die Versicherung; OLG München GRUR ebenda.

1551 Zutreffend OLG Köln, Beschl. v. 11. 11. 1987 – 17 W 722/86 (*Traub* aaO S. 283).

1552 OLG Karlsruhe GRUR 1966, 702; KG GRUR 1987, 473, 474; OLG München AnwBl. 1988, 249; MünchKommZPO/*Belz* § 91 Rdn. 54 mit weit. Nachweisen; *Zöller/Herget* § 91 Rdn. 13 „Meinungsumfrage".

1553 OLG Hamm MDR 1979, 234; *Zöller/Herget* ebenda; a. A., Beeinflussung verlangend *Baumbach/Hefermehl* Einl. UWG Rdn. 572.

1554 Vgl. *Zöller/Herget* ebenda; *Melullis* Rdn. 418. Die Entscheidungen, die die Erstattungsfähigkeit bejahen, betreffen meist einstweilige Verfügungsverfahren; unklar OLG Karlsruhe GRUR 1966, 702. Für Klageverfahren dagegen OLG Nürnberg Beschl. v. 16. 3. 1988 – 3 W 901/88 (*Traub* aaO S. 337).

1555 Vgl. OLG Köln WRP 1980, 504, 505 und 505, 506; *Teplitzky*[6] Kap. 54 Rdn. 49.

1556 KG GRUR 1987, 473, 474; OLG München AnwBl. 1988, 249; OLG Hamburg JurBüro 1989, 812. Vgl. auch die OLG Entscheidungen in der Rechtsprechungszusammenstellung bei *Traub* aaO jeweils unter Nr. 5.14 und 5.19; *Zöller/Herget* ebenda.

459 **Anders** ist dies im **Klageverfahren**[1557]. Dort braucht der Kläger *nur substantiiert vorzutragen*, nicht glaubhaft zu machen. Hierfür reicht in aller Regel der **Vortrag** aus, wie ein nicht unbeachtlicher Teil der angesprochenen Verkehrsweise das beanstandete Wettbewerbsverfahren versteht und wertet, *sowie* der **Beweisantritt** durch Einholung eines – gerichtlichen – Meinungsumfrage-Gutachtens. In solchen Fällen ist es zur sachgerechten Rechtsverfolgung **nicht notwendig**, daß der Kläger seinerseits ein privates Meinungsumfrage-Gutachten einholt. Tut er es dennoch, so dient es meist nicht der Unterstützung des eigenen Prozeßvortrages, sondern soll ihm über die Aussichten eines Unterlassungsprozesses und die damit verbundenen Risiken Aufschluß geben[1558]. Von dem Ausgang des Gutachtens will er abhängig machen, ob er überhaupt einen Prozeß beginnt. Es **fehlt** in solchen Fällen vielfach an der **Prozeßbezogenheit** des privat eingeholten Gutachtens.

Auch wenn aber der Kläger das Gutachten zur Unterstützung und Erhärtung des eigenen Prozeßvortrages, also **prozeßbezogen** eingeholt hat, scheidet eine Erstattungsfähigkeit im Klageverfahren gleichwohl regelmäßig aus. Denn ein solches Gutachten verbessert in aller Regel nicht die prozessuale Stellung des Klägers. Die Einführung eines solchen Gutachtens in den Rechtsstreit macht die *Einholung eines gerichtlichen Gutachtens nicht überflüssig*. Denn der Gegner wird der Verwertung eines solchen Gutachtens regelmäßig widersprechen, so daß das Gericht, wenn es nicht schon aus eigener Sachkunde die Verkehrsauffassung beurteilen kann (oben Rdn. 364 – 370), ohnehin *Beweis erheben* muß[1559].

460 Eine **Erstattungsfähigkeit** kann daher **im Klageverfahren** nur ganz **ausnahmsweise** in Betracht kommen, etwa wenn sich das privat eingeholte Meinungsumfrage-Gutachten auf die Verkehrsauffassung in **bestimmten Fachkreisen** bezieht und es zur Substantiierung des Prozeßvortrags erforderlich ist, diese *besondere* Verkehrsauffassung detailliert vorzutragen, oder wenn das Privatgutachten Bedeutung für die Entscheidung – etwa durch Beeinflussung der Beweiswürdigung (vgl. oben Rdn. 386 mit Nachweisen in Fußn. 1319) – gewonnen hat.

461 Regelmäßig **erstattungsfähig** sind dagegen die Kosten für einen **privat beauftragten Meinungsumfrage-Gutachter**, der die Partei *während des Klageverfahrens* **berät**, sofern das Gericht über die Verkehrsauffassung Beweis erhebt[1560]. Der Prozeßpartei mangelt es oft an eigener Sachkunde, wie die Fragen formuliert, in welcher Reihenfolge sie gestellt werden müssen, ob offene oder eher geschlossene Fragestellungen zu einem zuverlässigen Ergebnis führen (näher Rdn. 380 ff). Die Erfahrung lehrt, daß eine solche Beratung etwa im Einweisungstermin (Rdn. 379) – vor endgültiger Formulierung der Fragen – eine wichtige, oft prozeßentscheidende Hilfe für die Partei darstellt und auch für das Gericht von erheblichem Nutzen sein kann. Die Kosten müssen sich aber in einem *angemessenen Verhältnis* zum Gegenstandswert und zur Bedeutung der Sache halten[1561].

1557 *Zöller/Herget* ebenda; großzügiger OLG Nürnberg, Beschl. v. 16. 3. 1988 – 3 W 901/88 (*Traub* aaO S. 337).

1558 Vgl. OLG Hamburg JurBüro 1988, 1022; MünchKommZPO/*Belz* aaO Rdn. 54. Die vor Einleitung eines Prozesses vorzunehmende Abschätzung der Aussichten und Risiken ist grundsätzlich Sache des Klägers; die dadurch entstandenen Kosten können nicht über § 91 Abs. 1 ZPO auf den Gegner abgewälzt werden.

1559 Zutreffend *Melullis* Rdn. 418.

1560 Zu der Zweckmäßigkeit einer solchen Beratung *Teplitzky* WRP 1990, 145, 146.

1561 KG GRUR 1987, 473, 474.

X. Vergleich

Literatur

Ahrens Wettbewerbsverfahrensrecht (1983); *Oppermann* Unterlassungsantrag und zukünftige Verletzungshandlung – gleichzeitig eine Anmerkung zu OLG Hamm, WRP 1989, 260, WRP 1989, 713; *Palandt* BGB, 51. Aufl. (1992) mit *Bearbeiter*; *Rebmann/Säcker* Münchener Kommentar zum BGB, 2. Aufl. (1985 ff) mit *Bearbeiter*; *Teplitzky* Wettbewerbsrechtliche Ansprüche, 6. Aufl. (1992); *Teplitzky* Unterwerfung und „konkrete Verletzungsform“, WRP 1990, 26. Zur Kommentarliteratur vgl. die Literatur vor Rdn. 16.

1. Allgemeines

Wettbewerbsstreitigkeiten werden häufig durch **Vergleich beendet**. Dies beruht **462** einmal darauf, daß an derartigen Streitigkeiten regelmäßig *Kaufleute* beteiligt sind[1562] und diese weit eher zu einer wirtschaftlich vernünftigen und vertretbaren Verfahrensbeendigung neigen als nichtkaufmännische Parteien. Zum anderen bietet der Vergleich im Gegensatz zum Urteil die Möglichkeit, *positive Regelungen für die Zukunft* zu treffen und so künftigem Streit vorzubeugen[1563]. Darüber hinaus können in einem Vergleich auch *andere Streitpunkte* zwischen den Parteien gleich miterledigt und kann so eine Gesamtbereinigung der beiderseitigen Beziehungen erreicht werden[1564].

Im **Leistungsprozeß** (Unterlassung, Auskunft, Rechnungslegung und/oder Schadens- **463** ersatz) geht das **Interesse des Klägers** in der Regel dahin, einen **vollstreckbaren Titel auf Unterlassung** des beanstandeten Wettbewerbsverhaltens zu erlangen. Den bekäme er zwar möglicherweise auch durch Urteil, aber erst nach einem unter Umständen mehrjährigen Verfahren. Sein Interesse zielt daher häufig auf einen *raschen und endgültigen Titel*. Dafür ist er häufig bereit, auf Auskunft, Rechnungslegung und Schadensersatz zu verzichten, zumal Schadensersatz aus begangenem Wettbewerbsverstoß ohnehin meist schwer durchsetzbar ist[1565]. In der Regel wird er dem Beklagten auch bei der Kostentragung entgegenkommen, einmal aus wirtschaftlichen, aber auch aus optischen Gründen, um für den Beklagten den Makel unlauteren Verhaltens zu mildern[1566].

Das **Interesse des Beklagten**, der – möglicherweise nach Belehrung durch das Gericht – von der Wettbewerbswidrigkeit seines Verhaltens weiß, konzentriert sich in der Regel darauf, in der *Kostenfrage entlastet* zu werden und *keinen Schadensersatz* zahlen zu müssen[1567]. Außerdem ist er vielfach daran interessiert, mit dem Kläger eine Regelung zu treffen, wie sein *Wettbewerbsverhalten in Zukunft* ausgestaltet werden kann, ohne erneut von dem Kläger (oder einem anderen Wettbewerber) angegriffen zu werden[1568].

Im **Feststellungsprozeß** gilt das Entsprechende, soweit es – meist im Wege der **464** Anspruchshäufung – um die Feststellung der Schadensersatzpflicht des Beklagten geht. Dagegen ist ein Vergleich im **negativen Feststellungsverfahren** in der Regel sehr viel schwieriger zu erreichen. Denn damit erstrebt der Kläger gerade eine *gerichtliche*

1562 Soweit Wettbewerbsprozesse von *Verbänden* geführt werden, stehen oft Mitbewerber hinter solchen Klagen. Die vergleichsweise Erledigung solcher Verfahren wird dadurch erleichtert, daß bei Verbandsklagen nur Unterlassungsansprüche, nicht auch Auskunfts-, Rechnungslegungs- und Schadensersatzansprüche im Spiel sind.

1563 *Baumbach/Hefermehl* Einl. UWG Rdn. 502; HdbWR/*Samwer* § 72 Rdn. 37.

1564 Näher HdbWR/*Samwer* aaO Rdn. 39.

1565 Vgl. *Baumbach/Hefermehl* ebenda.

1566 Zutreffend *Baumbach/Hefermehl* ebenda.

1567 Vgl. *Baumbach/Hefermehl* ebenda.

1568 Näher HdbWR/*Samwer* ebenda.

Klärung des Rechtsverhältnisses, das durch die Berühmung eines gegen den Kläger vermeintlich begründeten Anspruchs entstanden ist (näher Rdn. 402 ff), so daß er mit einem Vergleich sein Rechtsschutzziel nicht erreichen kann.

2. Prozeßvergleich

465 Der Abschluß des Prozeßvergleichs **beendet** unmittelbar den **Rechtsstreit**, soweit er den Streitgegenstand erfaßt[1569]. Bereits ergangene Urteile werden wirkungslos, ohne daß dies im Vergleich ausdrücklich gesagt werden müßte[1570].

Der Prozeßvergleich ist **Vollstreckungstitel** (§ 794 Abs. 1 Nr. 1 ZPO). Insofern hat er in erster Linie Bedeutung für die darin meist übernommene Unterlassungsverpflichtung des Beklagten. Der vollstreckungsfähige Inhalt kann sich auch auf Auskunftserteilung, Rechnungslegung, Namensnennung und/oder Beseitigung erstrecken sowie auf Zahlung von Schadensersatz oder der Kosten vorprozessualer Abmahnung. Zur Durchsetzung einer in dem Prozeßvergleich übernommenen Vertragsstrafe vgl. Rdn. 466.

466 Die **Zwangsvollstreckung** richtet sich, was die **Unterlassungsverpflichtung** angeht, nach **§ 890 Abs. 1 ZPO,** geschieht also durch Festsetzung von Ordnungsmitteln[1571]. Ihr muß nach § 890 Abs. 2 ZPO eine **Ordnungsmittelandrohung** vorausgehen. Diese kann nicht schon in den Vergleich aufgenommen werden, da er kein Hoheitsakt ist[1572]. Die Androhung muß vielmehr durch gesonderten *Beschluß* des Prozeßgerichts erster Instanz (§ 890 Abs. 2 ZPO) ergehen[1573]. Dieser kann schon *mit der Protokollierung* des Vergleichs *verbunden* werden[1574], sofern diese in erster Instanz vorgenommen wird; anderenfalls ist das Prozeßgericht für die Ordnungsmittelandrohung nicht zuständig. Ein in den Vergleich aufgenommener *Verzicht* auf die voraufgehende Ordnungsmittelandrohung wäre *unwirksam*, da die Androhung ein (Teil-)Akt der Zwangsvollstreckung ist und öffentlich-rechtlichen Charakter hat[1575].

Allerdings spielt die Zwangsvollstreckung einer in einem Vergleich übernommenen Unterlassungsverpflichtung in der Praxis kaum eine Rolle. Denn regelmäßig wird in dem Vergleich für den Fall der Zuwiderhandlung eine **Vertragsstrafe** vereinbart[1576], zumal grundsätzlich erst durch eine strafbewehrte, d. h. mit Vertragsstrafe sanktionierte Unterlassungsverpflichtung die Wiederholungsgefahr beseitigt wird[1577]. Verstößt der Schuldner gegen seine im Prozeßvergleich übernommene Unterlassungsverpflichtung, so wird der Gläubiger in solchem Fall in aller Regel Zahlung der verwirkten Vertragsstrafe fordern. Insofern ist allerdings der Prozeßvergleich **kein Titel**[1578]. Der Gläubiger muß die Vertragsstrafe **gesondert einklagen** und sich im normalen Zivilprozeß einen Titel besorgen[1579].

1569 *Zöller/Vollkommer* § 91 a Rdn. 30; *Baumbach/Hefermehl* aaO Rdn. 503; HdbWR/*Samwer* aaO Rdn. 27 mit weit. Nachweisen. Vgl. näher oben Rdn. 273.

1570 HdbWR/*Samwer* ebenda.

1571 Eingehend dazu Großkomm/*Jestaedt* Vor § 13, E, Rdn. 5 ff, für den Vergleich Rdn. 42.

1572 OLG Stuttgart WRP 1976, 119; KG WRP 1979, 367, 369; Großkomm/*Jestaedt* aaO Rdn. 42; *Baumbach/Hefermehl* aaO Rdn. 504; *Ahrens* S. 9; HdbWR/*Samwer* aaO Rdn. 29; *Pastor* S. 797 f.

1573 RGZ 40, 413, 415; OLG Karlsruhe GRUR 1957, 447; Großkomm/*Jestaedt* ebenda; *Teplitzky*[6] Kap. 57 Rdn. 25; *Baumbach/Hefermehl* ebenda.

1574 *Baumbach/Hefermehl* ebenda.

1575 OLG Karlsruhe GRUR aaO; *Teplitzky* ebenda; *Baumbach/Hefermehl* ebenda.

1576 Vgl. dazu Großkomm/*Köhler* Vor § 13, B, Rdn. 111 ff; *Teplitzky*[6] Kap. 20 Rdn. 1 ff; *Baumbach/Hefermehl* aaO Rdn. 502; HdbWR/*Samwer* aaO Rdn. 30.

1577 Ausführlich Großkomm/*Köhler* aaO Rdn. 36 ff.

1578 *Baumbach/Hefermehl* aaO Rdn. 504 aE; HdbWR/*Samwer* ebenda; *Pastor* S. 321.

1579 *Baumbach/Hefermehl* ebenda; HdbWR/*Samwer* ebenda.

Der Gläubiger kann – was allerdings in der Praxis selten vorkommt – auch **parallel vorgehen**, d. h. sowohl nach § 890 Abs. 1, 2 ZPO vollstrecken als auch eine verwirkte Vertragsstrafe verlangen[1580]. Für das Ordnungsmittelverfahren fehlt es nicht am Rechtsschutzbedürfnis, und der Anspruch auf Vertragsstrafe wird durch die staatliche Vollstreckungssanktion nicht berührt[1581]. Allerdings muß richtiger Ansicht nach eine **wechselseitige Anrechnung** stattfinden, also eine bereits gezahlte Vertragsstrafe auf das Ordnungsgeld *angerechnet* werden und umgekehrt, wenn bereits Ordnungsgeld verhängt und gezahlt sein sollte; denn die Zahlung einer Vertragsstrafe und die Verhängung von Ordnungsgeld liefe im wirtschaftlichen Ergebnis auf eine *Doppelbestrafung* hinaus[1582]. Dem Gläubiger bringt deswegen ein solches Vorgehen kaum Vorteile, da die Anrechnung von Ordnungsgeld, das an die Staatskasse gezahlt worden ist, im Ergebnis seinen Vertragsstrafenanspruch schmälert. 467

Die Zwangsvollstreckung von **Auskunfts-, Rechnungs- und Benennungspflichten** richtet sich nach §§ 887, 888 ZPO[1583], diejenige einer **Zahlungsverpflichtung** (Schadensersatz, Erstattung vorprozessualer Kosten) nach §§ 803 ff ZPO, sofern die Verpflichtung in dem Vergleich beziffert ist. 468

3. Kostenvergleich

Wettbewerbsstreitigkeiten werden in der Praxis häufig dadurch beendet, daß der Beklagte eine strafbewehrte, d. h. durch Vertragsstrafe gesicherte **Unterlassungserklärung** (Unterwerfungserklärung) abgibt und diese von dem Kläger angenommen wird, **ohne daß dies Gegenstand eines Vergleichs** ist (näher Rdn. 76). Diese Unterwerfungserklärung beseitigt die Wiederholungsgefahr[1584], was die Unterlassungsklage, würde sie weiterbetrieben, unbegründet machen würde. Deswegen muß der Kläger die **Hauptsache für erledigt erklären** (Rdn. 270 f); erledigendes Ereignis ist die Abgabe der strafbewehrten Unterlassungserklärung durch den Beklagten[1585]. In der Regel schließt sich der Beklagte der Erledigungserklärung an, so daß man es mit übereinstimmenden Erledigungserklärungen beider Parteien zu tun hat (Rdn. 291 ff). Erforderlich ist dies allerdings nicht; der Beklagte kann stattdessen, etwa weil er nach wie vor trotz seiner Unterwerfungserklärung den Unterlassungsanspruch des Klägers für von Anfang an 469

1580 HM; vgl. BGH GRUR 1952, 141, 142 – *Tauchpumpe* (insoweit nicht in BGHZ 3, 193 mitabgedruckt); BGH NJW 1980, 1843; BGH GRUR 1984, 72, 74 – *Vertragsstrafe für versuchte Vertreterabwerbung*; OLG Karlsruhe GRUR 1957, 447; OLG Karlsruhe GRUR 1959, 620; OLG Köln NJW 1969, 756; OLG Stuttgart NJW 1969, 1305; OLG Saarbrücken NJW 1980, 461; OLG Köln GRUR 1986, 688; OLG Köln NJW-RR 1987, 360; OLG Düsseldorf NJW-RR 1988, 1216; *Teplitzky*[6] Kap. 20 Rdn. 22 u. Kap. 57 Rdn. 36; HdbWR/*Samwer* ebenda mit weit. Nachw. in Fußn. 80; *Zöller/Stöber* § 890 Rdn. 7; **a. A.** – für bloßes Wahlrecht – OLG Celle BB 1970, 11; MünchKommBGB[2]/*Söllner* § 339 Rdn. 21; *Palandt/Heinrichs* BGB[51], Vor § 339 Rdn. 11 (kein Rechtsschutzbedürfnis für Ordnungsmittelfestsetzung, wenn der Gläubiger die Vertragsstrafe angenommen hat).

1581 Zutreffend OLG Saarbrücken NJW 1980, 461; OLG Köln GRUR 1986, 688; *Teplitzky* ebenda; **a. A.** – Rechtsschutzinteresse verneinend – MünchKommBGB[2]/*Söllner* ebenda; OLG Celle BB aaO und *Palandt/Heinrichs* aaO halten im Falle, daß der Gläubiger die *Vertragsstrafe angenommen* hat, einen Antrag nach § 890 Abs. 1 ZPO für rechtsmißbräuchlich und daher unzulässig.

1582 So zutreffend OLG Düsseldorf WRP 1970, 71, 72; OLG Düsseldorf NJW-RR 1988, 1216; OLG Köln NJW-RR 1986, 1191; *Teplitzky*[6] Kap. 57 Rdn. 36; **a. A.** (keine Anrechnung) OLG Saarbrücken NJW 1980, 461; OLG Nürnberg MDR 1983, 759; *Zöller/Stöber* ebenda.

1583 Vgl. HdbWR/*Samwer* aaO Rdn. 28; *Pastor* S. 797.

1584 Eingehend Großkomm/*Köhler* aaO Rdn. 36 ff und oben Rdn. 76 ff.

1585 Auf die Annahme einer solchen Erklärung durch den Unterlassungsgläubiger kommt es grundsätzlich nicht an, vgl. Großkomm/*Köhler* aaO Rdn. 37 aE und oben Rdn. 271.

unbegründet hält, der Erledigungserklärung widersprechen und seinen Klageabweisungsantrag aufrechterhalten (oben Rdn. 286).

470 Erklären beide Parteien *übereinstimmend die Hauptsache für erledigt*, schließen sie meist einen **Kostenvergleich**, d. h. einen auf die Kosten des Prozeßverfahrens (einschließlich der Kosten des Kostenvergleichs selbst) beschränkten *Prozeßvergleich*[1586]. Diese Vorgehensweise bietet gegenüber einem Gesamtprozeßvergleich für die Parteien den **Vorteil**, daß der Kläger, was seinen Unterlassungsanspruch angeht, eine *ebenso gesicherte Position* hat wie bei einem Gesamtprozeßvergleich[1587] und die *Erledigung des Rechtsstreits* insgesamt *kostengünstiger* ist, da sich die anwaltliche Vergleichsgebühr lediglich nach der Summe der bis zur Erledigung entstandenen Gerichts- und Anwaltskosten, nicht nach dem Gesamtstreitwert richtet[1588].

4. Außergerichtlicher Vergleich

471 Der außergerichtliche Vergleich führt **nicht** zur unmittelbaren **Beendigung** des Rechtsstreits, auch wenn er den gesamten Streitgegenstand erfaßt[1589]. So macht er ein noch nicht rechtskräftiges Urteil nicht wirkungslos[1590]. Es müssen daher grundsätzlich **prozessuale Erklärungen** abgegeben werden, um das Verfahren zu beenden. Die Parteien werden in der Regel dem Gericht entweder den Vergleichsinhalt oder die Tatsache, daß ein solcher Vergleich abgeschlossen worden ist, mitteilen und **übereinstimmende Erledigungserklärungen** abgeben (vgl. oben Rdn. 270, 273, 275). Üblicherweise enthält ein außergerichtlicher Vergleich auch eine Regelung über die Verfahrenskosten, so daß es keine Entscheidung des Gerichts über die Kosten nach § 91 a ZPO bedarf (eingehend oben Rdn. 275). Vielfach vereinbaren die Parteien in ihrem außergerichtlichen Vergleich aber auch eine **anderweitige Beendigung** des Rechtsstreits, z. B. die *Rücknahme der Klage oder der Berufung* (ohne daß Kostenantrag gestellt wird)[1591]. Das Verfahren wird dann durch die entsprechende Prozeßhandlung beendet.

Möglich ist auch, daß die Parteien in dem außergerichtlichen Vergleich über die Beendigung des anhängigen Verfahrens **nichts vereinbaren** und es bei der *Mitteilung an das Gericht belassen*, sie hätten den Rechtsstreit außergerichtlich erledigt. Das Verfahren wird dann nicht weiterbetrieben, bleibt aber rechtshängig. Das Gericht ordnet die *Weglegung der Akten* gemäß der Aktenordnung an, wenn das Verfahren *sechs Monate nicht mehr betrieben* worden ist[1592], und zwar **ohne förmliche Beendigung** des Verfahrens.

Die Parteien **bevorzugen** üblicherweise dann den **außergerichtlichen Vergleich**, wenn sie über den Streitgegenstand des Verfahrens hinaus auch *andere wechselseitige Streitpunkte regeln*, wenn sie den Inhalt ihres Vergleichs *vertraulich* behandeln oder wenn sie nur einfach die *anwaltliche Vergleichsgebühr sparen* wollen (sofern die Anwälte an dem außergerichtlichen Vergleich nicht beteiligt sind).

[1586] HdbWR/*Samwer* aaO Rdn. 24; *Pastor* S. 792 ff.

[1587] Allerdings mit der Einschränkung, daß in diesem Fall die strafbewehrte Unterlassungserklärung nicht in einem vollstreckbaren Titel (§ 794 Abs. 1 Nr. 1 ZPO) enthalten ist, der Gläubiger deswegen bei Verstoß nicht aus § 890 Abs. 1, 2 ZPO die Festsetzung eines Ordnungsmittels beantragen kann.

[1588] Zum Streitwert bei einseitiger Erledigungserklärung oben Rdn. 290.

[1589] *Baumbach/Hefermehl* aaO Rdn. 505; HdbWR/*Samwer* aaO Rdn. 13.

[1590] BGH JZ 1964, 257, 258; HdbWR/*Samwer* ebenda mit weit. Nachweisen.

[1591] Vgl. HdbWR/*Samwer* ebenda.

[1592] Vgl. z. B. § 7 Nr. 3 e der Aktenordnung NW.

5. Inhalt des Vergleichs

a) Unterlassungsverpflichtung. Die in einem Vergleich aufgenommene Unterwerfungserklärung muß, wenn durch sie die Wiederholungsgefahr beseitigt werden soll, in ihrer Formulierung an die konkrete **Verletzungsform** anknüpfen, die den Gegenstand des Unterlassungsantrags bildet[1593]. Insofern muß die Erklärung so formuliert sein, daß darin die konkrete Verletzungsform hinreichend **bestimmt und konkret** erfaßt wird[1594]. Es gelten dieselben Grundsätze, die für die Bestimmtheit und Konkretisierung des wettbewerblichen Unterlassungs*antrages* entwickelt worden sind[1595] (näher oben Rdn. 103 ff). 472

Hiervon zu trennen ist die *ganz andere Problematik*, ob eine Unterwerfungserklärung unabhängig von ihrer Funktion, die Wiederholungsgefahr zu beseitigen, als Grundlage eines Vertragsstrafeversprechens **wirksam** ist und ob sie **inhaltlich bestimmt** genug ist, daß sich daran eine Vertragsstrafesanktion anschließen kann[1596]. Dies hat mit dem wettbewerbsrechtlichen Problem der „konkreten Verletzungsform" einer begangenen Handlung nichts zu tun. Hier kommt eine unmittelbare Heranziehung der restriktiven Grundsätze, wie sie für die Auslegung eines in gleicher Weise formulierten *Unterlassungstitels* im Hinblick auf dessen Vollstreckbarkeit entwickelt worden sind, nicht in Betracht; denn der Unterwerfungserklärung fehlt gerade der Charakter eines vollstreckbaren Titels, und ihre Auslegung kann – wie die jedes anderen Vertrages – in einem besonderen Streitverfahren geprüft werden[1597]. Maßgebend ist deswegen ausschließlich das **Vertragsrecht** und sind die **Auslegungsregeln des BGB** (§§ 133, 157, 339 ff)[1598]. Das bedeutet, daß die Unterlassungserklärung nicht nur aus sich selbst heraus auszulegen ist, sondern daß der Vertragsinhalt nach *Treu und Glauben* unter Berücksichtigung der Gegebenheiten des Einzelfalls bei objektiver Betrachtungsweise aus der Sicht des Versprechensempfängers zu ermitteln ist; dabei ist insbesondere auch das die Unterwerfung auslösende Abmahnschreiben heranzuziehen[1599]. Auch eine gesetzlich normierte Unterlassungspflicht kann zum Gegenstand einer vertraglichen Verpflichtung gemacht werden, wenn sie im Wege der Vertragsauslegung hinreichend bestimmbar und ein entsprechender Wille der Parteien, eine solche Verpflichtung zu vereinbaren, erkennbar ist[1600].

Das Verhältnis von vertraglicher Unterwerfung und „konkreter Verletzungsform" spielt auch eine Rolle für die Frage, ob eine nach wirksamer Unterwerfung begangene Handlung **gegen die eingegangene Verpflichtung verstößt** und den Vertragsstrafenanspruch entstehen läßt[1601]. Zur Beantwortung dieser Frage sind die Grundsätze heranzuziehen, die im Wettbewerbsstreit für den Fall entwickelt worden sind, daß eine Handlung nicht exakt der in dem Titel konkretisierten Verletzungsform entspricht 473

1593 OLG Koblenz WRP 1986, 694; OLG Stuttgart WRP 1987, 200, 203; OLG Hamburg GRUR 1988, 240 (LS); OLG Köln WRP 1988, 56; OLG Hamm WRP 1989, 260; OLG Karlsruhe WRP 1990, 51; *Teplitzky*[6] Kap. 8 Rdn. 16; *Oppermann* WRP 1989, 713; *Teplitzky* WRP 1990, 26.

1594 *Teplitzky* aaO Rdn. 16; HdbWR/*Gloy* § 63 Rdn. 18; *Oppermann* WRP aaO 714; *Teplitzky* WRP ebenda.

1595 *Teplitzky* aaO Rdn. 16.

1596 *Teplitzky*[6] Kap. 20 Rdn. 8; *Teplitzky* WRP aaO 26 f.

1597 BGH GRUR 1992, 61, 62 – *Preisvergleichsliste.*

1598 BGH GRUR aaO – *Preisvergleichsliste*; OLG Koblenz WRP 1986, 694; OLG Koblenz WRP 1990, 51, 53; KG WRP 1990, 39, 41 f; *Teplitzky* WRP aaO 27.

1599 KG WRP ebenda (beide Entscheidungen).

1600 BGH GRUR aaO – *Preisvergleichsliste*; OLG Koblenz WRP 1990, 51, 53; KG WRP 1990, 39, 41 f.; *Teplitzky* WRP ebenda; a. A. z. B. OLG Frankfurt/M. GRUR 1988, 563, 564 (kritisch behandelt von KG WRP ebenda).

1601 *Teplitzky* WRP aaO 27 f.

(*„Kerntheorie"*)[1602]. Dies allerdings mit der **Einschränkung**, daß bei Verstoß gegen die vertragliche Unterlassungspflicht, die *nicht in einen Prozeßvergleich eingebunden* ist und daher *keinen Vollstreckungstitel* (§ 794 Abs. 1 Nr. 1 ZPO) bildet, eine *großzügigere Subsumtion* auch abweichender Handlungen unter die Verbotsform am Platze ist[1603]. Denn insoweit hat die vertragliche Unterlassungspflicht nicht den Normcharakter eines Vollstreckungstitels und unterliegt daher auch nicht den durch Art. 103 Abs. 2 GG verschärften Bestimmtheitsanforderungen[1604]. *Teplitzky*[1605] rät allerdings mit Recht zur Zurückhaltung, da anderenfalls die Unterwerfungserklärung aus der Sicht des Schuldners im Vergleich zum Unterlassungsurteil als unangenehmes und gefährliches Instrument abgestempelt wäre[1606].

474 Anders als bei titulierten gesetzlichen Unterlassungspflichten, für die § 890 Abs. 1 ZPO gilt und bei denen der Schuldner nur für eigenes, nicht aber für das Verschulden eines Verrichtungs- oder Erfüllungsgehilfen einstehen muß, haftet der Schuldner bei einer **vertraglich** eingegangenen Unterlassungspflicht auch für das **Verschulden eines Erfüllungsgehilfen (§ 278 BGB)**[1607]. Insofern birgt die Abgabe einer strafbewehrten Unterlassungserklärung – innerhalb oder außerhalb eines Prozeßvergleichs – im Vergleich zu einer Verurteilung für den Schuldner *erhebliche Risiken*. Dies insbesondere dann, wenn die Unterlassungsverpflichtung sich auf ein Wettbewerbsverhalten bezieht, auf das er keinen unmittelbaren Einfluß hat (z. B. wettbewerbswidrige Werbebehauptungen durch Vertriebspersonen, durch eingeschaltete Promoter oder Handelsvertreter). Der Schuldner kann sich, wenn die zur Unterlassung erklärte Wettbewerbshandlung gleichwohl vereinzelt fortgesetzt wird, gegenüber der dadurch verwirkten Vertragsstrafe – anders als bei § 890 Abs. 1 ZPO[1608] – nicht darauf berufen, er habe seinerseits alles Erforderliche und Zumutbare getan, künftige Verstöße zu verhindern[1609].

475 b) **Auskunft und Rechnungslegung.** Die *vergleichsweise* Verpflichtung, Auskunft zu erteilen oder Rechnung zu legen, findet sich in der Praxis selten. Wenn der Kläger auf diesen Ansprüchen besteht und damit zu erkennen gibt, daß er einen Schadensersatzanspruch durchsetzen will, wird sich der Beklagte kaum vergleichen, sondern es eher auf ein Urteil ankommen lassen. Wird im Einzelfall eine solche Verpflichtung gleichwohl in einen Prozeßvergleich aufgenommen, wird regelmäßig ein **Wirtschaftsprüfervorbehalt** vereinbart werden[1610].

476 c) **Schadensersatzpflicht.** In der Regel wird der Gläubiger, der in erster Linie Unterlassung eines bestimmten Wettbewerbsverhaltens begehrt, bei Abschluß eines Vergleichs auf den geltend gemachten Schadensersatzanspruch *verzichten*. Die Einbezie-

---

1602 Vgl. RGZ 147, 27, 30; BGHZ 5, 189, 193 = GRUR 1952, 577 – *Zwilling-Zeichen*; BGH GRUR 1961, 288, 290 – *Zahnbürsten*; BGH GRUR 1979, 859, 860 – *Hausverbot II*; OLG Stuttgart WRP 1989, 276, 277; *Teplitzky*[6] Kap. 51 Rdn. 14 ff, Kap. 57 Rdn. 12 ff; vgl. auch oben Rdn. 102 Fußn. 315, Rdn. 130, 418.

1603 So mit Recht OLG Köln WRP 1989, 334, 335 mit umfangreichen Nachweisen in der Anm. auf S. 335 f; *Teplitzky*[6] Kap. 57 Rdn. 13–16; *Oppermann* WRP aaO 716; *Teplitzky* WRP aaO 28.

1604 A. A. neuerdings. Art. 103 Abs. 2 GG im Zivilverfahren nicht anwendbar: BVerfGE 84, 82, 89, allerdings ohne jede Begründung und ohne Auseinandersetzung mit der ganz einhelligen gegenteiligen Meinung; vgl. dazu kritisch auch *Teplitzky*[6] Kap. 57, Rdn. 14 Fußn. 25.

1605 WRP aaO 28.

1606 Eine Belastung für den Schuldner ergibt sich bei der strafbewehrten Unterlassungserklärung im Vergleich zu einer Verurteilung schon aus der Haftung für Erfüllungsgehilfen (§ 278 BGB); vgl. Rdn. 475.

1607 BGH GRUR 1985, 1065 – *Erfüllungsgehilfe*; BGH GRUR 1987, 648 – *Anwalts-Eilbrief*; BGH GRUR 1988, 561 – *Verlagsverschulden*; Großkomm/*Jestaedt* Vor § 13, E, Rdn. 30.

1608 Näher Großkomm/*Jestaedt* ebenda.

1609 BGH GRUR 1985, 1065, 1066 – *Erfüllungsgehilfe*.

1610 HdbWR/*Samwer* aaO Rdn. 42. Zum Wirtschaftsprüfervorbehalt näher Rdn. 231.

hung von Schadensersatz in einen Prozeßvergleich zur Beendigung eines Wettbewerbsprozesses kommt daher in der Praxis höchst selten vor[1611].

Eine *vergleichsweise Regelung* der Schadensersatzpflicht wird in der Regel dann getroffen, wenn bereits ein **rechtskräftiges Feststellungsurteil** bezüglich der Schadensersatzpflicht vorliegt (näher Rdn. 394 ff) und es nunmehr um die Berechnungsart und die Höhe des Schadens geht. Es ergeben sich dabei keine Besonderheiten gegenüber dem Prozeßvergleich im normalen zivilrechtlichen Schadensersatz-Höheverfahren.

d) **Aufbrauchsfrist.** Ein wesentlicher Beweggrund für den Schuldner, einen Vergleich anzustreben, besteht erfahrungsgemäß in dem Bestreben, für die vorhandenen Vorräte derjenigen Formen, Ausstattungen, Verpackungen etc., die Gegenstand der Unterlassungspflicht sind, eine **Aufbrauchs- und Umstellungsfrist** zu erhalten[1612]. Der Schuldner nimmt in solchen Fällen auch regelmäßig Kostennachteile in Kauf, wenn der Gläubiger ihm bei der Gewährung einer solchen Frist entgegenkommt. Denn die Kosten für die Vernichtung der noch vorhandenen Vorräte und die Herstellung von Ersatz übersteigen in aller Regel bei weitem die anfallenden Prozeßkosten. **477**

Wird im Vergleich eine Aufbrauchs- und Umstellungsfrist gewährt, so gilt das im Zusammenhang mit der Unterlassungsverpflichtung eingegangene **Vertragsstrafeversprechen nicht** für Handlungen des Schuldners **während der Dauer dieser Frist,** soweit sich diese auf Aufbrauch der vorhandenen Vorräte beschränken[1613].

6. Kosten

Zu den Kosten beim **Prozeßvergleich** vgl. näher Rdn. 274, zu denen bei einem **außergerichtlichen Vergleich** Rdn. 275. **478**

XI. Rechtsmittel

Literatur

Teplitzky Wettbewerbsrechtliche Ansprüche, 6. Aufl. (1992); *Teplitzky* Die jüngste Rechtsprechung des Bundesgerichtshofs zum wettbewerbsrechtlichen Anspruchs- und Verfahrensrecht, GRUR 1989, 461, GRUR 1990, 393 und GRUR 1991, 709. Zur Kommentarliteratur vgl. die Literatur vor Rdn. 16.

1. Berufung und Revision

In Wettbewerbsstreitigkeiten gelten hinsichtlich der Rechtsmittel keine Besonderheiten[1614]. Gegen erstinstanzliche Endurteile in Wettbewerbssachen ist regelmäßig die **Berufung** zulässig (§§ 511, 511 a Abs. 1 ZPO); denn die Berufungssumme liegt fast ausnahmslos über der gesetzlichen Grenze von 1500 DM (§ 511 a Abs. 1 S. 1 ZPO)[1615]. In einem Fall, in dem das Berufungsgericht die Schadensschätzung (aus dem Vertrieb gefälschter Chanel No. 5-Erzeugnisse) weit abweichend von der Vorinstanz auf unter 700 DM angenommen und die Berufung als unzulässig abgewiesen hatte, hat der BGH **479**

1611 Vgl. dazu HdbWR/*Samwer* aaO Rdn. 43.

1612 Vgl. HdbWR/*Samwer* aaO Rdn. 44. Zur Aufbrauchs- und Umstellungsfrist eingehend oben Rdn. 175 ff.

1613 Vgl. oben Rdn. 185 und HdbWR/*Samwer* ebenda.

1614 Es wird auf die Kommentierungen zur ZPO verwiesen. Wegen Besonderheiten in den **neuen Bundesländern** vgl. MünchKommZPO/*Walchshöfer* § 546 Rdn. 78 ff.

1615 Vgl. dagegen zur Beschwer des Beklagten bei Verurteilung zur Auskunftserteilung oder zur Abgabe der eidesstattlichen Versicherung unten Rdn. 485.

das Urteil aufgehoben, die Schätzung als revisionsrechtlich unhaltbar beurteilt und die Sache an das Berufungsgericht zurückverwiesen[1616].

480 Die **Revision** ist statthaft gegen Endurteile der Oberlandesgerichte in vermögensrechtlichen Streitigkeiten – was bei Wettbewerbsprozessen so gut wie immer der Fall ist, da es um vermögenswerte Interessen geht (oben Rdn. 49) –, wenn der Wert der Beschwer 60 000 DM übersteigt (§ 546 Abs. 1 S. 1 Abs. 2 ZPO). Das gilt auch für die **Sprungrevision** gegen erstinstanzliche Endurteile des Landgerichts (§ 566 a Abs. 1 ZPO)[1617]. Ihr begegnet man in Wettbewerbssachen häufiger als in sonstigen gerichtlichen Verfahren, da bei ihnen der Sachverhalt oft feststeht und ausschließlich um Rechtsfragen gestritten wird[1618]. In vermögensrechtlichen Streitigkeiten, bei denen der Wert der Beschwer 60 000 DM übersteigt, kann der BGH die **Annahme der Revision** durch Beschluß **ablehnen**, wenn die Rechtssache keine grundsätzliche Bedeutung hat (§ 554 b Abs. 1, 3 ZPO).

Ist der Wert der Beschwer vom Berufungsgericht niedriger, d. h. unter der Revisionssumme festgesetzt, so kann der BGH ihn korrigieren und höher festsetzen, wenn der Revisionskläger mit der gleichzeitig eingelegten Revision die Unrichtigkeit der Wertfestsetzung rügt (§ 554 Abs. 4 ZPO)[1619]. Das ist jedoch dann nicht möglich, wenn das Berufungsgericht eine *nichtvermögensrechtliche* Streitigkeit *irrtümlich als vermögensrechtliche* angesehen hat und die Revision deswegen ohnehin nur kraft Zulassung statthaft gewesen wäre[1620].

481 Im übrigen, d. h. bei vermögensrechtlichen Streitigkeiten bis zu 60 000 DM und bei allen nichtvermögensrechtlichen Streitigkeiten kann **Revision nur** eingelegt werden, wenn sie vom Berufungsgericht in dem Urteil **zugelassen** wird (§ 546 Abs. 1 S. 1 ZPO). Das Berufungsgericht (Oberlandgericht) läßt die Revision zu, wenn die Rechtssache *grundsätzliche Bedeutung* hat oder das Urteil *von einer Entscheidung des BGH oder des Gemeinsamen Senats der obersten Gerichtshöfe des Bundes abweicht* und auf dieser Abweichung *beruht* (§ 546 Abs. 1 S. 2 ZPO). Eine **Nichtzulassungsbeschwerde**, wie sie z. B. im Verwaltungsrechtsweg an das Revisionsgericht zulässig ist, gibt es im Zivilprozeß **nicht**[1621].

Ohne Zulassung und unabhängig vom Beschwerdewert ist die Revision **immer statthaft**, wenn das Oberlandesgericht die Berufung als **unzulässig verworfen** hat (§ 547 ZPO).

482 In Wettbewerbsstreitigkeiten spielt die **Teilerledigung** der Hauptsache durch Erledigung einzelner Ansprüche während des Rechtsstreits eine nicht unerhebliche Rolle. Hat das Berufungsgericht nach Teilerledigung der Hauptsache über Verfahrenskosten gemäß § 91 a ZPO entschieden, so ist die Revision hinsichtlich dieses Teils unzulässig[1622].

1616 BGH GRUR 1986, 93, 94 – *Berufungssumme*; der BGH hat zur Begründung auf eine jedenfalls indizielle Bedeutung sowohl der vorangegangenen Schadensschätzung des LG (10 000 DM) als auch darauf verwiesen, daß der Kläger von der Feststellungsklage zu einer Klage auf Zahlung von 10 000 DM übergegangen war; vgl. auch *Teplitzky* GRUR 1989, 461, 469.

1617 Vgl. HdbWR/*Samwer* § 72 Rdn. 42.

1618 *Beispiel*: BGHZ 106, 101 = GRUR 1989, 440 – *Dresdner Stollen I*, dort auch zur Überprüfbarkeit tatsächlicher Feststellungen im Verfahren der Sprungrevision. Vgl. Rdn. 49 aE.

1619 Näher *Stein/Jonas/Grunsky* § 546 Rdn. 31; *Zöller/Schneider* § 546 Rdn. 20 mit Nachweisen. *Spektakuläres Beispiel*: BGHZ 107, 394 – *Emil Nolde* (Heraufsetzung von 8000 DM auf 80 000 DM, Beschluß vom 22. 9. 1987 – I ZR 135/87).

1620 BGH, Beschluß vom 18. 4. 1991 – I ZR 39/91, zitiert nach *Teplitzky* GRUR 1991, 709, 714.

1621 HdbWR/*Samwer* ebenda.

1622 Vgl. BGH NJW 1967, 1131; BGH, Urt. v. 29. 6. 1989 – I ZR 179/87, S. 15 – *Gesetzliche Vermutung* (insoweit in GRUR 1989, 819 nicht mitabgedruckt); *Teplitzky* GRUR 1990, 393, 398 mit weiteren Nachweisen.

2. Beschwer

Die Zulässigkeit der Berufung und der Revision hängt – mit Ausnahme der Zulassungs-Revision (§ 546 Abs. 1 ZPO, vgl. Rdn. 481) – von dem Wert der Beschwer ab. Für dessen Beurteilung gelten auch im Wettbewerbsprozeß die allgemeinen verfahrensrechtlichen Grundsätze. Hierzu wird auf die Kommentierungen zur ZPO verwiesen. **483**

Die Beschwer kann niemals höher sein als der Streitwert zur Zeit der letzten mündlichen Verhandlung in der Vorinstanz[1623]. Das ist besonders zu beachten im Streit um die Wirksamkeit einer **einseitigen Erledigungserklärung**; denn der Streitgegenstand des Begehrens des Klägers, nämlich festzustellen, daß der Rechtsstreit in der Hauptsache erledigt ist, ist mit dem Gegenstand des ursprünglich auf Unterlassung gerichteten Antrags nicht identisch, so daß der Streitwert des Erledigungsstreits gemäß § 3 ZPO neu zu schätzen ist[1624]. Es gilt dann nach der BGH-Rechtsprechung, der beizupflichten ist, nicht mehr der ursprüngliche Streitwert, sondern in der Regel ein Streitwert in Höhe der Summe der bisher angefallenen Kosten (oben Rdn. 290).

Bei der Verurteilung zur **Auskunftserteilung** und bei der Verurteilung zur **Abgabe der eidesstattlichen Versicherung** richtet sich die Beschwer des *Beklagten* nach dem Aufwand an Kosten und Zeit, den die sorgfältige Erteilung der Auskunft bzw. die Aufgabe der Versicherung erfordert[1625]. Denn das Interesse des Beklagten geht dahin, diesen Aufwand und diese Kosten zu vermeiden. Damit wird selten die Berufungssumme und so gut wie nie die Revisionssumme zu erreichen sein[1626]. Eine isolierte Anfechtung derartiger Urteilsansprüche wird daher regelmäßig an der unzureichenden Höhe der Beschwer scheitern. Das Interesse und die Beschwer des mit einem solchen Antrag abgewiesenen *Klägers* sind dagegen in der Regel wesentlich höher zu bewerten, nämlich nach der Erleichterung bei der Durchsetzung seines Hauptanspruchs, was in der Regel mit einem Bruchteil dieses Hauptanspruchs zu bemessen ist.[1627] **484**

3. Einstweilige Einstellung im Rechtsmittelverfahren

Wird gegen ein für vorläufig vollstreckbares Urteil **Revision** eingelegt, so ordnet der BGH auf Antrag an, daß die Zwangsvollstreckung eingestellt wird, sofern die Vollstreckung dem Schuldner einen nicht zu ersetzenden Nachteil bringen würde und nicht ein überwiegendes Interesse des Gläubigers entgegensteht (§ 719 Abs. 2 ZPO)[1628]. Grundsätzlich findet dabei nach dem Wortlaut des § 719 Abs. 2 ZPO eine Prüfung der Erfolgsaussichten des Rechtsmittels nicht statt. Allerdings wird in der Praxis kaum gänzlich isoliert – ohne Berücksichtigung eines möglichen Erfolges der Revision – **485**

1623 BGH GRUR 1990, 530, 531 – *Unterwerfung durch Fernschreiben*; *Stein/Jonas/Grunsky* § 546 Rdn. 23; *Teplitzky* GRUR 1990, 393, 397.

1624 Vgl. BGH GRUR aaO – *Unterwerfung durch Fernschreiben*; *Teplitzky*[6] Kap. 49 Rdn. 42–46.

1625 Zur **Auskunft**: BGH NJW 1991, 1833; BGH NJW 1990, 1474; BGH FamRZ 1989, 157. Auf das Interesse des Klägers an der Auskunft kommt es nicht an (BGH NJW 1991, aaO; BGH NJW 1986, 1493), so daß die höhere Festsetzung des Gegenstandswertes des Auskunftsanspruchs dem nicht entgegensteht. Zur **eidesstattlichen Versicherung**: BGH NJW 1991, 1833; BGH GRUR 1991, 873 – *Eidesstattliche Versicherung*; BGH BB 1992, 1032 (*Handelsvertreter-Buchauszug*); *Teplitzky* GRUR ebenda.

1626 *Teplitzky* GRUR ebenda.

1627 BGH NJW-RR 1988, 837 m. weit. Nachweisen; KG GRUR 1992, 611, 612.

1628 Vgl. *Zöller/Herget* § 719 Rdn. 4ff; *Teplitzky*[6] Kap. 57 Rdn. 42.

positiv über den Einstellungsantrag entschieden werden[1629]; denn einen „nicht zu ersetzenden Nachteil" kann der Schuldner aus der Vollstreckung nur erleiden, wenn er letztlich in der Sache obsiegen wird.

Die einstweilige Einstellung ist – was in der Praxis oft übersehen wird und die *Gefahr der Anwaltshaftung* heraufbeschwört – grundsätzlich nur **zulässig**, wenn **schon** in der **Berufungsinstanz** ein Abwendungsantrag nach § 712 ZPO gestellt und spezifiziert worden war[1630]. Denn über einen Antrag nach § 712 ZPO wird regelmäßig erst nach mündlicher Verhandlung entschieden, mithin nach zuverlässiger Sicherung des rechtlichen Gehörs des Vollstreckungsgläubigers, so daß dessen Interessen angemessen berücksichtigt werden. Im Verfahren nach § 719 Abs. 2 ZPO ist das nicht gleichermaßen gewährleistet, da die Entscheidung ohne mündliche Verhandlung (§ 719 Abs. 3 ZPO), unter Umständen sogar ohne Anhörung des Gläubigers ergehen kann. Beruht der Antrag nach § 719 Abs. 2 ZPO indessen auf neuen Umständen, die im Zeitpunkt der letzten mündlichen Verhandlung vor dem Berufungsgericht noch nicht erkennbar oder nachweisbar waren und daher noch nicht berücksichtigt werden konnten, ist eine Einstellung in der Revisionsinstanz zulässig[1631].

486 Das OLG Frankfurt/M. wendet diese Einschränkung der Einstellungsmöglichkeit auch auf das **Berufungsverfahren** an[1632]. Dem ist zuzustimmen, da auch die Regelung der §§ 719 Abs. 1, 707 Abs. 1 ZPO keine mündliche Verhandlung vorsehen (§ 707 Abs. 2 ZPO) und auch dabei das rechtliche Gehör des Gläubigers nicht gesichert ist.

4. Rechtslage in den neuen Bundesländern

487 Zur Rechtslage in den neuen Bundesländern vgl. näher Rdn. 53 – 56.

[1629] BGH GRUR 1957, 506 – *Doppel-Export* m. Anm. *Heydt*; Großkomm/*Jestaedt* Vor § 13, E, Rdn. 84; *Teplitzky* ebenda: keine Prüfung der Erfolgsaussichten; dagegen für Prüfung BAG NJW 1971, 910, 922; *Stein/Jonas/Münzberg* § 719 Rdn. 18; MünchKommZPO/*Krüger* § 719 Rdn. 11; *Zöller/Herget* § 719 Rdn. 5; *Baumbach/Lauterbach/Albers/Hartmann* § 719 Anm. 2 A.

[1630] BGH (X. ZS) GRUR 1978, 726 – *Unterlassungsvollstreckung*; BGH (X. ZS) NJW 1983, 456 – *Reibebrett*; BGH (Kartellsenat) GRUR 1980, 329 – *Rote Liste*; BGH (I. ZS) GRUR 1980, 755 – *Acrylstern* m. krit. Anm. *Kicker*; BGH GRUR 1991, 159 – *Zwangsvollstreckungseinstellung*; BGH GRUR 1992, 65 f – *Fehlender Vollstreckungsschutzantrag*; Großkomm/*Jestaedt* ebenda; *Teplitzky* ebenda; MünchKommZPO/*Krüger* aaO Rdn. 13; *Teplitzky* GRUR 1989, 461, 469 und GRUR 1991, 709, 714.
Das soll nach BGH MDR 1992, 710 auch für das Verfahren der *sofortigen weiteren Beschwerde* nach § 568 a ZPO gelten.

[1631] BGH GRUR aaO – *Zwangsvollstreckungseinstellung*; BGH GRUR aaO – *Fehlender Vollstreckungsschutzantrag*; Großkomm/*Jestaedt* ebenda; *Teplitzky* ebenda. So wohl auch MünchKommZPO/*Krüger* aaO Rdn. 14.

[1632] GRUR 1989, 373.

FSC
www.fsc.org
MIX
Papier | Fördert gute Waldnutzung
FSC® C083411

Kolibri 360 GmbH
Ferdinand-Jühlke-Straße 7
99095 Erfurt, Deutschland
produktsicherheit@kolibri360.de